"十二五"普通高等教育本科国家级规划教材
面向21世纪课程教材

法学专业必修课、选修课系列教材

公司法学

Corporation Law

（第五版）

主　编　赵旭东
撰稿人　（以撰写章节先后为序）
赵旭东　刘智慧　时建中
刘　斌　王　涌　甘培忠

中国教育出版传媒集团
高等教育出版社·北京

图书在版编目（CIP）数据

公司法学 / 赵旭东主编. -- 5 版. --北京：高等教育出版社，2025.2 . --ISBN 978-7-04-063484-6

Ⅰ. D922.291.911

中国国家版本馆 CIP 数据核字第 20249RM650 号

Gongsi Faxue

策划编辑 程传省　　责任编辑 程传省　　封面设计 杨立新　　版式设计 曹鑫怡

责任校对 陈 杨　　责任印制 赵义民

出版发行	高等教育出版社	网　　址	http://www.hep.edu.cn
社　　址	北京市西城区德外大街 4 号		http://www.hep.com.cn
邮政编码	100120	网上订购	http://www.hepmall.com.cn
印　　刷	山东润声印务有限公司		http://www.hepmall.com
开　　本	787mm×1092mm　1/16		http://www.hepmall.cn
印　　张	29.75	版　　次	2003 年 8 月第 1 版
字　　数	730 千字		2025 年 2 月第 5 版
购书热线	010-58581118	印　　次	2025 年 2 月第 1 次印刷
咨询电话	400-810-0598	定　　价	70.00 元

本书如有缺页、倒页、脱页等质量问题，请到所购图书销售部门联系调换

物 料 号　63484-00

作 者 简 介

赵旭东

中国政法大学民商经济法学院教授、博士生和博士后导师。中国法学会商法学研究会会长。2023 年《公司法》修改专家小组成员。1999 年被评为北京市优秀中青年法学家,2002 年被评为第三届全国杰出中青年法学家,2005 年入选教育部新世纪优秀人才支持计划,2005 年入选"中国当代法学名家",等等。主要致力于商法、公司法、证券法、合同法方面的研究。出版《企业法律形态论》《法人制度论》等著作。在《中国社会科学》《法学研究》《中国法学》等核心期刊上发表数十篇学术论文。

甘培忠

北京大学法学院教授、博士生导师。中国商业法研究会会长。出版《企业与公司法》《中国经济审判》《企业法新论》等著作。在 1999 年被评为北京市优秀中青年法学家。

时建中

中国政法大学副校长、教授、博士生导师。中国法学会经济法学研究会副会长、国务院反垄断委员会专家咨询组成员。出版《可转换公司债法论》《三十一国竞争法典》《反垄断法——法典释评与学理探源》等。

王涌

中国政法大学民商经济法学院教授、博士生导师。中国法学会商法学研究会常务理事。出版《私权的分析与建构——民法的分析法学基础》等著作。发表《一人公司导论》《现代公司法人人格的本质和结构》等学术论文。

刘智慧

中国政法大学法律硕士学院副院长、教授、博士生导师。最高人民检察院民事行政诉讼监督案件专家委员会委员、北京市债法学研究会副会长。出版《国有股权研究》《普通法的历史基础》等著作或译著。

刘斌

中国政法大学副教授、博士生导师。中国政法大学民商经济法学院商法研究所副所长。2023年《公司法》修改专班小组成员。

第五版编写说明

公司法学是普通高校本科法学专业及其他相关专业的重要课程。本书作为普通高等教育“十五”“十一五”“十二五”国家级规划教材，在总结和比较研究现有教材编写经验的基础上，在坚持教材的通说性和规范性的前提下，在内容和体系上都有突出的发展和创新。

在内容上，本书进行更新，吸收和反映了党的二十大及二十届三中全会相关精神、公司法领域的最新成果。在体系结构上，本书进行创新，使其更具学理性并满足课堂教学的实际需要。为强化其理论性和实务性，本书在各章或节专设“理论探讨”和“实务研究”栏目，介绍理论热点和实践中常见的问题。为加强教材应有的导学、助学功能，本书还特设了“导语”“本章思考练习题”栏目。

党的二十大报告要求构建高水平社会主义市场经济体制，毫不动摇鼓励、支持、引导非公有制经济发展，充分发挥市场在资源配置中的决定性作用。要求完善中国特色现代企业制度，提升企业核心竞争力，弘扬企业家精神，加快建设世界一流企业。要求优化民营企业发展环境，依法保护民营企业产权和企业家权益，促进民营经济发展壮大。党的二十届三中全会要求，必须更好发挥市场机制作用，创造更加公平、更有活力的市场环境，实现资源配置效率最优化和效益最大化，既“放得活”又“管得住”，更好维护市场秩序、弥补市场失灵，畅通国民经济循环，激发全社会内生动力和创新活力。要毫不动摇巩固和发展公有制经济，毫不动摇鼓励、支持、引导非公有制经济发展，保证各种所有制经济依法平等使用生产要素、公平参与市场竞争、同等受到法律保护，促进各种所有制经济优势互补、共同发展。这不仅为我国公司法律制度的发展提出了具体的目标任务，也为公司法学的发展提供了重要的方向指引和重要素材。本书对上述精神和要求及时予以反映。

本书不仅为全国许多高校选为教材，也被社会广泛接受，受到普遍好评。2002 年入选普通高等教育“十五”国家级规划教材；2006 年入选普通高等教育“十一五”国家级规划教材；2006 年获司法部法学教材与法学科研成果奖三等奖；2006 年被评为北京高等教育精品教材；2007 年被教育部评为普通高等教育精品教材；2009 年获北京市教育教学成果（高等教育）二等奖；2012 年入选“十二五”普通高等教育本科国家级规划教材。

本书第一版出版于2003年，依据我国1993年《公司法》编写。本书第二版出版于2006年，时值2005年《公司法》颁行之后。因2005年《公司法》修订内容广泛，改动幅度大，涉及条款多，且许多修改属于实质上的制度创新和法律规则的重新设计。因此，我们依据2005年《公司法》，借鉴各国公司立法和理论的最新发展情况，对某些法律原理和学说作出新的阐释和说明，增加了"公司法人人格否认制度""一人公司""股东代表诉讼"等内容。本书第三版出版于2012年。此次修订的重要背景是公司法实践的不断深入和最高人民法院三个公司法司法解释的出台。最高人民法院从2006年起先后发布了《关于适用〈中华人民共和国公司法〉若干问题的规定（一）》《关于适用〈中华人民共和国公司法〉若干问题的规定（二）》《关于适用〈中华人民共和国公司法〉若干问题的规定（三）》。这些规定既是对司法实践经验的总结，也是对我国公司法制度的进一步细化和发展。该次修订将这些司法解释中的具体规定提炼和总结为公司法的最新理论和原理，并将之融入课堂教学之中，从而使本书及时反映公司法理论与实践。本书第四版出版于2014年。此次修订的背景和直接动因是2013年《公司法》的修改。此次《公司法》修改是我国公司法发展史上的又一次重要的制度改革和突破，主要内容集中在公司资本制度方面，包括取消最低资本额的规定、将有限制的资本认缴制改为完全的资本认缴制、取消现金出资比例的要求和法定的验资程序等。据此，本书第四版主要对"公司资本制度""股东出资制度""公司与公司法""公司的类型"等几章内容进行了修改。

2023年12月29日，第十四届全国人民代表大会常务委员会第七次会议对《公司法》再次进行了修改，删除了2018年《公司法》中的16个条文，新增和修改了228个条文，其中实质性修改112个条文，是迄今为止规模最大的一次修改。此次《公司法》修改致力于公司法的结构性改革，坚持问题导向，深入总结实践经验，完善公司资本制度和公司治理结构，加强股东权利保护，强化控股股东、实际控制人和经营管理人员责任，对于完善中国特色现代企业制度、推动经济高质量发展意义重大，亮点纷呈。这是我国市场法治建设和现代企业制度发展的又一重要成果，是我国公司法发展完善的又一个里程碑。2023年《公司法》颁行后，出现了新一轮学习、宣传和阐释、研究《公司法》的热潮，社会各方也都面临重新学习和适用《公司法》的任务。值此时机，我们依据2023年《公司法》对本书进行了全面的修改、补充和完善，使其更能适应高校教学实际需要。

本书由赵旭东教授任主编，各章修订及撰写分工如下：

赵旭东	第一、二、六、七章，第九章、第十三章之"理论探讨"与"实务研究"部分
刘智慧	第三、八、十五章
时建中　刘斌	第四、十一、十二章
王　涌	第五、十三章

甘培忠　刘斌　第九、十四章
刘斌　　　　　第十章

编　者
2024 年 8 月

目录

第一章　公司与公司法

【导语】

公司是市场经济中最重要的主体，是最典型的企业法人。公司法是调整公司法律关系的法律规范，是民商法体系中十分重要的法律部门。

本章从公司的法律概念入手，介绍了公司的特征、公司与其他企业形式的区别、公司法的性质、特点、作用与基本原则，使学生对公司与公司法有一个梗概性的了解。本章的学习重点在于公司的特征、公司法人人格否认制度、公司与其他企业形态的联系与区别、公司法的性质、特点和基本原则等。本章的学习难点在于对公司概念的理解和界定，公司的社团性，一人公司问题，公司法与民法、商法、经济法的关系，以及公司法在法律体系中的地位。通过本章学习，对上述学习重点应熟练掌握，并能结合具体的理论和实践问题加以分析和运用；对上述学习难点应初步理解和思考；对于其他问题，一般了解即可。

第一节　公 司 概 述

一、公司的概念

公司是社会经济活动最主要的主体，也是最重要的企业形式。在不同的国家，由于立法习惯及法律体系的差异，公司的概念不尽相同。即使在同一国家，随着社会经济和公司法的发展，公司的概念也在不断发生变化。

（一）大陆法系的公司概念

大陆法系的公司概念多采取概括规定的方式，以社团法人和营利性为核心要素，韩国和我国台湾地区为其代表。根据《韩国商法典》第 169 条规定，公司是指以营利为目的的设立的社团。根据我国台湾地区“公司法”第 1 条规定，公司谓以营利为目的，依照本法组织、登记、成立之社团法人。

（二）英美法系的公司概念

与大陆法系的法律传统不同，英美法系不甚注重对法律概念的严格界定，因而也缺少明确的公司定义。我国香港特别行政区在其公司条例中将公司解释为“依本条例组织及登记之公司或现已存在之公司”。这一规定虽然表明了公司需依法登记的特点,但很难说是对公司的完整定义。

(三)我国的公司概念

《公司法》第 2 条规定:“本法所称公司,是指依照本法在中华人民共和国境内设立的有限责任公司和股份有限公司。”第 3 条第 1 款规定:“公司是企业法人,有独立的法人财产,享有法人财产权。公司以其全部财产对公司的债务承担责任。”第 4 条第 1 款规定:“有限责任公司的股东以其认缴的出资额为限对公司承担责任;股份有限公司的股东以其认购的股份为限对公司承担责任。”

根据上述规定,公司是指股东依照公司法的规定,以出资方式设立,股东以其认缴的出资额或认购的股份为限对公司承担责任,公司以其全部独立法人财产对公司债务承担责任的企业法人。公司是现代企业的典型形式和主要类型,党的二十大要求完善的中国特色现代企业制度主要就是公司制度。

二、 公司的特征

(一)公司是以营利为目的的企业组织

所谓营利,就是通过经营获取利润,以较少的经营投入获取较大的经营收益。营利是一切企业组织存在和活动的基本动机和目的,是经营活动的出发点和归属点。没有营利,就没有企业,不能营利,企业就无法生存,营利是企业的生命和根本。因此,营利性也被称为企业性,是公司与生俱来的本性。公司资本由投资者出资组成,投资者投资当然是为了获得收益和回报,而要实现这一目的,必然要求公司最大限度地追求经营利润。就此而言,公司不过是投资者实现投资利益的法律工具。

公司的营利性并非仅指其自身简单的盈利,还包括向其成员分配盈利的特殊内容。根据《民法典》第 76 条规定,营利法人是指以取得利润并分配给股东等出资人为目的成立的法人。某些公益性社团法人,甚至包括财团法人,也进行经济活动并能取得一定的盈利,但此盈利不能分配给成员,只能用于实现法人的社会公益宗旨,故这样的社会组织并不属于营利性组织,如基金会为了维持和扩大其资助科学研究的资金规模而将其财产用于投资,福利救济院为了保证和充实救济金而开办工厂等。而公司这种营利性组织的盈利则用于满足成员的投资利益需求,这正是营利性法人与公益性法人的根本区别所在。

公司的营利性也并非指简单的赚钱,而是通过经营或营业取得盈利。所谓营业,首先应以营利为目的。其次,营业必须具有内容的确定性,即从事何种营业活动,必须预先明确规定,而一经规定下来,便成为其法定经营范围(权利能力)。当然,这种范围可大可小,可以按经营产品、行业确定,也可以按经营方式确定。再次,营业还必须具有连续性或稳定性,偶尔进行的营利性行为或活动,如通过买卖一批货物而营利不构成营业。公司的经营范围一经确定,在一定时期内即应连续不断地进行,不能随意改变。当然,各种公司连续营业的期限长短,可以在其章程中予以明确,未规定期限的,即永久经营。最后,公司的营业还具有行业性。某些行业的经营活动虽也以营利为目的，但不是公司的营业活动，从事这种活动的组织一般不称为公司，如医院等医疗卫生组织，会计师事务所、律师事务所等自由职业组织，以及农场、种植园等单纯的农业组织，一般都不采取公司形式，也不由公司法调整。

公司的营利性表明，我国计划经济时期和经济体制过渡时期曾存在的行政性公司和政策性亏损公司是与公司的本质属性不符的。行政性公司兼有行政机关和企业组织的双重角色，在履行政府职能的同时追求经营利润，在追求利润的同时，又要兼顾其行政的职责，导致其要么处于与其他企业组织不平等的竞争地位，获取不正当的利益；要么限制了公司本身行为，损害了公司本身的利益。政策性亏损公司长期在连续亏损情况下经营，并非为了公司自身或股东的利益，而是为了国家或社会利益。因此，这两种公司都不属于真正法律意义上的公司。

（二）公司具有独立法人地位

公司是一种具有独立法人地位的企业组织。法人是具有民事权利能力和民事行为能力，依法独立享有民事权利、承担民事义务的组织。法人的特征在于其具有独立的民事主体人格、独立的组织机构、独立的财产，并独立承担民事责任。公司作为一种经济组织，必定有自己的组织机构。这样一种经济组织随时都可能与他人发生各种各样的经济联系，因此，它必须具有取得民事权利、承担民事义务的能力，并能够以自己的名义参与民事诉讼。而要具备这种能力，就必须拥有自己的独立财产作为物质条件或前提。所以，公司应该具有法人地位。

公司的独立法人地位具体表现在：

萨洛蒙公司清算案

1. 公司拥有独立的财产。这种独立财产既是公司经营业务的物质条件和经营条件，也是其承担财产义务和责任的物质保证。《公司法》第 3 条第 1 款规定公司作为企业法人拥有独立的法人财产，公司独立财产的来源包括由股东出资构成的原始财产、公司的盈利积累或其他途径形成的公司财产。在传统公司法理论上，一般认为，公司是其财产的所有人，对其财产享有法律上的所有权。虽然这些财产有的由股东出资构成，但一旦出资给公司，所有权即归公司享有，而股东只享有股权，亦即股东权或股份权。

《公司法》尚未明确地肯定公司对其财产享有所有权，只是在第 3 条第 1 款规定："公司是企业法人，有独立的法人财产，享有法人财产权。公司以其全部财产对公司的债务承担责任。"这里的法人财产权应包括公司对物的所有权和对其他财产享有的财产权，如债权、知识产权等。1993 年《公司法》关于法人财产权的规定较为模糊，也存在矛盾，如"公司中的国有资产所有权属于国家"的规定与公司的法人所有权相冲突，2005 年《公司法》取消了这一规定，消除了将公司法人财产权解释为所有权和其他财产权的障碍。现行《公司法》维持了关于公司法人财产权的规定。无论公司财产权的名称如何，都应肯定其应有的独立性和公司对其财产实际的占有、使用、收益和处分的权利。

在公司财产权问题上，应特别注意公司的财产权与股东的股权之间的关系。公司的财产权无论被定性为所有权还是法人财产权，都应属于物权，是对物的直接支配的权利，这种对公司财产的直接支配权当然只能由公司享有。公司股东在将其财产投资于公司之后，便不再对这些财产享有任何直接的支配权，即不再享有物权，而只能作为股东享有股权。因而，股东出资之后，再对其出资的财产进行占有、使用、收益和处分的，构成对公司财产权的侵犯。

实践中，有的公司股东，尤其是掌握公司管理权的大股东，将公司的财产当作自己的财产任意占用或调配。民事司法活动中，司法机关强制执行公司财产以清偿股东债务，或强制执行子公司甚至孙公司的财产以清偿母公司债务，尤其在全资子公司中这种情况更为突出。这些都是对公司财产权与股东股权性质的严重误解，没有明晰公司财产与股东财产即物权与股权之间的区别。当然，不能将公司财产用于清偿股东债务，并不影响将股东的股权或其股权的收益作为执行标的，用以清偿股东债务。

2. 公司设有独立的组织机构。完善、健全的组织机构是形成公司独立的法人意志，从而实现人格独立的主观条件，也是公司进行正常经营活动的组织条件，是公司法对每个公司提出的法定要求。与民法对一般企业法人要求的组织条件不同，公司法对公司的组织机构规定了更严格、更健全、更规范的模式。这种组织机构主要指公司的管理机构，它是形成公司决策，对内管理公司事务、对外代表公司进行业务活动的机构，包括股东会、董事会、监事会、经理。

3. 公司独立承担财产责任。公司既然作为经营性组织参与经济活动，并在其中享有广泛的权利，也应承担行使权利过程中产生的义务和风险。这是权利与义务相一致、利益与风险相一致的法律原则的要求。同时，公司又只能独立地承担财产责任，即以其自身拥有的全部资产对其债务负责。公司的独立责任是其独立人格的标志，是公司具有法人地位的突出表现。

公司的独立责任与股东的有限责任是相辅相成的：公司的独立责任必然意味着股东的有限责任，而股东的有限责任又当然决定了公司的独立责任。我国公司法只规定了有限责任公司和股份有限公司两种类型，有限责任公司的股东以其认缴的出资额为限对公司的债务负责，股份有限公司的股东以其认购的股份为限对公司的债务负责，二者承担的都是有限责任。因而，公司只能以其自有的财产对其债务负责。

公司财产责任的独立性至少体现在以下三个方面：(1) 公司责任与股东责任的独立。公司只能以自己拥有的财产清偿债务，股东除缴纳出资外，对公司债务不再负责，即使公司资不抵债时，也不例外。(2) 公司责任与其工作人员责任的独立。公司的民事活动虽由其董事、经理等管理人员实施，其民事责任亦可能由于管理人员的过错行为所致，但不能因此要求公司的管理人员对公司的债务负责，特别是在公司无力清偿其债务时，不能随意追加公司的董事长、董事、经理为连带责任人或共同被告。(3) 公司责任与其他公司或法人组织责任的独立。公司与其他法人之间虽然存在千丝万缕的联系，如母公司与子公司的关系、或主管部门与下属企业的隶属关系等，但在民事法律地位上它们都是独立的法人，其财产责任也只能各自独立承担。

公司财产责任的独立性，保障了投资者的安全，大大增强了公司吸收资本的能力。在我国，公司财产责任的独立，尤其是上级主管机构与所属公司、公司相互之间责任的独立，对于保障企业的自主权，促进企业改善经营管理，提高盈利水平以及维护国家利益，具有重要意义。

（三）公司是以股东投资为基础组成的社团法人

尽管我国《民法典》采用营利法人和非营利法人而非社会法人和财团法人的法人分类模式，但在传统民商法上，一般把法人分为社团法人与财团法人两大类。所谓社团法人，是指由二人以上集合组成的法人。其成立，有的是为了谋求全体成员的经济利益，如公司、合作社等；有的是为了谋求成员的非经济利益，如各种协会（如个体劳动者协会、会计工作者协会、律师协会等）、学会（如法学会、财政金融学会等）、俱乐部等。所谓财团法人，是指通过设定财产，使其独立取得权利、承担义务而组成的法人。财团法人的成立一般是为了社会公益事业，如教育、文化、慈善、宗教事业等。

社团法人与财团法人的区别在于，前者以人的集合为成立基础，后者以财产集合为成立基础。财团法人在我国又称为捐助法人，因为这种法人财产的设定，一般都是通过捐助财产进行的。各种基金会是最典型的财团法人，如宋庆龄基金会、茅盾文学基金会等。

根据传统公司法，公司是社团法人的一种，它是由二人以上的股东组成的，单独一人一般不能组成公司，而只能是独资企业。独资企业属于企业的一种，但不是法人，也不是公司。公司由多数人组成的法律性质又称为公司的社团性或联合性，故公司又被称为联合体或共同体。

社团法人虽然都是由其成员组成的，但组成方式却不同：有的只制定章程，建立必要的管理机构或组织即可，如各种协会、学会等非经济性社团。而公司这种社团法人，则是通过其成员的出资组成的，公司的股东都必须按约定或规定的份额或比例缴纳自己的出资，这是股东最基本的义务。此种出资构成公司的资本，并用以实现公司的目的。依据不同公司的特点，股东出资的方式可以不同，有的采取金额相等的股份形式，有的则按一定的比例或数额出资。由此可见，公司虽以人的集合为基础，但也包含财产集合的内容，因此可以说，公司是人以财产进行的联合。

需要指出，在公司的社团性问题上，各国的公司法理论与立法存在不同的见解和态度，并集中表现在对一人公司的承认和否定上。是否允许股东只剩一人的公司继续存在，进而从根本上承认一人公司的法律地位，各国公司法和理论学说表现出完全承认、完全不承认和有限制地承认等几种不同的立法态度。

1993 年《公司法》在原则上坚持公司社团性的同时，允许例外。即对于一般的公司来说，都必须由 2 个以上股东组成，有限责任公司由 2 个以上 50 个以下股东共同出资设立，股份有限公司应当有 5 人以上为发起人。但同时，又允许设立国有独资公司，即国家授权投资的机构或者授权投资的部门依法可以单独投资设立国有独资的有限责任公司。2005 年《公司法》基于鼓励投资创业、促进公司设立和发展的立法目标，顺应各国先后承认一人公司的国际潮流，尊重实际上的一人公司在我国客观存在的现实，完全承认了一人有限责任公司，并专列一节对其作了特别规定。这是我国公司法的一大突破，也是对公司社团性理论的一大突破。但承认一人公司并非对公司社团性的完全否定，从根本上说，一人公司只是公司形式的例外，社团性仍是公司法人的基本特点，现代公司法的基本制度都是基于公司的社团性设计的，其重要内容就是对股东之间利益冲突的调整。现行《公司法》对一人公司设立表现出更开放的态度，新增了一人股份有限公司的类型，取消了对自然人设立一人公司数量的限制，以及对自然人股东设立的一人公司再设立一人公司的限制等。

（四）公司是依法定条件和程序成立的企业法人

依法成立，是对各种法人的共同要求。《民法典》第 58 条将依法成立规定为法人成立的必要条件之一。与一般法人不同的是，公司的设立具有特定的条件和程序。《公司法》第 2 条规定："本法所称公司，是指依照本法在中华人民共和国境内设立的有限责任公司和股份有限公司。"第 31 条规定："申请设立公司，符合本法规定的设立条件的，由公司登记机关分别登记为有限责任公司或者股份有限公司；不符合本法规定的设立条件的，不得登记为有限责任公司或者股份有限公司。”

公司的设立具有明确的法定性，受公司法直接调整。公司法不仅规定了公司的设立条件，也规定了公司的设立程序，包括发起人或发起人组织、设立活动的基本要求、股东认股与缴纳出资、公司的组织机构、公司的设立登记等。只有依据这些规定设立才能取得公司的资格，这反映了公司法的强行法性质，即任何公司都只能按法律规定设立和从事活动。而其他有些法人组织只根据民法的规定即可成立，具体程序、组织机构及活动一般都由当事人自主决定。

由此可见，公司的法律地位或资格不是其自身固有或自主取得的，而是法律赋予的。外国法常常按法律区分法人组织，如公司依公司法设立，银行依银行法设立，合作社依合作社法设立，因而它们分别属于公司法、银行法、合作社法上的法人。我国 1993 年《公司法》颁布后，要求所有以有限责任公司和股份有限公司相称的公司都必须依照公司法，在规定的期限内予以规范化，这亦表明了公司需依公司法设立的法律特征。

三、 公司法人人格否认制度

（一）公司法人人格否认概述

公司法人人格否认制度，又称公司法人格否认制度（disregard of corporate personality），美国称“揭开公司面纱”（lifting the veil of the corporation），英国称“刺破公司面纱”（piercing the veil of the corporation），德国称“直索责任”，日本称“透视理论”，是指为阻止公司滥用独立人格，就具体法律关系中的特定事实，否认公司的独立人格和股东的有限责任，责令公司的股东对公司债权人或公共利益直接负责的一种法律制度。因为该制度将笼罩在公司身上的法人面纱揭掉，责令背后的股东承担责任，因而又称“刺破公司面纱”或“揭开公司面纱”。它的产生主要基于公司法人人格的异化和股东有限责任的滥用，最早出现于英美法系判例法中，后为大陆法系所吸收。

公司法人人格否认是在个案中对公司独立人格的否认，而不是对该公司法人人格的全面、彻底、永久的否认，不涉及该公司的其他法律关系，不影响该公司作为一个独立实体合法的继续存在。该制度主要是为了保护债权人的利益，适用于民事责任或私法责任的追究，而不适用于其他法律责任。

公司法人制度的创立使公司获得了独立人格，并规定股东承担有限责任，极大地刺激了投资者的积极性，对经济的发展起到了巨大的推动作用。然而现实生活中，由于在观念和制度上将公司独立人格和股东有限责任绝对化，公司法人制度在充分发挥其经济价值的同时，也为滥用公司法人人格谋取不正当利益的行为提供了可乘之机，其中最明显且影响重大的就是公司股东滥用公司独立人格和股东有限责任，使公司法人制度本身所具有的社会伦理价值无法实现，本应平衡的公司法人人格制度的利益体系向股东一方倾斜。这并非偶然的，其源于公司法人人格制度自身存在的缺陷。于是，在承认公司具有法人人格的前提下，对特定法律关系中的公司法人人格及股东有限责任加以否认，直接追索公司背后股东责任的公司法人人格否认制度，作为完善公司法人制度的有效措施应运而生，并得到充分的发展。《公司法》以成文法的形式规定了公司法人人格否认制度，一方面表现出鼓励投资、放松管制的鲜明倾向；另一方面，作为一种平衡机制,又通过法人人格否认制度对债权人利益和交易安全提供有效保障。

公司具有独立法人人格和股东承担有限责任是公司的基本法律特征和现代公司制度的根基,公司法人人格否认只是一种例外,只有当公司法人人格被滥用且损害到债权人和社会公共利益时,法院才可以在个案中对公司法人人格予以否定,直接追索股东责任。在适用公司法人人格否认制度时,该公司的法人人格其实已经被破坏,早已丧失了其应有的独立性,否定其法人人格不过是对客观事实的揭示和认定。因此,公司法人人格否认不是对公司法人人格独立制度的否定,而是对公司法人人格独立制度的维护和完善,是对公司当事人之间利益失衡的一种事后救济。

（二）我国公司法人人格否认制度的形成与立法

自 1993 年《公司法》颁布以来,我国公司制度得到了迅速发展,但是也出现了许多公司法人人格和股东有限责任被股东滥用的行为,“皮包公司”和人格形骸化的公司等严重损害了债权人的利益,破坏了交易秩序,也背离了公司法人制度的设立初衷。由此,公司法人人格否认制度受到广泛的关注,学术界对其进行了深入的研究,并形成相当程度的共识。

近些年来,司法机关在公司案件审理中也开始逐渐接受公司法人人格否认理论,一些司法解释性的文件不同程度地体现了该制度的原则和精神。例如,1994 年最高人民法院颁布的《关于企业开办的其他企业被撤销或者歇业后民事责任承担的批复》(已失效)第 1 条第 3 项规定,当企业开办的企业实际没有投入自有资金,或投入的自有资金达不到《企业法人登记管理条例实施细则》第 15 条第 7 项或其他有关法规规定的数额以及不具备企业法人其他条件的,即使领取了企业法人营业执照,人民法院亦可否定其法人资格,其民事责任由开办该企业的企业法人承担。2003 年最高人民法院发布的《关于审理与企业改制相关的民事纠纷案件若干问题的规定》第 35 条①规定:“以收购方式实现对企业控股的,被控股企业的债务,仍由其自行承担。但因控股企业抽逃资金、逃避债务,致被控股企业无力偿还债务的,被控股企业的债务则由控股企业承担。”

2005 年的《公司法》修改,最终以成文法的形式明确肯定公司法人人格否认制度。2005 年《公司法》第 20 条规定:“公司股东应当遵守法律、行政法规和公司章程,依法行使股东权利,不得滥用……公司法人独立地位和股东有限责任损害公司债权人的利益……公司股东滥用公司法人独立地位和股东有限责任,逃避债务,严重损害公司债权人利益的,应当对公司债务承担连带责任。”同时,针对一人公司中容易发生股东与公司财产混同的情形,2005 年《公司法》第 63 条特别规定:“一人有限责任公司的股东不能证明公司财产独立于股东自己的财产的,应当对公司债务承担连带责任。”

公司法人人格否认制度的确立是我国公司法制度的一个重大突破,也是世界公司立法的一大创新。虽然这一制度本身早被许多国家所采用,但把它作为一个成形的法律制度统一、明确、系统地规定在成文法中,的确是我国公司法的重大创新。美国虽然是这一制度的发源国,但这一制度一直作为判例法的一个司法规则或法律原理由法官在个案中裁量适用。在其他国家,即使实行这一制度,法律规定也较为简单,我国公司法规定得如此明确、系统,在各国公司

---

①　即 2020 年修正后的《关于审理与企业改制相关的民事纠纷案件若干问题的规定》第 34 条。

立法中可谓独树一帜。

2019年《全国法院民商事审判工作会议纪要》(简称《九民纪要》)在总结实践经验的基础上,专门对公司法人人格否认制度作出了具体的审判指引。首先,《九民纪要》强调准确把握2018年《公司法》第20条第3款规定的精神:一是只有在股东实施了滥用公司法人独立地位及股东有限责任的行为,且该行为严重损害了债权人利益的情况下方可适用该制度。损害债权人利益,主要是指股东滥用权利使公司财产不足以清偿公司债权人的债权。二是只有实施了滥用法人独立地位和股东有限责任行为的股东才对公司债务承担连带清偿责任,其他股东不应承担此责任。三是该制度并非全面、彻底、永久地否定公司的法人资格,只是在具体案件中依据特定的法律事实、法律关系,突破股东对公司债务不承担责任的一般规则,例外地判令其承担连带责任,判决仅约束该诉讼的各方当事人。其次,《九民纪要》将公司法人人格否认制度的适用类型分为人格混同、过度支配与控制、资本显著不足三类,并规定了三种情形各自的判断标准,列举了典型情形。

《公司法》对公司法人人格否认制度作了一些变更,第23条规定:“公司股东滥用公司法人独立地位和股东有限责任,逃避债务,严重损害公司债权人利益的,应当对公司债务承担连带责任。股东利用其控制的两个以上公司实施前款规定行为的,各公司应当对任一公司的债务承担连带责任。只有一个股东的公司,股东不能证明公司财产独立于股东自己的财产的,应当对公司债务承担连带责任。”与修订前的《公司法》相比,现行《公司法》作出的变动主要有:(1)第23条第2款新增了横向人格否认制度。(2)第23条第3款调整了条文顺序,并在内容上进行了实质修改,将原本仅涵盖一人有限责任公司的规则拓宽至一人有限责任公司和一人股份有限公司。对于第3款与第1款的适用关系,学界存在一些争议。对此,本书认为,第3款是针对一人公司的特殊规定,应当可以单独适用,无需满足第1款的适用要件。

(三)公司法人人格否认的适用要件

学界对于公司法人人格否认制度在立法上的明文规定存有争议。其中否定意见的重要理由是对法院自由裁量权的担忧,即若适用不当,这一制度很容易被滥用,从而随意地否定公司法人人格,不仅会危及公司法人人格否认制度本身,还可能动摇整个公司法人制度,给公司的发展带来灾难性的后果。因此,对这一制度的适用必须严格把握条件,绝不能滥用。根据《公司法》第23条的原则性规定和一般公司法人人格否认法理,适用公司法人人格否认制度通常应具备以下要件:

1. 主体要件。公司法人人格否认通常基于个案认定,不应撇开具体的案件和主体对公司的法人人格予以抽象性否定,因此其适用的对象必须是具体的双方当事人:一是公司法人人格的滥用者,二是因公司法人人格滥用而受到损害并有权提起诉讼的相对人。前者指滥用公司法人人格的股东;而后者必须是因公司法人人格滥用行为而实际受害的债权人,包括公司的自愿债权人和非自愿债权人,他们都因与公司法人人格滥用行为具有利害关系而享有独立的诉权。公司法人人格否认应根据受害当事人的请求作出,而不应由人民法院主动适用。

2. 行为要件。公司法人人格否认适用的基本条件是存在股东滥用公司法人人格的事实和行为。在实证分析的基础上对各种人格滥用行为或事实进行类型化的总结和分析是认定行为要件的重要方法，这也是国外公司法理论与实践所做的最重要的工作，但由于滥用行为多种多样，法律规定永远也不可能列举和涵盖所有的滥用行为或事实，因此，为了避免公司法人人格被滥用，我国公司法在滥用行为的规定上最为可取的应是列举与概括相结合的立法形式。尽管《公司法》并未明确规定股东滥用公司人格的具体类型，但结合《九民纪要》的规定，可将人格否认的类型梳理为人格混同、过度支配与控制、资本显著不足这三种。

（1）人格混同。人格混同又称法人人格的形骸化，实质是公司与股东完全混同，公司仅仅是股东的另一形象，是股东行为的工具，因而失去独立存在的价值。一旦发现公司同其股东人格混同，法院通常就要揭开公司的面纱。在实践中，人格混同主要有财产、业务、人员、住所等要素的混同。具体而言：

第一，财产混同。财产混同是指公司的财产不能与该公司的股东或其他公司的财产作清楚的区分。认定公司人格与股东人格是否存在混同，最根本的判断标准是公司是否具有独立意思和独立财产，最主要的表现是公司的财产与股东的财产是否混同且无法区分。财产混同主要表现为以下几种情形：一是股东无偿使用公司资金或者财产，不作财务记载的；二是股东用公司的资金偿还股东的债务，或者将公司的资金供关联公司无偿使用，不作财务记载的；三是公司账簿与股东账簿不分，致使公司财产与股东财产无法区分的；四是股东自身收益与公司盈利不加区分，致使双方利益不清的；五是公司的财产记载于股东名下，由股东占有、使用的；六是财产混同的其他情形。

第二，业务混同。主要表现在公司与股东从事同一业务，且业务的经营与运行不加区分，大量交易活动形式上的交易主体与实际主体不符或无法辨认。

第三，人员混同。人员混同指公司与股东在人员、组织机构上存在严重的交叉、重叠，即所谓的“一套班子、两块牌子”。公司与股东或其他组织之间尽管形式上独立，但实质上是互为一体，难分彼此的，公司也因失去独立的意思机构而失去独立性。《九民纪要》强调，员工混同需特别关注财务人员是否混同。

第四，住所混同。公司的住所是指公司的主要办事机构所在地，住所混同是指公司的住所与股东的住所地址相同。需要强调的是，业务、人员、住所的混同，并非人格混同的核心判断因素，人民法院在审理案件时，关键要审查是否构成财产混同，而不要求同时具备其他方面的混同，其他方面的混同往往只是财产混同的补强。

（2）过度支配与控制。公司控制股东对公司过度支配与控制，操纵公司的决策过程，将使公司完全丧失独立性，沦为控制股东的工具或躯壳，严重损害公司债权人利益。对此，应当否认公司法人人格，由滥用控制权的股东对公司债务承担连带责任。

实践中常见的过度支配与控制的情形包括：一是母子公司之间或者子公司之间进行利益输送的；二是母子公司或者子公司之间进行交易，收益归一方，损失却由另一方承担的；三是先从原公司抽走资金，然后再成立经营目的相同或者类似的公司，逃避原公司债务的；四是先解散公司，再以原公司场所、设备、人员及相同或者相似的经营目的另设公司，逃避原公司债务的；五是过度支配与控制的其他情形，如股东利用公司规避法律的强制性义务，基于逃税、洗钱等非法目的而成立公司等。

（3）资本显著不足。资本显著不足是指公司设立后，在经营过程中，股东实际投入公司的资本数额与公司经营所隐含的风险相比明显不匹配。公司资本是公司独立承担财产责任的基础,也是公司取得独立人格的前提之一。如果股东利用较少资本从事力所不及的经营,表明其没有从事公司经营的目的,实质是恶意利用公司独立人格和股东有限责任把投资风险转嫁给债权人。2013年《公司法》取消了最低资本额制度,但并不意味着从事特定营业活动的公司没有最低资本的需求。最低资本额制度取消后,公司资本显著不足对于公司法人人格否认的法律意义不仅不会降低,反而会凸显,审查是否滥用公司法人人格,更应注意对其资本是否显著不足予以审查。

资本显著不足,公司将失去独立存在的物质基础,公司独立法人人格也会受到质疑,因而公司资本显著不足被普遍视为公司法人人格否认制度适用的情形之一。但是,《九民纪要》也特别强调,由于资本显著不足的判断标准有很大的模糊性,因此在适用时要十分谨慎,应当与其他因素结合起来综合判断,特别要与公司采取"以小博大"的正常经营方式相区分。

3. 结果要件。公司法人人格否认制度适用的一个重要条件是必须有损害事实存在,即滥用行为造成了逃避债务、严重损害公司债权人利益的结果。公司法人人格否认的目的在于平衡公司股东与公司债权人和其他相关利益群体之间的利益冲突,对受害的债权人提供救济。无损害,则无救济。公司虽有滥用公司法人人格之行为,但并无损害结果发生的,也就没有适用公司法人人格否认制度的必要。同时,此种损害结果的发生还必须与股东滥用公司法人人格的行为之间存在因果关系。如果当事人的损失由其他原因导致,与公司滥用公司法人人格行为无因果关系,不应适用公司法人人格否认制度。

除上述要件外,理论上还存在一种主观滥用论的观点,主张公司法人人格否认还要具备主观要件,即滥用行为人必须存在规避法定或约定义务的主观恶意。与此相反,客观滥用论则不要求证明滥用行为人存在这种主观上的恶意,只要滥用行为事实上造成了逃避债务和严重损害公司债权人利益的后果即可。《公司法》第23条规定的"逃避债务",就文义而言,既可理解为股东以逃避债务为目的而滥用人格,也可理解为滥用行为实际造成了逃避债务的结果,但基于实现公司法人人格否认制度之目标,似应依客观滥用论的主张加以理解。

(四) 公司法人人格否认的类型

公司法人人格否认可分为纵向人格否认、横向人格否认、逆向人格否认这三种类型。

徐工集团工程机械股份有限公司诉成都川交工贸有限责任公司等买卖合同纠纷案

1. 纵向人格否认。纵向人格否认是指否认公司独立法人人格和股东有限责任原则,要求股东为公司债务承担连带责任。纵向人格否认是最为典型的公司法人人格否认类型,此种人格否认类型在实践中最为常见,对纵向人格否认的理论探讨也较为充分。2005年《公司法》仅规定了纵向人格否认。纵向人格否认的直接法律效果是要求股东对公司债务承担连带责任。

2. 横向人格否认。横向人格否认是指否认由一个股东控股的两个或两个以上关联公司的人格,要求他们对彼此的债务承担连带责任。我国原来仅规定了典型的纵向人格否认制度,并不能很好地满足实践的需求,司法实践中便发展出了有关横向人格否认的裁判规则与指引。现行《公司法》第23条第2款新增横向人格否认制度,正式扩大了公司法人人格否认制度的适用范围。与纵向人格否认不同,构成横向人格否认的公司之间并没有直接的持股与被持股的关系,而是由同一股东持股控制或实际控制。《公司法》第 23 条第 2 款规定:“股东利用其控制的两个以上公司实施前款规定行为的,各公司应当对任一公司的债务承担连带责任。”从法律效果来看,适用横向人格否认制度刺破的是被同一股东控制的公司之间的面纱。

3. 逆向人格否认。纵向人格否认要求股东对公司债务承担连带责任,也被称为顺向人格否认。而逆向人格否认则与之相反,是指公司对股东债务承担连带责任。相较于纵向人格否认与横向人格否认,我国审判实践对逆向人格否认的法律适用较为谨慎。对于逆向人格否认在我国是否有法律依据,理论界存在不同的观点:有人认为我国并未明文规定逆向人格否认制度,《公司法》和《九民纪要》仅对纵向人格否认与横向人格否认作出了规定;有人认为《九民纪要》规定的人格混同与过度支配也包含了母公司为子公司债务承担连带责任的情形,从《公司法》第 23 条亦可解读出适用逆向人格否认制度的可能性。

(五) 公司法人人格否认的适用后果

1. 对公司的适用后果。公司法人人格否认不是从根本上彻底、永久地取消公司的法人资格,仅在特定的法律关系中否认公司的独立人格,从而追究滥用法人人格的股东的责任,实现利益补偿。在法律规定的情形不再存在时,公司仍然具有独立的人格。而人格否认中的债权人也不是一般意义上的债权人,而是因股东的滥用行为受到损害的特定的债权人,否认公司法人人格的效力自应限制在该具体的法律关系中,而并不涉及其他。另外,这种意义上的公司法人人格否认也不同于公司被解散或被撤销。公司被解散或被撤销将导致公司法人人格全面、永久、彻底地消灭。

2. 对股东的适用后果。公司法人人格否认所追究的责任主体应限于实施滥用行为的股东,而不应扩及其他股东。对于适用法人人格否认制度时股东应承担何种类型的责任,学理上存在不同的观点:第一种观点认为否认公司法人人格的结果,就是权利人对公司背后的股东(公司法人人格的滥用者)追究直接的、无限的责任;第二种观点认为公司法人人格否认无视公司的独立人格,而将公司与其背后股东的人格视为一体,因而,应追究公司和其背后股东的共同责任;第三种观点认为在承认公司法人人格独立的前提下,公司法人人格否认实际上强调公司背后之股东的第二次资本填充义务,或者资本充实责任的补充。从公司法人人格否认制度设计的本意和我国公司法的规定看,第二种观点更为合理。首先,公司法人人格否认制度的直接含义就是当公司法人人格被用于不法目的,并损害公司债权人或社会公共利益时,就应当无视该公司的独立法人人格,而将该公司与其背后的支配股东视为一体。其次,追究公司与其背后股东的共同责任,将有利于保护交易安全,切实维护公司债权人利益和社会公共利益。最后,《公司法》第 23 条明文规定,滥用公司法人人格时,公司股东“应当对公司债务承担连带责任”,这种连带责任无论是一般连带责任,还是补充连带责任,都是一种共同责任。

【本节理论探讨】

- **关于公司财产权的性质**

公司对其财产究竟享有何种法律权利,一直是我国公司法上的一个理论问题。在这一问题上,英美法系使用笼统的产权概念,而在大陆法系法人制度和传统的物权、所有权概念之下,要进一步回答的问题就是公司对其财产是否享有完整的所有权。由于我国在公有制基础上发展市场经济,存在许多由国有企业改制、改组而来的公司,因而对公司财产权的界定就变得更为复杂。《公司法》第 3 条第 1 款规定:“公司是企业法人,有独立的法人财产,享有法人财产权。……”在此,公司法并未对公司财产权作出明确的界定,而仅仅使用了“法人财产权”的概念。学界对于公司财产权性质的认识存在着不同观点:有的认为是法人所有权,有的认为是经营权,众说纷纭。由此,公司财产权性质是一个需要进一步研究和探讨的理论问题。

目前我国关于公司财产权的性质有以下几种代表性的观点:(1) 经营权说,认为公司财产权是一种经营权,是对财产进行使用、经营的权利。(2) 结合权说,认为公司财产权是经营权与法人制度的结合,经营权是其基础,法人制度是其载体。经营权是派生于所有权的一种物权,这种经营权与法人制度相结合就产生了特殊的公司财产权。(3) 双重结构说,认为公司的财产由公司享有,公司本身由股东共有。公司及公司财产是法律拟制的产物,公司财产最终归属于股东,所以公司财产权是双重结构。(4) 股权与公司所有权说,认为公司财产权是具有所有权性质的物权,具有占有、使用、收益和处分的权能。股东对于公司财产只享有股权。

此外,有学者认为公司财产权是一种综合性权利,是公司法人享有的、以物质财富为内容的、直接与经济利益相关的民事权利,包括所有权、债权、知识产权以及国有自然资源使用权等。

在法律意义上,有关公司财产权性质的争论本质上是对公司法人人格独立和股东权利限制的理解问题,即公司作为独立的法人,是否必须享有完整的财产权。在公司的结构之下,能否允许股东分享对公司财产的支配权,股东的权利是否必须受到限制,又涉及公司财产权与股权的关系。

目前,我国的公司法理论在此问题上已经基本达成共识,即公司财产权与股权是紧密相连的两个权利,公司的原始财产来源于股东的出资,股权是股东通过转让出资财产所有权换取的权利,也是股东控制公司的权利。公司的财产关系和结构就是股东的股权和公司的财产所有权的有机结合。

- **企业集团的统一管理与人格混同**

人员、组织、机构的混同是适用公司法人人格否认制度时的重要考量因素。那么是否只要存在这些情形就应当否定公司的法人人格呢?从国内外的理论和实践来看,答案显然是否定的,在公司集团的情形中尤其如此。在公司集团情形中,控制公司对其下属公司的人员、组织、机构进行统一管理是一种常态,甚至可以说公司集团的重要法律特征就是集团公司对其下属公司予以集中统一管理。这种统一管理具体表现为,公司集团在集团层面决定人员的管理和机构的设置,制定统一的业务规范,建立统一的财务管理规则,甚至还会下达统一的生产经营计划并对计划完成情况进行统一考核,还会向下属公司直接派遣管理人员,管理人员的待遇和考核等由集团公司提供或负责。这些往往是公司集团对其资源进行集中优化配置,提高经济效率和整个集团竞争力所必然采取的手段。否定了这些合理现象也就否定了公司集团存在的合理性,削弱了整个集团的竞争力。因而,各国在公司集团中都谨慎适用公司法人人格否认制度。本书认为,应当把人格的混同(具体包括人员、组织、机构、业务的混同)同公司集团的统一管理加以区分。只要管理是在法律允许的范围之内,不构成权利的滥用,不侵犯下属公司的独立法人人格,就不应当认定人格混同进而适用公司法人人格否认制度。只有当这种管理超出了法律允许的必要限度，导致公司之间业务无法区分、人员无法区分时，尤其是当在对外活动中第三人无法确定某一业务是母公司的业务还是子公司的业务、相关人员代表母公司还是子公司时，才应当对公司集团适用公司法人人格否认制度。由此可见，人员、组织、机构、业务的统一管理不一定导致人格混同，只有在这种管理超出必要的限度事实上造成人格混同的效果时，才应当认定公司集团中存在着人格混同。

【本节实务研究】

- **股东股权的保全与对公司资产的查封、冻结**

实践中，经常出现在对股东的股权进行保全时，对公司的资产也进行查封、冻结的现象。出现这种情况的原因，主要在于有些实践部门没有明确公司资产与股权的区分。

公司的资产与股东的股权是不同的法律概念，分别是对公司和股东所享有的权利的指称。按照一般的公司法原理，股东出资是转移所有权的行为，股东一旦完成出资，即丧失了对出资财产的所有权，出资财产转化为公司的财产并形成公司资产；作为对价，股东取得股权。我国法律也明确规定，股东出资应转移所有权，公司是企业法人，享有法人财产权。可见，股东出资行为产生了两种权利，即公司的财产所有权与股东的股权，它们分属于公司与股东这两个不同的民事主体。

我国《民事诉讼法》规定，财产的保全限于请求的范围或者与案件有关的财物。所谓限于请求的范围，是指保全的财产应当与申请人请求的数额相当或者仅及于申请人请求的特定财物。“与案件有关”，是指保全的财产应属于案件的标的物，或者虽不属于案件的标的物但属于被执行人所有并与案件有牵连的物。既然股东的股权与公司的财产权是不同的权利形态，并分属不同的主体，那么在对股东的股权进行保全时，公司的资产显然就不在保全范围之内，不应当对公司的资产进行查封和冻结。当然，此时公司应当是协助执行人，法院向其发出协助执行通知后，公司应当协助执行，不得向股东支付股息或红利，保全措施未经解除不得办理股权变更登记等。但是，除非公司自身也是被执行人，否则不应直接对其采取保全措施。

《最高人民法院关于冻结、拍卖上市公司国有股和社会法人股若干问题的规定》第 3 条对于这一问题也作出了明确的规定：“人民法院对股权采取冻结、拍卖措施时，被保全人和被执行人应当是股权的持有人或者所有权人。被冻结、拍卖股权的上市公司非依据法定程序确定为案件当事人或者被执行人，人民法院不得对其采取保全或执行措施。”对于其他公司的股权，法律虽然没有作出明确的规定，但从法理上也应当得出同样的结论。

- **公司法人人格否认的连带责任与适用**

《公司法》第 23 条第 1 款规定：“公司股东滥用公司法人独立地位和股东有限责任，逃避债务，严重损害公司债权人利益的，应当对公司债务承担连带责任。”但是《公司法》对于连带责任的性质以及连带责任的适用并未作出规定，这就给理论和实践带来了不少的困扰。

对于连带责任的性质，代表性观点主要有股东的无限责任说、补偿责任说以及无限连带责任说。股东的无限责任说认为，连带责任以股东和公司均有独立人格为前提，公司法人人格否认导致公司人格不存在，因而其自然无法与股东承担连带责任，而应由股东承担无限责任。该说没有认识到公司法人人格否认只是无视公司独立人格和股东有限责任，而不是公司不存在人格,认识上存在误区,并不足取。补偿责任说认为,股东应在对公司造成的损害的限度之内承担责任,而不应要求股东承担无限连带责任。该说实质上将公司法人人格否认的责任设置为债权人对股东的代位请求权,具有一定的合理性。然而,并不是任何时候都能够确定股东对公司的侵害程度,法律在设置公司法人人格否认制度时,显然也并不是基于这一法理,而有其独特的制度设置目的。无限连带责任说认为,在公司法人人格否认情形下,股东与公司应当承担无限连带责任。这种观点既符合法律的明文规定,又符合法律设置公司法人人格否认制度的原理。无限连带责任说内部存在共同连带责任说和补充连带责任说之分。共同连带责任说认为,股东与公司承担责任应当不分先后顺序,债权人既可以要求公司清偿,也可以直接要求股东清偿。这一观点,有利于充分保护债权人利益,但也存在股东与公司能否相互追偿、如何追偿的难题。如果无权追偿,还会带来债权人的不同选择导致最终责任承担人具有不确定性的问题。补充连带责任说认为,股东仅在公司无法清偿时才承担补充连带责任。这一观点在一定程度上可以回避共同连带责任说的问题,但也存在着股东是否享有先诉抗辩权、股东承担责任是否必须以公司不能清偿为前提、如果股东乘机逃避债务应当如何处理等具有争议的问题。

• 公司与股东的财产混同与出资责任、侵权责任

公司与股东的财产混同,是指股东与公司的财产混为一体,没有明晰的界线,无法分清哪些是股东的财产、哪些是公司的财产的现象。它违背了分离原则,无法保证公司资本的维持和不变,影响公司对外承担债务的物质基础,因而需要否认公司的法人人格,使股东对公司债务承担无限连带责任。在我国,其适用依据是《公司法》第 23 条。在股东违反出资义务、侵犯公司财产的场合,往往也存在应当归属于公司的财产却不在公司名下或控制之下的现象。实践中也常以公司资本虚假、股东侵犯公司财产权为由,否定公司的法人人格进而追究股东的连带责任。那么,出资责任、股东的财产侵权责任与财产混同下的法人人格否认责任是不是同样的责任呢?

出资责任源于对出资义务的违反,是未出资股东在出资差额内的填补责任以及其他责任人的连带缴纳保证责任。在我国,适用依据是《公司法》及《最高人民法院关于适用〈中华人民共和国公司法〉若干问题的规定(三)》(简称《公司法司法解释三》)有关出资责任的规定。显然,它与财产混同下的公司法人人格否认责任并不相同。它们分别适用于不同的法律现象,依据不同的法律规则,具有不同的责任形式和内容。

股东的财产侵权责任以股东对公司财产存在侵权行为为前提,是股东对公司承担的财产返还责任或损害赔偿责任,其适用依据是民法上有关侵权责任的规定。通常情形下,它与财产混同的公司法人人格否认责任也有明显不同。

当然,实践中并不排除股东违反出资义务、股东侵犯公司财产权与股东与公司财产混同并存的现象,此时当然可以依公司法人人格否认制度追究股东的责任。但需要明确的是,此时适用公司法人人格制度,是因为股东与公司之间存在财产混同现象,而不是因为股东违反出资义务、股东侵犯公司财产权。

总之,这三种责任事实上分别针对不同的法律现象,具有不同的责任根据,适用不同的法律规则,承担的责任内容也不相同,在适用时应当明确区分、准确适用,而不能盲目套用。

第二节　公司与其他企业法律形态

一、企业法律形态概述

企业法律形态理论发端于德国的企业形态理论。德国学者李夫曼首创企业形态理论并被后世尊为先驱。而有关企业法律形态的最新分类体系是由德国学者沙弗尔(Schaafer)建立的。当代日本的企业形态理论也甚为发达,学者们的著述对此有系统阐述。在中国,尽管有关企业和企业法的研究从新中国成立以来就一直进行,但企业法律形态的概念却始终未能启用。直到中国企业制度从单一的公有制走向多种经济形式并存,公司企业、合伙企业等传统企业形式重新复兴的时候,在对各种企业形式进行的探索中,人们才开始触及企业法律形态这一抽象的概念。

(一)企业法律形态的含义

所谓企业法律形态,是指企业法或商法所确定的企业组织的存在形式,包含三方面内容:

第一,企业作为一个经济活动主体,作为一个社会单位组织,必须以一定的形式出现和存在。企业的法律形态正是企业赖以存在的形式。

第二,企业的存在形式是多种多样的,在社会生活的不同方面,在不同的场合,企业以不同的面目出现。在政治活动中,企业可能表现为一个社会团体组织;在行政关系中,企业可能表现为一个行政隶属单位;在经济生活中,企业又可能表现为一个经济组织。企业的法律形态并非普通意义上的企业存在形式,而是企业在法律关系中所采取的、具有法律调整意义的存在形式。

第三,企业法律形态亦非企业在一般法律意义上的存在形式,而特指由企业法或商法确定的存在形式。实际上,法律确定的企业形式也是多种多样的。当某一法律法规根据其适用的需要将企业加以分类时,其所确定的类型便具有了企业存在形式的意义。但作为企业法律形态存在的只有企业法或商法确定的形式。

把握企业法律形态含义,必须区别企业的法律形态与企业的经济形态。企业的经济形态与企业的法律形态尽管有着密切的联系,但性质完全不同。企业的经济形态是企业在经济活动中的存在形式,有什么样的经济活动,或经济生活有什么样的表现,企业也就有什么样的存在形式。经济活动按内容划分,有工业、农业、商业、交通运输等行业,相应地就有工业企业、农业企业、商业企业和交通运输企业的企业形态;经济活动按经营方式可分为生产、批发与零售,相应地就有生产企业、批发企业与零售企业等企业形态;依据经营活动规模的不同,就有巨型企业、大型企业、中型企业和小型企业等形态;依据经营活动地域范围的不同,就有地方企业、全国性企业、本国企业与跨国企业等形态。

企业的经济形态随企业经营活动的展开而层出不穷,这些形态对于从不同角度对企业进行观察和研究的经济学、经济管理学、会计学、统计学、行政管理学等来说,无疑都具有重要意义。而企业的法律形态与企业的经济形态显然有别,法律不可能也无必要将企业的各种经济形态加以确认，企业的经济形态也不都必须上升为法律形态。

企业法以企业法律形态为立法基点，企业法律形态又是由企业法确定的。在众多的经济形态中，选择何者作为企业法律形态，并不是由立法者凭空确定的，而是由企业法的性质和任务决定的。企业法律形态的确定，就是从企业立法的性质和任务出发，选择最具立法意义的分类标准，以有限的形式理顺众多的企业组织关系，将其抽象为具有普遍意义的若干法律形态。

就商法而言，企业就是一种商事主体或商业组织体。企业法作为组织法，以确认企业的法律地位和调整其内外法律关系为己任，涉及企业的设立条件、设立程序、权利能力、财产构成、组织机构、经营管理、成员的权利义务和责任、合并与分立、解散等内容。基于企业法本身的特性，企业法律形态应揭示不同企业的组织特点，包括其在法律地位和上述立法事项方面的鲜明差异，使以此为基础对各种企业予以分别立法具有充分的法律调整意义。因此，企业法律形态是企业内外法律关系和法律属性的概括反映，而不只是其中某一方面或某一属性的表现。企业之间在法律形态上的差异才是其最根本的差异。

（二）企业法律形态的特点

1. 法定性。企业法律形态由法律直接规定而非自行创制或由实践自然产生。大陆法系在民法典和商法典及相关单行法中规定和确定企业的法律形态。英美法系在以判例形式明确企业法律形态后，也开始制定一些成文法并加以系统化，如美国的《统一合伙法》等。企业法律形态是具有法律强制力的企业形式，任何当事人设立一家企业，都只能在企业的法律形态中择定与其相适应的企业类型，也只有这样的企业类型才能获得企业的注册登记。

2. 普遍性。企业法律形态适用于一切企业，具有无所不及的涵盖力，任何合法设立的企业，都必然地属于企业法律形态中的此种或他种企业，以企业法律形态为对象制定的企业法也因此而具有适用于所有企业的普遍性。

3. 稳定性。企业法律形态一经确定，即具有永久或相对永久的稳定性，这种稳定性由法律本身的稳定性所决定。而企业法作为一种组织法或身份立法，较之普通法律具有更高的稳定性要求。否则，企业法律形态的不稳定将使企业的法律地位和内外法律关系处于动荡不定的状态，给他人对企业的了解带来困难，从而引发社会经济生活紊乱。

（三）传统企业法律形态与中国企业法律形态

企业法律形态经历了长期的历史发展，早已形成了通行于西方各国的传统类型，按照成员构成、责任形式、法律人格的不同可分为独资企业、合伙企业和公司企业三大类。这三种企业法律形态，不仅涵盖了一切私人商业组织，而且十分鲜明地凸显了各种企业的组织特点和相互间在法律地位、设立条件和程序、管理等诸多立法事项方面的显著差异，从而使以此为基础对各种企业予以分别立法获得了最充分的法律调整意义。这样一种企业法律形态分类，不仅为西方各国企业立法相沿袭用，也成为我国企业立法的基本选择。

早在 1950 年，我国《私营企业暂行条例》就已首次明确规定了独资企业、合伙企业和公司三种企业形式。改革开放以来，随着社会主义市场经济体制的全面建立，这些企业形式在销声匿迹二十余年后得以重生并迅速发展。1988 年颁布的《私营企业暂行条例》再次将这三种企业形式作为私营企业加以规定。此后，中国的企业立法进入了体系化时期，分别对三种企业单独立法，先后于1993年颁布了《公司法》、于1999年颁布了《个人独资企业法》、于1997年颁布了《合伙企业法》，确定了我国基本的企业法律形态并形成了我国企业法律形态立法的基本格局，企业立法已趋于完善。2021年颁布的《市场主体登记管理条例》是除上述特种企业立法之外的一部重要企业法规，它所规定的市场主体实际上构成了我国企业的具体形式和类型，包括：（1）公司、非公司企业法人及其分支机构；（2）个人独资企业、合伙企业及其分支机构；（3）农民专业合作社（联合社）及其分支机构；（4）个体工商户；（5）外国公司分支机构；（6）法律、行政法规规定的其他市场主体。

独资企业、合伙企业和公司企业三种企业形态只是传统的基本企业形态，它并未囊括各国尤其是我国所有的企业形式。长期以来，基于社会主义公有制的基本经济制度和计划经济的管理体制，我国一直按所有制的性质将企业分为全民所有制企业、集体企业和私营企业，也相应制定了《全民所有制工业企业法》《乡村集体所有制企业条例》《城镇集体所有制企业条例》《私营企业暂行条例》。改革开放后，商品经济所要求的地位平等、公平竞争、横向经济联合所形成的不同所有制间的融合和交叉，使得企业的所有制色彩日益淡化，按所有制性质对企业进行分类的立法意义也明显减弱，企业立法的思路和重心已转向独资企业、合伙企业和公司企业的传统分类，全民所有制企业、集体企业、私营企业不再是基本的企业法律形态分类，只是需要法律特别调整的特殊企业。

事实上，西方国家亦存在三种基本企业形态之外的企业，特别是存在类似于我国全民所有制企业的企业形态。西方法律将法律分为公法与私法，相应地，西方国家的法人也分为公法人和私法人。独资企业、合伙企业和公司企业主要是私法领域对私人商业企业的划分，公司不过是私法人的一种，而全民所有制企业则属于行政立法或特别立法调整的公法组织或公法人。

二、公司与独资企业

（一）独资企业的概念

独资企业（sole propritorship 或 individual enterprise），亦称个人企业，是由一人出资设立、由一人拥有和控制并由一人承担无限责任的企业。

独资企业是最古老的传统企业形态，各国立法对独资企业的法律调整采取了不同的形式，有的在民法中加以规定，有的则在商法或商事登记法等各种具体的商事规范中加以规定。我国最早在1950年《私营企业暂行条例》中明确规定了独资企业的法律形式，1988年颁布的《私营企业暂行条例》再次将独资企业作为与合伙企业、有限责任公司并列的三种私营企业形态加以规定。1999年颁布的《个人独资企业法》最终以法律的形式对独资企业作了全面、系统的规定。

（二）独资企业的法律地位

独资企业法律地位的集中表现是其不具有独立的法律人格，不具有法人地位，是典型的非法人企业。按法律人格理论，民事主体人格可分为自然人人格和法人人格，独资企业本身不是独立的法律主体，不具有法人人格，其从事民事或商事活动是以独资企业主的个人人格或主体身份进行的,实质上是自然人从事商业经营的一种组织形式。按商事主体理论,商事主体可分为商个人、商法人和商事合伙,独资企业属于其中的商个人。

(三) 公司与独资企业的比较

1. 设立主体不同。公司的设立人既可以是自然人,也可以是法人。独资企业的设立人只能是自然人,法人组织不能设立独资企业。我国的独资企业法在法律名称上冠以《个人独资企业法》,就是强调独资企业的个人性质,不承认法人独资企业。

2. 成员人数不同。除“一人公司”外,公司都由多数人共同出资、共同经营内容,都构成了一个不同于个人的经营团体。独资企业由一个成员或投资者设立,一切利益和风险也概由该投资者承担。这种成员人数的单一性恰与独资企业的字面语意完全一致。

3. 法律地位不同。公司具有独立的法律人格和法人地位,是典型的法人组织。独资企业无独立法律人格,不具有法人地位。

4. 财产关系不同。公司由其独立的法人地位所决定,其财产不归股东所有,而是归公司本身所有,公司就是其财产的所有者。由独资企业的非法人地位所决定,独资企业的财产由独资企业主所有,企业本身不享有所有权。虽然独资企业一般都设有单独的财产目录和业务账簿,但只是为了填写纳税账表和便于企业主了解、掌握企业的经营状况。

5. 经营管理不同。公司的经营管理是由股东会、董事会、监事会和经理等法定组织机构实施的,股东可能因担任管理职务而享有管理公司事务的权利,也可能不参与公司的经营管理活动,公司的对外代表权则由法定代表人行使。独资企业的所有权与经营权合二为一,独资企业主享有对内决定企业一切事项、管理企业经营和对外代表企业的权利,虽然企业主常把此种权利通过委托关系交由代理人或雇员行使,但该权利仍属于企业主。

6. 责任承担不同。公司的债务不等同于其股东的债务,公司对其债务以其拥有的资产独立承担责任,其股东只承担出资额范围内的有限责任。独资企业的负债在追及效力上等于企业主个人的负债,如发生资不抵债的情况,企业主应以其个人的全部财产而不是仅以其投资于该企业的财产为限对企业债务负责,即对企业债务承担无限责任。

三、 公司与合伙企业

(一) 合伙企业的概念

合伙(partnership),是指二人以上按合伙协议,各自出资、共同经营组成的营利性组织。

合伙既可以是一种契约,也可以是一种企业。作为一种契约,合伙是关于合伙人之间权利义务关系的约定,其与一般契约的不同在于,合伙的当事人具有共同的目的,合伙人之间约定的权利义务不是相对的,而是相同的。合伙作为一种企业,是合伙人组成的团体组织,是营利性的商事主体。合伙契约与合伙企业之间又有着密切的内在联系,合伙企业是合伙企业成立的基础和依据,合伙企业是合伙契约关系持续化、稳定化、组织化的结果。同时,合伙契约又是确定和调整合伙企业内部关系的依据,合伙企业内部合伙人间的关系就是契约关系。

（二）合伙企业的法律地位

合伙企业法律地位的集中表现是其不具有独立的法律人格，不具有法人地位，与独资企业一样，也是非法人企业。其从事民事或商事活动是以全体合伙人的个人人格或共同人格进行的，实质上也是自然人从事商业经营的一种组织形式。在商事主体分类中，合伙企业属于商事合伙。

合伙的法律地位问题在民商法理论和各国立法中是颇具争议并有不同规定的问题。传统民商法理论的主导性学说和多数国家立法均认定合伙的非独立人格和非法人地位，我国的民商法理论和民商事立法也采取上述立场。但一些国家的理论和立法承认合伙具有法人人格和地位。如法国 1966 年的《商事公司法》规定，包括合伙在内的一切商事企业，自登记之日起具有法人地位。1978 年修改的《法国民法典》第 1842 条亦规定："除第三章规定的隐名合伙以外的合伙，自登记之日起享有法人资格。"此外，比利时、德国也已承认合伙企业具有法人资格。

在我国，《民法典》规定的民事主体有自然人、法人和非法人组织三类，第 102 条明确规定了合伙企业是非法人组织。合伙企业作为非法人组织可以自己的名义进行民事活动，并作为诉讼主体以自己的名义起诉和应诉。

（三）公司与合伙企业的比较

1. 成立基础不同。公司的成立基于章程，合伙的成立基于合同。章程与合同是性质、内容不同的法律文件。在订立上，公司章程是由公司发起人制定，其变更或修改按公司法和公司章程的规定进行，通常只需多数股东的同意，而不需全体股东的一致同意；合伙合同是所有合伙人意思表示一致达成的协议，其变更和修改也必须经全体合伙人一致同意。在性质上，公司章程是公司组织的自治规则，它虽由发起人订立，但对所有公司股东和公司的管理机构及其人员具有约束力；合伙合同仅是合同当事人之间的协议，因而也只对签约的合伙人产生约束力。在内容上，公司章程受到法律更多的强制性约束，许多内容是由公司法直接规定，章程只能在法律允许范围内另作规定；合伙合同具有任意性，法律对其少有强制性规定，当事人之间的关系基本上由合伙人自由约定。

2. 法律地位不同。公司具有独立的法律人格和法人地位，是典型的法人组织；与独资企业一样，合伙企业无独立法律人格，不具有法人地位。

3. 财产关系不同。公司的财产归公司独立享有，公司法人财产权是完全独立的财产权。股东只享有股权，不享有公司财产的所有权。合伙的财产归全体合伙人共有，合伙的财产来源于合伙人的共同出资，但不是合伙人财产的简单聚合。合伙的共有包括按份共有和共同共有。在罗马法时代，合伙的财产属于按份共有，合伙人根据各方对共有财产所拥有的份额，分享权利和分担义务。近代各国立法一般规定合伙财产为共同共有财产，在合伙存续期间，合伙人对于全部合伙财产不分份额地、平等地享有所有权。

我国立法对合伙的财产关系作了较为特殊的规定，《民法典》第 969 条规定："合伙人的出资、因合伙事务依法取得的收益和其他财产，属于合伙财产。合伙合同终止前，合伙人不得请求分割合伙财产。"这意味着合伙的财产分为两部分：一部分为合伙经营积累的财产，属共有财产，但究属按份共有还是共同共有，学理上多解释为共同共有。另一部分为合伙人投入的原始财产，此项财产的归属，学理解释上不甚统一，有的认为属于合伙人所有，只是使用权归合伙；也有的认为仍属于共有中的按份共有；还有的认为，其所有关系可由当事人约定。

4. 人身关系不同。公司除无限公司外，多属资合企业或人合兼资合企业，公司股东之间的人身联系较为松散，公司的设立和存续主要基于资本的联合，公司的对外信用基础主要在于公司本身的财产和经营状况，而不取决于股东的构成和个人信用。因此，公司股东的入股、转股通常只需多数股东的同意，同时，公司的存续不受个别股东变动的影响。合伙是典型的人合企业，合伙人之间存在密切的人身信赖关系，合伙的成立和维持主要基于人的联合，并依赖于合伙人之间的相互信任，合伙的对外信用基础主要在于合伙人的构成和各个合伙人的信用。因此，通常合伙人的入伙、退伙都要经全体合伙人一致同意，个别合伙人的死亡或退出甚至会导致整个合伙的解散。

5. 管理权利不同。公司的管理权依照公司法的规定，由公司的法定组织机构统一行使，每个股东个人并不享有对公司事务的直接管理权，而只是通过行使股东会上的表决权参与公司重大事务的决策以及享有股东的知情权和质询权。合伙企业由全体合伙人共同经营管理，其议决方式由合伙协议加以规定。虽然，为执行业务的便利，合伙企业通常都会推举其中的一名或数名合伙人作为业务执行人，管理合伙事务，其他合伙人享有监督检查权，但在法律上，全体合伙人都享有法定的业务执行权，合伙业务执行人的权利来源于全体合伙人的授权。

6. 盈亏分配不同。公司的盈亏分配由公司法统一规定，基本的原则是按股东出资比例或按股东持有的股份分配，当然如全体股东一致同意，也可作另外的约定。合伙企业合伙人的盈亏分配通常按出资比例。但就法律规定而言，其分配完全可由合伙合同约定，合伙人可以按出资比例分配盈亏，也可以不按出资比例分配，甚至盈利的分配比例可以与亏损的分担比例不一致，分配较多盈利的合伙人可能只分担较少比例的亏损。

7. 责任承担不同。公司具有法人地位，全体股东对公司债务承担有限责任，公司以其全部财产对公司债务承担责任。在对外财产责任上，由合伙的非法人地位决定，全体合伙人对合伙债务须承担无限连带责任。其无限责任是指合伙人对企业债务的清偿不以出资为限，在企业资产不足以清偿合伙债务时，合伙人须以各自所有的财产对其应分担的债务负责；其连带责任是指合伙的每个合伙人对全部合伙债务都有清偿的责任，合伙人不得以内部约定的亏损或债务承担比例对抗合伙的债权人，债权人可以向任何一个合伙人请求清偿全部的债务。当然，清偿合伙债务超过自己应承担份额的合伙人，有权按内部约定的比例向其他合伙人追偿。

【本节理论探讨】

● 独资企业与个体工商户的关系

独资企业是指由一人设立、一人拥有和控制并由一人承担无限责任的企业。我国《民法典》第 54 条规定，“自然人从事工商业经营，经依法登记，为个体工商户”。

分析我国独资企业的发展历史，可以发现此二者其实是我国特殊国情的产物。1950 年颁布的《私营企业暂行条例》规定独资企业为企业的组织方式之一。其后随着公私合营对资本主义工商业的社会主义改造的完成，作为整体概念的私营企业在中国基本消失，少量的私人商业活动不再作为一种企业组织形式予以保护，在概念上改称为个体工商业者。1986 年《民法通则》确立了个体工商户的民事主体地位。至此,从个体工商业者衍生出来的个体工商户的概念取代了以往的独资企业的概念,成为公民个人从事民事或商事经营活动的一种特殊的法律形式。

然而,1988 年颁布的《私营企业暂行条例》再次规定独资企业为私营企业的形式之一。此时便面临着独资企业与个体工商户之间关系的问题。按当时的经济理论和政策,私营经济本质上不同于个体经济,前者为雇佣劳动,后者为个人自我劳动,所以当时的个体经济政策严格限制个体工商户的规模。《城乡个体工商户管理暂行条例》第 4 条第 2 款规定:"个体工商户可以根据经营情况请一、二个帮手;有技术的个体工商户可以带三、五个学徒。"《私营企业暂行条例》区分独资企业与个体工商户的标准为:雇工 8 人以上者为独资企业,8 人以下者为个体工商户。这样,自然人个人从事工商业经营就有了两种并存的法律形式——个体工商户和独资企业,独资企业也就发生了背离传统概念的变异。

从上文的分析中可以看出,独资企业与个体工商户完全是我国特有的产物,在西方国家难以找到类似的两组概念。尽管我国曾经强调人数上的差别是独资企业与个体工商户区别的标准,但随着法律的更新,2022 年出台的《促进个体工商户发展条例》已不再强调人数的区别,个体工商户与独资企业的本质区别在于前者为自然人,后者为法人。

- **合伙应否作为第三民事主体**

对于合伙的法律地位,即合伙应否作为自然人和法人之外的第三民事主体问题,一直以来有着广泛的争论,并形成了以下三种有代表性的意见:(1)认为合伙不能成为民事主体。理由是民事主体只有自然人和法人两种,不存在第三主体。个人合伙的实质仍是个人,法人合伙的实质仍是法人。(2)认为合伙是第三民事主体。因为合伙既不同于个人,又不同于法人,但又能够以其自身的名义从事民事活动和进行诉讼活动,所以应成为第三民事主体。(3)认为对合伙的法律地位不能一概而论,有些简单的临时性的合伙,没有形成企业组织,不能成为民事主体;而那些有自己的名称或字号、有自己的组织机构的合伙,则可成为第三民事主体。

从法律赋予自然人和法人人格的原因来看,法律赋予自然人权利能力是基于法律的价值观念和最根本的法律原则,即法律面前人人平等,自然人的权利一律平等,人人都是民事主体。而法律赋予法人组织权利能力的原因与自然人不同,它不是基于既成的法律原则和精神,而是依据法人组织民事能力的状况,即法人组织实际具有独立实施民事行为的能力,能够以其内部的组织机构形成自己的意志并预见和支配自己的行为,以其拥有或支配的财产能够在民事活动中切实地享有权利和承担义务。

由此推及对合伙民事主体地位的认定,显然不存在一成不变的定理,也没有不可逾越的障碍,合伙能否成为民事主体不过是交由法律所作的又一次判断和抉择。合伙是人的聚合,是一种较为持久、稳定的法律关系以及在此基础上形成的组织体或经营团体。联结合伙成员的法律纽带是合伙契约,形成合伙的团体凝聚力的是合伙利益的共同分享和对合伙风险的共同分担。此外,合伙一般都有自己的商业名称或字号,可以以自己的名义参加民事活动。实践中,合伙组织也可作为独立的诉讼当事人,以自己的名义在法院起诉或应诉。这些特点使合伙在一定程度上具有类似法人组织的团体性特征。通常理论认为,只要能够以自己的名义合法地转让财产所有权,又能以自己的名义合法地受让财产所有权,就具有了民事主体的财产条件。合伙财产具有相对独立性,合伙人不得随意收回出资于合伙的财产,对合伙财产的处分,应共同协商。因此,合伙是有财产的。

由此,可以得出这样的结论:合伙具有实际的行为能力、意思能力和责任能力。合伙作为一个组织的存在,它所拥有的相对独立的财产、它所形成的相对独立的意志以及它相对独立的财产责任是这种能力的具体体现。

- **合伙企业的财产**

合伙企业是以营利为目的的企业,有相对稳定和独立的财产。合伙企业的财产可以从财产来源和财产形式两个角度加以划分。从财产来源来看,合伙企业的财产可以分为原始取得的财产和经营取得的财产。前者是合伙人的出资,包括设立时合伙人的出资以及新加入合伙组织的人的出资;后者是合伙组织存续和运营期间积累的财产。从财产形式来看,合伙企业的财产主要包括有形财产、专利、商标等。

《民法通则》第 32 条曾规定:"合伙人投入的财产,由合伙人统一管理和使用。合伙经营积累的财产,归合伙人共有。"这一规定容易让人产生误解:对于合伙财产中合伙人投入的财产,合伙人只能统一管理和使用,而只有对于合伙积累的财产,合伙人才共同享有所有权。这是由于当时我国尚未产生合伙企业这一法律概念,"合伙"主要指各种简单、临时性的合伙。

《合伙企业法》在此方面有了显著进步,其第 20 条规定:"合伙人的出资、以合伙企业名义取得的收益和依法取得的其他财产,均为合伙企业的财产。"后来,《民法典》延续这一规定,在第 969 条规定:"合伙人的出资、因合伙事务依法取得的收益和其他财产,属于合伙财产。合伙合同终止前,合伙人不得请求分割合伙财产。"这两条规定有两个重要的意义:一是不再区分合伙人投入的财产和合伙企业经营取得的财产;二是明确"合伙企业的财产"这一重要的概念。合伙企业的高效运作,必然要求有相对独立的财产供其支配以及合伙企业财产趋向于独立和集中。合伙企业以其名义拥有财产,使合伙企业的财产具有一定相对独立的性质。

合伙企业形成后,合伙人对投入财产已经在使用价值形态上丧失了所有权,只在价值形态上具有按份额主张的权利。合伙企业财产本质上只能是合伙人共有财产,合伙的财产归全体合伙共有,而不是各个合伙人单独拥有。但是,理论界对于合伙财产共有的类型却存在分歧:有的学者主张合伙人对合伙财产应该为不分份额的共同共有,有的学者则认为合伙人对合伙财产的共有是按份共有。本书赞同第二种观点,因为合伙人依出资比例或合伙协议约定的比例分配利益和承担亏损,根据其份额享有权利和承担义务,因此,合伙财产应为合伙人按份共有。

【本节实务研究】

- **独资企业、合伙企业能否以自己的名义起诉和应诉**

独资企业和合伙企业无法人资格,能否以自己的名义作为诉讼主体参与诉讼活动是一个需要研究的问题。人们通常将诉讼主体误解为民事主体,认为谁是原告、被告,谁就是权利义务的最终承受者。所以,只有公民和法人这样的法定民事主体才能作为诉讼主体。司法实践中,也曾出现法院以独资企业、合伙企业不是民事主体为由,驳回相关起诉的现象。

其实,民事主体与诉讼主体是两个不同的概念。《民事诉讼法》第 51 条第 2 款规定:"法人由其法定代表人进行诉讼。其他组织由其主要负责人进行诉讼。"最高人民法院颁布的《关于适用〈中华人民共和国民事诉讼法〉的解释》第 52 条规定："民事诉讼法第五十一条规定的其他组织是指合法成立、有一定的组织机构和财产，但又不具备法人资格的组织，包括：(一)依法登记领取营业执照的个人独资企业；(二)依法登记领取营业执照的合伙企业；(三)依法登记领取我国营业执照的中外合作经营企业、外资企业；(四)依法成立的社会团体的分支机构、代表机构；(五)依法设立并领取营业执照的法人的分支机构；(六)依法设立并领取营业执照的商业银行、政策性银行和非银行金融机构的分支机构；(七)经依法登记领取营业执照的乡镇企业、街道企业；(八)其他符合本条规定条件的组织。"独资企业和合伙企业每日每时都在进行民事活动，参与民事流转。为了保护独资企业、合伙企业以及与它们进行民事交往的其他人的民事权益，我国民事诉讼法赋予它们诉讼权利能力，准许它们作为民事诉讼当事人以自己的名义起诉、应诉。

所以，诉讼主体只是表明具体诉讼活动的当事人或谁是民事权利义务的直接承受者，至于该当事人无力履行义务时应替代履行的其他人，并不一定是该诉讼的当事人。诉讼权利能力与民事权利能力有密切联系。通常情况下，诉讼权利能力以民事权利能力为基础，这是因为民事诉讼是保护民事主体实体权益的手段。但诉讼权利能力毕竟不是民事权利能力，前者是程序上的权利能力，是作为诉讼主体的资格；后者是实体上的权利能力，是作为民事主体的资格。对于独资企业和合伙企业来说，它们虽然不是民事主体，但可以作为诉讼主体，以自己的名义起诉和应诉。

第三节　公司的沿革和作用

一、公司的沿革

现代的公司已成为组织健全、各方面都十分成熟的商业组织。现代各国的公司法也都比较系统、严密、日臻完善。可以说，公司与公司法都进入了比较发达的时期。公司从产生到发展，从一种形式到多种形式，从简单到复杂，经历了一个漫长的发展过程。

（一）西方国家公司的产生和发展

1. 公司的萌芽时期。公司并不是自古以来就有的，在公司出现以前，从事商业活动的除单个的个人以外，主要是独资企业和各种合伙组织。

独资企业是最原始的企业形式，其特点是个人出资、个人经营、个人管理、个人收益、个人承担经营风险。显然这种企业规模较小，经营范围有限，在现代，它们至多不过是小商贩而已，而在古代简单商品经济条件下，却是主要的企业形式。

与独资企业并存的，是各种合伙组织。许多事业或经营活动是个人出资、个人经营所无力兴办或无力进行的，客观上要求个人之间的合作联合，因而在古罗马时期，就出现了目的不同、结构不同、范围不同的各种合伙组织，如共产合伙、特业合伙、所得合伙、隐名合伙等。这些合伙形式在罗马法中都已有具体规定，它们都是由二人以上共同出资组成的团体，其特点在于，它们虽然作为一个团体出现，从事营业活动，但没有独立的法律人格，不是独立的民事主体。

在合伙团体中,有一种家庭经营团体,是中世纪出现的一种合伙形式。此种团体与独资企业有着密切的联系,独资企业主死后,独资企业有的由一人继承,这时企业性质不发生改变,有的由数人继承,但不分割企业财产,企业仍继续存在,这时企业性质即发生了变化——由一个独资企业变成了数人共有的合伙企业。由于合伙人大都是同一家庭内的成员,所以又称家庭经营团体。到中世纪后期,这种团体在欧洲已经有了相当的规模。虽然家庭经营团体在法律性质上仍是一种合伙,但由于其组织机构和管理日益完备和严密,其业务活动范围不断扩大,其法律地位越来越独立于其成员,越来越具有公司的特点。

此外,在古罗马,虽然还没有完整的法人制度,也没有法人这个名称,却有一些具有类似法人地位的实体存在,如国家、地方自治团体、寺院等宗教团体,以及养老院、济贫院等公益慈善团体。到中世纪,这种团体又得到了进一步发展。许多组织根据皇家颁发的特许状或政府的特别准许而成立并成为独立的法人实体。起初,这种实体多为非经营性的,如牧师会、寺院、自治城市等,后来一些贸易团体也取得了这种资格,尤其是其中从事海外贸易的开发性组织。在中世纪的英国,这种经济团体已经有了更大的独立性,具有了所有合伙人共担责任和共同免责的特征。

2. 无限公司的产生、发展及其立法。在公司萌芽时期,已经有了二人以上共同出资的合伙和家庭经营团体,同时又有了具有法人地位的实体组织,它们都是公司的萌芽状态,而这两者的结合正是公司,因为公司就是二人以上共同出资经营的社团法人,换句话说,具有法人地位的经营团体就是公司。因而,合伙团体和法人实体的发展便导致了公司的产生。

最早产生的公司是无限公司。这种无限公司是合伙团体被赋予法人地位后形成的,实质上它与合伙没有本质的区别,无限公司股东也要对公司债务承担无限连带责任。无限公司与合伙的主要区别在于,无限公司具有法人地位,因而它的出资人称股东,而合伙的出资人称合伙人;无限公司股东的权利义务、公司的组织形式以及其他对内对外关系更多地受法律的统一规范和强制,而合伙的内外关系则更多地由合伙人自由决定。需要说明的是,这里无限公司的法人地位与目前我国对法人的规定和理解不甚一致,它主要是指一种法律人格,是民事主体,有自己的名义,但并非必须以自己的财产独立承担民事责任。

有关无限公司的第一个立法是1673年法国路易十四颁布的《商事条例》,该条例正式规定了无限公司这种形式,其名称为普通公司。自此,无限公司不仅在实践中已经存在,也得到了法律的正式确认和调整。此后,1807年的《法国商法典》把这种公司又改名为合名公司,作了更完备的规定,许多欧洲国家纷纷效仿。《日本商法典》也对无限公司作了规定,其中的“合名公司”(原文“合名会社”)就是无限公司。所谓的“合名”,是指这种公司的名称必须包含所有股东的名字,以使他人能够从名称中确知该公司由哪些股东组成。后来,随着这种公司股东人数的增多,再将所有股东的姓名写进公司名称中已有诸多不便,于是德国允许不用“合名公司”,而称其为“开名公司”,表明该公司股东姓名公开,但可以不把所有股东的姓名写进公司名称中。这种情况在英美法律中亦可见,英美法著作引用判例时,经常见到“在萨弥尔及公司诉约翰逊一案中”“在约克及公司诉汤姆森一案中”这样的表述,这里的公司实际上就是无限公司,此种公司虽无须将所有股东姓名反映到公司名称中,但至少应包含一个股东的姓名,这样他人也就知道该公司属于无限公司。

无限公司①产生以后，曾有过快速发展，但后来随着股份有限公司、有限责任公司的出现，它便退居次要地位。到目前，各国的无限公司已经比较少，尤其是由于某些国家不承认无限公司为法人，其类似的经营组织是以合伙的名称和形式存在的。在立法上，各国除了在原来的商法典或其他法律中保留无限公司的规定外，一般没有再进行专门的立法。而在某些国家，如英国，除了理论上对无限公司有所论及外，实践中已很少涉及。

3. 两合公司的产生、发展及其立法。两合公司由 15 世纪出现的康孟达(commenda)组织演变而来。康孟达一词系拉丁文的音译名称，含有信用和委托的意思。康孟达本是一种商事契约，是航海者与资本家合作的一种商业合伙形式。按此种契约形成的企业组织即为康孟达组织。按康孟达契约，由资本家出资，由航海家到海外进行贸易活动，其盈利由双方按比例分配。亏损时，航海家承担无限责任，而资本家只以其出资额负责。这种合伙形式既解决了航海家资本不足、风险太大等从事海外贸易的困难，又使资本家可以在不参加直接经营的情况下，获得资本的收益，并不承担太大的风险。这种形式后来又从海上贸易发展到陆上贸易，由资本家出资，由商人进行经营，其盈利按比例分配。资本家承担有限责任，商人承担无限责任。

从历史顺序看，两合公司是在无限公司之后产生的另一种公司形式。实际上，康孟达组织后来发展成为两种企业形式：一种是隐名合伙，另一种则是两合公司。

隐名合伙是与两合公司颇为类似的一种企业形式。它是指当事人约定一方对他方所经营的事业出资而分享其利益。营业的一方称出名营业人，而出资一方称隐名合伙人。隐名合伙与两合公司的类似之处在于其股东也是一部分负无限责任，一部分负有限责任，但隐名合伙的有限责任合伙人不具名，即不标示其姓名，隐名合伙的财产属于无限责任合伙人所有，而不是由两种合伙人共有。

两合公司是大陆法系的称谓，日本的两合公司有的译为“合资公司”。英美法系没有两合公司的名称，但有与其类似的企业组织，即有限合伙，二者的法律性质实质上是相同的。

两合公司的立法情况类似于无限公司。有的国家承认无限公司为法人，也就承认两合公司为法人；而不承认无限公司为法人的，也就是不承认两合公司为法人。

两合公司的无限责任股东负责公司的经营管理，而有限责任股东只提供资本，分享盈利，这使得它能适应不同人的客观条件和需要，使有良好信用和经营能力但没有资本的人，与拥有资本却无力或不便、不愿直接从事经营活动的人可以相互结合，达到盈利的目的。但两合公司也有其不足，其有限责任股东虽责任较轻，却无权参与公司管理，其出资转让亦受较大限制。而且有些国家如美国规定，如果合伙人未遵守法律对有限合伙(实质上即两合公司)的特别要求，未把章程提交公共机构备案或有限合伙人参与了管理活动，有限合伙人便应与普通合伙人一样，承担无限责任，这使得许多人宁愿与普通合伙人订立利润分享契约，向其借贷资本，而不愿作为有限合伙人冒可能承担无限责任的风险。因此，两合公司虽也是一种历史久远的公司形式，但现代以来已日趋衰落，实际存在的已经比较少见。

在立法上，早期的法国和德国商事立法都对两合公司作了规定，并把它与隐名合伙并列，

① 我国 1904 年公布的《公司律》使用“合资公司”一词，把无限公司作为合资公司的一种。后来，因其不确切，且易与其他亦属合资性质的公司混淆，1914 年公布的《公司条例》将其改称为“无限公司”。这一术语简单、明了，揭示了无限公司的特征，因而一直延续使用至今。

只是德国不承认两合公司为法人。日本商法只规定了两合公司，而把隐名合伙规定在民法中。19 世纪初，美国各州仿效法国立法规定了有限合伙，到 1916 年，统一州法全国委员会通过了《有限合伙法》，此法为大多数州所采用。

至于股份两合公司，则是在股份有限公司出现以后，于 18 世纪末产生的一种公司形式。它的出现本是为了吸收两合公司和股份有限公司的优点，以便使其处于更有利的竞争地位，但后来它与两合公司都没有得到发展，目前已基本消失。法国和德国的公司法对股份两合公司均有规定，但法律条文很少，因为这两种公司的绝大多数问题都适用无限公司及股份有限公司的规定。日本商法原来也规定了股份两合公司，但鉴于这种公司形式实际上很少采用，后来被废除。而在各国公司法论著中，对股份两合公司的论述更为少见。

4. 股份有限公司的产生、发展及其立法。对于股份有限公司的起源问题，学者们看法不一，但一般认为股份有限公司起源于 17 世纪英国和荷兰等国家所设立的殖民公司，著名的英国东印度公司和荷兰东印度公司即最早的一批股份有限公司。

股份有限公司的产生，是集资经营、共担风险的法律形式逐渐完善的表现，是欧洲殖民地国家商业活动特别是进出口贸易不断发展的结果。在这方面，英国股份有限公司的产生过程具有典型性。在中世纪的欧洲，从事商业活动的主要是合伙组织，到 16 世纪，出现了一些专门对某个国家进行商业贸易的商业冒险公司。之所以称其为“冒险公司”，是因为海外贸易远涉重洋，参与国相互激战，在殖民地又常遭反抗，其经营被认为是“风险事业”，这就远非个人所能为之。

到 1555 年，英国女王特许与俄国公司进行贸易，从而产生了第一个现代意义上的股份有限公司。开始，这种公司的集资是以每一航程为单位，利益分配和风险承担也依一次航程进行计算，后来集资期限延长至四次航程，最后变成了现今所见的永久性股份。自此，公司不再是合伙的商人，而变成合作的资本所有者，股份也不再是参与冒险的权利，而变成具有市场价格的永久性投资。股东以其投资于公司的财产数额承担风险。最著名的英国东印度公司也就在这个时期成立(1600 年)。该公司根据国王的特许状成立，并取得法人资格，此种法律地位体现在其章程中。英国东印度公司成立之初，拥有股本 6.8 万英镑，股东 198 人。荷兰东印度公司稍后成立(1602 年)，该公司在全国筹资，资本总额 650 万盾，董事 60 名。与以往的无限公司、两合公司不同的是，它们的资本采取了数额相等的股份形式，它们的股东只承担出资额范围内的有限责任。

到 18 世纪，股份有限公司已发展到法国、德国，并从 19 世纪起推行于世界各地，同时也从对外贸易行业发展到银行业、保险业、制造业等其他行业。在英国，1694 年成立了股份有限公司性质的英格兰银行。在美国，股份有限公司首先在银行业产生，1791 年成立了第一合众国银行，其后又有北美银行和纽约银行等股份有限公司性质的银行产生。接着，保险业中的股份有限公司也发展起来。到现代，股份有限公司已经成为西方资本主义世界占统治地位的公司形式。虽然就绝对数目来说，在某些国家股份有限公司并不占首位，但由于它的资本雄厚、实力强大，居于主导地位。西方国家国民经济的许多重要领域和部门，特别是制造业、开采业和金融业等资本密集的行业，大都采用了股份有限公司的形式，商业、服务和其他行业中的大型企业也多采用股份有限公司形式，某些国家的股份有限公司甚至在数量上也占了首位，如日本、瑞士等。

股份有限公司的立法也随股份有限公司的发展而不断完善。在17世纪,股份有限公司虽已完全成熟,但由于当时还没有统一的股份有限公司立法,股份有限公司的设立,都要经过国王或政府的特许。到18、19世纪之后,各国相继开始了股份有限公司的立法。1807年《法国商法典》首次对股份有限公司作了完备、系统的规定,此后1867年的公司立法又对商法典中股份有限公司部分作了全面修改。1966年,法国制定了全面规定各种形式公司(包括股份有限公司)的《商事公司法》。

在德国,最初也在商法典中对股份有限公司作了规定,后来根据需要将股份有限公司单独立法,这就是德国1937年颁布的《股份及股份两合公司法》(简称股份法)。1965年,德国又对该股份法修改,制定了新股份法。日本关于股份有限公司的立法自始都在商法典中,从1890年颁布《商法典》后,1899年、1911年又对其中的公司法内容作了两次修改,1950年则以股份有限公司法为中心对《商法典》的有关内容作了彻底修改。在英国,其公司法只调整开放式公司(类似于股份有限公司)和封闭式公司(类似于有限责任公司)。英国的公司立法从1844年开始,到1856年制定了第一个现代的公司法。此后英国公司法经常修改,至19世纪末,形成了一个惯例,由一个专家委员会每隔20年左右对公司法进行一次修改。在英国公司法史上比较重要的是1929年、1948年、1967年和1976年的公司法。美国公司法的调整对象与英国基本相同,但其特点是立法权在各州。纽约州在1807年就颁布了第一个关于公司的法律。为了统一各州的公司法规则,消除各州分别制定公司法造成的混乱,美国的学术机构开始主持起草和推荐统一公司法的范本,先后起草了若干的法律草案,如1909年《股票转让法》、1928年《统一商事公司法》、1950年《标准商事公司法》(又译《标准公司法》)。但这些法只供各州议会采纳适用,并不具有在各州直接适用的法律效力。目前,《标准商事公司法》经多次修改,已被多数州采用。

5. 有限公司的产生、发展及其立法。无限公司、两合公司、股份有限公司的产生和发展,适应了资本主义经济的需要,有力推动了资本主义经济的发展。但同时,这些公司形式既有其优越之处,又有其不足。无限公司虽有组织简易、资本合作、股东经营努力的优点,但也有风险责任重大、经营规模有限、不适于大型企业等缺点。股份有限公司适于集中大量资本,进行大规模经营,但由于其股东众多、股票又可以任意转让、股东流动性大,法律对其设立和活动有严格而复杂的要求,特别是要实行经营状况和主要会计事项的公开化,因而不甚适用于中小企业。经济发展的客观情况要求人们寻找新的公司组织形式。于是一种股东人数有限、股东均负有限责任、股票不得上市、公司业务相对保密的公司——有限责任公司产生了。有限责任公司是最晚出现的一种公司形式。

一般认为,有限责任公司最早于19世纪末产生于德国,也有的认为英国的封闭式公司是有限责任公司的最初形式。有限责任公司基本上吸收了无限公司、股份有限公司的优点,避免了二者的不足,尤其适用于中小企业,因而它一经产生,便在欧美国家得到迅速推广,进而扩展到世界各国。目前,就数量而言,在西方大多数国家,有限责任公司占首位。因此,一些学者们认为有限责任公司是今后公司的发展方向。当然,也并非所有的国家都有有限责任公司,如瑞典就没有这种公司。

有限责任公司的立法,最早的应推德国1892年的《有限责任公司法》。效仿德国,法国于1919年制定了《有限公司法》,后将其并入1966年的《商事公司法》。日本于1938年制定了

《有限公司法》。总的来看,各国的有限责任公司法大都在商法典之外单独立法,这是由于有限责任公司出现较晚。而英国和美国的封闭式公司一般与开放式公司一起规定在统一的公司法之中。另外,在许多国家,股份有限公司的一些规则也适用于有限责任公司,有限责任公司立法有的只是对其特殊问题作出规定。

6. 西方国家公司立法的特点。随着公司本身的不断发展、演变,西方国家的公司立法也是亦步亦趋,逐步完善,在其长达 300 年的发展过程中,表现出以下几方面的特点:

(1) 立法体例上,各国公司法逐渐脱离商法典而独立成为单行法,其内容则由简到繁,日趋具体、完备。这是由公司组织的不断发展和对其实行法律调整的需要决定的。

(2) 内容日趋统一。一些公司法中先进、有效的制度一经由某个国家实行,其他国家往往效仿。如英美法系创立的授权资本制被原实行法定资本制的大陆法系所采用。联邦德国创立的公司双重管理体制,1966 年前只有德国和奥地利实行,后来也为法、荷等国采用。而最具代表性的则是欧洲共同体所进行的《统一公司法》的尝试。

(3) 公法日益渗入公司法。公司法本属私法范围,但由于对公司实行社会管理、政府干预和控制的需要,使公司法中公法性质的规定越来越多,如对职工参与公司管理的要求、对公司实行严格商业登记的规定等。

(4) 加强对公司的扶植和保护。例如,各国相继采用的授权资本制对于便利公司建立、加快公司发展具有重要作用;公司重整制度,更是避免公司破产、促其复兴发展的有力措施。

(5) 不断改革和创新公司法的制度和规则。为适应社会发展和现实需要,各国公司法制度和规则不断突破和创新。如许多国家从恪守公司的社团性发展到允许或有条件地允许一人公司的设立、公司设立从单纯准则主义到严格准则主义的调整、对关联公司的法律规制等。

(6) 加强对第三人和社会利益的保护。最突出的就是实行公示主义原则,即要求将公司的主要业务事项,特别是商业账簿、财务状况呈报和公布,为公众所周知。此外,证券交易法的制定和完备,限制或禁止公司拥有自己的股份,公司控股的通知和公布要求等,对于约束公司行为,防止投机活动,维护社会利益也是十分重要的。

(二) 中国公司的产生和发展

中国的公司制度在其所有各种法律制度中是较为复杂的一种,这主要表现为它的多样性和不稳定性。中国现代法律基本上吸收了大陆法系的内容,但又坚持了中国社会政治、经济、文化等的客观要求,这使得中国的公司制度融合了大陆法系的传统和苏联的社会主义模式进而形成了自己独特的体系。同时,几十年的巨大社会变革,也使中国公司制度显示出历史发展的阶段性和丰富的变化。

1. 1949 年前(中华人民共和国成立前)。中国长期处在封建社会,商品经济不发达,当 19 世纪西方资本主义已经进入公司时代盛期的时候,中国还处于封建时代的后期,因而现代公司发展较晚。清末帝国主义入侵后,清政府效仿英美通过招商集股方式兴办轮船、电报等企业,著名的招商局就是当时以现代集股方式成立的最早的公司之一,而最早的成文公司立法则是清政府于 1903 年 12 月颁布的《公司律》。

中华民国成立后,1914 年颁布了《公司条例》,后来该条例又经过两次修改。1929 年,国民党政府颁布了《公司法》,这是一部比较完整的现代中国公司立法,如同国民党政府颁布的其他主要法律一样，这部公司法也基本上效仿了法、德、日等大陆法系国家的公司立法及其精神。1946 年国民党政府对这部公司法作了修正，目前我国台湾地区“公司法”就是由这部公司法经过多次修改而成的。

2. 1949—1956 年（国民经济恢复时期）。中华人民共和国成立以后，废除了国民党政府的一切法律，其中包括公司法。当时全国还有 11 298 多家国民党政府时登记的私营公司。为维护这些企业的合法利益，鼓励私人投资经营有利于国计民生的新型企业，1950 年政务院通过了《私营企业暂行条例》，1951 年又颁布了《私营企业暂行条例实施办法》。《私营企业暂行条例》根据新中国成立初期的实际情况，规定了无限公司、有限公司、两合公司、股份有限公司及股份两合公司五种公司形式。

与此同时，为了鼓励和指导资本主义工业转变为公私合营（国有经济与私有经济合营）形式的国家资本主义企业，政务院于 1954 年通过了《公私合营工业企业暂行条例》，这种公私合营企业实际上就是有限责任公司。1955 年前，公私合营还只是在部分企业中进行，到 1956 年，便实行了全行业公私合营。自此，私营企业这种公司形式不再存在，而公私合营企业由于私人资本家退出经营管理，只按规定的比率收取利息也不再是典型的公司组织，基本上变成了普通的公有制国营企业。

3. 1956—1979 年（社会主义改造至改革开放之前）。这一时期，传统的公司基本绝迹，代之而起的是在商业、钢铁、纺织、建筑等行业建立的各种专业公司和由若干企业联合组成的联合公司。尤其是 20 世纪 60 年代之后，这类公司发展较快。1962 年，首先在商业部系统恢复和建立了各级专业公司，如五金机械公司、百货公司等。1964 年，又试办了十多个全国性的工业联合公司，即中国烟草公司、中国医药工业公司等。但整体来说，由于这一时期实行高度集中的计划经济和落后的管理体制，公司的发展处于低潮，不仅传统的公司形式被取消了，而且联合公司的设立也只限于某些行业，数量也不多。

4. 1979 年以后（改革开放时期）。这一时期是公司发展的高潮时期，公司不仅在数量上取得了前所未有的突破，在形式上也有了新的变化，出现了三种类型公司并存的局面。

首先，联合公司的设立在全国范围内展开。1980 年，国务院发布《关于推动经济联合的暂行规定》，全国各地区、各部门几乎都按照行业性质和专业化协作的原则，对现有企业进行改组、合并，组成了各种联合公司。1986 年，国务院发布《关于进一步推动横向经济联合若干问题的规定》；1986 年颁布的《民法通则》又在“法人”一章专门规定了联营，其中既包括有限公司性质的法人型联营，也包括联合公司性质的协作型联营。

其次，在对外开放政策指导下，为了吸引外国投资，国家于 1979 年颁布了《中外合资经营企业法》，1986 年颁布了《外资企业法》，1988 年颁布了《中外合作经营企业法》。其间，各种有外国资本参与的外商投资公司迅速发展，这些中外合资、中外合作企业是我国改革开放之后最早出现的有限责任公司。

最后，以各种外商投资公司的出现为先导，传统的出资联合形式的股份制公司组织也开始复兴。在经济比较发达的东部沿海城市和其他中心城市，特别是在几个经济特区，一批股份有限公司、有限责任公司纷纷成立，其中有些股份有限公司面向全省甚至面向全国发行股票。1988 年国务院发布的《私营企业暂行条例》第 6 条明确规定了有限责任公司为私营企业的法定形式之一。为对这种出资联合的股份制公司实行统一管理，全国许多地方制定了一些地方性法规，如 1992 年发布的《深圳市股份有限公司暂行规定》和《上海市股份有限公司暂行规定》等，国家立法机关也开始进行统一的公司立法。

5. 公司法的制定和修改。公司组织的迅速发展需要法律来规范，公司、股东、债权人等的合法权益要求法律予以确认和保障，社会经济秩序的稳定亦需要法律来维护，这一切使中国的公司立法受到广泛的关注和重视。早在 1983 年，有关立法机关即开始酝酿公司法的起草，最初起草的是统一的公司法，后改为分别起草有限责任公司条例和股份有限公司条例。1992 年，当时的国家经济体制改革委员会制定并发布了《有限责任公司规范意见》和《股份有限公司规范意见》，这两个规范意见是《公司法》颁布前实际适用的两个法律文件，对中国公司的发展起到了重要的作用。

1992 年 8 月起，由全国人大常委会法制工作委员会在国务院及有关部门起草或发布的公司条例、规范意见和法律草案的基础上，起草统一的公司法，最终于 1993 年 12 月由第八届全国人大常委会第五次会议审议通过，《中华人民共和国公司法》正式颁布，该法于 1994 年 7 月 1 日正式施行，中国公司法的发展从此进入了一个新的阶段。

然而，由于 1993 年《公司法》产生于改革开放初期，很多旧的观念还没有完全澄清，在一些制度的设计倾向上过于保守。随着改革的深入和市场经济的发展，这些制度越来越不能适应公司制度发展的要求，甚至成为进一步发展的桎梏。因而，1999 年和 2004 年分别对《公司法》进行了两次修改，但涉及面很窄，仅对少数几条条文的内容作了技术性修改。

2005 年 10 月，第十届全国人大常委会第十八次会议对《公司法》进行修改。这次修改范围广泛，涉及内容十分丰富，是一次公司法的大修大改，在原来总共 229 个条文中，增、删、改的条款总数达 224 条之多，其中新增条款 41 条，删除条款 46 条，修改条款 137 条，没有任何改动的条文仅占原公司法条文总数的不到 10%。同时，这种大修大改不只是表面上条文和文字的简单改动，而是广泛的实质上的制度和规则的突破和创新，是对许多重要制度和规则的重新设计。最为根本和重要的突破和创新是立法理念和指导思想的突破和创新，是立法目标和价值选择上的重新认识和调整。

2005 年《公司法》修订的内容主要集中公司法的两大支柱制度上，即资本制度和公司治理。在资本制度上，2005 年《公司法》体现了从片面强调资本信用到兼顾资本信用和资产信用的立法理念的调整，降低了公司设立的门槛，放松了对公司的过度管制，大幅度地降低了公司设立的最低注册资本数额，放宽了对股东出资方式的限制，允许出资分期缴纳，取消了对公司转投资的限制，扩大了公司回购自己股份的情形。在公司治理上，赋予少数股东股东会的召开请求权、召集权和主持权，允许公司实行累积投票制，将股东的知情权落实到查阅公司账簿，限制关联股东及其董事的表决权，规定对公司决议持有异议的股东享有的股份收买请求权、公司陷于僵局时股东解散公司的请求权，以及董事、监事不履行职责时股东代表公司提起诉讼的权利等。

2013 年 12 月，第十二届全国人大常委会第六次会议对《公司法》又进行了一次修改，这次修改集中于资本制度，是在 2005 年资本制度改革基础上的又一次突破。其改革的核心内容包括取消公司最低注册资本分别应达 3 万元、10 万元、500 万元的限制，不再限制股东的首次出资比例以及货币出资比例，取消股东两年内缴足出资、投资公司 5 年内缴足出资、一人公司股东应一次足额缴纳出资的规定，允许股东自主约定认缴出资额、出资方式、出资期限等。同时，简化登记事项和登记文件,公司登记时,不再需要提交验资报告。

2018 年 10 月,第十三届全国人大常委会第六次会议再次对《公司法》进行修改。此次修改完善了回购规定,大大提高了上市公司回购积极性,有助于增强上市公司资本运营活力,提高企业资本运营效益,促进资本市场健康长远发展。主要体现为三个方面:(1) 修正增加允许股份回购的情形。(2) 适当简化股份回购的决策程序,提高公司持有本公司股份的数额上限,延长公司持有所回购股份的期限。(3) 补充上市公司股份回购的规范要求。

2023 年 12 月,第十四届全国人大常委会第七次会议对《公司法》予以修改。修改后的《公司法》总共 266 条,删除了原《公司法》中的 16 个条文,新增和修改了 228 个条文,其中实质性修改 112 个条文,是历次公司法修改中规模最大的一次修改。本次公司修改有四大目标和价值取向:(1) 深化国有企业改革,完善中国特色现代企业制度;(2) 持续优化营商环境,激发市场创新活力;(3) 完善产权保护制度,依法加强产权保护;(4) 健全资本市场基础性制度,促进资本市场健康发展。在此基础上,在公司登记与信息公示、股东出资责任、公司资本、公司治理、公司决议效力、股东权益保护、公司债券等制度上都取得了突破和创新,尤其是公司资本制度和公司治理制度。其中,在公司资本制度方面,主要有以下重要革新:(1) 有限责任公司从完全认缴制转变为 5 年限期认缴制;(2) 为股份有限公司引入授权资本制;(3) 股份有限公司可选择发行无面额股;(4) 股份有限公司可发行类别股;(5) 引入了形式减资制度;(6) 非等比减资采用“原则禁止+例外允许”的规制模式等。在公司治理制度方面,主要有以下革新:(1) 提供公司监督机关多元选择模式,公司自主选择设置监事会(双层制)或审计委员会(单层制);(2) 加强控股股东、实际控制人的责任,增加控股股东滥用权利时的股权收购责任、控股股东和实际控制人的信义义务、影子董事责任;(3) 新增董事、高管对第三人责任的一般性规定;(4) 新设“国家出资公司组织机构的特别规定”一章。

上述历次公司法修改,都是在科学总结我国公司法多年实践经验的基础上,借鉴了各国公司法改革的最新成果,对现实中的重要问题进行了深入分析和论证,修改或取消了脱离现实需要的相关规定,进一步完善了行之有效的制度和规则。尤其重要的是,在理论突破的基础上,努力寻求制度创新,引进、建立和发展具有时代特征、符合我国现实需要的先进公司法理念和制度。

二、 公司的作用

(一) 获取投资收益

公司作为一种营利性组织,目的是通过经营活动以较少的投入获取较大的收益。同时,公司的营利非为公司本身,而是为公司的股东即公司的投资者,公司的一切经营收益最终都要分配给公司的股东。因此,本质上说,公司就是一种股权式的投资收益形式,是股东赚钱的工具。

对投资者而言,面对市场,可以有多种理财方式和投资去向的选择,可以是直接投资,也可以是间接投资;可以是股权式投资,也可以是债权式投资;可以购买不动产获取其保值或增值的利益,也可以借贷的形式获取借贷利息,还可以投资于企业获取企业的经营收益。不同的投资去向会给投资者带来不同的利益和风险;债权投资风险小,利益也受到限制;股权投资风险大,利益也大。各种投资形式都有自己的利益与风险的配比,投资者正是基于自身的经济状况、对利益的期望和对风险的承受能力在多种投资形式或工具中进行选择,公司正是其中可供选择的形式或工具之一。同时,由于公司投资的收益是由公司的经营业绩决定的,具有不受限制的扩展空间,因此,它适应了多数投资者的需要,成为被广泛采用、广受欢迎的投资形式。

(二)限制投资风险

公司是限制投资风险的有力形式。任何投资都有其自身的风险,但不同的投资,其风险程度和范围不同。投资者在追求最大利益的同时,也要寻求最小的风险。在各种直接投资即企业投资形式中,独资企业、合伙企业以其企业主和合伙人的无限责任而使投资者承受着极大的风险,在一个企业中的投资失误或失败,会威胁投资者全部财产的安全,一个企业的破产可能会引致投资者倾家荡产。而公司以其公司本身的独立责任和股东的有限责任为基本法律特征,使投资者的责任限制在其投资额的范围内,割断了公司责任与股东责任的连带关系,使投资风险得到有效的控制。

同时,投资者还可以通过在不同公司投资来分散投资的风险,从而在不改变投资总量的情况下,实现利益与风险的合理分配。这种分散投资、分担责任和风险的"分身法"已成为现代企业投资最惯用的方式,通常所称的"项目公司"就是典型的代表:一个投资项目设立一个公司,一个公司只从事一个项目的开发和经营,使不同项目、不同公司之间的经营风险互相隔离,互不牵累,正是对公司限制投资风险功能的充分利用。

(三)募集经营资金

资金是一切企业经营的重要条件,资金越雄厚,企业就越能在市场竞争中处于有利地位,公司则是筹集资金最为有效的组织形式。党的二十大报告指出,要充分发挥市场在资源配置中的决定性作用。公司就是资本资源市场优化配置的最有效的法律工具。

首先,组建和成立公司本身就是募集资金的重要手段。生产经营规模扩大,需要更多的资金投入,某些单个资本无力开发的事业和个别资本家无法从事的经营,需要资本的聚集和联合,组建公司就是这种聚集和联合资本的方式,公司所实行的共享利益、共同管理机制使投资者具有踊跃的投资热情和持久的投资动力,使公司能够获得广泛的投资来源,并使多方资金迅速集中于公司。

其次,公司成立后亦具有优越的融资能力。其以明晰的主体形象和法律独立性在对外融资中处于有利的地位。同时,各国法律大都赋予公司独资企业和合伙企业所不具有的融资权利能力或特权,其中最重要的就是股份有限公司可以发行股份和公司债券,股份和公司债券的流通性,使这种通过发行有价证券方式进行的融资具有一般融资手段难以达到的融资效果。

最后,公司的融资具有融资成本低、融资手段灵活和规模大、速度快的特点。以出资或股份形式进行的融资无须还本,股东出资具有永久性,只要公司不解散,出资即不得撤回,这便于公司获得低成本的稳定投资。同时,公司可根据不同情况发行不同的股票,既可以发行普通股、优先股,也可以发行可转换为公司股票的公司债券。这种灵活的融资手段,无疑大大便利了投资者的选择。此外,股份有限公司所实行的股份均等和自由流通,又使其可以面向社会向不特定的任何人募集资金,股东范围广泛,股份分散,因此极易筹措巨额资金,达到积少成多、集腋成裘之功效。

公司尤其是股份有限公司的巨大集资作用在资本主义发展历程中得到了证明,并为经济学和法学理论所充分肯定。自由竞争引起集中,集中导致垄断,是资本主义发展的一般规律,而在这一由集中到垄断的发展过程中,股份有限公司起着举足轻重的作用,它的产生,大大加速了社会资本的集中过程,成为社会积累的强有力的法律杠杆。

(四) 实行科学管理

企业的现代化管理是民主管理和科学管理的结合,公司是现代化企业管理的典型组织形式。以股东投资行为为基础,传统所有权在公司中转换为股权和公司法人权利,二者相互独立又相互制衡。股东以股权为依据,按照公司法规定的方式参与公司经营管理,对公司实行间接控制;而公司的股东会、董事会及监事会作为公司的权力机构、经营管理执行机构及监督机构,依公司法的规定行使职权,各机构的产生和权限的规定充分贯彻了分权与制衡,权利、义务和责任统一的原则,使公司的管理达到了高度的民主化和科学化。

在我国社会主义市场经济体制下,企业必须产权明晰、管理科学,具有自主经营、自负盈亏、自我约束、自我发展的能力,而公司内部的组织运作机制,无疑为我国国有企业实现这种经营机制的转变,提供了各种先天有利的条件。国有企业的公司化改造,有利于界定产权,确定企业财产所有权的归属;有利于股权与所有权的分离和政企分开,使企业不再是政府的附属物;有利于转换经营机制,改善企业管理,防止决策失误,提高经营效率。因此,对国有企业进行公司化改造,成为我国企业改革的基本方式。自 1993 年《公司法》颁布以来,多数国有企业都先后改制为有限责任公司、股份有限公司或国有独资公司。

第四节　公司法概述

一、 公司法的概念和性质

公司法是规定各种公司的设立、活动、解散以及其他对内对外关系的法律规范的总称。公司法调整的对象和范围包括公司设立过程、存续期间和终止过程中的法律行为和法律关系。其中,设立过程中的法律行为和法律关系包括设立人之间及设立人与第三人之间的行为和关系。存续期间的法律行为和法律关系包括股东之间,股东与公司之间,公司管理机构之间,股东与公司管理机构之间,股东、公司与第三人之间,以及公司与国家管理机关之间的法律行为和法律关系。终止过程中的法律行为和法律关系除上述关系外,还包括股东与清算组织、清算组织与第三人等的法律行为和法律关系。

公司法的性质是指公司法的主要属性,即其在法律分类体系中的基本属性。在法律性质的界定上,公司法应属私法、商事法和商事主体法。

首先,公司法属于私法。西方国家把法律分为公法和私法。所谓公法,是指调整国家与社会组织和个人之间公共生活关系的法律规范。所谓私法,是指调整社会组织之间、个人之间以及社会组织与个人之间私人生活关系的法律规范。一般认为,商事法属于私法的范畴。虽然随着时代的发展和社会生活日益复杂,各国政府开始更多地干预和管理社会经济活动,从而出现了"私法公法化"的趋势,商事法也日益具有公法的色彩,尤其是其中的公司法更多地包含了公法性质的内容,但就其本质而言,公司法仍应属私法,原因在于公司法主要调整私人或民事主体之间的关系,目的是保护和协调民事主体的私人利益,促进商业活动的增长和发展,调整的方法则主要是民事权利义务的设定和民事责任的追究。

其次,公司法属于商事法。商事法是法律体系中的一个重要法律部门,是调整各种商事关系的法律规范。按照各种商事法所调整的具体对象的不同,商事法又有许多分支,其中比较重要的是买卖法、商业登记法、公司法、票据法、保险法、海商法、破产法等。当然,商事法本身有形式的商法与实质的商法之分。形式的商事法,是指民商分立的国家所制定的以"商法(典)"命名的法典。实质的商法,则是指各种调整商事关系的法律规范,其中除统一的商法典外,也包括各种单行商事法规。

无论在何种意义上,公司法都是商事法的一个重要分支,民商分立的国家把公司法规定在商法典中,民商合一的国家则在民法典中规定了公司法相关内容,而许多国家,在商法典或民法典的之外,又制定了单行的公司法。

公司法之所以属于商事法,是因为公司本身是一种营利性的社团法人组织,不管其从事生产制造,还是商品流通,抑或商品交换中的中介活动,都是为了营利。股东成立公司或购买公司股份也是为了使自己的财产增值。这种经营活动正是商事法所调整的商事关系,公司本身也是商事关系中最普通、最主要的商业组织或团体。因此,公司法当然属于商事法。

最后,公司法属于商事主体法。商事法中有的侧重调整商事主体,有的侧重调整商事活动,有的则侧重调整商事法律关系的客体或对象,公司法是其中的商事主体法。公司是一种社团法人组织,是由多数人组成的团体,因而对其实行法律调整的公司法即具有主体法的性质。所谓主体法,就是规定某种主体或社会组织的产生和消灭、组织机构及其活动的范围、活动规则等关系的法律规范。银行法、合作社法、工会法等社会团体法都属于典型的主体法。主体法的突出特点是对某种社会组织或团体的各种法律关系进行全面调整,其中尤其重要的是调整此种组织的内部关系,而一般法律都主要调整社会组织的外部关系。

公司法作为主体法,首先确认的是公司的法律地位,赋予其法人资格。公司法对公司从产生到消灭整个过程的各种法律关系和活动都作了具体、详尽的规定,包括公司的设立、变更和解散,公司的经营业务,公司章程,权利能力和行为能力,财产结构和组织结构,管理机构的组成及其职权,会计事务的管理,公司与股东以及股东相互间的关系,以及股东在经营管理和盈余分配中的权利等。同时,公司法也对公司的名称、住所、登记注册等作了规定。

二、公司法的特征

公司法的特征是指与其他法律比较,公司法展现出的特殊性。公司法的特征可概括为如下几个方面。

(一)公司法是主体法和行为法的结合

公司法是一种主体法,也具有商业活动法的特点和内容。所谓商业活动法,是指直接调整具体的商业经营活动的法律规范。这种商业活动并非发生在某一组织或团体内部，而发生在不同组织或个人之间，合同法（包括买卖法）、代理法、票据法、信托法等是最典型的商业活动法。

各国公司法不仅规定了公司的设立、变更、组织机构等内部关系，也规定了公司所从事的某些直接的商业经营或交易活动，如发行股票和公司债券、交易股票等活动。此种规定包括发行股票、债券的条件和程序，以及股票债券上市和交易的方式和规则等，对特定经营活动予以规定是公司法的特色，一般组织法很少有这方面的内容。

公司法之所以具有商业活动法的特征，是因为这些商业活动与公司的组织特点密切联系，或者说它是公司这种组织特有的活动内容，需要在公司法中对此一并规定。公司的活动分为两种：一种是普通商业活动，这种活动一般商业组织都可以进行，如制造、承揽、运输、买卖等；另一种则是与公司组织特点直接相关的活动，如股票、债券的发行和交易活动，这种活动一般只有公司才能进行。而公司法作为主体法，并不对公司的普通商业活动进行调整，只对上述与公司组织特点直接相关的活动作出规定。

（二）公司法是强制性和任意性的结合

公司法具有强制性。所谓强制性，是指法律的规定必须严格遵行，不得违反、改变甚至变通，否则即构成违法。公司法的强制性体现了国家的意志和对经济生活的干预。这是因为，公司的设立不仅涉及公司的设立者、内部的股东或当事人的利益，更涉及公司之外的第三人、相对人或未来的债权人的利益，为了保障这些外部主体的利益和社会交易的安全，必须将公司法的某些制度和规则法定化和强制化。同时，公司是社会经济的主要力量，其财产雄厚、活动广泛，在社会经济生活中举足轻重，如不对其进行严格的法律指导和管理、控制，将会对社会经济秩序构成威胁。

公司法具有一定的任意性。所谓任意性，是指法律的规定可以由当事人改变或变通，公司章程的规定或当事人的约定可以排除法律的适用。任意性是民商法尤其是合同法的重要特点，合同法中的绝大多数规定都是任意性规范，都允许当事人自由协商作出另外约定。公司法的任意性是由其民商法的基本性质决定的，包括公司法在内的民商法本质上属于私法，而私法又是体现私人意志并为最终实现私人利益服务的法。另外公司是投资的工具，公司法主要是体现投资者意志并为实现投资收益服务的法。公司法没有理由完全排除公司当事人就公司经营管理事项及相互关系所作的自愿协商和安排，因为当事人是自己利益最好的代表者，它最了解自身的利益和需求所在。因此，公司法应该具有一定的任意性。

袁某等诉黄某人等公司利益责任纠纷案

公司法中既有强制性规范，也有任意性规范。就条文数目而言，绝大多数的公司法条文应属强制性规范，任意性规范数量虽少，但起着绝对不可忽视的作用。我国公司法以往强制性过度而任意性不足，法条中很少表现出任意性，2005 年《公司法》基于放松管制、尊重股东和公司自治的立法目标，对强制性规范和任意性规范作了重新定性和安排，增加了许多任意性条款，还把原来的某些强制性条款变成了任意性条款。如 2005 年《公司法》第 72 条首先对股权转让作了系统规定，接着又规定“公司章程对股权转让另有规定的，从其规定”；第 76 条规定“自然人股东死亡后，其合法继承人可以继承股东资格；但是，公司章程另有规定的除外”；第 35

条规定“全体股东约定不按照出资比例分取红利或者不按照出资比例优先认缴出资的除外”。

现行《公司法》在公司治理制度和公司资本制度中进一步增强了规则的任意性。在公司治理制度方面,《公司法》大大增加了公司组织机构设置和公司经营决策权分配等规则的任意性,让公司根据自身实际情况,设置适合公司发展的治理模式。例如,《公司法》第69、121条规定组织机构的单层制(只设置审计委员会而不设置监事会)和双层制的选择模式;第75条规定,规模较小或者股东人数较少的有限责任公司可以不设董事会等。在公司资本制度方面,《公司法》增加了股份有限公司的类别股制度、授权资本制等,这些充满任意性色彩的制度也起到了便利股份有限公司融资的作用。

(三)公司法表现为成文法

法律规范有判例法与成文法之分,公司法规范主要表现为成文法的形式。无论在采取成文法形式的大陆法系,还是在采取判例法形式的英美法系,公司法基本都采取成文法形式。这是因为,公司法对公司的类型实行严格的法定主义,对于公司的法律人格、公司和股东的责任、设立条件、组织机构、公司会计、公司变更与清算等必须全面系统地予以规范。同时,公司法作为主体法,应具有明确性、系统性、统一性和稳定性,采取成文法形式可以避免判例法的分散和易变等不足。

当然,在英美法系,除成文的公司法外,还有许多公司法方面的判例,后者也是公司法的重要组成部分。同时,作为成文法的公司法,并非指某单一的立法文件,而是指调整公司法律关系的各种法律规范。

(四)公司法具有一定的国际性

商法是最具有国际性的法律规范。商法以商事关系为调整对象,商事关系实质上就是商品关系在法律上的表现,因而商法不能不反映和尊重商事关系的客观规律和要求。同时,商事关系也具有一定国际性,许多商业活动都跨越国界,各国经济日益紧密联系,并趋向形成世界经济体系。为此,不仅世界各国在本国商事立法方面注意坚持一般的科学原理和保持与其他国家商事法的协调和衔接,国际上也订立了许多国际性商事公约。

公司法作为商事法的重要组成部分,也必然具有国际性特点。从内容看,各国公司法的共同性是很明显的,有关公司的概念与类型、公司的设立与注册登记程序、公司的业务范围、公司的名称与注册登记程序、公司的资本与股份、股东会的组成与职权、董事会等管理机构的设置与职权、公司债券的发行、公司的解散与清算等各方面的法律规定,大同小异。

公司法的国际性,还表现在制定跨国性公司法的实践和尝试上。欧盟(欧洲共同体)即采取了制定公约、发布指令、制定统一的欧洲公司法三种方式来协调和统一成员国的公司法,例如,欧盟成员国签署了关于相互承认公司及法人公约及法人实体的公约、关于公司国际性合并的公约、关于公司破产程序的公约;为协调成员国的公司法,欧盟(欧洲共同体)发布了关于保护第三人、关于公司法、关于公司合并和关于某些类型公司的年度结算等四个指令。这些公约和指令虽不直接适用于各成员国,但对各成员国的公司法统一产生了直接的影响。

三、公司法的基本原则和立法目标

（一）基本原则

公司法的基本原则，是公司法调整公司关系的基本准则，是公司立法的基本理念和指导思想，也是公司法律制度设计的立法目标和价值取向。基于这些基本原则制定的公司法既反映了现代市场经济对公司法律制度的要求，也对鼓励投资、集中资本兴办企业、维护商业组织、繁荣社会经济起着至关重要的作用。在我国市场经济条件下，公司法基本原则对于促进经济改革，规范公司组织的设立和活动，保障各方当事人的合法权益，维护交易安全和社会经济秩序具有重要意义。公司法的基本原则是在公司法律制度长期的发展中逐步形成和不断调整的，并为各国公司法不同程度地接受。我国公司法在肯定和吸收现代公司法原则的基础上，结合我国现实，逐步形成了具有中国特色的公司法基本原则。这些原则或者被直接规定为法律条款，或者体现在具体的制度和规则之中，概括来说，这些原则主要包括以下几项。

1. 鼓励投资原则。公司是以营利为目的的组织，是股东共同投资、获取投资收益的工具。因此，公司法的基本原则之一就是鼓励民事主体的投资创业行为，推动公司设立，促进资本市场发展和繁荣，并由此创造更多的劳动岗位和就业机会，促进社会主义市场经济的发展。

对于这一原则，我国公司法经历了一个不断认识和调整的过程。基于社会经济的阶段性发展和社会的客观环境，曾有过将公司法视为“治乱的法”“管理的法”和“国企改革的法”等片面认识，其实公司法更主要的任务是对所有公司法律关系进行全面的法律调整。我国市场经济发展到现阶段，更需要重视和强调公司法在鼓励投资创业方面的重要作用。在全球经济竞争的背景之下，各国的经济竞争不仅限于产品和市场的竞争，也包括制度的竞争，就是比谁的规则最优，谁的制度最佳，谁能为企业成长和经济发展提供更广阔的空间和优越的环境。因此，公司立法改变了1993年《公司法》过分强调规范、限制和管理的倾向，从2005年《公司法》开始转向对各种投资主体投资行为的鼓励、对各种投资资源的充分利用、对各种投资形式和投资渠道的开拓。2005年《公司法》大幅降低了公司最低资本额，放宽了股东出资形式，允许资本分期缴纳，取消了股份有限公司设立审批机制；2013年《公司法》取消了法定公司最低资本额，从有限制的资本认缴制改为完全的资本认缴制，取消了货币出资比例和验资程序等；现行《公司法》增加了股份有限公司的类别股制度、授权资本制等鼓励投融资的制度。上述都是鼓励投资原则的具体体现。

2. 公司自治原则。公司自治就是允许公司在法律规定的范围内自主决定公司的一切事项，法律只对某些涉及他人利益和社会公共利益的事项强制干预，法律中的任意性条款只供当事人选择适用，公司章程或决议可以规定或约定排除任意性条款的适用。公司法既具有强制性，又具有任意性，是强制性规范和任意性规范有机结合、合理布局的法。公司法的强制性通常不会被忽视，也较少发生认识上的分歧，而公司法的任意性常被忽视，因此，为强调公司法的任意性，形成了公司自治原则。

我国公司法长期存在的突出问题，一是强制性规范与任意性规范区分不明，二是强制性规范过多而任意性规范不足，法律规范则呈现出过度的刚性和强制性，而缺少应有的弹性和任意性。因此,2005 年修改《公司法》时形成的一个重要的共识就是尊重股东权利,加强公司自治,从原来片面、过度的控制和管理转向对企业经营自治的尊重、对运营效率的追求和对市场机制的有效运用。为此,2005 年《公司法》对其强制性规范和任意性规范作了重新定性和安排,注意和强调公司法规范的任意性,减少强制性规范的数量。例如,将许多条文变成了任意性条款,包括有限责任公司股权转让的优先受让权问题、股权的继承问题、股利的分配问题等。现行《公司法》又进一步增强了规则的任意性,例如,在公司治理制度方面,增加了公司机关设置的任意性;在公司资本制度方面,增加了类别股发行的任意性等。

3. 公司及利益相关者保护原则①。公司由股东共同出资设立,但与公司设立和经营存在利害关系的并不限于股东。公司作为独立的法律主体,有其独立的利益,建立公司法律制度的出发点之一就是确保公司良性运行,因此,维护公司的合法权益就成为所有国家公司法的功能性目的。同时,公司的职工或雇员也是公司的利益相关者,股东的利益是投资收益,职工的利益是获取工薪和报酬。公司倒闭对股东的风险是丧失投资,对职工的风险则是失去工作。此外,公司的债权人也是公司经营活动的利益相关者,公司良好经营会保障债权的顺利实现,而公司倒闭破产则会严重损害债权人的利益。公司经营的成败得失对上述利益相关者都有着深刻影响,尤其在现代社会,随着公司规模的扩大和实力的膨胀,公司对利益相关者的影响越来越强,因此,保护公司本身和公司股东、债权人、职工等利益相关者的利益就成为现代公司法律制度的又一使命。

4. 股东平等原则。股东平等原则指股东在基于股东资格发生的法律关系中,原则上应按其持有的股份的性质或数额享受平等待遇,同种性质的股份应该享有同样的权利、承担同样的义务,不能有所歧视和实行差别待遇。公司制度最重要的一个创造是将具有不同身份、地位的投资者抽象为股东,基于股份的平等,股东之间也具有平等的地位,应当一视同仁。如《公司法》第 143 条规定:“股份的发行,实行公平、公正的原则,同类别的每一股份应当具有同等权利。同次发行的同类别股份,每股的发行条件和价格应当相同;认购人所认购的股份,每股应当支付相同价额。”第 145 条虽在股份有限公司中引入类别股制度,但股东平等原则仍然适用,同类别股东仍遵循股东平等原则。

股东平等原则是现代公司立法奉行的基本原则之一,它是民法上的平等原则在公司法领域的具体体现,也是平等保护投资者利益、调动投资者积极性的客观需要。然而,公司的股权结构往往导致大股东对公司过度控制、中小股东受欺压的情况,因此,特别需要建立特别保护中小股东的法律规则,以实现股东事实上的平等。我国公司法中的许多规定都是这一原则的体现和要求,如少数股东的股东会召集权和主持权、股东表决权的限制、累积投票制、异议股东股份回购请求权、股东代表诉讼制度等。

5. 权力制衡原则。权力制衡原则是公司内部治理方面的基本原则,要求公司的内部治理注重权力之间的相互分工和制衡。这一原则将不同的权力赋予不同的机构,使之相互配合、相互制衡,防止权力集中导致的滥用和腐败。权力制衡原则的具体表现形式在大陆法系和英美法系有所不同。大陆法系通常将公司的决策权赋予股东会,将执行权赋予董事会,将监督权赋予监事会,以实现权力之间的制约和平衡。英美法系则不设独立的监督机关,而在其公司执行

---

① 参阅本节第三目之“(二)立法目标”的相关内容。

机构内部设置有监督职能的机构或个人,如外部董事、审计师等。权力制衡原则是现代公司法人治理结构的指导原则,对于公司的有效运作和秩序稳定具有重要的作用。

在采纳大陆法系机构模式的基础上,我国公司法明确规定公司一般应设置股东会、董事会、监事会三种主要的公司机构,并详细界定了三种机构的权力配置及职责分工。同时,我国公司法规定的上市公司可以设置独立董事制度,则是吸收了英美法系制度的合理因素,以确保公司不同权力的正确行使和权力之间的有效监督制约。

6. 股东有限责任原则。股东有限责任原则,是指股东仅以其出资额为限对公司债务承担责任。它是公司区别于其他经济形态的最明显的法律特征,也是公司成为近现代社会最重要的企业形式的主要原因所在。有限责任降低了投资风险,有助于刺激投资者的投资积极性、扩大经营规模,有助于促进股权的流动和自由转让,带动证券市场的发展,创造了极大的生产力。现代国家的公司法在引入公司法人制度后,莫不将有限责任制度作为整个公司法律制度的基石。

我国公司法在确认公司拥有独立法人人格的同时,也确认了股东的有限责任。《公司法》第 4 条第 1 款规定:“有限责任公司的股东以其认缴的出资额为限对公司承担责任;股份有限公司的股东以其认购的股份为限对公司承担责任。”有限责任是法律给予投资者的特惠,既往公司法以最低资本额的限制和资本的实缴为条件,现行《公司法》取消最低资本额和改采认缴资本制,并不会改变有限责任的正当性和合理性,因为有限责任本质上是一种承诺性或宣示性的责任,即股东以其承诺的数额对公司负责,股东承诺的绝对资本数额并不重要,重要的是此种承诺产生的相应出资义务和对股东形成的法律约束,是他人基于此种宣示对该公司资本规模和信用能力的了解并进而预判交易风险和作出交易的决策。

有限责任原则对于公司制度的确立和发展可谓厥功至伟,但是,同其他绝大多数原则一样,有限责任原则也并不是绝对的。由于股东可能滥用有限责任,侵害债权人的利益,有限责任制度隐含着股东的道德风险。为克服有限责任可能出现的这一弊端,形成了公司法上的法人人格否认规则。但这一规则并非对有限责任原则的动摇和否定,而是对该原则的补充和完善,是为了更好地发挥该原则的功能。

7. 公司社会责任原则。对于何谓公司社会责任,迄今尚未形成统一的结论。一般认为,公司的社会责任是指公司不仅对股东负有责任,还对股东之外的雇员、债权人、供应商、客户、社区以及社会公共利益负有责任。公司的社会责任不仅包含法律明文规定的责任,更强调法律尚无明文规定而根据一般社会观念或道义应承担的非法定责任。

公司是股东投资设立的以营利为目的的社团法人,实现股东利益最大化是股东设立公司的主要目的。这是在股东本位主义下人们对于公司最基本的传统认识。随着市场经济的发展,公司的数量和规模不断膨胀,公司已经成为社会经济的支配力量,对社会各方面的利益均会产生实质影响。

北京市朝阳区自然之友环境研究所、中华环保联合会与中国石油天然气股份有限公司等环境污染公益诉讼案

工业事故频繁、劳工缺乏社会保障、环境污染严重等事件意味着不仅股东承担公司经营的风险,公司雇员、债权人、客户甚至社区居民等股东之外的利益主体也可能在一定程度上承担风险。公司力量膨胀所带来的弊端,引发了对公司社会责任问题的争论。公司的社会责任最早是 1932 年由美国的多德(Dodd)教授提出的,此后的论争一直延续到 20 世纪八九十年

代。然而,基于公司社会责任的复杂性及其执行的困难性,公司社会责任理论并没有完全为各国立法所接受。但是,强调公司社会责任的“利益相关者理论”已在立法上为美国的许多州和一些国家的公司法所接受。

虽然公司的社会责任是一个宽泛的概念,法律不可能也没有必要对每一项社会责任予以明确列举,但在公司法中明确规定公司的社会责任无疑具有重要的意义:一方面有利于预防公司滥用经济力量,鼓励公益捐赠、强调环保等各种形式的社会公益行为;另一方面有利于保护利益相关者的合法权益。随着我国现代企业制度建设的推进,公司已成为我国重要的经营主体,公司的影响与日俱增。但是,对盈利的过度追求,导致公司违反法律法规、违背社会公德、商业道德的行为频频发生,公司债权人、消费者、职工的利益遭到侵害,甚至严重影响和破坏了社会、市场应有的正常秩序。对此,我国《公司法》第 20 条第 1 款规定:“公司从事经营活动,应当充分考虑公司职工、消费者等利益相关者的利益以及生态环境保护等社会公共利益,承担社会责任。”该条明确提出并肯定了公司的社会责任,对倡导公司以各种形式维护社会公共利益和履行社会责任,具有重要的意义。

8. 弘扬企业家精神原则。《公司法》第 1 条将弘扬企业家精神确立为我国公司法的基本原则。打造保护企业家的公司法,保护市场经济的价值创造者,对我国经济发展具有不言而喻的重要作用。企业家精神入法不仅具有宣示作用,更重要的是可以为企业家在商事实践中发挥创新、冒险精神提供制度性的保障和激励,促进公司创造更大的社会价值。

公司法的具体制度设计体现了弘扬企业家精神的价值取向。在便利企业家融资方面,《公司法》引入了授权资本制、无面额股和类别股,完善了公司债券等制度,既在制度层面赋予企业家融资决策权,允许他们根据商业需求灵活地安排融资计划,又提升了融资工具的便利性,降低了融资成本。在公司治理机制多元化方面,《公司法》引入了类别股、双层制和单层制选择模式等制度,允许企业家根据公司实际情况自主建立适合公司发展的公司治理模式。类别股中的特别表决权允许企业家自主设置公司的控制权结构,避免企业家在公司融资壮大的过程中失去公司的控制权。双层制和单层制的选择模式允许企业家根据公司发展的情况选择更有效率的监督机制。在企业家责任减免方面,《公司法》引入了董事责任保险制度。但是,《公司法》的制度设计仍留有遗憾,缺失了商业判断规则和董事责任减免制度,这些还有待完善。

(二)立法目标

《公司法》第 1 条规定,公司法的立法宗旨在于“规范公司的组织和行为,保护公司、股东、职工和债权人的合法权益,完善中国特色现代企业制度,弘扬企业家精神,维护社会经济秩序,促进社会主义市场经济的发展”。由此,公司法的主要立法目标就是保障公司及利益相关者的合法权益。党的二十大报告特别强调优化民营企业发展环境,依法保护民营企业产权和企业家权益,促进民营经济发展壮大。此与我国《公司法》的立法目标完全一致。

1. 保障公司的合法权益。公司之所以能成为近现代社会最有效率的经济组织和生产方式,重要的原因之一是法律赋予其独立的人格,使其成为独立的民事主体,因此,必须由具有强制力的法律确认和保障其独立人格,一旦独立人格受到侵犯,公司将丧失存在的基础。公司法也明确规定了公司的权利能力和行为能力、公司管理机关的组成和职责、股东对公司应承担的义务等,不仅使公司本身的活动有法可依,也防止了他人限制和侵犯公司的权利,公司管理人员滥用权力,以及股东只考虑个人眼前利益,而不顾公司整体、长远利益等危害公司利益的行为。

我国公司脱胎于计划经济时期的国有大中型企业,由于受到长期政企不分和企业非市场行为的影响,许多企业在进行了公司制改造后,维护自身合法权益的观念极为淡薄,因而,保障公司的合法权益对我国公司具有更为重要的意义。《公司法》第 3 条第 2 款明确宣示“公司的合法权益受法律保护,不受侵犯”,鲜明地体现了公司法保障公司合法权益的立法精神,为公司发展提供了强有力的法律支持。

2. 保障股东合法权益。股东是公司的组成成员,是公司设立和存在的基础,在公司中承担最大的风险:股东将财产投入公司后,就丧失了对该财产的支配权;公司特殊的管理方式也使许多股东无法直接介入对公司事务的管理和控制;公司经营失败,股东不仅得不到投资回报,甚至可能丧失全部投资权益。由此,对股东权益的保护成为各国公司立法的重点。我国公司法也将保护股东权益作为一项重要内容予以确认,并规定了股东广泛的权利。《公司法》第 4 条第 2 款规定:“公司股东对公司依法享有资产收益、参与重大决策和选择管理者等权利。”针对我国公司尤其是国有企业改造而来的公司股权结构不合理所导致的中小股东受到大股东压制的事实,修改前的《公司法》赋予了中小股东多种权利,如少数股东的股东会召集与主持权、临时股东会的请求召开权、提案权、累积投票权、代表诉讼权、建议与质询权、公司解散请求权等。现行《公司法》进一步完善了中小股东权利保护规则,如将会计凭证列入股东查账权的范围、将股东查账权从有限责任公司扩大到股份有限公司、规定控股股东滥用权利时中小股东的股份回购请求权、规定双重股东代表诉讼制度等。

3. 保障债权人利益和交易安全。公司成立后,必然要与他人进行广泛的经济往来,形成大量的债权债务关系,公司法上的有限责任制度作为一种风险分配机制,又将大部分股东投资风险转移给了债权人。因此,对债权人利益提供有效的保护也是公司法的重要作用之一。在我国,一些公司商业信用低下、恶意逃废债务和动辄陷入支付不能或破产等严重危害债权人利益的情况,使公司法在这方面的作用更为突出。

我国公司法将对债权人的保护明确写进立法宗旨,并规定了一系列制度。例如,为确保公司财产的安全性,为债权人提供有效担保,设计了最低注册资本额等一系列资本制度,对非货币出资予以限制等。为防止公司股东滥用公司人格,保护公司债权人利益,《公司法》明确规定了公司法人人格否认制度,如第 23 条第 1 款规定:“公司股东滥用公司法人独立地位和股东有限责任,逃避债务,严重损害公司债权人利益的,应当对公司债务承担连带责任。”第 23 条第 3 款规定:“只有一个股东的公司,股东不能证明公司财产独立于股东自己的财产的,应当对公司债务承担连带责任。”

4. 保障职工的合法权益。人力资本是公司的生产经营要素,职工是人力资本的提供者。公司经营成功,不但股东能得到投资的红利,职工还能得到工资或劳动的酬金,而公司经营失败或破产,不但股东会丧失投资的本利,职工也会丢掉劳动岗位,他们都是公司的利益相关者。因此,对职工利益的保护同样是公司法的使命和目标。同时,由于职工相对于作为雇主的公司,通常处于较为弱势的地位,就更需要公司法提供强制性的规则加以保护。《公司法》第 1 条明确保护职工合法权益是制定公司法的目的之一。

各国公司法经过长期发展,逐渐建立了保护职工利益的法律制度,包括职工持股计划、职工董事设置等。我国公司法对职工的保护也给予了充分的重视,并在公司法中作出了以下重要规定:(1) 公司必须保护职工的合法利益,依法参加社会保险,加强劳动保护,实现安全生产。公司应当采用多种形式,加强公司职工的职业教育和岗位培训,提高职工素质。(2) 公司职工依法组织工会,开展工会活动,维护职工的合法权益。公司应当为本公司工会提供必要的活动条件。公司依照宪法和有关法律的规定,通过职工代表大会或者其他形式,实行民主管理。公司研究决定有关职工工资、福利、劳动安全卫生、保险等涉及职工切身利益的问题以及制定重要的规章制度时,应当邀请公司工会或者职工代表列席有关会议,事先听取公司工会和职工的意见。公司研究决定经营方面的重大问题时,应当听取公司工会的意见,并通过职工代表大会或者其他形式听取职工的意见和建议。(3) 职工人数 300 人以上的有限责任公司和股份有限公司,其董事会成员中应当有公司职工代表,其他有限责任公司或股份有限公司董事会成员中也可以有公司职工代表。董事会中的职工代表由公司职工通过职工代表大会、职工大会或者其他形式民主选举产生。(4) 公司监事会应当包括股东代表和适当比例的公司职工代表。其中,职工代表的比例不得低于 1/3,具体比例由公司章程规定。监事会中的职工代表由公司职工通过职工代表大会、职工大会或者其他形式民主选举产生。

四、 公司法在法律体系中的地位

公司法是对公司关系予以全面调整的单行法,虽然在性质上它属于商法,但其内容和采用的法律手段涉及多个法律部门和领域,与许多其他法律部门有着密切的关系。例如,公司的法人地位和权利能力、行为能力等需要依据民法的一般规定和原理确定;公司的登记注册涉及行政法中的市场监督管理法规;公司的财务、会计制度与会计法、审计法的要求直接相关;公司的营业活动涉及税法;股票、债券发行和交易涉及证券法;公司与其雇员之间关系需遵守劳动法;公司的合并不得违背反垄断法;公司的破产涉及破产法;公司犯罪则必须依据刑法认定和处罚,等等。因此,界定公司法的地位,必须了解和认识公司法与其他相关法律部门的关系。

(一) 公司法与民法

民法作为调整平等主体之间的财产关系和人身非财产关系的基本法,所确立的基本制度和基本准则,对于股东间的关系及股东与公司间的关系,同样是适用的。例如,民法中的法人制度对于确认公司的法律地位具有重要的作用;我国《民法典》关于营利法人的许多规则,包括法人人格否认、法人机构设置、法人决议与效力等,主要适用于公司法人并构成公司法立法的重要依据;民法中的法律行为和合同理论对于确定公司和股东许多行为的法律效力具有重要作用;民法中的物权理论对于认识公司股东的股权性质和股权的变动,具有重要的指导意义;民法中的代理制度和委任制度,适用于对公司经理人法律地位的确定;民法中的合伙制度,对于确认无限公司的股东地位与责任具有借鉴意义,甚至可以直接适用;民法中的侵权赔偿制度,可以直接用来确定董事、经理给公司造成损失时应负的责任。

这一切都充分证明,公司法离不开民法。反之,民法也离不开公司法,民法中的法人制度直接源于公司法。公司制度的完善本身也是民法主体制度的完善,公司股权制度的形成也是民法物权理论与实践的发展。民法和公司法相辅相成、相得益彰。由此,传统学理上,通常将包括公司法在内的商法作为民法的特别法，将民法和商法统称为民商法。

（二）公司法与商法

商法是调整商事关系的法律规范，商事关系由商事主体和商事行为构成，因此通常将商法分为商事主体法和商事行为法，或称商业组织法和商业活动法。商事主体分为商自然人、商事合伙和商法人。商自然人即个体商人，商法人则主要是各种商事公司。公司为商人或商业组织，公司法即属于商法中的商事主体法或商业组织法。

传统大陆法系的商法体系由商法的一般制度和公司法、破产法、票据法、海商法、保险法等部分组成，公司法是其中的基本组成部分，尽管各国立法和理论对商法的范围和内容有不同的规定和解释，对其他几个部分是否归入商法有不同的规定，但无论在任何法律体系中，公司法都是最基本、最重要的商事法律。

（三）公司法与经济法

对于公司法与经济法的关系，一直存在严重的分歧，认为公司法属于民商法的意见通常否定经济法与公司法的种属关系，而相反的意见则认为公司法属于经济法。

界定公司法与经济法的关系首先需要确定经济法本身的性质。对于没有国家对经济的管理就没有经济法，经济法实质是国家管理经济法律部门的法等观点，学者们已基本形成了共识。如果肯定了经济法的国民经济管理法的基本性质，就很难将公司法归类于经济法。从性质上说，公司法属于私法中的商法，而经济法则属于典型的公法，无论从调整对象、调整目的还是采用的法律手段来看，经济法都很难包容公司法。尽管公司法中含有许多具有公法性质或经济法性质的规范，使公司法在某种程度上表现出私法公法化的倾向，但就总体的法律性质而言，仍然不能否定公司法的私法属性。

（四）公司法与企业法

在我国，公司是企业的重要组织形式，因而公司法是企业法体系的重要组成部分。《公司法》颁布前，我国企业法律体系以全民所有制工业企业法、集体所有制企业法、私营企业法、外商投资企业法为立法框架。《公司法》的颁布，使我国企业法的原有立法框架发生了重大变化，即由单一的以企业所有制性质为线索立法转向企业所有制性质、企业产权结构和财产责任两条线索并存的立法框架。这是我国目前经济发展及企业体制改革的客观需要。因此，凡是符合公司法规定的条件、依公司法规定程序设立的企业，无论其所有制性质如何，都归公司法调整，其他企业法只调整有限责任公司和股份有限公司以外的企业。

需要特别说明的是，从 1979 年开始，我国颁布了《中外合资经营企业法》《外资企业法》和《中外合作经营企业法》，由此产生了合营企业、外资企业和合作企业三种类型的外商投资企业，外商投资企业法成为特别的企业法。但从企业法律形态而言，外商投资企业依然属于公司、合伙或者独资企业，其中绝大多数都属于公司企业，只是其投资者中有境外投资者和有来自境外的投资。随着我国改革开放的不断深入和企业制度的不断发展，外商投资企业与内资企业在企业组织法上的差异日趋缩小，主要表现为外国投资法上有关投资政策和投资保护的差异。我国于 2019 年 3 月颁布了《外商投资法》，前述三部外商投资企业法同时废止，外商投资企业在设立、资本、出资、治理结构等诸多方面一并适用公司法、合伙企业法和独资企业法的规定,《外商投资法》只从外资政策、外资监管和外资保护方面对外商投资企业进行法律规制和调整。

(五) 公司法与证券法

公司法与证券法是联系最为密切的两部法,在调整的对象和范围上具有交叉关系。公司法和证券法都对因股票和公司债券发生的法律关系进行调整。在各国公司法上,发行股票和公司债券是股份有限公司特有的权利能力,而股票和公司债券又是证券市场中交易最为活跃、交易量最大的证券品种。可见,证券的母体之一就是公司,没有公司就不可能有用于交易的股票和公司债券。证券市场分为一级市场和二级市场,所谓一级市场,就是发行市场,而调整发行行为和发行关系不仅是证券法的任务,也是公司法的重要内容,公司法和证券法从不同的角度对股票和公司债券发行人的条件和发行程序作出规定。

一般而言,公司法的规定具有原则性和基础性,证券法的规定应与公司法保持一致,并表现出更强的技术性和可操作性。在理论、立法、司法以及实务工作中,通常都将这两个法联系在一起。

(六) 公司法与破产法

公司终止有多种原因,因不能清偿到期债务被依法宣告破产,是公司终止的一个重要原因。《公司法》第 242 条明确规定:“公司被依法宣告破产的,依照有关企业破产的法律实施破产清算。”一般国家的公司法只对公司破产进行原则性规定,而具体的公司重整、和解、清算制度则由破产法规定,因此,公司的破产清算要依照破产法的规定进行。

公司法与破产法形成了一种相对应的配套关系,没有公司法规定公司这种组织形式,也就没有包括公司破产在内的破产法。公司法的基本制度是破产法制定和适用的基础,破产法又完善了公司法制度,尤其是进一步完善和延伸了公司解散和清算制度。《企业破产法》的颁布标志着我国的破产法律制度已经形成较为完备的体系。

(七) 公司法与刑法

鉴于公司犯罪的特殊性,为防止滥用公司组织形式,保障交易安全,西方国家公司法中大都规定有公司犯罪的条款,甚至列举有超出刑法典规定的新罪名。例如,法国 1966 年颁布的《商事公司法》,有关公司犯罪的条文达 67 条之多,其详细、具体的刑事责任的规定涉及公司组建、股东会议、资本变更、股份发行、公司债的发行、公告、解散、清算各个方面;1990 年修订的《日本商法典》,也在公司法的部分对危害公司财产罪、股份缴纳责任罪等八种犯罪作了具体的规定。借鉴西方国家公司法有关公司犯罪的规定,我国公司法也对公司犯罪作出了专门规定。为便于公司法施行,考虑到我国当时刑法对公司犯罪规定的诸多空白,全国人大常委会在《公司法》颁布后,专门制定了《关于惩治违反公司法的犯罪的决定》。1997 年修订《刑法》,将该决定的内容纳入其中。

刑法实际上是刑事责任法,任何法律部门调整的社会关系,只要产生了国家和法律认定的社会危害性,刑法就要予以调整。《公司法》中的刑事责任条款实质是公司法与刑法的连接点,凡依公司法规定应承担刑事责任的行为,都需要依据刑法的具体规定予以追究。

【本节理论探讨】

● 公司法究竟属公法还是私法,属商法还是经济法

罗马法学家乌尔比安(Ulpianus)最先提出公法和私法的划分,虽然目前关于二者的划分标准仍未统一,但一般认为公法调整非平等主体之间的社会关系,以确认公权并使其服从于法律规制为根本任务;而私法调整平等主体之间的社会关系,以确认私权并保证其实现为根本任务。通常情况下,在私法范围内,政府的唯一作用即在于承认私权并保证私权实现,避免政府过多干预。但是随着社会的不断发展,复杂的社会情势又要求国家在社会生活中发挥作用,实施经济宏观调控,公法的作用日渐显露,并出现了"私法公法化"的现象。

传统的观念通常认为,公司法主要调整平等主体之间的法律关系,尽管公司法中有很多公法性质的规范,但公司法从整体上仍是私法。现在的观点基本都认为公司法是调和自由与安全价值冲突的产物,是私法和公法融合的结果,公司法中的各项制度都体现了股东、公司、社会三者的利益平衡。观念发生变化的原因在于现实生活的改变。由于完全的私法自治可能导致极不公平的后果,尤其是股份有限公司涉及众多人的利益,为了确保资本流通和交易安全,保护各种利益,国家对经济生活的介入和干预的力度不断加大。公司法中有关商业登记、治理结构、对违反公司法的行为进行行政处罚和刑事处罚等的规定,都显然具有公法性质,此时的公司法已不是纯粹意义上的私法。

分析公司法属商法还是经济法,应先界定商法和经济法的区别。商法和经济法虽然都是规范有关企业活动的法律,但二者有着重要的差别:(1) 商法仅调整商事关系即企业经营关系,而经济法调整国家适度干预企业经济活动而发生的经济关系;(2) 商法强调当事人地位平等和意思自治,但经济法是国家以社会的名义对国民经济整体进行调节;(3) 商法侧重保护商事主体的合法利益,经济法重在维护社会整体利益,旨在建立公平的竞争秩序。公司法的主要着眼点在于调整公司这一组织形式的内外部组织关系,规范公司的行为,主要的法律关系仍然是商事性质的平等主体之间的法律关系,不涉及国家干预经济活动而发生的经济关系,所以公司法是商法的重要组成部分。

● 如何界定公司法的强制性和任意性

关于公司法的性质一直是有争论的问题,典型的观点有三种:一是强行法说。该说从历史分析的角度考察公司形成初期的特许制以及后期仍然存在的严格准则主义,认为公司法是强行法。它的着眼点在于,市场机制是有缺陷的,为了维护公共利益,政府必须进行一定的干预,确保公司制度的良性运行。二是任意法说。该说与强行法说截然对立,认为公司就是一套合同规则,基于理性人的假设,必须保障当事人的缔约自由,所以公司法应是合同性的任意法或自治法。公司法存在的价值在于提供示范合同规则,公司法文本是行动指南,有利于节约谈判成本。三是综合说。该说认为公司法中既有强制性规则也有任意性规则,是二者的综合。赞成此种学说的学者占大多数。

美国学者 M. V. 爱森伯格认为,公司是人和财产的结合。他将公司法的规则分为结构性规则、分配性规则和信义性规则。其中,结构性规则是指有关决策权在公司机关的配置、行使决策权的条件以及对机关控制权配置的规则；分配性规则是有关对股东资产进行分配的规则；信义性规则是指调整管理人员和控制股东义务的规则。他认为，在闭锁公司（有限责任公司）中，除了信义性规则为强制性规则外，其他规则多为任意性规则。而在股份有限公司中，股东人数过多，信义性规则和结构性规则都应属于强制性规则。

我国也有学者将公司法的规则分为普通规则和基本规则两大类。普通规则是指调整公司组织、权利分配和运作、公司资产和利润分配的规则；基本规则是指有关公司内部关系（如大股东与小股东之间的关系、管理层与股东之间的关系）基本性质的规则。同时，应在不同公司类型的前提下研究公司法的性质，例如，对于有限责任公司，应更加强调自治性，将普通规则视为任意性规则；对股份有限公司，普通规则中的权利分配规则和基本规则都应是强制性的。

我国公司法以往强制性过度而任意性不足甚至缺失，公司几乎没有多少自治的空间，导致公司章程无用现象普遍存在。2005 年《公司法》为尊重股东权利，加强公司自治，增加了许多任意规范与赋权规范，适当减少了强制规范与禁止性规范。现行《公司法》更进一步增加了任意规范与赋权规范的数量。

公司法中任意性条款的典型表述方式是“公司章程另有规定的除外”和“可以”。迫切需要进一步探讨的问题是没有此种字样的条款是否都是强制性条款。从立法技术上分析，公司法不可能将所有任意性条款都明文标示，应该依据上述学理性标准作进一步判断。从公司法的条文看，也的确存在对一些条款作任意性解释的需要，如董事会组成的人数问题、董事会一人一票的表决问题等。

- **公司纠纷的司法救济与公司法的可诉性**

实践中的公司纠纷多种多样，除了公司与公司以外的民事主体之间的外部纠纷外，还包括公司与股东之间、公司与管理人员之间、股东与股东之间以及股东与管理人员之间的内部纠纷。

1993 年《公司法》修订以前，大部分外部纠纷可以得到司法救济。但是，公司内部纠纷要得到司法救济却不时遇到障碍，司法机关对当事人要求解决内部纠纷的诉讼请求表现出退缩的谨慎姿态，对此类案件能否受理、诉讼请求能否给予支持多有疑虑，甚至持有不应受理的见解。究其原因，一是 1993 年《公司法》对这类内部纠纷能否得到司法救济、应如何处理存在立法空白，或者即便有规定也语焉不详、无法操作；二是司法机关，甚至有的当事人自身认为公司与股东之间、股东与股东之间的争议和公司管理机构的行为，属于公司的内部事务，司法不应干预和介入，而应由当事人自主处理，司法机关只应受理涉及公司外部关系的法律事项；三是即便受理以后，司法机关也对应在多大程度上满足当事人的诉讼请求，裁判的“度”应如何把握才算是在法无明确规定下的恰当裁量存在疑虑。

其实，公司法是对公司内外法律关系进行全面调整的法律规范，公司的内部关系亦属公司法调整的范围，由此而产生的争议也就需要司法的救济，不存在司法救济之外的公司内部关系。实际上，公司法上的诉讼，绝大多数是基于内部关系发生的，无论是股东对公司之诉，还是股东与股东之诉，无论是要求确认股东会或董事会的决议无效之诉，还是公司对股东或董事的赔偿之诉，都属典型的内部关系引起的诉讼。司法机关不应以纠纷属内部关系纠纷而拒绝受理。而且，在任何法治国家，司法都是化解利益冲突的最终途径，是解决社会争端的最后一道屏障。就此而言，除依法由其他机构或组织最终裁决的争议外，没有司法机关不可受理的法律纠纷。

《公司法》的每次修改都在增强其可操作性和可诉性,2023年《公司法》修改也不例外,如增加决议不成立、引入双重代表诉讼、股东依法查阅公司会计凭证遭到公司拒绝时可以请求人民法院要求公司提供查阅等。这说明《公司法》已经为司法机关处理公司内部纠纷提供了明确的法律依据,这类公司纠纷不应再“状告无门”。目前,实践中存在的分红权纠纷,请求履行报批纠纷,登记手续纠纷,移交公司印章、账册、办公场所纠纷等,虽无明文法律规定,也同样具有可诉性,当事人在无法自我解决时也应该得到司法程序的救济。

【本节实务研究】

- **公司可否以章程改变公司法规定的股东会和董事会的职权**

在公司实务中,以章程改变公司法规定的股东会和董事会职权的情况经常发生,通常是将公司法上明确规定的应当由股东会行使的职权授予董事会行使。我国《公司法》在列举股东会与董事会的职权时附加了一个兜底性条款,即股东会与董事会可享有“公司章程规定的其他职权”。这一规定赋予了章程在界定股东会与董事会职权划分方面的自治权,对公司法列举之外的“剩余权力”的行使提供了法律依据。但是章程可否改变公司法中有明确规定的股东会与董事会的职权?

一种意见认为,股东会和董事会的职权应属于公司治理方面的内容,公司法对这部分内容的规定,对于有限责任公司,通常应认定为任意性规范。但是,对于股份有限公司尤其是上市公司,中小股东对于公司章程的制定和修改是没有发言权的,公司章程对于股东会和董事会职权的修改常常会损害公司中小股东的利益。因此,就不应当允许公司章程对股东会和董事会的职权进行修改。

另一种意见则认为,公司不同机构之间的职权划分是公司法的机构性规范,此种规定如可以任意改变,将会彻底改变公司的基本管理模式,破坏整个公司法律制度的基本架构。同时,法定的组织机构和权限划分也是形成法人独立意志和实现公司人格独立的组织保证。因此,此种规范应具有强制性,不得改变或变通。如董事会的决议确实不当,可通过决议无效或撤销的途径寻求解决,而不宜以股东会行使否决权的形式解决。

还有一种意见认为,美国公司法上的经营判断规则在一定程度上可以帮助识别董事会的决议是否超越了其权限、董事根据董事会的授权所从事的行为是否无效。董事会基于合理信息与专业才识作出合理判断和决策不应受到股东的阻止搁置或攻击,除非有证据表明其违反了法定或公司章程规定的注意义务或忠实义务(如构成了自我交易)。因此,判断股东会与董事会的职权划分是否合理,不应停留在公司法语义模糊的表面措辞与公司章程机械性的数额规定上,而应根据是否有利于公司利益的最大化以及保护中小股东和公司债权人等利益相关者的权益来综合考量。

第五节　公司法的形式

公司法是规定各种公司设立、变更、活动、解散以及其他对内对外关系的法律规范的总称。

由此定义可以看出,公司法并非仅指一部统一的公司法,而是指涉及公司的各种法律规范。其中,除法典式的公司法外,也包括其他的有关公司某一方面法律问题的法律、法规、法令、规章以及其他法律法规中涉及公司问题的内容,这些都是公司法的存在或表现形式,都属公司法的法律渊源。这些具体表现形式可以分为以下几种。

一、 统一公司法

统一公司法也可称为公司法典,如《中华人民共和国公司法》《法国商事公司法》《英国公司法》等,是对各种公司法律问题予以全面、系统规定的法律规范,如同民法典对各种民事关系予以全面、系统规定一样。公司法典的调整对象包括该国所有的公司类型,如股份有限公司、有限责任公司、无限责任公司等,其内容是对每种公司从设立到解散的全部法律问题作出详尽的规定,其方式是把该国以往有关公司的各种法律、法令、条例的内容加以综合整理,使其系统化、规范化。有的国家制定了统一的公司法,如法国、英国等。

二、 单行公司法或特种公司法

单行公司法是就某一类公司专门制定的法律。如上所述,有的国家制定了统一的公司法,但有的国家则对某类公司单独立法。有的最初将各种公司规定在统一的法律中,但后来根据需要而将其中的某一类公司独立出来加以规定。这方面最典型的是德国制定的《有限责任公司法》《股份法》以及后来日本等国仿效制定的《有限公司法》《股份法》。

还有一些针对某些特种公司(名称不一定称公司)制定的法律,如银行法、信托公司法等,这也属于单行公司法。我国《商业银行法》等实质上也属于单行公司法的性质。商业银行是一种特种公司,《商业银行法》对商业银行的组织和行为作出了规定,《商业银行法》未规定的事项则适用《公司法》的规定,因此商业银行法是公司法的特别法。

三、 商法典

实行民商分立的国家制定有独立的商法典,公司法为其中一个重要组成部分。这种立法形式在早期的大陆法系具有普遍性,如《法国商法典》《德国商法典》以及《日本商法典》等都将公司法作为其中的一编或一章加以规定。由于当时各国都还没有有限责任公司,因此商法中公司法的规定还没有涉及有限责任公司,但对无限公司、股份有限公司以及两合公司都作了全面的规定。后来,有限责任公司出现后,各国没有再将其规定于商法中,而是制定了专门对此类公司进行调整的有限责任公司法或有限公司法。再后,许多国家又将商法典的公司法中关于股份有限公司的规定独立出来制定了股份有限公司法。

目前,各国公司法已经在形式上脱离了商法典,但其中无限公司和两合公司仍由商法典予以调整。同时,商法典中的其他一般性规定,如商法的一般原则等也还适用于公司。

四、民法典

实行民商统一的国家没有将商法从民法中独立出来制成独立的商法典,而将其规定于民法之中,其中也包括公司方面的法律规范。实行此种立法形式的国家最有代表性的是瑞士和意大利。瑞士的公司法规定在债务法中,意大利的公司法则规定在其 1942 年制定的《民法典》中,该民法典集民法、商法、劳动法三位一体,是世界上体系最庞大的民法典。

五、特别法律、法令

基于公司经营活动的客观情况和国家对其实行管理的需要,各国在统一公司法之外,一般都会颁布一些特别的法律、法令,就公司某一方面的法律问题作出特别的规定。这些规定有的是统一公司法中没有而客观情况要求作出规定的内容,如公司法规定了公司必须达到的资本额,但具体数额多少,有的则通过制定"最低资本额标准"这样的法令作出规定,它们也都属于公司法的组成部分。

六、其他单行法中有关公司的规定

各国都制定有专门调整某一种法律关系的单行法,而这种关系本身可以涉及其他法律所调整的对象,因而这种单行法中也可能包含其他法律部门的内容,有一些法律中即包含有关公司的规定。例如,破产法中关于法人破产的部分规定,也属于公司法中关于公司解散和清算的内容;证券法中规定的证券发行、上市、交易等,也属于公司法中股份有限公司部分的内容,或者说是把公司法的这一部分规定加以具体化了。此外,有的国家制定的商业登记法、商业会计法当然也适用于公司这种商业组织的登记和会计事项。

除上述各种法律形式外,有的国家主张商事习惯和判例也是公司法的形式之一,尤其是在适用判例法的英美法系。这些商事习惯和判例在许多情况下可以弥补成文公司法的遗漏或不足。当然,即使在英、美等国家,有许多公司方面的商事习惯和判例,也已经或逐渐融入其制定的成文公司法中。从法律形式上说,公司法的渊源包括各种具有法律效力的法律形式,既包括国家立法机关制定的法律、法令,也包括国家行政机关发布的行政法规、部门规章、条例等,还包括立法解释、行政解释和司法解释。在我国,行政法规、部门规章和条例以及最高人民法院的司法解释在公司法立法和实践中居于重要地位,许多具体公司行为规则由行政法规加以规定,而司法实务问题则由司法解释予以解决,如国务院颁布的《中华人民共和国市场主体登记管理条例》、中国证券监督管理委员会颁布的《上市公司证券发行注册管理办法》、最高人民法院颁布的公司法司法解释等。

【本章思考练习题】

一、名词解释

1. 公司

2. 社团法人

3. 有限责任

4. 无限责任

二、简答题

1. 简述公司独立财产的性质和意义。

2. 如何理解公司财产责任的独立性?

3. 如何理解公司的社团性与对一人公司的承认?

4. 简述公司法的强制性与任意性的关系。

5. 简述公司法人人格否认制度的法理依据和适用要件。

三、案例分析

1. 一个名叫萨洛蒙的店主把他个人拥有的一家鞋店卖给了由他本人以及其妻子、女儿和四个儿子组成的公司,售价为3万英镑。其中萨洛蒙本人认购了19 994英镑的股份,其他人每人仅认购了1英镑的股份,另1万英镑作为担保公司债券卖给了萨洛蒙本人。后来该公司因故歇业,资产只剩下6000英镑,但公司欠债除萨洛蒙本人的1万英镑外,另有7000英镑。其他债权人认为萨洛蒙与其公司实际上是同一人,其公司不可能欠他的债,公司剩余财产应用来向他们清偿债务。但法院最后判决,公司一经成立,即成为独立的法人。虽然萨洛蒙实际上是公司的所有者,几乎是唯一的股东,但也只能以其近2万英镑的股份出资对公司债务负责,同时,萨洛蒙也是公司担保债券的债权人,他有权比其他无担保权的债权人优先得到清偿。结果,萨洛蒙得到了公司所剩6000英镑的财产,而其他债权人分文未得。请问:

如何理解公司的法律特征和本案所体现的法律原则?

2. 上海华龙电器公司(简称上海公司)诉珠海南方贸易公司(简称珠海公司)货款纠纷一案,法院判决珠海公司应向上海公司立即支付货款2600万元,但珠海公司无力执行法院判决。上海公司经查询了解到珠海公司曾与澳门两家公司合资设立了一家珠澳国际电器有限公司(简称珠澳公司),并在其中投资600万美元,拥有40%的股权。珠澳公司成立后,基本上没有开展经营活动,其名下也没有多少货币资金和其他有形资产。但该公司与当地的金龙城建公司合资设立了中外合资东方房地产公司,该公司投入1000万美元,拥有股权30%。东方房地产公司是一个项目公司,其唯一的经营项目是开发建设一个名为“东方大厦”的高档写字楼。当上海公司知悉该写字楼已基本完工并正在热销,其整个写字楼的市场价值在数亿元时,便立即申请法院对该楼尚未出售的、价值约3000万元的楼层进行查封并强制执行,用于珠海公司支付上海公司的货款。法院根据上海公司的请求予以查封,并准备强制执行前述判决。请问:

(1) 上海公司是否有权对东方房地产公司的写字楼提出权利要求?

(2) 本案的判决应如何执行?

3. 正大有限责任公司（简称正大公司）是光明百货商店和万利有限责任公司（简称万利公司）的债权人。光明百货商店由甲、乙、丙三人合伙组成，每人出资30万元，共有资本90万元。2023年12月初，正大公司曾向光明百货商店发运一批针织服装，价款总计30万元人民币。付款期限届满时，光明百货商店没有按约付款。经正大公司多方调查，才知道该店由于经营不善，已经拖欠了多笔大额债务。而合伙人甲因商店负债累累，不辞而别。乙、丙也不得不宣告企业解散。在清算过程中发现，光明百货商店已经严重资不抵债，其尚有资产60万元，所欠债务已经达到150万元，包括欠正大公司的30万元货款。乙、丙声称他们将以企业的全部剩余财产清偿债务，超过部分的债务不再清偿。正大公司因此与之发生纠纷。正大公司的另一债务人是万利公司。该公司由通宝贸易公司等5家企业共同发起成立，注册资本为500万元人民币，每方各出资100万元，开业不久，在激烈的竞争中，万利公司因经营不善于2024年7月宣告破产。该公司破产时尚有资产600万元，所欠债务为750万元，其中包括欠正大公司150万元。正大公司分别将这两家企业诉至法院，要求清偿全部债务。请问：

光明百货商店和万利有限公司各应承担何种责任？

第二章 公司的类型

■【导语】

现实中的公司形形色色,有的属于法律或法学上的分类,有的则属于经济学或其他领域的分类。公司法对公司进行的分类,是具有法律意义的分类。这种分类的目的是根据公司的不同法律属性和法律关系对公司进行相应的法律规范和调整。各个国家对公司的立法和规范本身就是在公司分类的基础上对其进行法律调整的。分析和理解公司的类型,有助于进一步理解公司法的各种基本原理,完整地把握各种公司的特征、法律地位与法律关系,准确地适用公司法对不同公司设置的行为规则。

学习本章,应重点掌握有限责任公司与股份有限公司的异同点,母公司、子公司、分公司的不同法律地位和相互关系,国家出资公司的特点,外商投资公司法律地位的转变;理解人合公司与资合公司划分的立法意义与理论意义、股份有限公司的作用与公司上市的意义;应对关联公司与企业集团的概念和法律关系、开放式公司与封闭式公司的划分、无限公司与合伙的比较与立法取舍有一定的了解。

第一节 公司的分类

公司从无到有直至发展到现代,其类型多种多样。依不同的标准,从不同的角度可以对公司作不同的分类。公司的分类既有法律上的分类,也有学理上的分类。不同国家、不同时期的法律对公司也有不同的分类。了解公司的分类,有助于理解各个国家公司法的立法精神。明确各类公司的法律地位、公司与股东之间的法律关系,既是法律规范调整的需要,对于公司实务中充分利用公司形式进行投资经营、执法司法实践中正确实施公司法和解决公司法律争议,也具有重要作用。

综观世界主要国家公司法的法律规定和一般公司法学理,对于公司主要有以下分类。

一、 无限公司、有限责任公司、股份有限公司与两合公司

这是以股东对公司的责任形式为标准进行的分类。

(一) 无限公司

无限公司是无限责任公司的简称,它是由两个以上的股东组成的、全体股东对公司的债务

负连带无限责任的公司。无限公司具有以下几个特征：

1. 必须由两个或两个以上的股东组成。公司只剩一人时，应当解散或变更为独资企业。

2. 股东对公司债务承担连带无限责任。即股东对公司债务的责任不以其出资额为限，而且这种无限责任具有连带性。当公司资产不足以清偿债务时，公司的债权人可以要求公司全体股东或任一股东就未能清偿部分的债务以自己的全部资产予以清偿，偿还公司债务超过自己应当承担数额的股东，有权向其他股东追偿。

3. 公司组织稳定。无限公司中股东结合的基础建立在股东个人信用之上，信用及劳务都可以用来出资，属典型的人合公司。无限公司股东的出资转让受到严格的限制。这些特点使其具有稳定的公司组织结构。

4. 股东关系具有合伙性，公司具有法人地位。无限公司股东之间债务责任的连带性类似合伙人的关系，但公司形式上具有独立的法人地位①，与商事合伙又有区别。

无限公司尽管组织结构稳定，股东信用可靠，但由于股东风险大，其规模难以发展，因此，无限公司多为中小型企业。由于英美法系不以股东对公司责任的标准划分公司类型，其规定的普通合伙企业，在某些方面类似于大陆法系的无限公司。

（二）有限责任公司

有限责任公司，亦称有限公司，是由两个以上的股东出资组成，每个股东以其认缴的出资额对公司债务承担有限责任，而公司以其全部资产对其债务承担责任的公司。

（三）股份有限公司

股份有限公司，又称股份公司，是指由一定人数以上的股东组成，公司全部资产分为等额股份，股东以其所认购的股份对公司承担有限责任，公司以其全部资产对其债务承担责任的公司。

（四）两合公司

两合公司，是指由无限责任股东与有限责任股东共同组成，无限责任股东对公司债务负无限连带责任，有限责任股东对公司债务仅以其出资额为限承担有限责任的公司。两合公司是大陆法国家公司法规定的公司形式。在英美法国家，一般视其为有限合伙，由有限合伙法进行规范。

此外，还有一种特殊的两合公司，即股份两合公司，它是两合公司的一种特殊形式，普通的两合公司兼具无限公司和有限责任公司的特点，而股份两合公司则兼有无限公司和股份有限公司的特点。股份两合公司与一般两合公司的不同在于，其有限责任股东以认购股份即购买公司股票的形式进行出资，使得其在对外吸收社会投资上比一般两合公司更容易。

当代经济活动日益复杂，使得上述公司形式中无限公司及两合公司股东的投资风险更加突出，采用这两种公司形式的国家已经不多，而股份两合公司因其有限责任股东无权参与公司经营管理，其地位不如股份有限公司股东，对投资人的吸引力日渐减弱，采用该形式的国家更

---

① 但是，某些国家（如德国、瑞士等）不承认其法人地位。

少,有的国家如日本甚至在立法中将其废除。目前各国普遍采用的公司形态是有限责任公司和股份有限公司。

上述分类是法国、德国、瑞士、日本等大陆法系国家的公司法对公司所作的分类。这种分类是公司法上的法定分类,而不只是一种理论分类,许多国家的公司法都按这种分类体系对公司作出规定,通常都要求公司的名称必须包含“股份有限公司”或“有限公司”的字样,以使公众明了其类型。

我国公司法及其理论体系也是依此分类制定和建立的。《公司法》第 2 条明确规定:“本法所称公司,是指依照本法在中华人民共和国境内设立的有限责任公司和股份有限公司。”至于应否规定无限公司和两合公司,从各国经济及公司法的发展来看,这两类公司不甚适合现代大中型企业,而中小企业是否可以采用,学理上有不同主张。

二、 封闭式公司与开放式公司

这是以公司的股份是否公开发行及股份是否允许自由转让为标准所作的分类。

(一) 封闭式公司

封闭式公司,又称不上市公司、私公司或非公开招股公司,是指股份只能向特定范围的股东发行,而不能在证券交易所公开向社会发行,股东拥有的股份或股票可以有条件地转让,但不能在证券交易所公开挂牌买卖或流通的公司。

(二) 开放式公司

开放式公司,又称上市公司、公众公司或公开招股公司,是指可以在证券市场上向社会公开发行股票,股东拥有的股票也可以在证券交易所自由买卖或交易的公司。

此种分类为英美法系公司法所采用,从其具体内容看,封闭式公司类似于大陆法系的有限责任公司及股份有限公司中的非上市公司,而开放式公司则类似于大陆法系的股份有限公司中的上市公司。这里所说的类似,是指其许多方面一致,但规则并不完全相同。需要说明的是,上述名称译自外文名称,因此,同一名称有时也有不同的中文译名,有的书籍把英美法系中的封闭式公司和开放式公司译为有限责任公司和股份有限公司。

三、 人合公司、资合公司与人合兼资合公司

这是根据公司信用基础的不同所进行的分类。

(一) 人合公司

人合公司,指以股东个人条件为公司信用基础而组成的公司。这种公司对外进行经济活动时,他人对其信用的判断主要不是根据公司本身的资本或资产状况,而是根据股东个人的信用状况。决定此种公司人合性的是公司的股东对公司债务承担无限连带责任,公司资不抵债时,股东应以个人的全部财产清偿公司债务。人合公司的股东间通常都有相当的了解,故而,

这种公司大多具有家族性的特点。无限公司就是典型的人合公司。有限责任公司中，虽然股东承担有限责任，但由于其人数有限和具有封闭性，因此也具有一定的人合性。

（二）资合公司

资合公司，指以公司资本和资产条件为信用基础的公司。这种公司对外进行经济活动时，他人对其信用的判断根据主要不是股东个人的信用情况，而是公司本身资本和资产情况、以往的商业信誉情况。此种公司之所以具有资合性，主要是因为此种公司的股东对公司债务只负出资额范围内的有限责任，公司股东间以出资相结合，无须相互了解，公司具有公众化的特点。有限责任公司主要表现出资合公司的特点，而股份有限公司则是典型的资合公司。

（三）人合兼资合公司

人合兼资合公司，指信用基础兼具股东个人信用及公司资本和资产信用的公司，公司既有人合性质又有资合性质。“两合”，即指“人合”与“资合”。两合的原因在于公司由有限责任股东和无限责任股东两种股东组成。前述两合公司、股份两合公司是典型的人合兼资合公司。有限责任公司也兼有资合与人合的双重性质。

此种分类是大陆法系公司法理论所作的一种分类，是一种学理分类。尽管不是一种法定分类，其意义却是很重要的，因为它揭示了公司法的立法意旨，公司法对有限责任公司、股份有限公司和无限公司所作的不同规定，很大程度上是基于这三种公司信用基础的不同。因而，这种分类对于理解公司法的许多规定和原理具有重要的作用。

四、国营公司、公营公司与民营公司

这是根据公司资本的构成进行的分类。

（一）国营公司

国营公司，即资本主义国家的国有化企业，这种企业虽然名称是“公司”，但不是公司法意义上的公司，不受公司法调整。其特点是全部由国家投资，国家作为股东参与公司的利润分配，公司的经营管理由国家代表、企业代表和工会代表组成的董事会负责，其资本也不分为股份，因而它被视为国家“独资”经营的公司。在资本主义各国，尤其在第二次世界大战后的法国和英国，都有大量的国营公司存在。后来，英国开始实行国有企业私有化政策，将国有化企业的资产分为股份卖给私人，从而变成公司法意义上的公司。我国的国营企业（公司）与资本主义国家的这种国营公司法律性质基本类似。

（二）公营公司与民营公司

公营公司与民营公司都属于公司法上的公司。公营公司是指政府资本超过公司总资本额50%以上的公司；民营公司是指私人资本超过公司总资本额 50%以上的公司。公营公司与民营公司可以互相变更，公营公司可以通过向公众出售股份减少政府资本而变成民营公司，反之亦然。如日本电话电报公司就是根据立法文件于 1985 年通过向公众抛售其半数股票而由公营公司变成了民营公司。

公营公司与民营公司的划分,在我国尚无法律规定,但随着我国市场经济的发展和国有企业的改革,许多国有企业正在逐步改变原来单一的产权结构,吸收非公有制经济的投资,许多公司成为国有资产与非国有资产共同投资的企业。而对于国有资本控股或私人资本控股的公司,国家将会采取不同的法律规制方式和采取不同的政策,因此,公营公司和民营公司的划分具有重要的现实意义。

五、 母公司与子公司

这是根据公司之间的控制或从属关系进行的分类。

母公司与子公司是两个互相对应的概念。母公司,是指拥有另一公司一定比例以上的股份,或通过协议方式能够对另一公司的经营进行实际控制的公司。母公司也称为控股公司,但控股公司的概念范围更广,它有时还指专事股权控制而不直接进行生产经营活动的母公司,如某些投资公司。与其相对应,其一定比例以上的股份被另一公司所拥有或通过协议受到另一公司实际控制的公司为子公司。母公司与子公司之间法律关系的特点是:(1) 子公司受母公司的实际控制。母公司拥有对子公司的重大事项的决定权,尤其是能够决定子公司董事会的组成。(2) 母公司与子公司之间的控制关系主要是基于股权的占有,而不是直接依靠行政权力控制公司。由于股份分散,母公司无须拥有50%以上股份,而只需拥有一定比例以上(股票控制额) 的股份即可获得股东会表决权的多数,从而取得控制地位。母公司拥有子公司股权的比例从50%到10%,各国规定标准不等。通过协议或契约关系而成为母子公司在某些国家也得到了肯定,如德国、意大利等。(3) 母公司、子公司各为独立的法人。虽然子公司受母公司的控制,但在法律上,子公司仍是具有法人地位的独立企业。它有自己的名称和章程,并以自己的名义进行业务活动,其财产与母公司的财产彼此独立。在财产责任上,母公司和子公司也各以自己所有的财产对各自的债务负责,互不连带。

我国《公司法》未规定母公司的概念,第13条第1款只对子公司作了简要规定:“公司可以设立子公司。子公司具有法人资格,依法独立承担民事责任。”但在“附则”中对于控股股东、实际控制人作了明确的定义,即第265条第2项规定:“控股股东,是指其出资额占有限责任公司资本总额超过百分之五十或者其持有的股份占股份有限公司股本总额超过百分之五十的股东;出资额或者持有股份的比例虽然低于百分之五十,但依其出资额或者持有的股份所享有的表决权已足以对股东会的决议产生重大影响的股东。”第3项规定:“实际控制人,是指通过投资关系、协议或者其他安排,能够实际支配公司行为的人。”这一规定实际上也是对母公司概念的界定,如果控股股东或实际控制人是另一公司,控股股东或实际控制人也就处于母公司的地位。

确定母子公司关系的重要意义之一是公司之间的财务并表,即母公司可以将其所属子公司的财务报表与自身的财务报表合并,从而使母公司与所属子公司的经营活动表现出整体的状态,并提升母公司的资产实力、扩大母公司的经营规模和提高母公司的商业影响力,这也是许多公司对外并购、控股其他公司的重要动机和目的。

在公司民事责任追究中,有时出现人民法院或其他执行机构混淆母公司与子公司的财产,直接用子公司的财产偿还母公司的对外债务的情况。其实,母公司与子公司之间的关系就是股东与公司之间的关系。无论母公司在子公司中持有多大比例的股权,也无论其是否实际控制子公司,它都只是子公司的股东,都不能直接对子公司的财产进行支配和处分,司法执行也不应强制用子公司的财产偿还母公司的债务。即使在子公司的股权全部由母公司持有,即所谓的全资子公司的情况下,也同样如此。原因在于,任何公司成立后,都会与他人形成各种民事关系,子公司的财产本身可能就是通过向银行借贷等负债形成的,而子公司的财产本身就是其对外承担债务的基本条件和保证,如果将子公司的财产用于对母公司债务的清偿,并导致子公司无力清偿其自身的债务,就会严重损害子公司的债权人利益。

六、关联公司与公司集团

这是根据公司之间的特殊联系作的分类。

(一) 关联公司

关联公司亦称关联企业,有广义和狭义之分。广义的关联公司,指两个以上独立存在,相互之间具有稳定、密切的业务联系或投资关系的公司。狭义的关联公司,则仅指存在持股关系但未达到控制程度的公司。通常所称的关联公司是指广义的关联公司。在我国,具有突出法律意义的是上市公司的关联公司,母公司与上市公司之间是典型的关联公司关系,证券法规范中有许多涉及关联关系或关联交易的法律规则和要求,如我国证监会发布的《上市公司治理准则》规定,上市公司关联交易应当依照有关规定严格履行决策程序和信息披露义务。

关联公司之间的关系属于关联关系,但关联关系并不一定采取关联公司的形式。例如,《公司法》第 265 条第 4 项规定:“关联关系,是指公司控股股东、实际控制人、董事、监事、高级管理人员与其直接或者间接控制的企业之间的关系,以及可能导致公司利益转移的其他关系。但是,国家控股的企业之间不仅因为同受国家控股而具有关联关系。”

(二) 公司集团

公司集团亦称企业集团,是指在统一管理之下,由法律上独立的若干企业或公司联合组成的团体。公司集团中处于主导地位的为母公司或支配公司,公司集团的成员都属于关联公司或称从属公司。我国实践中又称公司集团的支配公司为集团公司。公司集团只是表明母公司与众多子公司之间存在一种特殊联系,其本身并不属于一个独立的法律主体,不具有法人地位。各国公司法虽然也规定了公司集团的整体性问题,但这也只限于某些方面,如集团会计与结算等,而主要法律关系都是就支配公司和从属公司分别加以规定的。

关联公司和公司集团的出现和快速发展,引起了各国立法的广泛关注和谨慎对待。在德国、巴西等国家,已形成了系统的、法典化的关联企业和企业集团制度。各国对它的法律调整广泛存在于多个法律部门,如经济法(尤其是反垄断法)、公司法、商业会计法、税法、劳动法等。其立法的根据在于,传统公司法确立的公司独立人格是以公司在经济利益上的独立为基础的,然而,公司之间的关联关系和集团关系改变了公司原来的独立状态,不只威胁到个别关联公司自身的利益,也危及与该公司有关的其他公司的利益,还会直接或间接地损害少数股东和债权人的利益。因此,在承认关联公司和公司集团合法存在的情况下,必须通过各种法律手段予以规制,切实保护从属公司及其少数股东以及公司债权人的利益,最大限度地抑制关联关系的消极影响和后果。

各国在这一领域已经形成一些共同的或特有的原则和制度,主要有:(1)提示或通知制度。即将关联关系的情况揭示或通知从属公司及其股东、债权人,使其了解控制利益的存在和公司控制方面的任何变化。(2)不当影响之禁止和利益补偿之规定。如《德国股份法》规定,控制企业不得利用其影响力,使从属公司进行对己不利的法律行为或作出对自己不利的决定。在订有控制契约的情况下,控制公司尽管有权向从属公司下达强制性指示,但它必须确保从属公司法定资金的分配,必须承受从属公司的亏损和补偿少数股东的损失。另外,各国立法还规定有关联公司的报告制度和集团会计结算制度以及揭开公司面纱原则和深石原则①等。

我国《公司法》虽尚未对公司集团进行专门规定,但已就关联交易的某些问题作出了规定:(1)明确了控股股东、实际控制人、董事、监事、高级管理人员以及关联关系的内涵及范围,为界定关联交易确立了规范基础(第265条);(2)规定了公司为股东或实际控制人提供担保时,股东或实际控制人的表决权排除制度(第15条);(3)对关联交易侵权损害作出了原则性规定,禁止控股股东、实际控制人、董事、监事、高级管理人员利用关联关系损害公司利益(第22条);(4)规定了上市公司关联董事的表决回避制度(第139条);(5)新增董事、监事、高级管理人员及其近亲属,董事、监事、高级管理人员直接或间接控制的关联企业,董事、监事、高级管理人员的近亲属直接或间接控制的关联企业的关联交易的细化规定,增加了一般性的关联交易报告义务和回避表决规则,明确了识别不公允关联交易的程序规则、法律后果(第182、185、186条);(6)规定了公司法人人格否认制度,控制公司在特定情形下将直接对从属公司的债务负责(第23条)。

七、本公司与分公司

这是根据公司内部管辖关系进行的分类。

李某国与孟某生、长春圣祥建筑工程有限公司等案外人执行异议之诉案

许多大型公司的业务分布于各个地方甚至不同国家,直接从事这些业务的许多都是公司内部设置的分支机构或附属机构,它们就是所谓的分公司,而公司本身则称为本公司或总公司。

分公司与本公司的关系虽然同子公司与母公司的关系有些类似,但分公司的法律地位与子公司完全不同。分公司没有独立的法人地位或资格,它可以有自己的名称,如办事处、分行、分公司等,但其名称应反映其与总公司的隶属关系。分公司也没有自己的独立财产,其实际占有、使用的财产是作为本公司的财产计入本公司的资产负债表之中,本公司应以其全部财产对其分公司活动所产生的债务承担责任。可以说,分公司的业务、资金、人事均受总公司的统一管辖与安排。此外,分公司的设立也无须经过一般公司设立的法律程序,只在当地履行简单的登记和管理手

① 深石原则是根据控制股东是否存在不公平行为,确定其债权是否应劣后于其他债权人或者优先股股东受偿的原则。参见赵旭东:《企业与公司法纵论》,法律出版社2003年版,第452页。

续即可。由此可见,分公司实际上并不是法律意义上的公司,只是本公司的组成部分或业务活动机构。我国《公司法》第 13 条第 2 款规定:"公司可以设立分公司。分公司不具有法人资格,其民事责任由公司承担。"

八、 本国公司、外国公司与跨国公司

这是根据公司的国籍进行的一种分类。

对于公司国籍的确定,国际上有不同的立法和学说:(1) 公司设立准据法主义,即公司的国籍以公司设立所依据的法律是本国法还是外国法为标准确定;(2) 公司设立行为地主义,即公司国籍依公司设立登记或注册所在地确定;(3) 股东国籍主义,即公司国籍依多数股东的国籍确定;(4) 公司住所地主义,即以公司住所所在地的国家为公司国籍。至于公司住所的确定,又存在两种标准:一种以公司管理中心所在地为公司住所地;另一种以公司营业中心所在地为公司住所地。

对上述各种标准,大多数国家兼采设立准据法主义和设立行为地主义来确定公司国籍。我国亦采此做法,即凡依中国法律在中国境内登记设立的公司,无论有无外国股东,无论外国股东出资多少,都是中国公司,亦即本国公司。

外国公司则是相对本国公司而言的,是指非依所在国(东道国)法律并且非经所在国登记而成立,但经所在国政府许可在所在国进行业务活动的机构。一般来说,外国公司均为外国总公司在他国设立的分公司,这种公司对其总公司来说,称为国外分公司,而对分公司业务活动所在国来说,则称为外国公司。如美国微软公司在我国设立的业务机构对我国来说即为外国公司。

外国公司在得到所在国的认许或批准并办理必要的登记手续之后即可在该国营业。各国对外国公司的成立和活动多在公司和其他单行法中予以专门的规定。一般来说,各国都允许外国公司在其境内开展业务活动,并适用普通公司法,享有与本国公司相同的权利能力和行为能力,但对其业务范围有所限制,某些与国计民生关系重大的特殊行业,如军事工业、航空工业、通信交通、酒类生产等禁止或限制外国公司经营。外国公司的活动必须遵守该国的法律、法令,尊重该国的风俗习惯。外国公司必须接受该国在某些方面的管理和监督,其有关业务情况必须定期报送政府主管部门备案,并以适当的方式公告。

跨国公司是指以本国为基地,在其他国家或地区设立分公司、子公司或其他参股性投资企业,从事国际性生产和经营及服务活动的大型经济组织。严格地说,跨国公司的"公司"一词并非公司法意义上的概念,它实际上是指国际性的公司集团,体现的是公司之间的一种特殊关系。在各国公司法中,也没有专门调整这种跨国公司关系的规定,跨国公司并非独立的法律实体,其内部关系实际为母公司与子公司、总公司与分公司及股东与公司之间的法律关系,并各自由相应的法律规范调整。

【本节理论探讨】

● 美国公司类型与大陆法系公司类型的比较

美国公司分为三类:商事公司、非营利公司和有限责任公司。与此相适应,各州制定有商

事公司法、非营利公司法和有限责任公司法。其中,商事公司通常被分为开放式公司和封闭式公司。但这只是学理上的分类,大多数州的公司法并没有明确区分开放式公司和封闭式公司。

开放式公司的股东人数并无具体规定,只要符合以下两项条件之一的公司都是开放式公司:(1) 股票在证券交易所上市;(2) 股票交易价格随时向公众发布。因为开放式公司的证券在交易所公开上市,所以必须依据有关的联邦证券法进行登记。①

封闭式公司股东人数较少,没有进行股票交易所需要的外部市场,所有或大多数股东参与公司的经营,股东之间通过订立协议限制股份的转让。② 美国封闭式公司一般会有内部契约,对公司管理职能分配和公司成员的工作要求作出规定。

一般认为,美国的开放式公司、封闭式公司分别与大陆法系的股份有限公司、有限责任公司这两种公司形式相对应。但事实上二者并不完全等同。美国与大陆法系的公司立法在出发点上有所不同:美国公司立法属于赋权型,而大陆法系的立法偏重强制性规定,属管制型立法。③

美国公司中,还有一种有限责任公司,但是这种有限责任公司与大陆法系所称的有限责任公司大相径庭。与美国的封闭式公司相比,它具有以下特征:(1) 法律对公司设立人及公司成员资格及人数没有任何限制,只有个别州规定有限责任公司股东至少两人以上,设立人必须是公司成员等。而封闭式公司人数则限制在 35~50 人之间。(2) 有限责任公司的成员可以选择受有限责任的保护,也可以根据成员自愿选择承担个人责任,这使得公司在一定程度上具有合伙的特征。而封闭式公司股东的有限责任是绝对的,只有在特定情形下才可能因"揭开公司面纱"导致股东承担个人责任。(3) 有限责任公司的盈利分配,原则上由公司协议规定,法律不加干预。当分配使公司资产不足以支付公司债务时,法律规定不得分配。(4) 有限责任公司在税收上享有合伙的同等待遇。而封闭式公司必须缴纳企业所得税,股东同时缴纳个人所得税。

- **我国公司类型改革:是否应取消发起设立的股份有限公司**

我国公司法将公司的类型总体上分为两类,即有限责任公司和股份有限公司。在股份有限公司内部,根据设立方式的不同,又分为发起设立的股份有限公司和募集设立的股份有限公司。募集设立的股份有限公司根据募集方式的不同,又进一步分为公开募集设立和定向募集设立。那么,这一分类方式是否合理? 是否适应当前实践的需要呢?

一些学者认为,我国公司法虽然对于发起设立和向特定对象募集设立的股份有限公司的股权转让没有作出明文限制,但是其规定该类公司股份的转让应在依法设立的证券交易场所进行或者按照国务院规定的其他方式进行。而事实上相应的交易场所和其他交易方式并不存在,该类公司的股权转让实际上是受限制的。而且发起设立的股份有限公司,其人数最低可以只有一人。这就使它们中的大部分也表现出很强的封闭性。在这一点上,它们与有限责任公司并无本质上的区别。尽管《公司法》规定规模较小的股份有限公司可以采取自由和灵活的管理机制,尽量减少与有限责任公司的差异(例如,第 128 条规定,规模较小或者股东人数较

① 参见胡果威:《美国公司法》,法律出版社 1999 年版,第 16 页。

② Robert W. Hamilton: The Lawof Corporations,法律出版社 1999 年版,第 22、23 页。

③ 张开平:《英美公司董事法律制度研究》,法律出版社 1998 年版,第 12 页。

少的股份有限公司,可以不设董事会,设一名董事;第 133 条规定,规模较小或者股东人数较少的股份有限公司,可以不设监事会,设一名监事),但是《公司法》仍不能避免规模较小或者股东人数较少的股份有限公司适用与它们的封闭性不相适应的股份有限公司的规定。例如,股份对外转让规则无股东优先购买权之规定。同时,这也产生了在同一部法中存在两种类型的封闭公司,同是封闭公司却实行不同的制度的不合理现象。因而,应当整合现有封闭性公司制度资源,将发起设立的股份有限公司和向特定对象募集设立的股份有限公司并入有限责任公司,同时对有限责任公司制度进行改革,使它成为囊括所有封闭公司的制度,从而形成有限责任公司即非公开或非上市公司、股份有限公司为公开或上市公司的格局。

另外,有些学者也同样认为《公司法》存在上述弊端,但是主张借鉴日本的模式,取消有限责任公司,将其并入股份有限公司,将股份有限公司分为股份转让受限制的股份有限公司和股份转让不受限制的股份有限公司。前者大体相当于有限责任公司和股份有限公司中的封闭公司,适用封闭性公司的规定;后者相当于上市公司,适用上市公司的有关规则。

- **关联公司与公司集团的法律地位与法律调整**

对关联公司和公司集团在法律上进行定义是比较困难的,因为不同部门法立法目标的差异会影响到关联公司的定义和范围,公司关联形式的多样性和关联强度的差异也使得立法者难以作出一个精准而周延的描述。德国对关联公司采取了较为宽泛的规定,该国股份法规定之关联公司是一个集合概念,包含了 5 种类型的关联公司:被多数参股的公司与多数参股公司、从属与支配公司、康采恩公司、相互参股公司或“公司合同”的当事人。① 公司集团在德国称为“康采恩”,它指一个支配公司与一个或多个从属公司形成的并置于该支配公司的统一管理之下的联合;各公司属于康采恩公司。这一构成公司集团的标准实际上在美国也被认可,不过它以“控制”一语替代了德国法中的统一管理。

关联公司与公司集团的法律地位问题,是指二者在法律上的主体资格问题。关联公司具有法人地位,并且这种法人地位与集团内部的统一管理和相互间的控制支配关系并不绝对冲突。虽然成员公司在集团统一管理之下,一定程度上丧失了管理上的独立性,但其法人人格并不随之消灭。

公司集团作为若干关联公司构成的联合体,具有较为特殊的法律地位。一方面,公司集团在经营活动的许多方面表现出整体的存在和意志,一些商业活动甚至是以集团的名义进行的。因此集团成为一种法律主体,并受到经济法(尤其是反垄断法)、公司法、商业会计法、税法、劳动法等特别法律调整。另一方面,公司集团又不可能取得一般商业团体那样的独立法律人格或民事主体身份。对集团来说,关联公司与集团是部分与整体的关系,肯定了关联公司具有法人地位,也就否定了集团具有法人地位的可能性。反之,如果肯定集团具有法人地位,关联公司的法人地位也就不存在了。集团的非法人地位决定了许多民事活动可以以集团的名义进行,但最终权利义务的承受者只能是集团的总公司或成员公司。

关联公司和公司集团的出现和快速发展,客观上需要法律的规范和调整。在德国、巴西等国家,已形成系统的、法典化的关联公司和公司集团制度。在美国、日本、加拿大等国,虽然还未形成系统、完整的公司集团法律体系,但相关的法律规则早已确立并得到广泛遵循。建立这

---

① 吴越:《企业集团法理研究》,法律出版社 2003 年版,第 5 页。

种制度的基本依据在于伴随关联公司出现的利益冲突和维护各方当事人利益的需要。在承认关联公司和公司集团的合法存在的情况下,必须通过各种法律手段予以规制,切实保护从属公司及其少数股东以及公司债权人的利益,最大限度地抑制关联关系的消极影响和后果。

- **"次级债权"理论**

"次级债权"理论,即债权居次规则,是指在存在控制与从属关系的关联公司中,为了保障从属公司债权人的正当利益免受控制公司的不法侵害,规定在从属公司的清算、和解或重整等程序中,控制公司对从属公司的债权,不论其有无别除权或优先权,均应次于从属公司的其他债权人受偿。

"次级债权"理论产生的原因是在公司之间存在控制与从属的关系时,控制公司有可能利用其控制性影响力,凭空制造对从属公司的债权或债权担保,参与从属公司破产财团的分配,或者在设立从属公司时滥用股东有限责任,最终损害其他债权人的利益。因此,为保护其他债权人的利益,有的国家在审理案件时判定控制公司的债权应劣后于其他债权人的债权受清偿。

"次级债权"理论内部又可分为自动居次原则与衡平居次原则两种观点。自动居次原则主张,母公司对子公司之债权应一律次于子公司其他债权人,至于母子公司是否混同及母公司是否有不公平之行为,则无需考虑。而衡平居次原则,主张根据控制股东是否有不公平行为,决定其债权是否应劣后于其他债权人或者优先股股东受偿。这一原则是美国法院在审理泰勒诉标准电气石油公司案中的涉诉子公司——深石石油公司时创立的,故又称为深石原则。

自动居次原则出现后受到一些学者的批评,原因是一律要求控制股东之债权居于子公司其他债权人之后受清偿,可能导致控制股东受到的惩罚大大超过其依控制地位所得到的利益,控制股东不愿意贷款给子公司,将使子公司破产风险增加而危及子公司债权人。这一原则已为大多数国家摒弃。而深石原则由于既保护子公司其他债权人的利益,也兼顾母公司之债权的合理性,已成为法院处理母子公司关系时处置母公司对子公司之债权的一般原则。

【本节实务研究】

- **分公司能否以自己名义签约和成为诉讼主体**

分公司不是独立的公司,不具有公司的组织形式,也无须按公司设立的条件去设立。分公司没有自己的股东会、董事会、监事会,也没有自己的法定代表人,只有本公司任命的经理作为分公司的负责人。但分公司作为一种相对独立的公司经营机构,仍具有经营能力和资格,为此,分公司需要向公司登记机关依法办理登记,领取营业执照。分公司可以自己的名义独立订立合同,也可以以自己的名义独立参加诉讼。

在实践中,曾出现不认可分公司以自己的名义签约和不允许其作为诉讼主体参与诉讼的情况。事实上,民事主体与具体民事活动的主体以及诉讼主体是不同的法律概念,虽然分公司不是民事主体,但可以成为签约的主体和诉讼主体,其法律地位与独资企业和合伙企业是类似的,完全可以自己的名义签约和以自己的名义起诉或应诉。只是分公司不能独立承担财产责任,对分公司的债务,在其资不抵债或无力清偿时,应由本公司承担。

- **公司集团的下属公司对集团的债务是否承担责任**

如前所述,公司集团是由具有法人资格的若干企业形成的联合组织,公司集团本身并不具有法人资格，不能独立承担民事责任。实践中，以集团名义进行的民事行为或签订的合同，一般应由代表集团并实际掌握集团管理权的母公司或集团公司承担法律后果，而公司集团的下属公司对集团的债务一般不应承担责任。

但是，实践中可能出现某些公司集团虽然由若干独立的公司法人组成，却将公司集团本身也登记为独立法人的情形。这种集团将其下属公司登记为集团的股东，并将所有下属公司的注册资本或总资产之和登记为注册资本，但下属公司的财产未办理转移手续，下属公司的法人资格仍然保留。这种公司集团的法人登记本身是不符合公司法和法人制度的一般规则的，其登记应认定为法律上的错误和无效，应否定这种集团的法人资格。对于这种集团所进行的民事行为，首先应以其占有的财产承担民事责任，如果财产不足，则应由该集团的下属公司承担补充清偿责任。其原因在于这些下属公司对于该集团的错误登记负有主观上的过错，正是它们参与集团登记并提供相关手续的行为导致了集团的错误登记，因此应承担相应的法律后果。

第二节 有限责任公司

一、有限责任公司的概念和特征

有限责任公司，简称有限公司，是指由法律规定的一定人数的股东组成，股东以其出资额为限对公司债务承担责任，公司以其全部资产对其债务承担责任的企业法人。

与其他公司类型相比较，有限责任公司具有以下特征：

第一，股东人数有法定限制。各国公司法对其他种类公司，只规定股东的最低人数，而无最高人数的限制，但对有限责任公司，大多规定了最高人数。例如，《法国商法典》第 L223-3 条规定，有限责任公司的股东人数不得超过 100 人。如果股东人数超过 100 人的时间持续一年，有限责任公司应予以解散，但在此期限内公司股东人数已减至 100 人或少于 100 人，或者公司已经转型的，不在此限。有些国家公司法虽未规定有限责任公司的上限人数，如德国、奥地利、意大利、瑞士等国，但在实践中，对股东人数仍然是有限制的，有限责任公司具有的人合性使其股东人数不可能太多。

我国《公司法》第 42 条规定，有限责任公司由 1 个以上 50 个以下股东出资设立。至于有限责任公司股东人数超过最高限时是否应变更公司形式，即将有限责任公司变更为股份有限公司，《公司法》未予强制规定。根据商业实践，为了满足《公司法》第 42 条的股东人数要求，有些公司将众多持股的员工股东组成持股会，持股会整体作为一个股东出现。至于这种持股会的法律地位如何，至今尚无明文规定，但目前企业大力推行员工持股的激励措施，实践中此种情况较为普遍，对此，应予研究和规范。

第二，股东对公司债务承担有限责任。有限责任公司的股东，只以其认缴的出资额为限对公司负债，对超过其出资额范围的公司债务不承担责任，公司的债权人亦不得直接向股东主张债权或请求清偿。这一特点使有限责任公司股东区别于无限公司股东。

第三，公司设立程序简便，组织机构简单。与股份有限公司不同，有限责任公司只能发起设立，不能募集设立。公司的资本总额，由设立时的股东全部认足，不可对外招募，因而，有限责任公司的设立程序相对简单。而且,有限责任公司的机关设置也较股份有限公司简单、灵活。根据《公司法》第75、83条的规定,规模较小或者股东人数较少的有限责任公司,可以不设董事会和监事会,只设一名董事和一名监事即可,经全体股东一致同意,也可以不设监事。此外,有限责任公司股东会的召集办法和决议的形成程序也较为简单。

第四,公司兼具资合性与人合性。公司法关于有限责任公司的许多规定,既体现出资合性,又体现出人合性。

有限责任公司人合性表现在:(1)股东人数受一定限制;(2)公司的资本只能由全体股东认缴,不得向社会公开募集;(3)股东的出资证明书不得流通转让;(4)股东对外转让股权时其他股东有优先购买权;(5)有限责任公司的经营事项和财务账目无须向社会公开。

有限责任公司资合性体现在:(1)股东对公司债务只承担有限责任;(2)在资本制度上,实行资本确定原则、资本维持原则及资本不变原则,公司设立时应由全体股东全额认缴公司章程规定的注册资本;(3)股东出资形式受法律限制,只能是货币、实物、知识产权等可以用货币估价并可以依法转让的财产,信用及劳务不能用于出资;(4)公司分配实行无盈不分原则,其盈余须弥补亏损和提留公积金后才能用于股东分配。

二、有限责任公司的评价和适用

有限责任公司是公司制度发展中出现最晚的一种公司形式,应该说,它兼采无限公司和股份有限公司的优点,同时又克服了它们的不足。一方面,有限责任公司具有无限公司的人合性特点,股东相互了解信任,而这些股东又不必像无限公司股东那样承担无限责任;另一方面,有限责任公司又具有股份有限公司资合性的特点,股东既对公司债务承担有限责任,又不需像股份有限公司股东那样,以放弃对公司业务的管理权作为代价;有限责任公司的财务情况亦无须对外公开。有限责任公司的人合性兼资合性的整体优越性还有别于两合公司,两合公司尽管同样兼具人合性与资合性,但其股东成分较复杂、责任形式不一,内部关系较难协调。

但有限责任公司也因其人合性和封闭性的特点,一般难以成长为巨型企业。因此,总体说来,有限责任公司是更符合中小企业需要的公司形式,各国实践中,大多数中小企业都采用了有限责任公司形式。当然,股东人数少,并不必然表明企业的资本规模小,有些有限责任公司的规模也比较大。在我国,由于近年来大量的国有企业采取有限责任公司的形式进行公司改制,一些国有股东的强大资产实力,使有些有限责任公司的规模很大。

我国20世纪70年代制定的《中外合资经营企业法》,将中外合资经营企业的法律形式规定为有限责任公司。1988年国务院颁布的《私营企业暂行条例》也规定有限责任公司为私营企业的一种形式。这一条例在当时催生出了一大批私营有限责任公司。以后的企业联合中,许多联营企业采用了有限责任公司形式。在国有企业的股份制试点及公司化改制中,考虑到有限责任公司组织简便、内部协调性好、不需要证券市场的配套条件等优点,国家把有限责任公司作为国有企业公司化改造的主要形式。

第三节 股份有限公司

一、股份有限公司的概念和特征

股份有限公司,简称股份公司,是指公司全部资本分为等额股份,股东以其所认购的股份对公司承担责任,公司以其全部资产对公司债务承担责任的企业法人。

与其他公司类型相比较,股份有限公司具有以下特征:

第一,股东人数具有广泛性。股份有限公司适应了社会化大生产对巨额资本的需求。股份有限公司通过向社会公众广泛地发行股票来筹集资本,任何投资者只要认购股票和支付股款,都可成为股份有限公司的股东,这使得股份有限公司的股东人数具有广泛性。各国公司法对股份有限公司股东一般无最高人数的限制,但对股份有限公司的发起人有最高人数的限制。《公司法》第 92 条规定,设立股份有限公司,应当有 1 人以上 200 人以下为发起人。200 人发起人上限也说明了股份有限公司人数的广泛性。

第二,股东的出资具有股份性。这一特征是股份有限公司与有限责任公司的区别之一。股份有限公司的全部资本划分为金额相等的股份,股份是构成公司资本的最小单位。这种资本股份化既满足了股份有限公司独特的向社会公开募集资本的便利性需求,也便于股东股权的确定和行使。

第三,股东责任具有有限性。股份有限公司的股东对公司债务仅以其认购的股份为限承担责任,公司的债权人不得直接向公司股东提出清偿债务的要求。股东责任的有限性,是股份有限公司区别于无限公司的主要特征。股份有限公司与有限责任公司之间,在股东有限责任上,二者是相同的,仅在承担有限责任的方式上有所区别:因股份有限公司的资本分成均等的股份,股东就其所认购的股份对公司债务负有限责任;而有限责任公司的资本不分成均等的股份,股东就其出资额对公司债务负有限责任。

第四,股份发行和转让的公开性、自由性。股份有限公司的这一特征,是其区别于其他各种公司的最主要特征。为适应社会化大生产对巨额资本的需求,股份有限公司通常以发行股票的方式公开募集资本,这种募集方式使得股东人数众多,分散广泛。同时,为提高股份的融资能力和吸引投资者,股份必须具有较高程度的流通性,股票必须能够自由转让和交易,否则,不利于资本募集。因此,股份有限公司的股票除可以在一般交易场所转让交易外,还可以申请在证券交易所挂牌上市交易。股份有限公司股票的公开发行和自由流通,促进了公司资本的证券化运行,也促进了资本市场——证券市场的形成和发展。

第五,公司经营状况的公开性。股份有限公司股份发行的公开性及股份转让的自由性,使得股份有限公司的经营状况不仅要向股东公开,还必须向社会公开,使社会公众了解公司的经营状况,以最大限度地保护公司股东、债权人及社会公众利益。对于公开发行股票的股份有限公司来说,因其社会性更强,其经营状况公开的意义更为突出。在证券法上,信息公开原则是最重要的原则,也是上市股份有限公司最重要的行为准则,上市公司必须将其一切重要的经营事项(包括财务会计报告等)全面、及时、准确地向社会公告。这种公开性与有限责任公司的封闭性完全不同。

第六,公司信用基础的资合性。股份有限公司的信用基础在于其公司资本和资产,这与股份有限公司股东的有限责任是相联系的。公司资本和资产不仅是公司进行经营的基本条件,也是公司承担债务的基本担保。因此,股份有限公司实行严格的资本确定、资本维持和资本不变的原则,实行法定资本制的国家一般都要求公司设立时必须由全体股东全额认缴公司章程确定的注册资本。股东只能以货币、实物等出资,而不能以信用或劳务出资。公司的盈余分配更是严格实行无盈不分的原则。这些都与人合性的无限公司截然相反。此外,相对于兼具资合性和人合性的有限责任公司来说,股份有限公司在募集资本和股东分布的广泛性、股份的流通性和转让的自由性等方面,都体现了更为充分和彻底的资合性。因此,股份有限公司是最典型的资合公司。

同时,相对其他企业或社会组织而言,股份有限公司又是最为典型的法人组织。从公司及法人制度的发展历史看,现代意义的公司概念尤其是法人概念的形成始于股份有限公司的产生。股份有限公司独立的财产及责任、完备的组织机构最充分地体现了法人组织所具有的法律特征。因此,各国公司立法和公司法理论对无限公司、两合公司是否为法人的问题存在分歧,但在股份有限公司的法人地位方面则取得了完全一致的意见。

二、股份有限公司的评价和地位

股份有限公司是资本主义市场经济的典型组织形式,也是垄断资本主义的起点。早期的资本主义是自由竞争的时代,为了在激烈的市场竞争中处于有利地位,为了兴办单个人无力开办的大工业企业,为了分担经营风险,资本家便联合起来,集资经营,这正满足了日益发展的社会化大生产的要求,是自由竞争推动资本集中这一资本主义经济运动过程的必然结果,股份有限公司则是在这一过程中发展起来的最有效的组织形式。

股份有限公司的产生大大加速了社会资本的集中过程,成为“社会积累的新的强有力的杠杆”,正是在它问世之后,资本主义进入了巅峰时期,在不到一百年的时间内,创造出比以往一切时代的总和还要强大的生产力。因此,国外的一些经济学家和法学家把股份有限公司视为新时代的伟大发现,它的重要性远远超过了蒸汽机和电力。没有它,大规模的现代化生产是不可想象的。马克思也曾指出:“假如必须等待积累去使某些单个资本增长到能够修建铁路的程度,那末恐怕直到今天世界上还没有铁路。但是,集中通过股份公司转瞬之间就把这件事完成了。”①

不可否认,股份有限公司早期的形成和发展,是西方帝国殖民政策的强有力工具。但作为社会化大生产的组织形式,股份有限公司又符合和适应了生产力发展的客观要求,是资本主义具有杰出意义的历史创造。在现代市场经济中,尽管股份有限公司的数量在各国公司总数中所占的比例并不是最高,但其在国民经济中的地位举足轻重,国民经济重要部门的大企业多采用这一企业形态,而大型跨国公司更是将股份有限公司作为其首选形式。

作为公司形式之一的股份有限公司,在商事经营活动中,具有其他公司和企业形式无可比

① 《马克思恩格斯全集》第二十三卷,人民出版社 1972 年版,第 688 页。

拟的优越性，但又有一些不可避免的缺陷或不足，因此，对股份有限公司应进行辩证的分析，以对其作出全面、客观的评价。

（一）股份有限公司的优越性

1. 利于集资。股份有限公司是集中资本的一种最有效的公司形式，这不仅由于它可以对外公开发行股票和债券，而且由于它的股份金额一般较少，可以更为广泛地吸收社会的小额分散资金。

2. 分散风险。由于股份金额较少，股份有限公司大量的股东个人所拥有的股份只占公司总资本很少一部分，而股东又只以其拥有的股份对公司债务承担责任，从而有利于分散投资者的风险。

3. 公众性强。股份有限公司具有最广泛的公众性，实行公示主义的管理方法，公开向社会招募资金，任何人都可以通过购买股票而成为股东，不受身份和个人的其他条件的限制。

4. 股东变更容易。股份有限公司的股票可以自由转让，股东遇有急需，或认为公司经营不善、面临亏损或破产时，可以根据自己的意愿将股份及时转让。

5. 管理科学。股份有限公司适应了所有与经营相分离的生产方式的需要。在股份有限公司中，生产和经营的管理活动由以董事和经理为中心的专门管理机构进行，众多股东只是作为“资本的单纯所有者”领取股息和红利。这种管理的专门化有利于提高公司的管理水平。

（二）股份有限公司的不足之处

1. 股份有限公司设立程序比其他公司要复杂，设立责任也比较重，公司管理机关比较复杂、庞大，公司的活动也多受约束和限制，因此较之其他公司有些不灵活或不便。

2. 易于少数股东对公司的操纵、控制和垄断的形成。由于公司股份数量很大，股东人数很多，只要掌握一定比例（股票控制额）以上的股份，就能操纵控制公司的管理，因此它很容易被少数大股东所利用，损害多数中小股东的利益。

3. 股份有限公司股东流动性很大，不易控制掌握，股东对于公司缺乏责任感，往往公司经营稍有不佳，股东就抛售股票，转移风险，甚至会使可能扭亏转盈的公司因股票价格的跌落而一蹶不振。

4. 股票的自由流通，使得股票交易市场易于成为不法者的投机场所。一些人不是通过企业的经营和合法的股票交易获取利润，而是通过操纵市场、内幕交易等非法行为牟取暴利。

针对股份有限公司的上述优点和不足，各国一直在不断修改公司法，对公司的设立、经营、监督等进行严格的法律规制，制定有关证券管理法规，从而扬长避短，使其符合社会的经济发展要求。

股份有限公司是我国社会主义条件下商业投资和资本联合的法律形式。现代经济的标志是社会化大生产，它要求生产力的广泛联合，要求融资渠道的扩大，资本联合的意义比以往任何时代都更加突出。股份有限公司是资本联合的高级法律形式，它把个别的闲散资金汇集成集中的生产资金，把小规模的商业行为变成大规模的社会经营，打破了我国长期以来信用形式单调、融资渠道狭窄的局面，把单一的银行融资变成了多渠道、多形式的社会融资。股份有限公司作为一种经济组织，其产生和发展是资本联合达到一定程度在法律上的表现，是社会主义市场经济不断发展、深化的结果。

股份有限公司是社会主义公有制的新型经营组织。与传统的全民所有制企业、集体企业和私人企业的组织形式不同,股份有限公司不再是单一经济成分的组织,而是社会主义公有制组织与公民个人之间以及公有制组织之间、公民个人之间相互结合的经济形式,公司的股东不仅有自然人,也包括集体企业和全民所有制企业。股份有限公司的出现,使我国企业组织突破了原有的公有经济形式,促进了社会主义公有制的多样性和公有经济形式的多样化,赋予了公有制经济新的活力。

第四节 一人公司

一、一人公司的概念和特征

一人公司,又称独资公司,是指股东(自然人或法人)仅为一人,该股东持有公司的全部出资或所有股权的公司。

一人公司的突出法律特征在于其股东的唯一性,即一人公司的股东只有一人,包括一个自然人或一个法人,全部股权或出资额均由唯一的股东持有。一人公司的股东虽然只有一人,但同样具备公司的所有法律特征,包括独立的法律人格、独立的财产、独立的组织机构和独立地承担民事责任。各国的一人公司既有一人有限责任公司,也有一人股份有限公司。在2023年修订《公司法》之前,我国只承认一人有限责任公司,但现行《公司法》第42、92条规定,我国有限责任公司、股份有限公司均可以是一人公司。

一人公司不同于独资企业,虽然从形式上看,一人公司因其只有一个投资者而与独资企业相似。但在法律性质上,二者存在根本的区别:(1)一人公司可以依法取得法人资格,使一人股东与一人公司分别为不同的主体;而独资企业不具备独立法人身份,该企业主仍以自然人身份从事经济活动。(2)一人公司的股东仅以出资额为限,对公司负责,承担有限责任,同时要求一人公司的财产与股东个人的财产必须严格分开;而独资企业主对企业债务要承担连带的无限责任。(3)一人公司应当按照公司法规定的组织机构运营,采用董事会、监事、经理的科学组织模式,并受公司法规制;而独资企业的组织机构完全由企业自行安排,一般仅设以经理为首的经营管理机构。

二、对一人公司的承认

(一)国外立法对一人公司的承认

一人公司的出现是对传统公司社团性的重大挑战。按照传统公司法,公司是社团法人的一种,由两个以上股东组成。早先的各国公司法几乎没有不强调公司成员的多数性的,并认为这是公司作为团体区别于其先前的个人商业组织的基本结构特征,如果放弃这一原则,则公司无以成社团,其团体人格也会失去组织载体的基础,为调整公司成员间相互关系而确立的绝大多数公司法规则也将失去适用的条件和意义。

与之对立的意见则认为,法人制度不过是为了赋予企业组织独立的人格而在法律上拟制的产物,个人也可以享有这种法律上的人格经营公司业务。资合公司的法人资格不应受公司成员人数左右,一人公司也可以具有法人资格。这种观点,来自罗马法系的法人理论。随着经济发展对一人公司的需求不断增大以及人们对法人本质和一人公司认识不断深入,绝大多数学者都主张一人公司具有法人性,但对于其法学理论依据则有不同主张,国外主要有三种学说:

1. 股份社团说。该说认为股份有限公司的构造并非基于股东的复数,而是基于股份的复数。由于股份总数是复数,因而一人公司不失社团法人性质。

2. 潜在社团说。该说认为一人公司的股份或者出资虽集中到一个股东手中,但可以通过转让使其具有再回复到复数股东的可能性。因此,一人公司存在着潜在社团法人性。

3. 特别财产说。该说认为法人资格是使一定的法律关系单纯化、明确化的一种手段。公司由从一般财产(股东个人财产)分离出来的特定营业财产构成,它是不受其成员人数多少左右,在法律上独立承担责任的单位。这就将法人资格的侧重点从“人的构成”转移到“物的构成”。该说进而认为,应该把一人公司的财产作为用于营业的特别财产,给予法律上的认可,承认一人公司是一个能够承担责任、在法律上独立的单位,即一人公司具有法人性。特别财产说逐渐成为当前的主导学说。

(二)我国公司法对一人公司的承认

几十年来,我国理论及实务界对一人公司表现出三种不同的态度:一是完全承认,即公司成立时和成立后都允许一人公司的存在;二是有限制的承认,即在公司成立时必须有两个以上股东,不允许设立一人公司,以后如果只剩下一名股东,则予以或者附条件地予以承认;三是完全不承认,无论公司成立时还是成立后都不允许一人公司的存在。我国 1993 年《公司法》不承认一人公司,2005 年《公司法》完全确认了一人有限责任公司。现行《公司法》又进一步承认了一人股份有限公司。这一重大立法变化的根据在于:

1. 尊重一人公司客观存在的事实,鼓励投资创业,便利公司设立,减少公司冲突和矛盾。即使原来公司法不承认一人公司,但事实上一人公司早已经以各种方式存在,既包括完全合法存在、名副其实的一人公司,如国有独资公司和外商投资公司中的外资公司;也包括名义上有多数股东而真正的股东只有一人的实质上的一人公司。否定其合法地位,只会阻碍某些个人或社会组织的投资行为,导致虚设股东等规避法律的行为和一些公司不规范的运行,并滋生许多不应有的权益纠纷。

2. 顺应全球立法趋势。近年来,越来越多的国家相继承认或有条件地认可了一人公司的法律地位,并由此形成了公司法改革的国际趋势。而我国加入 WTO 后,也应该实现国内企业和外资企业之间的公平竞争,包括在投资形式上给予中外投资者设立一人公司的相同机会和条件。

3. 一人公司与法人制度的本质和债权人保护并不矛盾。法人制度的本质在于保证公司独立存在,能够独立地从事经营活动,防止公司股东滥用权利、混同个人财产与公司财产,进而损害债权人的利益,而不在于其成员的构成和股东人数的多少。同时,在有限责任之下,决定公司清偿能力并保障债权人合法权益不受损害的是公司的资本和资产,而非股东的人数。

三、一人公司的特别法律规则

尽管一人公司得到法律的承认,但由于其股东只有一人,权利集中于唯一的股东,相对于由多数人组成的公司,更容易发生股东滥用公司法人地位和股东有限责任、损害债权人利益的情况,因此,公司法一方面明确肯定了一人公司的合法地位,另一方面规定了一人公司财产独立举证责任倒置的法律规则。

对普通公司而言,公司财产的独立是不证自明的事实,只要经合法注册登记,公司就具有独立法律地位和法人人格,其财产就当然独立。如要否定其财产的独立,提出主张的人应举证证明其财产的不独立。但鉴于一人公司完全由一个股东控制,极易出现公司财产与股东财产混同、公司财产被股东不当占有和支配的情形,公司法设置了一条特别的规则,即"只有一个股东的公司,股东不能证明公司财产独立于股东自己的财产的,应当对公司债务承担连带责任"(第 23 条第 3 款)。此谓典型的举证责任倒置,即本来需由他人举证公司财产不独立,现将举证责任转移给股东,要求其证明公司财产独立,否则法律即可推定公司财产不独立并要求股东对公司债务承担连带责任。

我国公司法建立的一人公司制度在各国公司法中独具特色,是 21 世纪公司法富有创新的制度设计,尤其是关于财产独立举证责任倒置的规定。此外,现行《公司法》删除了原《公司法》第二章第三节"一人有限责任公司的特别规定"中的 6 条规定。取消对自然人设立一人公司数量的限制,以及对自然人股东设立的一人公司再设立一人公司的限制,有助于投资主体通过设立一人公司进行投资兴业,增加市场主体数量,释放市场主体活力,繁荣市场经济。

【本节理论探讨】

• 一人公司的财务监督问题

公司法以社团性为前提,以存在复数股东为基础,公司法为普通公司设计了一套分权制衡的法人治理结构。然而,一人公司只有单一股东,缺少了普通公司分权制衡的治理结构,公司监察被削弱。单一股东不但享有有限责任的便利,而且拥有在公司业务经营及财产支配方面的绝对权利。因此,当其个人利益与公司利益、其他利害关系人利益产生冲突时,极易实施滥用公司人格、抽逃资金、逃避义务等行为以及规避法律强行规定的脱法行为。

但是,大多数国家对一人公司的规制主要集中于一人公司的组织规范及主管机关的行政管理规范,对于最容易发生道德危机的财务监控,却少有规定。这在我国公司法中也有体现,对于财务监控,主要通过每年一次的强制审计来完成。

在各国公司立法中,法国对于一人公司财务监控的规定是较为完备的。法国公司会计监察人制度始于 1966 年的《商事公司法》,而后《法国商法典》吸收并完善了会计监察人制度。《法国商法典》第 L225-218 条规定,所有股份有限公司至少应任命 1 名会计监察人。股份有限公司成立时如果不任命会计监察人,就不能召开成立大会,凡没有按照法律规定任命会计监察人的股份有限公司,股东会决议以无效论处。《法国商法典》亦规定,股份两合公司和集团公司都必须任命会计监察人,其中集团公司至少应当指定两名会计监察人。此外,《法国商法典》规定,其他公司类型,如合名公司(L221-9 条)、有限责任公司(L223-35 条)、普通两合公司(L222-2 条)、简化的股份有限公司(L227-9-1 条),在达到法律规定的标准时也应任命会计监察人。这一标准是:在一个会计年度结束时,资产负债总额、税负外的总营业额或者本会计年度的平均用工人数两项标准超过法律规定的数额,即使公司并未达到这一标准,如果至少合计持有 10%股份的 1 名或者数名股东提出要求,也可以请求法院为公司任命 1 名会计监察人。①

【本节实务研究】

● 因股权转让而形成一人公司的法律适用

我国公司法允许有限责任公司股权在股东之间自由流通,当股东将公司全部股权转让给一名股东时,由于公司法的一人公司与普通公司规则存在差异,通过股权转让形成的一人公司就很可能违反公司法的强制性规定。例如,公司法允许一个自然人投资多个普通有限责任公司,但只能投资一个一人公司,此时股权转让很可能导致一个自然人同为两个一人公司股东。上述情况下,股权转让是否有效?如果有效,基于股权转让形成的一人公司与公司法强制性规定的冲突又应当如何处理呢?

本书认为,只要股权交易行为本身没有违反法律的强制性规定即为有效。权属变动的结果违反了公司法的强制性规定,通常属于可以补救的瑕疵,应当本着提高公司运作效率,维护交易秩序的原则要求股东限期对公司瑕疵进行补救。当普通公司因股权转让变为一人公司时,如果受让股权的股东已为其他一人公司的股东,可以要求该股东限期转让其中一个一人公司的股权。只有在公司丧失其成立的基本条件,瑕疵无法治愈时,才应要求按照公司法的相关规定解散公司,消灭公司人格。

第五节　国家出资公司

一、国家出资公司的概念

国家出资公司,是指由国家出资,由国务院、地方人民政府,或者国务院、地方人民政府授权的国有资产监督管理机构或其他部门履行出资人职责的国有独资公司和国有资本控股公司。"国家出资公司"是现行《公司法》提炼的用以统筹国有公司的新概念,与《企业国有资产法》规定的"国家出资企业"相比,国家出资公司概念的外延适当缩小,排除了非公司制企业和国有资本参股公司。根据《公司法》第 168 条规定,国家出资公司,是指国家出资的国有独资公司、国有资本控股公司,包括国家出资的有限责任公司、股份有限公司。第 169 条第 1 款规定:"国家出资公司,由国务院或者地方人民政府分别代表国家依法履行出资人职责,享有出

---

① 《法国商法典》(中册),罗结珍译,北京大学出版社 2015 年版,第 1046 页。

资人权益。国务院或者地方人民政府可以授权国有资产监督管理机构或者其他部门、机构代表本级人民政府对国家出资公司履行出资人职责。”可以看出,《公司法》规定的“国家出资公司”仅包括一级公司,不包括国家出资公司单独或与履行出资人职责的机构共同出资设立的子公司。

二、国家出资公司的类型

(一)国有独资公司

国有独资公司,是指国家单独投资,由国务院或者地方人民政府授权本级人民政府国有资产监督管理机关履行出资人职责的有限责任公司。国有独资公司是我国公司法借鉴现代各国通行的公司制度,针对中国的特殊国情,为促进中国国有企业制度改革专门创立的一种特殊公司形态。

根据公司法的规定,国有独资公司的设立有两种方式:一是新建设立,即国有资产监督管理机构单独出资开办的国有独资的有限公司;二是改建设立,即原有国有企业,依据公司法规定的设立有限责任公司条件及其他相关规定,由国家作为单一投资主体改建而成的国有独资公司。

国有独资公司与其他形态公司相比较,具有以下特征:

1. 国有独资公司是特殊的“一人公司”。首先,国有独资公司是一人公司。国有独资公司的股东只有一个,即国家,由国有资产监督管理机构履行出资人或股东的职责。这一点可将国有独资公司与普通的有限责任公司区别开来。其次,国有独资公司具有特殊性。这种特殊性表现为股东的特定性。依照《公司法》的规定,要成为国有独资公司股东,必须获得政府的授权,不允许其他任何单位或个人单独投资设立一人公司。而普通的一人公司,其股东既可以是法人,也可以是自然人。此外,由于受股东人数制约,一般来说,普通一人公司规模一般不大,而我国的国有独资公司规模通常较大。

2. 国有独资公司是特殊的有限责任公司。首先,国有独资公司是有限责任公司。国有独资公司的资本不分为股份,非一人股份公司。与一般有限责任公司一样,国有独资公司以其全部财产对公司债务承担责任,股东以其出资额为限对公司承担责任,公司与股东相互独立,这样,国家与企业的产权关系十分清晰。其次,国有独资公司具有特殊性。尽管公司法将国有独资公司规定为有限责任公司,但其与一般的有限责任公司在股东人数、股东的身份、公司的组织制度和股权的行使等方面都有所不同。当然,除有特别规定外,《公司法》关于有限责任公司组织和行为的一般规定也适用于国有独资公司。

3. 国有独资公司不同于一般国有企业。尽管许多国有独资公司直接由特定的国有企业通过公司化改制而成,但国有独资公司已不同于原有的国有企业,这主要体现在:首先,二者的设立根据不同。国有独资公司依照《公司法》设立,并受《公司法》调整;而一般的国有企业则依照《全民所有制工业企业法》设立,并受《全民所有制工业企业法》调整。其次,二者的财产权性质不同。作为国有独资公司的股东,国有资产监督管理机构对公司财产依法享有和行使股权,国有独资公司对公司财产享有法人财产所有权;而一般的国有企业中,国家作为企业的所有人对企业财产享有所有权，企业作为法人单位对企业财产享有的是经营管理权。最后，二者的管理体制不同。例如，国有独资公司设立董事会，其成员由国有资产监督管理机构委派，其董事长、副董事长由国有资产监督管理机构从董事会成员中指定，经理由董事会聘任或解聘，法定代表人可由董事长、执行董事或经理担任；而一般的国有企业则实行厂长（经理）负责制，厂长或经理是企业的法定代表人。

4. 国有独资公司的适用和评价。国有独资公司是我国国有企业改革的产物。国有企业一直在我国国民经济中发挥着主导作用，是国民经济的中坚力量，20 世纪 80 年代以来的中国经济体制改革，其核心和关键就是国有企业的改革。为焕发国有企业的生机和活力，保证国有资产的经营效益和保值增值，国家对国有企业采取了一系列逐步深入的改革措施，从扩大企业的自主权到承包经营责任制和租赁经营制，再到现代企业制度的提出和公司制的确立，我国国有企业改革经历了从局部的、表层的财产关系和管理关系的渐进性改革到整体的、实质性的法律形态的根本性变革。

公司，以其明晰的产权关系、科学有效的管理方式、公平合理的利益分配和风险管控机制，成为现代企业优先选择的组织形式，也成为国有企业改革的必然选择。由于我国全民所有制经济占绝对的主导地位，国有企业财产数额和经营规模巨大，而非国有经济的财产积累时间尚短，投资能力较为不足，多元化的投资主体和多种成分的股权结构在某些国有企业中还很难实质性地建立，一般有限责任公司和股份有限公司形式在所有国有企业中的普遍推行尚需一定的条件和过程，因此，《公司法》创制了国有独资公司，国有独资公司既采取了有限责任公司的基本形式和结构，又根据其股东单一的特点规定了较为灵活和简易的组织机构和管理方式。

（二）国有资本控股公司

国有资本控股公司，顾名思义，是指国有资本处于控股地位的有限责任公司或股份有限公司。对此处“控股”的理解，参考《公司法》有关控股股东的规定，可推知，在国有资本控股公司中，国有资本出资额或持有股份占比应达 50%以上，或者虽不足 50%，但其表决权足以对股东会决议产生重大影响。与国有控股公司相比，“控股”在国有资本控股公司中反映的是公司内部的资本构成和控制权归属，而在国有控股公司中反映的是母公司对子公司的控制关系。

在现行《公司法》引入表决权优先股与劣后股制度后，国有资本的控制地位可能会遭受一定冲击，即可能会出现国有资本出资额或持有股份占比大于 50%但其股权或股份为表决权劣后股的情形。对此，本书认为，认定国有资本控股公司中的国有资本控制权，不能仅依赖所有权标准，表决权标准应更为重要。

【本节理论探讨】

- **国有独资公司是否应当与一人公司并存**

2005 年《公司法》修订过程中，对此问题曾有两种意见：一是保留“国有独资公司”一节，并对各项具体规则进一步调整和细化；二是取消该节，直接将国有独资公司作为“一人有限责任公司的特别规定”一节（现行《公司法》已删除这一节）中的个别条文予以规定。前一立法方式表明，国有独资公司是不同于普通一人公司的特殊类型，公司法仍需强化管理，为国企改革保驾护航;后一立法方式则使国有独资公司成为普通一人公司的特殊形式,一体适用一人公司规则。立法方式的不同,显示了对公司法的性质、功能以及立法目的理解上的差异。

我国公司法将国有独资公司纳入其调整范围,是为了改造和规范国有企业的组织结构和财产关系,塑造符合现代企业制度的市场主体。但现实的国情以及现有的公司法治资源与环境尚难使国企真正脱胎为现代意义上的市场主体。

此外,将国有独资公司从一人有限责任公司中分离出来,给予特殊对待和详细规定,既破坏了公司法的应有体系,也破坏了公司法的中立性与稳定性。公司法作为规范市场主体的基本法,必须具有一定的稳定性,这就决定了其规则应当具有普遍适用和相对抽象的特点。然而,国有独资公司中,有关国有资产的监管保护、国有股股权的行使、国有资产的收购等问题都尚在探索之中,国企改革政策也处于不断修改变动之中,公司法既无法穷尽这些问题,也不应随国企改革而随时修改。

因此,从长远看,应当将公司立法与国资立法分别进行。在公司法中只需规定公司应当遵循的共同规则,而将国有公司的特殊规则放在国资立法中规定。

第六节　上市公司

一、上市公司的概念和特征

股份有限公司,依其发行的股票是否公开上市交易,分为上市公司和非上市公司。其中,所谓上市公司,是指所发行的股票在证券交易所上市交易的股份有限公司。上市公司具有如下法律特征:

第一,上市公司是股份有限公司的一种。公司发行的股票上市交易,表明其具有很强的公开性,只有股份有限公司具有这种公开性的特点。各国法律都规定,只有股份有限公司享有股票上市交易的权利,其他任何类型的公司(包括有限责任公司等)都不享有这种权利。同时,并非所有股份有限公司发行的股票都能上市交易,其股票能够上市交易的只是股份有限公司中的一部分,因此,上市公司一定是股份有限公司,但股份有限公司并不一定都是上市公司。

第二,上市公司的股票上市必须符合法定条件,并经证券交易所审核通过。股票上市涉及公众利益和公开市场秩序,各国政府通常予以不同程度和方式的干预和管理。我国证券法规定,公开发行证券,必须符合法律、行政法规规定的条件,并依法报经国务院证券监督管理机构或者国务院授权的部门注册。国务院证券监督管理机构或者国务院授权的部门依照法定条件负责证券发行申请的注册,证券交易所等可以审核公开发行证券申请,判断发行人是否符合发行条件、信息披露要求,督促发行人完善信息披露内容。

第三,上市公司的股票在证券交易所上市交易。股票的公开交易不等于股票的上市。证券市场分为一级市场、二级市场、场外交易市场等,在这些市场上交易的股票都是股份有限公司发行的股票,在这些市场上的交易都属公开交易。证券交易所是公开市场中的二级市场,是实行证券集中交易的特殊市场,只有股票在证券交易所上市交易的公司才属于上市公司。

二、公司上市的目的和作用

股份有限公司发行的股票上市交易，又称为公司上市。公司上市具有多方面的作用，不同的公司往往基于不同的目的寻求上市。

（一）增强公司融资功能

在证券交易所进行交易是最为集中、最为便捷快速的交易方式，在现有市场条件下，股票的上市交易将使股票具有强大的流通性和变现性，成为受投资者普遍欢迎的投资方向。因此，公司上市，将为其日后进行的增资和新股发行创造有利的条件，将使公司在资本市场上的融资能力得到增强，事实上，股份有限公司的融资功能主要表现在上市公司身上。目前，我国严格把握公司上市条件、控制公司上市数量，上市成为一种较为稀缺的市场资源，上市公司成为一种宝贵的融资壳体，许多公司都是基于融资的迫切需要而争取上市。

（二）提高股东的投资回报

股东对股份有限公司的投资，不仅是为了获取投资收益，还希望获取股票在市场上交易产生增值收益，甚至对于许多投资者来说，获取交易市场上的收益可能是其主要的投资目的。公司上市，将使股东获得在交易市场上获利的机会，提高股东的投资回报。

（三）提高公司的知名度和商誉

上市公司实行严格的信息公开制度，公司一经上市，其一切重要事项都要向社会公开，证券法对上市公司的信息公开有全面、系统、具体的规范和要求，上市公司的信息必须在指定的媒体上公布。在现代市场经济条件下，证券市场成为社会经济的重要组成部分和经济发展情况的晴雨表，上市公司成为公众密切关注的对象，上市公司由此具有一般公司难以达到的市场认知度或知名度，业绩良好的上市公司由此会获得更高的商业信誉和更强的市场竞争优势。

（四）规范公司行为，提高管理水平

上市公司的行为受到比普通公司更多的规范和约束。首先，除受公司法规范外，上市公司还受证券法的调整和规范。其次，上市公司必须接受证券市场的监管机关和证券交易所的行政管理和市场管理。最后，上市公司还受到社会公众和广大投资者的监督，包括媒体的舆论监督。这些都使得上市公司的行为更为规范，更符合法律的要求。同时，公司上市要求公司的管理者具有较高的业务素质和管理能力，并促使管理者勤勉尽责，提高业务管理水平和经营效益。

三、公司上市的条件

我国《证券法》第47条规定：“申请证券上市交易，应当符合证券交易所上市规则规定的上市条件。证券交易所上市规则规定的上市条件，应当对发行人的经营年限、财务状况、最低

公开发行比例和公司治理、诚信记录等提出要求。”据此,《证券法》将上市条件交由证券交易所规定。例如,《上海证券交易所股票上市规则》第3.1.1条规定:“境内发行人申请首次公开发行股票并在本所上市,应当符合下列条件:(一)符合《证券法》、中国证监会规定的发行条件;(二)发行后的股本总额不低于5000万元;(三)公开发行的股份达到公司股份总数的25%以上;公司股本总额超过4亿元的,公开发行股份的比例为10%以上;(四)市值及财务指标符合本规则规定的标准;(五)本所要求的其他条件。本所可以根据市场情况,经中国证监会批准,对上市条件和具体标准进行调整。”《证券法》第12条第1款规定,公司首次公开发行新股,应当符合下列条件:(1)具备健全且运行良好的组织机构;(2)具有持续经营能力;(3)最近3年财务会计报告被出具无保留意见审计报告;(4)发行人及其控股股东、实际控制人最近3年不存在贪污、贿赂、侵占财产、挪用财产或者破坏社会主义市场经济秩序的刑事犯罪;(5)经国务院批准的国务院证券监督管理机构规定的其他条件。

此外,《上海证券交易所股票上市规则》第3.1.2条规定,境内发行人申请在本所上市,市值及财务指标应当至少符合下列标准中的一项:(1)最近3年净利润均为正,且最近3年净利润累计不低于2亿元,最近1年净利润不低于1亿元,最近3年经营活动产生的现金流量净额累计不低于2亿元或营业收入累计不低于15亿元;(2)预计市值不低于50亿元,且最近1年净利润为正,最近1年营业收入不低于6亿元,最近3年经营活动产生的现金流量净额累计不低于2.5亿元;(3)预计市值不低于100亿元,且最近1年净利润为正,最近1年营业收入不低于10亿元。

四、公司上市的程序

我国公司上市采取自愿原则,符合法定条件的股份有限公司均可申请上市。根据我国《证券法》及有关规定,上市的基本程序可概括如下:(1)向证券交易所提出申请并按规定报送各种申请文件。(2)注册制下,上市材料由证券交易所审核同意,由国务院证券监督管理机构或者国务院授权的部门负责证券发行申请的注册。(3)与证券交易所签订上市协议。上市公司与证券交易所之间的关系属于市场提供者与证券发行者之间的合同关系,上市公司应与证券交易所签订上市协议书,对双方的权利义务作出具体的约定,上市协议书为格式合同性质的特殊合同,每个交易所都有自己的合同条件和对上市公司的要求,主要包括交易所如何维护上市公司利益、上市公司履行信息公开义务和接受交易所监督等内容。(4)在规定期限内公告股票上市的有关文件,并将该文件置备于指定场所供公众查阅。(5)公告有关上市事项。(6)挂牌上市。在完成上述步骤后,公司将按照上市协议规定的时间,在证券交易所挂牌上市。

第七节 外商投资企业

一、外商投资企业的概念和特征

中国的外商投资企业,是指依照中华人民共和国法律,在中国境内设立的,部分或全部资金来自境外，外国投资者有相应的支配、控制权的企业，是国际私人资本对中国进行直接投资的方式。

外商投资企业，一般都采取公司的组织形式，绝大多数都属于有限责任公司，因此，通常又称外商投资公司，目前它在我国有限责任公司中占有相当大的比重，也是公司法规范的重要对象。因其系国内投资主体与外商共同投资或由外商单独投资设立，因此，又被称为涉外企业或涉外公司。外商投资企业分为三种类型，因此，实践中又称其为三资企业或涉外公司。外商投资企业具有如下法律特征：

第一，由外国投资者参与设立或由外国投资者单独设立。这里的外国投资者是指外国企业、其他经济组织或个人。外商投资企业可以由中国投资者与外国投资者共同投资设立，也可以由外国投资者单独投资设立，后者包括外国的一方投资者单独设立和外国的多方投资者共同设立。

第二，依照中国法律、在中国境内设立。外商投资企业虽有外资参与，但属于中国企业或法人，确定其国籍的依据是企业设立所依据的法律和设立地。这一特征使其区别于在中国境外设立而在中国境内从事经营活动的外国公司，也区别于中国公司在中国境外依据境外法律设立的中资公司。

第三，由外国投资者以私人资本直接投资方式设立。国际投资包括不同的方式，如国际贷款、租赁、证券投资、合作开发、补偿贸易、来料加工等。只有由外国投资者以私人资本直接投资设立的企业才属于外商投资企业。利用外国政府或各国政府共同设立的国际经济组织的资本兴办的企业，不属于外商投资企业。利用国外的借款、租赁等间接投资方式兴办的企业也不属于外商投资企业。

二、外商投资企业的立法沿革

外商投资企业产生于20世纪70年代末中国改革开放的初期，是为引进和吸收外资而创立的企业法律形式，并通过《中外合资经营企业法》《外资企业法》《中外合作经营企业法》（合称三资企业法）及其他配套法规和规则予以确定和规范。

合营企业是指中国合营者与外国合营者依照《中外合资经营企业法》等有关法律的规定，在中国境内设立的共同投资、共同经营，按出资比例分享利润、承担风险与亏损的企业，是股权式组织。合资企业必须是具有法人资格的企业。1979年7月1日，第五届全国人民代表大会第二次会议通过《中外合资经营企业法》，此后该法分别于1990年4月4日、2001年3月15日、2016年9月3日经历了三次修正。

外资企业则是依照《外资企业法》，在中国境内设立的由外国投资的企业。外资企业由外国个人、企业、公司或其他经济组织单独投资、单独经营、单独承担风险。1986年4月12日，第六届全国人民代表大会第四次会议通过了《外资企业法》，此后该法分别于2000年10月31日、2016年9月3日经历了两次修正。

合作企业是中国合营者和外国合营者依照《中外合作经营企业法》，在中国境内设立的，由合同确立双方权利和义务并根据合同从事生产经营的企业，是契约式组织。合作企业可以是不具有法人资格的组织。1988年4月13日，第七届全国人民代表大会第一次会议通过了

《中外合作经营企业法》,此后该法分别于 2000 年 10 月 31 日、2016 年 9 月 3 日、2016 年 11 月 7 日、2017 年 11 月 4 日经历了四次修正。

2020 年《外商投资法》施行后,《中外合资经营企业法》《外资企业法》《中外合作经营企业法》及其相关法规、规章被废止。

三、《外商投资法》的规制转变

《外商投资法》第 2 条第 3 款规定,所谓外商投资企业,是指全部或者部分由外国投资者投资,依照中国法律在中国境内经登记注册设立的企业。《外商投资法》不再采用主体规制的方式,消除了三资企业法与公司法适用上的法律冲突。此前,三资企业法在外商投资企业的设立、资本、股东出资、公司治理等诸多方面的规则与《公司法》有所差异。三资企业法被废止后,内外资企业均适用《公司法》等商事组织法,解决了之前的法律冲突问题。

《外商投资法》由采用立体规制的方式转变为采用行为规制的方式,以规制外商投资合同为主。根据《外商投资法》第 4 条规定,国家对外商(包括港澳台投资者、定居在国外的中国公民投资者)投资者实行准入前国民待遇加负面清单管理制度;国家对负面清单之外的外商投资给予国民待遇,由此确立新时代外资管理新体制。准入前国民待遇,是指在投资准入阶段给予外国投资者及其投资不低于本国投资者及其投资的待遇;负面清单,是指国家在特定领域对外商投资实施的准入特别管理措施。

最高人民法院颁布的《关于适用〈中华人民共和国外商投资法〉若干问题的解释》(简称《外商投资法解释》)规定以下投资合同无效:(1) 外国投资者投资外商投资准入负面清单禁止投资的领域的,该投资合同无效;(2) 外国投资者投资外商投资准入负面清单限制投资的领域,违反限制性准入特别管理措施的,该投资合同无效。除以上两种情形外,不违反《民法典》关于合同无效的规定的,外商投资合同有效。《外商投资法解释》特别规定,以下情形下,外商投资合同有效:(1) 对《外商投资法》第 4 条所指的外商投资准入负面清单之外的领域形成的投资合同,当事人以合同未经有关行政主管部门批准、登记为由主张合同无效或者未生效的,人民法院不予支持;(2) 人民法院作出生效裁判前,当事人采取必要措施满足准入特别管理措施的要求,当事人主张前述规定的投资合同有效的,应予支持;(3) 在生效裁判作出前,因外商投资准入负面清单调整,外国投资者投资不再属于禁止或者限制投资的领域,当事人主张投资合同有效的,人民法院应予支持。

【本章思考练习题】

一、名词解释

1. 无限公司
2. 有限责任公司
3. 股份有限公司
4. 两合公司
5. 人合公司

6. 资合公司
7. 母公司
8. 子公司
9. 关联公司
10. 公司集团
11. 分公司
12. 外国公司
13. 一人公司
14. 国家出资公司
15. 上市公司
16. 外商投资企业

二、简答题

1. 简述母公司与子公司之间的法律关系。
2. 子公司与分公司的法律地位有何不同?
3. 分析关联公司与公司集团的法律地位。
4. 简述人合公司与资合公司划分的立法意义与理论意义。
5. 比较有限责任公司与股份有限公司的异同。
6. 股份有限公司的作用与公司上市的意义是什么?
7. 简述对一人公司的法律规制。
8. 国家出资公司与一般有限责任公司有何不同?

三、案例分析

2019年6月3日,甲、乙、丙三家有限责任公司分别出资10万元,设立A有限责任公司(简称A公司)。2020年10月,A公司与B公司签订销售合同,约定B公司向A公司供应布料,总价款为100万元,货到后支付30万元,余款两个月内付清。合同签订两个月后,B公司并未收到尾款。经查,A公司生产的衣服销路不畅,长期处于亏损状态,无力支付尾款,两公司多次交涉无果。B公司发现A公司的发起人即甲、乙、丙三家公司的经营状况良好,遂将A、甲、乙、丙四家公司一起告上法庭,要求A公司还清尾款,赔偿利息损失,甲、乙、丙三家公司承担连带责任。请问:

本案应如何处理?

第三章　公司的设立

■【导语】

投资者如果选择公司这种组织形式作为获取利润的手段,必须依照法律规定的条件和程序,完成一定的行为,为要组建公司的组织取得独立的主体资格。这就是公司的设立过程。从各国或地区公司立法的历史来看,随着公司与社会生活的联系日益紧密,公司的设立也就成为国家干预的重要领域之一。我国《公司法》作为规范公司组织和行为的基本法律,不仅在“总则”中对公司的设立作了概括性规定,而且用了相当的篇幅分别对有限责任公司和股份有限公司设立的方式、条件和程序等作了具体规定。

本章从公司设立的法律概念和特征入手,阐释了公司设立的基本原则、方式、条件、程序、效力等,以便学生对公司设立的理论和实践有全面了解。本章的学习重点在于公司设立的原则、方式、条件和效力。本章的学习难点在于公司的设立与成立的区别、公司设立无效制度、发起人责任、设立中公司的法律地位。学习本章,应对上述学习重点熟练掌握,并能结合具体的理论和实践问题加以分析和运用;对上述学习难点,有一定的理解和思考;对于其他问题,应有一般的了解。

第一节　公司设立概述

一、公司设立的概念和特征

(一) 公司设立的概念

公司设立是指设立人依照公司法的规定在公司成立之前为组建公司进行的、目的在于取得法律主体资格的活动。

正确理解设立的概念,须区分公司的设立与成立。① 公司的成立是指已经具备了法律规

① 我国《公司法》中有的条文对设立和成立予以明确区分,如该法第 44 条第 2 款规定:“公司未成立的,其法律后果由公司设立时的股东承受;设立时的股东为二人以上的,享有连带债权,承担连带债务。”显然此处的“设立”是指一个过程,而“成立”则针对结果;有的条文则并未在措辞上对二者作严格区分,如该法第 33 条第 1 款规定:“依法设立的公司,由公司登记机关发给公司营业执照。公司营业执照签发日期为公司成立日期。”此处的“依法设立”相当于“成立”。

定的实质要件,完成设立程序、由主管机关发给营业执照而取得公司法人主体资格的一种法律事实,表现为一种法律上的状态。而公司设立是成立的必经程序,成立则是设立的法律后果或直接目的。公司的成立与设立的区别主要有:

1. 发生阶段不同。公司的设立和成立是取得公司法人主体资格过程中一系列连续行为的两个不同阶段:设立行为发生于营业执照颁发之前;成立行为则发生于颁发营业执照之时。实质上,公司的成立是设立行为被法律认可后产生的一种法律后果。需要注意的是,设立行为并不必然导致公司的成立。只有当设立行为符合法定条件和程序时,才能被法律所承认,公司才能成立。

2. 行为性质不同。公司设立是一种法律行为,该设立行为以发起人的意思表示为核心要素,受平等、自愿、诚信等基本原则的指导。公司的成立则必须向政府相关部门进行注册登记,该成立行为以主管机关颁发营业执照为基础要素,发生在发起人与主管机关之间,被视为一种行政行为。这一行政行为会导致民法上的效果,即设立的组织取得独立的主体资格。

3. 法律效力不同。公司设立是成立的前提条件。公司在登记之前,被称为设立中的公司,此时公司尚不具备独立的主体资格,其内外部关系通常被视为合伙关系。即使设立行为已完成,只要未取得营业执照,就无法以公司的名义进行经营活动。因此,在设立阶段,如果公司最终未完成注册登记,设立行为将类推适用有关合伙的规定,由设立人对设立行为承担连带责任;如果公司完成注册登记,发起人为设立所实施的法律行为的后果原则上归属于公司。公司的成立使其成为独立的主体,成立后所实施行为的后果原则上由公司承担。

(二)公司设立的特征

公司设立既涉及程序问题,也涉及实体问题。就程序问题而言,各国的公司立法一般均会规定公司设立的步骤及其法律效果,要求公司的整个设立过程都必须合法。就实体问题而言,公司的设立以一定的信用为基础,不同类型的公司因信用基础不同,其设立也有不同特点。公司设立的特征可概括如下:

1. 发起人是设立的主体。发起人可以是一人,也可以是数人,一般包括先行出资、筹建并对公司设立承担责任的自然人、法人和国家等。发起人在公司设立过程中,对内执行设立业务,对外代表正在设立中的公司。

2. 设立行为只能发生在公司成立之前。各国一般都会用相关的法律规范对公司的设立条件和程序予以规定,设立行为必须严格遵循有关设立条件和程序的规定。未完成设立行为或者虽已完成设立行为但未满足法定设立条件的,无法成立公司。换言之,公司的设立必须符合法律对创设法定主体资格的要求,否则设立行为无法产生法定效果。例如,未提供设立申请或文件、股东出资未经验证等,都将导致设立失败。

3. 设立行为的目的在于最终成立公司,取得法律主体资格。公司只有取得法律上的主体地位,才具有权利能力和行为能力,才能以公司名义取得民事权利和承担民事义务。在现代法上,自然人基于其出生而获得法律主体资格,公司则只有通过一系列设立行为才可能取得法律主体资格。设立人在设立阶段进行的与此目的无关的活动,不应纳入公司设立范畴,其后果由设立人承担。

4. 公司的种类影响设立行为的内容。不同公司的设立行为内容不尽一致,设立行为的共同内容主要包括发起人的协商、制定公司章程、决定公司种类和名称、确定经营范围及资本总额、选择公司的营业地点、由发起人或认购人认购出资,以及申请公司设立登记等。相对而言,由于股份有限公司的股东人数较多,资本的筹集需要经过特定的招股程序,机关成员的选任通常需召开成立大会,故股份有限公司的设立程序和设立行为的内容均较为复杂。其他类型公司的股东、出资及机关成员,在设立初期即可在章程中确定,无须进行复杂的招股程序。

二、 公司设立的原则

(一) 公司设立原则的类型

公司设立原则是指一个国家在法律上对公司设立基本方式的要求,即以怎样的程序规范公司的设立。公司设立原则并非单一、一成不变的。在不同的历史阶段,基于社会政治经济条件、文化或者法律传统等因素的差异,一个国家对公司设立可能会采取不同的设立原则。即使在同一历史阶段,也可能因为公司类型的不同而采取不同的设立原则。概括而言,公司设立原则主要有以下几种:

1. 自由设立主义。自由设立主义又称放任设立主义,指是否设立、设立何种公司以及怎样设立等事宜完全由当事人自主决定,法律不进行任何干预。从罗马社会到中世纪,商业社团的存在均是基于事实,而非基于法律的创设。当时的法律既不承认商业社团为法人,也不对商业社团的成立进行主动干预,故成立商业社团既无法定条件的限制,也无注册登记的程序。这种原则在欧洲中世纪末期的自由贸易时代得到广泛应用,当时初兴的商事公司便采纳了自由设立主义。然而,由于设立过程随意,与合伙企业的界限模糊,造成许多组织以公司名义出现,难以保障债权人权益,对经济秩序产生负面影响,后来各国的公司立法很少再采用这种设立原则。

2. 特许设立主义。在中世纪后期,欧洲大陆涌现出众多商业行会,行会内部不断发生冲突,纷纷寻求势力范围。各行会试图通过国家权力形成对商品市场的垄断,而封建国家则希望通过这些行会承担某些共同职能来推行政策,于是,商业行会对行政性垄断的追求便促成了公司设立原则从自由设立主义向特许设立主义的演变。

特许设立主义,要求公司的设立必须经过国家元首特别许可或者经过国家立法机关颁发特别法令予以许可。这种设立原则体现了国王的权威和议会的权力,从中世纪后期到近代工业社会一直盛行。例如,1600 年的英国东印度公司就是经过英国王室特许成立的。

在特许设立主义原则下设立的公司,通常被视为早期资本同绝对主义和极权主义王权相结合的产物,是国家权力的延伸。这种对公司设立予以过度管制的做法不能适应公司普遍发展的要求,且带有浓厚的封建特权色彩,因此,近代各国公司立法除对某些特殊公司仍采取特许设立主义外,一般不再采用。

3. 核准设立主义。特许设立主义原则手续繁杂,且容易导致市场地域分割、行业分割以及行政垄断,严重阻碍了自由竞争和统一市场的形成,核准设立主义原则便应运而生。核准设立主义,也称许可设立主义,是指公司设立除了必须具备法律所规定的条件外,还必须经过行政主管机关核准,否则不得成立。1673 年法国路易十四颁布的商事敕令首创此制。德国等国在 18 世纪也曾经采用过这种制度。

核准设立主义与特许设立主义的主要区别是，如果说特许设立主义是在公司设立问题上赋予权力机关一种特权，则核准设立主义就是赋予行政机关一种特权。鉴于核准设立主义实质上允许国家行政部门干预公司设立，不仅不利于公司的普遍发展，而且容易滋生腐败，故而不宜普遍地适用于公司设立。目前核准设立主义原则一般适用于设立银行等与国计民生有密切联系的行业的公司，因为它能更好地确保公司在设立过程中遵循法定程序，提高其合法性；审批程序能够增加公司运作的透明度，使相关信息对股东和公众更加可见。

4. 单纯准则设立主义。由于在核准设立主义原则下，公司的设立必须逐一经过行政主管机关批准，旷日废时，不符合实际需求，于是产生了单纯准则设立主义。单纯准则设立主义，是指公司设立只需要符合法律规定的要件即可，无须经权力机关或行政机关核准。1862 年的英国公司法首先采用这一设立原则，并在 19 世纪时被不少国家相继采用。这种设立原则适应了公司大量涌现的趋势，有利于公司的普遍发展。

5. 严格准则设立主义。由于法律规定不可能详尽无遗，许多具体事宜需要在公司设立时予以明确，并且公司是社会中重要的经济组织，滥设公司和利用公司进行欺诈等问题时有发生，国家有必要对公司进行适当管理。鉴于这种情况，各国在单纯准则设立主义的基础上，采纳了严格准则设立主义，即通过法律进一步明确规定公司设立的要件，加重发起人的责任，并规定公司设立必须经国家主管机关登记方可成立并取得独立主体资格。

严格准则设立主义摒弃了特许设立主义和核准设立主义的繁琐程序，也避免了自由设立主义和单纯准则设立主义过于简单、不利于管理的弊端。因此，这种设立原则被当今大多数国家的公司法所采用，也是当前公司设立原则的发展趋向。

需要注意的是，在严格准则设立主义原则下，公司最终须在登记机关办理注册登记手续。在登记阶段，登记机关有权审查公司设立是否符合法律规定的条件。如果符合法律规定的条件，登记机关就应准其登记，而不能以政策或其他理由拒绝登记，这是严格准则设立主义和核准设立主义的区别所在。

（二）我国公司设立的原则

我国在公司设立问题上曾经长期采用核准设立主义，表现为严格的行业行政许可制度和垄断前置审批制度。这种做法在我国公司法制尚不健全的时代曾发挥了积极作用，但随着经济的发展，其弊端逐渐显露。行政干预过多导致政企不分，形成地区或部门的行政垄断，进而人为地促成了不公平竞争的局面。

我国在总结公司设立实践的基础上，充分借鉴各国的立法经验，对公司设立制度进行了重大改革，将设立的原则规定在《公司法》第 29 条中。

《公司法》第 29 条第 1 款规定："设立公司，应当依法向公司登记机关申请设立登记。"据此，公司经公司登记机关登记后方可正式成立，进而具备法人主体资格和独立财产。换言之，公司设立登记是公司成立的生效要件，未经设立登记，公司不成立。根据《市场主体登记管理条例》第 3 条规定，除非法律、行政法规规定无需办理登记，否则市场主体应当依照本条例办理登记，且未经登记，不得以市场主体名义从事经营活动。由此可见，我国法律对公司设立采强制登记主义。

《公司法》第 29 条第 2 款规定了公司设立的例外情形，即法律、行政法规规定设立公司必须报经批准的，应当在公司登记前依法办理批准手续，取得有关机关的审批。此种审批也被视为前置许可事项，由国家市场监督管理总局依照相关法律法规，发布《企业登记前置审批事项目录》进行动态管理。需要注意的是，根据《市场主体登记管理条例》第 21 条第 2 款规定，法律、行政法规或者国务院决定规定设立市场主体须经批准的，应当在批准文件有效期内向登记机关申请登记。该款将能够设置前置许可事项的法律文件范围，从法律、行政法规扩大到了法律、行政法规和国务院决定。

不难发现，前置许可事项是对当事人设立公司的特别限制，将会极大地影响当事人的行商自由，故设置前置许可需要有充分的理据。目前，法律、行政法规、国务院决定设置的前置许可事项，主要适用于涉及国家安全、公共利益和关系国计民生等特定行业，如金融业、保险业、证券业及其他有特别规定的行业。例如，根据《证券法》第 118 条规定，设立证券公司，必须先取得中国证券监督管理委员会的批准，而后才能设立。再如，根据《保险法》第 67 条规定，设立保险公司应当经国务院保险监督管理机构批准；国务院保险监督管理机构审查保险公司的设立申请时，应当考虑保险业的发展和公平竞争的需要。

结合上述规定及我国公司设立实践可以看出，我国现行公司法对公司设立采用了严格准则设立主义与核准设立主义：对于一般的公司设立，如果符合法定条件，便适用严格准则设立主义，直接进行登记注册手续，由公司登记机关分别登记为有限责任公司或股份有限公司；对于涉及国家安全、公共利益以及关系国计民生等特定行业，法律和行政法规规定必须报经审批的公司设立，应履行相应的审批手续，采用核准设立主义。例如，对于银行、保险、证券等领域的公司设立，相关法律规定了专门的审批程序。

毋庸讳言，随着我国市场经济体制的进一步发展，公司设立原则也可能会继续发生相应变化。可以肯定的是，放松市场准入的条件和降低设立公司的门槛将是变化的趋势之一。

三、 公司设立的方式

公司设立的方式主要涉及公司的股份认购范围问题。我国公司法规定了发起设立和募集设立两种公司设立方式。根据《公司法》第 91 条第 1 款规定，设立股份有限公司，可以采取发起设立或者募集设立的方式。相对于有限责任公司而言，股份有限公司属于资合性较强的公司，它在设立时和设立后都可以向社会发行股份，通过投资者的认购筹集所需的资金。因此，发起人在设立股份有限公司时，可以根据实际情况，选择是否向发起人以外的其他人发行股份以筹得设立公司所需的足够资本，若设立规模较大且本身资金不足，需要广泛向社会筹集资金，或者发起人基于经营管理等方面的考虑，可选择采取募集设立方式。

从大陆法系的公司立法来看，大多数国家的公司立法均认可发起设立和募集设立这两种设立方式，法国、意大利、瑞士和荷兰等国采取发起设立方式较普遍，而日本等国采取募集设立方式较普遍。英美法系公司立法中并未涉及发起设立和募集设立的概念。然而，其非开放性公司可以由发起人设立，且与公司设立时的股东可以不一致。法律上对其注册资本也没有设定最低限额，股东每人认购一股股份即可注册成立公司，成立后可以再发行股份，但不能公开募股。[①]

（一）发起设立

1. 概念及意义。发起设立，又称共同设立或单纯设立。根据《公司法》第 91 条第 2 款规定，发起设立是指由发起人认购设立公司时应发行的全部股份而设立公司。[②] 以发起设立的方式设立股份有限公司的，在设立时其股份全部由该公司的发起人认购，此阶段不向发起人之外的社会公众发行股份。一般而言，之所以选择发起设立方式设立公司，主要是因为如果各个发起人的资金比较雄厚或者公司的资本总额无须太高，发起人的出资即可构成公司的资本总额，发起人采用发起设立方式设立公司，可以有效缩短公司设立的周期，减少公司的设立费用，降低公司的设立成本。但需要注意的是，发起设立方式仅适合规模不大的公司。如果所需股本较大，发起人又难以认购公司应发行的全部股份，则不宜采取这种设立方式。

2. 法律限制。对于以发起设立方式设立有限责任公司或者股份有限公司时发起人所认购股份是否必须在公司成立时足额缴纳的问题，各国立法规定不尽一致。有的国家虽然规定公司设立时股份必须全部认购，但不一定要求全部缴足。如《法国商事公司法》第 75 条就规定，资本必须被全部认购；货币股份，在认购时应至少缴纳面值的 1/4 的股款；实物股份，应自发行之日起全部予以缴付。有的国家公司立法不仅不要求发起人在公司成立时足额缴纳所认购股份，还允许分期、分批发行股份。如《日本公司法》就规定，公司设立之际发行的股份总数，不得低于所发行股份总数的 1/4。

对有限责任公司而言，我国《公司法》第 47 条规定，有限责任公司的注册资本为在公司登记机关登记的全体股东认缴的出资额，以发起设立方式设立有限责任公司的，允许发起人所认购股份可以认而不缴和分期缴纳，全体股东认缴的出资额由股东按照公司章程的规定自公司成立之日起 5 年内缴足。

对股份有限公司而言，我国《公司法》第 97 条第 1 款规定，以发起设立方式设立股份有限公司的，发起人应当认足公司章程规定的公司设立时应发行的股份，而不能仅认购其中一部分；第 98 条第 1 款规定，发起人应当在公司成立前按照其认购的股份全额缴纳股款。

（二）募集设立

1. 概念及意义。募集设立，又称渐次设立或复杂设立。根据我国《公司法》第 91 条第 3 款规定，募集设立，是指由发起人认购设立公司时应发行股份的一部分，其余股份向特定对象募集或者向社会公开募集而设立公司。

募集设立具有募集对象开放性的特点，特别是向社会公开募集股份时，具有较强的资金筹集能力。当设立规模较大的公司时，仅凭发起人的财力往往很难实现，就需要采取募集设立方式。发起人采用募集设立方式，是希望通过向除发起人以外的其他人发行股份募集更多资金，

① 这种设立方式类似于我国《公司法》颁布以前试行的《股份有限公司规范意见》规定的“定向募集方式”。

② 发起设立原则上适用于任何公司的设立。不过，在立法例上，因无限公司、两合公司、有限责任公司的人合性强，资本具有封闭性，其设立方式均为发起设立；而股份有限公司属于开放性公司，可以向社会发行股份，因而股份有限公司的设立既可以采取发起设立方式，也可采取募集设立方式。

使公司能够拥有更大的资本总额。公司向社会公众或者特定对象募集股份的，凡持有公司股份的人都是公司的股东，所以，以募集设立方式设立的股份有限公司，从其成立时起，其股东除发起人以外，还有社会公众或者特定对象。采取募集设立的，公司股东数量较多，股权分散化程度高，流动性大，只适于资合性较高的股份有限公司或者股份两合公司。在我国，只有股份有限公司可以采用这种设立方式。[①] 由于募集设立的社会影响较大，法律对其规定了严格而复杂的程序和限制条件，只有按此要求进行募集设立，才能依法成立公司。

在我国国有企业股份制改造过程中，募集设立包括定向募集设立和公开募集设立两种方式。定向募集设立也称为私募设立，发起人认购公司应发行股份的一部分，其余股份不向社会公开发行，而是向特定对象募集，可向其他法人发行部分股份，经批准也可向本公司内部职工发行部分股份。公开募集设立，是指公司发行的股份除由发起人认购外，其余股份应向社会公开发行。采取定向募集方式设立的股份有限公司，称为定向募集公司；采取公开募集方式设立的股份有限公司，称为社会募集公司。定向募集公司在成立 1 年后增资扩股的，经批准可转化为社会募集公司。

定向募集设立具有发起设立和社会募集设立所不具备的优点，特别是在股票市场尚未充分开放的情况下，公司既可以不受股票发行配额的限制，通过向特定对象发行股份的方式达到筹集资金和改变企业单一产权结构的目的，又可以掌握控制公司股权的主动性，还可以在条件具备时转化为社会募集公司。私募公司的股东数量较少，这有助于减少公司治理的复杂性和提高股东之间的管理效率。私募公司通常在组织结构、经营方式和利润分配等方面具有一定的灵活性，可以根据股东的协议和章程进行调整。与公开募集设立公司不同，私募公司的股权交易通常不会公开披露，因此更具隐私性。不过在具体的私募计划中可能对私募公司的投资者资格和门槛设置一定的要求，以确保只有合格的投资者可以参与私募股权投资。此外，私募公司的风险同样由股东共同承担，以有限责任将损失限于其投资金额。

需要注意的是，定向募集设立也有其弊端，主要表现为透明度不高，公司内部职工股与社会个人股之间待遇悬殊，甚至可能造成我国公司形态和证券市场的混乱，滋生出名目繁多的审批权等。我国 1992 年颁布的《股份有限公司规范意见》便将股票发行分为社会募集和定向募集两种形式。1993 年《公司法》删除了关于定向募集的规定，股份有限公司的设立只能采取发起设立或公开募集设立的方式。2005 年《公司法》为了拓宽投资渠道，方便公司设立，适应投资者选择不同投资方式的需求，鼓励投资创业，在保留股份有限公司公开募集设立方式的同时，又增加了定向募集设立方式。现行《公司法》也未对这一条文进行实质性修改，继续保留了私募设立股份有限公司的可能。我国公司立法需要进一步配置相关制度以尽可能避免定向募集方式可能带来的问题。

2. 法律限制。在广泛募集社会资金方面，募集设立具有发起设立无可比拟的优越性，可以通过发行股份的方式充分吸收社会闲散资金，在短期内筹集设立公司所需的巨额资本，缓解发起人的出资压力，便于公司的成立。然而，这种设立方式也伴随着一些弊端：首先，该方式需对外广泛募集股份，程序相较发起设立更为复杂，还可能受到国家金融政策等方面的制约；其次，股权高度分散，不利于实现发起人对公司的控制；最后，募集设立往往以溢价向社会公开发

① 因为只有股份有限公司和股份两合公司在设立阶段可以对外募集股份，但我国目前没有股份两合公司。

行股票,形成公司的设立利润,有可能导致发起人为非法获得这一部分利润而借设立公司之名,行骗取钱财之实,进行欺诈行为,如公司设立时只认购少量股份或成立后不久便转让其股份,这对社会公众的利益保护极其不利。为了应对募集设立方式的上述弊端,各国公司法多采取一定措施予以限制。例如,我国《公司法》对采用募集方式设立公司时发起人认购的股份应占公司发行总股份的比例作了限制性规定。根据《公司法》第 97 条第 2 款规定,除法律、行政法规另有规定外,以募集设立方式设立股份有限公司,发起人认购的股份不能低于公司股份总数的 35%,换言之,发起人在进行创立公司的活动时,在确定了股本总额及股份总数以后,应当承诺并购买总数 35%以上的股份。这样规定,主要是为了加重发起人的责任,保护广大社会公众投资者的利益。因为公司成立后要进行一定的经营活动,而进行经营活动必须有一定的物质基础,以保障债权人的利益。股份有限公司的经济能力来自发起人和其他股东的出资。如果发起人出资过少,其对公司就只承担很小的责任,很容易使发起人不经过认真调查研究就轻率地募集设立股份有限公司,甚至利用设立公司进行欺诈活动,损害广大社会投资者以及债权人的权益。此外,如果发起人出资过少,其还可能因为与公司之间的利害关系不够紧密而对公司的经营管理漠不关心,不利于公司的发展。由此可见,要求募集设立的发起人持有一定比例的公司股份是必要的。

需要注意的是,首先,发起人认购的股份是指所有发起人认购的股份的总额,而不是某一个发起人认购的股份额。至于每一个发起人应当认购的股份额,我国公司法未予明确规定。因此,在设立公司时,即使某一个或者某几个发起人认购的股份很少,但如果其他发起人认购的股份很多,所有发起人认购的股份在总额上达到了公司股份总额的 35%,也是符合公司法要求的。其次,我国《公司法》对采取募集方式设立公司时发起人认购的股份比例的限制性规定是一般原则,其他法律、行政法规对该股份比例另有规定的,适用相关规定。

【本节理论探讨】

• 公司发起人的法律地位

公司发起人是公司设立过程中产生的权利义务的主要承担者。对公司发起人的法律地位,理论上有无因管理说、为第三人利益契约说、设立中的公司机关说和当然继承说等主张。无因管理说认为,发起人与设立中的公司之间的关系属于无因管理关系,在公司成立后,发起人的设立行为所产生的权利义务,依无因管理的法理移归于公司。为第三人利益契约说认为,发起人因设立行为而与他人形成的法律关系,是以将来成立的公司为第三人(受益人)订立的为第三人利益契约。设立中的公司机关说认为,发起人为设立中公司的机关。当然继承说认为,发起人是未经登记成立的公司代理人。

本书认为,上述四种观点都带有片面性:依据公司法承担公司的设立工作是发起人的义务,而按民法无因管理的理论,行为人从事管理行为应不负义务,故无因管理说不妥;为第三人利益契约只能为第三人设定利益,而不能使其负担义务,故为第三人利益契约说无法说明发起人对于股份认购人所负义务在公司成立后移转于公司的法律现象;设立中的公司机关说无法说明在公司不能成立时设立行为所需的费用和债务由发起人负连带责任而不由该无权利能力社团承受的法律现象;当然继承说无法说明设立行为所发生的效果为何当然由公司承继,因为公司在登记成立前尚无法律人格，自然无法以发起人为代理人而成立委任关系，其行为的效果也不能依代理或委任的关系当然由公司承继。

发起人的法律地位应当从这样两个方面来确定：一方面，从设立中公司与发起人的关系来看，发起人作为一个整体应属于设立中公司的机关，对外代表设立中的公司进行创立活动，履行设立义务。由于设立中的公司与成立后的公司的实体是同一的，所以发起人的设立行为所产生的权利义务自然归属于将来成立的公司。另一方面，从发起人之间的关系来看，发起人之间的关系是合伙关系，如果公司未能合法成立，发起人就其设立行为产生的债务对第三人承担连带责任。

- **公司设立行为的性质**

公司成立之前发生的、目的在于取得独立主体资格的全部活动都属于公司设立行为。从我国公司法的规定看，设立行为的核心部分是法律行为，但该行为为何种性质的法律行为，理论上有不同的主张，主要可概括为如下四种：一是契约行为说。该说认为公司的设立以当事人的合意为基础，股东之间订立公司章程、召开创立大会以及选举董事和监事等均为民法中的契约行为，且这种契约对当事人有拘束力。二是单独行为说。该说认为公司设立行为是每个设立人以组织公司为目的的单独行为，这些单独行为围绕取得公司独立主体资格这一共同目标结合在一起。单独行为导致每一行为人的单一责任，故每一设立人就设立行为发生的债务负全部给付责任。三是合并行为说。该说认为公司设立行为是契约行为和单独行为的有机结合，是一种混合性质的合并行为。四是共同行为说。该说认为公司设立行为的基础是多数人一致的意思表示，是设立人为使公司得以成立并取得独立主体资格共同所为，其效果是行为人取得同质的股权，行为人之间的利益是一致的，属于民法上的共同行为。

本书认为，契约行为说与公司设立行为的实质不符。因为公司设立行为属于新的权利主体的创设行为，并非合伙契约那样属于成立债权债务关系的行为。单独行为说虽然强调了发起人的设立行为，但既然是每个设立人行为的集合，自然就应是共同行为，而非单独行为。合并行为说的不妥之处主要有二：一是合并行为本身并非严格意义的法律概念；二是该说所谓“混合性质”的定性实际上并没有明确设立行为的实质。共同行为说虽然揭示了设立行为的实质，被视为有关公司设立行为性质的主流学说，但它并非尽善尽美。因为公司设立行为原本就十分复杂，难以用一种学说涵盖，如一人公司的设立行为就属于个别的单独行为或单方行为，不具有多数人意思表示一致的性质。

【本节实务研究】

- **发起人在公司成立前所为的与设立无关的行为是否有效**

如果公司成立，发起人在设立过程中为设立公司所为的行为的后果原则上由成立后的公司承担，而其以拟设立的公司名义从事的与设立公司无关的行为的后果原则上应由其自己承担，对此，实践中不存争议。但是，发起人以拟设立的公司的名义从事的与设立公司无关的行为，其效力如何？实践中对此有不同主张。有观点认为此类行为一律无效，发起人应承担无效合同的法律责任；有观点认为应根据具体情况分别确认其效力。

本书认为，设立中的公司尚不能以其名义从事经营行为，从法律行为的角度看，其经营行为属于主体不适格的法律行为。对于发起人的上述行为，如果行为本身不违反法律的强制性规定，且相对方无故意或重大过失，相对方可以主张撤销该行为，但公司及其发起人不得主张。理由主要有：

首先，法律规制自然人、法人或者其他非法人组织的权利能力和行为能力时的立法目的不同。对于自然人来说，法律在某些情形下否认不完全行为能力人所实施的行为的效力，主要是为保护这些人的利益。而对于法人而言，法律规定不同的法人有不完全相同的能力，规制法人超能力进行经营活动的效力，主要是为了保护相对人的利益和维护社会经济秩序。法律赋予非法人组织民事主体地位，旨在加强对非法人组织的管理，使非法人组织能以自己的名义独立地参与市场经济活动，调动和保护非法人组织的设立人、投资人发展经济的积极性和合法权益。因此，从保护第三人利益的角度出发，如果第三人对该发起人的行为无异议，且该行为也不违反法律、行政法规的禁止性规定，就无须否认该行为的效力。

其次，从实务上看，如果当事人对该行为均无争议，法院也就不会主动确认行为无效而要求双方返还财产；如果确认该行为均无效，当事人即使已经履行也应双方返还，将既不利于保护相对第三人的利益，也不利于维护社会经济秩序。因为发起人或公司一旦不能履行自己的义务，就会以发起人所从事的行为与设立公司无关为由而拒不履行合同，也不承担违约责任。

第二节　公司的设立登记

一、公司登记概述

（一）公司登记的含义

公司登记，是指公司在设立、变更、终止时，由申请人依法在登记机关提出申请，登记机关审查无误后予以核准并记载法定登记事项的行为。对于公司的设立采取准则设立主义的国家，一般同时采取公示主义对公司进行登记注册。其目的主要在于：一是使公司设立这一事实及公司的各种情况为社会公众知悉，以保护交易安全，优化营商环境；二是便于国家掌握公司情况，进行必要管理，保障合法经营，制止非法活动。

作为公司开展经营活动的基础性制度，公司登记制度在历史上出现较晚。英国 1844 年颁布的《公司法》，在对公司设立采取准则设立主义原则的同时，确立了登记制度。1861 年《普通德意志商法典》则规定了统一的商事登记，包括公司登记制度。到 20 世纪初，不少国家开始普遍实行公司登记管理。目前，各国的公司立法大多有关于公司登记的规定。

我国在 2023 年《公司法》修订前，已有多部法律、行政法规和规章对公司登记进行法律调整。2022 年 3 月 1 日起施行的《市场主体登记管理条例》废止了《公司登记管理条例》《企业法人登记管理条例》《企业法人法定代表人登记管理规定》等法律文件，同日施行的《市场主体登记管理条例实施细则》废止了《企业法人登记管理条例施行细则》《公司注册资本登记管理规定》《企业经营范围登记管理规定》等法律文件。现行《公司法》以《民法典》等立法中关于法人登记的法律规定为依据，结合公司制企业登记注册的新要求，以“公司登记”专章规定了公司的法定登记事项和具体程序，为公司设立、变更、注销等登记事宜提供了基本制度支撑。目前我国的公司登记制度以《公司法》第二章为核心，具体规则主要体现在《市场主体登记管理条例》《市场主体登记管理条例实施细则》《企业名称登记管理规定》《企业名称登记管理规定实施办法》等相关立法中。

（二）公司登记与营业登记

公司登记不同于营业登记。公司登记属于法人登记，目的是创设法律人格，赋予公司独立法律主体资格。营业登记又称商事登记、商业登记，表明政府承认了某项营业及其某一商号的合法性，颁发营业执照，准许其开业。

立法例上，多数国家将公司登记和营业登记合并在一起，但也有的国家将二者分开，或在同一登记主管机关内分设不同的登记簿。在我国，公司的这两种登记是合并进行的，并由同一机关主管。①

（三）公司登记的类型

公司登记通常分为设立登记、变更登记和解散登记等。设立登记是公司设立过程的最后一道环节。设立登记后，公司便告成立。变更登记是改变公司名称、住所、法定代表人、注册资本、公司类型、经营范围、营业期限、股东等登记注册事项以及增设或撤销公司分支机构时等所作的登记。解散登记是指公司解散时进行的注销登记。

（四）公司登记的机关及权限

公司登记须在国家规定的公司注册登记机关进行。各国的公司登记机关有所不同。有的以法院为登记机关，如波兰；有的在政府注册官署或州务卿秘书处登记，如德国、美国；有的在政府机关进行登记并由法院派员进行监督，如意大利。在我国，根据《市场主体登记管理条例》及相关法律文件的规定，国务院市场监督管理部门主管全国公司登记管理工作；县级以上地方人民政府市场监督管理部门主管本辖区公司登记管理工作。目前，公司登记机关是国家市场监督管理总局和地方各级市场监督管理局；市场监督管理机关依法独立行使登记职权，在其系统内实行分级登记管理制度，上级登记主管机关有权纠正下级登记主管机关的不符合国家法律、法规和政策的行为。我国《市场主体登记管理条例》第 5~7 条对公司登记机关的职责范围作了明确规定。

二、 公司设立登记的概念和意义

（一）公司设立登记的概念

公司设立登记，是指公司的筹办人为创设公司主体资格，依照法定的程序，向主管机关提

① 例如，根据《市场主体登记管理条例》第 21 条的规定，申请人申请市场主体设立登记，登记机关依法予以登记的，签发营业执照。营业执照签发日期为市场主体的成立日期。

出申请，由主管机关依法对其申请事项进行审查、登记公示的一种复合行为。公司设立登记与公司设立审批是两个容易混淆的概念。公司设立审批，是指在公司设立登记前，依法律、行政法规的规定报经政府主管部门或政府授权部门审查批准。根据我国公司法的相关规定，审批及登记都是公司设立过程中依法实施的行政行为，但二者也存在如下区别：

1. 发生的阶段不同。审批程序在登记程序之前，对于必须经过公司设立审批才能设立的公司，必须先通过审批获得许可，才能着手进行设立活动。

2. 主管机关不同。公司设立登记一律由法律规定的公司登记主管机关进行；而审批则是由法律、行政法规规定的政府主管机关或者政府授权部门进行。

3. 条件和程序不同。公司设立登记的条件和程序比较统一，所有的公司一律依《公司法》规定的设立条件，按《市场主体登记管理条例》规定的要求向登记机关申请办理登记手续；而审批所依据的法律、行政法规往往只涉及某一类企业或某一行业的企业，由不同的政府部门负责，一个公司设立的审批很可能存在不同条件、不同程序、不同审批部门的情况。从这种意义上讲，公司的审批在条件和程序上的统一性是有限的。

（二）公司设立登记的意义

公司设立登记事项应当符合法律、行政法规的规定。根据我国《公司法》第 32 条规定，公司的登记事项包括名称、住所、注册资本、经营范围、法定代表人姓名、有限责任公司股东或者股份有限公司发起人的姓名或者名称等。公司设立登记的意义主要有：

1. 通过设立登记，可以从法律上确认公司设立的事实。公司设立一经登记，公司即告合法成立，取得了从事生产经营和商业服务活动的资格。未经登记，不得以公司的名义进行经营活动。因此，设立登记是公司进行经营活动的基本前提和首要条件。

2. 通过设立登记，可以确认公司的注册地，进而确认公司的住所和经营场所。

3. 通过设立登记，将公司的法律形式明确地记载下来，可为确定投资人的责任范围提供依据。将资产、经营范围、法人代表、分支机构、名称等内容予以准确记载，便于公司交易相对方了解较为详尽的资料，保障交易安全。

4. 通过设立登记，既可以使国家掌握公司的行业分布、区域分布及其他资料，便于国家实施宏观经济政策，合理安排生产力布局，以促进经济的稳定和持续发展；又可以使国家对公司的微观活动进行监督管理，维护经济活动秩序。

5. 通过设立登记，可以对非法经营活动（如假冒伪劣产品的生产和销售）进行制止和打击，依法保护登记公司的各项合法权益。

三、公司设立登记的程序

公司设立登记的程序因公司类型及登记类型的不同而异。一般而言，各种公司的设立登记应共同遵守的基本程序主要有下列各项。

（一）提出申请

不论何种类型的公司登记，均以申请为第一步骤。一般而言，公司设立登记应当首先由设立人依法向拟设立公司所在地的公司登记机关提出设立登记申请。在办理设立登记申请时，应当按照规定向公司登记机关缴纳设立登记费。

根据我国《公司法》第 30 条规定，申请设立公司，应当提交设立登记申请书、公司章程等文件，提交的相关材料应当真实、合法和有效。申请登记不同类型的公司，法律规定应提交的文件种类也有不同。法律、行政法规规定需要经有关部门审批的，应当在申请设立登记时提交审批文件。

（二）审查核准

根据《市场主体登记管理条例》和《市场主体登记管理条例实施细则》的规定，登记机关应当对申请材料进行形式审查：

对申请材料齐全、符合法定形式的予以确认并当场登记，出具登记通知书；不能当场登记的，登记机关应当向申请人出具接收申请材料凭证，在 3 个工作日内对申请材料进行审查；情形复杂的，经登记机关负责人批准，可以再延长 3 个工作日，并书面告知申请人。

对申请材料不齐全或者不符合法定形式的，登记机关应当将申请材料退还申请人，并一次性告知申请人需要补正的材料，以免当事人多次前往公司登记机关。申请人补正后，应当重新提交申请材料。

公司登记申请不符合法律、行政法规或者国务院决定规定，或者可能危害国家安全、社会公共利益的，登记机关不予登记、说明理由并出具不予登记通知书。

申请人申请公司设立登记，登记机关依法予以登记的，签发营业执照。营业执照签发日期为市场主体的成立日期。法律、行政法规或者国务院决定规定设立市场主体须经批准的，应当在批准文件有效期内向登记机关申请登记。不属于市场主体登记范畴或者不属于本登记机关登记管辖范围的事项，登记机关应当告知申请人向有关行政机关申请。

（三）登记的撤销

我国还规定了公司登记的撤销制度。根据我国《市场主体登记管理条例》第 40～42 条的规定，提交虚假材料或者采取其他欺诈手段隐瞒重要事实取得公司登记的，受虚假公司登记影响的自然人、法人和其他组织可以向登记机关提出撤销公司登记的申请。登记机关受理申请后，应当及时开展调查。经调查认定存在虚假公司登记情形的，登记机关应当撤销公司登记。对于撤销登记，登记机关应当通过国家企业信用信息公示系统予以公示。需要注意的是，如果撤销公司登记可能对社会公共利益造成重大损害，或者撤销公司登记后无法恢复到登记前的状态，以及存在法律、行政法规规定的其他特别情形，登记机关可以不予撤销公司登记。此外，登记机关或者其上级机关认定撤销公司登记决定错误的，可以撤销该决定，恢复原登记状态，并通过国家企业信用信息公示系统公示。

四、 公司设立登记的法律效力

一般认为，公司设立申请经公司登记机关核准登记注册后，即发生以下法律效力。

（一）公司取得从事经营活动的合法凭证

《公司法》第 33 条规定："依法设立的公司，由公司登记机关发给公司营业执照。公司营业执照签发日期为公司成立日期。公司营业执照应当载明公司的名称、住所、注册资本、经营范围、法定代表人姓名等事项。公司登记机关可以发给电子营业执照。电子营业执照与纸质营业执照具有同等法律效力。"公司凭据此执照刻制印章、开立银行账户、申请纳税登记。公司在登记注册的范围内从事经营活动，并受国家法律的保护。

（二）公司取得法人资格

公司的设立申请，经公司登记机关核准登记，领取企业法人营业执照后，公司即具有企业法人资格。

（三）公司取得名称专用权

申请设立登记的公司，其名称经公司登记机关核准登记后，便可使用该名称并以其名义从事经营活动，享有权利、承担义务。公司对登记的名称享有名称专用权并受法律保护。

五、 分公司的设立登记

（一）设立分公司的情形

1. 在公司设立的同时设立分公司。此时，出资者或股东一般在章程中可以就设立分公司的事项作出规定。不过，我国《公司法》对此未作硬性要求，可由当事人任意决定。

2. 在公司成立后设立分公司。在公司成立以后，股东可以根据需要决定设立分公司。

（二）设立分公司的有关规定

根据我国《民法典》第 74 条规定，法人可以依法设立分支机构。分公司的概念与总公司相对，是总公司的分支机构。我国《公司法》允许公司设立分公司，分公司不具有法人资格，其民事责任由总公司承担。

为了加强对分公司的管理，各国公司立法都规定分公司必须依法进行登记后，才能以分公司的名义合法从事经营活动。根据我国《公司法》第 38 条、第 259 条以及相关法律规定，设立分公司应当遵守下列要求：

1. 公司设立分公司，应当向分公司所在地的公司登记机关申请登记，领取营业执照。

2. 公司设立分公司，应当自决定作出之日起 30 日内向分公司所在地登记机关申请办理设立登记。

3. 分公司的法定登记事项主要包括名称、类型、经营范围、经营场所、负责人姓名等。分公司的名称应当符合有关企业名称管理规定，经营范围不得超出其本公司的经营范围。

4. 设立分公司应当向公司登记机关提交的文件主要有：公司法定代表人签署的设立分公司的登记申请书；公司章程以及加盖公司印章的营业执照复印件；营业场所使用证明；分公司

负责人任职文件和身份证明;国家市场监督管理总局规定要求提交的其他文件。法律、行政法规或者国务院决定规定设立分公司必须报经批准,或者分公司经营范围中属于法律、行政法规或者国务院决定规定在登记前须经批准的项目的,还应当提交有关批准文件。

5. 分公司变更登记事项的,应当自作出变更决议、决定或者法定变更事项发生之日起 30 日内向公司登记机关申请变更登记。公司登记机关核准变更登记的,换发营业执照。分公司变更登记事项属于依法须经批准的,申请人应当在批准文件有效期内向登记机关申请变更登记。

6. 分公司被公司撤销、依法责令关闭、吊销营业执照的,公司应当自决定作出之日起 30 日内向该分公司的公司登记机关申请注销登记。申请注销登记应当提交公司法定代表人签署的注销登记申请书和分公司的营业执照。公司登记机关准予注销登记后,应当收缴分公司的营业执照。

7. 未依法登记为有限责任公司或者股份有限公司的分公司,而冒用有限责任公司或者股份有限公司的分公司名义的,由公司登记机关责令改正或者予以取缔,可以并处 10 万元以下的罚款。

【本节实务研究】

• 公司设立登记与第三人利益保护

多数国家的公司立法对公司的设立采取登记要件主义,即不登记不能成立,但也有国家采取登记对抗主义。

根据我国《公司法》第 29 条、第 33 条规定,设立公司,应当依法向公司登记机关申请设立登记;依法设立的公司,由公司登记机关发给公司营业执照。根据《市场主体登记管理条例》第 3 条规定,未经登记,不得以市场主体名义从事经营活动。由上述条文可见,在我国,公司设立登记是公司成立的必要条件。根据我国《公司法》的有关规定,虚报注册资本、提交虚假材料或者采取其他欺诈手段隐瞒重要事实取得公司登记的,公司和有关责任人可能面临被公司登记机关责令改正、罚款或吊销营业执照等行政责任甚至可能被依法追究刑事责任。但在不实登记被登记机关责令改正或撤销登记之前,可否以其登记事项不实来对抗善意第三人?对此,我国公司立法未作明确规定。

可以肯定的是,我国公司法强调登记的权威性和公信力。这精神在《公司法》的多个条文中均有体现。例如,《公司法》第 11 条第 1~2 款规定:“法定代表人以公司名义从事的民事活动,其法律后果由公司承受。公司章程或者股东会对法定代表人职权的限制,不得对抗善意相对人。”第 28 条第 2 款规定:“股东会、董事会决议被人民法院宣告无效、撤销或者确认不成立的,公司根据该决议与善意相对人形成的民事法律关系不受影响。”第 34 条第 2 款规定:“公司登记事项未经登记或者未经变更登记,不得对抗善意相对人。”由这些规定可以看出,我国公司法注重对善意第三人的保护。因此,在司法实践中,在不实登记被登记机关责令改正或撤销登记之前,不得以其登记事项不实来对抗善意第三人。

第三节 公司设立的条件

为维护交易安全和市场秩序，保障国家有关管理机关对公司的监督和管理，我国法律规定有限责任公司和股份有限公司的设立必须符合一系列法定的设立条件。各国公司立法对此都有详细的规定，通常包括主体条件、财产条件、组织条件等。其中，主体条件主要针对股东或者发起人的人数和资格等作出规定；财产条件主要针对公司资本作出规定；组织条件主要针对公司的名称及组织机构等作出规定。

一、有限责任公司设立的条件

（一）主体条件

主体条件是指股东资格及人数要件，即股东须符合法定人数和资格要求。

1. 股东人数要求。《公司法》第 42 条规定："有限责任公司由一个以上五十个以下股东出资设立。"由该规定可以看出，我国对有限责任公司的股东人数的上限作了严格限定，即不超过 50 人。从各国的公司立法来看，法律对于有限责任公司之外的其他各种公司一般都并不规定股东人数的上限，而对有限责任公司的股东人数却多作上限规定，主要是因为有限责任公司具有很强的"人合"性质，限定股东数量，既使公司在进行重大的经营决策时能够协调一致，也有利于有限责任公司股东之间彼此了解。公司信用的基础除了资本以外，还有股东个人条件。公司对外进行经济活动，主要依据的不是公司本身的资本或资产状况如何，而是股东个人的信用状况，有限责任公司的经营事项和财务账目无需对外公开，资本只能由全体股东自己认缴，不得向社会公开募集，股东的出资证明书不得自由流通转让，股东的出资转让也受到严格的限制，其他股东对被转让的股权在同等条件下具有优先购买权等。基于以上特点，股东人数过多，势必不利于有限责任公司股东之间互相了解。

对于有限责任公司股东人数的下限，各国公司立法的规定不尽相同，有的要求 5 人以上，有的要求 3 人以上，还有的要求 2 人以上，等等。此外，由于承认一人公司，许多国家已经取消了对有限责任公司最低股东人数的要求。我国公司法承认一人公司，如国有独资公司。

在讨论公司股东人数的下限时，人数仅为一人的公司是否因缺乏社团性而不具有存在的正当性，这是学界曾经争论的问题。依传统公司法理论，社团性是公司的重要特性，公司的社团性最突出地表现在公司是建立在成员之复数基础之上的。而一人公司只有 1 名股东，缺乏以复数股东为基础的社团性。如何解决一人公司与社团性的冲突便成为一人公司合法化的最大障碍。为解决这一难题，理论界提出了两种学说，试图将一人公司的本质表述为社团法人：一是潜在社团说。该说认为，一人公司的股份虽集中于一人股东，但公司设立后，由于股份可以转让，仍存在变为复数股东的可能性。二是股份社团说。该说指出，股份有限公司的信用基础是股东出资形成的公司资本，股份的复数可以满足社团性的要求。这两种观点都在公司的社团性框架内，试图通过证明一人公司具有社团性论证其法律人格的合理性。然而，潜在社团说的判断是缺乏基础的，潜在的复数无法代替实在的复数，而且对于一些一人股东出资或股份并非分散化的一人公司,成为社团的潜在性是不存在的。而股份社团说将股份的复数等同于股东的复数,是对公司社团性之曲解。这两种观点都难以达到预期的证明效果。

与此相反,学界也存在否定一人公司社团性的学说,主要有:一是公司财产说,认为一人公司的实体是公司的财产,而不是社团;二是特别财产说,认为一人公司与其作为公司形态,不如作为责任形态,在法律上将一人公司的财产作为用于营业的特别财产予以认可,承认一人公司能够独立承担法律责任;三是股份有限公司财团说,指通常的股份有限公司是社团法人,而一人公司由特别财产构成,应将其视为财团;四是有计划的、永续的一人公司否定说,认为有计划的、永续的一人公司欠缺社团性存在的理由。以上四种否定论的观点,均否定了一人公司是社团,这无疑是正确的结论。但它们大都仅着眼于一人公司财产的特殊性,没有对一人公司不是社团法人作出有说服力的说明,但它确已使得传统公司制度的社团性根基被大大动摇。这样,也就迫使人们不得不脱离社团法人的思路,对公司的本质作另外的思考。

从公司产生发展的轨迹中可以看到,在资本主义发展初期,生产力水平不够发达,个人的资本积累不够厚实,导致个人经营的资本能力有限,个人独资企业乃至合伙企业都没有足够的资金来经营规模较大且风险较高的业务,尤其是海上贸易。因此,经济的发展对法人制度的集资功能要求强烈。为了满足募集资金的需要,商人往往通过联合的形式筹措资金,股份有限公司这一最早的法人组织形式应运而生,也正因如此,公司才被深深地打上了社团性的烙印。社团性虽然是伴随公司的诞生呈现的特征,但这是由当时的客观历史条件决定的。随着历史的发展、社会生产力的提高,经过几个世纪的资本积累,资本力量不断增强,已具有了巨额投资能力。法人制度所显示的从少数资金汇集成大宗资本的优越性,对于资本家来说,已丧失了其大部分意义。在此背景下,以资本联合的形式从事经营活动已不再是时代的必然要求。随着时代的变迁,社团性作为公司的特征应当逐渐成为历史。

另外,我国《民法典》第 58 条规定,法人成立应当具备的条件为依法成立、有自己的名称、组织机构、住所、财产或者经费。这似乎可以解释为我国法律并未将社团性作为公司应当具备的本质属性。实际上,公司作为法人组织,应着重强调其独立于出资人的性质,这是公司的本质之一,社团性已经不再是公司的本质。从这个意义上,可以将公司的本质总结为独立人格、资本联合、有限责任以及财产所有与财产经营的分离的融合。

2. 股东资格要求。各国的公司立法对于有限责任公司股东资格的规定,与对股份有限公司发起人资格的规定基本相同。根据我国公司法及相关法律规定,有限责任公司的股东必须具备相应的资格。①

(二)财产条件

1. 股东认缴出资。股东出资构成公司资本,这是公司财产的重要来源,也是公司保障公司偿债能力和社会交易安全的重要条件。对于公司而言,没有资本作为财产条件,就无法开展经营活动,也无法对债务的偿还提供保证。因此,有限责任公司设立时,应当通过章程确定公司的注册资本总额,该注册资本额应由全体股东全额认缴,因此,公司注册资本总额就是全体股东认缴的出资额。

---

① 参阅本书第八章“股东与股权”第一节中“股东资格的限制”的相关内容。

在公司设立的财产条件方面，我国和各国公司法曾长期实行最低注册资本制度。例如，《德国有限责任公司法》规定，有限责任公司基本资本不得少于 5 万马克。我国 2005 年《公司法》也曾规定："有限责任公司注册资本的最低限额为人民币三万元。法律、行政法规对有限责任公司注册资本的最低限额有较高规定的，从其规定。"2013 年《公司法》取消了有限责任公司的最低资本要求，公司可以根据需要通过章程任意设定注册资本。现行《公司法》原则上也没有最低注册资本的要求，但《公司法》第 47 条第 2 款规定："法律、行政法规以及国务院决定对有限责任公司注册资本实缴、注册资本最低限额、股东出资期限另有规定的，从其规定。"这实际上是为金融等个别行业规定最低资本额留出了空间，如《商业银行法》《保险法》《证券法》等法律对相应行业公司的最低注册资本就有特别规定。

现行《公司法》第 47 条第 1 款规定："有限责任公司的注册资本为在公司登记机关登记的全体股东认缴的出资额。全体股东认缴的出资额由股东按照公司章程的规定自公司成立之日起五年内缴足。"理论上将此称为限期认缴制。

资本认缴制是相对于资本实缴制而言的一种法定资本模式，这两种资本模式在股东的出资义务上并无根本对立和冲突之处。资本实缴制要求股东在资本确定和注册之时将出资财产给付给公司，资本认缴制虽然不要求股东即时给付出资财产，但出资义务尤其是出资数额同样是确定的，只不过出资义务履行的时间有所不同。如把认缴资本比作开具票据，认股人自然要承担票据付款人的义务和责任，绝不能无视嗣后出资能力、无所顾忌地漫天设定认缴资本，将其当作无需兑现的空头支票，更不能将公司注册资本当作儿戏。资本认缴制的核心要素在于认缴，即同意以一定出资购得相应数额的公司股权或股份。资本认缴的具体形式多种多样，设立过程中的认缴通常采取公司发起协议或设立协议、合资合同、认股书等形式，增资程序中的认缴多采取增资协议、股东决议等形式，在某些情况下，签署包含出资内容的公司章程，也是一种附带或独立（另无认缴合同或决议时）的认缴行为。

一般认为，现行《公司法》第 47 条将完全认缴制改为限期认缴制，是对认缴制的完善与修正。考察我国公司资本制度的立法沿革可以看出，公司法虽然在多个环节逐步放宽了对注册资本与出资期限的限制，但一直坚守着法定资本制的基本立场，也并未放弃将股东出资的资本信用作为公司责任财产担保的基本理念。放宽出资期限限制涉及股东出资期限利益与债权人保护的利益平衡，以及商事交易效率与交易安全的价值选择：一方面，放宽资本管制可以激励投资创业，有助于公司实现融资功能，树立起资产信用的理念，释放市场活力；另一方面，限期认缴制能够平衡股东与债权人之间的利益，避免注册资本畸高、出资期限过长的"无赖公司"与虚报公司资本、虚假出资及抽逃出资的问题。

2. 资本构成要求。一般而言，有限责任公司的资本不必划分为股份，更不能发行股票，但也有一些国家公司法规定有限责任公司的资本可以分成股份，以便于计算股东的出资及其权利义务，如日本就规定有限责任公司每股出资应当均等。还有的国家规定，每股金额可不均等，但各股金额之间应该互为倍数，如《德国有限责任公司法》规定，每一股东的出资至少为 500 德国马克，每股出资额可以不同，但应为 100 马克的整倍数。我国《公司法》对有限责任公司的出资是否划分为股份及每股金额均未作规定，实践中可由公司自行掌握。

（三）组织条件

组织条件包括公司名称、公司住所、公司章程及组织机构等。

1. 公司名称。公司名称是公司的法定登记事项，可以使公司的法人资格具有特定性，便于公司对外进行法律上、经济上的交往。如同自然人出生后要有自己的姓名，公司成立后也要有自己的名称。公司名称的意义主要有三：(1) 公司名称是公司成为独立民事主体的重要标志之一，是法人人格的表现。(2) 公司名称是法人人格特定化的标志，公司可以其名称区别于其他民事主体。(3) 公司名称是公司商誉的主要组成部分，是一种无形资产。例如，根据《保护工业产权巴黎公约》的规定，公司的名称是工业产权保护的对象之一。

鉴于公司名称在社会经济生活中的重要性，为了保障公司及其交易相对方的合法权益，维护社会交易秩序，各国法律对公司名称作了相应的规范，主要采用名称真实主义、名称自由主义和折中主义三种不同的立法取向。名称真实主义要求法律对公司名称的选择进行严格限制，必须确保公司名称真实地反映其营业种类、经营范围等，否则将禁止使用。名称自由主义要求法律原则上不对公司名称施加任何限制，允许公司自主决定其名称，公司名称可以与其营业种类、经营范围等无关。折中主义则要求公司在成立时的名称应真实反映其营业种类、经营范围等，但在转让、继承时可保留原有名称。目前，世界各国在公司名称方面更倾向于名称自由主义。

我国法律对于有限责任公司、股份有限公司的名称，明确规定应反映公司营业种类，显然采用公司名称真实主义。在我国，公司名称主要由《公司法》《市场主体登记管理条例》《企业名称登记管理规定》等相关法律法规予以规范。根据我国有关法律法规的规定，公司名称具有以下特征：

(1) 公司名称具有唯一性。即一个公司在一定时期只能用一个名称。从各国的公司立法来看，公司名称的选用大致有三种方式：一是名称与经营范围基本一致的方式，如美国的通用汽车、通用电气、通用食品等。二是以一个或几个投资人的姓氏命名，如杜邦。三是既包括姓名又包括业务内容，如福特汽车。我国《企业名称登记管理规定》第 6 条规定："企业名称由行政区划名称、字号、行业或者经营特点、组织形式组成。跨省、自治区、直辖市经营的企业，其名称可以不含行政区划名称；跨行业综合经营的企业，其名称可以不含行业或者经营特点。"根据该规定，除法律另有规定外，公司名称应当依次包括下列四个部分：

一是公司所属的行政区划名称，即注册机关的行政管辖级别和行政管辖范围。有些国家规定名称中必须冠以其所在地区名称，有些国家对此无规定，但实际上许多名称都包含这部分内容。

二是字号，即公司的特有名称，一般由两个或两个以上的汉字或少数民族文字组成。如"凤凰""红塔山"等，这是公司名称的核心内容。特有名称由各公司自由选定，这也是公司名称中唯一可由当事人自主选择的内容。不过，法律对此往往规定某些禁用条款。

三是公司的行业或营业种类，即公司的名称应显示出公司的主要业务和行业性质。公司名称是否需要标明营业种类，各国的法律规定不尽相同。我国《企业名称登记管理规定》明确公司名称一般应当标明行业或经营特点，一则可以让公众了解公司的业务范围，有利于业务的开展；二则当几个公司的特有名称相同时，据此可以区分。

四是公司的形式，即公司的种类，如“股份有限公司”或“有限责任公司”。由于公司种类表明股东对债务所负责任的性质，股东责任性质表明该种公司的信用状况，信用状况应当让社会公众知悉，使其在与公司交易时有所斟酌，所以，公司名称应标明公司的形式，这对保护交易相对人的利益和社会交易安全具有重要意义。不少国家均对此作出严格规定。我国《公司法》第 7 条规定：“依照本法设立的有限责任公司，应当在公司名称中标明有限责任公司或者有限公司字样。依照本法设立的股份有限公司，应当在公司名称中标明股份有限公司或者股份公司字样。”

（2）公司名称具有排他性。即在一定范围内，只有一个公司可以合法使用已注册的特定名称。公司名称为公司成立的条件之一，也是公司章程的必备条款。公司名称从公司成立之日起即具有法定效力。公司名称经登记注册后，即取得其名称的专用权，公司对其依法取得的名称享有独占和排他的权利。这项法律措施旨在维护工业产权，防范不正当竞争和商业欺诈。

公司名称的排他性体现在：一旦某公司的名称经注册，任何第三方使用相同名称用于其商号、商标、服务标记、商务口号，均构成对他人名称专用权的侵犯，被侵权人可以向侵权人所在地登记主管机关要求处理，也可以直接向人民法院起诉，请求责令侵权人停止侵权行为，并可请求赔偿因该侵权行为所遭受的损失。此外，不仅使用相同名称受到法律限制，使用类似名称同样受到法律限制。但值得注意的是，根据我国《企业名称登记管理规定》，我国公司名称的排他范围是有限的：其一，立法对在同一登记机关辖区内同行业企业名称出现相同或类似的名称有制约，但对于在两个不同登记机关各自的辖区内，同行业企业出现相同或类似的名称未作制约性规定。其二，对从事不同业务的公司，可否使用相同或类似名称，我国公司立法也未作明确规定。

（3）公司名称具有可转让性。公司名称可以依法转让，权利人有权许可他人有偿使用名称中的商号。我国《企业名称登记管理规定》第 19 条规定，公司名称转让或者授权他人使用的，相关公司应当依法通过国家企业信用信息公示系统向社会公示。公司转让公司名称的，转让方与受让方应当签订书面合同，依法向公司登记机关办理公司名称变更登记，并由公司登记机关通过国家企业信用信息公示系统向社会公示公司名称转让信息。

2. 公司住所。法人作为权利主体，与自然人一样必须具有住所。确定公司住所的法律意义主要有：可以据此确定诉讼管辖地，确定法律文书或其他函件送达的地点，确定登记、税收等其他管理机关，确定债务履行地等。此外，在涉外民事法律关系中，公司的住所是确认适用何种法律即确定准据法的依据之一。

在我国，住所是公司章程的必备条款之一，而公司章程又是申请注册登记的必备文件之一。所以，公司成立之前就应有拟订的住所，经注册登记后，便具有法律效力。关于公司住所的确定，各个国家的法律规定不尽相同，主要有三种做法：一是管理中心主义，即以公司在登记时设立的常设管理机关所在地为公司的住所。这种做法的优点在于其确定性较强，容易追踪。然而，公司有可能通过将管理中心迁至海外等手段规避法律监管。二是营业中心主义，即以公司业务执行的地点为公司的住所。这种方法的优点在于有利于监控公司主要的财产和收入情况。然而，如果公司有多个营业中心，就难以准确确定公司的住所。三是由公司的章程确定。这意味着公司的住所是在其章程中明确规定的。这种做法灵活，但可能导致不同公司采用不同标准，增加了统一性的难度。

根据《公司法》第 8 条规定,公司以其主要办事机构所在地为住所。这与《民法典》第 63 条的规定保持一致。所谓“主要办事机构所在地”,是指决定和处理公司事务的机构所在地,是公司的中枢机构如总部、总公司等。主要办事机构所在地,是一个事实概念,需要综合考虑公司的股东会、董事会、监事会的开会地点,董事、监事、高级管理人员的办公地点,公司财务、法务、行政、人力等职能部门的办公地点,以及公司公章、财务账册、会议记录、业务合同等重要资料和文件的存放地点等。司法实践中,在确定公司住所时,主要办事机构所在地能够确定的,则以确定的地点为公司住所;主要办事机构所在地不能确定的,依照《最高人民法院关于适用〈中华人民共和国民事诉讼法〉的解释》第 3 条第 2 款“法人或者其他组织的主要办事机构所在地不能确定的,法人或者其他组织的注册地或者登记地为住所地”的规定,以公司登记地为住所地。据此,实践中,区分公司的“主要办事机构”与“次要办事机构”,一般以公司的登记为准,即以登记时注明的主要办事机构为准。由此可见,我国公司法实质上是采用管理中心主义。

3. 公司章程及组织机构。设立有限责任公司必须具备公司章程。有限责任公司的公司章程是记载公司组织规范及其行动准则的书面文件,体现了全体股东的共同意志,并对全体股东、公司的组织机构和经营管理人员均有约束力。我国《公司法》第 46 条对公司章程应该载明的事项作了明确规定。①

有限责任公司是通过内部组织机构的活动进行运作的,组织机构的建立可以使公司具备意思能力、执行能力,便于对外实施行为。各国的公司立法一般均对公司的内部组织机构予以规范。依我国《公司法》规定,有限责任公司的内部组织机构分为股东会、董事会和监事会等,但由于有限责任公司的具体形式、股东人数、经营规模、资本来源不同,法律、法规要求其建立的组织机构也不尽一致。②

二、 股份有限公司设立的条件

(一) 主体条件

主体条件即股份有限公司发起人人数和资格要件,即发起人须符合法定人数且须具备法定资格。与有限责任公司相比,股份有限公司的筹资和经营具有开放性,股东人数较多,流动性也较大,因此,设立股份有限公司的发起人往往只是公司成立时的股东的一部分。为防止发起人在设立过程中徇私舞弊,损害其他认股人和公众的利益,维护社会经济秩序,法律对其主体的要求,也较有限责任公司更为严格。

1. 发起人必须符合法定人数。股份有限公司的发起人,是指订立创办公司的协议,为设立公司而签署公司章程,提出设立公司的申请,向公司认购出资或股份,并对公司设立承担责任的人。对于股份有限公司发起人的人数,各国的公司立法规定不一。从世界范围看,不少国家的法律对发起人的数量都规定了下限。例如,法国、韩国、英国、比利时、日本等国规定发起

---

① 参阅本书第四章“公司章程”的相关内容。

② 参阅本书第九章“公司组织机构”第一节中“一、公司治理”的相关内容。

人应为 7 人以上，德国规定发起人应为 5 人以上，挪威、瑞典规定发起人应为 3 人以上，意大利、瑞士、奥地利规定发起人应为 2 人以上，也有少数国家规定发起人可为 1 人以上，如美国。根据我国《公司法》第 92 条规定，我国股份有限公司的发起人人数应为 1 人以上 200 人以下。

对于股份有限公司发起人人数的下限，我国《公司法》经历了由 5 人改为 2 人又改为目前 1 人的变化，现行《公司法》规定只需 1 人即可，进一步降低了公司设立的门槛，这与公司法所追求的鼓励投资的价值目标是一致的。

我国公司法把 200 人作为股份有限公司发起人人数的上限。募集设立方式的条件要求相当严格，设立程序也较为复杂，导致公司设立所需的时间较长，成本也较高。因此，为了规避法律对募集设立方式提出的各种要求，很多股份有限公司的设立人更倾向于选择发起设立方式，然而当发起人数量过多时，公司设立已经具备了公众性，不应再适用发起设立方式。因此，为了规范公司设立行为，避免发起人恶意规避法律规定，我国《公司法》将股份有限公司的发起人人数上限确定为 200 人。

2. 发起人的资格。对于股份有限公司发起人的资格，各国公司立法通常规定为：发起人既可以是自然人，也可以是法人。自然人作为发起人，必须是完全民事行为能力人；法人作为发起人，应是法律上不受特别限制的法人。至于是否对发起人的国籍、住所作要求，多根据不同国家的社会、经济和政治等多种因素来确定。从立法例上看，大多数国家的公司立法对发起人的国籍不作限制。

根据我国《公司法》第 92 条规定，股份有限公司须有半数以上的发起人在中国境内有住所。这样规定主要是基于对公司筹办工作以及公司设立责任承担的考虑。因为在设立股份有限公司的过程中，需要一定数量的发起人具体实施筹办公司的各项活动，而且设立股份有限公司往往需要较长的时间。所以，只有一定数量的发起人在中国境内有住所，才便于进行各项活动。此外，发起人在公司设立过程中以及公司成立之后的一定时间内，均负有较重的责任，只有在中国境内有住所，才更加有利于国家对其进行管理，防止其利用设立股份有限公司损害广大社会公众的利益。

发起人在中国境内有住所，就中国公民而言，是指该公民的户籍所在地或者经常居住地在中国境内；就外国公民而言，是指其经常居住地在中国境内；就法人而言，是指其主要办事机构所在地在中国境内。

除对发起人住所的限制性规定外，对于其他方面的资格限制，我国《公司法》未作规定，实践中应适用《民法典》及其他法律法规的有关规定。

（二）财产条件

1. 全体发起人认购股本或公司募集实收股本。股份有限公司是典型的资合公司，公司的存在和对外的信用基础首先取决于其注册资本。注册资本是公司股本的总价值，反映了公司的资本基础，可以在一定程度上体现公司的经济实力。为保护股东及社会公众的利益，大陆法系公司立法曾长期将保障注册资本的充足作为保护公司的债权人和股东利益的一项重要措施，要求公司在注册时确保足够的资本基础以保证公司的稳定经营，实行股份有限公司最低资本额制度，而且要求的最低资本限额往往较其他种类公司要高。在实践中，充足的注册资本往往也意味着公司在运营过程中具备用于偿还债务和分配利润的资本，可以确保公司的稳健经营,有望提高股东的投资回报率。

我国2005年《公司法》第81条第3款规定:“股份有限公司注册资本的最低限额为人民币五百万元。法律、行政法规对股份有限公司注册资本的最低限额有较高规定的,从其规定。”2013年《公司法》取消了对股份有限公司的最低资本要求,只规定股份有限公司设立必须“有符合公司章程规定的全体发起人认购的股本总额或者募集的实收股本总额”。自此,股份有限公司也可以根据自己的需要通过章程任意设定注册资本。现行《公司法》原则上对股份有限公司仍然无最低资本要求,但该法第96条第2款要求“法律、行政法规以及国务院决定对股份有限公司注册资本最低限额另有规定的,从其规定”,这实际上为金融等个别行业规定最低资本额要求留出了空间。例如,我国《保险法》《商业银行法》《证券法》等法律对特殊类型的股份有限公司的最低注册资本额作了特别规定。①

需要注意的是,根据《公司法》第96条第1款规定,股份有限公司的注册资本为在公司登记机关登记的已发行股份的股本总额。这一规定意味着我国确立了董事会的授权资本制,即允许股份有限公司设立时仅发行部分股份、分批发行股份,故而股份有限公司的注册资本对应于已发行股份的股本总额,对于公司股份总数中尚未发行的部分,因公司实际并未取得该部分股份对应的资金,将其纳入公司注册资本会导致公司的名义资本与实际的资本总额不符,从而影响股东和债权人利益。

《公司法》第96~98条对股份有限公司的股份认购作了规定。与有限责任公司有所不同,股份有限公司的设立方式可以采取发起设立方式或者募集设立方式。具体规定如下:“以发起设立方式设立股份有限公司的,发起人应当认足公司章程规定的公司设立时应发行的股份”;“以募集设立方式设立股份有限公司的,发起人认购的股份不得少于公司章程规定的公司设立时应发行股份总数的百分之三十五;但是,法律、行政法规另有规定的,从其规定”;“发起人应当在公司成立前按照其认购的股份全额缴纳股款”;“在发起人认购的股份缴足前,不得向他人募集股份”。这些规定与股份有限公司分批发行股份制度相对应,即公司章程可以确定在公司设立时需要发行的股份,对公司发行的第一批股份,发起人应当全额认足。如此规定旨在充分保证公司的资本充实,防止公司通过虚构或未充足的认购资金来吸引投资。在公司法允许公司分批发行股份的情况下,更加需要保证公司确定发行的股份能够被认足,确保公司在开始运营时拥有足够的资本来支持其正常经营活动。如果发起人未足额缴纳股款,公司可能会面临因资本不足而陷入财务困境的风险,难以应对各种支出和业务需求,可能导致公司的财务不稳定和经营困难。同时,这一规定也有利于保护股东权益和债权人利益。在公司设立时,公司需要依赖发起人的认购来建立其注册资本基础,从而维护市场秩序和投资者信心。发起人按照其认购的股份数额缴纳股款,确保注册资本的真实性和足够性,意味着他们既享有了相应数量股份的所有权和相应的经济权益,也承担了相应的风险和责任,为公司的长期健康发展提供了良好的治理基础。

2. 资本构成要求。股份有限公司的资本应划分为股份,并且各股金额一般应均等。

---

① 参阅本书第六章“公司资本制度”的相关内容。

（三）组织条件

组织条件主要包括公司名称、公司类别、公司住所、公司经营范围等的选定以及公司的组织机构等。关于股份有限公司名称与住所的规定与有限责任公司一致，这些内容均为公司章程的主要内容，也是公司登记的主要事项，对公司的经营活动有着重要的影响。

股份有限公司是通过公司的组织机构进行运作的。根据我国《公司法》的规定，股份有限公司的内部组织机构分为股东会、董事会和监事会等。股东会是公司的权力机构；股份有限公司设董事会，董事会对股东会负责；股份有限公司设监事会，监事会由股东代表和适当比例的公司职工代表组成，具体比例依法由公司章程规定。①

【本节理论探讨】

- **公司名称权的法律性质**

关于公司名称权的法律性质，学界大致存在四种观点：（1）认为公司名称权是一种人身权。在这种观点中，有主张公司名称权是一种姓名权者，也有主张公司名称权是一种身份权者。（2）认为公司名称权是一种财产权。该观点认为：首先，名称权只是营业组织的标志而不是营业者人格的一种表示，它不属于人格权范畴，而属于财产权范畴；其次，名称权只能在某一地区具有排他性效力，而不像姓名权那样具有绝对的对抗他人的效力；最后，名称权可以转让。（3）认为公司名称权是一种工业产权。该观点认为，名称权与商标权、专利权等工业产权在性质上相同，都是一种无形财产权，都具有专有性和地域性，有关工业产权的国际条约已将名称权作为工业产权加以保护。（4）认为公司名称权既是一种人身权，又是一种财产权。该观点认为，作为人身权，公司名称权始终与特定的公司联系在一起，是取得主体资格的条件和标志；作为财产权，公司名称权可以作为财产被使用、收益和处分。

本书认为，公司名称权作为一种权利在性质上属于商事人格权，其市场价值和可转让性不影响其人格权属性，且《民法典》第990条明确将“名称权”列入人格权范畴。也正是公司名称权的商事人格权属性，决定了公司名称的专用性。公司名称的专用性涉及对侵害公司名称权的侵权行为的认定问题。目前，我国对公司名称进行分区域保护的做法容易导致全国出现多个相同字号的公司，进而导致一些公司将他人驰名字号作为自己的公司名称在当地登记使用，使消费者产生混淆，造成驰名字号的淡化。为此，《企业名称登记管理规定实施办法》明确规定：企业名称不得使用与同行业在先有一定影响的他人名称（包括简称、字号等）相同或者近似的文字；申报企业名称，不得故意申报与他人在先具有一定影响的名称（包括简称、字号等）近似的企业名称；省级企业登记机关在企业名称登记管理工作中发现在全国范围内有一定影响的企业名称（包括简称、字号等）被他人擅自使用，误导公众，需要将该企业名称纳入企业名称禁限用管理的，应当及时向国家市场监督管理总局报告，国家市场监督管理总局根据具体情况进行处理等。这些规定均旨在保护知名企业的字号。

---

① 参阅本书第九章“公司组织机构”第一节中“一、公司治理”的相关内容。

第四节　公司设立的程序

公司设立程序因各国的设立原则、公司的类型以及公司所采取的设立方式不同而有所区别。在公司设立原则上,采取准则设立主义的,公司设立不必经过国家行政机关核准;而采取核准设立主义的,则须经国家行政主管机关核准。在设立方式上,采取发起设立方式的设立程序较为简单,而采取募集设立方式的则较为复杂。各国公司立法对此问题的规定虽然不尽相同,但也有不少共同点。总的来看,不论公司采取何种设立方式,其设立程序多以订立公司章程开始,以设立登记结束。经过设立登记,公司正式取得独立主体资格,整个设立过程完成。我国公司法对于有限责任公司和股份有限公司的设立程序分别作了详细规定。

一、有限责任公司的设立程序

相对于股份有限公司,有限责任公司的设立程序相对简单。根据我国《公司法》及相关法律规定,有限责任公司的设立应经过下列程序。

(一) 股东发起设立

大连工美企业有限责任公司与弘仁集团公司发起人责任纠纷案

有限责任公司只能由股东发起设立。根据《公司法》第 43 条的规定,有限责任公司设立时的股东可以签订设立协议,明确各自在公司设立过程中的权利和义务。具体而言,股东首先要对设立有限责任公司进行可行性分析和预测,确定设立公司的意向。在股东有数人时,可以签订设立协议,明确在公司设立过程中股东各自的权利义务,该设立协议在法律性质上被视为合伙协议。其内容主要包括公司经营的宗旨、项目、范围和生产规模、注册资本、投资总额及各方出资额、出资方式、经营管理、盈余的分配和风险分担的原则等。各国的公司立法对有限责任公司股东的资格多作限制性规定。①

(二) 制定公司章程

《公司法》第 45 条规定,设立有限责任公司,应当由股东共同制定公司章程。公司章程主要是规范公司成立后各方行为的,制定公司章程是设立有限责任公司的必要条件,是公司最为重要的自治规则,对公司的存在与发展有着不可替代的重要意义,须严格按照法律法规的规定进行。

公司章程的内容包括绝对必要记载事项、相对必要事项及任意记载事项。在公司设立阶段,制定公司章程的主体是公司的发起人。根据我国《公司法》的规定,公司章程需要全体发起人共同制定,以确保公司治理和运营的有效规范。公司章程须经全体股东同意并签名盖章,报登记主管机关批准后,才能正式生效。

需要注意的是,"共同制定"并不要求每一个公司发起人都积极参与章程的起草讨论,只要在章程上签字或者盖章,就表示该发起人同意公司章程的内容,就应当认为该章程是"共同

---

① 参阅本书第八章"股东与股权"第一节中"股东资格的限制"的相关内容。

制定”的。

（三）缴纳出资

缴纳出资，是公司设立中履行设立协议或公司章程中规定的出资义务的行为。我国《公司法》第 47～52 条分别对有限责任公司股东出资的方式以及缴纳要求等作了明确规定。①

（四）申请设立登记

申请设立登记，是指由全体发起人指定的代表或者代理人向登记机关申请设立登记的行为。公司设立登记是公司成立的生效要件。申请设立登记的目的，是通过登记机关的行政管理监督确定设立的公司符合法律规定条件并赋予其法律人格。登记后，公司方成为具有民事权利能力和民事行为能力的法人，可依法开展经营活动。

根据《市场主体登记管理条例》第 16 条第 1 款规定，申请设立公司，应当向公司登记机关提交的文件包括：(1) 申请书；(2) 申请人资格文件、自然人身份证明；(3) 住所或者主要经营场所相关文件；(4) 公司、非公司企业法人、农民专业合作社（联合社）章程或者合伙企业合伙协议；(5) 法律、行政法规和国务院市场监督管理部门规定提交的其他材料。其中，第 5 项为兜底条款，包括根据法律、行政法规和国务院决定规定，设立公司应当报经批准的，应当在公司登记前依法取得的批文。根据《市场主体登记管理条例实施细则》第 22 条规定，法律、行政法规或者国务院决定规定公司申请登记、备案事项前需要审批的，在办理登记、备案时，应当在有效期内提交有关批准文件或者许可证书。有关批准文件或者许可证书未规定有效期限，自批准之日起超过 90 日的，申请人应当报审批机关确认其效力或者另行报批。公司设立后，上述规定批准文件或者许可证书内容有变化、被吊销、撤销或者有效期届满的，应当自批准文件、许可证书重新批准之日或者被吊销、撤销、有效期届满之日起 30 日内申请办理变更登记或者注销登记。另外，根据《市场主体登记管理条例实施细则》第 26 条规定，申请办理公司设立登记，还应当提交法定代表人、董事、监事和高级管理人员的任职文件和自然人身份证明。除上述规定的材料外，募集设立股份有限公司还应当提交依法设立的验资机构出具的验资证明。发起人首次出资属于非货币财产的，还应当提交已办理财产权转移手续的证明文件。

（五）登记发照

就各设立申请，登记机关应依法进行审查。根据《市场主体登记管理条例》第 17 条、第 19 条的规定，申请人应当对提交材料的真实性、合法性和有效性负责，登记机关仅对申请材料进行形式审查。

这一环节涉及公司登记机关的审查模式问题。审查是指受理登记申请的机关，在接到申请者所提交的申请后，于法定期限内，对申请者所提交的申请内容，依法进行审查的活动。只有符合法定要求，登记机关才予以登记。在我国，审查公司登记申请是行政机关行使职权的行为，是登记法律关系具有公法属性的集中体现。公司登记机关对登记事项进行审查，一方面是为了保证登记事项客观、真实、准确；另一方面是为了保证申请人的申请合乎法律要求。对公

---

① 参阅本书第七章“股东出资制度”的相关内容。

司登记事项进行审查既是公司登记机关的一项权力,又是一项义务。这就意味着,公司登记机关有权依照法定的要求和程序对申请人的申请进行审慎审查,作出予以登记或不予登记的决定;公司登记机关未尽审查义务,致使利害关系人遭受损失的,要承担相应的法律责任。因此,公司登记机关必须遵循相应的审查模式,明确自身的权力范围,尽到应尽的审查义务。

从公司登记的历史发展来看,公司登记的审查模式大致可分形式审查、实质审查、折中审查三种。伴随着经济的发展,我国公司登记的审查模式经历了从实质审查向折中审查再到形式审查的转变。根据《市场主体登记管理条例》第 19 条规定,登记机关应当对申请材料进行形式审查。该条明确了公司登记机关的形式审查义务。

审查内容主要包括拟设立的公司是否具备法律规定的实质条件,提交的文件内容和形式是否符合法律、法规的要求。认为符合公司法规定条件的,予以登记,发给营业执照,公司即告成立;认为不符合公司法规定条件的,不予登记。设立登记的申请人,如对登记机关不予登记的决定不服,可以依法提起行政诉讼。①

（六）公示

公司成立后,应该依照《市场主体登记管理条例》的规定通过国家企业信用信息公示系统依法公示。公示的设立登记内容应当与登记机关核准登记的内容一致,否则,登记机关有权要求其改正。

二、 股份有限公司的设立程序

依我国公司法规定,股份有限公司的发起设立程序和募集设立程序基本相同,只是后者还需经过向社会公开招募股份及相关程序,具体可以概括如下。

（一）签订发起人协议

《公司法》第 93 条第 2 款规定,发起人应当签订发起人协议,明确各自在公司设立过程中的权利和义务。发起人协议是发起人之间以书面形式表达的共同设立公司、各自承担一定设立义务的意思表示一致的行为,其只规范发起阶段发起人之间的权利义务关系,在性质上被认为是合伙协议。

发起人协议的内容一般包括出资金额、出资时间计划和方式等,以及解决潜在争议的机制,即发生争议时各方应当采取何种方式解决纠纷。

由于股份有限公司的设立主要依赖发起人的发起行为,因此,各国公司立法大多对此作出了具体规定,这些规定也是发起人设立过程中所承担的义务和责任的组成部分。我国公司法对发起人的义务和责任也作了规定。

（二）制订公司章程

根据《公司法》第 94 条规定,设立股份有限公司,应当由发起人共同制订公司章程。股份

---

①　参阅本章第二节“公司的设立登记”的相关内容。

有限公司的章程是设立公司必须具备的文件，由公司的发起人制订，并经发起人全体同意并签名、盖章，该章程涉及公司设立后股东之间的关系及公司对外的关系。公司章程应载明《公司法》第 95 条规定的 13 个事项，也可以记载一些相对必要记载和任意记载的事项。①

（三）认购股份

设立股份有限公司有发起设立和募集设立两种方式，我国公司法有关这两种方式中股份认购的规定有很大差异。

1. 以发起设立方式设立的认购程序。

（1）发起人应当认足公司章程规定的应发行的全部股份。根据《公司法》第 97 条第 1 款规定，以发起设立方式设立股份有限公司的，发起人应当认足公司章程规定的公司设立时应发行的股份。发起人在进行设立活动时，要确定公司的资本总额、资本总额划分为多少股份、每一股的金额是多少。以发起设立方式设立公司时，每一个发起人都应当以书面方式承诺自己将要购买多少股份，所有发起人承诺购买的股份的总和应当等于应发行的全部股份，否则不能以发起设立方式设立。

（2）发起人缴纳股款。对于股款是否必须一次性缴足，各国的法律规定不尽相同。我国《公司法》对于这一问题也历经变迁。根据我国现行《公司法》第 98 条第 1 款规定，发起人应当在公司成立前按照其认购的股份全额缴纳股款。②

2. 以募集设立方式设立的认购程序。

（1）发起人认购法定数额的股份。发起人进行设立公司的活动，在确定了股本总额及股份总数后，应当承诺购买一定数额的股份。我国《公司法》第 97 条第 2 款规定："以募集设立方式设立股份有限公司的，发起人认购的股份不得少于公司章程规定的公司设立时应发行股份总数的百分之三十五；但是，法律、行政法规另有规定的，从其规定。"上述规定主要是为了加重发起人的责任，保护广大投资者的利益。公司成立后要进行一定的经营活动，而进行经营活动必须要有一定的物质基础。股份有限公司的资本来自发起人和其他股东的出资，如果发起人不具备一定的经济能力，仅凭借其他人的资本进行经营活动，容易引发道德风险，可能使发起人不经过认真的调查研究就设立公司，甚至利用设立公司进行欺诈活动。此外，如果发起人不予出资或者出资很少，就可能会因为与公司缺少利害关系而对公司的经营管理漠不关心，不利于公司的发展。因此，公司法规定发起人所持的股份必须达到公司股份总数的一定比例，但允许其他法律、法规根据特殊情况作出例外规定。

（2）公开募集股份。由于公开募集股份涉及广大社会公众的利益，关系到社会经济秩序的正常和稳定，所以，《公司法》第 100 条、第 154～156 条对公开募集股份作了比较严格的

---

① 参阅本书第四章"公司章程"的相关内容。

② 我国 2005 年《公司法》第 81 条第 1 款规定："股份有限公司采取发起设立方式设立的，注册资本为在公司登记机关登记的全体发起人认购的股本总额。公司全体发起人的首次出资额不得低于注册资本的百分之二十，其余部分由发起人自公司成立之日起两年内缴足；其中，投资公司可以在五年内缴足。……"2013 年《公司法》取消了对发起人缴纳股款的上述限制，发起人认缴的股份无须限期缴纳，何时缴纳依公司章程确定，但公司章程一经确定，发起人即应履行其缴纳出资的义务。参阅本书第七章"股东出资制度"的相关内容。

要求。①

(3) 缴纳股款。发起人及社会公众认购股份后,就应当依法缴纳自己所认购股份的全部股款。对此,《公司法》第 156 条第 2 款规定:“代收股款的银行应当按照协议代收和保存股款,向缴纳股款的认股人出具收款单据,并负有向有关部门出具收款证明的义务。”

(四) 召开公司成立大会并建立公司组织机构

根据《公司法》第 103 条第 2 款规定,以发起设立方式设立股份有限公司由公司章程或者发起人协议规定成立大会的召开和表决程序。显然,《公司法》赋予了发起人较大的自治权限。不同的公司可能具有不同的股东结构和治理需求,因此有必要允许根据自己的实际情况制定适合的程序,这种灵活性有助于公司更好地适应市场和法律环境的变化,使公司治理更具可操作性。

根据《公司法》第 103 条第 1 款规定,募集设立股份有限公司的发起人应当自公司设立时应发行股份的股款缴足之日起 30 日内召开公司成立大会。发起人应当在成立大会召开 15 日前将会议日期通知各认股人或者予以公告。成立大会应当有持有表决权过半数的认股人出席,方可举行。这意味着,一旦股款足额缴纳,公司便应进入正式设立程序,不能拖延,这有助于促使公司在市场上迅速开展业务。

股份有限公司的成立大会是由全体认股人参加、决定是否设立公司并决定公司设立过程中以及成立之后的重大事项的决议机关,所以,认购股份并缴足了股款的人,都有权参加成立大会。股份有限公司成立大会在公司法学理层面具有多重法律功能和意义:一方面,成立大会在公司法中具有确保合法性和程序合规性的法律功能。成立大会是公司设立的关键步骤之一,它标志着公司正式实体化,成立大会的召开和表决程序通常要遵循公司法的规定,以确保公司设立程序的合法性和透明性。另一方面,成立大会有利于保护认股人尤其是中小认股人的权益。在大会上,认股人将选举公司的董事会成员,制定公司章程,审批其他重要的治理文件和事项,认股人能够行使投票权,表达其意愿,并监督公司的管理和决策,确保在公司成立之初,公司的各项治理制度不会损害认股人的合法权益。

公司成立大会作为公司设立过程中的一个重要环节,行使着多项关键职权,这些职权直接影响公司的设立和运营。根据《公司法》第 104 条规定,公司成立大会行使下列职权:

1. 审议发起人关于公司筹办情况的报告。发起人关于公司筹办情况的报告通常包括公司的设立计划、认股人组成、股份结构、资本筹集情况、商业计划等重要信息。出席公司成立大会的认股人应仔细审查这些信息,以确保公司设立的合法性和可行性。这一职权确保了公司设立过程的透明性和合规性。

2. 通过公司章程。公司章程是公司内部的基本法规,规定了公司的组织结构、管理方式、认股人权益等关键事项。成立大会的认股人将投票表决公司章程,确立公司的治理架构和运营规则。这一职权在公司设立过程中具有决策性作用,为公司的合法运作提供了法律基础。

3. 选举公司董事、监事。董事是公司的高级管理层,负责公司的经营和决策,监事则负责监督公司的经营活动。认股人通过投票选举董事和监事,确保公司的管理层具有合法性和代

---

① 参阅本书第七章“股东出资制度”的相关内容。

表性。这一职权有助于建立公司的有效治理结构。①

4. 对公司的设立费用进行审核。公司成立大会有权对公司的设立费用进行审核,包括公司设立过程中涉及的各项费用,如律师费、注册费等。审核费用确保了公司设立过程的透明性和合规性,有助于防止不必要的开支或滥用资金行为。

5. 对发起人非货币财产出资的作价进行审核。公司成立大会需要评估发起人提供的财产是否符合公司设立的要求,并确定其价值是否合理。这一职权有助于保护公司和认股人的权益,确保资本的合法注入。

6. 决定不设立公司。公司成立大会有权在发生不可抗力或者经营条件发生重大变化直接影响公司设立的情况下,作出不设立公司的决议,以避免不必要的风险和损失。

总体来看,公司成立大会行使着多项关键职权,这些职权确保了公司设立过程的合法性、合规性和透明性,有助于维护公司和认股人的权益,确保公司的合法设立和稳健运作。另外可以看到,股份有限公司成立大会行使的职权与股东会类似,两者都是股份有限公司重大事项的决议机关,只不过成立大会在公司成立以前发挥作用,而股东会则在公司成立以后发挥作用。

(五) 申请设立登记

我国公司法分别对发起设立和募集设立股份有限公司的设立登记进行了规定。

根据《公司法》第 106 条规定,由董事会授权代表申请募集设立的股份有限公司的设立登记。申请设立股份有限公司时应提交规定的文件。法律、行政法规规定设立公司必须报经批准的,应当在公司登记前依法办理批准手续。鉴于股份有限公司的股份发行涉及社会资金流向和众多股票持有者的利益,与有限责任公司相比,股份有限公司必须报经批准才能设立的情形更多一些。

登记机关对于符合法律规定条件的设立申请,予以登记,发给营业执照。营业执照的签发日期为公司成立日期。

此外,根据《公司法》第 105 条的规定,公司设立时应发行的股份未募足,或者发行股份的股款缴足后,发起人在 30 日内未召开成立大会的,认股人可以按照所缴股款并加算银行同期存款利息,要求发起人返还。

(六) 公示

股份有限公司的公示要求与有限责任公司相同,应当依照《市场主体登记管理条例》的规定通过企业信用信息公示系统依法公示。

【本节理论探讨】

- **认股人认股行为的法律性质**

关于认股行为的法律性质,理论上大致有共同行为说和契约说两类不同的观点。

共同行为说认为,认股是各认股人以设立公司为目的所为的共同行为。公司设立行为虽

---

① 参阅本书第九章“公司组织机构”的相关内容。

然是共同行为,但也有其独立性质,不可与共同行为混为一谈。

契约说又可细分为以下四种主张:

一是合伙契约说。该说认为股份有限公司的设立行为属于合伙契约,而认股是合伙契约的构成要件,因而认股不仅使认股人与发起人之间产生法律关系,也使认股人之间产生法律关系。这实际上将认股人间的关系等同于发起人之间的关系,故此说不妥。

二是买卖契约说。该说认为认股属于买卖契约,是认股人买受股份的意思表示。然而,对认股人来说,其认股行为以设立公司并取得股东权为目的,发起人则以募集资本成立公司为目的,并非如买卖合同那样仅以一方移转财产、他方支付价金为目的,故此说也欠妥。

三是委任契约说。该说认为认股是认股人与发起人之间的一种委任契约,其中,发起人为受任人,认股人为委任人,其委任事务为设立公司。然而,根据相关规定及法理,依委任契约处理委任事务所需的费用当由委任人负担,但公司设立过程中,认股后公司如不能成立,其设立费用却由发起人负担。这显然与委任契约不符,故此说也欠妥。

四是为第三人契约说。该说认为认股是认股人与发起人之间所成立的一种为第三人契约,第三人即将来成立的公司。为第三人契约,只能使第三人受利益而不能使第三人负义务,且第三人的受益基于其接受受益的表示确定。如果第三人表示不愿受益,则视为自始未取得权利。然而公司成立后,不仅所有的权利义务均移归公司,公司也不得为不受益的表示。这些特点均与为第三人契约不合,故此说也欠妥。

本书主张入股契约说。入股行为是以成为公司股东为目的的行为,亦即以建立股权法律关系为内容的行为。入股行为属于财产法上的行为,是认股人的认股意思表示与公司容许其入股的意思表示相结合的契约,股东与公司间将因此而发生股权法律关系,双方均应受其约束。这与公司设立行为是以创造新的法律人格为目的的身份性质的行为大不相同。所以,认股行为是以取得股权为目的的一种财产法上的行为,应属于一种契约。

第五节 公司设立的效力

公司设立的效力即公司设立行为的法律后果。设立行为的效力有二:一是经过设立程序,符合法定条件,被核准登记,公司取得独立法律人格;二是经过设立程序,不符合法定条件,未被核准登记,公司设立失败或公司被确认设立无效或被撤销。但无论公司成立与否,发起人对其设立行为都应承担相应的法律责任,这也是设立行为效力的重要表现。

一、设立中公司的法律地位

从发起人设立公司到公司正式成立,需要经过一段时间。在这段时间,公司发起人以成立公司为目的组织人力、物力等资源,学理上通常将这一时期的公司称为设立中的公司。对于设立中公司的法律地位,理论上主要存有三种不同观点:一是无权利能力社团说,认为设立中的公司尚未取得法人资格,因而不具有权利能力与行为能力,在性质上属于无权利能力社团。二是同一体说,认为设立中的公司与成立后的公司是同一主体,只不过二者处于不同的阶段而已。三是修正的同一体说,认为从设立中的公司到成立后的公司是一个连续的、渐进的过程,不过设立中公司与成立后公司之间存在严格的界限，相比于设立中公司，成立后的公司由于获准登记取得了独立法律人格。

本书认为，无论是同一体说还是修正的同一体说，均只说明了设立中公司与成立后公司的关系，没有明确设立中公司自身的法律性质。无权利能力社团说正确揭示了设立中公司的社团性，确认了设立中公司作为一个社团的独特价值。虽然无权利能力社团说仍然否认设立中公司具有独立主体资格，但是从德国的司法判例来看，无权利能力社团越来越多地适用法人社团的相关规定，可以享有一定的权利。设立中的公司是一种权利能力受限制的社团，发起人是设立中公司的执行机关。发起人的目的是设立一个有独立主体资格的法人，而非使发起人之间产生债权债务关系，可见设立中的公司与其后成立的公司具有密不可分的联系。因此，设立中的公司所形成的权利义务关系原则上应由成立后的公司承继，而发起人的权限应当以与公司设立有关的行为为限，以设立中公司的名义进行的与公司设立无关的行为，对设立中的公司和其后成立的公司均无约束力，原则上应由发起人自己承担责任。

王某与李某军等公司设立纠纷案

二、 公司设立完成

（一）设立完成的一般效力

公司设立完成，意味着公司取得法律人格，可依注册登记的经营范围和经营方式开展生产经营活动。公司设立完成后，对其名称取得专用权，其他企业或个人不得盗用其名称从事行为，而公司则可依法许可他人有偿使用其名称。

（二）发起人的责任

在不同法律文本下，发起人有着不同的语词表达。公司法理论通常将设立公司的人称为发起人。《民法典》第75条将设立法人的人称为设立人。《公司法司法解释（三）》第1条对发起人的认定作出了专门的规定：为设立公司而签署公司章程、向公司认购出资或者股份并履行公司设立职责的人，应当认定为公司的发起人，包括有限责任公司设立时的股东。现行《公司法》则区分有限责任公司和股份有限公司，将设立前者的人，称为设立时的股东；将设立后者的人，称为发起人。尽管称谓不同，但均指向设立公司或者非公司组织的人。具体而言，发起人应当具备三个构成要件：一是为设立公司而签署公司章程；二是向公司认购出资或者股份；三是履行公司设立职责。

公司发起人的法律责任，是指公司发起人所承担的基于发起人身份的特别法律责任。发起人在公司设立过程中享有广泛的职权，其有权代表或者代理设立中的公司实施相关设立行为，包括但不限于与第三人订立住所租赁合同、设备买卖合同等。上述行为涉及发起人与设立中的公司之间、发起人与第三人之间以及发起人内部之间等的法律关系，对于认股人、因设立行为而成立的公司都有直接的影响。为了防止滥设公司以及以公司名义进行欺诈活动，保证和督促发起人勤勉尽责地行使发起人的职权，保护第三人的交易安全和合法权益，法律有必要对发起人规定较为严格的法律义务和责任。

1. 资本充实责任。发起人的资本充实责任,是指为了确保资本充足和可靠,保证法律人格健全,由发起人相互担保出资义务的履行,从而确保实收资本与公司章程所规定的资本相一致的民事责任,包括缴纳担保责任和差额填补责任。资本充实责任是德国公司法确立的发起人承担的一项重要责任。不少国家的公司立法都有这方面的规定。如《日本公司法》第 9 条就规定,以金钱以外的财产出资时,如果出资标的财产在公司成立时的实际价额显著低于公司章程所定的价额,则公司成立时的股东对公司负连带填补其差额的责任。

资本充实责任涉及两种行为:第一种是不按照认购的股份缴纳股款,可以定义为出资不足,即未充分完成发起人协议所约定的出资义务;第二种是出资的非货币财产实际价额显著低于认购股份,此种可以定义为出资不实。这两类行为均属于发起人未能完全履行出资义务,最终造成公司实际的出资额与章程规定的出资额不符,其法律性质属于违约行为,应向其他发起人依照发起人协议承担违约责任。

我国《公司法》第 50 条、第 88 条第 2 款和第 99 条对发起人的资本充实责任作了明确规定。在责任承担上,资本充实责任包括两个方面:一是实施了上述两种出资违约行为的股东应当承担的差额补足责任;二是公司发起人应当承担的连带责任。其中,发起人对股东未按照公司章程规定足额缴纳出资行为承担的连带责任,理论上也称为缴纳出资担保责任,而发起人对股东以实际价额显著低于其所认缴出资额的非货币财产出资行为承担的连带责任则称为差额填补责任。根据连带责任的一般原理,公司发起人承担了缴纳出资担保责任或差额填补责任后,有权向未能完全承担差额补足责任的股东追偿,但是并不能因此而取得其代为履行出资义务部分的股权。

资本充实责任纠纷的适格原告包括公司、公司其他股东以及公司债权人。公司或者其他股东有权请求实施了上述两种出资违约行为的股东承担差额补足责任,并有权请求公司发起人承担连带责任;公司债权人有权请求实施了上述两种出资违约行为的股东在未出资本息范围内对公司债务不能清偿的部分承担补充赔偿责任,并有权请求公司发起人承担连带责任。公司或者其他股东的请求权不受诉讼时效限制,公司债权人请求权的诉讼时效为其对公司债权的诉讼时效。

需要说明的是,资本充实责任是一种严格责任,不论公司设立时发起人对资本不实这一事实是否知悉或应否知悉,发起人均须承担连带的补充责任。①

2. 发起人对设立行为的责任承担。

(1) 发起人对设立行为责任承担的法律沿革。《公司法司法解释(三)》规定了公司设立过程中所生债务的责任承担方式。该解释第 2 条规定:"发起人为设立公司以自己名义对外签订合同,合同相对人请求该发起人承担合同责任的,人民法院应予支持;公司成立后合同相对人请求公司承担合同责任的,人民法院应予支持。"第 3 条规定:"发起人以设立中公司名义对外签订合同,公司成立后合同相对人请求公司承担合同责任的,人民法院应予支持。公司成立后有证据证明发起人利用设立中公司的名义为自己的利益与相对人签订合同,公司以此为由主张不承担合同责任的,人民法院应予支持,但相对人为善意的除外。"第 5 条规定:"发起人因履行公司设立职责造成他人损害,公司成立后受害人请求公司承担侵权赔偿责任的,人民

① 对于发起人的资本充实责任,可参阅本书第七章"股东出资制度"第一节中"三、股东出资责任"部分。

法院应予支持……公司或者无过错的发起人承担赔偿责任后，可以向有过错的发起人追偿。”该解释聚焦于公司设立阶段发起人订立的合同的责任承担问题，基于外观主义的标准确定合同责任的承担规则。

根据《民法典》第75条的规定，设立人为设立法人从事的民事活动，其法律后果由法人承受；法人未成立的，其法律后果由设立人承受，设立人为二人以上的，享有连带债权，承担连带债务。对于设立人为设立法人以自己的名义从事民事活动产生的民事责任，第三人有权选择请求法人或者设立人承担。这一规定，一方面继续强化了外观主义的认定思路，删除了司法解释中公司追认发起人的行为的规定，原则上根据合同名义方来认定责任人，同时还赋予了相对人基于对合同目的的信赖而选择合同责任人的权利。另一方面，不再使用“为公司或为发起人利益”的表述，而代之以“为设立法人”，将复杂的设立公司应为某人利益的实体判断问题转为程序规则，设立人与相对人如果就合同责任应由谁承担的问题产生争议，应当围绕是否“为设立法人”进行举证，以认定最终的责任承担人。

《公司法》第44条对公司发起人法律责任作出了系统性规定，与以上4个条文的规定精神是一致的：第1款延续了《民法典》第75条第1款的规定；第3款延续了《民法典》第75条第2款的规定；第4款规定了设立行为所致侵权责任的责任承担问题。

（2）发起人对设立行为的责任承担规则。根据《公司法》第44条第1款的规定，发起人以设立公司为目的从事的民事活动，法律后果由公司承受。若非以设立公司为目的，甚至为了发起人自己的私利而与他人进行的交易，对于其法律后果，成立后的公司不予承受，而由作出此行为的发起人自己承担。一般认为，凡法律上、经济上属于公司设立所必需的行为均可认为是公司设立的必要行为，如发起人租赁发起事务的筹备处、印刷认股书及其他文件、采买经营设备以及聘请中介机构等。公司发起人在公司设立过程中会与多个主体建立不同的关系，如公司发起人与债权人之间的关系、公司发起人与设立中公司的关系、公司发起人之间的关系等。

根据《公司法》第44条第3款的规定，设立时的股东为设立公司以自己的名义从事活动而产生的责任，第三人有权请求公司或者公司设立时的股东承担。这是为了保护第三人对交易的信赖，赋予其选择权。发起人以自己的名义与第三人实施包括订立合同在内的民事行为的，第三人有权请求发起人承担相应的民事责任，是应有之义。同时，发起人与设立中的公司之间的关系，在某种意义上，可以视为隐名代理关系，根据《民法典》第926条第2款规定，第三人知悉委托人后，有权直接向委托人主张权利。

根据《公司法》第44条第4款的规定，设立时的股东因履行公司设立职责造成他人损害的，公司或者无过错的股东承担赔偿责任后，可以向有过错的股东追偿。本款是关于发起人实施设立行为造成第三人损害后侵权责任承担的规定。根据设立中的公司与成立后公司的同一体说，发起人所为的公司设立行为本应视为成立后公司的行为，由此所产生的责任也自然由成立后的公司负担，但是为了保护债权人的利益，维护交易安全，在公司成立之后仍由公司发起人与公司承担连带责任。公司承担侵权责任后，依《民法典》第62条第2款或第1191条第1款的规定，可以向有过错的发起人追偿。

综上所述，公司设立过程中的第三人有两种类型：一是在公司设立过程中与公司发起人进行交易的合同债权人，如租赁契约债权人、雇佣契约债权人等；二是在公司设立过程中由于公司发起人的设立行为而受到损害的侵权之债的债权人。相应地，发起人对第三人的债务连带责任也可以分为合同债务连带责任及侵权债务连带责任。发起人在公司设立过程中对第三人承担责任,应注意两点:一是确认该民事活动是否为设立公司而实施,若基于发起人自身目的实施,则不能由公司承担;二是确认以发起人自己的名义还是公司的名义实施民事活动,若以发起人自己的名义实施,为保护第三人信赖利益,应赋予其选择权,由第三人选择请求公司或者发起人承担责任。

三、 公司设立失败

(一) 公司设立失败的含义

设立失败,是指公司未能完成设立行为的情形。公司未完成设立行为的原因有很多,例如,发起人未能筹集到足够的资金,无法满足公司设立的财务要求;经济、法律或市场条件发生变化,可能导致公司设立计划不可行,发起人在申请公司注册登记之前决定停止公司设立活动;发起人未能就出资方式、组织人员选任等关键事项达成一致,从而选择终止合作,不再继续公司设立活动;等等。但最为普遍的原因是公司设立不符合法律规定的条件或在程序上有瑕疵,导致公司登记机关拒绝予以登记,拒绝核发营业执照。比如,我国《公司法》第 31 条就规定:"……不符合本法规定的设立条件的,不得登记为有限责任公司或者股份有限公司。"

(二) 发起人的责任

在公司法实践中,设立失败导致公司不能成立的,通常也会引发发起人的责任问题。根据《公司法》及相关法律规定,可以将公司设立失败时发起人的责任概括如下。

1. 对设立费用及债务的连带赔偿责任。公司设立失败的直接结果是设立中的公司不复存在。然而,在设立公司过程中必然会发生一些交易,从而不可避免地产生诸多的权利、义务、责任关系。为设立公司而产生的费用和债务,属于全体发起人的共益债务,即为了全部发起人的共同利益、为设立公司所负的债务。因此,设立公司行为所产生的费用及债务原则上应由成立后的公司承担。但是,当公司不能成立时,先前发生的与设立相关的费用及债务就失去了承担主体,但合同相对人的利益必须予以保障,否则将严重影响交易安全。这就涉及当公司设立失败后如何处理设立费用及债务的承担问题。对这一问题的回答会因公司发起人的人数为一人还是两人以上而有所区别。

根据《公司法》第 44 条第 2 款的规定,公司未成立的,其法律后果由公司设立时的股东承受;设立时的股东为两人以上的,享有连带债权,承担连带债务。由此,仅有一名公司发起人时,公司设立过程中产生的权利、义务、责任均由该公司发起人独自承受;存在两名以上公司发起人时,公司设立过程中产生的权利、义务、责任均由全体公司发起人共同承受。这实质上要求因设立公司而产生的费用及债务应当由共同的利益人,即实施设立行为的主体(发起人)承担。具体而言,对于公司设立过程中产生的债权,全体公司发起人享有连带债权,部分或者全部公司发起人均可以请求债务人履行债务;对于公司设立过程中产生的债务,全体公司发起人承担连带责任。根据《公司法司法解释(三)》第 4 条的规定,债权人有权请求全体或者部分公司发起人对设立公司行为所产生的费用和债务承担连带清偿责任;部分公司发起人承担责任后，可以请求其他公司发起人按照公司设立协议约定的责任承担比例分担责任；若公司设立协议中没有约定责任承担比例，公司发起人按照约定的出资比例分担责任；若公司发起人未签订设立协议或设立协议中没有约定出资比例，公司发起人按照均等份额分担责任。当然，部分发起人的过错导致全体发起人行为目的无法实现的，应当由过错发起人在其过错范围内就设立行为所产生的费用及债务对其他发起人承担相应的责任。需要注意的是，发起人不能将公司未能成立是由部分发起人的过错造成的作为抗辩理由对抗债权人。

之所以如此规定，主要是因为发起人之间的关系近似于合伙关系，对此可以准用合伙的有关规定。

2. 对已收股款的返还责任。在公司设立失败，不能达到设立公司的预期目的的情况下，如果认股人已经缴纳了股款，应作何处理？根据《公司法》第 105 条第 1 款的规定，对于股份有限公司，发起人对认股人已缴纳的股款，负有返还股款并加算银行同期存款利息的连带责任。对于有限责任公司，发起人之间应按其约定或投资比例承担公司设立失败的责任。

3. 侵权连带赔偿责任。根据《公司法》第 44 条第 4 款的规定，发起人因履行公司设立职责给他人造成损害的，在公司设立失败时，受害人有权请求全体发起人承担连带赔偿责任。无过错的发起人对受害人承担了赔偿责任后，可以向有过错的发起人追偿。公司设立失败的，发起人之间成立合伙关系：在外部关系中，对被侵权人承担连带赔偿责任；在内部关系中，依《民法典》第 178 条第 2 款的规定，无过错的发起人可以向有过错的发起人追偿，由后者承担终局责任。这样的处理实际上以职务行为为理论基础，既保障了第三人的权益，又兼顾了无过错发起人的利益。

四、公司设立瑕疵

（一）公司设立瑕疵的含义

广义上的公司设立瑕疵包括两种情形：一是设立失败；二是设立无效。狭义的公司设立瑕疵仅指后者，是指公司设立虽然在形式上已经完成甚至公司已经获得营业执照，但实质上在设立过程中存在违反法律强制性规定的情形，存在条件或程序方面的缺陷，或者说设立有瑕疵。许多国家的公司立法规定了公司设立瑕疵制度，但态度相差很远，理论界也存在较多争议。大致可以概括为以下两大类：

1. 瑕疵设立有效。即使在公司设立过程中存在瑕疵，公司依然有效成立，法院不能以存在瑕疵为由裁定公司设立无效。这种做法在公司设立程序相对简化、法律现代化与自由化水平较高的国家较为普遍，如英美法系采取瑕疵设立原则承认主义。

2. 瑕疵设立无效或可撤销。一般而言，只有构成了无法补救的瑕疵，才适用公司设立无效、可撤销制度永久否认公司的法人人格。在实施公司瑕疵设立无效制度的国家，如果发现公司设立行为违反了法律强制性规定或涉及其他法定的无效或可撤销条件，即使公司已完成注册登记，在法定期限内，利害关系人也有权向法院提起宣告设立无效或可撤销的诉讼。具体规定主要分为两种模式：一是双重模式，即同时规定了公司瑕疵设立无效和可撤销制度，如法国、日本、韩国等国；二是单一模式，即只规定了瑕疵设立无效制度而未涉及瑕疵设立可撤销制度，德国采用这种模式。

（二）公司设立瑕疵的原因

公司必须依法定条件设立，公司种类、股东人数、股东出资、设立方式以及设立程序等必须符合法律规定。公司设立瑕疵的原因主要包括以下三方面：

1. 设立主体有瑕疵。设立主体有瑕疵是指发起人或股东主体资格欠缺或其意思表示存在瑕疵。主要表现有：(1) 存在无行为能力或限制行为能力的发起人或股东。[①] (2) 某发起人或股东的设立行为不是基于真实的意思表示，可能因受欺诈或胁迫而作出。(3) 发起人或股东明知其设立公司行为将侵害债权人利益仍设立。

2. 设立行为本身有瑕疵。设立行为本身存在瑕疵，即在设立公司时违反了法定条件、法定程序或其他强制性法律规定。主要表现有：(1) 发起人未按法定要求认购公司应发行的全部股份，或者募集设立的股份未在规定的期限内被全部认购。(2) 公司设立不符合公司法规定的条件，如发起人不符合法定资格或数量不足、公司名称或住所缺失、组织机构不符公司要求、公司章程绝对必要记载事项欠缺或记载违法、公司发行股份存在重大缺陷或者没有召开成立大会等。[②]

需进一步探讨的是，绝对必要记载事项欠缺或记载违法，是否必然导致整个章程无效进而产生公司设立无效的法律后果，应作具体分析，不能一概而论。若记载事项欠缺，应依据法律规定，由设立公司的主体补充相关记载事项，故记载事项缺少并不必然导致整个章程的无效。如果记载内容不合法，那么违反法律法规的强制性规定无效，应当认定整个章程无效。

3. 其他原因。包括未按期召开成立大会或成立大会决议不设立公司等情形。

（三）公司设立无效之诉

如前所述，不符合法定条件或程序的情况统称为设立瑕疵。然而，并非所有“瑕疵”都会使公司设立无效，若公司设立瑕疵的违法程度较轻，可通过采取补救措施进行修复，使公司依然具有无瑕疵的法人人格；只有当公司设立瑕疵达到无法补救的严重程度时，才会导致公司设立无效。

1. 公司设立无效之诉的提出。公司设立中存在法定瑕疵的，利害关系人可向法院提起公司设立无效诉讼，通过法院的宣告使公司设立无效。这一方式在欧洲大陆法系国家得到广泛采用。[③]

公司设立无效的主张必须在公司设立登记后提出。在公司开始营业之前，即在公司设立登记完成后开始营业前，任何人都可以提出公司设立无效的主张；在公司开始营业后，通常情

---

① 如根据《意大利民法典》第 2332 条规定，全体设立股东无行为能力的，可导致公司设立无效（可参阅《意大利民法典》，费安玲、丁玫译，中国政法大学出版社 1997 年版，第 577 页）。

② 如根据《德国有限责任公司法》第 75 条规定，章程未记载股本总额或未记载营业范围，或章程中关于营业范围的规定无效的，可申请法院宣告公司设立无效。

③ 如德国采取公证和审查确认程序，对公司设立进行了严格监督。当公司设立出现法定瑕疵时，相应的设立行为将被视为无效。

况下,对于公司设立无效的主张只能由特定人在法定期间内通过诉讼程序提出。① 设立无效的主张期限制度旨在避免法律关系长期处于不稳定状态。这一期限为除斥期间,而非时效期间,不会发生中止或中断的问题。

2. 设立无效诉讼的法律后果。各国司法实践对于公司设立无效情形,态度较为审慎。从各国的公司法来看,公司设立无效的法律后果因设立无效的原因不同而不同:设立程序违反强制性规定等客观瑕疵导致公司设立无效的,公司将进入清算程序,清算完成后即宣告公司消亡。设立人的主观瑕疵导致公司设立无效,且该无效原因仅存在于某个股东身上的,在其他股东一致同意的情况下,公司可以保留,存在无效原因的股东视为退出公司。

在法院作出设立撤销或无效的判决后,公司应向社会公示,并按照法定程序进行清算、完成注销登记。清算工作可以由公司自行组织进行,如果公司无法组织清算或者遇到障碍,法院可根据利害关系人的请求指定清算人。

需要特别注意的是,法院作出设立无效判决后,该判决并不具有追溯力,仅对未来产生效力,不会影响判决确定前股东和第三方之间形成的权利义务关系,②以维护交易安全和经济秩序稳定。

此外,公司设立无效并非公司设立瑕疵必然的法律后果。在公司设立无效的争讼过程中,如果涉及的设立无效原因已被补正,且鉴于公司的现状和各种条件,认定为公司设立无效不当,法院可驳回原告的诉讼请求。若法院判决原告败诉,其他利害关系人仍有权再次提起诉讼。若原告存在恶意或者重大过失,应对公司承担损害赔偿责任。③ 如此规范的主要目的在于平衡诉讼当事人之间的权利与义务,确保公司成员在提起设立无效诉讼时谨慎行事,防止滥用诉权损害公司和其他发起人的利益。

【本节理论探讨】

- **公司设立无效诉讼的原告范围的确定**

多数国家的法律对公司设立无效诉讼的原告范围予以限制,但规定不尽相同。如《德国有限责任公司法》《德国股份法》将提出诉讼主张的人限定于公司股东、董事或者监事等公司内部成员;《韩国商法典》规定只有公司股东才可以提出公司瑕疵设立无效之诉;《法国商法典》规定任何有利害关系的人均有权提起无效之诉。本书认为,我国如果确立公司设立无效制度,提起诉讼的原告范围不宜扩大到公司成员以外的第三人,理由主要有:(1) 限制提起诉讼的原告资格可以保障市场交易秩序的稳定。因为对于已经开展业务活动的公司,如果任何人通过任何方法随时都可以主张公司设立无效,将会导致法律关系混乱并妨碍交易安全。(2) 公司成员以外的第三人在与公司进行交易后,发现公司存在无效设立情形的,可以通过请

① 如根据《日本商法典》第 136 条规定,公司设立无效,从其成立之日起 2 年内,以诉讼方式提出的,只能由公司股东提出。

② 例如,《欧盟公司法指令(第一号)》第 12 条第 3 款规定,公司设立无效本身并不影响公司所作承诺或者他人向公司所作承诺的效力,且不影响公司被解散的效果。《意大利民法典》第 233 条第 2 款也规定,公司无效的宣告,不影响公司登记后以公司名义完成的行为的效力。

③ 日本和韩国的相关法律明确规定了此情形。

求法院解除与公司的交易关系得到救济，而无需通过请求宣告公司设立无效获得救济。

【本节实务研究】

- **发起人以设立中公司的名义签订合同纠纷中善意相对人的认定**

根据《公司法司法解释（三）》的规定，如果公司成立后有证据证明发起人以设立中公司的名义为自己的利益与相对人签订合同，公司可以此为由主张不承担合同责任，但该抗辩不得对抗善意相对人。对于这一规则中的合同相对人是否属于善意相对人的举证责任问题，我国《公司法》未作出明确规定。本书认为，发起人以设立中公司名义为自己的利益与相对人签订合同，公司以此为由主张不承担合同责任的，应当对"发起人为自己利益""发起人以设立中公司的名义"承担举证责任。此时，相对人如果主张自己并无过错，要求由公司承担合同责任，就有义务举证证实其属于善意相对人，否则就应当支持公司的抗辩理由。

至于合同相对人对于自己善意的举证范围，从维护交易安全和保障相对人信赖利益的角度考虑，只要合同相对人能够证实其有理由相信发起人是经公司许可或受公司委托签订的合同，一般就应当认定该相对人为善意相对人。如果此时公司仍主张其不应当承担合同责任，就应当举证证实相对人的非善意性。在具体实践中，法官可以根据具体情形将举证责任在公司和相对人之间进行转换和分配。

【本章思考练习题】

一、名词解释

1. 发起设立
2. 募集设立
3. 发起人
4. 公司名称预先核准

二、简答题

1. 简述公司设立的许可主义、准则主义的含义及我国关于公司设立的立法原则。
2. 公司的设立和成立有何区别？
3. 有限责任公司的设立与股份有限公司的设立有何区别？
4. 公司的设立方式有哪些？募集设立与发起设立的程序有何区别？
5. 简述公司设立登记的概念和效力。
6. 根据我国《公司法》的有关规定，公司登记事项主要包括哪些？
7. 根据我国《公司法》的有关规定，设立有限责任公司应当具备哪些条件？
8. 根据我国《公司法》的有关规定，设立股份有限公司应当具备哪些条件？
9. 如何理解发起人的法律地位？
10. 如何理解发起人发起行为的性质？
11. 《公司法》关于有限责任公司与股份有限公司股东人数的规定有何区别？为什么会存在这种区别？

12. 根据我国《公司法》的有关规定，公司成立大会的作用有哪些？

13. 什么是公司名称？其构成要素有哪些？

14. 什么是公司名称权？公司名称权可以产生什么效力？

15. 如何确定公司的住所？公司的生产经营场所和住所有何关系？

16. 确定公司住所的法律意义主要有哪些？

三、案例分析

1. 甲、乙、丙、丁、戊 5 人，分别出资 2 万元、6 万元、10 万元、6 万元及 10 万元，组成“兴业有限责任公司”，经营食品零售业务，但该公司未依法定程序向市场监督管理机关申请注册登记，便擅自开始营业，历经半年。适逢食品行业不景气，该公司经营不善，拖欠巨额债务。其中，甲与乙曾以“兴业有限责任公司”的名义与债权人已签订一份原料购销合同，欠已 18 万元。请问：

(1) “兴业有限责任公司”是否有效成立？为什么？

(2) 债权人已可否向“兴业有限责任公司”求偿？为什么？

(3) 债权人已可否向甲、乙、丙、丁、戊求偿？为什么？

(4) 市场监督管理机关可否对“兴业有限责任公司”和甲、乙、丙、丁、戊等人予以制裁？为什么？

2. 甲、乙、丙、丁、戊 5 人，准备成立“达有纺织股份有限公司”，生产纺织品，销往国内外，其资本总额为 50 万元，每股 10 元，共计 5 万股，由甲、乙、丙、丁、戊分别认购股份 2000 股、8000 股、11 000 股、13 000 股、16 000 股等，并成立筹备处，向庚租赁房屋 1 间，每月租金人民币 1 万元，作为办公之用。嗣后，发起人甲因车祸死亡，致使“达有纺织股份有限公司”的筹备工作停顿。请问：

(1) 假设筹备过程中，乙以“达有纺织股份有限公司”的名义与己订立了一份购买纺织机器的合同，该合同是否有效？为什么？

(2) 筹备处的开销费用 1 万元及欠庚的房租 1 万元，应由何人负担？为什么？

(3) 已和庚可否对“达有纺织股份有限公司”提起诉讼？为什么？

3. 甲、乙、丙、丁 4 人投资设立“同泰有限责任公司”，依公司章程规定，该公司的注册地址为某省 A 市×××路广贸大厦，公司经营“运动器材的批发和零售”。嗣后基于业务发展的需要，经公司全体股东同意，在该市××路设立“同泰有限责任公司”门市部，由已担任经理，并由该公司会计庚兼管门市部会计及财务。此后不久，“同泰有限责任公司”在 B 市设立分公司，由辛担任经理，全权处理该地区的业务，半年后，因业务低迷，分公司迁移至 C 市继续经营。1 年后，该公司又在 D 市设立“同泰有限责任公司”D 市分公司，由戊担任经理。请问：

(1) “同泰有限责任公司”在 A 市××路设立的门市部，是否应办理分公司的登记？为什么？

(2) “同泰有限责任公司”在 B 市设立分公司，分公司的名称应如何确定较妥？应否办理分公司登记？若该分公司下设门市部营业处，应否办理分公司登记？该分公司迁移至 C 市时，应否办理登记？为什么？

(3)“同泰有限责任公司”在B市分公司的经理辛,为发展业务,可否在“华威有限责任公司”提供的不动产上,以“同泰有限责任公司”B市分公司的名义设定抵押权,作为5万元货款的担保?为什么?

(4)“同泰有限责任公司”D市分公司在办妥分公司登记之前,因该分公司业务需要,其经理戊向赵某进货一批,货款1万元,约定两个月后付款。如果付款期限届至分公司未能清偿,赵某可否向甲、乙、丙、丁等股东及戊请求清偿?为什么?

4. “大方有限责任公司”与“太方有限责任公司”先后在某市市场监督管理机关办理设立登记。“大方有限责任公司”登记在前,其公司章程规定的营业项目为“食品加工业的生产及买卖”;“太方有限责任公司”登记在后,其公司章程规定的营业项目为“面包业的生产及买卖”。“大方有限责任公司”以“太方有限责任公司”使用与其类似的名称,常使人混淆误认为由,请求“太方有限责任公司”不得使用类似的名称“太方”,但“太方有限责任公司”置之不理,引起纠纷。请问:

(1)“大方有限责任公司”与“太方有限责任公司”二者的名称是否类似?

(2)“大方有限责任公司”可否直接向该市市场监督管理机关申请撤销“太方有限责任公司”的设立登记?为什么?

(3)“大方有限责任公司”可否向“太方有限责任公司”请求损害赔偿?为什么?

第四章　公司章程

■【导语】

公司章程是公司最为重要的自治规则，是公司高效有序运行的重要前提，是维护公司利益、股东利益、债权人利益的自治机制，是公司、公司股东特别是公司控股股东、董事、监事和高级管理人员的行为规则。公司法与公司章程是规范公司组织和活动的重要保障。

本章主要介绍公司章程的概念和特征、公司章程的制定、公司章程的内容、公司章程的修改、公司章程的效力等基本内容。学习重点是公司章程的概念和特征、公司章程的内容和公司章程的效力。学习难点是公司章程的制定、公司章程的效力以及公司章程与设立协议的区别。

第一节　公司章程概述

一、公司章程的概念

公司章程是指公司必须具备的，由发起设立公司的投资者制定的，对公司、股东、董事、监事及高级管理人员具有约束力、调整公司内部组织关系和经营行为的自治规则。

公司的人格独立和股东的有限责任是公司制度的支柱，促进公司所有与公司经营的分离。为了规范公司的组织和活动，建立自治规则便成为必要，而公司章程在这套规则体系中占据了核心地位，被称为公司的“根本法”或“公司宪法”。在公司自治规则体系中，公司章程具有公司宪章之地位：公司章程是公司经营行为的基本准则，是公司制定其他自治规章的重要依据，是处理公司内部矛盾的重要依据，因此，公司章程对于公司的设立和经营都有非常重要的意义。

二、公司章程的性质

（一）对公司章程性质的一般认识

关于公司章程的性质，主要有三种不同观点，即契约说、自治法说和宪章说，还有权力法定说、秩序说等。契约说主要流行于以英、美为代表的英美法系，自治法说则主要流行于以德、日为代表的大陆法系。

契约说认为，章程基于发起人的共同意思而制定，制定后即对发起人产生约束力，因此具有契约的性质。一些国家的公司法理论和成文法将公司章程称为公司合同，比如在英国，各类组织内部规则（包括公司章程）往往被认为具有合同属性，2006 年《英国公司法》第 33 条规定公司章程对公司及其成员具有约束力，类似公司与每一成员达成的协议。在美国公司法理论中，章程细则有时被视为公司和董事、经理、股东之间以及他们个体之间的合同，合同理论为法院提供解释章程和细则的方法，使章程可用合同原则来解释。

自治法说，又称公司章程自治说，强调公司章程不只约束章程的制定者或发起人，对于公司机关及新加入的股东也都有当然的约束力，因此其也被视为自治法规。有学者对自治法说和契约说进行比较，认为公司章程是由设立公司机关的发起人所制定的公司自治规章。在公司的内部规则中，章程被认为处于最高地位。这意味着公司章程在制定和规范公司内部治理方面处于首要地位。在我国司法实践中，最高人民法院明确指出公司章程是最为重要的自治规则，对公司、股东、董事、监事、高级管理人员都具有约束力。地方法院也使用了"自治规则""自治规范""自治规章"等术语来描述公司章程的性质，强调其对公司内部组织和经营行为的调整作用，约束的对象包括公司自身、公司经营管理人员以及签署章程的股东等，具有广泛的约束作用。我国学术界和实务界的通说认为公司章程是体现公司自治性质的根本规则。这是因为，公司章程是投资者就公司的重要事务及公司的组织和活动作出的具有规范性的长期安排，这种安排体现了很强的自治性。

宪章说是对契约说和自治法说的修正，这一学说基于公司法存在大量的与公司章程有关的强制性规范，认为公司章程是公司自治的宪章，直接约束公司、股东、经营管理层，规定了公司组织及运作的基本规则，以及权利义务的分配规则。宪章说质疑公司章程是当事人合意的结果这一观点，认为公司章程与普通契约有明显区别。宪章说强调公司法中与公司章程相关规范的强制性特征，更加关注公司法中自由选择权与强制规则之间的平衡。

（二）公司章程与公司设立协议的区别

吉林省电子集团公司诉高路华集团解除发起人协议纠纷案

公司设立协议又称发起人协议，是在公司设立过程中，由发起人订立的关于公司设立事项的协议。公司章程与公司设立协议之间存在着密切联系：订立公司设立协议和制定公司章程的共同目标就是设立公司，基于这一共同目标，章程的内容和设立协议的内容有许多相同之处。例如，公司章程中的必要记载事项，不仅包括公司名称、注册资本，还包括经营范围、股东构成、出资形式等，这些事项也是公司设立协议的主要组成部分。有的设立协议不仅通过约定上述内容调整协议各方在设立过程中的权利义务关系、协调各发起人的设立行为，甚至还约定未来公司的组织机构、股份转让、增资、减资、合并、分立、终止等事项。在实务中，往往以设立协议为基础制定公司章程，设立协议的基本内容通常都为公司章程所吸收。

公司章程与公司设立协议尽管目标一致，关系密切，但是两者在法律性质和效力等方面也存在不同之处：

1. 公司章程与公司设立协议的法律性质不同。公司章程是要式法律文件，公司法对章程的内容有明确规定，反映和体现公司法对公司内外关系的强制性要求，因此，公司章程必须按公司法的规定制定；设立协议一般是不要式法律文件，作为当事人之间的合同，主要根据当事人的意思表示形成，其内容更多地体现了当事人的意志和要求，体现了公司发起人就公司设立过程中有关权利和义务安排的意思表示，需要遵守合同法的一般规则。

2. 公司章程与公司设立协议的效力不同。从效力的范围来看，公司章程调整的是所有股东之间、股东与公司之间、公司的董监高与公司之间的法律关系，其中股东包括制定章程时的原始股东和章程生效后加入公司的新股东；由合同或协议的相对性决定，公司设立协议由全体发起人订立，反映了各发起人的意思表示，调整的是发起人之间的权利义务关系，因而只在发起人之间具有法律约束力。从效力的期间来看，公司章程的效力及于公司成立后及其存续期间，直至公司完全终止。这种持续的效力确保了公司章程能够在公司整个经营期间发挥作用；公司设立协议调整的是公司设立过程的法律关系，因而它的效力期间是从设立行为开始到设立过程终止，公司的成立即意味着设立协议因履行而终止。

三、公司章程的特征

（一）法定性

所谓法定性，是指公司章程的制定、内容、效力和修改均由公司法明确规定。这是各国的立法通例。具体来讲，公司章程的法定性表现在以下几方面：

1. 制定的法定性。公司章程是公司必须具备的法定文件之一。我国《公司法》第 5 条规定，设立公司应当依法制定公司章程。公司章程制定于公司设立阶段，成为公司的设立依据，是公司成立必不可少的法律文件。

2. 内容的法定性。各国公司法对公司章程应当记载的事项均有明确的规定，而且，必要记载事项的欠缺可能会导致章程无效。我国《公司法》第 46 条和第 95 条分别规定了有限责任公司章程和股份有限公司章程应当载明的事项。

3. 效力的法定性。公司章程的效力是由公司法赋予的。我国《公司法》第 5 条明确规定，公司章程对公司、股东、董事、监事、高级管理人员具有约束力。这一规定奠定了公司章程的法律地位。

4. 修改权限和程序的法定性。公司章程的修改必须遵照《公司法》的明确规定进行。例如，根据我国《公司法》第 66 条和第 116 条规定，公司章程的修改须经代表 2/3 以上表决权的股东通过。

5. 公司章程须经登记。登记程序的设定是保证章程内容合法和相对稳定的重要措施。我国《公司法》第 30 条规定，申请设立公司，应当提交公司章程等文件。公司章程变更内容的，也必须办理相应的变更登记。

公司章程的法定性特征，反映了国家对于公司的组织和行为的干预。公司法明确规定公司章程应记载的特定事项，也是公司章程强制和自治的界限所在。依照法学理论的一般原理，对于私法的权利体系来讲，法律通常会以义务性和禁止性规范设定强制性规范的范围，除此之外应为任意性规范，也是当事人自治的空间。公司法通过规定公司章程的法定性事项，在公司章程的层面划定了公司自治的范围和空间。公司章程的法定性有助于规范公司的组织和行为,保护公司、股东和债权人的合法权益,实现公司法的立法目标。

（二）公开性

公司章程不是秘密文件,公司章程记载的所有内容都是可以为公众所知悉的。公司和公司登记机关应当采取措施,方便公司的股东及潜在的投资者、债权人及潜在的交易对象以不同的方式了解公司章程的内容。公司章程的公开性特征具有重要的意义,公司章程中记载的公司资本、经营范围等事项,对于公司对外进行经营活动、保障交易安全至关重要。例如,章程上记载的注册资本和股东出资额,表明了公司已经或将要达到的资产规模,是公司承担债务的信用基础;记载的经营范围事项,表明了公司所从事的行业或领域,是与其交易的第三人特别关注的内容,也是国家行政部门对公司实施监督与管理的依据,是政府实施宏观经济调控的重要依据。因此,公司章程的公示是在公司、公众、政府三者之间建立的一种信息通道,通过公示,交易安全得到保障,公司的运行受到法律规范的制约,政府对于经济生活的管理也变得透明与合理。

在我国,公司章程的公开性特征表现在以下几方面:(1) 公司章程须经登记本身就是章程公开性的表现。(2) 在公司日常经营过程中,股东有权查阅、复制公司章程,公司应当将公司章程置备于本公司,我国《公司法》第 57 条、第 109 条、第 110 条对此均作了相应规定。(3) 对于交易过程之中公司债权人,公司可以根据约定为公司债权人查阅公司章程提供便利。对公司章程的知悉程度会影响债权人的决定,进而也会影响到公司的经营活动。(4) 公司章程是公司公开发行股票或者公司债券时必须披露的文件之一。例如,公开发行股票时,公司章程也是必须报送的文件之一,招股说明书应当附有发起人制定的公司章程;公司申请发行公司债券时,投资者也有权知悉公司章程的内容。

（三）自治性

公司章程是公司的自治规则和自治手段,公司法中任意性规范越多,公司自治的空间就越广。我国《公司法》不仅使用了 120 多次"可以",还多次出现诸如"公司章程另有规定的除外""由公司章程规定"等表述,用公司章程实现公司自治的空间可见一斑。公司章程的自治性表现为公司不同则章程也有所不同。每个公司在制定章程时,都可以在公司法允许的范围内,针对本公司的成立目的、所处行业、股东构成、资本规模、股权结构等不同特点,确定本公司组织及活动的具体规则。因此,不同公司的章程必然会存在差异。公司章程的自治性特征,体现了公司经营自由的精神。

启东市建都房地产开发有限公司与周某股东资格确认纠纷上诉案

公司章程的自治性特征,首先强调了公司章程的对内效力,即对公司、股东和董事、监事、高级管理人员具有约束力。违反公司章程,表现为对内部自治规则的违反,应当承担相应的责任,甚至法律责任。例如,根据《公司法》第 188 条规定,董事、监事、高级管理人员执行职务违反法律、行政法规或者公司章程的规定,给公司造成损失的,应当承担赔偿责任。同时,公司章程的自治性特征也体现了公司章程的对外效力,即对公司自身的效力,主要表现在公司的权利能力和行为能力方面。例如,根据《公司法》第 9 条第 1 款规定,公司的经营范围由公司章程规定。公司可以修改公司章程,变更经营范围。

当然,公司章程自治是以不违反法律、行政法规规定为前提的。基于章程的法定性特征,公司章程必须依据公司法制定。由于公司章程是公司登记必须报送的文件之一，因此，公司章程的自治性是相对的。公司章程的法定性和自治性比较直接地反映了公司法融强制性规范与任意性规范于一体的特点。公司章程的法定性和自治性之间的关系，也可以被视为公司法上强制与自治关系的一个缩影。

四、 公司章程的作用

公司法确立的是一般规则或原则，是对所有公司都适用的规定，而由于各个公司自身存在独特性，这就需要由公司章程对公司法所确立的一般规则或原则加以细化，使其具体化。公司章程作为公司自治文件，能够规定任意性条款、除外条款，对保障公司自治的实现具有重要意义，是内部争议纠纷的解决依据，能够保障股东权益，并成为公司对外开展经营交往活动的基本规范。

（一）公司章程是公司的自治规范

作为公司的自治规则，章程能否发挥作用以及在多大程度上发挥作用，对公司的运营具有很重要的意义。过去强制性过度而任意性不足是我国公司法的突出特点和严重缺陷。随着“公司契约论”的引入，将公司理解为“合同的联结体”（a nexus of contracts）、将公司法视为公司参与各方之间的格式合同的观点在我国学界和实务部门取得广泛共识，公司法学界和实务界也认识到，公司不仅面临着实践中的共同问题与困境，也展现出千差万别的治理模式，因此，2005 年《公司法》将强化公司自治、弱化管制作为立法的重要指导思想，之后《公司法》的几次修改赋予了公司更大的自治空间，淡化了公司法在公司治理中所体现的国家干预理念，[①]寄希望于公司章程能发挥更大的功能和作用，增加了许多任意性规范，使公司法的强制性得以弱化，任意性得到明显加强。现行《公司法》中多次出现诸如“公司章程另有规定的除外”“由公司章程规定”等表述，公司章程作为公司自治的基础，成为公司内部治理和运行的重要规范性文件。

然而，在以往的公司运作实践中，我国有些投资者和经营者的章程意识较为淡薄，导致公司章程存在以下突出问题：公司章程大量简单照抄照搬《公司法》的规定，没有根据自身的特点和实际情况制定切实可行的章程条款；公司章程几乎千篇一律，对许多重要事项未进行详细的规定，造成公司章程可操作性不强。需要认识到，公司章程是公司的自治规则和自治手段，是公司组织和活动的根本准则，既是一种重要的权利约束机制，也是一种重要的权利授予和救济机制。在制定和运用公司章程时应正确地处理好其与公司法之间的关系：公司法是一种法律机制，公司章程是一种自治机制。公司法的规定适用于所有公司，确立的是一般规则，而不同的公司在资本规模、股权结构、经营范围、所在地区等方面均有所不同，因而每一个公司都需要根据本公司的特点制定具体的自治规则。因此，公司章程应结合本公司的特点，将公司法中

---

① 这一点体现在：首先，《公司法》经 2023 年修订后，“章程”一词由原来的 80 多处增加至 120 多处；其次，相比修订前的公司法，现行《公司法》把许多原属于公司法强制性规定的事项交由公司章程规定，这些事项涉及公司的资本制度、公司治理等方面，可以说是全方位地赋予公司更大的自治空间，如第 64 条、第 65 条、第 81 条、第 84 条等。

包括强制性规定在内的一般规定予以细化,并在不违反法律、行政法规的前提下,利用公司法中的一些授权性规范,有针对性地作出具体规定,成为本公司组织和经营活动的自治规则,使公司章程的规定具有可操作性,实现公司章程和公司法的有机耦合。具体而言,公司章程的规定与公司法的关系呈现出三种样态:

第一,公司章程的规定是对公司法规定的细化。例如,《公司法》第 76 条第 2 款规定,监事会成员为 3 人以上。监事会成员应当包括股东代表和适当比例的公司职工代表,其中职工代表的比例不得低于 1/3,具体比例由公司章程规定。监事会中的职工代表由公司职工通过职工代表大会、职工大会或者其他形式民主选举产生。

第二,公司章程的内容是对公司法规定的补充。例如,《公司法》第 73 条第 1 款规定,董事会的议事方式和表决程序,除本法有规定的外,由公司章程规定。

第三,公司章程的内容是对公司法规定的替代,排除了公司法的适用。例如,《公司法》第 65 条规定,股东会会议由股东按照出资比例行使表决权;但是,公司章程另有规定的除外。

无论是公司组织机构的设置,还是重大事项的决定,抑或是股东会和董事会的权限,均不能“一刀切”,公司章程作为公司自治的基石,其内容和条款为公司内部管理和运作提供了明确的框架。公司章程的灵活性和可调整性使其能够随着公司的成长和变化而进行调整,以适应不同的业务需求、法规要求和市场环境。制定明确的章程,有助于公司更好地实现自治,规范内部管理,提高决策效率,为股东和其他利益相关方提供了稳定和可预见的经营环境。

（二）公司章程是内部争议纠纷的解决依据

公司章程既确定公司的组织机构、运作规范,也规定公司股东、董事、高级管理人员等的权利与义务,是处理内部纠纷的重要依据。

第一,公司章程规定了股东的权利与义务,如股东的股利分配、表决权,股东会的职权,以及出资责任、出资期限等,确保了股东在公司内部的合法权益,强化了股东在公司内部的责任担当。

第二,公司章程规范了董事和高级管理人员的权利与义务。章程明确了董事的任职资格、职权范围、决策程序等,为公司的管理层履行职责、行使职权提供了明确的行为规范。董事和高级管理人员在公司章程的约束下,有义务保护公司及股东的利益,确保公司的长期发展。

第三,公司章程规定了公司内部的组织机构和运作规范。章程中通常包括公司的经营范围、股东会、董事会、监事会等机构的设置与职权划分,明确了公司内部权力结构,以确保公司内部决策的合法性和稳定性。公司章程还规定了公司的经营管理程序、财务管理制度等,为公司内部运作提供了明确的法律框架。

第四,公司章程规定股东的退出机制和公司解散的程序。通过制定退出机制和解散程序,公司章程为公司内部权利义务关系的变更提供了明确的法律依据。

（三）公司章程是公司对外开展经营交往活动的基本规范

虽然《公司法》并未规定公司章程需登记,但对于公司的经营活动和公司的债权债务人而言,章程仍然在规范公司外部行为、约束公司与其他主体的关系等方面发挥着关键作用。

第一,公司章程明确了公司的法定身份和资格。在进行对外经营交往时,公司需要履行合同、法律规定的义务等,公司章程作为公司的基本法律文件,确定了公司的住所地、股东、公司资本等关键信息,为公司在对外经营交往中的法律地位提供了法定依据。

第二,公司章程规定了公司的经营范围。这些规定为公司的外部经营提供了明确的方向和框架。外部主体等可以通过公司章程了解公司的业务性质、主营业务领域,从而更好地与公司进行业务合作,减少信息不对称。

第三,公司章程约束了公司股东、法定代表人、管理层的行为。公司章程可能包含限制股东对外进行股权转让的条款、限制法定代表人代表权限的条款等,外部人购买公司股份时可以通过公司章程及时了解股东的信息,减少不当的股权变动情形。管理层在进行对外经营时,也需遵循公司章程规定的公司内部组织和运作规范,包括管理层的权责、决策程序等,公司章程的规定对管理层的行为起到了规范和约束的作用,确保管理层在对外经营中遵守公司内部规则,维护公司整体利益。

【本节理论探讨】

• 章程自治与中小股东保护

公司章程素有"公司宪章"之美誉,是公司存在和运营的基础性法律文件。公司的基本权利义务关系与组织架构,大多要借助公司章程予以规定或具体化,它对公司、公司机关成员、股东甚至债权人的利益都产生着深远的影响。为了贯彻公司自治的理念,我国《公司法》赋予了公司章程自治空间。这既充分尊重了相关主体的意思自治,也有利于满足现实的各种不同需求,实现公司组织机构建构效率。

然而,公司章程的修改主要以资本多数决的方式进行。在这一过程中,大股东难免会借章程修改来压迫、排挤中小股东,剥夺中小股东权利。在承认章程自治的前提下,还必须注重保护中小股东的利益。这就涉及章程自治的界限和对中小股东的特殊保护问题。

对于章程自治的界限,学者一般认为,同任何自治一样,章程自治也是法律限制之下的自治,它不能违反法律的强制性规定,不得违背公序良俗,不能剥夺股东的固有权利。这些一般的限制之中自然也包含着对中小股东利益的保护,章程自治如果违反这些规定,自然应当无效。

关于对中小股东的特殊保护问题,各国公司法都规定有不同的措施。例如,在美国大部分州,如果公司章程的变更将损害特定股东的权利,则修改章程的决议必须分组进行表决,并经由权利受影响股东组成的小组通过。章程的修改将对反对股东的权利造成重大不利的影响的,反对股东可以要求公司回购其出资。在德国,如果章程的修改将提高股东给付义务或者剥夺股东特别权利,则必须经相关股东同意。未经相关股东同意,章程修改不得将转让不受限制的股份或业务份额改为转让受限制的股份或业务份额。章程的修改还必须体现股东同等对待的原则。在我国实践中,也经常出现通过修改章程限制股权转让的问题,对于这一限制的效力,虽然我国法律没有明确的规定,但是学者一般认为,这一限制对于公司中持反对意见的股东不具有约束力,但是对于新加入的股东应当具有约束力,这也体现了未经股东同意不得对股东权利造成不利影响,保护中小股东权利的精神。

- **章程的公示效力与第三人的审查义务**

公司章程具有公示性,其首要表现就是公司章程必须经公司登记机关登记。公司章程的公示使得与公司交易的第三人在法律上有确定的途径知悉公司章程的相关内容,从而对即将进行的交易产生合理的预期。但是,这是否意味着公司章程一经公示,与公司交易的第三人就负有对公司章程的审查义务呢?对此,学者有着不同的理解:一种观点认为,公司章程一经公司登记机关登记,章程规定的事项即得对抗第三人,即此时章程具有对世效力。这种观点隐含着这样一种假设,即公司章程一经公布,与公司交易的第三人就被推定知道公司章程的内容并理解其适当的含义,即"推定通知理论"。另一种观点认为,公司章程仅是公司内部的规则,因此它只对公司自身、股东、董事、监事、高级管理人员等公司内部人员具有效力,对公司以外的第三人则不具有效力,即使章程经公司登记机关登记也是如此。因此,与公司交易的第三人并不负有对公司章程进行审查的义务。

本书认为,以上两种观点都是不全面的。理论上,公司章程一经公示,第三人均可以通过一定途径获知公司章程的相关内容。然而,这种认识仅具有理论或逻辑上的合理性,而不具有实践或操作上的合理性。在实务中,第三人查询公司章程的相关内容需要花费一定的时间与费用,这就会产生经济学中所称的"交易成本",在交易规模较小的情况下,这种"交易成本"会极大地抵消第三人与公司交易所得的利益。因此,抽象地使第三人负有审查公司章程的义务是不合理的。而且,公司章程虽然只能规定公司内部当事人的权利与义务,而不能直接涉及第三人,但是,对公司内部当事人权利义务的规定会影响与公司交易的第三人的利益。如果与公司交易的第三人能够事前获知公司章程的相关内容,就会对交易有合理预期,从而降低公司违约的风险。

综上,本书认为,公司章程并不具有普遍的对世效力,在一般情况下,它仅作为公司内部当事人的规则。但是,在特定情况下,使第三人承担对公司章程的审查义务可以提高交易的公平与效率,此时公司章程对第三人就有了一定的对抗效力。根据我国《公司法》规定,公司为他人提供担保,由公司董事会或股东会决议,公司章程对担保总额及单项担保的数额有限额规定的,不得超过规定的限额。公司对外担保是直接涉及第三人利益的事项,而《公司法》又明确授权公司章程对公司担保事项作出规定,此时章程就成为决定公司对外担保能力的唯一规范。法律的规定是所有当事人都应知晓的,它产生当事人知道或应当知道的法律效果。因而,在公司对外担保的情况下,第三人就负有审查公司章程,了解公司章程对公司董事会、股东会的担保决定以及担保的数额的限制情况等义务。如果担保决定的作出以及担保的数额违反了公司章程的规定,则担保无效,第三人不得以不了解公司章程内容为由进行抗辩。

【本节实务研究】

- **追究股东出资义务应依设立协议还是依公司章程**

公司成立后,已履行出资义务的当事人经常会提出解散公司、追究股东出资责任或者认定股东资格和股权等诉讼请求。提出此种请求究竟应依据设立协议还是公司章程呢?

解散公司是终止公司法律人格的重大法律行为,是公司存续期间最为重要的法律事项。根据我国《公司法》的规定,解散公司的原因包括公司营业期间届满、股东会决议解散、因公司合并或者分立需要解散以及章程约定的其他解散事由发生等。公司的解散只能基于公司法规定的原因以及公司法所承认的由公司章程规定的解散事由，而不能根据设立协议的约定。

对股东出资责任的追究是最为常见的诉讼请求，股东的出资责任恰好是公司法至为关注而设立协议无权另行约定的问题。对于未履行或未完全履行出资义务的行为，公司法规定了未出资股东的出资填补责任和其他发起人的连带认缴责任。对这种责任的追究属于公司对股东的权利，而不属于股东对股东的权利，因此，相应的诉讼中应以公司为原告，以未出资的股东为被告。对出资责任的追究是公司法的强制性规定，无论公司本身还是公司的股东都无权改变或放弃，如果公司不予追究，股东应有权代表公司提起诉讼。如果公司放任不履行出资的行为持续，将构成公司法上的违法行为——虚假出资。

对股东资格和股权的认定是更进一步的法律问题，未履行出资义务是否当然丧失或根本就不享有股权，是需要专门研究的复杂问题，但至少有两点可以肯定：(1) 在未完全履行出资义务的情况下，股东在其已出资金额范围内享有的股权是不可否定的。(2) 在任何情况下，认定股权，包括股权的转让和处置都只能根据公司法和公司章程的规定，而不能根据设立协议。

司法实践中，当事人在公司成立之后，以设立协议为依据提出诉讼请求，如请求确认发起人协议无效或请求判令终止或解除设立协议，都是对设立协议性质和作用的误解。既然设立协议的使命在公司成立后已告完结，请求确认设立协议无效的确认之诉、请求终止或解除设立协议的变更之诉也就无从提起，这样的司法裁决也不会产生确认或改变当事人间实体权利义务关系的任何实际意义。如果当事人的意图在于肯定或否定股东或公司的某种权利义务或责任，通过此种诉讼请求也无法达到目的。

第二节　公司章程的制定和修改

一、公司章程的制定

公司章程的制定①是针对公司的初始章程而言的，章程是公司的设立要件之一，因此章程的制定发生在公司设立环节。

根据我国公司法的规定，公司章程的制定主体和程序因公司的种类不同而异，但无论何种形式的公司，发起设立公司的投资者都是制定公司章程的重要主体。在我国，公司章程是要式文件，必须采用书面形式。有的国家，如德国、日本，公司章程不仅要采用书面形式，还应当办理公证登记等手续。

根据《公司法》第 45 条规定，设立有限责任公司，应当由股东共同制定公司章程。因此，有限责任公司章程的制定者是公司设立时的所有股东。此处的“共同制定”，应当理解为公司

---

① 我国《公司法》针对制定公司章程的不同情形，分别使用了“制定”和“制订”两种表述，表达不同的法律含义：章程“制定”强调，发起设立公司的投资者签字盖章后形成的文本为最后文本，可以作为申请公司登记的文件；章程“制订”则强调，文本经发起设立的投资者签字盖章后，尚需其他主体予以确认或者通过，才能作为申请公司登记的文件。为尊重学术界的表达习惯，除非特别需要，本书对“制定”和“制订”不作严格的区分。

章程应反映所有发起人的意志，是全体发起人的共同意志。发起人应当在所制定的章程上签字盖章，表示同意接受章程的内容，这标志着章程制定程序的结束。"共同制定"并不要求每一个发起人都积极地参与章程的起草讨论，只要其在章程上签字或者盖章，就应认定为参与了制定并同意了所签字或者盖章的文本。

根据《公司法》第 171 条规定，国有独资公司章程由履行出资人职责的机构制定。第 172 条规定，履行出资人职责的机构可以授权公司董事会行使股东会的部分职权，但公司章程的制定和修改，公司的合并、分立、解散、申请破产，增加或者减少注册资本，分配利润等事项，应当由履行出资人职责的机构决定。可见，国有独资公司由履行出资人职责的机构制定和修改章程。

关于股份有限公司的章程，则分为发起设立的股份有限公司和募集设立的股份有限公司。根据《公司法》第 94 条和第 104 条规定，发起设立的股份有限公司的章程由发起人共同制订；募集设立的股份有限公司的章程在设立阶段的成立大会上应当经出席会议的认股人所持表决权过半数通过。

具体而言，对于发起设立的股份有限公司，公司成立之后投资者并没有社会化，因此，发起设立的股份有限公司仍然具有封闭性的特点。发起人所制订的章程已经反映了公司设立时的所有投资者的意志。根据《公司法》第 94 条规定，设立股份有限公司，应当由发起人共同制订公司章程。对于发起设立的股份有限公司，发起人制订的章程也应当反映所有发起人的共同意志。发起人在所制订的章程上签字或者盖章后，表示同意接受章程的内容，标志着章程制定程序的结束。对于募集设立的股份有限公司，在公司成立之后成为公司初始股东的不仅有发起人，还有众多的认股人，公司的股东已经社会化，因此，募集设立的股份有限公司属开放式的公众性公司。这样，发起人制订的公司章程并不一定能够反映公司设立的所有投资者特别是认股人的意志。因此，在公司申请设立登记之前，必须召开成立大会，讨论审议与设立公司有关的事宜。根据《公司法》第 104 条规定，由发起人、认股人组成的成立大会，职权之一就是通过公司章程。只有经成立大会通过的章程，才能反映公司设立阶段的所有投资者的意志。可见，对于这类公司，章程的制定过程比较复杂，既需发起人制订，又需成立大会决议通过。当然，在制订章程的过程中，发起人同样需要在其制订的章程上签字或者盖章，表示同意接受章程的内容，但是这不意味着章程制定程序的结束。

需要说明的是，在有些国家，为设立公司而制定的公司章程还必须经过公证等程序，我国没有类似的强制性要求。

二、 公司章程的内容

公司章程的内容，即公司章程记载的事项。在现代社会，多数国家都放松了对设立公司的管制，并且赋予了公司相当多的经营自由。公司法将公司设立及组织机构必备事项预先予以规定，成为公司章程的准据，并由公司章程有针对性地予以细化和作出具体规定。

公司法规定的公司章程记载事项，依据效力的不同，可分为必要记载事项和任意记载事项。

必要记载事项是指公司法规定的公司章程必须记载的事项。公司法有关公司章程必要记载事项的规定属于强制性规范。对于公司章程的必要记载事项，各国公司法都予以明文规定。必要记载事项一般都是与公司设立或组织活动有重大关系的基础性事项，如公司的名称和住所、公司的经营范围、公司组织机构等。

任意记载事项是指在不违反法律、行政法规强制性规定和不损害社会公共利益的前提下，经由章程制定者同意自愿记载于公司章程的事项。任意记载事项的规定充分地体现了对公司自主经营的尊重，体现了公司中强制与自治关系的自治方面，是对公司法中意思自治理念的贯彻。公司法并未对任意记载事项进行规定，公司章程中的任意记载事项同样具有约束力，非依股东会的特别决议不能更改。对于任意记载事项，如不加记载不影响整个章程的效力；如记载不合法，也仅该事项无效，章程的其他事项仍然有效。

我国《公司法》规定了有限责任公司和股份有限公司章程的内容，并未明确章程记载事项的性质。本书认为，《公司法》第 46 条、第 95 条属于强行性规范，第 46 条列举的前 7 项、第 95 条列举的前 12 项，都是公司章程的必要记载事项。第 46 条第 8 项和第 95 条第 13 项规定的股东(大)会会议认为需要规定的其他事项，属于任意记载事项。

(一) 有限责任公司章程的内容

我国《公司法》第 46 条规定了有限责任公司章程应当载明的事项：(1) 公司名称和住所；(2) 公司经营范围；(3) 公司注册资本；(4) 股东的姓名或者名称；(5) 股东的出资额、出资方式和出资日期；(6) 公司的机构及其产生办法、职权、议事规则；(7) 公司法定代表人的产生、变更办法；(8) 股东会认为需要规定的其他事项。本条所列的前 7 个事项是必要记载事项，这些是公司法规定公司章程必须记载的内容，不记载或记载不符合法律规定的，公司章程将被视为无效。这反映了公司章程内容法定性的特点。

《公司法》第 46 条第 8 项授权股东会在公司章程中记载绝对必要记载事项以外的事项，充分体现了对于公司自主经营的尊重。

(二) 股份有限公司章程的内容

我国《公司法》第 95 条规定了股份有限公司章程应当载明的事项：(1) 公司名称和住所；(2) 公司经营范围；(3) 公司设立方式；(4) 公司注册资本、已发行的股份数和设立时发行的股份数，面额股的每股金额；(5) 发行类别股的，每一类别股的股份数及其权利和义务；(6) 发起人的姓名或者名称、认购的股份数、出资方式；(7) 董事会的组成、职权和议事规则；(8) 公司法定代表人的产生、变更办法；(9) 监事会的组成、职权和议事规则；(10) 公司利润分配办法；(11) 公司的解散事由与清算办法；(12) 公司的通知和公告办法；(13) 股东会认为需要规定的其他事项。

三、公司章程的修改

公司章程一旦制定出来，就处于静态的文本状态。公司章程是确定公司权利能力和行为能力的重要文件。为了更好地适应经营环境的变化，在不违反法律、行政法规强制性规定的前提下，公司可以修改包括必要记载事项和任意记载事项在内的所有内容。由于修改公司章程涉及不同主体的利益，且公司章程作为公司对内对外的重要文件，有着重要的地位和广泛影响力，因此公司法规定了修改公司章程应遵循的规则。

第一，修改公司章程的权限专属于公司的权力机构。在大陆法系，如德国、法国、日本、意大利等国家，修改公司章程的权限属于公司股东会是立法通例。我国《公司法》第59条和第116条规定，公司章程的修改权属于公司股东会。这是因为公司章程的修改涉及公司经营、权力等重大事项的调整，涉及公司多个相关的利益主体，属于公司的重大事项，当由公司权力机构来决定，其他机构均无权行使。

第二，公司章程的修改是公司权力机关的特别决议事项。公司章程的修改涉及公司组织及活动的根本规则的变更，对公司影响甚大，还可能涉及其他主体的利益，因此，公司法将公司章程的变更规定为特别决议事项，提高了修改章程所需表决权的比例。在大陆法系，如德国、法国、日本、意大利等国家，修改公司章程须以特别决议为之亦是立法通例。我国《公司法》第66条规定，有限责任公司修改章程的决议，必须由代表2/3以上表决权的股东通过；第116条规定，股份有限公司修改章程，需经出席股东会的股东所持表决权的2/3以上通过。

有些国家公司立法规定，公司发行特别股的，修改公司章程还须经该种类的股东会作出决议。

此外，章程经修改变更内容之后，也必须办理相应的变更登记，否则，不得对抗第三人，这是修改章程的对外效力。至于修改章程的对内效力，即对公司、股东、董事、监事、高级管理人员而言，除非修改后的章程生效附条件或者附期限，修改后的章程自股东会决议通过后即发生效力。

第三节　公司章程的效力

公司章程的效力主要包括两个方面内容：(1) 公司章程的时间效力；(2)公司章程的主体效力。

一、 公司章程的时间效力

公司章程的时间效力是指公司章程的生效时间和失效时间。

（一）公司章程的生效时间

关于公司章程的生效时间，目前主要有两种不同的观点：一种观点认为，章程自发起设立公司的股东签字时生效；另一种观点认为，章程自公司成立时生效。这两种观点各有其局限性：前一种观点实际上认为章程在公司成立前即已生效，这种观点不仅忽视了章程与公司的直接对应关系，即章程是公司的自治规则，而且忽视了公司设立与公司成立的差异，即设立公司的行为不一定必然导致公司成立。后一种观点则忽视了章程内容的复杂性，在公司设立协议没有成为设立公司的必备文件的情况下，章程不仅要调整公司成立之后的关系，还要调整公司设立过程中的一些关系。更何况《公司法》第49条第1款规定，股东应当按期足额缴纳公司章程规定的各自所认缴的出资额。依此规定，股东履行出资义务须以公司章程在设立阶段已有法律约束力为前提。如果公司章程在公司成立之后才能生效，公司设立过程中发起人之间的关系就不受公司章程约束，设立过程中的秩序就难以维护。

由于各国的公司体制特别是设立体制不尽相同，各国关于公司章程生效时间的规定并没有统一的模式。就我国公司法规定的公司设立的程序和方式而言，公司章程的生效时间比较复杂。具体原因为：

1. 公司章程需要调整公司成立前后两个不同阶段的民事关系。我国公司法没有将公司设立协议规定为设立公司的必备文件，这样，在实际生活中，许多本来应当由设立协议调整的权利义务关系也规定在了章程之中。大多数公司章程包括两部分内容：一部分调整公司成立前，即公司设立过程中发生的民事关系；另一部分则调整公司成立之后才可能发生的民事关系。所以，对于有限责任公司的设立，章程还肩负着设立协议的重任。这样，章程的生效时间就显得更加复杂。

2. 公司章程制定行为的性质和程序不同。我国公司法将有限责任公司章程的制定界定为"制定"，将股份有限公司章程的制定界定为"制订"。发起设立的股份有限公司具有一定的封闭性，在公司登记之前也没有其他机制对制订的章程进行任何形式的审查。但是，募集设立的股份有限公司则不同，公司章程的制定包括发起人制订和成立大会通过两个阶段。

基于此，对于公司章程的生效时间不宜一概而论，本书根据公司章程的性质将其分为初始章程以及修改章程分别进行讨论。

公司初始章程是指在公司设立时制定的章程。依照《公司法》的规定，公司需要进行设立登记，领取法人营业执照。在公司成立后，公司章程应该有效自不成问题。但公司章程在公司成立之前能否产生效力呢？在法学理论上，设立中的公司是无权利能力社团，发起人和登记前选任的董事、监事是设立中公司的机关。设立中公司的事项范围，是设立中公司及其机关可以从事的活动范围，而公司章程就是他们从事这些活动的依据之一。另外，公司的发起人也应根据章程规定的权利义务、出资要求及筹建方式，相互承担责任，章程在他们之间发挥着类似合伙合同的效力。如果章程在登记以前不具备任何效力，发起人间的权利义务关系就面临着失去依据的可能性。发起人因其他发起人的行为遭受的损害，也就难以获得法律的救济。基于上述原因，在公司设立前，需要受公司章程约束的包括在公司章程上签字或者盖章的发起人，还有在公司成立之前就选任的董事等机关。但是，此时的公司章程并未全面生效，想要成为团体法上的公司章程并且整体生效，尚须履行必要的程序。自股东会经过法定多数通过之后，公司章程即生效，此为公司修改章程的生效时间。

综上，章程中有关发起设立公司发起人的内容，相当于公司设立协议，可以适用合同法的一般规则，发起人签字盖章时成立并生效，发起人均自章程成立时受其约束。章程中的其他内容，则自公司成立时生效。

（二）公司章程的失效时间

学界普遍认为，章程随公司的终止而失效。我国《公司法》第 95 条规定，"公司的解散事由与清算办法"属于股份有限公司章程的必要记载事项。据此，公司章程并不因解散事由发生而失效，在公司清算过程中，仍然应当按照章程规定的清算办法组织清算组进行清算。只有在公司彻底终止之时,公司章程才随之失效。在清算过程中,公司的能力、股东的权利以及高级管理人员的行为都要受到章程的限制。

（三）设立公司过程中的章程约束力及其保障机制

在没有订立设立协议的情况下,公司章程在设立阶段的效力主要表现为对发起设立公司的发起人的约束。公司章程的约束本属私力机制,但是公司法以强制性规定的形式肯定了章程中有关股东出资义务规定的合法性,例如,根据《公司法》第 49 条规定,在设立公司过程中,有限责任公司的股东应当按期足额缴纳公司章程中规定的各自所认缴的出资额。

二、 公司章程的主体效力

公司章程的主体效力,是指公司章程可以对哪些人产生约束力。章程主体效力既包括哪些人可以依据章程取得相应的权利,也包括这些人的权利应受到公司章程的制约甚至应承担相应的义务。《公司法》第 5 条规定:“……公司章程对公司、股东、董事、监事、高级管理人员具有约束力。”该条明确了公司章程的约束范围包括公司、股东、董事、监事和高级管理人员。

公司章程不仅是制定者之间的一种契约安排,也是一种私法秩序,还具有明显的涉他性质。这种涉他性体现在两个方面:

第一,约束主体——效力的涉他性。各国公司法大都认可,除了章程制定者应当受到公司章程约束以外,公司章程的效力还具有扩张性,它可以约束制定者以外特定范围内当事人的行为。尽管公司章程制定者只是公司设立阶段的投资者,但其效力可扩及公司成立后的股东、公司本身和公司的管理层,这些受公司章程影响的人主要限于公司内部,不妨称为公司内部关系人。其实,公司章程的影响力远大于此,甚至在特定情形下,债权人等公司外部人也可能受其约束。

第二,记载事项的涉他性。公司章程记载事项大体上可以分为有关公司内部组织、成员关系的事项和有关公司外部事务的事项两类。前者包括公司内部机构间的权责划分等,后者涉及公司对外经营、对外担保以及公司合并、分立、解散等事项。公司章程的这种涉他性决定了公司章程的主体效力。我国《公司法》第 5 条十分明确地规定了公司章程的约束范围,包括公司、公司的股东和公司的高级管理人员。对于“高级管理人员”的含义,我国《公司法》第 265 条第 1 项明确规定:“高级管理人员,是指公司的经理、副经理、财务负责人,上市公司董事会秘书和公司章程规定的其他人员。”因此,股东可以依据公司章程起诉公司;公司可以依据公司章程起诉股东、董事、监事和高级管理人员;股东可以依据公司章程起诉其他股东;股东可以依据公司章程起诉公司的董事、监事和高级管理人员。

（一）公司章程对公司的效力

我国《公司法》第 5 条明确规定公司章程对公司具有约束力。章程对公司的约束力表现为对内约束力和对外约束力两个方面。前者集中地表现为章程对公司内部的组织和活动的约束力;后者则表现为章程对公司自身行为的约束力,具体表现为对公司权利能力和行为能力的影响,尤其是公司的经营范围的影响。

章程是公司的自治规范，公司当然应当在章程所规定的经营范围内开展经营活动。公司超越公司章程规定的经营范围从事的活动，属于越权行为。对于这种越权行为，法律规定无效，这就是公司法上的越权行为原则（ultra vires）。对于公司的越权行为，在英国普通法时代是绝对排斥的，因而其行为也是绝对无效的。然而，公司越权不仅涉及公司、股东的合法权益，还必然影响到与公司进行交易的第三人的利益。公司越权绝对无效的观点不仅无视对第三人的保护，也不利于对公司利益的维护。所以，一些国家采取了更为灵活的措施处理公司的越权行为，诸如全体股东对越权行为予以追认、禁反言原则（the doctrine of estoppel）等，以保护公司及第三方的利益，并限制越权行为无效原则的适用范围，为公司的经营活动提供了一定的灵活性和安全保障。

值得注意的是，一些国家或地区甚至作出了明令废止公司越权行为无效的规定。例如，1968 年《欧共体理事会公司法指令（第一号）》规定，凡经公司董事会决定的交易，对于与该公司进行交易的善意第三人来说，均应视为在该公司的能力范围之内的交易。

在我国，公司章程对公司的约束力集中地表现在《公司法》第 9 条的规定，即公司的经营范围由公司章程规定。公司可以修改公司章程，变更经营范围中属于法律、行政法规规定须经批准的项目，应当依法经过批准。公司法要求公司章程中规定经营范围，使经营范围成为保护小股东、约束大股东和公司经营管理人员的一种重要机制。

此外，章程对公司的效力还表现在，“公司的解散事由与清算办法”是股份有限公司章程的必要记载事项，一旦解散事由发生或者经营期限届满，公司将进入清算。

（二）公司章程对股东的效力

确定公司章程对股东的效力，首先需要界定股东的范围。《公司法》第 21 条第 1 款规定，公司股东应当遵守法律、行政法规和公司章程，依法行使股东权利，不得滥用股东权利损害公司或者其他股东的利益。严格地讲，公司章程对股东的效力，是针对公司成立时及之后具有股东身份的投资者而言的。公司设立过程中的投资者，虽然还不是严格意义上的股东，但在一般情况下，公司成立时的股东与公司设立过程中投资者的范围是一致的。

在公司成立之后，无论以何种方式取得股东身份，都是以承认公司章程为前提的，或者说，加入行为本身就意味着承认公司章程。所以，公司章程可被视为股东之间的契约，各个股东均应受此契约的约束，既包括公司成立时的股东，也包括公司成立后加入公司的股东。

在有限责任公司和股份有限公司制度中，一旦股东履行了出资义务，对公司便不再负其他积极义务。因此，公司章程对于股东的效力，更多地表现为规制股东行使权利的行为，防止控股股东滥用权利。对于股东固有的权利以及公司法明确赋予的权利，公司章程不能剥夺。股东不能滥用权利，不能侵害公司的利益。公司章程的一个重要任务就是对公司法赋予股东的权利作出更加具体的规定并使其更具可操作性，使股东在其权利受到损害的情况下，可以依据章程获得救济。例如，《公司法》规定有限责任公司公司章程可以对股东分红比例作出不同于出资比例的规定，可以对股东的优先认股权和优先购买权作出例外规定，可以对股东资格的继承作出特殊规定，等等。股东的权利因其他股东违反公司章程规定的义务而受到侵犯的，受害股东可以依据公司章程对实施侵害行为的股东提出请求。

（三）公司章程对董事、监事、高级管理人员的效力

董事、监事和高级管理人员是公司机关的成员，负责公司经营决策、公司事务的执行和监督，在公司的组织和活动中扮演着十分重要的作用。我国《公司法》第 179 条规定，董事、监事、高级管理人员应当遵守法律、行政法规和公司章程。公司章程有关公司的机构及其产生办法、职权、议事规则的规定，也是董事、监事、高级管理人员行使职权的重要依据。公司章程是董事会职权的重要来源，例如，《公司法》第 67 条规定公司章程可以授予有限责任公司董事会其他职权。

公司法还建立了民事责任机制，以确保公司章程得到有效贯彻实施。例如，根据《公司法》第 190 条规定，董事、高级管理人员违反法律、行政法规或者公司章程的规定，损害股东利益的，股东可以向人民法院提起诉讼。第 125 条第 2 款规定，董事应当对董事会的决议承担责任。董事会的决议违反法律、行政法规或者公司章程、股东会决议，给公司造成严重损失的，参与决议的董事对公司负赔偿责任；经证明在表决时曾表明异议并记载于会议记录的，该董事可以免除责任。

【本节实务研究】

- **章程范本、章程指引与章程制定的自主性与个性的关系**

公司章程是公司设立与经营的必备文件。在现代社会，出于对公司进行监督管理的需要，公司章程也是公司登记机关以及证券监督管理部门要求公司提交审查的重要文件之一。公司章程是在公司发起人或股东意思表示一致的基础上制定的，是公司自治与当事人意思自治的表现。在实践中，公司登记机关会提供章程范本，证券监督管理部门也会提供所谓的“章程指引”。提供“范本”或“指引”本身并无可厚非，但有的行政机关要求公司章程必须按其提供的文本起草，不得发挥。制定公司章程成了对行政机关提供的文本的照搬照抄，或至多是对一些细枝末节的问题进行填空补充。如此，公司章程便成了摆设，被当作最没用的文件而束之高阁。

要求对章程范本、章程指引进行照搬照抄，从本质上讲是因为没有充分认识到公司章程是公司自治规则这一根本属性。公司章程是公司的自治规则，是公司组织和经营的基础，正是从这个意义上而言，公司章程被称为“公司宪章”，其对公司的意义犹如宪法之于国家。现实生活中的公司是千姿百态的，每个公司的经营规模、经营范围、经营目标等也相差甚远。公司章程应当体现每个公司的自主性与个性，便利公司经营目标的实现。只要公司章程不缺乏必要记载事项或违反法律，公司登记机关或其他公司监管机关就要充分尊重公司与当事人的意思自治，而不得横加干预。

有的国家公司登记机关有时也会提供公司章程的标准范本，但这些范本并不是强制性地要求照搬照抄，而是让当事人根据公司的实际情况选择性地加以参考。这种可供选择的、非强制性的公司章程范本，一方面方便了对起草公司章程没有经验的当事人，另一方面可以提高公司登记机关的审查效率。因此，在不损害公司自治的前提下，章程范本、章程指引也可以发挥积极的作用。

【本章思考练习题】

一、名词解释

1. 公司章程必要记载事项

2. 公司章程任意记载事项

3. 公司章程的法定性

4. 公司章程的自治性

二、简答题

1. 简述公司章程的主要法律特征。

2. 比较设立协议与公司章程的不同。

3. 简述股份有限公司章程的制定程序。

4. 如何理解“公司法与公司章程是两种不同但应协调配合的治理机制”?

5. 简述公司章程的生效时间。

6. 简述设立公司过程中的章程约束力及其保障机制。

7. 简述公司章程对公司的效力。

8. 简述公司章程对股东的效力。

三、案例分析

2021年3月,原告王先生与其他四家单位和两个自然人共同投资设立了一家有限责任公司,王先生的出资比例为7.25%。2022年1月,王先生离开中国赴澳大利亚留学。在同年8月26日,王先生向公司正式提出辞职申请,公司要求王先生必须转让其所持出资份额的80%。经了解,在王先生到澳大利亚之后,该有限责任公司于2022年6月23日公司召开股东会,经代表2/3以上表决权的股东同意通过了该公司的公司章程修正案,当时远在澳大利亚的王先生未获通知参加会议。修改后的公司章程增加了如下内容:股东辞去管理职务或被公司辞退时,除非无人认购,否则须转让其出资,公司其他股东有优先购买权,但公司设立时的自然人股东可保留其所持出资份额的20%,转让价格以转让当月的账面净资产值计算。

现王先生准备诉至法院维护自己的权益,请为王先生提供法律意见。

第五章　公司的能力

■【导语】

公司的能力是一个非常抽象的概念,但它所涉及的实践问题是丰富而具体的,公司转投资行为的效力、公司担保行为的效力、公司超越经营范围订立的合同的效力、法定代表人的个人行为和代表行为的界限、公司的工作人员侵害他人利益的责任是否由公司承担等这些经济活动中常见的问题,在理论上都可以归结为公司能力问题,所以,公司能力理论不仅是公司基础理论的重要内容,也是解决众多实务问题时应扎实掌握的基础知识。公司的能力包括权利能力、行为能力和责任能力三个部分。

本章从基本概念出发,系统阐述了公司能力相关理论和制度,包括公司权利能力的概念及其在法律推理中的意义、公司权利能力的诸种限制、法定代表人的代表行为的构成、公司侵权行为的构成等,并结合实践中的问题予以分析,使学生对公司能力有一个较为全面认识。

本章的重点在于公司权利能力的法律限制和目的上的限制、公司的法定代表人制度、公司行为能力中的代表理论、公司侵权行为的构成。本章的难点在于公司权利能力及其范围的理论含义、公司担保行为的效力、公司超越经营范围所订立的合同的效力、法定代表人代表行为效力的认定、公司侵权行为及其责任的认定。

第一节　公司的权利能力

一、 公司权利能力的概念和意义

公司的权利能力是指公司享有权利和承担义务的资格。公司的权利能力具有重要意义:

第一,公司的权利能力是判断公司是否享有某种特定权利或承担某种特定义务的首要标准。

第二,公司的权利能力是判断公司的法律行为的效力的首要标准。如果公司的法律行为超越公司的权利能力范围,一般为无效行为。

二、 公司权利能力的开始和终止

公司的权利能力从公司营业执照签发之日起开始，至公司注销登记并公告之日起终止。《民法典》第 59 条规定："法人的民事权利能力和民事行为能力，从法人成立时产生，到法人终止时消灭。"《公司法》第 33 条第 1 款规定，公司营业执照签发日期为公司成立日期。第 239 条规定："公司清算结束后，清算组应当制作清算报告，报股东会或者人民法院确认，并报送公司登记机关，申请注销公司登记。"第 37 条规定："公司因解散、被宣告破产或者其他法定事由需要终止的，应当依法向公司登记机关申请注销登记，由公司登记机关公告公司终止。"公告中发布的公司终止之日应为公司权利能力的终止日期。

设立中的公司没有权利能力，处于清算中的公司的权利能力受到限制，只能在清算范围内享有权利和承担义务。

三、 公司权利能力范围的限制

公司权利能力范围的限制主要包括性质限制、法律限制和目的限制三方面内容。

（一）性质限制

作为法律上的主体，公司不同于自然人。公司不具有自然人所具有的自然性质，如身体、性别、种族等，所以，公司也不享有自然人基于其自然性质而享有的权利，如生命权、健康权、肖像权、婚姻权等人身权。但是，公司仍享有某些特定的人身权，如名称权、名誉权和荣誉权。

（二）法律限制

1. 转投资的限制。转投资的限制一般包括转投资对象的限制和转投资数额的限制两方面。

（1）转投资对象的限制。法律一般限制公司成为无限责任股东或合伙企业合伙人，因为无限责任股东或合伙企业合伙人对公司或合伙债务承担无限连带责任，如果公司成为无限责任股东或合伙企业合伙人，一旦其所投资的公司或合伙企业不能清偿债务，它就会承担巨大风险，导致公司资产空虚，影响公司股东和债权人的利益。所以，许多国家和地区的公司法明确规定，公司不能成为无限责任股东或合伙企业的合伙人，如我国台湾地区"公司法"第 13 条规定，公司不得为他公司之无限责任股东或合伙事业之合伙人。但也有一些国家对此没有限制，如《美国标准公司法》第三章"目的和权力"规定，公司可以成为任何合伙组织、联营组织、信托组织或其他实体的发起人、合伙人、成员、联营人或者是上述实体的经理。

在这一问题上，我国的立法态度有较大的变化。1993 年《公司法》第 12 条第 1 款规定："公司可以向其他有限责任公司、股份有限公司投资，并以该出资额为限对所投资公司承担责任。"该条实质上将公司的转投资对象限制于有限责任公司和股份有限公司。2005 年《公司法》删除了这一规定，在第 15 条直接规定："公司可以向其他企业投资；但是，除法律另有规定外，不得成为对所投资企业的债务承担连带责任的出资人。"《合伙企业法》第 3 条规定："国有独资公司、国有企业、上市公司以及公益性的事业单位、社会团体不得成为普通合伙人。”虽然该条没有明确规定国有独资公司、上市公司之外的其他公司可以成为普通合伙人，但根据相反解释和立法表述的变化，应认定，除国有独资公司和上市公司外，其他公司可以成为合伙企业的普通合伙人，否则，《合伙企业法》第 3 条的规定就无实质意义。此外，关于合伙企业的定义，《合伙企业法》第 2 条第 1 款规定：“本法所称合伙企业，是指自然人、法人和其他组织依照本法在中国境内设立的普通合伙企业和有限合伙企业”。该款承认法人可以设立合伙企业，也表明公司法人可以成为普通合伙人。现行《公司法》进一步放松了转投资的限制，第 14 条规定：“公司可以向其他企业投资。法律规定公司不得成为对所投资企业的债务承担连带责任的出资人的，从其规定。”该规定原则上允许公司进行转投资，只有在法律另有规定时才禁止，并扩大了公司对外投资对象的范围，在逻辑上也更契合“法无禁止皆可为”的原则，即只要没有法律规定公司不能成为对所投资企业的债务承担连带责任的出资人，公司就可以投资该企业。

（2）转投资数额的限制。公司通过转投资不仅可以扩大公司的利润来源，而且可以形成关联公司，组建公司集团，形成规模效应和协同效应，从而促进资本的有效配置，推动公司的迅速发展。但是，转投资行为也会产生以下消极影响：一是转投资会减少公司直接支配的有形财产，增加变现偿债的难度，从而可能降低公司的实际偿债能力，增加公司债权人的风险；二是由于转投资额不仅表现为母公司的资本，也表现为子公司的资本，所以，转投资会使资本重复计算，导致资本虚增，有悖于公司资本充实原则。

为避免资本虚增，保障公司资本的充实，减少公司债权人的风险，一些国家和地区的公司法对公司转投资的数额作出了一定限制。如我国台湾地区“公司法”第 13 条规定：“公司如为他公司有限责任股东时，其所有投资总额，除以投资为专业或公司章程另有规定或经左列各款规定，取得股东同意或股东会决议外，不得超过本公司实收股本 40%。”

我国 1993 年《公司法》第 12 条第 2 款规定，公司向其他有限责任公司、股份有限公司投资的，除国务院规定的投资公司和控股公司外，所累计投资额不得超过本公司净资产的 50%，在投资后，接受被投资公司以利润转增的资本，其增加额不包括在内。但是，2005 年《公司法》最终取消了对转投资比例的限制，主要是基于以下原因：一是在现实的公司经营过程中，存在大量的对外投资超过 50%的现象；二是在企业转制过程中，出现了大量的转投资超 50%的情况，而且有关部门并没有因为原公司法关于转投资数额的限制而进行阻止和限制；三是工商行政管理等部门在登记、年检等活动中，发现转投资超过 50%的现象，也基本上采取一种默许的态度；四是关于超过 50%限额的投资行为的效力和责任承担问题，法律一直没有一个明确的规定，这也是导致转投资数额限制在现实中缺乏可操作性的主要原因。实践证明，对公司转投资进行数额限制缺乏可操作性，规制成本非常大。现行《公司法》延续之前的规定，并未对转投资比例作出限制。

而在法理上，公司转投资是公司的正常经营行为，公司的转投资并不必然损及公司信用，危害公司债权人利益。至于转投资而带来的风险，应由公司自己来判断，公司董事会或股东会可以对转投资进行决议，公司章程可以对投资数额加以限制，公司法没必要对其加以强行性限制。在转投资决议程序上，现行《公司法》与原有规定一样，规定转投资的决议机关、数额由公司章程作出规定。第 15 条第 1 款规定：“公司向其他企业投资或者为他人提供担保，按照公司章程的规定，由董事会或者股东会决议；公司章程对投资或者担保的总额及单项投资或者担保的数额有限额规定的,不得超过规定的限额。”

2. 担保的限制。为保障公司资本充实,免受意外损失,在一般情况下,公司不得作担保人。许多国家和地区的法律都对此作了规定,如我国台湾地区“公司法”第 16 条规定,公司除依其他法律或公司章程规定得为保证者外,不得为任何保证人;《法国商事公司法》第 106 条规定,除公司经营金融事业外,禁止公司为董事、总经理、法人董事的常任代理人及他们的亲属向第三人承担的义务提供物的担保和保证。当然,也有国家和地区对于公司的担保行为没有限制,如《美国标准公司法》及各州公司法均赋予公司担保的权利,且没有任何限制。

(1) 对外担保的程序限制。我国 2005 年《公司法》第 16 条规定:“公司向其他企业投资或者为他人提供担保,依照公司章程的规定由董事会或者股东会、股东大会决议;公司章程对投资或者担保的总额及单项投资或者担保的数额有限额规定的,不得超过规定的限额。公司为公司股东或者实际控制人提供担保的,必须经股东会或者股东大会决议。前款规定的股东或者受前款规定的实际控制人支配的股东,不得参加前款规定事项的表决。该项表决由出席会议的其他股东所持表决权的过半数通过。”据此,2005 年《公司法》肯定了公司具有担保的权利能力,对公司为他人的担保行为也进行了程序上的限制,并取消了 1993 年《公司法》关于“董事、经理不得以公司资产为本公司的股东或者其他个人债务提供担保”的规定。

现行《公司法》未对对外担保制度进行根本调整,第 15 条沿袭了原第 16 条的规定,仅仅作了个别词语的变动:“公司向其他企业投资或者为他人提供担保,按照公司章程的规定,由董事会或者股东会决议;公司章程对投资或者担保的总额及单项投资或者担保的数额有限额规定的,不得超过规定的限额。公司为公司股东或者实际控制人提供担保的,应当经股东会决议。前款规定的股东或者受前款规定的实际控制人支配的股东,不得参加前款规定事项的表决。该项表决由出席会议的其他股东所持表决权的过半数通过。”第 135 条规定:“上市公司在一年内购买、出售重大资产或者向他人提供担保的金额超过公司资产总额百分之三十的,应当由股东会作出决议,并经出席会议的股东所持表决权的三分之二以上通过。”

综合上述规定,公司对外担保应遵循如下的限制:

首先,公司对外担保的一般性限制。公司需按章程规定,由董事会或股东会对担保事项进行决议,章程可对担保数额作出总额限定。对于担保事项,公司章程只能选择由股东会决议或是由董事会决议,而不能规定该事项无须经任何决议。此外,为了便于公司利用公司章程对公司对外担保事项进行管理,法律特别规定公司章程可以对公司对外担保的总额和单项限额作出规定,以约束公司、股东、董事和高级管理人员等。

公司为他人提供担保时,如果章程没有规定由董事会决议还是股东会决议,应由谁决议呢? 由于董事会职权的性质是经营决策,如果为他人提供担保是公司的经营业务,如公司为专业的担保公司,董事会当然有权决议;或者,为他人提供担保与公司的经营活动具有密切关系,如公司与他人相互提供担保以从银行获得贷款,董事会也有权决议。否则,为他人提供担保均应有股东会决议。

其次,为公司股东或实际控制人提供担保的特殊规定。为了避免股东和实际控制人利用对公司董事会的控制权,操纵公司为其个人债务提供担保,从而损害公司和其他股东的合法权益,法律要求此类担保必须经股东会决议,且关联股东不得参与表决,决议由出席会议的其他股东所持表决权的过半数通过。此处的关联股东,既包括接受担保的股东,也包括受接受担保的实际控制人支配的股东。

最后,上市公司担保的特殊规定。一年内担保金额超过公司资产总额 30% 的上市公司,对外担保事项应由股东会作出决议,并经出席会议股东所持 2/3 以上表决权通过。

(2) 越权担保的效力。自 2005 年《公司法》放开担保限制,允许公司对外提供担保时起,关于越权担保效力的争论就从未平息。若未履行章程规定的决议程序,或者超越章程限额对外担保,该如何判断担保的效力?

对此,部分学者执着于判断 2005 年《公司法》第 16 条的规范性质。有少数观点认为第 16 条所规定的决议程序是效力性规范,目的是避免法定代表人通过对外担保制度损害股东利益,因此越权担保的担保合同应为无效。多数观点认为该规范只是管理性强制性规范,仅规范对外担保的公司内部决议程序,并不对外影响合同的效力。

招商银行股份有限公司大连东港支行与大连振邦氟涂料股份有限公司等借款合同纠纷案

但是,基于规范性质作出判断的学说并非现行通说,如今的法律制度亦将越权担保的效力判断转化为法定代表权的判断。在《九民纪要》的基础上,最高人民法院颁布的《关于适用〈中华人民共和国民法典〉有关担保制度的解释》(简称《民法典担保制度司法解释》)第 7 条规定:"公司的法定代表人违反公司法关于公司对外担保决议程序的规定,超越权限代表公司与相对人订立担保合同,人民法院应当依照民法典第六十一条和第五百零四条等规定处理:(一)相对人善意的,担保合同对公司发生效力;相对人请求公司承担担保责任的,人民法院应予支持。(二)相对人非善意的,担保合同对公司不发生效力;相对人请求公司承担赔偿责任的,参照适用本解释第十七条的有关规定。法定代表人超越权限提供担保造成公司损失,公司请求法定代表人承担赔偿责任的,人民法院应予支持。第一款所称善意,是指相对人在订立担保合同时不知道且不应当知道法定代表人超越权限。相对人有证据证明已对公司决议进行了合理审查,人民法院应当认定其构成善意,但是公司有证据证明相对人知道或者应当知道决议系伪造、变造的除外。"对于该规范,应作如下理解:

第一,以相对人的善意与否为效力判断标准,本质上是判断该越权担保是否构成表见代表。对于相对人的善意,需由相对人举证证明其已对公司决议进行了合理审查。就合理审查的判断标准,应从审查客体与审查标准两个角度予以把握。

首先,相对人的审查客体是公司决议。从文义来看,相对人仅需审查公司决议,即审查股东会或董事会的决议事项、决议比例等。对于相对人是否应该审查公司章程,社会各界有不同的主张:第一种观点认为从条文文义来看,相对人没有审查公司章程的义务,章程的备案和公开不足以构成"相对人知道或者应当知道"的证据,如《欧盟公司法指令(第一号)》第二节第 9 条第 2 款明确规定:"公司章程或者有决策权的公司机关对于公司机关权力的限制,不得被公司利用对抗第三人,即使这些限制已经公告也是如此。"第二种观点认为,公司担保存在特殊性,《公司法》第 15 条明确规定公司章程有权决定公司对外担保事项的决议机关、担保限额,若相对人不审查章程,则无从知道担保的有效决议机关与可能的数额限制,并且担保合同本质上是单务合同,为他人债务提供担保的担保人单方面承担着担保的义务,而并未从债权人处获得相应对价,要求担保相对人承担审查公司章程的义务虽然会增加交易成本,但对比可能承担巨额担保债务的担保人来说,担保债权人付出该交易成本也是合理的。就相对人是否需要审查公司章程方可构成合理审查,有待后续实践与理论的进一步探索。

其次，相对人的审查标准是合理审查。《九民纪要》强调相对人仅需进行"形式审查"，将"决议系法定代表人伪造或者变造、决议程序违法、签章（名）不实、担保金额超过法定限额等事由抗辩债权人非善意的"排除出相对人恶意的情形，认为在这些情形中相对人仅需尽必要注意义务即可，审查标准不宜过于严格。《民法典担保制度司法解释》则将审查标准调整为"合理审查"，该标准相较于形式审查而言更为严格，但就决议伪造、签章不实等情形而言，应该认为此时相对人并不对决议的真实性、签章的真实性负责，仅需根据章程约定，对决议主体、决议内容进行审查，即可满足审查要求。

第二，若相对人构成善意，则该越权担保构成表见代表。出于对交易安全的维护，表见代表制度保护了善意的担保合同相对人，此时相对人有权要求被代表公司如约履行担保义务。在公司与法定代表人的内部关系上，对于法定代表人的越权担保给公司带来的损失，公司有权向该越权代表人追偿。

第三，若相对人不构成善意，则可能承担缔约过失责任。《民法典担保制度司法解释》第17条是关于主合同有效而担保合同无效的规定："（一）债权人与担保人均有过错的，担保人承担的赔偿责任不应超过债务人不能清偿部分的二分之一；（二）担保人有过错而债权人无过错的，担保人对债务人不能清偿的部分承担赔偿责任；（三）债权人有过错而担保人无过错的，担保人不承担赔偿责任。"可见，若相对人不构成善意，则表见代表不成立，担保合同对公司并不生效。但对于公司在相对人不构成善意的情形下是否仍应承担责任，社会各界存在不同的观点：第一种观点认为公司需承担缔约过失责任，如《民法典担保制度司法解释》第17条规定，若公司对法定代表人的越权担保行为有过错，则可能因该过错而需承担小于等于债务人不能清偿部分的1/2的缔约过失责任，学理上一般认为公司的过错包括未有效监督法定代表人行使代表权、未管理好公章、未及时发现并制止等。第二种观点认为在相对人不构成善意的情形下，公司无需承担责任，所有责任由法定代表人自行承担，因为在法定代表人越权担保时，公司并不存在过错，公司是否承担责任实质上直接关系股东的利益，要求公司承担责任意味着股东需承担较多风险，不符合《公司法》第15条的立法目的。

(3) 对外担保的其他规定。《民法典担保制度司法解释》还新增了与公司担保有关的其他特殊规定，具体内容如下：

第一，关于上市公司担保。《民法典担保制度司法解释》第9条规定："相对人根据上市公司公开披露的关于担保事项已经董事会或者股东大会决议通过的信息，与上市公司订立担保合同，相对人主张担保合同对上市公司发生效力，并由上市公司承担担保责任的，人民法院应予支持。相对人未根据上市公司公开披露的关于担保事项已经董事会或者股东大会决议通过的信息，与上市公司订立担保合同，上市公司主张担保合同对其不发生效力，且不承担担保责任或者赔偿责任的，人民法院应予支持。相对人与上市公司已公开披露的控股子公司订立的担保合同，或者相对人与股票在国务院批准的其他全国性证券交易场所交易的公司订立的担保合同，适用前两款规定。"

第二，担保决议例外规则。《民法典担保制度司法解释》第8条规定："有下列情形之一，公司以其未依照公司法关于公司对外担保的规定作出决议为由主张不承担担保责任的，人民法院不予支持：（一）金融机构开立保函或者担保公司提供担保；（二）公司为其全资子公司开展经营活动提供担保；（三）担保合同系由单独或者共同持有公司三分之二以上对担保事项有表决权的股东签字同意。上市公司对外提供担保,不适用前款第二项、第三项的规定。”

第三,一人公司担保的特殊规则。《民法典担保制度司法解释》第 10 条规定:“一人有限责任公司为其股东提供担保,公司以违反公司法关于公司对外担保决议程序的规定为由主张不承担担保责任的,人民法院不予支持。公司因承担担保责任导致无法清偿其他债务,提供担保时的股东不能证明公司财产独立于自己的财产,其他债权人请求该股东承担连带责任的,人民法院应予支持。”

第四,分支机构担保的特殊规则。《民法典担保制度司法解释》第 11 条规定:“公司的分支机构未经公司股东(大)会或者董事会决议以自己的名义对外提供担保,相对人请求公司或者其分支机构承担担保责任的,人民法院不予支持,但是相对人不知道且不应当知道分支机构对外提供担保未经公司决议程序的除外。金融机构的分支机构在其营业执照记载的经营范围内开立保函,或者经有权从事担保业务的上级机构授权开立保函,金融机构或者其分支机构以违反公司法关于公司对外担保决议程序的规定为由主张不承担担保责任的,人民法院不予支持。金融机构的分支机构未经金融机构授权提供保函之外的担保,金融机构或者其分支机构主张不承担担保责任的,人民法院应予支持,但是相对人不知道且不应当知道分支机构对外提供担保未经金融机构授权的除外。担保公司的分支机构未经担保公司授权对外提供担保,担保公司或者其分支机构主张不承担担保责任的,人民法院应予支持,但是相对人不知道且不应当知道分支机构对外提供担保未经担保公司授权的除外。公司的分支机构对外提供担保,相对人非善意,请求公司承担赔偿责任的,参照本解释第十七条的有关规定处理。”

第五,关于债务加入的参照适用。《民法典担保制度司法解释》第 12 条规定:“法定代表人依照民法典第五百五十二条的规定以公司名义加入债务的,人民法院在认定该行为的效力时,可以参照本解释关于公司为他人提供担保的有关规则处理。”

3. 借贷的限制。为维持公司资本充实,防止公司借贷行为影响公司资本结构,保障股东和债权人利益,许多国家和地区法律一般都限制公司的借贷行为。如我国台湾地区“公司法”第 15 条规定,公司之资金,除因公司间业务交易行为有融通资金之必要外,不得借贷于其股东或他人;《日本商法典》第 265 条规定,董事自公司接受金钱借贷,应取得董事会的承认。

在我国,一般认为,董事、经理无权将公司资金借贷给他人,除非该借贷行为系公司正常经营活动或公司正常经营活动所必要,或公司章程有特别的规定,或经股东会同意。

(三)目的限制

1. 基本概念与问题。公司章程中应当记载公司的目的,即公司所从事的事业范围,此条款为目的条款(object clause),我国公司法称其为经营范围条款。公司的经营范围也是公司的必要登记事项。公司的权利能力是否受公司的目的范围(经营范围)的限制?这是世界各国公司法面临的普遍问题。

2. 比较法的考察。

(1)英美法系的越权理论及其修正。在英国,早期的法律与判例认为,公司的活动不能超越其目的范围,否则无效。这就是著名的越权理论。越权理论最初适用于 19 世纪上半叶的法令公司(statutory company),法令公司依据政府法令设立,主要从事铁路和其他公用事业。但是,1875 年 *Ashbury Rly Carriage and Iron Co Ltd v Riche* 一案判决则将越权理论推广适用于其他类型的公司，并严格阐述和界定了越权理论的含义。

越权理论在实践中存在很大的弊端，它制约公司的发展，影响交易安全，损害第三人利益。为避免越权理论的适用，许多公司在章程中采纳一般性的目的条款，如“公司可从事任何合法业务”等，这在一定程度上限制了越权理论的消极影响。英国 1985 年《公司法》开始修正越权理论，规定善意第三人可以主张公司能力外的行为有效，1989 年《公司法》第 108 条则明确规定“公司的能力不受公司章程的限制”，正式废除了越权原则。

美国作为英国法律传统的继受者，长期采用越权理论，但《美国标准公司法》第 3.02 条规定，公司可以像自然人那样去做对经营公司业务和处理公司事务有必要的或有利的事情。第 3.04 条规定，不得因为公司欠缺权利能力而对其行为提出无效之诉，也最终抛弃了越权理论。

（2）大陆法系的学说及其发展。在大陆法系，瑞士、德国等国家的法律认为，除专属于自然人的权利外，法人享有与自然人相同的权利能力，法人的目的范围不构成对法人权利能力的限制。如 1966 年《法国商事公司法》第 49 条规定，在与第三者的关系中，经理拥有在任何情况下以公司的名义进行活动的最广泛的权力，但法律明确授予股东的权力除外。公司甚至应对经理的不属于公司宗旨范围的行为负责，但公司举证证明第三者已知道或根据当时情况不可能不知道该行为超越了公司宗旨范围的情况除外，仅公布章程不足以构成此证据。1968 年《欧共体理事会公司法指令（第一号）》第二节“公司缔结债务的能力”第 9 条也明确规定，公司机关实施的行为对公司具有拘束力，即使这些行为超越了目的范围；除非这些行为超越了法律赋予或者法律许可赋予这些机关的权力范围。这一指令已为欧盟各国所采纳。

3. 我国的法律规定和实践。在我国，经营范围是否构成对公司权利能力的限制，不仅是公司法理论的一个重要内容，也是实践中的一个重要问题，因为它关系到公司超越经营范围订立合同的效力问题。关于这一问题，我国的法律和司法实践同其他国家一样，也经历了一个较大的转变过程。

（1）1993 年之前。《民法通则》第 42 条规定，企业法人应当在核准登记的经营范围内从事经营。虽然《民法通则》并没有直接规定公司超越经营范围所签订的合同为无效合同，但 1987 年最高人民法院颁布的《关于在审理经济合同纠纷案件中具体适用〈经济合同法〉若干问题的解答》第 4 条明确规定，超越经营范围或经营方式签订的合同，应认定为无效合同。可见，我国的司法实践完全采用经营范围限制公司权利能力的学说。

（2）1993 年全国经济审判工作会议。完全采用经营范围限制公司权利能力的学说，会导致大量合同无效，危害很大。针对这一情况，1993 年，最高人民法院颁布《全国经济审判工作座谈会纪要》，指出，不应将法人超越经营范围签订的合同一律认定为无效，而应区别对待。从而改变了我国司法机关在这一问题上的态度。

（3）1999 年《合同法》司法解释。1999 年最高人民法院颁布的《关于适用〈中华人民共和国合同法〉若干问题的解释》再次明确了这一原则，第 10 条规定，当事人超越经营范围订立合同，人民法院不因此认定合同无效。但违反国家限制经营、特许经营以及法律、行政法规禁止经营规定的除外。

（4）2005 年《公司法》。虽然 1993 年《公司法》依然沿袭了《民法通则》对于公司经营范围的基本态度和规定，在第 11 条第 3 款规定“公司应当在登记的经营范围内从事经营活动”，但 2005 年《公司法》完全删除了这一规定，从而与《合同法》及其司法解释在公司经营范围的问题上的规定保持一致。

(5) 2020年《民法典》。《民法典》第505条:“当事人超越经营范围订立的合同的效力,应当依照本法第一编第六章第三节和本编的有关规定确定,不得仅以超越经营范围确认合同无效。”

【本节理论探讨】

● 权利能力与法律人格的差异

一、传统的观点

权利能力[①]概念是一种法律的建构,权利能力全称应是权利义务能力,即设立、变更、终止法律关系的能力,所以,权利能力的实质是法律主体的资格,能力即资格。

通过考证能力的词源,也可以发现能力的原本含义。在罗马法中,能力是头颅的意思,当法律赋予一个对象权利能力时,实质上就是将法律的“头颅”树立在了对象的身上,将其建构为法律的主体。在罗马法中,“当一个人(homo)具备足以使其获得权利能力的条件时,在技术用语上被称为persona,因而,权利能力也被称为personalita(人格)”[②]。所以,许多民法教科书都将权利能力与法律主体资格即人格视为同一概念,如梅仲协在《民法要义》中对权利能力概念作这样的定义:权利能力,亦即人格之别称,享受权利、负担义务之能力也。[③]

二、“法人权利能力范围”概念引发的质疑

传统观点认为,权利能力的概念与主体资格的概念是同一的,所以,法人权利能力概念与法人主体资格概念也应当是同一的。那么,公司法理论中,公司法人“权利能力之范围”这一概念又是什么含义呢?因为权利能力就是法律主体资格,难道法律主体资格还有什么范围?这显然是一个很令人不解的问题。对此,主要有两种观点。

第一种观点认为,公司在从事法定的权利能力范围之内的行为时,它是有法律主体资格的,如果它从事法定的权利能力范围之外的行为,就不具有法律主体资格。但是,有一个矛盾它无法说明,即公司的法律主体资格在其登记注册之时就已经获得,并不因为公司从事法定范围之外的行为就不具备法律主体资格,简单地说,即使公司从事了非法活动,它仍然是法人[④],仍具备法律主体资格。

第二种观点认为,所谓权利能力范围,就是权利范围,特别是自由权的范围。公司在从事法定权利能力范围之外的行为时,仍具有法律主体资格,只不过它无权利从事这些行为罢了。

后一种观点更具合理性。江平先生认为,权利能力与人格不是同一个概念,人格是指可以成为民事权利主体的资格,而权利能力则是指可以享有民事权利并承担民事义务的资格。前者是主体的资格,后者是享有权利的资格。前者指条件,即具备了什么条件才能成为主体,后

---

① 权利能力,德文是Rechtsfaehigkeit,法文是capacité de jouissance de droit civil,英文是capacity。在英语中,权利能力与行为能力这两个概念都用capacity表示。参见梅仲协:《民法要义》,中国政法大学出版社1998年版,第53、58页。

② [意]彼德罗·彭梵得:《罗马法教科书》,黄风译,中国政法大学出版社1996年版,第30页。

③ 梅仲协:《民法要义》,中国政法大学出版社1998年版,第53页。

④ 非法活动所产生的责任也由法人自己承担。

者指范围,即民事主体可以享有的权利范围。① 按照这种理解,公司法人“权利能力范围”这一概念在逻辑上就成立了。②

第二节　公司的行为能力

一、 公司行为能力的概念和特征

(一) 公司行为能力的概念

公司行为能力是指公司通过自己的意思表示构建法律关系的资格。关于公司是否具有行为能力,法学史上存在两种不同的学说。以萨维尼(Friedrich Carl von Savigny)为代表的拟制说认为,只有具有意思能力的主体才具有行为能力,而公司是一种组织,没有意思能力,所以,不具有行为能力,公司只能通过其代理人(自然人) 表达其意思。以基尔克(Gierke)为代表的实在说认为,虽然公司是一种组织,但公司具有机关,机关是公司意思能力的体现,所以,公司具有行为能力,公司通过其代表机关表达意思表示。

我国《民法典》第 57 条规定:“法人是具有民事权利能力和民事行为能力,依法独立享有民事权利和承担民事义务的组织。”据此,我国法律采法人实在说,承认公司法人具有行为能力。

(二) 公司行为能力的特征

1. 公司作为一种组织,不同于自然人,公司的行为能力通过其机关实现,而其机关最终由自然人担任。

2. 公司的行为能力与权利能力同时产生、同时消灭,且行为能力的范围与权利能力的范围完全一致。而自然人则存在有权利能力却不一定有行为能力的现象。

二、 公司的法定代表人

公司的行为能力通过法定代表人实现,各国公司法关于公司代表人制度的设计有多种模式,如日本民法采用单独代表制,每一董事均可对外代表公司;《德国股份法》采用共同代

---

① 江平主编:《法人制度论》,中国政法大学出版社 1994 年版,第 3 页。

② 美国分析法学家科克洛克(Kocourek)区分 personateness 和 personality 的主张或许对我们会有所启发。他认为,personateness(即法律上的人,legal person)和 personality(即法律人格,legal personality) 是不同的。法律上的人是承受法律关系的主体资格,而法律人格则是法律上的人所承受的法律关系的总和。法律上的人的概念仅仅是一个空虚的理念、一个概念性的指向,凯尔森(Kelsen)称之为“nur ein idealer Zurechnungspunkt”。法律上的人是一个不可化约的(irreducible) 法律实体(subsistent) ,它要么存在,要么不存在,存在时只有一个质,就是承受法律关系的资格。而法律人格的概念则可以收缩和扩张,在理论上,可能存在没有人格的人(a person without personality),但不可能存在没有人的人格。也许,权利能力就是科克洛克的 personality,而法律主体资格就是科克洛克的 personateness。See Kocourek, A., Jural Relations, The Bobbs-Merrill Company, 1928, p. 291.

表制，第 78 条第 2 款规定，除公司章程有相反规定外，全体董事会成员应集体代表公司。

我国 1993 年《公司法》第 45 条和第 113 条规定，董事长为公司的法定代表人。据此，只有董事长是公司的法定代表人，其他人员均不是公司的法定代表人。但是，这一规定过于僵化，不符合经济生活的要求，因为在实践中，许多公司的董事长并不经常参与公司的经营和决策，公司的实际控制人是经理。强行规定董事长是公司的法定代表人会增加这些公司的经营成本，甚至影响其正常经营。所以，我国 2005 年《公司法》对公司法定代表人制度进行了改革，第 13 条规定："公司法定代表人依照公司章程的规定，由董事长、执行董事或者经理担任，并依法登记。公司法定代表人变更，应当办理变更登记。"根据这一规定，公司法定代表人并不限于董事长，董事长、执行董事和经理均可以成为公司的法定代表人。公司可以根据其实际情况，通过章程的安排，选择董事长、执行董事或经理担任公司的法定代表人。当然，需要强调的是，这一规定并没有根本改变我国一元化的法定代表人制，公司的法定代表人仍然只能是一名，而非共同代表。现行《公司法》第 10 条第 1 款规定："公司的法定代表人按照公司章程的规定，由代表公司执行公司事务的董事或者经理担任。"该条将可担任法定代表人的人选范围扩展至"执行公司事务的董事"。

三、代表行为及其构成要件

本书以董事长担任法定代表人的情形为例，分析公司法定代表人代表行为的构成要件。

（一）代表行为

1. 代表行为与个人行为。公司的法定代表人最终由自然人担任，但是作为公司法定代表人的自然人在生活中具有多重身份，他所实施的行为既可能是个人行为，也可能是公司的代表行为。如果一种行为被认定为个人行为，则行为的法律后果由其个人承担，而与公司无关；如果一种行为被认定为代表行为，则行为的后果由公司承担。所以，如何认定公司法定代表人的某一项具体行为是个人行为还是代表行为，是司法实践中的一个重要问题。

2. 代表行为有效与公司的意思表示有效之间的差别。司法实践中经常出现这样的问题：将董事长的代表行为无效和董事长代表公司签订的合同无效混为一谈，从而错误地适用责任规则，将本应由董事长个人来承担的责任认定为由公司承担合同无效的过错责任。事实上，代表行为有效只表明董事长的意思表示构成公司的意思表示，而公司的意思表示有效以代表行为有效为前提，还应符合意思表示（法律行为）的生效要件。所以，董事长代表行为有效并不意味着董事长代表公司所为的意思表示一定有效，后者是否有效还要看其是否符合意思表示（法律行为）的生效要件。

（二）代表行为构成要件

1. 具有法定代表人的身份。一个自然人经过公司法和公司章程规定的程序被选举为董事长，并经登记公示，即具有法定代表人的身份。但是，实践中，某自然人经无效程序被选举为董事长，却已经登记公示，或者某自然人已经被登记为公司的法定代表人，其后被公司董事会罢免，但未经变更登记，该自然人是否具有公司法定代表人的身份？

处理此类问题,应遵循公司法的一项重要原理,即公司登记的公信力原则。其含义指,公司法定代表人一经登记,即使其任命手续存在瑕疵,其法定代表人资格对于善意第三人亦为有效。对此,《民法典》第 65 条规定,“法人的实际情况与登记的事项不一致的,不得对抗善意相对人”;《公司法》第 34 条规定:“公司登记事项发生变更的,应当依法办理变更登记。公司登记事项未经登记或者未经变更登记,不得对抗善意相对人”。

《欧盟公司法指令(第一号)》第二节第 8 条对此也有清晰的规定:被授权代表公司人员的有关事项完成公示手续后,公司不得以其任命手续中的瑕疵对抗第三人,除非公司能够证明第三人已经知道这一瑕疵。

2. 以法定代表人的名义进行活动。董事长如果不以公司法定代表人的名义而以个人的名义进行活动,如董事长以个人名义购买家具,则为个人行为,而非代表行为。

3. 在权限范围内进行活动。如果法定代表人的行为超越权限范围,其代表行为无效,除非其行为构成表见代表。《民法典》第 61 条第 3 款规定:“法人章程或者法人权力机构对法定代表人代表权的限制,不得对抗善意相对人。”第 504 条规定:“法人的法定代表人或者非法人组织的负责人超越权限订立的合同,除相对人知道或者应当知道其超越权限外,该代表行为有效,订立的合同对法人或者非法人组织发生效力。”

但是,如何判断在公司董事长的行为超越权限情形下相对人“知道或应当知道”?通常,对董事长权力的限制一般有两种:一是法定限制,即法律法规的直接限制;二是意定限制,即公司章程或董事会、股东会决议的限制。相应地,董事长的越权行为也可分为两种:一是超越法定限制,二是超越意定限制。下面,我们分别予以分析。

(1) 超越法定限制。《公司法》没有专门的条款直接对董事长的对外权力作限制性规定,但是,《公司法》对股东会和董事会的权力授予实际上可以被视为《公司法》对董事长的权力的限制。例如,《公司法》第 59 条规定,股东会享有对发行公司债券、公司的合并和分立等事项作出决议的职权。此条即表明董事长未经股东会同意,无权签订发行公司债券的合同和公司合并、分立的合同。在这种情形下,董事长越权行为违背法律法规的限制,相对人对此应尽到合理审查义务,否则,董事长的代表行为无效。

最高人民法院颁布的《关于适用〈中华人民共和国民法典〉合同编通则若干问题的解释》(简称《民法典合同编通则司法解释》)第 20 条第 1 款对此情形也作出了规定:“法律、行政法规为限制法人的法定代表人或者非法人组织的负责人的代表权,规定合同所涉事项应当由法人、非法人组织的权力机构或者决策机构决议,或者应当由法人、非法人组织的执行机构决定,法定代表人、负责人未取得授权而以法人、非法人组织的名义订立合同,未尽到合理审查义务的相对人主张该合同对法人、非法人组织发生效力并由其承担违约责任的,人民法院不予支持,但是法人、非法人组织有过错的,可以参照民法典第一百五十七条的规定判决其承担相应的赔偿责任。相对人已尽到合理审查义务,构成表见代表的,人民法院应当依据民法典第五百零四条的规定处理。”

(2) 超越意定限制。许多公司在章程中对董事长的权力进行限制,而章程一般在公司登记机关备案并公示。但是,为保护交易安全和第三人的利益,章程的备案和公开本身并不足以构成“相对人知道或者应当知道”的证据。如《欧盟公司法指令(第一号)》第二节第 9 条明确规定,“公司章程或者有决策权的公司机关对于公司机关权力的限制,不得被公司利用对抗第三人,即使这些限制已经公告也是如此。《德国民法典》第 26、64、68 条规定,法人得依章程限制董事代表权,经登记而得对抗第三人。但《德国股份公司法》第 82 条、《德国有限责任公司法》第 31 条则规定,对于董事代表权所加章程限制,不得对抗第三人。

从我国的立法和实践来看,《市场主体登记管理条例》第 9 条规定公司章程是登记备案事项,但并不要求在企业信用信息公示系统公示。查阅公司章程手续烦琐,受到限制,通常需要获取法院的立案通知或传票等司法文件后方可查询。所以,本书认为,在我国的司法实践中,章程的备案本身不足以构成"相对人知道或者应当知道"的证据。

股东会和董事会直接以决议的形式限制董事长的权力的,因决议一般不具有公示性,相对方对此一般是不知道或者不应当知道的,是善意的;即使股东会或董事会决议在媒体上公开,也不足以构成"相对人知道或者应当知道"的证据。

《民法典合同编通则司法解释》第 20 条第 2 款规定:"合同所涉事项未超越法律、行政法规规定的法定代表人或者负责人的代表权限,但是超越法人、非法人组织的章程或者权力机构等对代表权的限制,相对人主张该合同对法人、非法人组织发生效力并由其承担违约责任的,人民法院依法予以支持。但是,法人、非法人组织举证证明相对人知道或者应当知道该限制的除外。"根据该规定,对于章程或公司决议对法定代表人代表权的限制,相对人没有审查义务,代表行为当然有效,但是,公司举证证明相对人知道或者应当知道该限制的除外。

四、 代表行为和非代表行为的法律后果

本部分仍以董事长作为公司的法定代表人为例予以分析。如果董事长对外签订合同的行为构成代表行为,其缔约行为的一切法律后果将由公司承担,公司因此可能承担的责任包括缔约上的过失责任、合同无效的责任、履行合同的责任以及违约责任。

如果董事长对外签订合同的行为不构成代表行为,即非代表行为(个人行为),其行为的法律后果便与公司无关,完全由个人承担。对于非代表行为,可进一步区分为以下两种情形:(1) 以个人名义实施的非代表行为。此行为完全是个人的合同行为,个人为合同主体,个人承担合同责任。(2) 以公司名义实施的非代表行为。《民法典合同编通则司法解释》第 20 条第 1 款规定:"……法人、非法人组织有过错的,可以参照民法典第一百五十七条的规定判决其承担相应的赔偿责任。……"据此,对于非代表行为,公司如有过错,应承担赔偿责任。

五、 公司意思表示的外在推定形式

如果一项意思表示具备以下表现形式,即可以推定为公司的意思表示,除非有相反的证据可以推翻该推定:

一是法定代表人签章。如董事长为公司的法定代表人,董事长以公司法定代表人名义进行签章的行为当然构成公司意思表示的外在推定形式。但需注意,根据代表行为的构成要件理论,如有证据证明董事长的代表行为越权,且相对人知道或者应当知道,则可以推翻推定,确认代表行为无效,公司无须承担相应法律后果。

二是公司印章。《公司法》对于公司印章的性质并没有明确规定,但《民法典》第 490 条规

定的“当事人采用合同书形式订立合同的,自双方当事人签字、盖章或者按指印时合同成立”,表明我国法律承认印章是公司意思表示的外在推定形式。其实,在交易习惯中,人们也普遍认为印章就是公司意思表示的推定形式。

公司印章、法定代表人签章等表现形式可推定为公司的意思表示。若合同仅具备其中一种表现形式,如仅加盖公司印章而未具法定代表人的签章,该如何确认此类合同对公司的效力?《民法典合同编通则司法解释》第22条对此作出了详细规定,具体而言:

第一,印章是否真实并不影响合同效力。根据《民法典合同编通则司法解释》第22条第1款规定,法定代表人以公司名义订立合同且未超越权限,公司仅以合同加盖的印章不是备案印章或者系伪造的印章为由主张该合同对其不发生效力的,人民法院不予支持。

第二,合同未加盖公司印章的,并不影响合同效力。根据《民法典合同编通则司法解释》第22条第2款规定,若合同系以公司名义订立,但是仅有法定代表人签名或按指印而未加盖公司印章,相对人能够证明法定代表人在订立合同时未超越权限的,人民法院应当认定合同对公司发生效力。但是,当事人约定以加盖印章为合同成立条件的除外。

第三,合同没有法定代表人签名或按指印的,也不影响合同效力。根据《民法典合同编通则司法解释》第22条第3款规定,合同仅加盖公司印章而无法定代表人签名或按指印,相对人能够证明合同系法定代表人在其权限范围内订立的,人民法院应当认定该合同对公司发生效力。

六、 公司在对外活动中的代理

公司在对外活动中,其意思表示不仅可以通过代表机关实现,也可以通过代理人来实现,普通董事、公司经理乃至普通工作人员在公司法定代表人或董事会的授权下,可以代理公司对外从事活动。

【本节理论探讨】

- **法定代表人变更的生效要件和对抗要件**

公司作为一种组织体,其行为能力需要通过法定代表人来实现,无论对公司还是对交易相对人,由何人代表公司均意义重大。法定代表人于公司设立之后并非一成不变,公司人事调整、股权变动、控制权争夺以及其他不可预见因素都可能导致公司变更法定代表人。公司法只规定了法定代表人变更应当办理登记,对于登记的效力却未作规定。这就导致包括登记机关工作人员在内的很多人都想当然地认为:既然公司法规定法定代表人变更应当登记,登记就是法定代表人变更的生效要件。这种认识在理论上是错误的,在实践中更是有害的。

韦某兵与新疆宝塔房地产开发有限公司等请求变更公司登记纠纷案

法定代表人是公司唯一的对外代表机关。面对瞬息万变的市场,公司需要及时交易,需要最能代表自己意志的人完成这些交易。依照公司法规定,法定代表人由公司股东会或董事会选举产生,其权力来源于公司内部权力机构或决策机构的授权。一旦公司基于各种考虑和现实需求依合法程序解聘原法定代表人并同时选任新的法定代表人,原法定代表人的代表权丧失,新的法定代表人基于公司权力机关或决策机关的选任拥有了代表权,因此,一旦新的法定代表人产生,法定代表人的变更即生效,新的法定代表人就有权代表公司对外进行交易。

选任程序的完成是法定代表人变更的生效要件,那么公司在公司登记机关变更登记的效力如何呢?

《民法典》第65条规定,“法人的实际情况与登记的事项不一致的,不得对抗善意相对人。”《公司法》第34条规定,“公司登记事项发生变更的,应当依法办理变更登记。公司登记事项未经登记或者未经变更登记,不得对抗善意相对人”。公司内部选任程序虽然合法地变更了法定代表人,但是对于第三人而言,尚未变更的公司登记仍然具有公信力,他们基于对登记的信赖而与公司原法定代表人签订的合同有效。公司登记是法定的公示程序,法定代表人的变动只有经过公司变更登记才能对第三人产生对抗效力,公司不得以代表权变动有效主张原法定代表人的代表行为无效。这就要求公司登记机关及时根据股东会或董事会决议为公司办理变更登记手续,尽快消除公司代表权公示内容与公司自身意志的错位,维护交易的安全有序。

【本节实务研究】

- **法定代表人代表公司从事非法活动时代表行为的效力**

如果公司法定代表人的行为得到了董事会或股东会的授权,法定代表人的行为是否就不可能构成越权?代表行为就必然成立?对此,需要区分两种情形进行分析:(1)如果所授的权力合法,其代表行为当然有效。(2)如果所授的权力违反法律法规,如法定代表人在董事会或股东会的授权下以公司的名义签订有关走私的合同,代表行为是否成立?对此,一般推理如下:授权因违反法律法规而无效,所以,法定代表人不具有签订走私合同的权力,其签订走私合同的行为构成越权;因为法定代表人的行为直接违反法律法规,相对人对此应当知道,所以代表行为无效。但是,这种推理的结果与司法实践中的判断标准是不同的。一般认为,只要法定代表人的行为得到董事会或股东会的授权,法定代表人的代表行为必然成立,无论这种授权的内容是否违法,因为代表关系的构成与代表人所获得的权力的合法性没有直接联系,两者不可混同。

- **法定代表人代表公司的赠与行为是否有效**

法定代表人的权力受法律法规、公司章程、董事会和股东会决议的限制,但如果法律法规、公司章程、董事会或股东会决议对某一特定的权力没有作出限制,法定代表人行使这一权力是否就不构成超越权限,如赠与行为?

一般认为,公司是企业法人,以营利为目的,法定代表人的行为应以企业资产增值为目的,而不能像基金会那样从事公益活动,除非得到董事会或股东会的特别授权。所以,即使法律法规、公司章程、董事会或股东会决议对法定代表人代表公司的赠与行为没有限制,法定代表人也不具有擅自代表公司决定赠与的权力,其赠与行为必须得到股东会的授权。

但是,对于法定代表人的赠与行为是否与公司的经营相关,是否为经营所需,理论上和实践中都有不同的理解。有人主张,法定代表人的一切赠与行为都需得到股东会的授权。但有人则认为,一些赠与行为具有改善公司社会形象、开拓公司经营资源、调动员工积极性、增强公司市场竞争优势和提高公司商誉的目的和效果,表面上是无偿的赠与,实质上有无形的收益。这种赠与行为当属公司正常的经营事务,不应笼统地视为法定代表人权限范围之外的行为,但可以对赠与数额予以限制。对于此类赠与行为，如果公司章程、董事会或股东会决议没有特别的限制，法定代表人应享有这种权力。

从以上分析可以看出，法定代表人的权力除受法律法规、公司章程、董事会或股东会决议明确限制外，还应受公司法的基本原则——公司的营利性原则的限制。也就是说，即使法律法规、公司章程、董事会或股东会决议对法定代表人的某一权力没有限制，法定代表人行使这一权力也应受公司营利性原则的限制，违背公司营利性原则的行为仍为越权，除非得到了董事会或股东会的特别授权。

那么，法定代表人未经董事会或股东会同意代表公司进行赠与，相对人是否应当知道？一般认为，公司的营利性是公司的基本属性，赠与不是公司日常经营的当然内容，相对人应当明了法定代表人不具有赠与的权力。

第三节　公司的侵权行为能力

一、公司侵权行为能力的概念

公司侵权行为能力，又称公司的责任能力，是指公司承担侵权行为所致的损害赔偿的能力。

在法学史上，关于公司的侵权行为能力存在拟制说和实在说两种理论。拟制说认为，公司作为法人无意思能力，所以也无侵权行为能力；实在说则认为，公司作为法人本身即具有意思能力，所以也有侵权行为能力。

是否承认公司具有侵权行为能力，将导致不同的责任制度：如果承认公司具有侵权行为能力，公司将对其侵权行为承担直接责任；如果否认公司具有侵权行为能力，则由具体行为人承担责任。所以，判断公司是否具有侵权行为能力，不能仅从概念出发，而应从利益衡量的角度予以分析。

为保护受害人利益，加强公司的责任，大多数国家法律均承认公司具有侵权行为能力，我国的法律也承认公司有侵权行为能力。《民法典》第 61 条规定的“法定代表人以法人名义从事的民事活动，其法律后果由法人承受”，即反映了我国法律的立场。

二、公司侵权行为的构成要件

公司作为法人，本身无法实施侵权行为，而需通过自然人实施，那么，什么行为可以认定为公司侵权行为？一般认为，一种行为如果具备以下构成要件，就可以被认定为公司侵权行为，而由公司对受害者承担责任。

（一）须是公司的工作人员实施的行为

《民法典》第 62 条规定：“法定代表人因执行职务造成他人损害的，由法人承担民事责任。法人承担民事责任后，依照法律或者法人章程的规定，可以向有过错的法定代表人追偿。”第

1191 条第 1 款规定:"用人单位的工作人员因执行工作任务造成他人损害的,由用人单位承担侵权责任。用人单位承担侵权责任后,可以向有故意或者重大过失的工作人员追偿。"可见,在我国,公司的法定代表人及其他工作人员的行为均可能构成公司侵权行为。

我国《民法典》将企业法人侵权行为的主体要件扩张至企业全体工作人员,在实务中,就会产生一个问题:如何认定公司的工作人员?对于一个公司,为其服务的人员是否都是"公司的工作人员"?认定的标准是什么?

一般认为,只有与公司建立劳动合同关系的人员才是公司的工作人员,而与公司仅存在劳务合同关系的人员则不是公司的工作人员。

劳务合同与劳动合同是两类不同性质的合同。一旦劳动者与公司签订了劳动合同,建立了劳动关系,劳动者便成为公司的成员,具有从属性,服从公司的管理,这种劳动关系由劳动法调整,公司除向劳动者给付报酬外,还应依法为劳动者提供社会保险待遇及符合法律规定的劳动条件和劳保用品。而劳务合同由合同法调整,公司只向提供劳务一方支付报酬,而不承担其他诸如社会保险等义务。因履行劳务合同发生的争议可以提请仲裁或直接起诉。劳动合同是建立劳动关系的依据,属于劳动法的调整范围,因履行劳动合同发生的争议只有经过劳动仲裁后才可进入诉讼程序,必须先裁后审。

在劳动合同关系中,劳动者履行公司职务,导致他人利益受损的,构成公司侵权行为,由公司承担责任;而在劳务合同关系中,劳动者在按照约定履行劳务过程中造成他人利益受损的,一般与公司无关。

但是,在实践中,还应注意,侵权行为的实施者虽不是上面所界定的公司的工作人员,但以公司的名义实施侵权行为,且第三人有理由相信他是公司工作人员的,其行为经公司授权,本要件也应当构成。

(二) 公司工作人员实施的行为须与公司职务有密切关系

何谓"与公司职务有密切关系"?对于这一问题,"外观主义"理论的解释比较合理,即为了保护第三人的利益,只要公司工作人员的行为与其职权有紧密的客观关系,令第三人信赖其在执行公司职务,而无论公司是否真正授权,无论公司工作人员的行为是否超越了法律、法规、公司章程和公司机关规定的权限,均构成公司侵权行为,由公司承担责任。

(三) 须具备侵权行为的一般构成要件

公司工作人员的行为应符合侵权行为的一般构成要件,包括过错、违法性、因果关系和损害四个方面,即公司工作人员须存在故意或过失,须违反法律、法规侵害他人权利,或故意以悖于善良风俗的方法损害他人,工作人员的行为与他人损害之间须有相当因果关系,以及造成损害后果。

三、 公司侵权行为的法律责任

(一) 公司的责任

一种侵权行为既然被认定为公司侵权行为,其法律责任自然由公司直接承担,由公司向受害人承担赔偿责任。

（二）行为人的责任

1. 行为人对公司的责任。虽然公司的侵权行为实质上为公司的工作人员所为，但是，在一般情况下，工作人员并不对受害人直接承担赔偿责任，但根据《民法典》第 62、1191 条的规定，公司法人承担民事责任后，依照法律或者法人章程的规定，可以向有过错的法定代表人追偿，向有故意或者重大过失的工作人员追偿。

2. 行为人与公司的连带责任。从概念和逻辑的推理来看，一种行为既然被认定为公司侵权行为，便应由公司承担责任，而不应由行为的直接实施者——公司的工作人员承担责任。但是，在设计公司的责任制度时，除了应考虑概念和逻辑的关系的一致性，更为重要的是，还应考虑各利害关系人之间利益平衡的公平性。

在公司侵权行为的法律责任中，要求工作人员承担一定责任，可以加强工作人员的谨慎意识，控制公司侵权行为的发生，受害者也可以获得更多的赔偿机会。对此，我国台湾地区“公司法”第 23 条规定，公司负责人对于公司业务之执行，如违反法令致他人受损，对他人应与公司负连带赔偿之责。《韩国商法典》也规定，代表公司的社员或者代表董事在履行公司业务中对他人造成损害的，公司与其代表机关承担赔偿责任。

虽然我国《公司法》没有对公司工作人员的连带责任作出一般规定，但最高人民法院颁布的《关于审理人身损害案件适用法律若干问题的解释》第 9 条曾经采用过雇员连带侵权责任，即“雇员在从事雇佣活动中致人损害的，雇主应当承担赔偿责任；雇员因故意或者重大过失致人损害的，应当与雇主承担连带赔偿责任。雇主承担连带赔偿责任的，可以向雇员追偿”。该司法解释于 2022 年进行了修改，上述连带责任规定被删除。因此，根据《民法典》第 1191 条规定，工作人员存在故意或重大过失只影响工作人员与公司的内部追偿关系，并不产生连带责任的法律后果。

此外，在上市公司虚假陈述的侵权行为中，工作人员也与公司承担连带责任。《证券法》第 85 条规定：“信息披露义务人未按照规定披露信息，或者公告的证券发行文件、定期报告、临时报告及其他信息披露资料存在虚假记载、误导性陈述或者重大遗漏，致使投资者在证券交易中遭受损失的，信息披露义务人应当承担赔偿责任；发行人的控股股东、实际控制人、董事、监事、高级管理人员和其他直接责任人员以及保荐人、承销的证券公司及其直接责任人员，应当与发行人承担连带赔偿责任，但是能够证明自己没有过错的除外。”根据这条规定，上市公司的董事、监事、高级管理人员和其他直接责任人员对于上市公司虚假信息披露的侵权行为应承担连带赔偿责任。

我国《公司法》第 191 条规定：“董事、高级管理人员执行职务，给他人造成损害的，公司应当承担赔偿责任；董事、高级管理人员存在故意或者重大过失的，也应当承担赔偿责任。”该条对于公司的对外侵权责任、董事和高级管理人员对外承担连带责任作出了一般性规定，是公司法的一个重要的发展。

【本章思考练习题】

一、名词解释

1. 公司的权利能力

2. 公司权利能力范围

3. 公司的行为能力

4. 代表行为

5. 公司的责任能力

二、简答题

1. 公司的权利能力存在哪些方面的限制?

2. 公司是否享有名誉权和荣誉权?为什么?

3. 公司可否向合伙企业投资?为什么?

4. 公司的借贷行为应受哪些限制?

5. 公司的赠与行为应受哪些限制?

6. 简述公司董事长代表行为的构成要件。

7. 简述公司侵权行为的构成要件。

三、案例分析

1. 2017年2月,东方机械进出口公司与中国进出口银行签订了《出口卖方信贷借款合同》,截至2016年1月,东方机械进出口公司在上述合同项下的债务共计人民币6000万元。因东方机械进出口公司无力偿还上述债务,东方机械进出口公司、长城机械进出口股份有限公司(系东方机械进出口公司的子公司)和中国进出口银行、中粮进出口公司四方法定代表人于2024年2月1日签订了《贷款重组协议》。在协议中,中粮进出口公司同意无条件承担上述东方机械进出口公司的债务中3750万元,长城机械进出口股份有限公司同意无条件承担东方机械进出口公司债务中的2250万元债务,并为中粮进出口公司所承担的3750万元的债务承担一般保证责任。在《贷款重组协议》签订前,长城机械进出口股份有限公司于2024年1月30日召开董事会,全体董事以七票同意、两票反对的表决结果通过决议,同意签订《贷款重组协议》,但未召开股东大会会议。

2024年4月16日长城机械进出口股份有限公司向中国进出口银行清偿了2250万元债务。据查,长城机械进出口股份有限公司的章程对于公司代他人承担债务和为他人债务提供担保等事项均无规定。

请分析《贷款重组协议》的效力。

2. A公司有两位股东甲和乙,甲占股51%,担任法定代表人,持有公司印章,乙占股49%。乙举报甲侵占公司资产,将甲送进了监狱。之后,乙私刻公司印章,和B公司签订协议,合作开发A公司的一块地。合作开发完毕,商品房售罄。甲出狱,以A公司名义起诉B公司,主张合作开发合同系乙私刻公章所签,对A公司不生效力。合同不生效力已经为最高人民法院判决认定,现在面临的法律问题是:

A公司主张B公司返还获利或赔偿,但该请求权性质不明,给付内容应包含土地的原价、土地的增值、土地的开发利润吗？请给A公司起草一份起诉状。

四、论述题

参考公司的侵权行为能力理论，分析公司的犯罪能力。

第六章　公司资本制度

■【导语】

资本，是公司法中最基本的概念之一。资本制度在公司法中起着主导性的作用，公司法中的许多制度和规则都与资本制度有着内在的密切联系，一些法律规则实质上是资本制度的具体体现和要求，我国公司法正是以资本信用为基础构建了自己的体系。

本章分析了资本的基本含义及其与其他相关概念的关系，阐释了资本的法律意义、公司法的资本原则和资本形成制度，介绍了资本形成制度与我国资本缴纳制度的改革情况，从资本募集的角度对有限责任公司和股份有限公司股份发行和增加资本与减少资本的制度与法律规则作了全面系统的归纳、阐释和分析。学习本章，应重点理解和掌握资本与相关法律概念的关系、公司法的资本原则和资本形成制度、股份发行的分类、增资与减资的条件和程序。对资本、最低资本额、增资、减资的法律意义应有基本的理解和认识。对股份发行的条件和程序应有一般性的了解和掌握。

第一节　公司资本概述

一、公司资本的概念和特征

公司资本(capital)，又称股本或股份资本，是公司成立时章程规定的，由股东出资构成的财产总额。资本具有以下特征：

第一，资本是公司自有的独立财产。任何法人组织都必须拥有独立的财产，公司独立财产的重要来源就是其资本。在公司占有、使用的财产中，有的是自己所有的财产，有的是借贷来的财产，因此，经济学和会计学上有所谓自有资本与借贷资本之分，公司法上的资本仅指公司自己所有、不受他人支配的独立财产。资本也是公司的原始财产，公司成立后会有多种财产来源，但只有最初的财产属于公司的资本。

第二，资本是一个抽象的财产金额。资本是抽象的财产金额，而不是具体的财产形式，虽然构成资本的财产以货币、以实物、知识产权、土地使用权等多种具体形式存在，而且这些财产形式之间亦发生经常的转换，但资本是不受具体财产形式影响的财产金额。同样的资本会有完全不同的具体财产构成，而相同的财产构成也会代表完全不同的资本。

第三，资本来源于股东的出资。公司资本是公司全体股东的永久性投资，只能由股东出资构成，股东出资总额即公司资本总额。通过经营积累或接受赠与等获得的财产，虽属公司自有资产，但因不属于股东出资而不能直接计入公司资本。资本亏损后，公司可以用其以往的盈余弥补，此种弥补既是弥补资本，也是弥补股东出资，因而其性质仍然属于股东出资。公司以公积金转增为资本的，因公积金属于股东权益，本应分配给股东，因此亦可理解为股东的出资。

需要指出的是，资本作为股东出资总额，在特殊情况下，也有例外。例如，公司溢价发行股份的，发行价格高于股份的票面金额，而公司的资本额按全部股份的票面金额计算，此时股东的实际出资总额会高于甚至远远高于公司的资本额，超出资本额的股东出资要计入公司的资本公积金中。

第四，资本是在公司成立时由章程确定的。任何公司成立时都必须制定章程，而公司资本则是章程必须记载的事项。此种资本数额是由公司发起人或将来的公司股东通过协商予以确定并写入章程的。

第五，资本是一个确定不变的财产数额。公司资本一经确定，即不能自然或随意改变。公司成立后，可能盈利，也可能亏损，其资本可能增值，也可能贬值，从而导致其资产数额发生变化，但这并不自然改变其资本额。如果需要改变，必须依照法定的增加资本或减少资本的程序，经股东会作出决议、修改章程并办理变更登记。

二、 公司资本的不同含义和形式

“资本”一词，在不同的语境中有不同的含义。经济学、会计学和法学等均涉及对资本的界定。不同国家的公司法立法、理论和实践也常基于不同的含义使用资本，公司资本由此存在以下不同的含义和形式：

第一，注册资本（registered capital），又称额面资本或核定资本，是指公司成立时注册登记的资本总额。“注册资本”一词，在各国公司法中并不多见。我国是少有的对注册资本有严格界定的国家。其他一些国家的公司法亦规定资本是登记注册的重要事项，但并未明确使用“注册资本”这一术语，但实质上，此种登记的资本额就是注册资本。但对于注册资本是否应为实缴资本，是否可以用授权资本或发行资本登记注册，各国立法规定有所不同。

第二，授权资本（authorized capital），又称名义资本（nominal capital），是指公司根据公司章程授权可发行的全部资本。依英美法系公司法，公司章程中必须注明公司的授权资本，否则不予登记。但公司设立时不必发行全部的授权资本，只须部分发行即可，剩余部分可授权董事会根据需要分次发行。授权资本的概念仅用于授权资本制之下，在法定资本制之下，不允许有授权资本。

第三，发行资本（issued capital），又称已发行资本，是指公司一次或分期发行股份时，已经发行的资本总额。对公司，该资本称为已发行资本；对股东，该资本又可称为认购资本，即股东承诺缴纳的股本。根据公司资本发行的安排，授权资本可以部分或全部成为发行资本。股东不必全部付清已发行股本，已发行资本由已缴资本与待缴资本构成，在公司发行完所有的股份前，它总是低于公司资本的。

第四，实缴资本（paid up capital），亦称已缴资本、实收资本，指股东已经向公司缴纳的资本。资本已经发行不等于股东已经实际缴纳。在法定资本制下，亦允许股东对其认购的股份分期缴纳股款,其实际缴纳的部分即构成实缴资本。如果发行的资本被全部缴足,实缴资本即等于发行资本。

第五,待缴资本(uncalled capital),又称催缴资本,指公司已发行、股东已认购但尚未缴纳的资本。对催缴资本,公司有权随时向股东催缴,股东有义务按约定或按公司的要求缴纳。因此,公司的待缴资本实际上已成为公司应得到的财产,已构成股东对公司债务的担保。

第六,保留资本(reserve capital),又称储备资本,是指在公司正常经营情况下,发行和待缴资本中不得向股东催缴,只有在公司破产时才可催缴的资本。

由此可见,资本是十分复杂的法律概念,普遍适用于各国公司法的统一资本概念是不存在的。事实上,在不同国家,对不同类型的公司,在法定资本制和授权资本制之下,资本都会具有不同的含义或表现出不同的形式。在同一国家的不同时期,随着公司法的改革和修订,资本的含义也在发生变化,如在英国,实行授权资本制时,根本没有最低资本额的规定,亦无注册资本的概念,但后来为适应欧盟公司法统一的要求,转采折中资本制,规定了公司最低资本额,也有了注册资本的概念,其注册资本非依实缴资本、授权资本确定,而依发行资本确定。在美国,迄今并无注册资本的概念。

三、 我国《公司法》的“公司资本”

在我国《公司法》中,公司资本指的是“注册资本”。其中的“注册”不仅要求向公司登记机关登记,还要记载于公司章程、公司营业执照、有限责任公司的出资证明书上。《公司法》对有限责任公司和股份有限公司分别采取了不同的资本缴纳制度,导致两者的注册资本认定产生了差异。有限责任公司采用限期认缴制,在注册资本的缴纳方式上采用认缴的方式,股东在公司成立前只需确定出资额并承诺在公司成立后的一定期限内缴纳出资,《公司法》第 47 条规定,有限责任公司的注册资本为在公司登记机关登记的全体股东认缴的出资额。

股份有限公司采用实缴制,股份有限公司的发起人或认股人应当在公司成立前按照其认购的股份足额缴纳股款,《公司法》第 96 条规定,股份有限公司的注册资本为在公司登记机关登记的已发行股份的股本总额。并且,无论是发起设立型股份有限公司,还是募集设立型股份有限公司,均采用实缴制。例如,《公司法》第 98 条规定,发起人应当在公司成立前按照其认购的股份全额缴纳股款。第 101 条规定,向社会公开募集股份的股款缴足后,应当经依法设立的验资机构验资并出具证明。

综上所述,根据我国《公司法》,公司资本是指注册资本,有限责任公司的注册资本是全体股东认缴的出资额,股份有限公司的注册资本是实缴的已发行股份的股本总额。

四、 公司资本与相关概念的比较

(一) 资本与资产

公司资产(assets),亦称公司实有财产,是公司实际拥有的全部财产,包括有形财产和无形财产。在财产形态上,资产可分为流动资产、长期投资、固定资产、无形资产和递延资产等,货币、债权和某些实物属于流动资产，土地、房屋属于固定资产，工业产权则属于无形资产。公司资产主要来自股东的出资即公司资本、公司对外负债、公司的资产收益和经营收益。资产与负债作为公司资产负债表中的两个栏目，存在互动的对应关系，由于负债是资产的来源，因此，公司负债的增减必然导致资产的相应增减。

就概念的外延而言，公司资产要大于资本，资本只是资产的一部分。但就实际金额而言，资本与资产的对应关系会因公司的经营状况而有很大差别：公司成立时，没有任何对外负债，其资本就是其全部资产；公司成立后，随着公司对外负债的发生，资产通常都会高于资本，但并不排除公司亏损或公司资产价值剧烈变化导致资产低于资本的情况发生。

公司法人的独立财产责任，就是以公司实有的全部资产对其债务负责，公司资产才是公司对外承担财产责任的实际担保，因此，资产的总额、资产的构成及其变现和支付的能力在公司法和公司实务中具有重要的意义。

（二）资本与资金

科卓公司重复转让投资权益纠纷案

公司的资金（fund）是不甚明晰也不甚统一的概念。事实上，公司的资金并不是公司法上的概念，而是会计学和管理学等其他领域的概念，但其他领域所称的资金实质上类似或等同于公司法中的资产，都是指公司所拥有的财产。但公司法中资产的概念范围更广，可能包含某些在会计上不能入账的特殊资产，如未变现的工业产权和商誉等。自有资金与借贷资金之分不过表明了资产或资金的来源。但无论如何，不应把公司的资金仅理解为货币形式的资产，也不应将其理解为以货币价值计算的资产。

受历史习惯和观念意识的影响，我国在企业立法中曾长期使用资金和注册资金的概念，其中的资金与现在所用资产的法律含义基本一致，注册资金与现在所用的注册资本法律含义基本一致。1993 年《公司法》颁行后，各种公司法立法和企业立法已基本改用资产和注册资本的概念。

（三）资本与净资产

公司的净资产（net Assets，net Worth）是指公司全部资产减去全部负债后的余额。公司的资产实质上可分为自有资产和借贷资产，借贷资产虽然形式上或暂时属公司所有，但债务一经清偿，公司资产即相应地减少。真正归公司所有的是其中的自有资产，净资产正是公司自有资产的价值，也是其实质的财产能力和资产信用的基础。公司成立时没有任何对外负债，其资本就是其全部资产，也是其净资产。公司成立后，随公司经营的盈利或亏损、资产本身的增值或贬值等，资产价值及相应的净资产的价值就处于不断的变化之中，净资产可能高于资本，也可能低于资本。在公司资产等于负债时，净资产等于零，而在公司资不抵债时，净资产则为负值。

（四）资本与股东权益

股东权益（equity），又称所有者权益，是指股东对公司净资产享有的权利。股东权益分为四个部分，即资本、资本公积、盈余公积和可分配利润，资本是其中的一部分。因此，一般情况下，股东权益要高于资本；如果公司没有资本收益，从未盈利，因而也从未提留资本公积和盈余公积，则股东权益可能等于资本；如果公司亏损，可分配利润为负值，股东权益还会低于资本。

同时,股东权益只是股东对公司净资产的抽象价值的权利,而不是对任何具体形态资产的权利;股东权益无论多大,都无权直接支配或处分公司的财产。

(五) 资本与投资总额

公司投资总额,是为设立和经营公司而投入的全部财产总额,包括股东出资形成的注册资本和注册资本之外向公司的投入。投资总额的概念主要在外商投资企业法中使用,但内资设立的有限责任公司,也有约定或规定公司投资总额的情况。目前,学界及实务界对投资总额中注册资本之外投资部分的法律性质,尚无明晰、一致的界定。有人认为其属于股东对公司的借贷;有人则认为其属于出资性投入或资本性投入,应作为公司的自有财产或资本溢价而不是对外负债。

五、 公司资本的法律意义

(一) 资本是公司成立的基本条件

公司是依法成立的企业法人,公司要取得法人的人格和地位,必须具备一定的条件。我国《民法典》和《公司法》分别对法人和公司规定了具体的成立条件,资本即为其中之一。公司成立的条件可分为实体条件和程序条件,其中实体条件包括主体条件、财产条件和组织条件,资本属于其中的财产条件。不具备此种条件的公司不能取得注册登记,已经登记的公司也会因此而被撤销或被否定法人人格。

(二) 资本是公司进行经营活动的基本物质条件

公司是营利性经济组织,具有从事商业性经营的权利能力,而这种能力的实现有赖于一定的物质条件,包括固定的生产经营场所、与生产经营和服务规模相适应的从业人员以及与经营活动相适应的其他资金。而这些条件的形成都需要有一定的资本,否则,公司既无法参与任何财产关系,也不能开展经营活动,因此,公司资本对于公司经营能力的形成和维持具有重要作用。

(三) 资本是公司承担财产责任的基本保障

公司作为法人组织,以其全部资产对其债务独立负责。资产的范围和多少直接决定公司的债务清偿能力和对债权人的保护程度,而资本是公司资产形成的基础和来源,是公司最原始和最基本的资产,资本的规模和多少对公司资产的范围和多少有直接的影响。因此,确定和维持公司一定数额的资本,对于奠定公司基本的债务清偿能力、保障债权人的利益和交易安全,具有一定的意义。许多学者甚至认为,公司资本是公司债权人利益的财产担保或总担保,是公司对外交往的信用基础和他人判断其信用的依据。①

---

① 参见石少侠主编:《公司法教程》,中国政法大学出版社 1999 年版,第 86 页;雷兴虎主编:《公司法新论》,中国法制出版社 2001 年版,第 90 页。

（四）资本是股东对公司债务承担责任的界限

股东以其认缴的出资额为限对公司债务负责，对全体股东而言，实际上也就是以公司资本为限对公司债务负责。公司的资本额，就是全体股东债务责任的最大限度，如果股东履行了出资义务，公司资本真实到位，除已经出资的财产可能用于公司债务清偿外，股东也就不再承担进一步的责任。

在我国，在虚假出资、资本不实情况下，资本对确定股东的责任还有着十分具体的作用。根据最高人民法院1994年颁布的《关于企业开办的其他企业被撤销或者歇业后民事责任承担问题的批复》（已失效）的精神，公司注册资本不实，但实缴资本达到了法定最低资本额的，股东应在注册资本不实的范围内，即在实缴资本与注册资本的差额范围内对公司债务承担责任。如果实缴资本低于法定最低资本额，则不承认公司的法人人格，股东对公司债务应承担无限清偿责任。2005年《公司法》颁行后，虽然不应再以实缴资本与注册资本不一致追究股东责任，但是否履行了法定的资本实缴义务依然是决定是否追究股东责任的重要依据。

【本节理论探讨】

- **关于资本信用与资产信用**

资本制度在我国公司法中举足轻重，资本信用是我国公司法制度建构的基本依据。在公司法学理上，公司有人合公司与资合公司之分，然而，资合公司所谓的"资"，究竟是公司的资本还是公司的资产，公司的信用基础究竟在于公司的资本还是公司的资产，是公司法理论目前关注和研究的重要问题。

无论从立法、司法还是整个公司法学理角度，我国公司法都表现出鲜明的、贯穿始终并协调一致的资本信用的理念和法律制度体系。我国1993年《公司法》从公司资本制度到股东出资形式，再到公司权利能力和行为能力的限制，无不体现资本信用的明晰观念和要求。在资本制度上，公司法遵循资本确定、维持、不变的基本原则，规定了设立公司的最低资本额的条件和增加资本、减少资本的严格法律程序。在股东出资制度上，公司法实行严格的出资形式法定主义，只规定了货币、实物、土地使用权、工业产权和非专利技术五种出资形式，并规定了工业产权等无形资产出资的最高比例限制，而排除了劳务、信用、股权、债权等其他经营要素和条件的出资，不允许当事人对出资形式作另外的约定。在公司行为规则方面，公司法设有一系列对公司或其股东行为的严格限制，包括：（1）对公司转投资比例的严格限制；（2）禁止股份的折价发行，但允许股份的溢价发行；（3）禁止公司收购本公司的股份和以本公司股份设定的抵押；（4）设定严格的公司减资程序；（5）禁止股东退股。

在资本信用的理念和相应的法律制度体系之下，资本的作用被神化，人们对资本已经形成了事实上的崇信，产生了难以摆脱的信赖或依赖。但随着社会生活的发展，资本信用的弊端已明显地暴露。而资本信用本身也并未产生其预期的效果，形形色色的公司破产使债权人蒙受着巨大的损失。人们不得不对资本信用产生怀疑，并对资本信用的功能进行反思。2005年和2013年《公司法》的两次修改在很大意义上突破了对资本信用的盲目崇信，对资本的形成与维持制度都作了深刻的变革。2005年《公司法》的变革内容如下：首先，在资本的形成制度上，降低了公司注册资本的最低限额,并将严格的法定资本制与实缴资本制改为法定资本制下的分期缴纳制,体现了对法定资本制的缓和。其次,在出资形式上,改过去限定五种法定的出资形式为具体列举加概括的包容性规定,使得“可以用货币估价并可以依法转让的非货币财产”都有可能成为出资方式,从而大大提高了资源的利用效率,以满足公司在实际经营中对多种资源的需要。再次,在货币出资的最低额上,改过去的无形资产出资不得超过公司注册资本的20%为货币出资不得低于注册资本的30%,既保证了公司资本的流动性又满足了多种出资方式的需要,优化了公司资本结构。最后,在资本维持制度上,取消了转投资的限制,对公司的担保作了明确规定,规定了特定情况下的股份回购制度,并允许异议股东申请公司购回股份。

2013年《公司法》对公司资本制度又进行了进一步的改革和突破,完全取消了公司最低注册资本的要求;资本缴纳制度从有限制的认缴资本改为无限制的认缴资本,取消了2005年《公司法》中有关20%的首次出资比例、资本须在两年内缴足、投资公司须5年缴足、一人公司须一次性缴纳的规定;取消了货币出资比例限制;取消了股东出资的验资程序。

资本制度的巨大变革显然是在矫正对资本信用的片面认识基础上作出的重大立法调整。因为,决定公司信用的不只是公司的资本,公司资产对公司的信用也许起着更重要的作用。公司以股东的有限责任和公司自身的独立责任为根本法律特征,而公司恰恰以其拥有的全部资产对其债务负责,虽然资本是决定公司资产的基本因素,但公司对外承担责任的实际范围取决于其拥有的资产,而不取决于其注册的资本,公司经营存续的时间越长,资产与资本之间的差额就会越大,甚至资产与资本完全脱节。因此,公司的信用以公司的资产为基础,而非以公司的资本为基础,维护公司资产的稳定和安全就具有了更重要的意义。

从资本信用到资产信用这一观念转变的突出的法律意义在于,变革了公司法制度,取消了资本信用决定的、阻碍公司发展的不合理和不必要的制度和约束,改革了现行的资本制度和出资制度,发展和完善了公司的财务会计制度,从而实现对公司债权人利益的全面和根本性的保护,2005年和2013年《公司法》的修改恰恰是这一观念转变的立法成果。

现行《公司法》对资本缴纳制度又作了进一步的改革与修正。有限责任公司采用五年期限认缴制,规定有限责任公司全体股东认缴的出资额由股东按照公司章程的规定自公司成立之日起5年内缴足,法律、行政法规以及国务院决定可以对股东出资期限作出特别规定,以防止股东滥用资本信用。而对于股份有限公司,则采取实缴制,规定“发起人应当在公司成立前按照其认购的股份全额缴纳股款”。

- **注册资本与投资总额的关系**

投资总额的概念主要在外商投资公司的实践中使用,但在内资设立的有限公司中,也存在约定或规定公司投资总额的情况。外商投资公司的投资总额(含企业借款),是指按照外商投资公司的股东协议、章程规定的生产规模需要投入的基本建设资金和生产流动资金的总和。外商投资公司的注册资本是外商投资公司在登记管理机关登记的资本总额,应为全体股东认缴的出资额之和。

最初,我国对外商投资企业规定的投资总额与注册资本是一致的,后来开始区分这两个概念,并对企业投资总额与注册资本之间的比例关系作了规定和限制。1987年3月,原国家工商行政管理局公布了《关于中外合资经营企业注册资本与投资总额比例的暂行规定》,第3条规定,中外合资经营企业的投资总额在300万美元以下(含300万美元)的,其注册资本至少应占投资总额的7/10；投资总额在300万以上至1000万美元（含1000万美元）的，其注册资本至少应占投资总额的1/2；等等。

尽管我国《外商投资法》删除了有关投资总额的规定，但注册资本与投资总额之间的关系对外商投资公司的实践仍有重要意义。这一问题关乎外商投资公司股东权利和义务确定，且对于投资总额中注册资本之外部分的法律性质，学界尚无明晰、一致的界定。有学者认为其仍属于股东对公司的借贷，有学者则认为应属于出资性投入或资本性投入，作为公司的自有财产而不是对外负债。从来源看，资本外的投资有的来自向银行等第三方的借贷，有的来自股东本身。向银行第三方的借贷，通常由股东协调安排并以公司为债务人签署借贷文件，在公司尚未成立时确定的投资总额不过是股东各方为未来的公司所作的融资计划，此种资本外投资当然属于公司的对外负债。

而来自股东本身的资本外投资，其性质则较为复杂。有的认为其仍属于股东对公司的借贷，有的则认为应定性为出资性投入或资本性投入，作为公司的自有财产或资本溢价而不是对外负债。综合各方面的因素分析，将股东的资本外投资定性为出资性或资本性投入的理由更为充分。因此，在公司资产负债表中，不应将其计入负债项下，而可参照目前股份有限公司溢价发行的收益处理办法，将其计入股东权益中的资本公积部分。

第二节　公司资本原则与资本形成制度

一、公司资本原则

为实现公司法的目标，保护股东和债权人利益，维护公司稳定和促进公司发展，各国公司法在长期的发展中，确立和形成了一系列基本的法律原则。这些原则作为各国立法的指导思想，体现在各国公司法有关资本的具体规则之中。公司资本原则是公司资本制度的体现，在各国不同的资本制度之下，各国公司法的资本原则也不尽相同，但基于公司法的基本目标，经过长期的发展，仍形成了一些各国公司法共同认可的资本原则，其中最主要的是所谓的“资本三原则”，即资本确定原则、资本维持原则、资本不变原则，公司法中关于公司资本的许多具体规定都是这三个原则的具体体现和反映。

（一）资本确定原则

这一原则是指公司在设立时，必须在章程中对公司的资本总额作出明确规定，并须全部认足或募足，否则公司不能成立。公司成立后若发行股份，必须履行增资程序，经股东会决议并修改公司章程。

资本确定原则是关于公司资本形成的基本原则。按照这一原则，公司资本既要确定，又须认足，这正是资本形成制度中法定资本制的内容，因此，通常又把资本确定原则等同于或称为法定资本制。实质上，法定资本制是体现资本确定原则的资本形成制度。但也有著述认为，资本确定原则强调的只是资本的确定性，而不一定要求全部认足。因而，各国资本确定原则的实现程度虽有所不同，但法定资本制、授权资本制和折中资本制都在不同程度上体现了资本确定原则的要求。

资本确定原则的确立最初是基于对股份有限公司设立的规范和限制，其后，这一原则也被适用于有限责任公司。资本确定原则的目的是保证公司设立时资本的真实可靠，使公司形成稳固的财产基础和健全的财务结构，并防止公司的滥设，维护经济秩序的稳定和交易的安全。但其也存在不足，例如，大大限制了公司的设立：公司资本如果数额很大，不易尽快认足；如果数额较少，又会遇到其后增加资本时的烦琐法律程序。同时，公司成立之初，业务活动少，即使认足了资本，也会造成资金在公司中的闲置和浪费。

资本确定原则为传统大陆法所采用，其早期的公司立法都体现和坚持了这一原则。后来，虽然多数大陆法系都吸收授权资本制的规则，改采折中资本制，但资本确定原则的基本精神并未被放弃，依然保留和体现了资本确定原则的基本要求。即使在实行授权资本制的国家，资本确定原则也有一定程度的体现，要求公司章程对资本额予以明确规定。

我国现行《公司法》继续实行资本确定原则。《公司法》中关于有限责任公司和股份有限公司的注册资本应由全体股东认缴或实缴的规定（第 47 条、第 96 条），关于有限责任公司章程应载明公司注册资本、出资额、股东出资方式和出资日期的规定（第 46 条），关于股份有限公司章程应载明公司注册资本、已发行的股份数和设立时发行的股份数和面额股的每股金额的规定（第 95 条）等，都体现了资本确定原则的要求。其中，关于注册资本需由全体股东认足的规定，是资本确定原则最突出的表现。

（二）资本维持原则

这一原则传统上称资本充实原则，是指公司在其存续过程中，应经常保持与其资本额相当的财产。因为在公司成立时，公司资本即代表公司的实有财产，但在公司经营一段时间后，其实有财产会因公司的亏损而低于公司的资本，即使公司成立后未开展经营活动，也会因时过境迁、财产无形贬损而使资本的实际价值低于其原有的价值，从而使公司的实际财产能力与其明示的资本数额和信用脱节。

《欧盟公司法指令（第二号）》对资本维持原则进行了更准确的界定，明确资本维持原则是约束股东通过违法利润分配、回购股份等方式取回投入的资本，以确保股东缴纳的资本全部用于公司经营，确立了约束公司向股东流出资产的警戒线。资本维持原则的目的是防止资本实质减少，保护债权人利益，并防止股东对盈利分配提出不当要求，确保公司本身业务活动正常开展。

资本维持原则虽然一般被作为股份有限公司的资本原则加以阐释，但事实上它也适用于有限责任公司。同时，这一原则不仅是大陆法系适用的法律原则，在英美法系也被适用，甚至处于比大陆法系更为突出的地位。英美法系并未抽象出大陆法系那样完整、系统的“资本三原则”，却对公司资本的维持给予充分的关注，并在法律的实践中形成了丰富、细致的关于资本维持的法律规范和判例，如关于减资的严格规定和限制、关于禁止为他人收购本公司股份提供经济帮助的规则等。从某种意义上说，资本维持原则恰是英美法系公司资本制度的根本原则。

资本维持原则是针对资本流出的重要原则，我国《公司法》围绕资本制度建立的资本流出规则都是资本维持原则的直接或间接体现：

1. 股东不得抽逃出资。《公司法》第 53 条规定,公司成立后,股东不得抽逃出资。

2. 利润弥补亏损前,不得分配。"无盈不分"是公司股利分配的基本规则,公司的利润首先应用于弥补亏损,只有在公司盈利的状态下,才能向股东分配股利。对此,《公司法》第 210 条规定,只有公司弥补亏损和提取公积金后所余税后利润,公司才能按照股东实缴的出资比例或持有股份比例分配利润,公司章程另有规定的除外。

3. 限制公司回购本公司的股份。公司回购自己的股份,变相地让公司资本流向股东,从而导致公司资产减少。对此,《公司法》第 162 条第 1 款规定,除公司满足法定特定条件外,原则上不允许公司回购自己的股份。

4. 按规定提取和使用公积金。在商事实践中,存在违法将公积金分配给股东的问题,公司提取和使用公积金的规则也体现了资本维持原则。

5. 不得接受本公司的股份作为质权的标的。公司若接受本公司股份的质押,无异于变相地回购自己的股份,《公司法》第 162 条第 5 款对此类质押予以禁止。

(三) 资本不变原则

资本不变原则是指公司的资本一经确定,即不得随意改变,如需增减,必须严格按法定程序进行。由此可见,这里的不变,并非资本绝对的不可改变,而是指资本不得随意增减,也不得随构成资本的具体资产价值的实际变化而增减。从某种意义上说,资本一经注册,就变成了纯粹的账面数字,成了一个静止不动的符号。

资本不变原则的立法意图与资本维持原则是相同的,即防止资本总额的减少导致公司财产能力的降低和责任范围的缩小,以保护债权人利益。实质上,资本不变原则是资本维持原则的进一步要求,如果没有资本不变原则的限制,公司实有财产一旦减少,公司即可相应减少其资本额,那么资本维持原则也就失去了实际的意义。因此,有人认为,资本维持原则维持的是公司资本的实质,而资本不变原则维持的则是资本的形式。

《公司法》的资本不变原则主要体现在对公司增减资本的严格规定上。《公司法》对公司增减资本规定了严格的条件和程序,要求必须经股东会议决议通过,并依法办理变更登记。而且,对于减少资本特别规定了债权人保护程序。即公司减少资本时,必须编制资产负债表及财产清单,向债权人发出通知,并于 30 日内在报纸上或者国家企业信用信息公示系统公告,债权人有权要求公司清偿债务或提供相应担保。

资本不变原则形成于大陆法系,并被英美法系不同程度地予以吸收和采纳。资本不变原则,是公司独立的财产责任和股东有限责任的必然要求,有助于保护债权人利益和保证公司本身正常发展,维护交易安全和社会经济秩序稳定。同时,资本不变原则又不是僵化不变的,从资本形成过程中法定资本制到授权资本制的发展以及折中资本制的出现,既反映了资本主义经济关系和商业经营不断发展的客观要求,也表明了国家公司立法对此所采取的灵活和科学的态度。

二、 公司资本形成制度

公司资本是通过股份或资本的发行而形成的,它可以在公司设立时一次性形成,也可以在公司成立后分次形成，各国公司法基于其立法宗旨、社会背景、法律传统和现实需要等多方面的因素对资本的形成方式有不同的设计，并制定了相应的法律规则，由此产生了各国相对稳定的资本形成制度或形成方式。对之进行类型化的归纳，主要有法定资本制、授权资本制和折中资本制三种类型。

（一）法定资本制

法定资本制，是指在公司设立时，必须在章程中明确规定公司资本总额，并一次性发行、全部认足或募足，否则公司不得成立，公司成立后，基于经营或财务上的需要而增加资本的，必须经股东会决议、变更公司章程。法定资本制之下，资本或股份经认足或募足后，各认股人应及时缴纳股款。缴纳股款共有两种方式：一为一次性缴纳，即各认股人必须一次性按认购额缴纳全部股款，不得分期缴纳；二为分期缴纳，即各认股人可以分次缴纳股款而不必一次缴纳，但法律对认股人首次和每次缴纳的股款和缴纳全部股款的时间有一定的限制。

法定资本制的主要特点是资本或股份一次发行，因此，才有发行资本与实缴资本的概念。分期缴纳制度仍属法定资本制的一种形式，而不是授权资本制或折中资本制。实行法定资本制的所有大陆法系国家，几乎都允许股款的分期缴纳，但首次缴纳的部分不得低于资本总额的一定比例，如法国规定为 25%。同时，对分期缴纳也有一定的时间限制，法国规定为 5 年。另外，对于实物出资，一般不允许分期缴纳，如德国、瑞士等。而在各国实践中，一次性缴纳的情况较为普遍，分期缴纳的则为少数。

法定资本制是以德、日为代表的大陆法系实行的公司资本制度，它不仅适用于股份有限公司，也适用于有限责任公司。我国公司法实行的也是典型的法定资本制，前述公司法中体现资本确定原则的规定同时也是法定资本制的具体表现。我国的法定资本制也经历了一个改革的过程。1993 年《公司法》不仅要求股份一次认足，而且必须一次缴纳。当时，只有中外合资经营企业有所例外，允许中外双方出资的分期缴纳。2005 年《公司法》开始改采分期缴纳制或称有限制的认缴制，在明确注册资本为认缴资本而非实缴资本、允许分期缴纳的基础上，规定了相应的限制，即“公司全体股东的首次出资额不得低于注册资本的百分之二十，也不得低于法定的注册资本最低限额，其余部分由股东自公司成立之日起两年内缴足；其中投资公司可以在五年内缴足”。2013 年《公司法》则实行了完全的、无限制的认缴制，取消了对资本缴纳首次出资比例和最长缴纳期限的限制。现行《公司法》规定有限责任公司实行限期认缴制，仍然采取分期缴纳制，只是在一定程度上修正和完善了完全认缴制所产生的弊端。限期认缴制仅对认缴期限予以 5 年上限的法定限制，但对其他缴纳条件设置得非常宽松，如没有恢复注册资本最低限额要求、首次实缴出资的比例要求、货币出资的比例要求及强制验资要求。

从理论上讲，大陆法系的法定资本制有以下优点：有利于防止公司设立中的欺诈行为；使公司的资本从开始就得到股东的认缴承诺；有利于提高市场交易的安全性。但这一制度也因存在以下弊端而受到批判：对于一些大型的股份有限公司，强制发行全部资本，因数目巨大，不容易立即认足，从而影响公司的成立；各公司所从事的行业和经营范围千差万别，在设立之初并非都需要巨额资本，硬要全部发行，会导致某些公司资本的闲置和不应有的浪费；公司需要增资时，必须履行繁杂的程序，费时费钱，给公司增加额外负担。为此，大陆法系不少国家公司法逐渐放弃了以往严格的法定资本制，吸收了英美法系公司法的做法，改采折中资本制，如德国、法国等。

（二）授权资本制

授权资本制，是指在公司设立时，虽然应在章程中载明公司资本总额，但公司不必发行资本的全部，只要认足或缴足资本总额的一部分，公司即可成立。其余部分，授权董事会在认为必要时，一次或分次发行或募集。各认股人可以一次缴纳股款，也可以分次缴纳。公司成立后，如基于经营或财务上的需要欲增加资本，仅需在授权资本数额内，由董事会决议发行新股即可，而无须股东会议变更公司章程。

授权资本制的主要特点是资本或股份的分期发行，而不是法定资本制的一次发行、分期缴纳。正是在授权资本制之下，才有了授权资本与发行资本的概念，公司章程规定的只是授权资本，发行资本则取决于公司决定发行的数额。授权资本制与法定资本制更为本质的区别在于对资本发行的控制和权利分配：法定资本制由股东会控制和决定资本的发行；授权资本制在股东会授权之后，由董事会控制和决定资本的发行。而资本的发行又会导致公司股权结构及公司控制权的调整和变化，因此，不同资本形成制度的采用又涉及公司治理中的股东会中心主义和董事会中心主义的制度安排。

授权资本制是英国和美国公司法长期发展的产物。早期的英国，公司的设立采特许主义，公司股份资本的发行也是基于国家的授权，其授权发行的股份数额必须记载于公司章程，为授权资本额。在授权的范围内发行股份既是公司的特权，也是对其发行的限制。在美国，独立战争后，公司的设立也采特许主义，并规定了授权资本额。后虽改采准则主义，但出于对公司的防范，授权资本额仍作为限制公司规模的手段保留下来。此后，虽然授权资本额的上限在不断变化，但予以限制的法律原则一直被保留下来，直到后来，许多州才最后废除对授权资本额上限的规定。但由于赋予公司特殊权能的历史观念和英美法变迁的连续性，在公司章程中载明授权资本额的做法一直保留下来，由此形成了英美法中的授权资本制。

授权资本制具有如下优势：(1)公司不必一次发行全部资本或股份，减轻了公司设立的难度；(2)授权董事会自行决定发行资本而无须经股东会决议变更公司章程，简化了公司增资程序；(3)董事会根据具体情况发行资本，可以更好地适应公司经营活动的需要，增强了公司资本和融资活动的机动性和灵活性。但授权资本制也有其弊端：由于公司章程中的资本仅是一种名义上的数额，同时又未对公司首次发行资本的最低限额及其发行期限作出规定，因而极易造成公司资本与其实际经营规模和资产实力的严重脱节，也容易发生欺诈性的商业行为，并为债权人的利益带来风险。

但从总体上看，授权资本制还是比较成功的一种制度，基本能满足市场经营的需要，许多大陆法系国家纷纷改采授权资本制或修改原有的法定资本制向授权资本制靠拢，有学者甚至认为由法定资本制到授权资本制的转变是现代国家公司法的发展趋势之一。

（三）折中资本制

折中资本制，是在法定资本制和授权资本制基础上衍生和演变而来的资本制度，具体又分为许可资本制和折中授权资本制两种类型。

1. 许可资本制。许可资本制亦称认许资本制，是指在公司设立时，必须在章程中明确规定公司资本总额,并一次性发行、全部认足或募足。同时,公司章程可以授权董事会在公司成立后一定期限内,在一定比例的范围内发行新股,增加资本,而无须股东会特别决议。原实行法定资本制的大陆法系国家,包括德国、法国、奥地利等基本上都实行了许可资本制。如《德国股份法》第 202~206 条规定,公司章程可以授权董事会在公司成立后 5 年内,在授权时公司资本的半数范围内,经监事会同意而发行新股,增加资本。

许可资本制是在法定资本制基础上,通过对董事会发行股份的授权、放宽限制、简化公司增资程序而形成的。这种授权和放宽适用于公司成立后的增资行为,而对公司设立时的资本发行仍适用法定资本制的要求。许可资本制既坚持了法定资本制的基本原则,又吸收了授权资本制的灵活性,但其核心仍是法定资本制。

2. 折中授权资本制。折中授权资本制,是指公司设立时要在章程中载明资本总额,并只需发行和认足部分资本或股份公司即可成立,未发行部分授权董事会根据需要发行,但授权发行的部分不得超过公司资本的一定比例。折中授权资本制与许可资本制一样,都是授权董事会发行,但许可资本制是在资本总额之外发行,而折中授权资本制是在资本总额范围内发行。原实行法定资本制的一些大陆法系国家和地区,如日本和我国的台湾地区 2005 年前实行的就是折中授权资本制。

折中授权资本制是在授权资本制基础上通过对董事会股份发行授权的限制、规定其发行股份的比例和期限形成的,这种限制适用于公司自设立时起到成立后的所有股份发行行为。这种制度既坚持了授权资本制的基本精神,又体现了法定资本制的要求,其核心是授权资本制。

需要指出,目前各种教科书对于折中授权资本制的理解并不一致,有的把折中授权资本制与许可资本制解释为同一概念和制度,有的将折中授权资本制分为两种情况,还有的将德国的制度解释为许可资本制。还需指出,本节所述法定资本制、授权资本制和折中资本制,在有些著述中被称为公司资本制度,但实质上,它们只是关于公司资本形成方式的制度,是关于股份或资本发行方面的制度,而非关于公司资本所有问题和所有方面的制度,因此,本书认为,这里称其为公司资本形成制度,以区别于整个公司制度是适当的。同时,对于公司资本形成制度的分类,并不是各国公司法的具体规定,而是学理上的总结和归纳。此外,公司资本形成制度,通常是在对股份有限公司资本制度予以归纳的基础上形成的,有限责任公司的资本形成制度,在多数国家,与股份有限公司大同小异,除特有的规则外,股份有限公司的资本形成制度基本上都适用于有限责任公司。

三、 最低资本额制度改革与变迁

最低资本额制度是指公司设立必须达到法定的最低资本额,否则不得成立。最低资本额制度是传统公司资本制度的重要组成部分,是资本确定原则和法定资本制的进一步要求。公司成立时,不仅要确定资本总额并全部认足,其确定和认足的资本额还必须达到法定的最低资本额,否则公司不能成立。

1. 最低资本额制度的意义。依传统公司法原理,最低资本额制度的法律意义与公司资本本身的法律意义是一致的,最低资本额同样是提供公司经营活动的物质条件和承担财产责任的基本保证，是在资本"质"的基础上强调"量"的要求，不仅要求公司必须拥有资本，资本还必须达到一定的数额，只有达到一定的数额，才能取得公司的身份，获得独立的法律人格。同时，有限责任制度也是最低资本额制度的重要立法根据。有限责任制度将股东的责任限制在其出资额的范围，限制了投资者的投资风险，但给公司交易对方的利益构成潜在的风险。为平衡股东和公司债权人之间的利益和风险，法律对公司资本规定了最低的要求，对市场经营活动的准入设定了必要的门槛，从而对公司债权人的利益提供最低限度的担保。

2. 最低资本额制度的改革与变迁。基于最低资本额制度的上述意义，大陆法大都在公司法或有关法令中对股份有限公司和有限责任公司的最低资本额作了规定，以使公司的经营能力和责任能力达到基本要求。英美法系公司法原也有设立公司的最低资本额，但随着经济与社会的发展，出现了废除最低资本额制度的趋势，最终以美国为代表的许多国家完全取消了最低资本额制度。近些年来，许多大陆法系国家也先后仿效美国等，取消了最低资本额制度。

我国的最低资本额制度形成于20世纪80年代，1986年颁布的《民法通则》对企业法人作了"有符合国家规定的资金数额"的要求。国务院批准施行的《公司登记管理暂行规定》则对公司的自有流动资金①数额，根据不同行业的经营特点，按照四种类型分别作了规定。1993年《公司法》最终确立了我国系统、完备的最低资本额制度，该法分别对从事不同行业的有限责任公司规定了50万元、30万元、10万元的最低资本额，对股份有限公司规定了1000万元的最低资本额。

2005年《公司法》基于反映现实需求、降低门槛、放宽条件、鼓励投资创业、促进公司设立和劳动就业、推动经济发展的立法目标，对公司最低资本额作了大幅下调，将有限责任公司注册资本的最低限额统一规定为3万元，股份有限公司注册资本的最低限额为人民币500万元。2013年《公司法》作了更为彻底的改革，完全取消了对于普通公司最低资本额的统一规定。就法律规定而言，设立一元资本的公司都是法律所允许的。现行《公司法》保持了这一规定。

但对于某些特殊公司，公司法规定，法律、行政法规以及国务院决定对其注册资本的最低限额另有规定的，从其规定。如《商业银行法》规定："设立全国性商业银行的注册资本最低限额为十亿元人民币。设立城市商业银行的注册资本最低限额为一亿元人民币，设立农村商业银行的注册资本最低限额为五千万元人民币。注册资本应当是实缴资本。"《证券法》根据证券公司业务内容的不同将其注册资本分别规定为人民币5000万元、1亿元、5亿元。

3. 我国最低资本额制度改革的主要根据。理论界对于最低资本额制度，历来众说纷纭。近些年来，我国的最低资本额制度广受关注和讨论。2005年和2013年《公司法》吸收了资本制度的理论研究成果，借鉴各国立法先例和改革经验，采纳了社会各方的建议，先是大幅降低最低资本限额，继而完全取消了统一的最低资本限额。其主要原因和根据在于：

第一，鼓励投资创业，开拓各种投资资源，促进整个社会市场经济的发展。最低资本额标准过高，超过了许多投资者的投资能力，对其设立公司形成了不必要的障碍，也会造成资本的闲置和浪费。

第二，最低注册资本额成为公司设立中各种违法违规行为，包括虚假出资、虚报资本和抽

① 需要说明的是，由于受当时的立法条件限制，这些规定未使用"资本"而使用了"资金"的概念，但所规定的最低自有流动资金数额的法律性质和作用与最低资本额是一致的。

逃出资的诱因,造成经济生活的混乱,引发市场诚信危机和道德风险。

第三,弱化资本信用,强化资产信用。正确认识资本对债权人利益和交易安全的保护作用,不再把资本作为公司的主要信用基础,而更重视资产对交易安全和债权人的保护作用,加强对公司资产稳定和合理流动的控制和监管。

四、我国《公司法》资本形成制度的界定

如前所述,根据各国公司资本制度的相关规定和学理阐述,资本形成制度的分类存在"二分法"和"三分法"两种模式。二分法将资本形成制度分为法定资本制和授权资本制。三分法将资本形成制度分为法定资本制、授权资本制和折中资本制。相较授权资本制下对授权董事会发行股份数量的完全自治,折中资本制对授权董事会发行的股份数量加以限制。根据各国折中资本制呈现出的不同类型,又可以进一步分为许可资本制和折中授权资本制。

2021 年 12 月 24 日,全国人大常委会在《关于〈中华人民共和国公司法(修订草案)〉的说明》中明确指出,本轮公司法修订为股份有限公司引入了授权资本制。这是全国人大常委会在两分法语境之下对《公司法》第 152 条确立的资本形成制度的界定。授权资本制与法定资本制的核心区别在于对资本发行的控制和权利分配,授权资本制在股东会或章程授权发行股份之后,由董事会控制和决定股份的发行,无需再经过股东会决议。如《公司法》第 152 条规定,公司章程或者股东会授权董事会决定发行新股的,董事会决议应当经全体董事 2/3 以上通过。因此,按照二分法,《公司法》第 152 条所确立的资本形成制度属于授权资本制。

如果按照三分法界定《公司法》第 152 条的资本形成制度,因《公司法》第 152 条对授权董事会股份数量作出限制,授权董事会在 3 年内决定发行不超过已发行股份 50%的股份,故属于折中资本制。进一步,究竟属于何种折中资本制?学界对此产生了不同的观点,许可资本制和折中授权资本制均有支持者。许可资本制和折中授权资本制的核心区别在于授权董事会发行股份的股本额是否在公司设立时公司章程载明的注册资本额范围之内。即董事会在授权发行股份的股本额内发行新股是否需要增资,如果需要增资才能发行新股,则属于许可资本制;如果不需要重新增资即可发行新股,则属于折中授权资本制。根据《公司法》第 96 条规定,股份有限公司的注册资本是在公司登记机关登记的已发行股份的股本总额。授权董事会发行的新股不属于已发行股份,发行新股的股本额不属于注册资本,董事会在授权发行股份的股本额范围内发行新股需要完成增资程序。因此,《公司法》第 152 条规定的资本形成制度属于许可资本制。

本书依照全国人大常委会采用的二分法,将《公司法》第 152 条的资本形成制度界定为授权资本制。

五、资本形成制度与我国资本缴纳制度的改革

(一)资本形成制度与资本缴纳制度的关系

资本形成制度根据资本发行方式的差异而区分为法定资本制、授权资本制和折中资本制。

资本缴纳制度与资本发行方式无关,不是一种新的资本形成制度,而是法定资本制在缴纳方式上的演进。资本缴纳制度围绕资本缴纳方式的变革和优化属于法定资本制度的改革。

资本缴纳制度根据一次性缴纳或分期缴纳可以分为实缴制和认缴制。实缴制是指公司设立时至公司成立前或者已设立公司增资时,发起人、认股人或股东必须一次性缴纳认足的出资额或者认购发行股份的股本额,不得分期缴纳的法定资本制度。认缴制是指公司设立时至公司成立前或已设立公司增资时,发起人、认股人或股东承诺在一定期限内缴足出资额或者认购发行股份的股本额,可以分期缴纳,而不必一次缴纳的法定资本制度。从实缴制到认缴制是我国资本缴纳制度的重大变革。

我国认缴制在不同阶段形成了三种认缴制:有限制的认缴制、完全认缴制和限期认缴制。有限制的认缴制是2005年《公司法》规定的认缴制,即股东可以分期缴纳,但必须在2年内缴足,受到两年缴纳期限和首次出资额限制(注册资本的20%)的认缴制。完全认缴制是2013年《公司法》规定的认缴制,即股东可以分期缴纳,且可以约定缴纳期限,没有首次缴纳比例限制的认缴制。限期认缴制是现行《公司法》规定的认缴制,即股东可以分期缴纳,但受到5年缴纳期限限制的认缴制。

(二)我国资本缴纳制度的改革历程

从2005年开始,我国便对法定资本制度在缴纳方式上展开了变革,从单一实缴制,到有限制的认缴制与实缴制并行,再到完全认缴制与实缴制并行,最后到限期认缴制与实缴制并行。

1993年《公司法》对有限责任公司和股份有限公司均采用了实缴制,要求全体股东必须一次性缴纳出资或股本总额。当时,只有中外合资经营企业为例外,允许中外双方分期缴纳出资。2005年《公司法》部分缓和了实缴制,采取了实缴制和有限制的认缴制并行的做法。有限责任公司以全体股东登记的“认缴的出资额”为注册资本,发起设立型股份有限公司以全体股东登记的“认购的股本总额”为注册资本,且这两种公司的全体股东在公司设立时必须实缴至少20%的注册资本,且首次实缴资本必须高于法定的注册资本最低限额,其余出资必须自公司成立时起2年内缴足,投资公司可以延长至5年。募集设立型股份有限公司仍以公司“实缴股本总额”为注册资本。

2013年《公司法》在有限制的认缴制的基础上,再次放松限制,有限责任公司和发起设立型股份有限公司均采用完全认缴制。公司法学界将国务院在2014年颁布的《注册资本登记制度改革方案》规定的“注册资本认缴登记制”形象地表述为完全认缴制。在完全认缴制下,公司注册资本是指公司股东认缴的出资总额或者发起人认购的股本总额。换言之,注册资本可以只反映认缴的出资总额或者认购的股本总额。此外,除法律、行政法规和国务院决定另有规定外,一般性地取消了注册资本最低限额要求、首次实缴出资的比例要求、实缴全部出资的期限要求、货币出资的比例要求及强制验资要求。

现行《公司法》并行采用了限期认缴制和实缴制。针对有限责任公司,《公司法》采用限期认缴制,第47条规定,有限责任公司全体股东认缴的出资额由股东按照公司章程的规定自公司成立之日起5年内缴足。《公司法》对有限责任公司采用限期认缴制,在一定程度上修正和完善了有限责任公司采用完全认缴制的弊端。限期认缴制仅对认缴期限予以法定限制,但对其他缴纳条件设置得非常宽松,没有恢复注册资本最低限额要求、首次实缴出资的比例要求、货币出资的比例要求及强制验资要求。但是，针对股份有限公司，《公司法》第98、101条对发起设立型股份有限公司和募集设立型股份有限公司均采用了实缴制。

（三）完全认缴制的正反效果

1. 完全认缴制的正面效果。

第一，完全认缴制降低了公司设立的准入门槛，推动了公司创设数量的快速增长。认缴制的改革是为了呼应2014年“大众创业、万众创新”的经济政策。据统计，截至2023年6月底，我国存续的有限责任公司总计已近4600万户。这一统计数据也证实了完全认缴制对激发市场活力和增加市场主体的巨大作用。

第二，完全认缴制解决了创业公司的企业家无法实缴出资的现实困难。在商事实践中，很多设立创业公司的企业家有很好的创业理念和技术，但缺乏初始资金，在实缴制或有限制的认缴制下，便无法设立公司展开经营活动，他们的创业理念和技术也就没有机会运用到商事实践中创造商业价值。但在完全认缴制下，这些企业家可以先认缴出资设立公司，将创业理念和技术用于公司经营，等公司产生营业收入后再实缴出资，实现自身商业价值。

第三，完全认缴制可以让股东和公司根据实际情况和需求安排资本缴纳数额和期限等相关事宜，避免资金闲置。对于投资者而言，进行股权投资只是个人财产的使用方式之一，在投资数额及投资期限方面享有完全的意思自由意味着股东可以根据个人在不同时期的投资能力和投资意愿对个人财产作出灵活安排，无须即刻将大额财产全部转到公司名下。对于公司而言，资本是公司进行经营活动的基本物质条件，但是公司在不同经营阶段对资本需求也不同，一律要求公司资本在公司设立时就缴足难免会产生资金闲置问题。相反，允许公司根据生产经营的实际需求制定符合公司发展计划的资本缴纳方案则可以最大限度地避免这一问题的发生，提高资金的利用效率。

第四，完全认缴制弱化公司法中资本信用，向商事实践中的资产信用靠拢。长期以来，公司法以资本信用为基础理念，创设了公司资本制度。但在商事实践中，资本信用并不是商事主体发生交易所主要信赖的基础，公司法中的资本信用在很大程度上与现实脱节。完全认缴制使得注册资本仅反映公司设立时股东认缴的出资额或股本总额，甚至已经不能反映公司设立时的实际资产状况，其在商事实践中进一步弱化了资本信用。

2. 完全认缴制的负面效果。

第一，完全认缴制危害交易安全。有部分创业者利用完全认缴制设立“无赖公司”，这些“无赖公司”随意确定注册资本、承诺巨额的注册资本和过长的认缴期限，但自始至终都不缴纳。这类“无赖公司”以良好的资本信用获取贷款，但很容易导致债务违约，危及交易安全。

第二，完全认缴制缺少实缴资本充当“缓冲垫”，让债权人的资金直接承担风险，不利于保护债权人的合法权益。实缴资本在一定程度上具有吸收经营损失、预防企业破产的功能，股东认缴而未实际缴纳的出资额，由于未实际进入公司，无法发挥吸收损失的“缓冲垫”作用。一旦股东以设置较长的认缴期限等方式不落实出资，债权人的资金就会直接面对公司的违约，提升了债权人的贷款风险。

第三，完全认缴制的配套制度并不成熟，产生了很多新问题。为了保护债权人利益，我国公司法为完全认缴制设置了很多配套制度，由此也产生了一系列具有争议的问题。例如，原

《公司法司法解释(二)》第22条提出了股东认缴期限的加速到期的裁判规则,在公司符合破产清算条件的情况下,强制股东在约定缴纳出资的日期届满之前履行出资义务,以此缓解股东的出资期限利益和公司债权人利益的冲突。《九民纪要》第6条规定,一般情形下,法院不支持股东出资责任的加速到期,两种情形除外:(1)公司作为被执行人的案件,人民法院穷尽执行措施无财产可供执行,已具备破产原因,但不申请破产的;(2)在公司债务产生后,公司股东会决议或以其他方式延长股东出资期限的。《公司法》第54条取消了"已具备破产原因"的加速到期的前置性条件,即只要公司不能清偿到期债务,公司或已到期债权人就可以请求已认缴出资但未届出资期限的股东提前缴纳出资。

(四)五年限期认缴制

《公司法》第47条规定:"有限责任公司全体股东认缴的出资额由股东按照公司章程的规定自公司成立之日起五年内缴足,法律、行政法规以及国务院决定可以对股东出资期限作出特别规定。"该条规定有限责任公司采取限期认缴制。《公司法》的这一规定针对有限责任公司在一定程度上可以消除完全认缴制的弊端,但这一规定仅适用于有限责任公司,股份有限公司则适用实缴制。

设置5年的缴资期限的主要理由是:

第一,5年缴资期限符合我国有限责任公司的生命周期。原国家工商总局在2013年注册资本认缴登记制实施前,曾发布《全国内资企业生存时间分析报告》,通过综合分析2000年以来全国新设企业、注吊销企业生存时间等数据,发现多数地区企业生存危险期为第三年,企业成立后第三年死亡数量最多,死亡率最高;而寿命在5年以内的接近六成。认缴制实施以来,企业的生命周期并未发生多大变化。大多数有限责任公司的生命周期为5年之内。因此,股东应当在5年的公司生命周期内缴足出资。

第二,5年与私募股权投资的周期以及公司经营规划的周期相匹配。我国私募股权投资的周期为3~7年,平均投资周期为5年。不仅私募股权投资基金的投资周期如此,个人投资者的平均投资周期也是5年。因此,在一个投资周期结束时,投资人在退出目标公司前应当缴足全部的出资。此外,民营公司的经营者经营规划周期常常为5年,在经营者完成一个周期的经营规划后,应当缴纳出资,保证下一个经营规划周期顺利推进。

同时,《公司法》第47条对5年认缴期限作了例外规定,即法律、行政法规以及国务院决定可以对股东出资期限作出特别规定,为设定短于5年的认缴制期限预留立法空间。

《公司法》的限期认缴制在立法过程中也引发了热烈讨论。最终确立限期认缴制的主要理由是:

第一,督促股东在确定认缴出资额时更理性地评估未来经营需求、投资风险。在完全认缴制下,可以自行约定出资额和认缴期限,为了增强公司的资本信用,一些公司资本额的设定既脱离公司经营的实际需求,也完全超越了股东的实际投资能力,给股东带来了巨大的投资责任和投资风险。限期认缴制设置5年的认缴期限,可以促使股东在确认出资额时更理性地考量公司经营需求和自身投资风险。

第二,恢复债权人对注册资本的信赖,减少完全认缴制带来的资本虚高和不合理期限。完全认缴制催生了"无赖公司",注册资本虚高和认缴期限过长的公司屡见不鲜,增加了债权人的风险，辜负了债权人对注册资本的信赖，危害了交易安全。限期认缴制能促使股东合理认缴出资，减少注册资本虚高的乱象，恢复公司资本的信用。

第三，减少完全认缴制引发的加速到期、未届期股权转让后的股东出资责任等公司纠纷。完全认缴制赋予股东自行约定认缴期限的权利，让股东享有合法的期限利益，这也引发了股东期限利益与债权人利益的冲突。公司法为平衡这一利益冲突，规定了股东认缴期限加速到期、未届期股权转让的股东出资责任等规则，形成了许多新的争议和纠纷。限期认缴制的规定，将进一步避免和减少此类纠纷的发生。

【本节理论探讨】

- **我国法定资本制的改革**

我国 1993 年《公司法》在资本信用的理念和体系之下，对公司资本的形成采取的是典型的法定资本制，依据是长期以来逃废债务和资本不实对我国经济秩序造成了困扰和不利影响。公司法颁布之前，由于法律规定不完善，主管部门对股东的出资、验资审查不严，导致公司被滥设和“皮包公司”大量出现，干扰了社会经济的正常秩序。而且，公司经营中经常出现抽逃资本的行为，一些公司动辄陷入资不抵债，债务拖欠现象极为严重，给债权人造成严重损害或构成严重威胁。

我国的法定资本制显然是建立在资本信用基础上的资本形成制度。为了保证资本信用，公司法不得不容忍法定资本制带来的公司设立难度大、公司资金闲置与浪费、增资程序复杂等弊端。2005 年和 2013 年对《公司法》的两次修改通过降低或撤除公司设立门槛、采取有限制的认缴制或完全认缴制以及增加公司出资方式并降低或取消货币出资的最低限额，使得严格的法定资本制有所缓和。虽然公司法对法定资本制有所突破，但总体看来，我国公司法仍然保留了法定资本制，尤其是在股份有限公司的资本形成制度中。如果突破了资本信用的束缚，而代之以资产信用，对授权资本制或折中资本制的采纳可能就不存在法律障碍了。原因在于，如果公司以资产为其信用基础，资本是一次还是分次发行、公司名义资本与其实缴资本是否一致都只是关涉公司自身需要和内部关系的安排，而不会决定公司实际的债务清偿能力，也不会导致债权人对公司信用判断的误解。

从世界各国的情况看，对法定资本制的改革已成为国际趋势，大陆法系许多国家的公司法都已放弃了以往严格的法定资本制，而吸收了英美法系公司法的做法，改采折中资本制。我国 2023 年《公司法》在资本制度上的重要突破就是将股份有限公司的法定资本制改为授权资本制。

【本节实务研究】

- **职工股份期权计划与股份预留**

股份期权是一种特殊的交易方式，指交易双方有权按约定的价格在特定的时间交易一定数量的某种股份。职工股份期权计划在我国已经实行。职工股份期权计划，就是公司与其管理人员或普通职工签订股份期权合同，在一定的期限到来后，在符合约定条件的情况下，公司按照预先确定的价格和方式向其管理人员或普通职工发行股份。其发行价格通常较低,发行价款通常由公司支付,作为对管理人员或职工的特殊激励。在约定的期限到来之前,管理人员或职工享有的是一种股份的期权。

实施这一计划的前提是安排用于职工奖励的股份来源。实践中,解决这一问题的途径主要有两个:一是在公司发行股份时预留部分股份;二是从市场上回购已经发行的股份。在1993年《公司法》中,这两种做法都存在法律上的障碍:(1)公司法严格限制公司回购其股份;(2)公司法要求股份必须一次性发行,不允许预留股份。2005年《公司法》扩大了允许股份回购的情形,允许以向职工奖励股份为目的而回购股份,消除了第一个障碍。但股份预留的障碍依旧存在。

股份预留就是储备一定数量的股份,以备期权享有者行权时使用。国外实践中,这种方式经常被采用。这种方式实质上属于授权资本制的做法,即公司发行的股份总数不必在公司设立时一次性认足和募足,而由董事会在公司成立后根据业务需要随时发行新股,预留的股份可以是授权董事会发行的股份。从美国的上市公司来看,股份期权行权所需股份的来源之一即为公司的留存股份。美国高科技公司在成立时都预留有相当数量的股份,作为授予员工期权的主要来源。

我国公司法奉行法定资本制。公司发行的股份必须一次性认足和募足,不允许分批发行和认购股份。如果预留股份,等于这部分股份未能发行和认购,并导致相应金额的公司注册资本的缺少,因此,股份的预留在我国公司法上存在现实的法律障碍。

现行《公司法》为股份有限公司引入授权资本制,更准确地说是许可资本制,授权董事会发行新股和决定增资以实现融资便捷性。但《公司法》并未正式引入股份预留制度,通过预留股份实施员工持股计划仍有法律障碍。

第三节　公司资本募集与股份发行

一、公司资本的募集

公司资本的募集,亦称资本的发行,是指以一定的条件向投资者发行资本,由投资者出资认购并取得股权或股份,公司获得相应的资产。公司的投资者包括发起人和普通认股人。公司设立的主要行为就是资本的募集,判断公司设立是否成功和最终能否成立的重要标准就是其是否完成了预期的资本募集目标,达到了法定或章程确定的资本数额。

(一)资本募集的方式

有限责任公司与股份有限公司的性质和类型的不同,决定着其资本的募集采取完全不同的方式。基于公司的封闭性、人合性,有限责任公司的资本募集通常采取发起人募集、不公开募集、一次募集和内部募集的方式。基于公司的开放性和资合性,股份有限公司的资本募集通常采取认股人募集、公开募集、分次募集和外部募集的方式。

1. 发起人募集与认股人募集。公司设立过程中的投资者有发起人与认股人之分。公司发行的全部资本都由发起人认购的，是发起人募集；发起人只认购部分资本，其余部分由普通认股人认购的，是认股人募集。有限责任公司由于人数不多，通常不分发起人与认股人，初始的股东实质上都是发起人，因此，通常采取发起人募集方式。股份有限公司发起设立采取认股人募集方式。

2. 公开募集与不公开募集。公开募集是指面向社会公众和不特定的任何人募集资本；不公开募集则是向特定的投资者募集资本。公开募集是开放性的股份有限公司特有的权利，有限责任公司不得公开募集资本。

3. 一次募集与分次募集。一次募集是将公司资本通过一次性发行募集完毕，亦即一次性发行。分次募集是通过分次发行完成公司资本的募集，亦即分次发行。有限责任公司通常为一次募集。股份有限公司，在法定资本制下，为一次募集；在授权资本制下，则为分次募集。

4. 内部募集与外部募集。这是公司成立之后采取的募集方式。内部募集是在公司现有股东的范围内募集资本；外部募集则是在公司现有股东之外向其他投资者募集资本，此种募集又被称为接受或吸纳新股东。有限责任公司和股份有限公司既可内部募集，亦可外部募集。在外部募集时，现有公司股东通常享有优先认购的权利，因此，内部募集与外部募集又常被同时采用。

（二）资本募集的法律形式

1. 签订发起人协议。采取发起人募集方式时，应由全体发起人签订发起人协议或称公司设立协议，约定各发起人认购资本的义务和具体比例或金额。

2. 签订认股协议。采取认股人募集方式时，应由全体认股人签订认股协议，约定各认股人认购资本的义务及其具体比例或金额。认股协议与发起人协议类似，只是其签订的主体是认股人，不是发起人。

签署认股书是签订认股协议的特殊形式。认股书是认股人承诺其认购资本的义务及其具体比例或金额的法律文书，它虽由各认股人单方签订，但以设立中的公司已向其发出资本认购要约为前提。签署认股书构成承诺，因此，认股书一经签署，认股协议即成立。

3. 签署公司章程。发起人协议或认股协议并非公司设立的法定文件，在没有发起人协议或认股协议的情况下，应由全体发起人或认股人签署公司章程，规定各自的认购义务及其具体比例或金额。章程是公司成立的法定文件，通常发起人协议和章程都会对资本的认购作出规定。

4. 邀约招股与认股。这是股份有限公司公开募集特有的法律形式，由公司对外公开招股、公众认股和公司确定认股结果三个行为构成。其中，对外公开招股属于合同法上的要约邀请行为，公众认股属于认购股份的要约行为，而公司根据认购情况，按一定方式或比例最终确定认股结果的行为属于认购股份的承诺行为。认股人的认购义务及其具体数额由公司确定的认股结果确定。

总体来说，资本募集的法律形式基本上就是合同或协议，有关当事人通过签订和履行合同完成资本的募集。如果把章程解释为一种特殊的合同，那么，章程的签署则是类似于签约的法律行为。

二、 股份发行分类

广义的股份,是公司资本的构成单位,是资本的组成部分,包括股份有限公司发行的股份和有限责任公司的股权。狭义的股份,只指股份有限公司发行的严格意义上的股份①。本节所称股份发行系指狭义的严格意义上的股份发行。

有限责任公司资本的募集通过发起人或股东对股权的认购进行,股份有限公司资本的募集通过股份的认购进行。就法律性质和法律原理而言,认购股权与认购股份并无根本的法律差异,只是基于股份有限公司股份发行条件的严格性和发行程序的复杂性,各国公司法通常会在股份有限公司部分详细规定股份发行的法律规则,而对有限责任公司只作简要的规定。通常,公司法关于股份发行的许多规则,在没有冲突的情形下,也直接或参照适用于有限责任公司。本节在此也仅对股份有限公司的股份发行行为予以介绍。

(一) 设立发行与新股发行

这是按股份发行的时间或阶段进行的区分。

设立发行,是指公司在设立过程中发行股份。公司的设立方式有发起设立和募集设立两种。依这两种方式发行股份,都属设立发行。设立发行的主体为设立中的公司,设立发行的目的是募集公司设立所需的资本。

新股发行,是指公司在成立之后再次发行股份。新股发行的主体是已经存续的公司,目的是增加公司资本、改变公司股份结构或股东持股结构。公司法通常会对新股发行规定比设立发行更严格的条件,其中主要是经营业绩方面的要求。

(二) 直接发行与间接发行

这是按股份发行是否通过中介机构进行的区分。

直接发行,是指公司直接向投资者发行股份,而不由证券承销机构代销或者包销。直接发行可以降低发行费用,但通常发行时间较长,发行风险较大,实践中较少采用,直接发行主要用于私募发行。

间接发行,是指公司委托证券承销机构发行股份,由其办理有关发行事宜并承担相应发行风险。间接发行通过股份承销方式进行,具体又可分为股份代销和股份包销。间接发行是公募发行中较为普遍的发行方式。《公司法》第 155 条规定,股份有限公司向社会公开募集股份,应当由依法设立的证券公司承销,签订承销协议。股份有限公司公开募集股份必须采用间接发行方式。间接发行可以充分利用证券承销机构在发行渠道、资金支持和发行业务方面的优势,确保股份发行的及时和成功,但也会由此增加公司股份发行的成本。

(三) 公开发行与不公开发行

这是按股份发行是否面向社会、投资者是否特定进行的区分,亦称为公募发行与私募

---

① 参阅第八章“股东与股权”的相关内容。

发行。

公开发行是指面向社会、向不特定的人发行股份。公开发行在资本募集规模方面具有巨大的优势,也具有募集速度快、便于操纵控制的优点。成为最为普遍的发行方式。其不足则是条件严格、程序复杂和发行费用高。公开发行由于涉及公众和社会利益,各国立法对其规定了较为严格的条件和较为复杂的程序,特别是要经过主管机关的核准。近年来,我国进行证券发行制度改革,股票发行从原来的核准制改为注册制,这一改革也反映在了《公司法》中。其第154条规定,公司向社会公开募集股份,应当经国务院证券监督管理机构注册,公告招股说明书。

不公开发行,是指向特定的投资者、采取特定的方式发行股份。不公开发行的对象包括个人投资者和机构投资者。个人投资者通常是指公司的原有股东和公司的管理人、普通雇员等。机构投资者通常是指具备投资知识背景、了解发行公司相关信息的金融机构或与公司来往密切的其他公司。不公开发行一般不允许采用广告或公开劝诱的方式,如公告、广播、电视、网络、信函、电话等形式的宣传。不公开发行具有操作便捷、发行成本低廉、条件灵活、易于掌握等优点,但也存在投资者数量有限、股份流通性差等缺点。

各国对不公开发行通常制定有特别的法律规范,美国不公开发行规范的突出特点是发行注册的豁免。我国1993年《公司法》没有明确规定不公开发行的制度和规范,但实践中曾实行的定向募集、内部职工股发行、对现有股东的股份配送、对法人单位的股份配售以及公司资产重组中的股份置换等方式都具有不公开发行的性质和特点。2005年《公司法》根据现实存在的各种私募现象以及依法规范的需要,合理区分合法募集与非法集资,首次从立法上明确允许了私募发行,即通过向特定对象募集资本设立公司(现行《公司法》第91条)。

(四)增资发行与非增资发行

这是按股份发行是否增加公司资本进行的区分。

增资发行是指公司在增加资本情况下发行股份,即公司章程所定的资本总额全部发行完毕后,为增加资本而再次发行股份。此种发行须按增加资本的程序进行,即由股东会决议修改公司章程并办理公司变更登记。在我国《公司法》规定的法定资本制和授权资本制下,新股发行均为增资发行。

非增资发行是指在公司资本总额范围内,在不增加公司资本情况下发行股份。非增资发行一般发生在授权资本制之下,公司的股份可以分次发行,除公司设立时第一次发行的股份外,其后所进行的股份发行均属于非增资发行,只需经董事会决议即可。此外,对已发行股份进行的股份拆细和股份合并,也被视为非增资发行。股份拆细,是指减少原有股份的面额将其分为数量更多的股份;股份合并,是指增加原有股份的面额将其合为数量较少的股份。股份拆细和股份合并的目的在于增强或减弱公司股份的流通性。

(五)通常发行与特别发行

这是按新股发行的目的进行的区分。

通常发行,是指以募集资金为目的发行新股,一般所说的新股发行都指通常发行。通常发行,既增加公司的资本,也增加公司的资产。

特别发行,是指不以募集资金为目的,而是基于某些特殊目的发行新股,如基于向股东分配公司盈余、把公积金转为资本、把公司债转换成股份、与其他公司合并而置换股份等目的发行股份。除与其他公司合并而置换股份的情况外,特别发行通常只会增加公司的资本总额,而不增加公司的资产总量,因为用于认购新股的价款是以公司已实际占有支配的财产进行支付的,这种发行只改变公司资产的性质和结构,而不改变其价值总额。但从将公司盈余或借贷资金留在公司、防止公司资金减少的角度看,特别发行亦具有募集资金的间接作用。特别发行在我国被广泛采用,实践中,以向股东送股、配股的方式分配公司盈余已成为许多上市公司的做法。

(六) 平价发行、折价发行、溢价发行与中间价发行

这是按股份发行价格进行的区分。

平价发行,也称面额发行,是指按股份的票面价额发行股份。平价发行多适用于私募发行。我国实践中国家股、法人股的发行一般都是平价发行,而平价发行的费用一般通过向投资者加收一定比例手续费的方式予以弥补。

折价发行,是指按低于股份票面价额的价格发行股份。折价发行意味着公司实际获得的股款低于其发行的资本数额,这违反了资本确定和资本维持原则,因而各国公司法一般都禁止股份的折价发行。我国公司法对之亦明确禁止。

溢价发行,是指按高于股份票面价额的价格发行股份。溢价发行是被广泛采用的发行方式。在我国,所有上市公司发行的社会公众股,都是溢价发行。公司股份公开发行的高额费用,通常靠股份溢价发行的收益予以填补。在公司财务处理上,股份发行的溢价收益属于公司全体股东的共同权益,列为公司的资本公积,并可用于扩大生产经营或转增资本,但不得用于弥补公司亏损。

中间价发行,是指按股份票面价额与市场价格之间的某一中间价格发行股份。股份发行或上市后,其市场价格通常会高于发行价格,中间价发行是给予投资者的一种利益。我国实践中,上市公司对现有股东的配股通常都采用中间价发行方式。

(七) 其他发行分类

除上述分类外,学理和实践中还有其他分类方式。例如,按发行地域范围不同,分为国内发行和国外发行;按发行条件确定方式不同,分为议价发行和招标发行;按股份是否采用实物券形式,分为有纸化发行和无纸化发行;按发行者的身份和发行的先后次序不同,分为初次发行和二次发行;按是否借助交易系统发行,分为网上发行和网下发行等。

三、股份发行原则

《公司法》第 143 条第 1 款规定:“股份的发行,实行公平、公正的原则,同类别的每一股份应当具有同等权利。”据此,股份发行应遵循以下原则。

(一) 公开原则

公开原则,是指发行公司应当依照法定要求将与其发行股份相关的一切重要的信息和情

况公之于众。公开原则的目的在于防止欺诈行为,最大限度地保护投资者的利益,使投资者在获悉公司及其股份真实信息的情况下作出投资判断和决策。同时,公开原则有助于公众和投资者对公司行为的监督,也在一定程度上对公司的发起人或管理者以及公司本身的行为具有约束作用。

股份发行需公开的内容较为广泛,大体可分为两类:一类是公司及其发行股份的基本概况,包括发起人的情况、股份发行可行性、募集资金的用途、公司经营业绩、未来效益预测等;另一类是股份发行操作安排情况,包括发行的数量、方式、对象、价格、条件、程序等。《公司法》第 154 条和第 209 条特别对公司公告招股说明书、财务会计报告作了具体规定。

股份发行的公开必须符合法律的要求,在内容上必须真实、全面、准确,不得进行虚伪或误导性的陈述,不得有重大的遗漏。在方式上,必须将股份发行的有关文件在指定的报刊上刊载,必须保证投资者通过合法途径能够及时、有效地获得信息和有关资料。

(二) 公平原则

公平原则,是指股份发行应对所有投资者给予平等的对待,一视同仁,不得歧视。具体包括以下内容:(1) 投资者有权获得平等的投资机会;(2) 同次发行的同类股份,发行的条件和价格应当相同;(3) 公司发行的同类股份应具有相同的权利或利益,同股同权,同股同利。

股份发行的公平原则是民商法自愿、公平、等价有偿的一般法律原则在股份发行中的具体要求,也是投资者利益保护和股东法律地位平等在股份发行中的具体体现。公平,既是法律的原则,也是投资者追求的目标。公开与公平之间,公平是目标和结果,公开是手段和方法。公平原则的确立,使法律调整的手段更具灵活性,使股份发行制度能够适应不断变化的现实,适时地建立和修订各种具体的规则,也使执法机关和司法机关能够对股份发行中出现的各种复杂的争议和纠纷作出适当的处理。

(三) 公正原则

公正原则,是指对股份发行活动的监管和对股份发行争议或纠纷的处理应正确适用法律,对当事人公正对待,处理结果客观公正。公正原则与公平原则历来不易区别,二者确有密切联系,但公平原则是适用于当事人之间交易关系并确定其实体权利义务的法律原则;公正原则则是执法机关和司法机关监管当事人行为和处理权益争议时适用的法律原则。如此而言,公正是手段和方法,而实体公平则是追求的目标和结果。

公正原则是股份发行中正确适用法律的必然要求。股份发行中虚假陈述、内幕交易、操纵市场、欺诈客户等违法违规行为的存在是客观的现实,当事人之间的利益冲突和权益纠纷也难以避免。行政机关在对股份发行活动的监管和司法机关在对发行纠纷的处理过程中,只有正确适用法律,不偏不倚,才能有力地制止和防范各种不正当行为,保护投资者的合法权益,化解各种矛盾和冲突,增强投资信心,维持市场稳定。

四、 股份公开发行条件

股份的公开发行,对公司发起人和公司具有巨大的融资利益,也涉及广大投资者切身利益和社会经济结构的调整和经济秩序的稳定;同时,我国资本市场处于发展时期,社会资金资源有限,市场发育尚不成熟,投资者的理性意识尚需培育,国家对社会经济发展进行一定程度的宏观调控不可或缺。因此,在现阶段,公司法对股份发行予以一定的要求和限制是完全必要的。

我国关于股份公开发行的条件目前主要由《公司法》《证券法》予以规定。《公司法》对发行条件作了原则性规定,《证券法》则规定得更为具体。

(一)设立发行的条件

从证券监管机构的角度,为股份公开发行设置法定条件,并对股份公开发行是否满足法定条件进行审查和监督是证券监管机构的基本职责。从各国证券市场的实践来看,股份公开发行的监管可分为审批制、核准制和注册制三种类型。2019 年《证券法》修订后,我国开始适用股份公开发行的注册制。

根据《证券法》第 9 条的规定,公开发行证券,必须符合法律、行政法规规定的条件,并依法报经国务院证券监督管理机构或者国务院授权的部门注册。未经依法注册,任何单位和个人不得公开发行证券。证券发行注册制的具体范围、实施步骤,由国务院规定。

国务院颁布的《股票发行与交易管理暂行条例》第 8 条规定,设立股份有限公司申请公开发行股票,应当符合下列条件:(1) 其生产经营符合国家产业政策;(2) 其发行的普通股限于一种,同股同权;(3) 发起人认购的股本数额不少于公司拟发行的股本总额的 35%;(4) 在公司拟发行的股本总额中,发起人认购的部分不少于人民币 3000 万元,但是国家另有规定的除外;(5) 向社会公众发行的部分不少于公司拟发行的股本总额的 25%,其中公司职工认购的股本数额不得超过拟向社会公众发行的股本总额的 10%;公司拟发行的股本总额超过人民币 4 亿元的,证监会按照规定可以酌情降低向社会公众发行的部分的比例,但是最低不少于公司拟发行的股本总额的 10%;(6) 发起人在近 3 年内没有重大违法行为;(7)证券委规定的其他条件。

对于设立发行中的非公开发行的发行条件,我国《公司法》和《证券法》并未作出规定。

(二)改组设立发行的条件

将原有企业改组为股份有限公司,是我国国有企业改革的重要途径和形式。在我国公司发展历史上,它对于改变国有企业单一的投资结构,明晰产权关系,实行权力分工和制约,具有非常重要的意义。出于转换国有企业经营机制的需要,我国进行了股份制企业试点的探索,我国现有的股份有限公司基本上都是原有企业(大部分是国有企业)通过股份制改组设立的,因而明确改组设立发行股票的条件,具有重要的实际意义。根据《股票发行与交易管理暂行条例》第 9 条的规定,原有企业改组设立股份有限公司申请公开发行股票,除应当符合上述设立发行的条件外,还应当符合下列条件:(1) 发行前一年末,净资产在总资产中所占比例不低于 30%,无形资产在净资产中所占比例不高于 20%,但是证券委另有规定的除外;(2) 近 3 年连续盈利。国有企业改组设立股份有限公司公开发行股票的,国家拥有的股份在公司拟发行的股本总额中所占的比例由国务院或者国务院授权的部门规定。

（三）新股发行的条件

对于新股发行的条件，1993年《公司法》曾有专门规定，2005年《公司法》之后被取消，公司发行新股的条件改由证券法规定。我国《证券法》第12条规定，公司首次公开发行新股，应当符合下列条件：(1)具备健全且运行良好的组织机构；(2)具有持续经营能力；(3)最近三年财务会计报告被出具无保留意见审计报告；(4)发行人及其控股股东、实际控制人最近三年不存在贪污、贿赂、侵占财产、挪用财产或者破坏社会主义市场经济秩序的刑事犯罪；(5)经国务院批准的国务院证券监督管理机构规定的其他条件。

（四）定向募集公司新股发行条件

定向募集公司是《公司法》施行前，依据《股份有限公司规范意见》设立的特殊股份有限公司。《股票发行与交易管理暂行条例》第11条对其申请公开发行股票的条件作了专门的规定，除应符合前述设立发行和改组发行的条件外，还应当符合下列条件：(1) 定向募集所得资金的使用与其招股说明书所述的用途相符，并且资金使用效益良好；(2) 距最近一次定向募集股份的时间不少于12个月；(3) 从最近一次定向募集到本次公开发行期间没有重大违法行为；(4) 内部职工股权证按照规定范围发放，并且已交国家指定的证券机构集中托管；(5) 证券委规定的其他条件。

五、股份发行程序

不同类型或不同形式股份的发行程序有所不同，新股发行的程序不同于设立发行，公开发行的程序不同于不公开发行。由于设立发行的程序①与股份有限公司设立程序是重合的，公开发行的程序较不公开发行复杂，因此，这里主要概括介绍新股发行和公开发行程序。

（一）发行决议

新股发行的决定权取决于公司资本形成制度。在法定资本制之下，发行新股就是增加资本，属于公司的重大事项，需由股东会作出决议。董事会的权力是制定发行新股或增加资本的方案。《公司法》第59条和第112条规定股东会有权“对公司增加或者减少注册资本作出决议”，第67条和第120条规定董事会有权“制订公司增加或者减少注册资本以及发行公司债券的方案”。

在授权资本制或折中资本制之下，公司章程或者股东会决议授权董事会发行股份的，在授权的股份总数范围内发行新股只需董事会作出决议。但如果授权股份已发行完毕，需要额外发行新股，则应由股东会作出决议。

新股发行的决议应包含法定的事项，对此，我国《公司法》第151条规定：“公司发行新股，股东会应当对下列事项作出决议：(一)新股种类及数额；(二)新股发行价格；(三)新股发行的起止日期；(四) 向原有股东发行新股的种类及数额；(五)发行无面额股的，新股发行所得

---

① 具体内容见本书第三章“公司的设立”。

股款计入注册资本的金额。公司发行新股,可以根据公司经营情况和财务状况,确定其作价方案。”

(二)交易所审核

在当前注册制下,股东会作出发行新股决议后,由董事会向证券交易所报送相关文件,提出公开发行新股的申请。根据《证券法》第21条第2款,按照国务院的规定,证券交易所等可以审核公开发行证券申请,判断发行人是否符合发行条件、信息披露要求,督促发行人完善信息披露内容。

《证券法》第13条规定,公司公开发行新股,应当报送募股申请和下列文件:(1)公司营业执照;(2)公司章程;(3)股东会决议;(4)招股说明书或者其他公开发行募集文件;(5)财务会计报告;(6)代收股款银行的名称及地址。依照本法规定聘请保荐人的,还应当报送保荐人出具的发行保荐书。依照本法规定实行承销的,还应当报送承销机构名称及有关的协议。

证券交易所设立独立的审核部门,负责审核发行人公开发行申请。证券交易所主要通过向发行人提出审核问询、发行人回答问题方式开展审核工作,判断发行人是否符合发行条件、上市条件和信息披露要求,督促发行人完善信息披露内容。

证券交易所按照规定的条件和程序,形成发行人是否符合发行条件和信息披露要求的审核意见。认为发行人符合发行条件和信息披露要求的,将审核意见、发行人注册申请文件及相关审核资料报中国证监会注册;认为发行人不符合发行条件或者信息披露要求的,作出终止发行审核决定。

(三)证监会注册

《证券法》第22条规定:“国务院证券监督管理机构或者国务院授权的部门应当自受理证券发行申请文件之日起三个月内,依照法定条件和法定程序作出予以注册或者不予注册的决定,发行人根据要求补充、修改发行申请文件的时间不计算在内。不予注册的,应当说明理由。”

(四)公告文件

《证券法》第23条第1款规定:“证券发行申请经注册后,发行人应当依照法律、行政法规的规定,在证券公开发行前公告公开发行募集文件,并将该文件置备于指定场所供公众查阅。”《公司法》第154条第1、2款规定:“公司向社会公开募集股份,应当经国务院证券监督管理机构注册,公告招股说明书。招股说明书应当附有公司章程,并载明下列事项:(一)发行的股份总数;(二)面额股的票面金额和发行价格或者无面额股的发行价格;(三)募集资金的用途;(四)认股人的权利和义务;(五)股份种类及其权利和义务;(六)本次募股的起止日期及逾期未募足时认股人可以撤回所认股份的说明。”

(五)签订证券承销协议

《公司法》第155条规定:“公司向社会公开募集股份,应当由依法设立的证券公司承销,签订承销协议。”承销方式主要分为代销和包销两种。《证券法》第28条规定,证券公司承销证券,应当同发行人签订代销或者包销协议。

（六）公告

《公司法》第 156 条第 3 款规定,公司发行股份募足股款后,应予公告。

【本节理论探讨】

- **股份私募发行的意义和法律规制**

所谓股票私募发行,是指针对特定对象,采取特定方式,接受特定规范的股票发行方式。相对于公开发行,私募发行的优越性在于操作便捷,便于发行人提高发行效率,降低融资成本。私募发行制度蕴涵了“均衡和协调”的理念,旨在促进筹资便利与保护投资者、提高效率与保证公平、发展市场与加强监管之间的均衡与协调。

各国对证券私募的法律规制的内容包括证券私募发行和私募证券转售。证券私募发行的核心标准是发行对象和发行方式。发行对象应是特定对象,一般指拥有相当资产或收入的机构和个人、具备足够投资经验的人、了解发行人有关信息、能够自我保护的人,对于其中某些对象还有人数限制。发行方式应是特定方式,不得采用一般性广告和公开劝诱的行为。

为保护公众投资人的利益,各国证券法在对私募发行予以限制的同时,对私募证券的转售也进行了不同程度的限制。主要包括转让对象、时间和数量的限制。一般而言,金融机构之间私募证券的交易不受限制,但其他机构或个人之间的转让时间和数量均受一定限制。为了充分发挥证券私募简单快捷的特点,各国一般不要求公司在证券私募前到监管机构进行注册或核准。

2005 年《公司法》和《证券法》为证券私募发行和转让打开了制度空间,这对完善我国资本市场结构,促进证券市场发展具有重要意义。《公司法》和《证券法》虽然没有直接引入证券“私募”的表述,但事实上已经勾勒出我国证券私募制度的基本框架。与国外较为成熟的证券私募法律制度相比,我国关于证券私募制度的法律规定相对简单,许多问题有待进一步明确。例如,在发行制度方面,对“特定对象”的含义没有作出明确解释,对“特定对象”的资格也没有明确限定,可能导致发行人利用“特定对象”含义的不明确变相公开发行。同时,对“公开劝诱”和“变相公开”的方式没有明确界定,法律标准不够明确。在私募证券转让方面,虽然从保护社会公众投资者利益的角度对转让进行了限制,但没有给私募发行证券充分的流动性,不利于非公开证券发行制度优势的充分发挥,弱化了私募发行制度简单快捷的特点,有悖于私募制度效率优先的制度本意。

第四节　增加资本与减少资本

公司法原理上虽然有资本确定、维持、不变的原则,但公司资本并非绝对不变。实际上,随着公司经营活动的开展、业务范围和市场状况的变化,客观上也要求公司资本相应地增加或减少。同时,公司成立之后,公司资产和净资产即处于经常的变动之中,为使公司资本反映公司净资产的情况,也要求对公司资本作相应的调整。由此,公司法对公司资本的增加和减少作出了系统的法律规定。

一、增加资本

（一）增资的目的和意义

增加资本，简称增资，是指公司基于筹集资金、扩大经营等目的，依照法定的条件和程序增加公司的资本总额。公司增资通常具有下述目的和意义：

1. 筹集经营资金，开拓新的投资项目或投资领域，扩大现有经营规模。公司获取经营资金的方法多种多样，如发行公司债、借贷等，增加资本是其中的重要方法之一。

2. 保持现有运营资金，减少股东收益分配。在形成大量公积金和未分配利润情况下，公司将面临股东提出的分配请求，通过增加资本可以停止或减少对股东的收益分配，使公司继续占用现有的资金，维持现有的经营规模。

3. 调整现有股东结构和持股比例，改变公司管理机构的构成。吸收新的股东，可以改变股东成分和结构。在现有股东范围内的增资，通过认购新股比例的安排，可以调整现有股东相互间的持股比例，大股东可因增资而成为小股东。而在股东结构和持股比例变更之后，公司将可实现其管理机构和管理人员的重新安排和调整，包括董事、经理、法定代表人的更换。

4. 公司吸收合并。在公司与其他公司吸收合并时，被合并公司的资产在并入另一公司的同时，可能会导致该公司净资产大幅增加，被合并公司的所有者也可能会要求取得该公司的股权，由此便会促使公司增加资本。

5. 增强公司实力，提高公司信用。资本规模直接反映公司的资产实力和经营规模，增资由此成为显示和提高公司商业信用、并取得竞争优势的重要方式。

（二）增资的方式

有限责任公司与股份有限公司因资本和股东出资的构成形式不同，增资的方式亦有差别。有限责任公司通过认购资本或股权增资，股份有限公司通过发行和认购股份增资，但其实质基本一致。总体上，公司的增资方式可分为：

1. 内部增资与外部增资。内部增资，是指由现有股东认购增加的公司资本。外部增资，是指由股东之外的投资者认购新增的公司资本。内部增资和外部增资可以同时采用。

2. 同比增资与不同比增资。同比增资，是指内部增资时各股东按原出资比例或持股比例同步增加出资，增资后各股东的股权比例或持股比例不变。不同比增资，是指内部增资时各股东改变原出资比例或持股比例而增加出资，有的股东也可能不增加出资，增资后各股东的股权比例或持股比例将发生变化。

3. 追加性增资与分配性增资。追加性增资，是基于现有股东或其他投资者对公司新的投入而增加资本，其结果是既增加公司的资本，也增加公司的资产或运营资金。分配性增资，作为内部增资的一种方式，是指在现有股东不作新的投入情况下，通过将未分配利润用于股东出资或把公积金转为资本的方式增加资本，其只是改变公司资产的性质和结构，而不改变其总的价值金额；只增加公司的资本总额，而不增加公司的资产总量。

4. 增加股份数额与增加股份金额。这是股份有限公司采用的增资方式。增加股份数额，即公司在原定股份总数之外发行新的股份。增加的股份，既可以由原有股东优先认股，也可以向社会公开发行。增加股份金额，即公司在不改变原定股份总数的情况下增加每一股份的金额或面额。此种增资只能是内部增资，即由原有股东增加自己的股份出资。公司可以同时采用两种方式增资，既增加股份的数额，又增加每股的金额。

5. 配股增资与送股增资。这是上市公司广泛采用的增资方式。配股增资，又称增资配股，是指上市公司根据现有公司股东持股的数量，按照一定的比例向其发售股份。配股的对象仅限于公司现有股东，配股的条件通常要优于公司对外发行的条件。送股增资，又称送股或送红股，是指上市公司根据现有公司股东持股的数量按照一定的比例向其无偿分配股份。送股的实质是向股东进行收益的分配，只是分配的不是货币，而是股份，因此，它也只能严格限于现有的公司股东。送股增资属于分配性增资。

6. 公司债转换增资与债转股增资。公司债转换增资，是上市公司特有的增资方式，是指将公司发行的可转换公司债依照规定的条件转换为公司的股份。可转换公司债到期时，债权人有权选择将其转换为股份，相应的股份金额即转化为公司的资本，由此导致公司资本的增加。债转股增资，是我国商业银行改革和资产重组过程中实行的特殊增资方式，即将银行对债务人公司所享有的债权按约定的方法折抵为对该公司一定金额的股权，银行由此从债权人变为该公司的股东，由此导致公司资本的增加。这种债转股方式目前尚无统一立法规定，只是实践中发生的一种情况。

（三）增资条件和程序

增加资本能够增强公司实力，提高公司信用，有利于债权人利益和交易安全，因此，各国立法对有限责任公司增资的条件通常不作强制性要求，而由公司自行决定。但对于股份有限公司的增资，基于其公众性特点，法律会予以必要的限制。

在授权资本制或折中授权资本制之下，股份如果分期发行，法律通常会规定公司在发行完章程所定的股份总数之前，一般不得再增加资本，因为股份既未发行完毕，公司完全可以通过发行剩余股份增加自己所需要资金。公司如果增资，其增资后第一次发行的股份不得低于新增股份的一定比例，如 1/4 等。

十堰市市政建设工程有限责任公司、王某玉合资、合作开发房地产合同纠纷案

公司增资会导致股权的稀释和股权结构的调整，是直接影响现有股东利益并可能引发严重利益冲突的公司重大事项。不同股东的处境和要求不同，其在增资中的立场和态度也会不同。因此，在法律程序上，公司增资必须经过股东会决议，变更公司章程，并办理相应的变更登记手续。《公司法》第 66 条第 3 款规定，有限责任公司股东会作出的增资决议应当经代表 2/3 以上表决权的股东通过。第 116 条第 3 款规定，股份有限公司股东会作出的增资决议应当经出席会议的股东所持表决权的 2/3 以上通过。违反上述增资条件和程序，将导致公司增资无效。依据《公司法》第 152 条规定之授权资本制，公司章程或者股东会授权董事会决定发行新股，董事会依照第 152 条决定发行股份导致公司注册资本增加的，经全体董事 2/3 以上通过即可，不需再由股东会表决。

二、减少资本

（一）减资的目的和意义

减少资本，简称减资，是指公司基于某种情况或需要，依照法定条件和程序，减少公司的资本总额。根据资本不变原则，公司的资本不得随意减少，但这也并非绝对，而可以通过法定的程序减资。减资的目的和意义在于：

1. 缩小经营规模，或停止经营项目。

2. 减少资本过剩，提高财产效用。如果原定公司资本过高，形成资本过剩，如保持资本不变，会导致资本在公司中的停滞和浪费，不利于充分发挥社会财富的经济效益。

3. 实现股利分配，保证股东利益。在“无盈不分”的盈利分配原则之下，公司的盈利必须首先用于弥补亏损，如果公司亏损严重，将使股东长期得不到股利的分配，不利于调动股东的积极性。通过减资，可以尽快改变公司的亏损状态，使公司具备向股东分配股利的条件。

4. 缩小资本与净资产差距，真实反映公司资本信用状况。如果公司亏损严重，资本与其净资产差额过大，公司资本会失去其应有的标示公司信用状况的法律意义，通过减资，可使二者保持基本的一致。

5. 公司分立。在派生分立或分拆分立情况下，原公司的主体地位不变，但资产减少，也会要求资本相应减少。

（二）减资的方式

1. 等比减资与非等比减资。等比减资，是各股东按原出资比例或持股比例同步减少出资，减资后各股东的股权比例或持股比例不变。非等比减资，是各股东通过改变原出资比例或持股比例而减少出资，也可能有的股东不减少出资，减资后各股东的股权比例或持股比例将发生变化。

2. 实质减资与形式减资。实质减资，是指在公司资本过剩时，为了避免资本的闲置和浪费，公司通过减少注册资本的方式，对已缴足出资额的股权或股份，将部分出资款返还给股东，或者对尚未缴足出资额的股权或股份，免除股东全部或部分缴纳出资的义务。在实质减资的情况下，公司资产向股东流出，导致公司偿债能力降低，因此必须严格履行普通减资程序，编制资产负债表及财产清单、通知债权人、向债权人清偿债务或提供担保等。形式减资，是指在公司亏损的情况下，在会计处理上减少注册资本，用减少注册资本数额冲抵亏损数额，但公司资产并不向股东流出，也不免除股东的出资义务。在形式减资的情况下，公司偿债能力没有降低，因此可以适用简易减资程序。

3. 减少股份数额与减少股份金额。这是股份有限公司减资的方式。减少股份数额，即每股金额并不减少，只是减少股份总数，具体又可分为销除股份和合并股份。销除股份是指注销一部分或特定的股份，依是否需要征得股东的同意，又分为强制销除和任意销除。合并股份是指合并两股或两股以上的股份为一股。减少股份金额，即不改变股份总数，只减少每股的金额。公司可以同时采用两种方式减资，既减少股份的数额，又减少每股的金额。

（三）减资条件和程序

资本的减少，直接涉及股东的股权利益，也可能实际上减少公司的资产，缩小公司的责任范围，因而直接影响到公司债权人的利益，为此法律规定了比增加资本更为严格的法律程序。根据《公司法》第224、225条和其他有关规定，公司减资的条件和程序如下：

1. 股东会作出减资决议，并相应地对章程进行修改。有限责任公司作出减资决议，必须经代表2/3以上表决权的股东通过。公司减资后的注册资本不得低于法定的最低限额。

2. 公司编制资产负债表及财产清单。

3. 通知债权人和对外公告。公司应当自作出减资决议之日起10日内通知债权人，并于30日内在报纸上或者国家企业信用信息公示系统公告。

4. 债务清偿或担保。债权人自接到通知书之日起30日内，未接到通知书的自公告之日起45日内，有权要求公司清偿债务或者提供相应的担保。

5. 办理减资登记手续。资本是公司注册登记的主要事项之一，公司成立之时，其资本总额已登记注册，减少资本引起主要登记注册事项的变更，因而须办理减资登记手续，并自登记之日起减资生效。

（四）非等比减资

非等比例减资也称定向减资，是指不按照各股东的持股比例，而针对特定股东进行减资。我国《公司法》之前未区分等比减资和非等比减资，未对非等比减资设置额外的程序性要件。《公司法》第224条第3款规定："公司减少注册资本，应当按照股东出资或者持有股份的比例相应减少出资额或者股份，法律另有规定、有限责任公司全体股东另有约定或者股份有限公司章程另有规定的除外。"该规定区分了等比减资和非等比减资，即公司减资应当按各股东持股比例进行减资，仅在法律另有规定、有限责任公司全体股东另有约定或者股份有限公司章程另有规定情况下，公司才可以进行非等比减资，并对非等比减资设置了额外的程序性要件。

华某伟诉上海圣甲虫电子商务有限公司公司决议纠纷案

非等比减资将导致公司财产流向特定股东、公司股权比例变化乃至特定股东完全退出的后果，产生了股东间的利益冲突。《公司法》第224条第3款明确规定公司原则上应当进行等比例减资，不允许公司进行非等比减资，理由具体如下：

第一，维护股权平等原则。大股东或多数股东能以资本多数决的方式通过非等比减资改变设立公司之时全体股东约定的股权结构，实际上破坏了股东平等原则。股权结构是公司设立时各个股东协商一致的结果，但允许非等比减资意味着可以仅针对特定股东进行减资，特定股东减资后会改变此前全体股东合意形成新的股权结构，而反对股东只能被迫接受新的股权结构，这侵害了反对股东的利益，违反了股东平等原则。

第二，完善中小股东保护。实务中确实存在控股股东滥用非等比减资为谋求个人利益而损害中小股东利益的情形。在公司盈利时，控股股东排挤中小股东，利用非等比减资减少中小股东的出资比例，甚至将中小股东挤出公司，多享或独享公司利润；在公司亏损时，控股股东又利用非等比减资，让自己退出公司，让中小股东承担亏损的不利后果。

但是,绝对不允许非等比减资也会产生两大弊端:(1)绝对不允许非等比减资与合理正当的商业需求相冲突,封堵了风险投资机构的退出渠道。非等比减资在商业实践中主要涉及风险投资机构在小微企业和初创企业的退出。在商业实践中,风险投资机构的投资是小微企业和初创企业发展的重要资源,但风险投资机构通常以私募股权基金的形式设立,需要定期获取回报,完成周期性的业绩目标,法律应为其保留相应的退出机制,满足其合理的商业需求。风险投资机构常常采用股权回购作为常见的保底退出机制。非等比减资是实现股权回购的合法途径。绝对禁止非等比减资将为风险投资机构的退出制造巨大的法律障碍,从而对私募投资行业产生重大的负面影响。(2)绝对不允许非等比减资与受到股东压迫的中小股东的保护也存在一定程度的冲突。非等比减资是中小股东退出公司的主要路径之一,从《公司法》及其配套的司法解释来看,异议股东回购请求权是公司僵局中受压迫股东保护自身利益的重要法律手段。在实务中,公司回购异议股东的股份,注销该股份,往往需凭借非等比减资制度,以协同公司注册资本的变动。假如绝对禁止非等比减资,公司回购股份要以转让等其他方式处理该股份,无疑增加公司成本。

为实现投资者正当的商业需求和中小股东利益保护的价值目标,《公司法》第 224 条第 3 款为非等比减资设置额外的程序性要件,在保障中小股东利益的基础上允许非等比减资,即有限责任公司全体股东可以约定或者股份有限公司章程可以规定非等比减资的事由作为允许非等比减资的前置性要件。

(五)实质减资与形式减资

按照是否有公司资产流向股东,减资可以分为实质减资与形式减资。实质减资,是指在公司资本过剩时,为了避免资本的闲置和浪费,公司通过减少注册资本的方式,将该部分资产退还股东的减资。在实质减资的情况下,公司净资产向股东流出,因此必须严格履行编制资产负债表及财产清单、通知公告债权人、向债权人清偿债务或提供担保等一系列减资程序。形式减资,是指在公司亏损的情况下,在会计处理上减少注册资本,用减少注册资本数额抵消亏损数额,但公司资产并不向股东流出,也不免除股东的出资义务的减资。在形式减资的情况下,根据公司的亏损数额相应地减少公司的资本额,可以反映出公司的真实资本情况。形式减资不发生资本向股东的流动,仅仅表现为一种会计处理,用资产负债表中"实收资本"账户的数额冲抵因亏损而呈负数的"未分配利润"账户的数额,从账面上抵消亏损,从而改善公司的财务报表数据。这种减资仅涉及所有者权益项下相关科目之间的数额调整,所有者权益的总额并不发生变动。换言之,用资本弥补亏损不会发生公司资产向股东返还。可见,形式减资情况下公司真实持有的资产并没有减少,公司的偿债能力也没有发生实质变化,因此可以适用简易减资程序。

2005 年《公司法》没有区分实质减资和形式减资,所有减资都要统一适用严格的债权人保护程序。现行《公司法》区分了形式减资和实质减资,形式减资可以适用简易减资程序,发挥其独特的制度功能,为有偿债能力但账面亏损的公司清除公司分红的严重障碍,且不损害债权人利益。在无盈不分的原则下,若经营亏损的公司没有赚取足够的利润来填补亏损,将无法向股东进行分红。其中一些处于账面亏损状态的公司,尽管仍有充足的偿债能力,能确保债权人利益,但是公司因不符合无盈不分原则而长期无法分红,致使股东投资公司的目的无法实现。但是,形式减资能够用资产负债表中"实收资本"账户的数额冲抵因亏损而呈负数的"未分配利润”账户的数额，从账面上消除亏损，使得公司在账面上有盈余，在符合其他法定条件后可以尽早地向股东分红，帮助实现股东获取收益的投资目的。形式减资本身并没有导致公司资产流向股东，公司偿债能力不受影响，不会损害债权人利益。此外，形式减资还能避免注册资本传递出错误的偿债能力信息进而误导债权人，根据公司的亏损数额相应地减少公司的“实收资本”数额，从而反映出公司的真实资本情况。

《公司法》第 225 条规定了简易减资的适用条件：(1) 减资补亏的劣后顺位。公司首先应该用当年利润、任意公积金与法定公积金补亏，不足的才能用资本公积金补亏，仍有亏损的，可以减少注册资本弥补亏损。(2) 简易减资非强制适用。满足弥补亏损的前置条件之后，公司只是“可以进行简易减资”，而不要求强制适用。(3) 不得分配或者免除股东出资义务。《公司法》第 225 条规定公司从事简易减资“不得向股东分配，也不得免除股东缴纳出资或者股款的义务”。形式减资的核心特征是公司减少注册资本但公司资产不流向股东，公司偿债能力不受影响。但是，将减少的注册资本用来免除股东出资义务或向股东进行分配都将导致公司资产流向股东，从而影响公司的偿债能力，成为实质减资，此时必须适用普通减资程序。

公司在完成账面上的简易减资程序后，仍有两项法定程序需遵守：(1) 公司应当自股东会作出减少注册资本决议之日起 30 日内在报纸上或者国家企业信用信息公示系统公告。但是，公司作出弥补亏损的减资决议后，无须通知和公告债权人，债权人也无权要求公司立即清偿或提供担保。(2) 在法定公积金和任意公积金累计额达到公司注册资本 50%前，不得分配利润。形式减资不会直接损害债权人利益，也能清除一些不必要的分配利润的障碍，但为进一步保护债权人利益，公司法禁止简易减资后立即分配利润，为分配利润设置了相应的法定条件。公司用减资弥补亏损后，如果公司开始盈利，不必再弥补亏损，但在法定公积金和任意公积金累计达到公司注册资本 50%之前，必须将利润留存于公司。

（六）违法减资责任

《公司法》第 226 条规定：“违反本法规定减少注册资本的，股东应当退还其收到的资金，减免股东出资的应当恢复原状；给公司造成损失的，股东及负有责任的董事、监事、高级管理人员应当承担赔偿责任。”公司违法减资时，股东及负有责任的董事、监事、高级管理人员应当承担法律责任。其构成要件一般为违反《公司法》的减资规定、相关人具有过错、减资给公司造成了损失、减资与公司的损失之间具有因果关系。《公司法》对公司减资作出了一系列规定：首先，明确规定公司可因股东未按期履行出资义务而丧失股权进行减资。其次，规定了减资程序：(1) 董事会制定减资方案；(2) 股东会特别决议作出减资决议；(3) 公司编制资产负债表及财产清单；(4) 通知债权人。最后，规定了非等比例减资的前置性要件。若公司的减资违反相关规定，即可认定相关人员应当承担违法减资责任，可分为两种类型：

1. 违法减资的返还或恢复责任。违法减资的返还或恢复责任，是指公司违法减资时，收回资金的股东应当退还其收到的资金，减免股东出资的应当恢复原状，继续承担出资责任。

首先，该责任的适用主体仅为股东，这是因为，违法减资的返还或恢复责任是基于股东违反出资义务产生的。

其次，该责任的表现形式有二：一是股东退还收取的资金，若股东从公司抽回了出资，必须将其返还；二是股东将其出资义务恢复原状，即使股东实际并未从公司退回出资，其出资义务的减免也会损害公司的偿债能力，必须将其出资义务恢复原状。

最后，该责任是一种无过错责任，即行为人对自己行为所造成的损害后果，不论是否具有故意或者过失的心理，都应当承担民事责任，不以主观过错（故意或者过失）为构成要件。股东在违法减资过程中，无论是获得资金还是被减免出资义务，都是实际受益人。即使在股东会决议上投出反对票的股东，只要其因减资从公司中获得了利益，也会造成公司责任财产流失，需要承担返还财产、恢复原状的责任。

2. 违法减资的赔偿责任。违法减资的赔偿责任，是指违法减资给公司造成损失的，股东及负有责任的董事、监事、高级管理人员应当承担的赔偿责任。

江苏万丰光伏有限公司诉上海广力投资管理有限公司、丁某焜等买卖合同纠纷案

该赔偿责任的适用主体是股东及负有责任的董事、监事、高级管理人员。其中，股东应对公司违法减资承担责任的观点被广为接受，但董事、监事、高级管理人员应否承担赔偿责任一度存在争议。我国《公司法》曾规定，公司减资不需要追究董事、监事、高级管理人员的法律责任，但现行《公司法》则要求上述人员承担赔偿责任，原因在于：(1)权责应当统一。董事、监事、高级管理人员负责公司的日常运营，深入了解公司的经营情况，能够对公司是否符合减资条件作出判断。基于权责相统一的原则，董事、监事、高级管理人员应当在职权范围内承担相应责任。(2) 公司减资离不开董事、监事、高级管理人员的协助，董事、监事、高级管理人员在协助进行违法减资的过程中常常是存在过错的，应当追究相应的法律责任。

违法减资的赔偿责任是一种过错责任。对于股东来说，承担过错责任的股东可能是通过减资程序从公司中取得财产的股东，该股东常常是直接责任人；也可能是协助其他股东作出减资决议的股东。股东若对股东会违法减资决议的作出存在故意或重大过失，即使自身并没有从公司取回资本，也要对公司承担赔偿责任。对于董事、监事、高级管理人员来说，在减资过程中，其过错主要表现为提出的减资方案违反法律规定、未核实公司通知债权人情况、协助公司违法办理减资登记等。

【本节理论探讨】

• 公司增资中的股东利益冲突与保护

公司增资是直接影响现有股东利益并可能引发严重利益冲突的公司重大事项。基于处境和要求的不同，不同股东在增资中的立场和态度也会不同。外部增资或不同比增资，会导致现有股东持股比例发生变化，进而引发公司管理权或控制权发生变化。对同比增资或追加性增资，财力雄厚、投资能力强的股东会支持，但财力薄弱、投资能力弱的股东则可能反对。同时，如果是外部增资，还涉及现有股东对现有公司资产权益的界定。实践中，由此引起的股东权益争执和增资纠纷不时出现，这是增资制度中需要予以关注和研究的重要问题。

第一，增资究竟一种权利，还是一种义务？《公司法》第 227 条第 1 款规定："有限责任公司增加注册资本时，股东在同等条件下有权优先按照实缴的出资比例认缴出资。但是，全体股东约定不按照出资比例优先认缴出资的除外。"根据该条的规定，毫无疑问，公司增资时，有限责任公司的原有股东享有优先增加自己出资的权利。但是否也同时负有增资的义务？如果有的股东拒绝增资，是否构成违反出资义务的行为？应否承担相应的法律责任？对此，一般认为，增资是股东的权利，而不是义务，由于不同股东的财产能力和情况不同，不能强求股东向公司追加出资，股东加入公司时出资是自愿的，后期增资时也应是自愿的。但也有学者认为，既然增资是股东会的决议，就应对公司全体股东具有约束力，股东即负有按原有出资比例追加出资的义务，否则，公司的决议将无法执行，尤其是在公司因财务困难而急需增资时。

第二，增资时有限责任公司的原有股东之间的权益界定。根据《公司法》第 227 条第 1 款的规定，公司增资时，原则上有限责任公司的原有股东应按照实缴的出资比例优先认缴出资，但是全体股东有其他约定的也可以不按照出资比例优先认缴出资。这一方面体现了对原有股东权益的维护与认可，另一方面也体现了对股东意志的尊重。

第三，增资时有限责任公司的原有股东和新股东的权益界定。增资时，公司可能处于盈利状态，拥有大量的盈余公积金、资本公积金或未分配利润，因而其净资产可能已远远高于公司原始资本；但公司也可能处于亏损状态，没有任何经营积累，净资产可能早已低于其资本，甚至可能已资不抵债。在这些情况下，应首先对公司的现有资产进行全面评估，确定公司的净资产或股东权益的真实价值，并在此基础上，确定原股东的股权比例和新股东的出资金额与股权比例。盈利状态下高于资本的股东权益应由原股东享有，而不应自然地归属增资后的所有新老股东，否则，将会导致新股东对原有股东权益的不当占有；亏损状态下新股东相同比例股权的出资也不应该当然地按原有股东的出资额确定，否则，将会导致原有股东不合理地获得新股东出资的利益。当然，这只是增资时权益界定的客观原则，它并不否定和排斥当事人之间在此基础上，基于对公司各种内外因素和发展预期等的考虑，对增资的商业条件作出讨价还价，并达成协议。

【本章思考练习题】

一、名词解释

1. 注册资本
2. 授权资本
3. 发行资本
4. 实缴资本
5. 资本
6. 资产
7. 资金
8. 净资产
9. 股东权益
10. 投资总额
11. 资本确定原则
12. 资本维持原则
13. 法定资本制
14. 授权资本制
15. 折中资本制

16. 许可资本制
17. 折中授权资本制
18. 公开募集
19. 不公开募集
20. 间接发行
21. 公开发行
22. 不公开发行
23. 特别发行

二、简答题

1. 简述公司资本的法律意义。
2. 简述资本、资产与净资产的区别及各自的法律意义。
3. 简述公司法上的资本确定原则。
4. 简述资本维持原则的要求及其在公司法制度中的体现。
5. 简述法定资本制与授权资本制的比较与取舍。
6. 简述我国公司法历次资本形成制度的改革并对其作出评价。
7. 简述股份公开发行的特点、作用与条件。
8. 简述资本变动中的股东保护与债权人保护。

第七章　股东出资制度

■【导语】

目前的公司法原理体系，大都将股东出资制度作为公司设立中的一个行为或作为资本制度的组成部分简要介绍，但无论从公司法理论还是实务方面，股东出资制度都是十分重要的。不仅公司法对此有较为详尽的规定，因股东出资而发生的或与股东出资相关联的纠纷也会占纠纷的多数。因此，本书将此专设一章，力图对股东出资制度进行较为全面、系统、深入的阐述。

本章阐述了股东出资的法律意义，详述了股东出资义务与责任，分析了股东出资形式的法定性及其要件，介绍了公司法列举的六种股东出资形式以及现实中较为普遍存在的两种出资形式的内容和特点，最后对股东出资的法定要求作了全面的归纳和总结。本章的重点是股东出资的法律意义和股东出资的法定要求，其中尤为重要的是对股东出资义务与责任、加速到期制度、未出资股权转让后的出资责任制度的深刻理解和熟练掌握。同时，对于股东出资的法定要件和形式要有全面、准确的认识。

第一节　股东出资义务与责任

一、股东出资概述

出资是指股东（包括发起人和认股人）在公司设立或者增加资本时，为取得股份或股权，根据协议的约定以及法律和章程的规定向公司交付财产或履行其他给付义务。出资是股东的基本义务，对出资的各种法律规定和要求构成了系统的股东出资制度。

（一）股东出资与公司资本

股东出资制度与公司资本制度紧密相连，公司资本来自股东的出资，全体股东认缴的出资总和就是公司的资本总额，公司法既然有严格的资本制度，那么必有与之配套的股东出资制度。在法定资本制之下，资本确定、资本维持和资本不变三原则正是通过股东出资行为规则加以实现的。全体股东必须全额认缴公司资本的规则保证了公司资本的确定，股东不得抽逃出资的规则体现了资本维持的要求。没有严格的股东出资制度，就无法建立真正的公司资本制度。就此而言，公司资本制度的价值和功能同时也就是股东出资制度的价值和功能。

（二）股东出资与有限责任

实际上，股东只要履行了出资义务，就不再对公司承担财产责任，所谓的责任不过是对未履行部分的出资义务承担责任和对已经缴纳的出资不能收回而已。由此，股东认缴出资成为其承担有限责任的前提条件，也是公司取得独立法人人格并承担独立责任的必要条件。

（三）股东出资与股权

出资既是股东的义务，也是其取得股权的事实根据和法律根据。根据权利义务相一致原则，股东享有权利，就应承担义务，股东既然享有了股权，就应承担出资的义务，出资实质上是股权的对价，任何人欲取得公司股东的身份和资格，必以对公司的出资承诺为前提，而要获得某些实际的股东权益，必须实际履行出资义务。同时，股东股权的大小取决于其出资的比例或数额，有限责任公司股东通常按出资比例享有股权，股份有限公司股东则按其出资金额享有股份。

二、股东出资义务与履行

（一）股东的出资义务

出资是股东最基本、最重要的义务，这种义务既是一种约定义务，也是一种法定义务。股东一般通过签署公司设立协议（或发起人协议）或认股书的形式约定其各自的出资比例或金额，出资条款构成公司设立协议的主要内容。此外，出资是公司法规定的股东必须承担的法定义务，作为公司成立的条件，公司设立必须制定章程，而出资义务的分配则是公司章程的必备事项，不论股东之间作何种约定，都不能免除股东的出资义务。根据《公司法》第 49 条第 2 款规定："股东以货币出资的，应当将货币出资足额存入有限责任公司在银行开设的账户；以非货币财产出资的，应当依法办理其财产权的转移手续。"第 98 条规定，股份有限公司发起人的出资，适用关于有限责任公司股东出资的规定。

（二）股东违反出资义务的行为

按行为方式不同，股东违反出资义务的行为可表现为完全未履行、未完全履行和不适当履行三种形式。《公司法司法解释（三）》规定的未全面履行包括未完全履行和不适当履行两种情况。

完全未履行是指股东根本未出资，具体又可分为拒绝出资、不能出资、虚假出资、抽逃出资。拒绝出资，是指股东在设立协议或认股协议成立且生效后拒绝按规定出资；不能出资，是指股东因客观条件的变化而不能履行出资义务，如出资的非专利技术在出资前泄密、出资的房地产在办理财产权移转手续前毁损或灭失；虚假出资，是指宣称其已经出资而事实上并未出资，其性质为欺诈行为，如以无实际货币的虚假银行进账单、对账单或者以虚假的实物投资手续骗取验资报告和公司登记；抽逃出资，是指在公司成立或资本验资之后，将已缴纳的出资抽回，其性质亦属欺诈。在上述行为中，较为复杂的是对抽逃出资行为的认定，《公司法司法解释(三)》第12条根据实际情况,规定以下几种行为可以被认定为抽逃出资行为:(1)制作虚假财务会计报表虚增利润进行分配;(2)通过虚构债权债务关系将其出资转出;(3)利用关联交易将出资转出;(4)其他未经法定程序将出资抽回的行为。上述行为本质上都是没有合法根据而将公司财产转移给股东,只是采取了民事交易、利润分配等形式上合法的理由,都是为了实现股东抽逃出资的目的。

未完全履行,又称未足额履行,是指股东只履行了部分出资义务,未按规定数额足额交付,包括货币出资不足,实物、知识产权等非货币出资的价值显著低于章程所确定的价额,等等。

不适当履行,是指出资的时间、形式或手续不符合规定,包括迟延出资、瑕疵出资。迟延出资是指股东不按规定的期限交付出资或办理实物等财产权的转移手续。瑕疵出资可以分为标的物瑕疵和出资行为瑕疵。其中,标的物瑕疵是指股东交付的非货币出资的财产存在权利或物的缺陷,如所缴纳的财产上存在第三人的合法权利或不符合约定的质量标准等;出资行为瑕疵是指出资行为不完整,只交付了出资的标的物而未办理相应的权属变动手续,或者只办理了权属变动手续而未交付出资的标的物。《公司法司法解释(三)》第7~11条对实践中经常出现的几种瑕疵出资行为的认定作了具体的规定。

瑕疵出资中的一种重要情况是出资人以无处分权的财产或非法获得的货币进行出资。对此种出资行为的法律效力,《公司法司法解释(三)》第7条作了明确规定:"出资人以不享有处分权的财产出资,当事人之间对于出资行为效力产生争议的,人民法院可以参照民法典第三百一十一条的规定予以认定。以贪污、受贿、侵占、挪用等违法犯罪所得的货币出资后取得股权的,对违法犯罪行为予以追究、处罚时,应当采取拍卖或者变卖的方式处置其股权。"

《民法典》第311条是关于无权处分情况下财产归属的规定,这意味着,此种情况下,出资的财产可以由原所有人追回,但如果公司接受出资时不知道也不应知道出资人属于无权处分,公司可以不予返还,出资行为有效。同时,本条的规定也表明,基于货币的特性,以违法所得的货币出资,虽然所得行为违法,但可以认定出资行为有效,对违法行为进行财产追缴,不应要求公司返还其出资的货币,而应以拍卖或变卖的方式处置出资人取得的股权。出资人以划拨土地使用权出资,或者以设定权利负担的土地使用权出资的,是否构成出资义务的不履行?根据《公司法司法解释(三)》第8条规定,如果当事人在指定的合理期间内办理了土地变更手续或者解除了权利负担,可以认定其履行了出资义务,否则应当认定其未依法全面履行出资义务。

按行为发生的时间不同,股东违反出资义务的行为可分为公司成立前不履行和公司成立后不履行。公司成立前不履行有可能导致公司不成立,公司成立后不履行有可能导致公司变更注册资本或解散,严重者也可能导致公司被撤销。

(三)股东出资义务的加速到期

1. 制度概述。加速到期制度是要求未届认缴期限的股东提前履行出资义务的制度。2013年我国实行完全认缴制改革,股东可以自行决定认缴出资的期限,导致实践中出现了因股东的出资期限远未届满,债权人债权无法实现的情形。为保护债权人利益,实现公司资本的充实,现行《公司法》新增股东出资义务加速到期制度,第54条规定:"公司不能清偿到期债务的,公司或者已到期债权的债权人有权要求已认缴出资但未届出资期限的股东提前缴纳出资。"

在现行《公司法》颁布以前，我国仅在《企业破产法》第35条、《公司法司法解释（二）》第22条规定了破产情形、解散情形的加速到期制度。但对于非破产、非解散的一般情形中能否要求股东出资加速到期，并未明确规定。

2019年《九民纪要》第6条规定："在注册资本认缴制下，股东依法享有期限利益。债权人以公司不能清偿到期债务为由，请求未届出资期限的股东在未出资范围内对公司不能清偿的债务承担补充赔偿责任的，人民法院不予支持。但是，下列情形除外：(1) 公司作为被执行人的案件，人民法院穷尽执行措施无财产可供执行，已具备破产原因，但不申请破产的；(2) 在公司债务产生后，公司股东（大）会决议或以其他方式延长股东出资期限的。"《九民纪要》以保护股东期限利益为由，确立了原则上不允许加速到期，只在满足破产条件而不申请破产、延长出资期限时方可加速的审判立场，"法院穷尽执行措施无财产可供执行，已具备破产原因"这一种情形本质上是公司破产时的加速到期，而"公司债务产生后……延长股东出资期限的"这种情形则属于债权人撤销权制度的适用范围。由此可见，《九民纪要》实际上并不支持在非破产情形中要求股东出资义务加速到期。

2. 制度原理。对于应否确立非破产情形的加速到期制度，社会各界争议较大。该问题实质上关乎债权人、股东、公司等各主体的利益平衡。

王某杰与上海力澄投资管理有限公司、郭某星等民间借贷纠纷案

非破产情形加速到期制度的正当性基础在于，公司利益应优先于股东期限利益。《公司法》第1条明确规定公司法的立法宗旨在于规范公司的组织和行为，保护公司、股东、职工和债权人的合法权益。公司利益作为组织利益，是公司法首先需要考量的利益，也是公司法上的决定性利益。由此，公司利益是解决利益相关者矛盾冲突的标准，出资义务加速到期中应当首先考量其是否契合公司利益。

当公司无法清偿到期债务时，债权人将以提起诉讼或者破产申请的方式寻求权利救济。面对债权人的权利行使行为，公司的正常经营也将受到影响，公司利益将因股东出资未届期而受到现实损害。若有股东出资义务加速到期规则，即可要求股东提前实缴出资，公司则可恢复正常经营。股东出资义务加速到期规则应当以公司利益为本位而展开。股东出资义务加速到期规则的全面引入，应基于公司利益，债权人利益和股东利益处于次顺位。比如，股东出资自由与期限利益代表的是股东的个体利益和股东群体的利益，应置于公司利益之后。

3. 具体适用。具体适用股东出资义务加速到期规则，应注意如下三个方面：

(1) 以公司不能清偿到期债务为适用前提。在一般情形下，股东的期限利益需要被尊重，只有满足特定条件时才可以要求股东提前出资。《公司法》将该特定要件表述为"公司不能清偿到期债务"。本书认为，应将《公司法》规定的"公司不能清偿到期债务"与《企业破产法》规定的"不能清偿到期债务"作相同理解。

通常而言，"不能清偿到期债务"在破产法理论上被称为支付不能或无支付能力。不同于支付不能，停止支付是任何可归责于债务人的行为并且使合同相对方产生因无支付能力而不能支付的印象，停止支付推定为支付不能。①

我国破产法上的"不能清偿到期债务"应与停止支付这一概念作同等理解。根据《最高人

① ［德］乌尔里希·福尔特斯：《德国破产法》，张宇晖译，中国法制出版社2020年版，第70页。

民法院关于适用〈中华人民共和国企业破产法〉若干问题的规定(一)》(简称《破产法司法解释(一)》)第2条规定,同时具备债权债务关系依法成立、债务履行期限已经届满、债务人未完全清偿债务三个要件的,人民法院应当认定债权人不能清偿到期债务。在我国破产法中,不能清偿到期债务是指债务人以明示或默示的形式表示其不能支付到期债务,强调的是债务人不能清偿债务的外部客观行为,而不是债务人的财产客观状况。①

将《公司法》第54条规定的"不能清偿到期债务",与《破产法司法解释(一)》中的"不能清偿到期债务"作同一解释较为妥当,更契合商事法律体系的一致性。

(2)以已到期债权人和公司为权利主体。依照《公司法》第54条,在公司不能清偿到期债务的情况下,可要求股东提前缴纳出资的主体有二,即公司和已到期债权的债权人。

(3)法律后果:是否入库。对于股东出资义务加速到期的法律后果,目前主要存在两种理解:

第一种理解是入库说,认为股东出资义务加速到期后,股东需向公司履行出资义务,该出资并不直接由个别债权人受偿,而应适用入库规则,归入公司的整体财产中。主要理由有三:一是从法理逻辑上而言,债权人与公司之间、公司与未出资股东之间的关系存在明显的相对性,股东承担的出资义务对象系公司而非债权人。二是需要考量公司作为独立法人主体的利益,这一点不同于民法上的代位权行使。股东对公司的出资形态是多元的,对于公司而言,股东出资的价值并不局限于债权担保,加速到期后的股东出资完全有可能成为盘活公司资产、恢复公司清偿能力的救命稻草。若要求股东向债权人直接清偿,有可能浪费公司资本的经营价值。三是入库规则可以在最大范围内实现全体债权人公平清偿的目的,虽然加速到期的适用要件与破产程序明显有别,但是,加速到期情形毕竟属于清偿异常形态,已经触发了破产界限。

第二种理解是股东可以直接向债权人进行清偿。核心理由是《公司法》第54条的加速到期制度适用于非破产情形,无需遵循破产的公平清偿原则。若允许债权人要求股东向自己直接清偿,债权人便有更多动力主张权利,更有利于保护债权人利益。

三、股东出资责任

股东出资责任是股东违反出资义务的法律后果。股东违反出资义务的行为,在公司成立之前,属合同法上的违约行为,已足额缴纳出资的股东可通过违约救济手段,就其自身遭受的损失向未缴纳出资的股东请求赔偿。在公司成立之后,除股东之间的违约责任外,股东违反出资义务的行为还同时构成公司法上的违法行为和损害公司利益的行为,公司有权向其追究责任。

(一)股东出资责任的种类

公司法学理及各国公司立法一般将股东的出资责任分为出资违约责任和资本充实责任。

1. 出资违约责任。出资违约责任适用于对一般股东出资责任的追究,具体的救济手段主要是:

---

① 《依法受理审理案件、充分发挥企业破产法应有作用——最高人民法院民二庭负责人就〈破产法司法解释(一)答记者问〉》,《人民法院报》2011年9月26日,第2版。

(1) 追缴出资,即公司要求违反出资义务但仍有履行可能的股东继续履行出资义务。经公司追缴,股东仍不履行出资义务的,公司有权请求强制履行。作为一种救济手段,追缴出资常被用于非货币出资情形,如为设立房地产公司,确定由其中某一发起人以土地使用权为出资,该出资系实现公司目的之必要条件,如该发起人不履行出资义务,将导致公司不能成立,于此情形下,其他发起人或公司可以该发起人为被告提起强制履行之诉来追缴其出资,确保公司得以成立。

(2) 催缴失权,又称失权程序。根据《公司法》第 52 条,公司对于不履行出资义务的股东,发出书面催缴书催缴出资,载明缴纳出资的宽限期(自公司发出催缴书之日起不得少于 60 日),宽限期届满,股东仍未履行出资义务的,公司经董事会决议以书面形式向该股东发出失权通知,自通知发出之日起,该股东丧失其未缴纳出资的股权。此种失权是当然失权,已失权之认股人即使补缴了股款,也不能恢复其地位,因而,催告失权有督促认股人及时履行出资义务的作用。

(3) 损害赔偿。股东的出资义务是一种债的义务,股东违反出资义务给公司和其他股东造成损失的,应承担损害赔偿责任。股东违反出资义务导致公司不能成立或被撤销、解散的,违约的股东应向其他守约的股东承担损害赔偿责任。大多数国家公司法都规定损害赔偿是可以和其他救济手段并用的一种救济方式,当其他救济方式不足以弥补其所遭受的损失时,公司或其他守约股东仍可要求股东承担损害赔偿责任。

2. 资本充实责任。资本充实责任适用于对公司发起人的出资责任追究,它既要求发起人对自己违反出资义务的行为承担出资责任,又要求其对公司资本的充实相互承担出资担保责任,通过在公司发起人之间建立起一种相互督促、相互约束的出资担保关系,达到资本充实的目的。其具体可分为:

(1) 认购担保责任,即设立股份有限公司发行股份的,股份未被认购或认购后又取消的,应由发起人共同认购。

(2) 缴纳担保责任,亦称出资担保责任,即发起人虽认购股份但未依法或依约缴纳股款或交付非现金出资标的的,应由发起人承担连带缴纳股款或连带缴纳非现金出资的财产价额的义务。公司发起人履行缴纳担保责任后,除非公司已对违反出资义务的股东采取了催告失权的救济手段,其不能因此当然取得代为履行部分的股权,而只能向违反出资义务的股东行使追偿权。

(3) 差额填补责任。公司成立时,如果出资的非货币财产价额显著低于章程所定价额,发起人应对不足的差额部分承担连带填补责任。履行差额填补责任的发起人可向出资不实的股东行使求偿权。

(二) 股东出资责任的内容

《公司法》第 49、50、98、99 条对股东出资责任作了规定。第 49 条第 3 款规定,有限责任公司"股东未按期足额缴纳出资的,除应当向公司足额缴纳外,还应当对给公司造成的损失承担赔偿责任"。第 50 条规定:"有限责任公司设立时,股东未按照公司章程规定实际缴纳出资,或者实际出资的非货币财产的实际价额显著低于所认缴的出资额的,设立时的其他股东与该股东在出资不足的范围内承担连带责任。"第 98 条规定,股份有限公司"发起人应当在公司成立前按照其认购的股份全额缴纳股款。发起人的出资，适用本法第四十八条、第四十九条第二款关于有限责任公司股东出资的规定"。第99条规定，股份有限公司"发起人不按照其认购的股份缴纳股款，或者作为出资的非货币财产的实际价额显著低于所认购的股份的，其他发起人与该发起人在出资不足的范围内承担连带责任"。

根据以上规定，股东出资责任在内容上主要包括以下四种：

1. 货币出资的缴纳责任。有限责任公司股东未按照规定缴纳出资的，应当向公司足额缴纳，股份有限公司发起人未按照公司章程的规定缴足出资的，应当补缴。

2. 非货币出资的差额补足责任。公司成立后，发现作为设立公司出资的非货币财产的实际价额显著低于公司章程所定价额的，应当由交付该出资的股东或发起人补足其差额。

3. 违约赔偿责任。有限责任公司中未缴纳出资的股东因未按期缴纳出资给公司带来损失的，需向公司承担损害赔偿责任。

4. 出资连带责任。即对未缴纳的货币出资或价值不足的非货币出资，有限责任公司设立时的其他股东、股份有限公司的其他发起人应承担连带缴纳或补足的责任。

（三）股东出资责任的追究

股东违反出资义务时，与此具有利害关系的当事人都可以追究股东的出资责任。公司是股东出资的相对权利人，股东出资就是向公司出资，因此，公司当然有权追究股东的出资责任。同时，股东既是出资协议的当事人或章程签署人，也是出资行为的利害关系人，不履行出资义务，不仅损害公司利益，也会损害其他股东利益，因此，股东相互之间也有权追究出资责任。此外，股东未履行或未全面履行出资义务的行为，违反了公司资本维持原则，降低了公司对外清偿债务能力，对债权人利益也构成威胁，因而，在公司不能对外清偿债务时，债权人也有权直接请求该股东承担公司不能清偿部分的补充赔偿责任。

股东出资责任追究是司法实践中较为普遍的公司诉讼，针对各种复杂情况，《公司法司法解释(三)》作了较为详尽的规定，除肯定了上述责任追究的基本原则外，还对以下情况作出了特别规定：

1. 连带责任追偿。公司设立时的股东(或发起人)对其他股东或发起人未出资的行为承担连带责任后，根据连带责任内部求偿原理，可以向未履行或未全面履行出资义务的股东追偿。

2. 协助抽逃责任。股东抽逃出资时，协助其抽逃的其他股东、董事、高级管理人员或者实际控制人对此应承担连带责任。

3. 董事、高级管理人员的出资责任。股东在公司增资过程中未履行或者未全面履行出资义务的，公司、其他股东或者债权人也有权请求公司董事、高级管理人员承担相应的责任。董事、高级管理人员承担责任后，亦可向未出资的股东追偿。

4. 对债权人承担出资责任的限制。未履行或者未全面履行出资义务以及抽逃出资的，相关当事人对公司债权人承担的赔偿责任是"补充责任""有限责任"和"一次性责任"。所谓"补充责任"，是指债权人在公司不能清偿其债权时，只能就不能清偿的部分请求责任主体承担赔偿责任；所谓"有限责任"，是指责任主体向全体债权人承担赔偿责任的范围以股东未履行出资义务的本金及利息为限；所谓"一次性责任"，是指责任主体已经赔偿的总金额达到责任限额时，其他债权人不得再以相同事由向该责任主体提出赔偿请求。

5. 出资财产贬值免责。以符合法定条件的非货币财产出资后，市场变化或者其他客观因素导致出资财产贬值的，出资人无需对此承担补足责任。

6. 出资责任与诉讼时效。股东出资责任的追究不适用诉讼时效，股东不能以超过诉讼时效期间为由对出资责任进行抗辩。

7. 出资义务履行的举证责任。是否履行出资义务的举证责任应由原被告双方合理分配，原告提供对股东履行出资义务产生合理怀疑证据的，被告股东应当就其已履行出资义务承担举证责任。

8. 对未出资股东的权利限制。股东未履行或者未全面履行出资义务的，公司可以根据章程或者股东会决议对其利润分配请求权、新股优先认购权、剩余财产分配请求权等股东权利作出相应的合理限制。

（四）股东出资责任的多向分析

股东出资责任是公司法理论和实践中极为重要的问题，许多公司纠纷都是出资责任纠纷或与出资责任有直接或间接关联的纠纷。我国公司法对此的规定较为分散，也不甚完整、系统，因此，对我国公司法上的股东出资责任还需结合公司法理和学理，从不同角度加以综合分析和确定。

1. 有限责任公司的出资责任与股份有限公司的出资责任。公司法对有限责任公司和股份有限公司的出资责任分别作了规定，两种公司的出资责任基本相同。

2. 公司设立中的出资责任与公司成立后的出资责任。公司法对出资责任的规定是针对公司设立过程中和公司成立后两个阶段的，其针对的未履行出资行为都发生在设立过程中或属于设立过程中承诺的出资义务，但法理上认为这种规定也应适用于公司成立后发生的未履行出资行为或承诺的出资义务。

3. 发起人的出资责任与一般股东的出资责任。关于股份有限公司的出资责任，公司法只规定了发起人的责任，而未规定一般股东的责任，法理上认为股份有限公司一般股东的责任与发起人的责任应有所不同。发起人之间应当承担连带责任，但不应当将这种责任当然扩大到其他一般股东，不应要求设立过程中的认股人和公司成立后加入公司的一般股东也承担出资的连带责任。同时，公司法规定的有限责任公司设立时股东之间的连带出资责任也不应扩及于设立后的股东之间。因为股份有限公司的发起人或有限责任公司设立时的股东在公司设立过程中处于特殊地位，通常会享有较其他股东更多的机会或权利，因此应通过设定连带责任强化其责任，以形成相互间的有效制约，并实现投资者之间的实质公平。

4. 对公司的出资责任与对股东的出资责任。公司法上的出资责任既包括股东对公司的责任，也包括股东对股东的责任。在公司设立过程中对出资责任的追究通常是已出资股东对未履行出资义务股东责任的追究，在公司成立后对出资责任的追究主要是公司对股东出资责任的追究，但也存在已出资股东对未出资股东违约责任的追究。股东对股东的出资责任属于违约责任；关于股东对公司的出资责任，学理上既有人认为属于违约责任，也有人认为属于侵权责任。

5. 货币出资的责任与非货币出资的责任。公司法将货币出资的责任和非货币出资的责任分别规定，并特别规定了非货币出资价值显著不足时的差额补足责任，但对有限责任公司未规定公司成立后的货币出资责任。从法理上分析，货币出资责任与非货币出资责任并无本质区别，出资形式的不同不应决定出资责任的有无，公司法关于非货币出资责任的规定当然应适用于货币出资责任的确定。因此，有限责任公司成立后，发现货币出资不足时，同样应由未出资股东补足其差额，公司设立时的其他股东应承担连带责任。

6. 出资缴纳责任与违约赔偿责任。股东违反出资义务时，首先应承担出资缴纳责任，即继续履行义务，按约定或规定向公司缴纳出资的货币或交付出资的非货币财产。在不能继续履行时，应采取变更出资形式、承担赔偿责任等违约救济方式。违约赔偿责任既可以在不能履行时适用，也可以在继续履行时适用；既可以是对公司的违约赔偿，也可以是对已出资股东的违约赔偿。只要未履行出资义务行为给公司或其他股东造成了不应有的损失，就可以依照约定或法律的一般规定追究出资的违约赔偿责任。

7. 分别出资责任与连带出资责任。在没有法律明文规定情况下，股东的出资责任应是分别出资责任，即各股东只就自己未出资的部分承担出资责任。只有在法律明文规定时，股东才应承担连带出资责任。根据《公司法》规定，有限责任公司设立时的股东和股份有限公司发起人对设立过程中发生的未出资行为和出资承诺承担的都是连带责任，这种连带责任既包括已出资的其他股东（或发起人）相互之间的连带责任，也包括已出资的其他股东（或发起人）与未出资股东（或发起人）之间的连带责任。

四、资本制度改革与股东出资义务和责任

公司法资本制度的重大变革并未否定资本制度的基本原理和与之相关的股东出资义务和责任。取消最低资本额，改变的只是股东出资义务的法定范围或最低限额，而非股东出资义务本身。决定每一公司股东出资义务和范围的并非法定最低资本额，而是公司自我设定的注册资本。该资本一经确定并注册登记，即产生了全体股东的出资义务。

公司资本从有限制认缴制到无限制认缴制再到限期认缴制的变化，也不导致股东出资义务和范围的任何改变，全体股东承担的依然是整个注册资本项下的出资义务，所改变的只是股东履行出资义务的具体时间与期限。股东有限责任以其认缴的出资额而非实缴的出资额为限对公司债务负责，资本的“认而不缴”并不免除股东资本项下的出资责任。

中国银行股份有限公司杭州市钱塘新区支行等与江苏鑫源控股集团有限公司等金融借款合同纠纷案

在无限制认缴制和限期认缴制之下，实缴资本虽然不再注册，但仍有其不可替代的独特功用，如它直接而具体地显示了源自股东出资的公司独立财产以及由此产生的股东出资责任。实缴资本一经形成，即构成公司的独立财产，股东一旦出资就丧失了对该财产的所有权，而取得公司的股权。股东出资后再对其出资财产进行占有、使用、收益和处分的，就构成了对公司财产权的侵犯。抽逃出资正是侵犯公司财产权的特别行为。

对股东出资民事责任的认定和裁判是公司法司法适用的主要任务之一，也成为《公司法司法解释（三）》的主体内容。该司法解释共 28 条，其中超过半数的条款涉及股东出资责任问题。现行《公司法》虽然吸收了抽逃出资责任和瑕疵出资责任的相关规定，但《公司法司法解释（三）》除个别条款与《公司法》规

定有冲突外，其他所有条款都可继续适用，故《公司法》修改并未完全颠覆或打乱已出台的司法解释与裁判规范。

五、未出资股权转让后的出资责任

以股权转让时股东出资义务的履行期限是否届满为标准，可将未出资股权分为未届期股权与瑕疵股权。未届期股权是指股权转让时股东认缴出资期限尚未届满的股权。瑕疵股权是指股权转让时股东出资期限已经届满但股东仍未履行出资义务的股权。在转让未出资股权时，被转让的不仅是股东的个人财产，还包括对公司的出资义务与出资责任。《公司法》第 88 条对未届期股权、瑕疵股权转让后的出资责任问题作出了明确规定，详述如下。

（一）未届期股权转让后的出资责任

《公司法》第 88 条第 1 款规定："股东转让已认缴出资但未届出资期限的股权的，由受让人承担缴纳该出资的义务；受让人未按期足额缴纳出资的，转让人对受让人未按期缴纳的出资承担补充责任。"对于该条款，应作如下理解：

1. 被转让的是已认缴但未届出资期限的股权。对于未届出资期限的股权，股东也可以转让给他人，随未届期股权转移的还有如期向公司缴付出资的义务。受让股东取得股东资格后，在后续出资期限届满前需向公司履行缴纳出资的义务。

2. 受让股东在出资期限届满后未能如期缴纳出资的，应承担相应的出资责任。出资责任是因违反出资义务而产生的责任，理论上违反出资义务的情形有完全未履行、未完全履行、不适当履行三种。其中，完全未履行包含拒绝出资、出资不能、抽逃出资，未完全履行主要指货币或非货币的实物出资不足额，不适当履行主要指迟延出资、标的物瑕疵、出资行为瑕疵等。

3. 转让股东应对出资责任承担补充责任。补充责任的典型特征是次位性，仅受让股东不能承担出资责任时，公司才可向转让股东主张。应该说，转让股东承担补充责任的制度设计体现了立法者作出的价值选择，赋予了公司与债权人更多的博弈筹码，在受让股东无法履行出资义务时，转让股东需以其先前认缴承诺为限充实公司资本。但转让股东的责任也并非当然的、无条件的，而是次位性的、有条件的。结合 2023 年修订《公司法》时改革的其他制度，如加速到期制度、催缴失权制度、五年实缴期限改革等可以发现，加大对债权人的保护力度是本次修法的重点，体现了立法者优化营商环境、构建良好市场秩序的决心。

大荔县皇家沙苑旅游开发有限公司等与滕王阁建工集团股份有限公司等建设工程施工合同纠纷案

还需要说明的是，《公司法》第 88 条第 1 款本质上确立了转让股东无过错、无期限的补充责任。只要受让股东无法按期履行，转让股东就要无过错地承担次位的补充责任，而无论转让股东的主观状态如何，且没有最长责任期限限制。股权被多次转让的，将存在多位转让股东，转让股东之间承担责任的顺序存在两种可能：一种是多位转让股东并没有承担责任的顺序之别，公司可以选择转让链条中的任意转让股东进行追偿；第二种是转让股东之间以时间先后为顺序承担责任的，公司只能由后往前追责。本书认为，第二种方式更为合理，公司若主张未届期股权转让后的出资责任，需由后往前主张，第一位的责任主体是受让股东，第二位的责任主体是受让股东的前手转让股东，然后才是由后往前的其他转让股东。

（二）瑕疵股权转让后的出资责任

关于瑕疵股权转让后的出资责任问题，早在《公司法司法解释（三）》中即已有所规定，现行《公司法》总体上沿袭了该司法解释的规定，第 88 条第 2 款规定："未按照公司章程规定的出资日期缴纳出资或者作为出资的非货币财产的实际价额显著低于所认缴的出资额的股东转让股权的，转让人与受让人在出资不足的范围内承担连带责任；受让人不知道且不应当知道存在上述情形的，由转让人承担责任。"对该条款，应作如下理解：

1. 被转移的是瑕疵股权，移转的债务是出资责任而不是出资义务。相较未届期股权，瑕疵股权在转让时即已经发生义务违反情况，即作为出资债务人的转让股东"未按照公司章程规定的出资日期缴纳出资"，或者"作为出资的非货币财产的实际价额显著低于所认缴的出资额"。相比《公司法司法解释（三）》第 18 条所表述的"股东未履行或者未全面履行出资义务"，现行《公司法》对义务违反形态的表述更为精确细致。

2. 转让股东与具有主观恶意的受让股东对出资责任承担连带责任。在对外关系上，作为出资之债的债权人，公司可以向受让股东或转让股东主张全部未给付的出资。原则上，受让股东因继受取得股东身份，需对外承担责任，但考虑到受让股东对瑕疵股权存在善意不知的可能，立法赋予受让股东抗辩权，在受让股东不知道且不应该知道存在瑕疵时，由转让股东单独承担出资责任。而转让股东虽然不再是股东，但仍然要承担对公司的出资责任。原因在于，在股权转让时该股权即已处于瑕疵状态，转让股东已届期而未实缴的行为是出资违约行为，违反了与公司的出资约定。既然股权的出资瑕疵源于转让股东的违约行为，若转让股东能通过转让该瑕疵股权而逃脱责任，无疑有违自己责任的理念。因此，转让股东即便不再是公司股东，也需要继续承担对公司的出资责任。

3. 在对内关系上，现行《公司法》删除了《公司法司法解释（三）》第 18 条规定的追偿权。应该认为，追偿权的有无依股东间关系调整即可，第 88 条主要解决对外出资责任的承担问题，现行《公司法》删除了司法解释的冗余表述，体现了立法技术上对旧有规定的调整与优化。在受让股东与转让股东没有关于追偿权的特殊约定时，是否赋予受让股东对转让股东的追偿权，需要结合内部股权转让关系的对价、受让股东的主观状态、转让股东是否履行告知义务等因素综合判断。

【本节理论探讨】

- **股东出资责任的性质**

股东违反出资义务所应承担的民事责任究竟是违约责任还是侵权责任，是理论上需要澄清的问题。目前的公司法学理只是笼统地将出资责任分为出资违约责任和资本充实责任，但实际上，其中的责任关系十分复杂。

既然出资责任是违反出资义务的法律后果，确定出资责任的性质就需首先分析出资义务的性质。从现实情况分析，股东的出资义务来源有三种：一是公司设立协议或发起人协议的约定；二是公司章程的规定；三是公司法的规定。设立协议或发起人协议约定的出资义务当然属于约定义务，公司法规定的出资义务应属于法定义务，而公司章程规定的出资义务究竟属于约定义务还是法定义务，则取决于对公司章程性质的理解和界定。有学者认为章程就是股东之间的一种特殊的协议，因而章程规定的出资义务就是约定义务；有学者认为章程是公司作为法人的自治规则和法定文件，章程的内容必须符合公司法的规定，而股东的出资又是章程必须记载的绝对必要事项，因此，章程规定的出资义务也可以理解为法定义务。

确定了股东出资义务的性质，也就确定了出资义务的相对人，即股东对谁承担出资义务。公司设立协议既然是一种合同，根据合同相对性原理，它一般只对合同的相对人具有法律约束力，但与一般合同不同的是，设立协议虽然在股东间签订，但出资的去向却是股东之外的第三人——公司，这种协议又可归属于为第三人利益而订立的合同，如同某些人寿保险合同一样。因此，公司设立协议约定的出资义务既是股东对股东或发起人对发起人的义务，又是股东对公司的义务。公司法规定的出资义务是一种法定义务，其内容是股东必须向公司缴纳公司注册资本之下其分担的出资，而公司则享有要求股东出资的权利，因此，这种出资义务无疑是股东对公司的义务。公司章程规定的出资义务，无论作为约定义务，还是法定义务，都是股东对公司的义务。

股东出资义务的性质和相对人的关系决定了股东出资责任的性质，在公司成立之前或在公司设立无效或失败情况下，发生效力的只是公司设立协议，这一阶段产生的出资责任应是股东之间的违约责任。而公司成立之后产生的出资责任，首先是股东对公司的责任，这种责任有学者把它定性为违约责任，即对公司设立协议第三人的责任，有学者则把它定性为侵权责任，即股东违反了法定义务而损害或侵犯了公司应有财产权的责任。其次，如果股东不履行出资义务损害了其他股东的利益或导致其他股东遭受财产损失，还会产生股东对股东的违约责任，包括损害赔偿责任等。

股东出资义务的相对人和出资责任性质的确定对司法实践的现实意义在于确定出资诉讼的当事人。上述分析表明，股东违反出资义务的，其他股东和公司均可以提起诉讼，其中，股东既可以基于维护自身利益而提起诉讼，也可以基于维护公司利益而提起代表诉讼。

- **公司债权人追究瑕疵出资股东出资责任的理论根据**

根据《公司法司法解释（三）》第 13 条和第 14 条的规定，股东瑕疵出资，公司债权人有权请求其在瑕疵出资本息范围内对公司债务不能清偿的部分承担补充赔偿责任。关于公司债权人追究瑕疵出资股东出资责任的理论根据，目前学理上存在一定的分歧，主要有“债权人代位权说”和“第三人侵害债权说”两种不同的观点。

债权人代位权说认为，股东瑕疵出资，损害公司的利益，公司对其享有补足出资或者返还出资的债权。当公司怠于行使该债权，导致公司债权人的债权受到损害时，公司债权人有权行使代位权，以自己的名义追究瑕疵出资股东的出资责任。如我国台湾地区学者史尚宽认为：“公司因设立行为或加入契约，对于发起人或股东所生之出资请求权，一般不得作为代位权之客体，但股金缴纳请求权，其出资额既已确定，而且已届清偿期，或因履行之催告已具体化之特定出资额，则成为普通债权，得代位行使。”①

第三人侵害债权说则认为，公司应以其全部财产对公司债务承担责任，股东瑕疵出资，造

① 史尚宽：《债法总论》，中国政法大学出版社 2000 年版，第 469 页。

成公司财产减少，导致公司财产不足以清偿公司债务的，就会侵害公司债权人的债权，应当向公司债权人承担侵权赔偿责任。传统民法理论将权利划分为物权和债权，强调物权的不可侵犯性，但物权与债权之间的区别是否真的不可逾越，这一点受到了许多学者的质疑，正如拉伦茨（Larenz）教授所说："问题不在于所请求的作为或不作为，也不在于履行所负担的给付，而只在于法律地位上，债权也是要受到每个人的尊重的。"①

在我国，越来越多的学者认为应当在一定范围内承认债权不可侵犯性的合理存在。② 主要理由有：(1) 现代民法中，绝对权与相对权的界限已经变得有些模糊；③(2) 债权作为一种重要的财产权，也有被侵害的可能，而这种被侵害的情况通过合同责任的形式很难为受害人提供救济，因此，有必要对第三人侵害债权的情况在侵权法上予以规制；④(3) 任何正当利益都应受到法律的保护，债权作为一种合法的财产利益自不例外。债权不可侵犯的理论，为第三人侵害债权制度的确立提供了有力的理论支持。

本书认为，适用第三人侵害债权原理追究瑕疵股东的出资责任，既突破了传统民法关于侵权法与合同法的界限，更有利于保护债权人利益，又将第三人承担的侵权责任限定在过错的范围以内，符合法律关于促进交易的价值判断。

● 公司债权人追究非股东出资责任的理论根据

根据《公司法》第 44、53 条及《公司法司法解释（三）》第 13～14 条的规定，股东瑕疵出资的，公司债权人可以请求公司设立时的其他发起人，未催缴的董事和高级管理人员，协助抽逃出资的董事、高级管理人员、实际控制人承担连带责任。关于公司债权人追究这些非股东出资责任的理论根据，公司法学理上尚未形成统一的认识。

根据第三人侵害债权原理，股东瑕疵出资，导致公司债权人的债权不能实现的，即侵害了公司债权人的债权，应当向公司债权人承担侵权赔偿责任。根据共同侵权行为原理，对追缴股东出资负有法定义务而不履行，或者协助股东实施抽逃出资行为的其他主体，与瑕疵出资股东构成共同侵权，也应当依法承担侵权赔偿责任。

关于共同侵权行为的构成要件，学理上历来有不同的主张：(1) 意思联络说，认为共同加害人之间必须有意思联络，如无主体间的意思联络，则不构成共同侵权行为；(2) 共同过错说，认为共同侵权行为的本质特征在于数个行为人对损害结果具有共同过错，既包括共同故意，也包括共同过失；(3) 共同行为说，认为共同行为是共同加害人承担连带责任的基础，共同加害结果的发生同共同加害行为紧密联系，不可分割；(4) 关联共同说，认为各个侵权行为所引起的结果有客观的关联即可构成共同侵权行为，各行为人间不必有意思联络；(5) 共同结果说，认为只要损害是数人行为的共同结果即可构成共同侵权行为，不一定要求各行为人有共同的目的和统一的行为。

通说认为，共同侵权行为的构成不应以侵权行为人主观上的共同故意或过失为必备要件，只要数人在客观上有共同的侵权行为（包括作为和不作为），就应当承担共同侵权民事责任。

---

① ［德］卡尔·拉伦茨：《德国民法通论》（上册），王晓晔等译，法律出版社 2003 年版，第 300 页。

② 江平主编：《民法学》，中国政法大学出版社 2007 年版，第 37 页。

③ 王卫国主编：《民法》，中国政法大学出版社 2007 年版，第 39 页。

④ 王利明主编：《中国民法典学者建议稿及立法理由·侵权行为编》，法律出版社 2005 年版，第 26 页。

这种观点也符合我国既有的法律规定，如《证券法》规定的专家服务机构对于虚假陈述承担的连带责任。

股东抽逃出资，损害公司债权人债权的，应当向债权人承担侵权赔偿责任；公司董事、高级管理人员、实际控制人协助股东抽逃出资，具有共同主观故意的，构成共同侵权行为，应当向债权人承担连带责任。公司设立时的股东未履行出资义务，其他发起人负有连带补足出资的法定义务。公司增资时的股东未履行出资义务，公司董事、高级管理人员负有向其催缴的法定义务。上述人员违反上述法定义务，损害公司债权人债权的，虽无共同故意和过失，但其不作为的侵权行为与股东未履行出资义务的侵权行为相结合，损害债权人债权的，也构成共同侵权行为，应当承担连带责任。

- **股东瑕疵出资责任中的补充责任与连带责任**

根据《公司法司法解释（三）》第13～14条规定，股东瑕疵出资，公司债权人有权请求该股东在瑕疵出资本息范围内对公司债务不能清偿的部分承担补充赔偿责任，并有权请求公司发起人、董事、高级管理人员、实际控制人与该股东承担连带责任。对于此处的"补充赔偿责任"和"连带责任"，应当注意理解与把握。

关于补充责任，学界有不同的见解。有的学者认为，补充责任是指在责任人的财产不足以承担其应负的民事责任时，由有关的人对不足部分依法予以补充的责任。① 有的学者认为，补充责任是指多数行为人基于不同原因产生的同一给付内容的数个责任，各个负担全部履行义务，并因行为人之一的履行行为而使全体行为人的责任均归于消灭的侵权责任形态。② 一般认为，补充责任具有以下特征：(1) 责任人可分为主责任人与补充责任人；(2) 由主责任人与债权人之间的合同约定或法律规定的特殊关系引起；(3) 权利人在主责任人无法承担全部责任时才能对补充责任人主张权利。

关于连带责任，学界也有不同的见解。有的学者认为，所谓连带责任，是指根据法律规定和当事人约定，应当由两个以上的当事人分别承担共同责任，或者由两个以上当事人中的二人或数人对其他人的民事责任承担、分别或顺序承担的法律制度。③ 有的学者认为，连带责任，即由违反连带债务或共同侵权行为产生的民事责任。④ 一般认为，连带责任具有以下特征：(1) 连带责任是一种共同责任，责任主体必须为两个或两个以上的能独立承担民事责任的主体；(2) 连带责任是一种牵连责任，共同责任人之间在承担责任时是一种牵连关系；(3) 连带责任具有共同目的，一个责任人承担责任后，其他责任人的责任消灭。

股东瑕疵出资会损害公司的利益，但是，只要公司财产足以清偿债务，便不会侵害公司债权人的债权。只有当股东瑕疵出资导致公司财产不足以清偿公司债务时，才会侵害公司债权人的债权。因此，公司债权人应当首先向公司主张债权，只有在公司财产不足以清偿其债权时，才能请求瑕疵出资股东对公司债务不能清偿的部分承担赔偿责任。此时，瑕疵出资股东承担的是补充责任，主责任人是公司，补充责任人是瑕疵出资股东。对于瑕疵出资股东以外的其

---

① 魏振瀛主编：《民法》，北京大学出版社、高等教育出版社2000年版，第48页。

② 杨立新：《侵权责任形态研究》，载《河南省政法管理干部学院学报》2004年第1期。

③ 寇孟良：《论〈民法通则〉中的连带责任》，载《中国法学》1998年第2期。

④ 李由义主编：《民法学》，北京大学出版社1988年版，第628页。

他主体，当其违反法定义务或者协助股东抽逃出资，导致公司债权人的债权受到损害时，与瑕疵出资股东构成共同侵权，债权人有权要求包括瑕疵出资股东在内的所有共同侵权人对不能清偿的公司债务连带承担补充赔偿责任。此时，就责任范围而言，共同侵权人承担的仍然是补充责任，主责任人是公司，补充责任人是所有共同侵权人；就责任方式而言，共同侵权人之间承担的是连带责任，每个共同侵权人连带承担补充赔偿责任。

【本节实务研究】

- **股东抽逃出资与股东借款的区别**

股东抽逃出资，是指在公司成立后，股东非经法定程序，从公司抽回相当于已缴纳出资数额的财产，同时继续持有公司股份。股东借款，是指股东向公司借款的行为，股东为债务人，公司为债权人。

股东抽逃出资与股东借款是两种不同的法律关系，不应仅依股东向公司借款就认定股东构成抽逃出资。关于这一点，实践中已有统一的认识，如2002年《国家工商行政管理总局关于股东借款是否属于抽逃出资行为问题的答复》认为："公司借款给股东，是公司依法享有其财产所有权的体现，股东与公司之间的这种关系属于借贷关系，合法的借贷关系受法律保护，公司对合法借出的资金依法享有相应的债权，借款的股东依法承担相应的债务。因此，在没有充分证据的情况下，仅凭股东向公司借款就认定为股东抽逃出资缺乏法律依据。"

关于股东抽逃出资的认定，《公司法司法解释(三)》第12条明确规定，股东具有下列情形之一且损害公司权益的，应认定为抽逃出资：(1) 通过虚构债权债务关系将其出资转出；(2) 制作虚假财务会计报表虚增利润进行分配；(3) 利用关联交易将出资转出；(4) 其他未经法定程序将出资抽回的行为。该条规定比较抽象，而且从条文本身来看，也并不能直接得出股东借款不构成抽逃出资的结论，因此，实践中对股东借款和抽逃出资的区分和界定，仍存在较多的模糊认识，有必要进一步厘清。

本书认为，股东抽逃出资和股东借款之间在以下几个方面存在区别：(1) 是否存在真实的债权债务法律关系不同。股东抽逃出资情形下，股东与公司之间不存在真实的债权债务关系；在股东借款情形下，股东与公司之间存在真实合理的资金借贷法律关系。(2) 是否损害公司及利益相关者的权益不同。股东抽逃出资，造成公司财产相应减少，从而损害公司及利益相关者的权益；股东向公司借款，公司对股东享有相应的债权，公司财产总额并未减少，并不损害公司及利益相关者的权益。(3) 公司财务会计记载及报表处理不同。股东抽逃出资情形下，公司财务会计账簿及报表等不做欠款账务处理；而在股东借款情形下，公司财务会计账簿及报表将股东借款作为应收账款处理。(4) 法律后果与责任承担不同。股东抽逃出资，抽逃出资的股东以及协助抽逃出资的相关主体应当对公司、其他股东乃至公司债权人承担相应的民事责任，情节严重时还会承担刑事责任；股东向公司借款，就借贷法律关系来讲，仅需对公司承担相应的民事责任，如果在借款过程中违反有关金融管理、财务管理规定，应承担相应的行政责任。

以上仅从外在表现方面对抽逃出资和股东借款进行了比较，实践中，往往还存在股东以向公司借款为名，实施抽逃出资的行为，一般表现为股东从公司转移资金后，公司财务处理为挂账长期不还，或者经过一段时间后作坏账处理。此时，单从表面现象来看，基本符合股东借款的外在特征，如何区分股东借款和股东抽逃出资，是目前司法实践中的一个难题。本书认为，结合《公司法司法解释（三）》第12条规定，应当以是否损害公司权益作为股东抽逃出资的认定标准。具体来讲，股东虽然名义上向公司借款，但久借不还，实质上造成公司财产减损或者债务增加，致使公司因缺乏必要的资金而发生严重经营困难，甚至导致公司不能清偿债务，损害公司权益，从而进一步损害公司其他股东和债权人利益的，应当认定为抽逃出资行为。

• 债权人追究瑕疵出资股东责任的条件

根据《公司法司法解释（三）》相关规定，公司债权人有权要求瑕疵出资股东在瑕疵出资本息范围内对公司债务不能清偿的部分承担补充赔偿责任。股东违反出资义务，导致公司不能清偿债务，进而损害债权人利益，这是债权人追究瑕疵出资股东责任的前提。但是，如何认定“公司债务不能清偿”？债权人应当如何起诉？司法解释没有明确规定，学理上主要有三种不同的观点。

第一种观点认为，只要公司未能按期足额清偿债权人的到期债务，即可视为公司债务不能清偿。根据该种观点，认定“公司债务不能清偿”，应当以债权人的债权无法按期足额受偿为标准。只要债权人对公司享有的债权已到期，且公司未能按期足额清偿，债权人即可请求股东在瑕疵出资本息范围内对公司未清偿的债务部分承担赔偿责任。该观点有利于保护公司债权人的利益，但也超越了代位权和债权侵权的范围，缺乏必要的理论基础支持。

第二种观点认为，债权人请求瑕疵出资股东承担责任时，该股东享有先诉抗辩权。根据该种观点，认定“公司债务不能清偿”，应当以公司经强制执行后实现的财产不足以清偿债务为标准。只有债权人对公司的诉讼胜诉，且经过强制执行公司所有可执行财产后仍不足清偿其债务的，债权人才可以请求股东在瑕疵出资本息范围内对其债权未受清偿的部分承担赔偿责任。该观点符合补充责任原理，但债权人维护权益的成本较高，不利于保护债权人利益。

第三种观点认为，只有在公司全部财产不足以清偿公司债务，即公司资不抵债的情况下，才能认定公司债务不能清偿。根据该种观点，认定“公司债务不能清偿”，应当以公司全部财产不足以清偿公司债务为标准。只要债权人举证证明公司全部财产不足以清偿公司债务，即可要求股东在瑕疵出资本息范围内对公司财产不足以清偿债务的部分承担赔偿责任。该观点符合第三人侵害债权原理，但因债权人受举证能力的限制，在实践中可操作性不强。

综上所述，明确界定“公司债务不能清偿”的含义，是公司债权人追究瑕疵出资股东责任的前提和条件。以上三种观点各有利弊，到底应该如何选择，有待进一步研究和探讨。

• 瑕疵出资股东权利限制的形式和范围

根据《公司法司法解释（三）》第16条规定，公司有权根据公司章程或者股东会决议对瑕疵出资股东的利润分配请求权、新股优先认购权、剩余财产分配请求权等作出相应的合理限制。该条规定了公司对瑕疵出资股东权利限制的形式和范围，但仍然存在一些不明确之处。

公司章程是公司内部自治规则，对公司和全体股东具有约束力。股东会是公司最高权力机构，依法作出的决议具有法律效力。但是，除非由全体股东一致同意通过，否则，公司章程和股东会决议并不能体现所有股东的意志。在资本多数决的公司法原则下，如果控股股东通过行使控制权修订公司章程或者作出股东会决议，不对瑕疵出资股东权利进行限制，那么，当控股股东瑕疵出资时，势必会对善尽出资义务的中小股东利益造成损害。因此，从限制控股股东滥用权利、保护中小股东利益的角度出发，在没有限制瑕疵出资股东权利的公司章程规定和股东会决议情形下,应当允许公司或者股东直接向人民法院起诉请求对瑕疵出资股东权利进行相应的合理限制。

关于瑕疵出资股东权利限制的范围,一般认为应当从股东权利行使目的或权利内容方面来考量。以股东权利行使目的或权利内容为标准,股东权利可以分为自益权与共益权。自益权是股东获取财产利益的权利,而共益权则是股东对公司的重大事务参与管理的权利。自益权主要包括利润分配请求权、新股优先认购权、剩余财产分配请求权、股票交付请求权、股份转让权等权利,这些权利与股东出资有关,原则上可以限制。共益权主要包括表决权、股东会议出席权、股东会议召集和主持权、提案权、质询权、知情权、股份回购请求权、董事监事和清算人解任请求权、董事会违法行为制止请求权、代位诉讼权、公司解散请求权和公司重整请求权等权利,这些权利与股东身份有关,原则上不应当限制。依自益权和共益权确定瑕疵出资股东权利限制范围恰当与否还有待司法实践的检验。

应当注意的是,表决权这种共益权具有特殊性,它既是共益权,又具有自益权的某些特性。表决权作为股东的一项重要共益权,是股东身份的重要体现,原则上不应当对其进行限制。但是,表决权又是公司经营管理控制权的重要体现,如果让没有履行出资义务的股东通过行使表决权控制公司,将不符合利益与风险一致原则。因此,通说认为,应当对瑕疵出资股东的表决权进行相应的限制。然而,要不要区分不同的表决事项对瑕疵出资股东的表决权进行相应限制,学理上有不同的观点。有的观点认为,股东会表决事项均为决定公司经营管理的重大事项,瑕疵出资股东对股东会所有表决事项的表决权均应受到相应限制。有的观点认为,应当区分不同的表决事项进行限制:对于直接对应出资义务或者与出资义务关系较近的表决事项,如审议批准公司的利润分配方案、选举董事等,应当予以限制;对于与出资义务关系较远的表决事项,如对公司增资或者减资决议事项等,可以不予限制。是否应当对瑕疵出资股东权利进行限制,以及应当如何限制,有待进一步研究和探讨。

第二节 股东出资的形式

一、股东出资形式的法定性

在股东出资制度上,公司法实行的是出资形式法定主义,即股东以何种财产出资,不完全取决于股东自身拥有何种财产或资源,也不完全取决于公司经营需要何种财产或资源,而由法律直接规定何种财产可以作为股东对公司的出资。出资形式法定主义与公司法实行的法定资本制相辅相成,股东出资是公司资本的来源,资本信用的进一步表现就是出资信用,因而必须对出资的条件作出限制,否则法定资本制的功能将无从实现。

我国 1993 年《公司法》只规定了货币、实物、土地使用权、工业产权和非专利技术五种出资形式,并规定了工业产权等无形资产出资的最高比例限制,排除了股权、债权等其他经营要素和条件的出资形式。2005 年《公司法》对出资形式作了重大修改,虽然仍采取法定主义,但不再只对出资形式作简单的列举,而改采列举与抽象性出资标准相结合的方式,即一方面列举了货币、实物、知识产权、土地使用权四种最为普遍的出资形式,另一方面,又规定了“可以用货币估价并可以依法转让”的非货币财产作价出资的抽象标准，从而大大放宽了股东出资的财产范围。现行《公司法》在出资形式问题上基本沿袭原有规定，但新增了股权、债权这两种出资形式。股权和债权早已在商事实践中出现，且《市场主体登记管理条例实施细则》已对股权和债权出资的合法性予以肯定。

二、股东出资形式的法定要件

法律对股东出资形式的规定并非随意的，而由公司的资本信用决定，构成公司资本的股东出资不仅要求能为公司所用，具有经营的功能，还必须具有债务清偿的功能，即能够用于公司对外债务的清偿。1993 年《公司法》规定的五种出资形式体现了这一要求，2005 年《公司法》则直接将这一要求规定为股东出资形式的法定要件。现行《公司法》延续了这一法定条件。

《公司法》第 48 条规定：“股东可以用货币出资，也可以用实物、知识产权、土地使用权、股权、债权等可以用货币估价并可以依法转让的非货币财产作价出资；但是，法律、行政法规规定不得作为出资的财产除外。对作为出资的非货币财产应当评估作价，核实财产，不得高估或者低估作价。法律、行政法规对评估作价有规定的，从其规定。”依此规定，除货币出资外，股东也可以用非货币的财产出资，只是非货币财产的出资必须具备以下两个要件。

（一）可以用货币估价

即具有价值上的确定性。用于出资的财产不但应具有财产价值，这种价值还应能够被具体确定或评估作价。可以用货币估价，不仅是保障公司资本确定、真实的要求，也是确定股东出资比例或金额的依据，还是以此项财产清偿公司债务时的计算依据，无法估价的财产也就无法确定股东是否履行了出资义务，也无法用于公司债务的清偿。

（二）可以依法转让

即具有可转让性。用于出资的财产不仅可以由公司股东交付给公司，作为公司经营所用，而且在公司对外清偿债务时，可以有效地从公司移转给公司的债权人，并由债权人予以有效的财产利用。财产可依法转让，既要求依财产的性质可依法转让，也要求对出资的财产没有禁止或限制转让的法律规定。同时，这种财产的转让还应是出资财产全部权利的转让，如实物财产的所有权转让和专利权、商标权的整体转让。如果实物财产只转让其用益物权，专利权、商标权只转移其使用权，则不属于实物出资或专利权、商标权本身的出资，而是其他相应财产权的出资。

依上述要件，实物、土地使用权在价值上极易量化，知识产权虽属无形资产，但借助现有的资产评估技术也完全可以进行客观、合理的价值评定，同时这三种财产在客观上和法律上都完全具有可移转性，因此也就成为公司法明文列举的三种最普遍的非货币出资形式。除此之外，股权、债权、经营权、收费权等许多其他财产权益也都因具备上述要件而完全可以作为股东的出资。而有些财产或经营资源如劳务、信用等，虽具有经营功能，可以从股东转让给公司并为公司所用，但不能保证将来清偿债务时从公司有效地向债权人移转，不具有债务清偿功能，因此被排除在出资形式之外。

三、公司法列举的股东出资形式

（一）货币出资

货币出资是法律关系最为简单、当事人间最少发生争议和纠纷的出资形式，只要当事人按约定的金额和时间将货币交付给公司或汇入公司的设立账户，出资义务即已履行。其原因在于货币出资直接表现为货币的金额，不涉及财产价值的评估；作为一般等价物，货币出资只需简单的交付，不涉及特殊的权利移转形式。

货币出资是公司设立实务中最为公司所需、最受股东欢迎的出资形式。货币是最灵活的财产形式，虽然公司的经营可能需要某种具体的物品，但在发达的市场经济条件下，只要有足够的货币支付能力，任何公司经营所需物品都可通过市场获得。而竞争充分的市场又会使公司在物品的选择和价款的确定方面保持主动的地位。

然而，货币出资对许多当事人来说又往往是最困难的出资形式，一些投资者拥有大量的实物、土地、工业产权等，但唯独缺少货币资金，尤其是某些国有企业，资产雄厚，规模巨大，但现金流量却严重不足，甚至连工资的支付都发生严重困难，其对外投资、公司改制和上市的主要目的恰是向社会募集资金，摆脱资金的困境。因此，实践中，越是大型企业的巨额出资，货币出资所占比例越小；越是小型公司的小额出资，货币出资所占比例越大。

货币出资的一个特别法律问题是能否以借贷资金为公司注册资本，亦即能否以借贷资金为货币出资？以借贷资金为注册资本或货币出资包括两种情况：一是以公司为借款人对外借贷，并由公司承担还款责任；二是以股东为借款人对外借贷，并由股东承担还款责任。前者虽由股东联系安排借贷使公司获得资金，但同时形成公司对外负债，股东也未实际承担出资的责任，因而，这种借贷出资应为法律所禁止。后者虽然对股东来说是借贷资金，但对公司不是借贷资金，因此与股东以自有资金出资一样，构成公司的自有财产。对公司而言，股东用于出资的财产来源于何处，是自有还是借贷，并不产生特别的法律问题，只要财产本身没有实物和权利上的瑕疵，其出资就能达到法律的要求和目的。

（二）实物出资

实物出资即以民法上的物出资，包括房屋、车辆、设备、原材料、成品或半成品等。首先，用于出资的实物应具有财产价值，才可能进行出资额和资本额的界定。其次，出资的实物可以为公司经营所需，也可以与公司的经营无关，允许股东使用实物出资的目的在于公司可以对其变现支配并实现其财产价值。此种实物是否可以用作出资，应由股东协商确定。

实物出资是实践中十分普遍的出资形式，在许多情况下，直接的实物出资既为公司经营所需，也可免去公司成立后自行购买的烦累，甚至如果作价合理，还可能降低公司购买的成本。在我国，许多国有企业或集体企业改制组建的公司，国有或集体投资主体往往以原国有或集体企业的实物资产为出资。在许多公司中，实物出资占了出资总额的绝大部分。

实物出资在外商投资公司中的认定存在较为复杂的情况。一些中外合资公司虽然在合同和章程中规定外国投资者以外汇货币出资，但实际上往往由外国投资者在中国境外购买设备或生产线向合资公司投入,此种情况下需根据资金的流动和支付情况确定属于货币出资还是实物出资。根据我国外汇管理相关规定,不允许合资公司直接将外国投资者的出资在境外支付。如果购买设备的资金从未进入合资公司账户,而由外国投资者直接支付,应认定为实物出资;如果资金从合资公司账户付出,尽管在境外由外国投资者安排购买,也应认定为货币出资。

(三) 知识产权出资

知识产权出资包括工业产权出资和著作权出资。对于工业产权,存有狭义与广义两种不同解释。狭义的工业产权仅指商标权和专利权。广义的工业产权范围较为广泛。根据《保护工业产权巴黎公约》第 1 条的规定,工业产权的保护对象包括专利、实用新型、外观设计、商标、服务标记、厂商名称、货源标记、原产地名称等。通常所指和实践中普遍采用的工业产权出资是商标权和专利权出资。依我国《民法典》第 123 条规定,知识产权是权利人依法就作品、发明、实用新型、外观设计、商标、地理标志、商业秘密、集成电路布图设计、植物新品种所享有的专有的权利。《公司法》所称的"知识产权"应参照《民法典》确定范围。

对于著作权出资,1993 年《公司法》没有规定,只规定了工业产权出资。2005 年《公司法》将其改为知识产权出资,意味着著作权也成为法定的出资形式之一。其实,著作权完全具备出资形式的法定要件,它既具有可估价的财产价值,也完全可以依法转让。与商标权、专利权一样,著作权也包含可转让的财产权内容,因此,完全可以将著作权的财产性权利用于出资。尤其是,随着计算机技术的发展,计算机软件著作权受到越来越多的重视,成为知识经济时代重要的无形财产。允许以计算机软件著作权出资,是推动科技进步、加速科技生产力转化的要求。

知识产权属于无形资产,无论是专利权、商标权还是著作权,都具有其本身的财产价值。同时,它也是许多公司赖以经营的重要手段和条件,尤其某些智力密集型的高科技公司,对工业产权这种无形资产的需求甚至超过了对货币、实物等有形资产的需求,有的公司可能就是为某项技术的开发而成立,有的公司可能就是凭借某种商标或品牌的优势而经营,一个作品可能成为出版公司重要的经营目标,一个计算机的软件也可能是某个公司赖以经营的最重要的资源。随着社会生产力的发展和生产方式的变革,无形资产在公司经营中的作用和地位日益突出,知识产权由此成为重要的法定出资形式之一。

知识产权出资适应了投资者资源互补和科技人员的特殊投资需求。现代企业制度下,脑力劳动者已不满足于作为雇员获取劳务收入,而希望作为投资者参与公司管理和经营收益的分配。工业产权的出资有助于技术拥有者和开发者之间实现资源互补,从而为技术成果的开发利用开辟了法律途径。

(四) 土地使用权出资

土地使用权成为公司法的法定出资形式,有着客观的原因和充分的根据。

1. 土地是民事主体所能拥有的最重要的财产。在民事主体的财产构成中,土地从来都占据重要的位置。在我国,尽管实行土地的社会主义公有制,但为土地的有效利用而设定的土地使用权、承包经营权等同样构成民事主体满足生产和生活需要的重要物质条件和财产权益。对于从事土地开发或房地产经营的公司而言,土地使用权更是不可缺少和不可替代的经营条件。允许股东以土地使用权出资,将打通土地资源从股东流向公司的有效渠道,充分发挥土地的经营效用。

2. 对土地的需求是公司经营活动最普遍的需要。公司的经营活动必须有相应的生产经营场所和必要的生产经营条件,而土地无疑是公司经营场所的最基本形式。公司的经营场所可通过借用或租赁获得,也可在自有的土地上设置经营场所,基于经营场所稳定性和控制、降低经营成本的需要,公司拥有自己的土地,许多情况下,是更为可取的选择。

3. 土地作为天然的和有限的资源,在财产价值上,通常具有超乎一般动产的价值和其他财产难以比拟的保值增值性。土地也完全符合公司法所要求的可用货币估价和可依法转让的要件。因而,在任何国家,土地都当然成为公司财产的重要组成部分,是公司股东出资的最重要的标的。

在中国,基于历史和现实的复杂情况,许多国有企业经营效益不佳,所拥有和可支配的财产中,最有价值且金额巨大的资产恰是其拥有的土地。20 世纪 80 年代以来,为吸收外资和与外商合作而兴办的中外合资经营企业中,土地成为中方投资者最为经常和普遍的投资形式,而对于中外合作经营企业来说,中方以土地作为合作条件、外方以资金作为合作条件则成为这种企业的重要合作方式。很多情况下,外商与中方的合资或合作带有明显的资源互补性质,外国投资者看中的恰是中方所能提供的较之公开市场更为优越的土地条件或土地的开发价值。

土地使用权是公司实践中十分普遍而又重要的出资标的。基于中国土地制度和土地使用权本身的特点,将土地使用权出资的,应当满足以下要求:

1. 土地的出资是使用权的出资,而不是所有权的出资。在我国,土地是一种十分特殊的财产,土地的国家所有和集体所有是公有制的基础,只有国家和集体组织才是土地所有权的主体。因此,任何企业或公司对土地的占有都不是所有者的占有,而是使用者的占有,企业或公司对土地享有的权利是使用权,而不是所有权,当企业以土地出资的时候,所出资的标的是土地的使用权而不是土地的所有权。

2. 用于出资的土地使用权只能是国有土地的使用权,而不能是集体土地的使用权。以土地使用权出资,实质上就是使用权由出资者移给公司,而依据现行法律的规定,作为财产权进行转让的只能是国有土地的使用权。如果集体组织欲以集体所有的土地对外投资,必须首先将集体土地通过国家征用的途径变为国有土地,再从国家手里通过土地出让的方式获得国有土地的使用权。

3. 用于出资的土地使用权只能是出让土地的使用权,而不能是划拨土地的使用权。在我国,国有土地的使用权分为划拨土地使用权和出让土地使用权。前者为各种社会组织基于其特定的社会职能从国家那里无偿取得,后者则以向国家缴纳土地出让金的方式有偿取得。以土地使用权出资,是土地使用者的投资行为,只能以有偿取得的出让土地使用权出资,划拨的土地使用权只能用于划拨用途,不能擅自进入市场流通,因而不能用于对外出资。

4. 用于出资的土地使用权应是未设权利负担的土地使用权。土地使用权一旦背负抵押权之类的权利负担,不仅在权利的行使和处置上受到法律和抵押权等的限制,其可能因被其他权利人追索而在财产价值上发生贬损,甚至完全失去投资的价值。这种存在权利瑕疵的权利如用于出资,将使投资者或股东的出资变得不实,使通过出资形成的公司资本(财产)面临较大的不确定性,违反公司法的资本确定原则。这在内部会损害其他投资者的利益,在外部则会损害公司债权人的利益。因此,出资的土地不应背负权利的负担,而且在出资之后,出资人亦应继续承担相关义务。

(五) 股权出资

股权出资,即股东将其对另一公司享有的股权投资公司,并由公司作为股东取得和行使对另一公司的股权。这种出资本质上属于股权的转让,是将股东对另一公司拥有的股权转让给公司。

股权是随公司发展日愈普遍存在的民事权利,在公民和法人财产构成中占越来越重要的地位,以股权对外投资是民事主体处置财产和投资理财的基本需要,尤其在企业改制、资产重组(包括上市公司组建)的过程中,以股权的置换完成对新公司的出资是许多投资者优先选择的出资方式。

但股权又有其特殊性,由于股权的价值并不取决于其自身,也不取决于股东获得股权时原始投入的出资额,而取决于股权所在公司总资产减去总负债的余额,即公司的净资产或股东权益。同时,股权的价值又不甚稳定,是随其所在公司的经营结果和资产变化而随时变动的。因此,以股权出资,应充分认识其财产的性质和特点。若要对其财产价值作出客观的评价,通常需要对股权所在公司进行全面的资产评估和财务审计。以股权出资后,各种情况发生变化导致股权价值发生变化或最终不能实现的,不应认定为出资不真实,股权出资的真实性应根据出资当时股权的实际价值和情况认定。

现行《公司法》在法律层面正式将股权列为出资形式的一种。此外,基于股权出资的特殊性和实践中出现的问题,《公司法司法解释(三)》第 11 条规定,股权出资必须符合下列条件:(1) 出资的股权由出资人合法持有并依法可以转让;(2) 出资的股权无权利瑕疵或者权利负担;(3) 出资人已履行关于股权转让的法定手续;(4) 出资的股权已依法进行了价值评估。如果不符合这些条件或者在合理期限内未补正这些条件,将认定股东未履行出资义务。

(六) 债权出资

债权出资,即股东将对第三人享有的债权投资于公司,并由公司取代股东作为债权人对第三人享有债权。债权出资本质上属于债权让与或称债权转让,是将对第三人的债权从股东转让给公司。但是,理论上,股东出资的债权还存在另一类型,即股东对公司的债权。股东以其对公司的债权出资,本质上是以债务抵销的方式出资,公司对股东出资所形成的债权与其对股东所负担的债务相抵销,使公司的消极财产减少,公司享受即时的经济利益。

债权是投资者拥有的重要的财产,具备法定出资形式的要件。我国公司实践中,债权出资的情况已比较多见。在国有企业改制组建的上市公司中,一些国有企业就是以原有的债权作为出资的。在商业银行改革和资产重组的过程中所实行的"债转股",也是债权出资的一种形式,即将银行对债务人公司所享有的债权按约定的方法折抵为对该公司一定金额的股权,银行由此从债权人变成为该公司的股东,该公司的此项债务消灭。

虽然债权的价值或债权金额是确定无疑的,但债权的实现却具有较大的或然性,债务人的商业信用或支付能力对债权的实现起着决定性作用,除债务人对债权本身的存在和数额可能存有异议、必须通过司法或仲裁程序加以裁决的情形外,即使已经获得司法或仲裁胜诉裁决的债权,甚至已经处于法院强制执行之下的债权,都可因债务人丧失客观的偿付能力或陷入破产而无法实现,债务人恶意逃债的,债权更具有落空风险。而在股东有意将无望实现甚至连债务人都不见踪影的不良债权充作出资的时候,相应部分的资本事实上就变成了虚假资本。因此,对债权出资的价值评估应充分考虑其不能实现的风险。但债权出资后因各种情况变化导致债权最终不能实现的,不应因此认定出资为不真实。

四、 其他股东出资形式

除公司法列举的六种典型出资形式之外,还存在其他符合法定出资形式的财产,其中较为普遍的就是非专利技术出资和企业的整体资产出资。

(一) 非专利技术出资

非专利技术,亦称专有技术,是指尚未公开和取得工业产权法律保护的制造某种产品或者应用某项工艺以及设计、工艺流程、配方、质量控制和管理方面的技术知识。非专利技术包括未申请专利的技术成果、未授予专利权的技术成果和专利法规定不授予专利权的技术成果。非专利技术出资的特点与工业产权出资基本一致,有关工业产权出资的法律要求和规则应同样适用于非专有技术的出资。

非专利技术在实质条件上与专利技术是类似的,区别在于非专利技术没有向专利局申请专利或未取得专利权或不受专利法保护。但这种技术对公司同样具有经营利用的财产价值,同样可以在当事人之间进行有效的移转。1993 年《公司法》曾将非专利技术作为与工业产权等并列的五种出资形式之一加以规定,2005 年《公司法》考虑其实际应用并不十分广泛而未再将其单独列举,现行《公司法》也并未列举,但这并不意味着其不再属于出资的形式。相反,非专利技术也完全符合公司法规定的法定出资形式的要件,应作为与知识产权类似的出资形式加以认可。当然,基于这种技术在权益占有和权益维护方面的困难,其在技术贸易中所占比重不高,在股东出资形式中的意义并不突出。

(二) 整体资产出资

整体资产出资,亦称概括出资,即将企业的全部财产转移给公司作为股东的出资。从法律上看,企业既是法律关系的主体,又可能是法律关系的客体。作为主体,企业是民事权利义务的享有者和承担者;作为客体,它又是由物的要素和人的要素构成的经营单位,是交易的对象,是可以转让、交换的特殊商品和综合性财产。企业承包、企业租赁、企业收购、企业兼并等都是以企业为交易对象的经营行为。而将企业的资产整体性地投资于公司,亦是实践中经常性的出资方式。

整体资产出资,实际上可分为四种情况:(1) 出资的资产是企业的全部财产,包括全部的资产和负债;(2) 出资的资产只是纯粹的资产,不包括负债;(3) 以企业的某一部分,亦即部分的资产和部分的负债出资;(4) 只以企业某一部分的纯粹资产出资。这些出资不会表现为某一单独的资产形式,还包含货币、实物、知识产权、土地使用权、股权、债权等多种形式,甚至将企业的负债也包含在内,因而都被视为以整体资产出资。

整体资产出资，应依其不同情况适用相应的评估作价和履行方式。包含负债的整体资产，其出资额应为净资产，即资产总额减除负债总额后的余额，这也是实践中所谓净资产出资的具体方式。对资产的评估则应根据各项具体资产的类型按照相应的评估要求进行。不动产等出资的交付，需要履行特殊权属变更登记的，应依法办理。其他资产的转移，则以公司登记管理机关的登记记载和备案为准。

【本节理论探讨】

- **劳务出资的法律问题**

劳务出资，即以向公司已经或将要付出的劳动或工作为股东的出资。劳务，既包括简单的体力劳动，也包括复杂的、高级的技术性或管理性的工作。国外除一些国家对无限公司和两合公司允许以劳务出资外，对有限责任公司和股份有限公司大都否定劳务出资。而法国则从完全允许劳务出资改为有条件地允许，即劳务出资只作为参与公司权益分配和损失分担的计算根据，不计入公司资本，或者只允许经营内容与技艺性劳务直接相关的公司以技艺性劳务出资。

根据我国《公司法》的规定，非货币财产只有满足"可以用货币估价并可以依法转让"的条件时才可以作为出资方式。由于劳务具有人身属性，缺乏独立转让性，不具有一般等价物的商品性和现实财产的价值性，再加上评估上的随意性与不确定性，我国公司法将劳务排除在出资方式之外。

但实践中确实存在股东对公司进行劳务投入而要求获得相应股权的情形，近年来日渐推行的经理层持股、员工持股、股份期权计划等企业激励方式，都存在管理人和公司员工通过对公司的劳务或服务投入获取公司股权的安排和需要，由此，劳务出资的问题成为公司法理论中值得研究的现实问题。

对于劳务出资，目前存在不同的意见：

肯定的意见以劳务实质是一种人力资本为立论基点，认为劳动力资本商品化是市场经济的内在要求，劳动者拥有劳动力与拥有其他物质材料一样，应参与剩余利润分配，因而应建立劳动力产权制度和收益分配制度。同时，劳务出资具有经营的功能，甚至是极强的经营功能，对任何公司来说都不可或缺。虽然这种劳务在通常的情况下，是公司通过支付工资、酬金等形式获得，但劳务由此所表现出的经营功能是毋庸置疑的，在资本密集型的公司中如此，在智力密集型的公司中更是如此。对有些公司来说，要从事经营并取得佳绩，并不需要太多的资金或实物，更需要的可能是人才和管理能力与技术。劳务可以成为公司资本并允许股东将此作为投资的手段，股东之间也完全可以达成有关劳务出资作价的任何协议。

否定的意见则认为，公司是以资本联合为基础、以资本信用原则为灵魂的企业，从资本企业的特点、精神理解，股东当不得以劳务出资。

还有的意见主张，对劳务出资不能简单地肯定或否定，而应结合劳务的本身特点和将作为出资的劳务的实际情况酌定。基于劳务与人身的密不可分、对劳动者人格和尊严的尊重、劳务移转的局限和债务清偿功能的缺陷等，一般不应允许劳务出资或以将来劳务为出资。但如果劳务已实际提供且能够折算为财产金额、可转化为现实财产，则可以允许其作为出资或抵作股款，对于已经发生的劳务而言，其实际是一种债权，即劳务提供者对接受其劳务的公司所享有的报酬请求权。此种请求权的价值可以作为股权的对价用于对公司出资。

- **信用出资与挂靠企业的产权认定**

信用出资，即通过某种方式使股东的商业信用为公司所用并受益。通常是允许公司使用股东的名称从事交易活动或直接将名称权转移给公司，或者股东对于公司所发之汇票予以承兑或背书，或股东为公司债务提供担保等。

与劳务出资一样，信用出资，因其价值不易用货币估价和无法有效移转、难以实现债务清偿功能而不被现行公司法所允许。但信用的经营功能是显而易见的，作为一种商业评价和信誉，信用不仅是商事主体所能拥有的无形资产，更是其开展营业活动的重要条件，有的公司甚至可以在几乎没有任何资产能力的情况下靠其卓越的信用而获得经营的资源，对于某些从事特殊经营的公司而言，良好的信用甚至较雄厚的资本更为重要。无限公司和合伙对信用出资的准入其实已经肯定了信用所具有的经营效用及相应的财产价值。

在我国，信用的利用尽管未得到法律的明确认可和理论的肯定，但在现实经济生活中的确存在以信用为出资的需要和必要。其中，在普遍出现并广泛讨论的挂靠关系的产权认定中，即存在挂靠企业对被挂靠单位信用的利用及估价和是否应承认被挂靠单位相应产权的问题。

挂靠企业的产权认定是中国公司法和企业法实践中独特而又十分复杂的法律问题，“谁投资，谁所有”是有关法律规范和政策文件确定的基本认定原则，但何谓投资？信用的利用可否认定为投资？这些是认定挂靠企业投资关系的重要问题。对于挂靠企业的产权认定，的确存在信用利用与估价的问题。事实上，许多被挂靠组织尽管未向挂靠企业进行有形资产的投入，但其信用却被挂靠企业实际利用，许多挂靠关系正是挂靠企业为利用被挂靠组织的信用而发生。

挂靠企业的产权关系是一个十分复杂的法律问题，有些挂靠企业纯粹由私人投资，并完全依靠私人的有形投资和私人投资者的经营管理而使企业资产滚动增值，确认私人投资者对此种企业的产权（股权），是企业产权界定毋庸置疑的原则。然而，许多挂靠企业的成长过程并非如此单纯和简单。有的挂靠企业虽然资产由私人投入，但资产数额微不足道，有的甚至通过虚假出资和虚报资本取得公司注册，根本没有任何资产的投入，但这种企业起始资本或资产能力的微弱并不意味着其盈利能力的低下和成长性的不足。一些小型企业在短短的几年中，迅速成长为资产规模达数千万元甚至数亿元的巨型企业，按照“谁投资，谁所有”的产权界定原则，可以说这种企业并无严格意义上的传统出资形式的投资者，企业经营的一切条件完全靠后天获得，靠企业成立后的融资和管理去创造。而在这一发展过程中，因为利用了被挂靠组织的某种渠道、便利或影响，被挂靠组织取得管理费等名目的收益并进一步主张投资者的权益就是顺理成章的，而其投资的方式正是也只能是信用出资。由此，信用出资的确需要得到充分的重视和相应的对待。

【本节实务研究】

- **债转股及其适用**

债转股，就是将债权人对债务人公司所享有的债权按约定的方法折抵为对该公司一定金额的股权，债权人由此变为该公司的股东，该公司的此项债务由此消灭。

基于历史原因，我国国有企业负债率过高，不仅使银行的巨额债权难以收回，也严重制约国有企业的发展。为此，党的十五届四中全会通过的《关于国有企业改革和发展的若干重大问题的决定》提出，要“结合国有银行集中处理不良资产的改革，通过金融资产管理公司等方式对一部分产品有市场、发展有前景，由于负债过重而陷入困境的重点国有企业实行债转股，解决企业负债率过高的问题”。依此精神，中国信达资产管理公司、中国华融资产管理公司、中国长城资产管理公司和中国东方资产管理公司先后组建成立，分别收购、管理和处置中国建设银行、中国工商银行、中国农业银行和中国银行的不良资产，管理和处置这些资产的方式之一就是将这些不良资产中的一些对国有企业的债权转为股权，资产管理公司由债权人变为企业的股东或投资者。债转股的实行，有效地缓解了企业的还本付息，改善了企业的资本结构，同时也减少了银行的呆账滞账，化解了金融风险。

债转股将债权转换为股权，实质上等于股东以债权出资，但这种债转股使债务人公司的相应债务消灭，股东权益相应增加，债权出资的财产价值当即实现，不存在一般债权出资价值实现方面的障碍和风险，此与一般债权出资的法律后果显然不同。

- **工业产权出资是以专有权出资还是以使用权出资**

专利权和商标权等工业产权是较为特殊的民事权利，在用于股东出资时，需要特别注意，现行法律要求以专利或商标的专有权出资而不是以使用权出资。

专利权和商标权是与所有权很类似的权利，也有人称之为专利和商标的所有权，它是对专利和商标所享有的全面的权利，包括占有、使用、收益和处分等。作为专利权和商标权的行使方式，专利和商标又常常授权或许可他人使用，使他人获得专利和商标的许可使用权，这种使用权与专利权人和商标权人的使用权很易混淆，在以专利权或商标权向公司出资时，公司获得的究竟是专有权还是使用权？专利权或商标权用于出资后，原专利权人或商标权人是否有权继续同时使用该专利或商标？回答应是否定的。

根据公司法对非货币出资的要求，以工业产权出资应当办理财产权的转移手续，这种财产权应为专有权，而不只是其中的使用权，使用权的许可是无须办理产权转移手续的。当然，就学理而言，以工业产权使用权出资并非不可，如以使用权出资，其作价金额与专有权当然有别，实质上是以工业产权一定期限的使用费进行出资，但现行立法尚未肯定此种出资方式。既然出资人是以专有权出资，出资后专有权即归公司享有，那么，出资人当然不能继续使用该专利或商标，也无权再许可他人使用，否则，即构成对公司财产权的侵犯。

实践中，股东与公司同时使用专利和商标的情况经常存在，很容易使股东通过对专利和商标的使用不当地获取公司财产利益。针对此种情况，有学者主张，应尽量限制股东使用已出资的专利和商标。

- **以违法犯罪所得非货币财产出资的法律效力**

根据《公司法司法解释（三）》第 7 条的规定，出资人以不享有处分权的财产出资，出资效力可以参照《民法典》第 311 条关于善意取得的规定予以认定。以违法犯罪所得货币出资取得股权的，对违法犯罪行为予以处罚时，应当采取拍卖或者变卖的方式处置其股权。但是，对于以违法犯罪所得的非货币财产（俗称“赃物”）出资的效力，该司法解释没有明确规定，学理上有不同的观点，司法实践中也存在较大困惑。

以违法犯罪所得非货币财产出资的效力问题,实质上就是违法犯罪所得非货币财产是否适用善意取得的问题。对于这个问题,学理上有不同的观点。有的主张赃物是法律禁止流通物,不适用善意取得。有的主张赃物也适用善意取得,认为赃物的法律属性使其不能在市场上流通,但法律属性是隐性的、不为人知的。赃物本身并无特殊标志,它置于公开市场之中,人们难以辨认该物是否赃物。对第三人苛加辨别该物是否赃物的义务显得十分不合理,也难以操作。这种情况之下,若因出让人的违法犯罪行为,善意购买该物的人利益得不到保护,除了不利于维护交易安全外,也有违公平原则。①

我国法律已确立善意取得制度,《民法典》第 311 条规定了善意取得的三个构成要件:(1) 受让人受让该不动产或者动产时是善意;(2) 以合理的价格转让;(3) 转让的不动产或者动产依照法律规定应当登记的已经登记,不需要登记的已经交付给受让人。从以上善意取得构成要件来看,并不涉及无权处分的财产来源是否合法,因此,无权处分人处分违法犯罪所得财产的,只要符合善意取得的构成要件,受让人即取得该财产的所有权,除非法律另有明确规定。

根据我国《刑法》和《刑事诉讼法》相关规定,违法犯罪所得应予追缴以补偿受害人损失。但对于违法犯罪所得是否适用善意取得,没有明确规定。有关规定肯定了违法犯罪所得的善意取得,如《关于依法查处盗窃、抢劫机动车案件的规定》规定:"对明知是赃车而购买的,应将车辆无偿追缴;对违反国家规定购买车辆,经查证是赃车的,公安机关可以根据《刑事诉讼法》第一百一十条和第一百一十四条规定进行追缴和扣押。对不明知是赃车而购买的,结案后予以退还买主。"

综上,我国现行法律规定没有禁止对违法犯罪所得财产的善意取得,如果出资人以违法犯罪所得的非货币财产出资设立公司,只要符合《民法典》第 311 条关于善意取得的构成要件,就应当认定出资有效,公司依法取得该非货币财产的所有权。对违法犯罪人追究责任时,可以对股权进行相应的处置,以补偿受害人的损失。

- **已经设定抵押的财产可否出资**

对于所有权上有负担的财产可否作为出资标的,《公司法》并未作出明确规定。但《市场主体登记管理条例》第 13 条第 2 款规定,股东不得以设定担保的财产作价出资。原因是:如果允许已经设定了抵押的财产出资,一旦抵押权人要求实现抵押权,该种出资的效力将会受到影响,违反了资本确定原则,②从而损害公司与公司债权人的利益,甚至造成公司不能成立。但是有的学者认为,已经设定了抵押的财产依然可以出资,其原因是:抵押权的核心内容在于抵押权人可以直接支配抵押物的交换价值,而不在于取得或者限制抵押物的使用价值,抵押人对抵押物依然有处分的权利。

本书认为,完全禁止或者完全放开"以设定了抵押的财产出资",都是不符合实际的。首先,完全禁止"以设定了抵押的财产出资"不利于对物的充分利用,实际生活中也无法满足公司对各种资源的多样性需求;其次,"转让抵押物"与"用抵押物出资"是不可等同的概念。因为转让抵押物通常仅涉及抵押人、受让人和抵押权人三方利益,但"以抵押物对公司出资"除

---

① 杨立新、梁清:《物权法规则适用》,吉林人民出版社 2007 年版,第 72 页。

② 张开平:《公司权利解构》,中国社会科学出版社 1999 年版,第 280 ~281 页。

了牵涉抵押人、作为受让人的公司以及抵押权人的利益以外，还要波及公司的债权人、公司的其他股东等利害关系人，此时应综合考虑公司内外部关系的稳定与抵押权人利益的维护。所以，从"抵押人有权转让抵押物"推导出"抵押人可以用设定了抵押的财产出资"，缺乏逻辑推理的同一性与连贯性，其结论也有失客观。

由此，应当允许以设定了抵押的财产出资设立公司，但是必须辅以相应的保障措施。出资人可以向公司提供其他财产作为担保或者提供保证人，一旦作为出资的抵押物被抵押权人优先受偿，公司便可以就担保财产进行变价处分，或者向保证人主张由其补足抵押人的出资。当抵押物被抵押权人行使优先受偿权后，出资人负有资本补足责任，同时，公司设立时的其他发起人承担连带补缴责任。因抵押物被抵押权人行使优先受偿权而给公司及公司的债权人造成损害的，出资人应承担赔偿责任。

第三节　股东出资的法定要求

一、出资的价值评估

除货币出资外，其他形式的出资都需要进行价值评估。《公司法》第 48 条第 2 款对有限责任公司的股东出资规定为："对作为出资的非货币财产应当评估作价，核实财产，不得高估或者低估作价。法律、行政法规对评估作价有规定的，从其规定。"《公司法》第 98 条第 2 款规定，股份有限公司发起人的出资准用第 48 条。

实物等非货币出资的特殊法律问题在于其价值的评定。与货币出资不同，非货币出资的财产价值无法直接由其自身客观表现，而必须依赖人的主观评价，不同的人，基于不同的立场，使用不同的方法，会对同一项出资作出不同甚至差额甚大的价值判断，出资者往往会对其出资作正面的、较高的评价，而他人则往往会作相反的、较低的评价。同时，非货币出资的价值又具有较强的变动性，除其自身可能发生的自然增值或贬值、添附或毁损外，时间、地点和其他外界因素、环境的变化，也会引起非货币出资价值的重大变化。这些都决定了对货币出资必须在确定一个具体日期的基础上进行客观的价值评估。

非货币出资的价值评估必须客观、真实、准确，应避免过高估价和过低估价。出资的过高估价构成股东出资的不实和公司整体注册资本的虚假，一方面减损了公司本应拥有的财产利益；另一方面，也因股东享有较大的权利却承担较少的出资义务而损害其他出资真实的股东的利益。出资的过低估价虽然实质增加了公司的财产，有利于公司和其他股东的利益，但损害了该项出资的股东的利益。在公司实务中，由于发起人或大股东在公司设立过程中处于主导地位，实践中往往会对发起人或大股东非货币出资过高估价。同时，基于国有资产管理体制和管理机制存在的缺陷和所有者缺位的情况，对国有资产经常会过低估价，由此成为国有资产流失的一种特殊方式。

为保证非货币出资估价的客观、真实和准确，非货币出资通常需要由中立的专业资产评估机构评估作价，资产评估机构应根据公认或专门的评估规则和办法进行评估，因评估不实，损害公司或其他股东利益的，应承担欺诈或过失的民事责任。

对于非货币出资的评估，法律、行政法规有特别或具体规定的，应严格执行。例如，《国有资产评估管理办法》第 18 条规定："受占有单位委托的资产评估机构应当根据本办法的规定，对委托单位被评估资产的价值进行评定和估算，并向委托单位提出资产评估结果报告书。委托单位收到资产评估机构的资产评估结果报告书后，应当报其主管部门审查；主管部门审查同意后，报同级国有资产管理行政主管部门确认资产评估结果。经国有资产管理行政主管部门授权或者委托，占有单位的主管部门可以确认资产评估结果。"

对于以非货币财产出资、未依法评估作价的法律后果，《公司法司法解释（三）》第 9 条作了具体规定："……公司、其他股东或者公司债权人请求认定出资人未履行出资义务的，人民法院应当委托具有合法资格的评估机构对该财产评估作价。评估确定的价额显著低于公司章程所定价额的，人民法院应当认定出资人未依法全面履行出资义务。"这里所说的"未依法评估作价"，包括未进行评估作价和评估作价不合法两种情形。前者较为少见，后者则比较常见。判断评估存在的差额是否显著，主要应看差额与出资价额之间的比例，也可以对绝对数额予以一定考虑。

二、出资的比例结构

出资的比例结构，又称出资的构成，是指股东出资总额中各种出资所占的比例情况。为保证公司资产结构的合理性和公司正常经营活动的需要，保证公司资产应有的流通性和变现性，保证公司对外负债的有效清偿能力，公司法对股东出资的比例结构作出了统一的要求和限制，不允许当事人完全自由约定。

各国公司法通常对货币出资规定有最低的比例要求。例如，德国、法国公司法规定股份有限公司货币出资应占公司总资本的 25%以上，意大利公司法规定货币出资应占公司资本的 30%以上，瑞士、卢森堡公司法规定为 20%以上，奥地利公司法则要求股份资本的一半须以现金支付。

我国 1993 年《公司法》对货币出资的比例未作硬性要求，而只对工业产权和非专利技术的出资比例作了规定，即以工业产权、非专利技术作价出资的金额不得超过公司注册资本的 20%，后来为鼓励和促进高新技术成果的开发和利用，有关立法将高新技术成果的出资比例放宽到注册资本的 35%。这种出资比例的限制，一方面可确保公司正常经营所需的有形资产，另一方面是因为这两种无形资产具有价值上的不稳定性和变现上的不确定性，过高比例的无形资产会削弱公司的债务清偿能力，危及社会交易的安全。然而，随着科学技术在生产要素中的地位日趋重要，这种严格的比例限制已经不能满足经济生活的需求。在许多公司中，技术出资在公司经营要素中的作用更为突出，技术出资的当事人要求在公司经营中享有更大的权益并处于主导地位，20%或 35%的比例限制已经严重阻碍了这些以技术开发为主要内容的公司的设立和发展。因此，2005 年《公司法》彻底取消了对工业产权等无形财产出资比例的限制。现行《公司法》维持这一规定。

与此同时，为保障公司开业和经营所需货币资金，防止非货币财产变现困难，借鉴境外公司法立法经验和先例，2005 年《公司法》增加了关于货币出资最低比例的规定，即全体股东的货币出资金额不得低于有限责任公司注册资本的 30%。2013 年《公司法》取消了这一货币出资比例要求，以鼓励投资，尽可能地放宽投资条件，降低投资门槛，将资本设定的权利以及决定资本规模和资本财产构成的权利赋予公司。现行《公司法》延续了取消货币出资最低比例的规定。

三、出资的履行

出资的履行就是股东将用于出资的财产交付公司或向公司履行其他给付义务。《公司法》第 49 条第 2 款对有限责任公司出资的履行方式作了专门的规定，即股东以货币出资的，应当将货币出资足额存入有限责任公司在银行开设的账户；以非货币财产出资的，应当依法办理其财产权的转移手续。第 98 条第 2 款规定，股份有限公司发起人的出资，适用关于有限责任公司股东出资的规定。

对于以募集方式设立的股份有限公司的股款缴纳，《公司法》第 156 条规定："公司向社会公开募集股份，应当同银行签订代收股款协议。代收股款的银行应当按照协议代收和保存股款，向缴纳股款的认股人出具收款单据，并负有向有关部门出具收款证明的义务。公司发行股份募足股款后，应予公告。"《市场主体登记管理条例实施细则》第 26 条第 2 款规定："除前款规定的材料外，募集设立股份有限公司还应当提交依法设立的验资机构出具的验资证明；公开发行股票的，还应当提交国务院证券监督管理机构的核准或者注册文件。涉及发起人首次出资属于非货币财产的，还应当提交已办理财产权转移手续的证明文件。"

货币出资的履行方式最为简单，只需货币的实际交付即可，即将应出资的货币存入设立中的公司在银行开设的账户。实物等非货币出资的履行方式则较为复杂，不仅需要实物或无形财产的实际交付，更需要相应的权属变更。

实物的出资是实物所有权从股东向公司的转移，应遵循物权变动的法律原则，动产物权的转移一般以交付为要件，而不动产物权的转移则一般以登记为要件。《民法典》第 224 条对动产所有权的转移时间作了规定："动产物权的设立和转让，自交付时发生效力，但是法律另有规定的除外。"对于土地、房屋等不动产使用权或所有权的转移，《民法典》第 209 条第 1 款规定，不动产物权的设立、变更、转让和消灭，经依法登记，发生效力；未经登记，不发生效力，但是法律另有规定的除外。同时，对于某些动产，如机动车等，国家实行登记管理并以登记作为对抗要件。例如，《民法典》第 225 条规定："船舶、航空器和机动车等的物权的设立、变更、转让和消灭，未经登记，不得对抗善意第三人。"

知识产权中的专利权和商标权是以权利证书表彰的特殊民事权利，仅从专利技术或商标的实际使用是无法判断其权利归属的，因此，其出资不仅要求专利技术或商标实际转移，更重要的是专利或商标在登记管理机关的变更登记以及专利证书或商标证书中权利人的相应变更。非专利技术，因不表现为特定的权利形式，只是当事人的一种特殊利益，其出资方式与一般动产出资类似，只需实际、有效的技术交付即可，此种交付通常采取移交图纸、数据、模型、程序等技术资料和技术人员培训等使公司能有效掌握和利用该项技术的各种必要形式。著作权无固定的权利表现形式，没有特定的权利证书，因而其出资的履行应根据作品的具体情况确定出资的要求，包括书稿、影像资料的交付，以及作品利用的明确授权等。

在非货币出资形式中，工业产权（专利权、商标权）和土地使用权都是一种财产权利，被归为无形财产,这种财产不可能像有体物那样进行物理形态的移转,其交付转让与物的交付转让具有完全不同的特点。完整有效的权利交付应包括权属变更和权能移转两方面内容。各种权利都有各自的权属证明形式,要实现权利的转让,首先要根据各种权利特定的权属证明形式进行相应的变更。同时,权能移转是权利交付另一重要的方面。权能移转是指权利人享有的各种权利实际地转由受让人行使。权属变更属于法律上的权利交付,权能移转是事实上的权利交付,二者共同构成权利移转不可分割的两个方面。权属变更的价值在于法律对权利的认定和法律风险的防范,权能移转的价值则在于公司对股东出资财产的实际利用和其他权益的实现。实践中,当事人对财产权利的出资并不总能做到权属变更和权能移转,只办理了权属变更而未移转权能,或只移转了权能而未办理权属变更的情况时常发生,这是出资纠纷发生的原因之一。

对于前述需要办理权属变更登记手续的财产出资未办理手续或未实际交付的法律后果,《公司法司法解释(三)》第 10 条作了特别规定:“出资人以房屋、土地使用权或者需要办理权属登记的知识产权等财产出资,已经交付公司使用但未办理权属变更手续,公司、其他股东或者公司债权人主张认定出资人未履行出资义务的,人民法院应当责令当事人在指定的合理期间内办理权属变更手续;在前述期间内办理了权属变更手续的,人民法院应当认定其已经履行了出资义务;出资人主张自其实际交付财产给公司使用时享有相应股东权利的,人民法院应予支持。出资人以前款规定的财产出资,已经办理权属变更手续但未交付给公司使用,公司或者其他股东主张其向公司交付、并在实际交付之前不享有相应股东权利的,人民法院应予支持。”在此问题上,司法实践对股东履行出资义务的认定既要求财产的实际交付,也要求办理权属的变更手续,但出资履行的时间以实际交付为准,原因在于手续办理的迟延通常不会对公司利益产生根本影响。

四、 出资的验资

验资,是法定机构依法对公司股东出资情况进行检验并出具相应证明的行为。验资是既往公司法规定的特别法律程序,是资本制度的组成部分,也是资本真实的重要保障。验资制度的作用是通过中立的专业机构和专业人员的执业行为保障股东出资义务真实履行和出资财产货真价实。

验资是我国公司法长期实行的制度,2005 年《公司法》第 29 条规定,有限责任公司“股东缴纳出资后,必须经依法设立的验资机构验资并出具证明”。第 90 条规定,股份有限公司“发行股份的股款缴足后,必须经依法设立的验资机构验资并出具证明”。然而这一实行了几十年的法律制度因其存在的一些积弊而饱受诟病和非议,最终在 2013 年的资本制度改革中被取消。现行《公司法》第 101 条规定,公开募集型股份有限公司在设立时需要验资,对其他类型公司都没有验资的要求。向社会公开募集股份的股款缴足后,应当经依法设立的验资机构验资并出具证明。

验资制度的价值在于保障公司资本的真实,资本真实是公司法的基本要求,也是贯穿公司法始终的法律理念。公司资本制度虽然经历了重大改革,但资本真实的法律要求不应动摇。资本真实包括实缴资本的真实和认缴资本的真实。验资所保障的主要是实缴资本的真实,即股东实际缴纳的出资额与其公示的资本额一致,不存在虚假出资或出资财产实际价值未达到出资额的情形。

取消法定验资的特定程序,决非否定资本真实性的法律要求,只是改变了资本真实的实现方式。资本制度改革只是废止了法定的验资程序和要求,并不排斥当事人自愿的验资安排。出资的真实与否不仅影响公司债权人的债权安全,还会直接影响股东之间的利益公平。为防范和避免部分股东虚假出资或出资不实行为对其他股东造成侵害,股东自身可能就会形成验资的强烈需求。同时,为证明自己已完全履行出资义务并免除出资责任,股东也会希望通过验资获取验资报告这一重要证据。由此,当事人的自愿验资不仅客观上会部分替代过去的法定验资,还应得到相关行政机关和司法机关的肯定和鼓励。

依照既往验资制度的规定,法定验资机构通常由符合条件的注册会计师构成。验资的内容应包括股东出资是否符合法律、行政法规和公司章程的规定,是否存在弄虚作假的行为,非货币出资的评估作价是否公平、合理,货币出资是否已足额存入公司临时账户,非货币出资是否已办理权利移转登记手续,等等。

验资结束后,验资机构应出具验资证明。验资证明必须客观真实,验资机构或验资人员不得提供虚假证明文件,否则,将承担相应的法律责任。《公司法》第 257 条规定:"承担资产评估、验资或者验证的机构提供虚假材料或者提供有重大遗漏的报告的,由有关部门依照《中华人民共和国资产评估法》、《中华人民共和国注册会计师法》等法律、行政法规的规定处罚。承担资产评估、验资或者验证的机构因其出具的评估结果、验资或者验证证明不实,给公司债权人造成损失的,除能够证明自己没有过错的外,在其评估或者证明不实的金额范围内承担赔偿责任。"

验资民事责任是公司法理论和实务中日愈重要的问题,确定验资机构的民事责任,特别需要明确以下几个主要问题:

1. 请求的主体是公司的债权人。债权人是验资行为的利害关系人,是不实验资的受害人。与被验资的公司没有债权债务关系的人不应作为验资民事责任的请求权人。

2. 验资机构的民事责任属过错责任。对验资机构的过错认定应以是否尽到应有的注意为标准,而不应只依照会计师行业制定的审计准则来判断。对于会计师而言,未尽到一个同行业的合理谨慎的会计师在类似环境下应有的注意义务即有过失。判断注册会计师在验资时是否尽到应有的职业注意义务时,可以以公认的审计准则为标准,被告可以遵循了公认审计准则的要求为尽到职业注意义务的初步证据,但原告可以对此提出反驳。同样,注册会计师在验资时未遵循审计准则的要求,也并不必然意味着失职,但可将其作为失职的初步证据,被告对此提出令人信服的辩解方可免责。

3. 验资机构的民事责任属于赔偿责任。所谓赔偿,即对不实验资给公司债权人造成的实际损失的赔偿。这种赔偿责任是由验资机构独立承担的按份责任还是与出资人共同承担的连带责任,目前的有关司法解释和司法实践对此尚不明确和统一。

4. 验资机构的民事责任是限定责任。即应在其证明不实的范围内承担赔偿责任,而不应要求验资机构对债权人的全部损失或出资人的全部出资责任负责。

【本节理论探讨】

• 资本真实与验资存废

资本真实是公司法的基本要求，也是贯穿公司法始终的法律理念。从注册资本的确定到股份的发行，再到股东出资义务履行的每个环节无不要求当事人行为和法律事实真实可靠。我国公司资本制度虽然进行了重大改革，但资本真实的法律要求从未动摇。这一法律要求不因取消法定最低资本额制度而改变，不因采取法定资本制或授权资本制而不同，也不因采取实缴资本制或认缴资本制而有别。

肯定和坚持资本真实的法律理念和原则既是公司法固有的传统，又有着理论和现实的充分根据。无论从诚实信用的民商法基本原则的要求，还是根据资本所具有的法律效力和效果，以及基于股东之间利益平衡和公平合理的考量，都不允许资本虚假。资本制度无论怎样突破和变革，应该坚守、从未突破也不应突破的法律底线应是资本真实。

验资程序尽管存在许多弊端，如验资机构了解和掌握投资事实的局限性、公司设立阶段的验资障碍、验资报告与公司实际资产的脱节、虚假验资与恶意串通、公司设立成本与会计师行业利益的冲突等，但不应完全否定验资制度为实现资本真实所作的贡献，更不应否定验资对资本真实本身的价值追求。取消法定验资的特定程序，绝非否定资本真实性的法律要求，只是改变资本真实的实现方式，将控制和保障的法律关口后移。法定验资是法律施加的强制程序和规则，取消法定验资后，资本的真实要依赖当事人的自治，要寄望于行为人的诚信意识、自觉自律以及相互间的监督制约。

取消法定验资之后，无论对于注册资本还是实缴资本，都应建立常规的调查核实程序，此一程序可由登记机关主动启动，亦可依当事人的请求启动，甚有必要赋予所有与公司发生或意欲发生交易的当事人对公司资本的知情权和调查请求权，当事人既可自行查询和核实公司资本认缴和实缴情况，亦可请求登记机关依职权展开调查并告知调查结果。

【本节实务研究】

• 土地使用权出资履行不当的法律效果

第一，已办理土地过户手续但未交付土地的，虽然土地使用权移转的主要法律形式是土地的过户登记，但土地的交付仍然是土地使用权出资的重要要求，只完成了土地的过户登记而未实际交付土地的，仍属于对出资义务的违反。虽然土地的不可移动性使它不会对公司债权人造成追索公司财产的障碍，但因其未被公司实际有效占有和利用，对公司利益和股东权益造成了事实上的侵犯，进而产生出资者对公司的出资违约责任，公司或其他股东有权要求该出资者履行土地交付义务和赔偿由此给公司造成的财产损失。同时，公司债权人在公司财产不足以清偿其债务时，亦应有权诉请对此项土地予以强制执行。

第二，已交付土地但未办理土地过户登记手续的，公司虽获得了土地占有和利用的实际财产利益，但这种占有和利用并未得到法律的肯定和保护，是极不稳定和极不安全的。因土地使用权仍在出资人名下，公司并未取得对土地的法律上的控制，相反，会随时因出资人的反目或出资人对土地的自行处分以及其他土地权利人对土地的追索而丧失对土地的占有。这种出资只是事实上的出资而非法律上的出资，当然构成出资义务的不履行行为。因而，公司或其他股东有权要求该出资人履行土地的登记过户义务，而出资人拒绝登记甚至以未办登记过户为由要求收回土地的行为都属典型的恶意违约，当事人同样可通过诉讼程序诉请司法救济，请求强制登记过户。

第三，既未交付土地，亦未办理土地过户手续的，属于完全不履行土地出资义务的行为，在公司法上构成违法行为，并产生相应的法律责任，包括该股东继续出资的责任、其他股东或公司发起人的连带认缴责任以及对由此给公司造成损害的赔偿责任。当然，在此情况下，公司对出资人约定用于出资的土地既不存在事实上的控制，也不享有任何物权意义上的权利，不可能通过物权追及的诉讼而取得该土地的使用权，只能通过债权诉讼获得救济。

对于上述违反土地使用权出资义务的行为，除已办理土地过户登记而未交付土地的情况，公司可通过行使物权请求权要求出资人交付土地外，公司是否有权要求出资人交付土地，是否允许出资人以其他形式履行其出资义务，均需要依据债法的一般原理加以确定。

【本章思考练习题】

一、名词解释

1. 瑕疵出资
2. 虚假出资
3. 资本充实责任
4. 认购担保责任
5. 缴纳担保责任
6. 差额填补责任
7. 非货币出资
8. 劳务出资
9. 信用出资
10. 债转股
11. 未出资股权转让

二、简答题

1. 简述股东出资的法律意义。
2. 简述股东违反出资义务的表现形式及其法律后果。
3. 股东违反出资义务应承担何种民事法律责任？
4. 简述出资违约责任的性质和内容。
5. 股东出资形式为何法定？其法定根据如何？
6. 股东可否用借贷资金出资？
7. 简述工业产权出资的法律意义和特殊要求。
8. 现有法定出资形式之外的出资形式应否得到法律的承认？为什么？

9. 非货币出资履行有什么特殊的法律要求?

10. 简述加速到期制度的原理与适用。

11. 论未届期股权转让后出资责任的法律规定。

三、案例分析①

某城市市郊原有一国营农机厂,因销路不好而停产。张某看中农机厂邻近公路旁的一栋2层共3000平方米的空置厂房,便与农机厂协商,将该厂房装修后做成建材市场赚取租金。双方一拍即合,决定共同出资成立一家飞龙实业有限公司(简称飞龙公司)经营该项目。为此,双方拟定了公司章程规定:(1)农机厂占公司股权88.57%,张某占11.43%。双方按持股比例进行收益分配,承担经营风险与亏损。(2)公司成立后农机厂应负责办理房产的变更登记,将该厂房的产权从农机厂变更为飞龙公司。(3)公司法定代表人由农机厂指派,张某担任公司总经理。

公司成立后3个月即招租完毕。飞龙公司共收取商户租金及保证金1600万元。建材市场开业两个月后,张某利用公司财务制度不健全和身份之便,将飞龙公司1500万元全部从飞龙公司账户划走,人也一走了之。由于经营管理混乱,一年后,合同期满的商户纷纷要求退出,并要求飞龙公司退还保证金,但公司已无款可退。商户们便向法院提起诉讼,要求法院拍卖飞龙公司的房产,以拍卖价款返还商户的保证金。但飞龙公司辩称,该房产的产权人为农机厂,农机厂只是飞龙公司的股东,不能代替飞龙公司承担责任。经法院调查查明,农机厂的房产在飞龙公司成立后并未办理向飞龙公司的转让登记手续。请问:

在农机厂出资的房产并未办理转让登记的情况下,商户们向法院提出的执行该房产的请求可否予以支持?

① 案例节选自徐晓松主编:《公司法学案例教程》,知识产权出版社2002年版,第83页。

第八章　股东与股权

■【导语】

公司是以营利为目的的社团法人。公司法历来把最大限度地营利、实现股东利益的最大化作为公司的最高价值取向。甚至可以说，近现代公司法的历史就是一部为保护股东利益而奋斗和努力的历史。股东是成立公司的人的基础，他们的利益如不能得到法律的充分保护，必将动摇公司制度的根基。何况，对股东的保护程度不仅直接关系到股东个人的切身利益，而且关系到公司制度本身的存废，并进一步波及公司的经营者、消费者、债权人、交易客户、公司所在地政府乃至全社会的利益。就此而言，强调股东利益保护与强调公司社会责任具有同等重要的意义。

本章从股东的概念入手，阐释了公司股东的概念与类型，股东资格的取得、限制与丧失，股东的法律地位，股东的权利和义务，股东代表诉讼，股权的法律性质及股权法律关系，有限责任公司的股权和股份有限公司的股份以及股权的行使和救济，股权转让及股权变动模式，股份有限公司的股份分类和类别股、对赌协议、禁止财务资助等。

本章的学习重点在于股东资格的取得、股东的法律地位、股东的权利和义务、股权的概念及法律特征、股权变动模式、股权转让的原则和程序、股权的救济制度、股份的类型、类别股、对赌协议等。本章的学习难点在于理解股权的法律性质、股权变动模式、对赌协议、禁止财务资助等。

第一节　股东与股东资格

一、股东的含义和类型

（一）股东的含义

股东是组成公司并在其中享有股东权利的人。凡是基于对公司的投资或者其他合法原因持有公司资本的一定份额并享有股东权利的主体均是公司的股东。但由于公司的类型、投资人向公司投资的时间以及取得股权的方式等不同，股东的含义有不同表述。需要注意的是，并非任何对公司进行投资的人都是公司股东。例如，购买公司债券的人以及向公司提供贷款的银行并非公司股东而是公司的债权人。

有限责任公司的股东,是指因在公司设立时认缴公司资本或在公司存续期间依法继受取得股权而对公司享有权利和承担义务的人;股份有限公司的股东,是指在公司设立时认购公司股份或在公司成立后合法取得公司股份并对公司享有权利和承担义务的人。《公司法》关于“股东”的概念界定,是围绕投资人向公司投资的时间进行的。值得注意的是,在公司设立阶段,股东通常指向的是公司的发起人和设立时的股东。在股份有限公司中,由于法律规定发起人必须认足一定比例的股份,因此发起人是成立后公司的当然股东;同理,在有限责任公司中,由于法律规定发起人都负有出资义务,所以发起人在公司成立后即成为公司的首批股东。《公司法》分别用“设立时的股东”和“发起人”的概念,指称设立有限责任公司和股份有限公司的主体,但这两个概念本质上并无差异,均指为设立公司而签署公司章程、向公司认购出资或者股份并履行公司设立职责的人。

(二)股东的类型

1. 参与公司设立或者认购公司首次发行股份或出资的原始股东。凡是符合公司法规定的条件,参与公司的最初设立活动,在公司章程上签名、盖章且实际认购出资的发起人,或者认购公司首次发行股份的其他人,均可成为公司的原始股东。公司的原始股东对公司的重要意义在于,其制定了公司章程,决定了公司的基本构架,也承担保证公司资本真实的责任。

2. 公司成立后的继受股东。继受股东是指在公司存续期间依法继受出资或股份而取得股东地位的人。继受出资或股份的方式包括转让、继承、赠与或法院强制执行等。继受股东也受公司初始章程的约束,其取得的股东权利亦受其前手权利状态的影响,继受股东不仅取得股东权利,也承担前手股东的义务。

3. 公司成立后因公司增资而加入的新股东。增资是公司为扩大生产经营规模经常使用的一种资本运作方式。公司增资可以通过向原始股东筹集的方式进行,也可以通过向原始股东以外的投资人筹集的方式。公司增资通常涉及股东新股优先认购权的“选出或选入”的配置模式问题。如果公司向原始股东以外的投资人发行新股,公司就会有新的股东加入。

二、股东资格的取得、限制、认定与丧失

(一)股东资格的取得

投资人通过认购公司的出资或股份获得股东资格。依据取得股东资格的时间及原因,可将股东资格的取得方式分为原始取得和继受取得。

1. 原始取得。在公司成立时,因创办公司或认购公司首次发行的出资或股份成为公司股东的,属于股东资格的原始取得,这些股东属于公司的原始股东。在有限责任公司及发起设立的股份有限公司中,原始股东主要包括公司的发起人或创办人,而在募集设立的股份有限公司中,还包括在公司设立时即认购公司股份的其他人。此外,在公司成立后,因认购公司新增资本而取得公司股东资格的,也属于股东资格的原始取得。

2. 继受取得。凡通过转让、继承、公司合并等方式取得公司出资或股份并成为公司股东的,属于股东资格的继受取得,这类股东为继受股东。继受股东主要包括受让原始股东的出资

或股份的人以及因其他事由继受他人的出资或股份的人。

（二）股东资格的限制

理论上，股东的个性特征与其能否获得股东资格关系并不紧密，无论是自然人、法人还是非法人组织，均可通过投资取得公司股份成为股东。这是商法中“营业自由”的体现。但是，各国公司法也会对股东的具体资格作出一定限制，限制程度与股东的性质及其取得股权的时间密切相关。一般而言，公司法对继受股东的资格限制较少，对发起人的限制较多。这些限制主要体现为以下方面：

1. 自然人担任发起人应当具备完全民事行为能力。设立行为属于法律行为，会直接产生实体上的权利义务关系，因此在自然人担任公司的发起人时，应当适用《民法典》关于自然人民事行为能力的规定，无民事行为能力人和限制民事行为能力人一般不得参与公司设立。

2. 法人作为发起人应是法律允许设立公司的法人。法人是否可以以及哪些法人可以作为公司的发起人，取决于一国的社会经济、政治等因素。域外一些立法规定仅公司等私法人可以作为发起人设立公司，党政机关等公法人不可以设立公司。原因在于，公法人通常从事公共管理活动，而投资活动本质属于私人活动，两者的性质相悖。我国相关法律法规也禁止党政机关、军队等单位设立公司从事投资经营活动，以避免其以权经商、强买强卖、垄断经营，损害党和政府的形象。当然，这并不排除经国家授权的国有资产管理机构在必要时作为发起人参与某些公司的设立活动，以实现国有资产增值保值的目标。

3. 原则上公司不得自为股东。我国《公司法》第 162 条第 1 款规定，除特别规定的情形外，公司不得收购本公司股份。据此，在我国，公司只有在少数例外情形下可以购买本公司的股份，但回购的股权也应当在一定期限内处理完毕。这些例外情形系为公司解决减资、合并、员工股权激励、维持上市公司股价等特殊问题所设，其目的并非使公司最终成为自己的股东。规定公司不得自为股东，主要是为了避免公司、股东的法律地位合二为一，混淆公司与股东的法律关系，造成公司对外公开的内部关系与实际状态不符，导致公司自我控制和过度投机，损及公司其他股东和债权人的利益。

4. 对发起人的国籍和住所的限制。为了防止发起人利用设立公司损害广大社会公众的利益，一些国家的公司法对发起人的国籍和住所作出一定限制，我国亦如此。我国《公司法》第 92 条规定：“设立股份有限公司，应当有一人以上二百人以下为发起人，其中应当有半数以上的发起人在中华人民共和国境内有住所。”

5. 公司章程对股东资格的取得作出限制。有限责任公司中，为保持公司的人合性，公司章程往往对股东资格的取得加以严格限制。例如，我国《公司法》第 84 条第 3 款规定：“公司章程对股权转让另有规定的，从其规定。”此时，应尊重股东的约定，维护公司章程约定内容的效力，除非这种约定违反法律的强制性规定。

6. 法律对股东资格的取得作出限制。除了章程可以对股东资格的限制取得作出约定之外，法律也可明确禁止特定主体成为公司股东。如我国有关法律规定，检察官、法官等国家机关的公职人员不得成为公司的股东。

（三）股东资格的认定

认定股东资格需要注意程序和实体方面的规则。根据《公司法》和《公司法司法解释（三）》第 21～28 条的相关规定，认定股东资格需要遵循下列规则：

1. 股东资格诉讼中诉讼主体的确认规则。公司有义务为股东出具出资证明，并将其记录于股东名册。如果对股东资格的取得产生争议，当事人向人民法院起诉请求确认其股东资格的，应当以公司为被告，此时系对公司履行上述义务提出异议。至于与案件争议股权等裁判结果有利害关系的人，则应列为第三人参加诉讼。

2. 股东权属争议的举证责任分配规则。根据确认之诉中举证责任分配的一般性原则，请求确认股权的股东应当举证证明其有权取得股权。具体而言，主张股东权益的一方，应当证明其或者已经依法向公司出资或者认缴出资，或者已经受让或以其他形式继受公司股权，且均不违反法律、行政法规的强制性规定。

3. 隐名投资情形中的股权确认规则。对于隐名投资与名义持股的合法性，以及隐名投资与名义持股中的股权确认问题，一直存在较大争议。在司法实践中，对于隐名投资与名义持股的法律效力，通常视个案具体情况而论：如果隐名投资是为了规避法律、行政法规的强制性规定，应当认定无效，实际出资人不具有股东资格；如果隐名投资并未违反法律、行政法规的强制性规定，实际出资人只是基于各种原因不愿显名而已，则应当认定有效。

在合法有效的情形下，如何认定股权的归属，理论和实务中历来有不同看法。有观点认为应当采用实质要件标准，以实际出资人为股东；也有观点认为应当采用形式要件标准，依出资证明书、股东名册、公司章程或股权登记确认股东。公司法相关司法解释及《九民纪要》采取了“区分内外”的裁判思路：当处理公司内部股东资格确认纠纷时，以实际出资、出资证明书、股东名册、股东会会议记录等为确认股权的依据；当与公司之外第三人发生涉及股东资格确认的纠纷时，以股权登记为确认股权的依据。

（四）股东资格的丧失

正常情况下，股东资格一直保留，但出现下列情况之一的，股东将丧失其资格：

1. 所持有的股权已经合法转让的。《公司法》第 84、85 条规定，有限责任公司的股东可以将股权依法转让给其他股东，也可以将股权依法转让给股东之外的人。股东转让所持有公司的全部股权的，丧失股东资格。

斯曼特微显示科技（深圳）有限公司与胡某生等损害公司利益责任纠纷案

2. 未依公司章程约定履行出资义务，被催缴失权。《公司法》特别规定了有限责任公司催缴失权制度，分为催缴和失权两个环节。

（1）催缴。《公司法》第 51 条规定：“有限责任公司成立后，董事会应当对股东的出资情况进行核查，发现股东未按期足额缴纳公司章程规定的出资的，应当由公司向该股东发出书面催缴书，催缴出资。未及时履行前款规定的义务，给公司造成损失的，负有责任的董事应当承担赔偿责任。”需要注意的是，从文义上看，该条的适用范围为“股东未按期足额缴纳公司章程规定的出资”这一种情形，但从理论上而言，非货币出资的实际价额显著低于所认缴的出资额、未按期足额缴纳、股东抽逃部分或者全部出资也应参照适用《公司法》第 51 条。还需注意的是，未履行催缴义务给公司造成损失的，由负有责任的董事承担个人责任，而不是一概由全体董事承担集体责任。

（2）失权。根据《公司法》第 52 条规定，股东未按照公司章程规定的出资日期缴纳出资，公司依照《公司法》第 51 条第 1 款规定发出书面催缴书催缴出资的，可以载明缴纳出资的宽限期；宽限期自公司发出催缴书之日起不得少于 60 日。宽限期届满，股东仍未履行出资义务的，公司经董事会决议可以向该股东发出失权通知，通知应当以书面形式发出。自通知发出之日起，该股东丧失其未缴纳出资的股权。股东丧失的股权应当依法转让，或者相应减少注册资本并注销该股权；6 个月内未转让或者注销的，由公司其他股东按照其出资比例足额缴纳相应出资。股东对失权有异议的，应当自接到失权通知之日起 30 日内，向人民法院提起诉讼。据此，《公司法》第 52 条的内容主要包括以下五个方面：

第一，股东未按照公司章程规定的出资日期缴纳出资的，公司可以发出载明不少于 60 日宽限期的催缴书，也可以发出不载明宽限期的催缴书，公司具有选择发出何种类型催缴书的权利。

第二，在公司发出载明不少于 60 日宽限期的催缴书的前提下，宽限期满后，对于是否要发出失权通知，由公司董事会决议决定。

第三，公司发出失权通知的，被通知的股东自通知发出之日起失权，即失权通知的生效采取发出主义。

第四，失权股东丧失的股权，将作为公司库存股进行管理，由公司依法转让或者减资，6 个月内未实现转让或者减资的，为维护公司资本充实，由公司其他股东按出资比例缴足相应出资。

第五，本条规定了一个全新诉讼——股东失权异议之诉，即失权股东对失权有异议的，应当自收到失权通知之日起 30 日内起诉。需要注意的是，部分出资的催缴失权并不使股东丧失全部的股权，也就不会失去股东资格；只有全部出资的催缴失权才会使股东丧失股东资格。

3. 因未履行出资或者抽逃全部出资而被除名。《公司法司法解释（三）》第 17 条第 1 款规定："有限责任公司的股东未履行出资义务或者抽逃全部出资，经公司催告缴纳或者返还，其在合理期间内仍未缴纳或者返还出资，公司以股东会决议解除该股东的股东资格，该股东请求确认该解除行为无效的，人民法院不予支持。"该款的适用情形有二：一是股权完全未履行出资义务；二是股东抽逃全部出资。

股东除名和催缴失权制度存在以下几点不同：一是适用情形不同。除名适用于股东完全未履行出资义务、股东抽逃全部出资两种情形；而催缴失权适用于股东未按规定缴纳出资。二是决定机构不同。除名决定由股东会决议作出，而催缴失权决定由董事会决议作出。三是法律效果不同。除名的法律效果是股东丧失股东资格；催缴失权的法律效果需要区分讨论：当股东失去部分股权时，仍保有股东资格，股东只有失去全部股权时才丧失股东资格。

4. 因违法受到国家处罚而被剥夺股权的。典型者如，股东将犯罪所得资金投资于公司并取得股东资格，然后，其取得的股权，被司法机关依照《刑法》第 64 条"犯罪分子违法所得的一切财物，应当予以追缴或者责令退赔"的规定予以追缴。

5. 法律规定的其他事由。譬如，根据《民法典》第 13 条，股东死亡的，失去民事权利能力和行为能力，自然丧失股东资格和股权。

三、股东的法律地位

根据投资人成为公司股东的动机,可将公司股东分为三类,即投资股东、经营股东和投机股东。投资股东通过出资取得股份,以获得股利等收益为主要目的;经营股东则以取得经营企业的权利为首要目的,以获得股利等收益为次要目的;投机股东大多通过买进卖出股权,伺机牟取暴利。尽管因投资动机不同,股东的股权内容可能会存在差异(如投资股东多为优先股股东,经营股东多为普通股股东),但各类股东的法律地位一律平等。股东的法律地位既表现在股东与公司之间的法律关系中,也表现在股东之间的法律关系中。通过对具体法律关系的分析,可以描述股东的法律地位。

(一)股东享有股权

股东享有股权,这是股东与公司间法律关系和股东法律地位的集中体现。公司是由股东出资组成的法人组织。股东将自己的财产交由公司经营管理,按其投资份额对公司享有一定权利并承担一定义务,这种权利和义务的总称就是股权。股权既是股东法律地位的具体化,又是对股东具体权利义务的抽象概括。《公司法》第 4 条第 2 款规定:“公司股东对公司依法享有资产收益、参与重大决策和选择管理者等权利。”

在不同类型的公司中,股权的内容不尽相同,股权与所有权联系的紧密程度也有所差异。一般而言,有限责任公司所有权与经营权相对合一,股权与所有权的联系较为紧密;股份有限公司由于所有与经营相对分离,股东不再享有直接支配其投入公司的财产的权利,股权与所有权的联系也较为疏远,股权甚至成为与所有权迥然有别的一种新型权利。然而,无论在何种类型的公司中,无论股权的具体内容如何,其作为股东向公司出资的“对价”,仍然是各种类型公司的股东所普遍享有的权利。股东在行使股权的过程中,表现了其在公司中的法律地位,并揭示了其与公司之间的法律关系。

(二)股东平等原则

股东平等原则,是指公司中每个股东所享有的权利与应承担的义务是平等的。各股东依其所持有的股权比例或股份数享有平等的权利,负担平等的义务,不得对任何股东予以歧视。在现代各国公司法中,股东平等原则是维系公司内部关系的重要原则,美国的普通法规则、《德国股份法》第 53a 条以及《日本公司法》第 109 条等均明确规定了股东平等原则。

股东平等原则具有以下两层含义:(1)只要具有股东身份,不论股东有何个体差异,均可以该身份在公司中享有平等的权利,如出席股东会、行使知情权等。从这个意义上说,股东平等原则具有绝对性。(2)股东平等原则并不排除股权具体内容的差异。恰恰相反,股权不仅有普通股和优先股等类型划分,在同类型股份下,股东的出资额和所持有的股份也有多寡之别,大股东因其持有多数股份而拥有更多的控制权,但这绝不是对股东平等原则的违背或否定。公司法中的股东平等是一种在资本平等基础上的平等,或者说是一种按比例的平等,它以每一股东所持有的股权或股份的比例为衡量标准。“一股一表决权”制度就集中体现了这种比例上的平等。从这个意义上看,股东平等原则又具有相对性。正因如此,各国公司立法对股东平等原则都有例外规定，对中小股东与大股东事实上的不平等多采取一定措施，以维护中小股东的利益。我国《公司法》中亦有体现股东平等原则的规定，如一股一表决权（第 65 条）、同类别股同权和同类别股同价（第 143 条）、同比例分配利润（第 210 条第 4 款）、同比例减资（第 224 条第 3 款）、同比例优先认缴出资（第 227 条第 1 款）、按出资比例或者持有的股份比例分配剩余财产（第 236 条第 2 款）等。

第二节　股东的权利与义务

一、股东的权利

股东的权利通常简称股东权或股权，是指股东基于其对公司的出资，在法律上对公司所享有的权利。股东权利的具体内容因公司的类型及股权的性质不同而不尽一致，所以域外公司立法通常不会在某个单独条款中直接罗列具体的股东权利。我国《公司法》中也不存在详列股东权利的条款，第 4 条第 2 款仅对股东权的主要内容作出概括规定，即公司股东对公司依法享有资产收益、参与重大决策和选择管理者等权利，其他关于股东权的规定散见于《公司法》其他条文中。总体来看，我国《公司法》对股东权尤其是中小股东的权利作出了较为完善的规定，具体如下。

（一）出席或委托代理人出席股东会行使表决权

股东对由股东会议决的事项，有通过参与表决表示同意或者不同意的权利，这是股东的固有权利。一方面，在现代公司中，所有权与经营权通常相互分离，股东并不直接管理公司，而通过行使表决权对董事会作出的具体经营决策发表意见。另一方面，表决权也反映股东之间的内部关系，是不同股东之间争夺公司控制权的工具。股东在行使表决权时，通常应遵循股权平等原则、多数决原则等。

股权平等原则通常情况下体现为“一股一权”或者按照出资比例行使表决权。例如，根据《公司法》第 65 条规定，除公司章程另有规定外，有限责任公司的股东按照出资比例行使表决权，即股东有多少出资就享有多少表决权。根据《公司法》第 116 条规定，股份有限公司股东所持每一股份有一表决权，但类别股股东除外。根据《公司法》第 144、145 条规定，类别股股东的表决权，依照公司章程确定。

多数决原则一般是指形成一项决议需要多数股东或者经出席会议的股东所持表决权多数通过。多数决原则有简单多数和绝对多数之分。依据简单多数表决的，决议通过的比例是 1/2 以上；依据绝对多数表决的，决议通过的比例是 2/3 以上。法律规定，一般事项的决议简单多数通过即可，特别事项则需要绝对多数通过。

原则上，股东的表决权不应被剥夺或者受到限制，但也存在一些例外情形，主要包括：(1) 公司持有自己股份的，往往没有表决权。例如，《公司法》第 116 条第 1 款规定：“股东出席股东会会议，所持每一股份有一表决权，类别股股东除外。公司持有的本公司股份没有表决权。”(2) 利害关系股东持股的，表决权应受限制。例如，根据《公司法》第 15 条的规定，当公司为公司股东或者实际控制人提供担保时,必须经股东会决议,这时该股东或者受实际控制人支配的股东不得参加规定事项的表决。(3)相互持股的,表决权的行使也应限定在一定比例范围之内。

(二)选举权和被选举权

股东有权通过股东会选举公司的董事、监事;公司股东只要符合公司法规定的公司董事和监事的任职资格,就可依法定的议事规则被选举为公司的董事或者监事。选举权和被选举权是股东通过股东会参与公司经营管理的一项重要权利。

我国《公司法》对股东的选举权予以明确规定:股东可以依自己的出资额或持有的股份的比例对决议事项投赞成票、反对票或弃权票。在选举权的行使方法上,为保护中小股东的利益,我国《公司法》还在股份有限公司中引入了累积投票制,改变了传统的投票规则。《公司法》第117条规定:"股东会选举董事、监事,可以按照公司章程的规定或者股东会的决议,实行累积投票制。本法所称累积投票制,是指股东会选举董事或者监事时,每一股份拥有与应选董事或者监事人数相同的表决权,股东拥有的表决权可以集中使用。"采用累积投票制,增加了中小股东选出代表其利益的董事、监事的机会,有利于保护其合法权益。

(三)依法转让出资或股份的权利

依法转让出资或股份的权利,是指公司的股东将自己所持有的出资额或者股份转让给他人,使他人成为公司的股东。按照公司资本维持原则,股东一旦向公司出资获得股权,即被禁止抽逃出资。但是,基于股东转移投资风险或者收回本金的需要,法律也允许其转让出资或股份。《公司法》第四章对有限责任公司的股权转让作出全面规定,如第84条规定,股东既可以依法向其他股东转让股权,也可以依法向股东之外的人转让股权。《公司法》第六章对股份有限公司股份转让作出明确规定,如第157条规定,股份有限公司的股东持有的股份可以向其他股东转让,也可以向股东以外的人转让;公司章程对股份转让有限制的,其转让按照公司章程的规定进行。

由于有限责任公司客观上尚存在一定的人合性,一般而言,相较股份有限公司的股东转让股份,有限责任公司的股东转让出资受到更多限制。根据《公司法》第84条的规定,有限责任公司股东向股东以外的人转让股权的,应当将股权转让的数量、价格、支付方式和期限等事项书面通知其他股东,其他股东在同等条件下有优先购买权。

(四)股东知情权

股东知情权,即股东请求查阅其具有公司股东身份之前或者之后的公司档案材料,获取公司信息、了解公司情况的权利。股东参与公司重大事项决策的前提是充分了解公司的经营状况和相关信息。因此,各国公司立法都赋予股东知情权,以便其全面掌握公司经营管理状况,更好作出决策判断。

1. 有限责任公司股东知情权。根据《公司法》第57条规定,有限责任公司股东有权查阅、复制公司章程、股东名册、股东会会议记录、董事会会议决议、监事会会议决议和财务会计报告。股东可以要求查阅公司会计账簿、会计凭证。股东要求查阅公司会计账簿、会计凭证的,应当向公司提出书面请求，说明目的。公司有合理根据认为股东查阅会计账簿、会计凭证有不正当目的，可能损害公司合法利益的，可以拒绝提供查阅，并应当自股东提出书面请求之日起15日内书面答复股东并说明理由。公司拒绝提供查阅的，股东可以向人民法院提起诉讼。股东查阅上述材料，可以委托会计师事务所、律师事务所等中介机构进行。股东及其委托的会计师事务所、律师事务所等中介机构查阅、复制有关材料，应当遵守有关保护国家秘密、商业秘密、个人隐私、个人信息等法律、行政法规的规定。股东要求查阅、复制公司全资子公司相关材料的，适用上述规定。

《公司法》关于股东知情权的规定有两处值得注意：一是将会计凭证纳入有限责任公司股东知情权的范围；二是允许股东知情权"穿越"行使，即赋予股东对公司全资子公司的知情权，此举也是为了配合双重股东代表诉讼制度的实施。另需注意的是，根据前述规定，有限责任公司股东对公司章程、股东名册、股东会会议记录、董事会会议决议、监事会会议决议和财务会计报告有复制权，但对会计账簿、会计凭证没有复制权，而仅有权在合理范围内摘抄、誊抄相关内容。

2. 股份有限公司股东知情权。根据《公司法》第110条规定，股份有限公司股东有权查阅、复制公司章程、股东名册、股东会会议记录、董事会会议决议、监事会会议决议、财务会计报告，对公司的经营提出建议或者质询。连续180日以上单独或者合计持有公司3%以上股份的股东要求查阅公司的会计账簿、会计凭证的，适用《公司法》第57条第2~4款的规定。公司章程对持股比例有较低规定的，从其规定。股东要求查阅、复制公司全资子公司相关材料的，适用上述规定。上市公司股东查阅、复制相关材料的，应当遵守《证券法》等法律、行政法规的规定。2023年《公司法》修订的一大亮点，就是将会计账簿、会计凭证纳入了股份有限公司股东知情权的范围。

李某君、吴某等诉江苏佳德置业发展有限公司知情权纠纷案

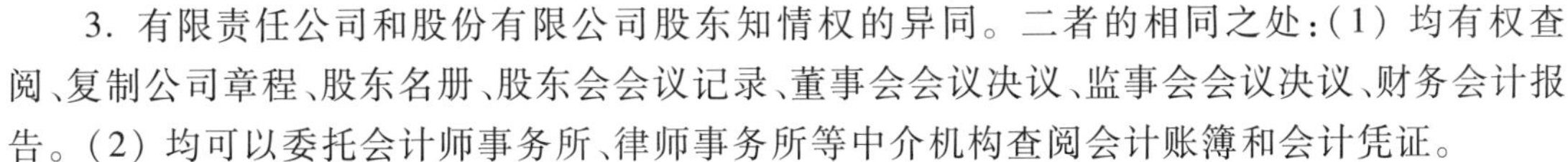

3. 有限责任公司和股份有限公司股东知情权的异同。二者的相同之处：(1) 均有权查阅、复制公司章程、股东名册、股东会会议记录、董事会会议决议、监事会会议决议、财务会计报告。(2) 均可以委托会计师事务所、律师事务所等中介机构查阅会计账簿和会计凭证。

二者的不同之处：(1) 在具备正当目的的情形下，有限责任公司的所有股东均有权要求查阅公司会计账簿和会计凭证；而股份有限公司中，只有连续180日以上单独或者合计持有公司3%以上股份的股东，才有权要求查阅公司会计账簿和会计凭证。(2) 股份有限公司章程可以降低对有权要求查阅公司会计账簿和会计凭证的股东持股比例的要求；有限责任公司则不存在该问题。

4. 股东知情权的正当目的限制。

(1) 正当目的的说明。为了避免股东滥用查阅权影响公司的正常经营活动，或股东泄露公司商业秘密损害公司的利益，有些国家公司法对股东查阅权作出了某些限制，如对查阅的时间、地点和查阅的目的等方面作出规定。我国公司法对股东查阅公司会计账簿、会计凭证，也有所限制。根据《公司法》第57、110条及《最高人民法院关于适用〈中华人民共和国公司法〉若干问题的规定(四)》(简称《公司法司法解释(四)》)的相关规定，查阅股东应当向公司提出书面请求，说明目的；公司有合理根据认为股东查阅会计账簿、会计凭证有不正当目的，可能损害公司合法利益的，可以拒绝提供查阅，并应当自股东提出书面请求之日起15日内书面答复

股东并说明理由；当公司拒绝提供查阅时，股东可以提起诉讼要求公司配合查阅。

（2）不正当目的的类型。根据《公司法司法解释（四）》第 8 条的规定，有限责任公司有证据证明股东存在下列情形之一的，人民法院应当认定股东有《公司法》第 33 条第 2 款（现行《公司法》第 57 条第 2 款）规定的“不正当目的”：一是股东自营或者为他人经营与公司主营业务有实质性竞争关系业务的，但公司章程另有规定或者全体股东另有约定的除外；二是股东为了向他人通报有关信息查阅公司会计账簿，可能损害公司合法利益的；三是股东在向公司提出查阅请求之日前的 3 年内，曾通过查阅公司会计账簿，向他人通报有关信息损害公司合法利益的；四是股东有不正当目的的其他情形。

（3）股东知情权的执行。公司不能提供证据证明股东查阅目的不正当的，人民法院应当支持原告的诉讼请求，在判决中明确查阅或者复制公司特定文件材料的时间、地点和特定文件材料的名录。股东依据人民法院生效判决查阅公司文件材料的，在该股东在场的情况下，可以由会计师、律师等依法或者依据执业行为规范负有保密义务的中介机构执业人员辅助进行。

（4）未依法置备公司文件的法律责任。公司董事、高级管理人员等未依法履行职责，导致公司未依法制作或者保存相关公司文件材料，给股东造成损失，股东依法请求负有相应责任的公司董事、高级管理人员承担民事赔偿责任的，人民法院应当予以支持。

5. 股东知情权诉讼的适格原告。根据《公司法司法解释（四）》第 7 条的规定，原告在提起知情权诉讼时，原则上应具有股东资格，但原告有初步证据证明在持股期间其合法权益受到损害，请求依法查阅或者复制其持股期间的公司特定文件材料的除外。

（五）建议和质询权

股东的建议和质询权与其知情权密切相关，事实上也属于广义的知情权的一部分。在股东通过行使知情权充分了解公司信息和经营情况的基础上，如果其认为某种经营决策的选择更有利于公司，可以直接向公司提出自己的意见，建议公司如此行事；当股东对公司的某些行为存有疑问，或者认为公司的经营不善时，可以口头或者书面向负有责任的公司机关提出疑问并要求其予以解答。根据《公司法》第 110 条规定，股份有限公司的股东有权对公司的经营提出建议或者质询。《公司法》第 187 条规定：“股东会要求董事、监事、高级管理人员列席会议的，董事、监事、高级管理人员应当列席并接受股东的质询。”该条位于《公司法》第八章“公司董事、监事、高级管理人员的资格和义务”，其中的“股东会”既包括有限责任公司股东会，也包括股份有限公司股东会。由此，有限责任公司的股东也可向公司董事、监事及高级管理人员行使质询权。

（六）股利分配请求权

股利分配请求权，是指股东按照其所持出资额或股份的比例请求分取利润的权利。通常情形下，股东均期望自己的投资得到回报。在公司盈利并存有盈余的情况下，股东可通过公司盈余分配获得股利。公司作为营利法人，以取得利润并分配给股东等出资人为目的，向投资者分配利润，也贴合其营利法人的特性。股利分配请求权是股东权的核心。

股东的股利分配请求权能否实现，取决于公司经营是否已经产生利润。如果公司没有盈利，就无股利分配可言。而且，各国公司立法对股利的分配也作了不同程度的限制，即使公司存有盈利,也不必然分配股利。比如,根据我国《公司法》第 210 条第 4 款、第 5 款规定,公司弥补亏损和提取公积金后所余税后利润,有限责任公司按照股东实缴的出资比例分配利润,全体股东约定不按照出资比例分配利润的除外;股份有限公司按照股东所持有的股份比例分配利润,公司章程另有规定的除外。公司持有的本公司股份不得分配利润。

此外,实践中,对于公司股东可否请求人民法院强制进行利润分配,存在较大争议。有观点主张,有限责任公司中小股东请求分配利润并提供证据证明公司有盈利但长期不分配,且大股东利用其控制地位滥用多数表决权,压榨小股东利益的,人民法院应判决公司依照公司法或者公司章程的规定分配利润。而且,人民法院由此作出的判决、裁定,对未参加诉讼的股东应同样发生法律效力。《公司法司法解释(四)》第 15 条规定,股东未提交载明具体分配方案的股东会,请求公司分配利润的,人民法院应当驳回其诉讼请求,但违反法律规定滥用股东权利导致公司不分配利润,给其他股东造成损失的除外。该规定在一定程度上承认了股东强制利润分配请求权。

(七) 新股优先认购权

新股优先认购权,又称股东优先认购权或增资优先认缴权,系指在公司增资或发行新股时,公司原股东所享有的以确定的价格按其持股比例优先购买公司所发行新股的权利。这种优先权只限于认购顺位上的优先性,而非发行价格或者其他认购条件上的优先性。

公司发行新股,可能会稀释原有股东的经济利益或者表决权,损害原股东之间的比例性利益。为了维护原股东的这一利益,彰显股东平等原则,公司法赋予原股东新股优先认购权。当然,公司发行新股时的新股优先认购权实际上是一种选择权,股东可以行使,也可以不行使。

新股优先认购权有助于维护原股东的比例性利益,但在公司发行新股时,先行确认原股东是否行使新股优先认购权,也可能耽搁公司融资效率。新股优先认购权的配置模式,需平衡原股东的比例性利益与公司的融资需求。因此,《公司法》对于有限责任公司和股份有限公司采取了不同的配置模式。《公司法》第 227 条规定:“有限责任公司增加注册资本时,股东在同等条件下有权优先按照实缴的出资比例认缴出资。但是,全体股东约定不按照出资比例优先认缴出资的除外。股份有限公司为增加注册资本发行新股时,股东不享有优先认购权,公司章程另有规定或者股东会决议决定股东享有优先认购权的除外。”

(八) 提议召开临时股东会的权利

股东提议召开临时股东会的权利,是指公司股东提议召开股东会会议决定股东会职权范围内事项的权利。股东会由全体股东组成,是公司的权力机关,股东通过召开股东会会议决定公司事务。股东会会议有定期会议和临时会议之分。定期会议召开的频率一般不高,根据《公司法》的规定,有限责任公司的股东会定期会议按照公司章程规定的时间召开,股份有限公司的股东会应当每年召开一次年会。但是,当公司遇有重大情势并可能有损股东利益时,应当允许股东提议召开临时股东会会议。《公司法》第 62 条第 2 款规定,有限责任公司中代表 1/10 以上表决权的股东,可以提议召开临时股东会会议。第 113 条第 3 项规定,在股份有限公司中,单独或者合计持有公司 10%以上股份的股东有权请求召开临时股东会。

（九）股东会的召集和主持权

股东会的召集和主持权，是指相关权利主体召集股东参加股东会会议，并在会上主持工作的一项程序性权利，包括决定股东会会议召开的时间和地点、通知股东并公告、负责相关议案的提交、主持决议的进行并作成会议记录等一系列工作。召集和主持权作为一种程序性权利，对于保障公司股东会的正常召开与进行具有重要的意义：离开召集权的行使，股东将难以被召集在一起，股东会会议也难以如期召开；离开主持权的行使，股东会将不能按照正常的召开程序进行下去。

一般而言，股东会应由董事会召集，董事长主持；董事会不履行或不能履行召集和主持职责的，监事会也可以及时召集和主持股东会。公司董事会或监事会均未及时召集股东会，可能延误公司股东会进行相关决议，以至阻碍股东依法行使其权利的，股东应同时享有股东会的召集和主持权。对于股东提议召开临时股东会，也应作此解读。否则，在董事会不召集、董事长不主持或监事会不召集和主持时，股东提议召开临时股东会的权利可能会变得毫无意义。鉴于此，《公司法》第 63 条第 2 款规定，在有限责任公司中，董事会不能履行或者不履行召集股东会会议职责的，由监事会召集和主持；监事会不召集和主持的，代表 1/10 以上表决权的股东可以自行召集和主持。第 114 条第 2 款规定，在股份有限公司中，董事会不能履行或者不履行召集股东会会议职责的，监事会应当及时召集和主持；监事会不召集和主持的，连续 90 日以上单独或者合计持有公司 10%以上股份的股东可以自行召集和主持。

此外，《公司法》第 114 条第 3 款还规定了董事会、监事会对股东请求召开临时股东会会议的答复规则，即单独或者合计持有公司 10%以上股份的股东请求召开临时股东会会议的，董事会、监事会应当在收到请求之日起 10 日内作出是否召开临时股东会会议的决定，并书面答复股东。这一规则可以确保股东及时自行召集临时股东会会议，有助于避免临时股东会会议的召集权纠纷，减少因召集临时股东会会议所产生的争议。

（十）临时提案权

股东临时提案权，是股东向股东会提出议题或议案的权利。股东临时提案权的确立可以使股东得以将其关心的问题提交股东会讨论，实现其对公司决策和经营的参与、监督，从而提高股东参与股东会的积极性，有助于实现公司治理中的制约平衡。但是，股东不当行使临时提案权，也有可能影响股东会的正常运行。

《公司法》第 115 条第 2 款规定了股份有限公司股东的临时提案权，即单独或者合计持有公司 1%以上股份的股东，可以在股东会会议召开 10 日前提出临时提案并书面提交董事会。公司不得提高提出临时提案股东的持股比例。《公司法》为股东设置了较低的提出临时提案的持股比例门槛，并暗含公司可以降低股东提出临时提案的持股比例要求，更有利于保护中小股东权益。此外，本款亦指出，临时提案应当有明确议题和具体决议事项。董事会应当在收到提案后 2 日内通知其他股东，并将该临时提案提交股东会审议；但临时提案违反法律、行政法规或者公司章程的规定，或者不属于股东会职权范围的除外。这一规定通过法律或者章程规定的方式，防范中小股东恣意行使临时提案权，造成公司股东会会议无法正常进行，损害公司的规范运作并将风险外溢至全体股东。

（十一）异议股东股份收购请求权

异议股东股份收购请求权，是指当股东会作出对股东利害关系产生实质影响的决定时，对该决定持有异议的股东要求公司以公平的价格回购其所持股份，从而退出该公司的权利。公司是股东通过投资获取收益的工具。股东投资后，应当有权依照自己的合理判断，对影响自己实质利益的公司重大经营决策事项作出判断。然而，对于一些重大经营决策事项，不同股东的态度可能存在差别。此时，应基于资本多数决的原则，尊重持股占多数的股东的选择，使得多数股东对于公司经营方针的判断得以贯彻。但是，鉴于决策的结果与股东尤其是中小股东的利益密切相关，在决议中明确表明异议的股东，其利益亦应当得到尊重。再者，在一些封闭性相对突出的有限责任公司或股份有限公司中，控股股东时常利用资本多数决的决策机制假意贯彻经营方针，实则排挤中小股东或损害其合法权益。为了平衡公司各方面的利益，应当允许公司中小股东在特定情况下要求公司回购其股份，从而退出公司。

《公司法》第 89 条第 1 款主要为有限责任公司异议股东确立了三种提起股份收购请求权的理由，具体包括：(1) 公司连续 5 年不向股东分配利润，而公司该 5 年连续盈利，并且符合《公司法》规定的分配利润条件；(2) 公司合并、分立、转让主要财产；(3) 公司章程规定的营业期限届满或者章程规定的其他解散事由出现，股东会通过决议修改章程使公司存续。《公司法》第 161 条规定股份有限公司股东提起股份回购请求权的理由与有限责任公司基本一致，仅将其中“合并、分立”时的回购事由转移至第 162 条予以规定。另外，《公司法》还特别对股东压迫情形下的受压迫股东回购请求权作出了规定。《公司法》第 89 条第 3 款规定，公司的控股股东滥用股东权利，严重损害公司或者其他股东利益的，其他股东有权请求公司按照合理的价格收购其股权。

异议股东行使股份收购请求权的条件，根据《公司法》第 89 条第 2 款、第 161 条第 2 款的规定，具体包括：(1) 对《公司法》第 89 条第 1 款、第 161 条第 1 款规定的事由投反对票；(2) 在股东会决议后 60 日内，原告股东与公司不能达成收购协议书；(3) 自股东会决议之日起 90 日内，原告股东向人民法院提起诉讼。原告起诉不符合上述条件的，人民法院应裁定不予受理。

（十二）特殊情形下申请法院解散公司的权利

公司经营管理陷入僵局，并且继续存续会使股东利益受到重大损失时，股东享有向法院申请解散公司的权利。此时股东会和董事会通常已难以召开，公司治理结构完全失灵，公司处于事实上的瘫痪状态，对外通常也难以正常进行经营活动，公司继续存续已无意义，故而应当允许股东提起诉讼解散公司，维护自身的合法权益。《公司法》第 231 条规定，公司经营管理发生严重困难，继续存续会使股东利益受到重大损失，通过其他途径不能解决的，持有公司 10% 以上表决权的股东，可以请求人民法院解散公司。

（十三）公司终止后对公司剩余财产的分配请求权

公司解散时，股东对于公司清理债权债务后所剩余的财产有请求进行分配的权利。根据《公司法》第 236 条第 2 款的规定，公司财产在分别支付清算费用、职工的工资、社会保险费用和法定补偿金，缴纳所欠税款，清偿公司债务后的剩余财产，有限责任公司按照股东的出资比例分配，股份有限公司按照股东持有的股份比例分配。由此可知，公司剩余财产分配请求权的前提是，公司向其全体债权人清偿债务之后尚有剩余财产。从公司“生老病死”的视角观之，公司剩余财产分配请求权也是股东向公司主张的最后权利。

（十四）向人民法院提起诉讼的权利

股东的诉讼权，是指公司股东针对侵害自己利益的行为，所享有的向人民法院提起诉讼以保护自己合法权益的权利。股东诉讼可以分为直接诉讼和代表诉讼两种类型。直接诉讼是指股东基于股权，针对权利侵害人直接对其个人造成的损害提起诉讼。代表诉讼，也称为派生诉讼，是指当公司权利受到侵犯，但由于各种原因公司自身不能或怠于行使诉权，股东为了公司的利益，代表公司并以其自己的名义向侵害公司的人提起诉讼。本部分主要讨论股东提起直接诉讼的权利，提起代表诉讼的权利将于后文详细展开。现行《公司法》规定的股东直接诉讼主要体现在下列方面：

1. 根据《公司法》第 25 条规定，公司股东会、董事会的决议内容违反法律、行政法规的，股东有权请求人民法院确认该股东会、董事会决议无效。

2. 根据《公司法》第 26 条规定，公司股东会、董事会的会议召集程序、表决方式违反法律、行政法规或者公司章程，或者决议内容违反公司章程的，在起诉时具有公司股东身份的股东，可以自决议作出之日起的法定期限内，以公司为被告，请求人民法院撤销股东会、董事会决议。但是，股东会、董事会的会议召集程序或者表决方式仅有轻微瑕疵，对决议未产生实质影响的除外。

3. 根据《公司法》第 27 条规定，公司股东会、董事会未召开会议作出决议、未对决议事项进行表决、出席会议的人数或者所持表决权数未达到公司法或者公司章程规定的人数或者所持表决权数，以及同意决议事项的人数或者所持表决权数未达到公司法或者公司章程规定的人数或者所持表决权数的，股东有权请求人民法院确认该股东会、董事会决议不成立。

4. 根据《公司法》第 57 条、第 110 条规定，股东要求查阅公司会计账簿、会计凭证，公司无正当理由拒绝提供查阅的，股东可以请求人民法院要求公司提供查阅。

5. 根据《公司法》第 89 条第 2 款、第 161 条第 2 款规定，在法律规定的条件下，对股东会的某些决议投反对票的股东可以请求公司按照合理的价格收购其股权。自股东会会议决议作出之日起 60 日内，股东与公司不能达成股权收购协议的，股东可以自股东会会议决议作出之日起 90 日内向人民法院提起诉讼。这一规定实际上是确定了有限责任公司中小股东在特定条件下的退出机制。

6. 根据《公司法》第 190 条规定，董事、高级管理人员违反法律、行政法规或者公司章程的规定，损害股东利益的，股东可以向人民法院提起诉讼。

7. 根据《公司法》第 55 条、第 56 条及相关司法解释规定，股东向公司依法缴纳出资后，公司应当向股东签发出资证明书、记载于股东名册并办理公司登记机关登记等。公司未尽上述义务时，股东有权提起诉讼要求公司履行该义务。

二、股东的义务

权利与义务总是相对的，股东享有权利，也要承担义务。各国公司立法对股东义务的规定大同小异，确认股东应承担以下主要义务。

（一）遵守公司章程

公司章程是公司必须具备的文件，由发起设立公司的投资者制定，用以调整公司内部组织关系和经营行为，对公司、股东、董事、监事及高级管理人员具有约束力。股东应当依照公司章程的规定享有权利和承担义务，遵守公司章程是其最基本的义务。《公司法》第 5 条规定："设立公司应当依法制定公司章程。公司章程对公司、股东、董事、监事、高级管理人员具有约束力。"

（二）向公司缴纳出资或者股款

股东认购出资或股份后，就负有缴纳出资或股款的义务，包括按照规定的方式、条件、比例和期限缴纳。股东不履行缴纳出资或股款的义务，给公司造成损失的，应当承担赔偿责任。从出资义务与股东资格的关系上看，出资义务的承担是取得股东资格的前提条件。投资者只有签订出资协议、承认公司章程、履行出资义务之后，才有可能成为公司股东；至于出资义务具体是否已经履行，取决于公司所选用的资本缴纳制度是认缴制抑或实缴制。在采用认缴制的有限责任公司中，其出资义务可能已经履行，也可能尚未履行，但都不改变股东本来应承担的出资义务。而且，未尽出资义务的股东转让股权时，知道该未尽出资义务事由仍受让股权的受让人应当与该股东承担连带责任。

（三）对公司所负债务承担责任

这一义务因公司类型不同而有差异。无限公司及两合公司的股东对公司所负债务承担无限责任，不以股东的出资额为限。有限责任公司及股份有限公司的股东原则上仅以其出资额或认缴的股款为限，对公司的债务承担有限责任，不负其他财产责任。

（四）不得抽回出资

公司成立后，股东不得抽回出资。根据《公司法》第 53 条、第 105 条第 2 款、第 253 条以及相关司法解释的规定，公司成立后，股东不得抽逃出资；发起人、认股人缴纳股款或者交付抵作股款的出资后，除未按期募足股份、发起人未按期召开成立大会或者成立大会决议不设立公司的情形外，不得抽回其股本。抽逃出资的股东，应当返还抽逃的出资；给公司造成损失的，负有责任的董事、监事、高级管理人员应当与该股东承担连带赔偿责任。此外，抽逃出资还有行政责任，公司的发起人、股东在公司成立后，抽逃其出资的，由公司登记机关责令改正，处以所抽逃出资金额 5%以上 15%以下的罚款；对直接负责的主管人员和其他直接责任人员处以 3 万元以上 30 万元以下的罚款。

（五）发起人的资本充实责任

《公司法》第 50 条规定："有限责任公司设立时，股东未按照公司章程规定实际缴纳出资，或者实际出资的非货币财产的实际价额显著低于所认缴的出资额的，设立时的其他股东与该股东在出资不足的范围内承担连带责任。"《公司法》第 99 条规定："发起人不按照其认购的股份缴纳股款，或者作为出资的非货币财产的实际价额显著低于所认购的股份的，其他发起人与该发起人在出资不足的范围内承担连带责任。"根据上述规定，有限责任公司设立时的股东和股份有限公司发起人，对公司资本负有担保义务，对设立时的其他股东和发起人在出资不足的范围内承担连带责任。

在公司法实践中，尤其需要注意的是，冒用他人名义出资并将该他人作为股东在公司登记机关登记，但冒名登记行为人并未实际履行出资义务的，根据《公司法司法解释（三）》第 28 条规定，公司、其他股东或者公司债权人以未履行出资义务为由，请求被冒名登记为股东的承担补足出资责任或者对公司债务不能清偿部分的赔偿责任的，人民法院不予支持。

三、股东代表诉讼

（一）代表诉讼的含义

代表诉讼，又称派生诉讼，是指当公司的董事、监事、高级管理人员等主体侵害公司权益，而公司怠于追究其责任时，符合法定条件的股东以自己的名义代表公司提起的诉讼。

股东代表诉讼起源于 19 世纪，其目的是保护公司和少数股东免受居于管理地位的董事、高级管理人员等公司内部人的欺诈或者侵害。公司利益受到公司内部人等主体的损害时，只允许代表公司执行事务的公司董事等主体以公司名义提起诉讼，无异于要求他们自己起诉自己。为了弥补这一公司治理结构的缺陷，有必要允许公司股东，在公司利益受损而无法获得充分救济时，对董事等侵害公司合法权益的主体提起诉讼。这一制度在保护中小股东权益等方面发挥着重要作用。我国《公司法》第 189 条对股东代表诉讼的主体、提起诉讼的理由、诉讼前置程序及其例外等作了规定。

（二）股东代表诉讼原告资格的限制

1. 股东代表诉讼中的原告资格。在股东代表诉讼中，为了防止股东滥诉，各国或地区法律一般都对起诉股东的资格从持股期限、持股数量等方面进行限制。比如，《美国示范公司法》第 7.41 条对股东的持股期限作出限制，采取"同时拥有股份"原则，要求提起代表诉讼的股东必须从被告对该公司实施侵害行为时起至诉讼判决之时都持续拥有公司的股票，以防止有人在获知公司遭受侵害之后，故意买入股票而进行诉讼牟利。我国台湾地区"公司法"第 214 条则同时对提起代表诉讼的股东的持股期限和持股数量提出要求，规定股东必须连续 6 个月以上持有该公司已发行股份总数 1%以上的份额。

对股东代表诉讼原告资格的限制程度，应当与一国公司治理现实中，对中小股东权利救济的程度和派生诉讼案件发生的数量相适应。现阶段，我国中小股东在公司中极易受到来自控股股东、实际控制人等主体直接或间接的压迫,现实中也很少出现利用代表诉讼牟利的现象,因此,有必要放松对股东代表诉讼原告资格限制,以激活股东代表诉讼这一制度,提高股东的维权意识。因此,我国《公司法》对原告资格的限制作了较为宽泛的规定,如第 189 条规定,可以提起股东代表诉讼的适格原告可以分为下列两类:(1) 有限责任公司的任一股东;(2) 股份有限公司中连续 180 日以上单独或合计持有公司 1%以上股份的股东。依据《公司法司法解释(一)》第 4 条的规定,这里的"180 日以上"连续持股期间,是指股东向人民法院提起诉讼时,已期满的持股时间;这里的"合计持有公司 1%以上股份",是指两个以上股东持股份额的合计。

2. 股东代表诉讼中公司的法律地位。在股东代表诉讼中,股东是以自己的名义代表公司起诉,因此,在诉讼中,公司本身将处于一个微妙的地位。对于股东代表诉讼中公司的法律地位问题,有的国家将公司规定为原告,有的国家则规定为被告,还有的国家规定为第三人。

根据《公司法司法解释(四)》第 24 条规定,人民法院受理股东代表诉讼案件后,应列公司为第三人参加诉讼,即法院应通知公司以第三人身份参加诉讼。被告反诉的,应列公司为反诉被告,但公司的诉讼权利由原告股东行使。从实践的情况看,公司多作为无独立请求权的第三人参加诉讼,其可以不主张任何实体权利,只提供证据,协助法院查清案件事实。公司参与诉讼的目的主要在于为诉讼提供证据,使公司知晓诉讼进程、承受诉讼结果,同时防止原告股东的不当诉讼行为。此外,《公司法》第 189 条第 4 款引入了双重股东代表诉讼制度,未来在双重股东代表诉讼中,应将母公司和全资子公司同时列为无独立请求权的第三人。

(三) 股东代表诉讼的被告及可诉行为的范围

1. 股东代表诉讼的被告范围。股东代表诉讼的被告可能是任何侵害公司利益的第三人。仅从该制度产生的背景以及建立这一机制的根本目的来看,股东代表诉讼的被告主要是公司的董事、监事和高级管理人员等公司内部人。但是,域外的股东代表诉讼制度多立足于其股东与董事等公司内部人的激烈利益冲突,而我国的股东代表诉讼制度则可能被用于解决股东之间利益冲突。因此,对于股东代表诉讼中的被告范围作广义理解,从而将控股股东、实际控制人等损害中小股东利益的代表性群体纳入规制范围,就显得至关重要。

根据《公司法》第 189 条规定,股东代表诉讼的适格被告为董事、监事、高级管理人员和"他人"。现行立法没有对"他人"的范围予以明确,理论上,公司的控股股东、实际控制人以及其他侵害公司合法权益的主体都包含在"他人"概念之中。因此,凡是对公司实施了不正当行为而对公司负有民事责任的人,在公司怠于对其行使诉权的情形下,都可以成为股东代表诉讼的被告。同样,在该条款引入双重股东代表诉讼制度的背景下,股东双重代表诉讼的适格被告,还应包括公司全资子公司的董事、监事、高级管理人员和他人。这些人员侵犯公司全资子公司利益的,有限责任公司的股东、股份有限公司连续 180 日以上单独或者合计持有公司 1%以上股份的股东,可以依法书面请求全资子公司的监事会、董事会向人民法院提起诉讼或者以自己的名义直接向人民法院提起诉讼。

2. 股东代表诉讼中可诉行为的范围。根据《公司法》第 188 条、第 189 条规定,股东代表诉讼中的可诉行为为所有损害公司利益的行为,具体包括两种情形:(1) 董事、监事、高级管理人员执行公司职务时违反法律、行政法规或者公司章程的规定,给公司造成损失,应当承担赔偿责任的情形;(2) 他人侵犯公司合法权益,应当承担赔偿责任的情形。

（四）诉讼的前置程序

股东代表诉讼案件，本质上是一种代位诉讼，是对原公司内部监督体制失灵设计的补充救济。股东代表诉讼中的前置程序，系指股东在公司遭到违法行为侵害后，不能立即直接提起诉讼，而必须先向公司提出由公司提起诉讼的请求，只有在请求已落空或注定落空、救济已失败或注定失败时，才可以代表公司提起诉讼。公司诉权本属于公司，股东仅在公司内部救济手段用尽后方得以自己的名义起诉，这实际也是尊重公司独立人格的体现。

各国或地区的公司法中，通常均存在股东代表诉讼的前置程序，但因公司组织机构设置模式和治理结构存在差异，其前置程序的模式也各不相同。比如，美国大多数州的公司立法要求代表诉讼的起诉股东必须先请求公司董事会起诉，待此请求无效果后，才可以提起代表诉讼，也有部分州的公司立法将股东会作为救济的诉诸对象。然而，在日本和我国台湾地区，股东在提起代表诉讼之前必须先请求公司监事会进行诉讼。

周某春与庄士中国投资有限公司等损害公司利益责任纠纷案

根据我国《公司法》的规定，一般的股东代表诉讼的前置程序是：（1）如果董事、高级管理人员侵害公司权益，原告股东需首先书面请求监事会或监事，或不设监事会的公司的董事会审计委员会，向人民法院提起诉讼；如果监事侵害公司权益，则向董事会或不设董事会的董事提出上述请求。（2）监事会、监事、董事会审计委员会、董事会、董事收到前述书面请求后拒绝提起诉讼，或者自收到请求之日起 30 日内未提起诉讼。符合上述两个条件时，股东方可提起代表诉讼。

但与此同时，为避免僵化的前置程序可能带来的消极影响，法律又规定了前置程序的免除条件，即当“情况紧急、不立即提起诉讼将会使公司利益受到难以弥补的损害”时，股东可以不受前述前置条件的限制，直接提起代表诉讼。《九民纪要》第 25 条也指出，如果查明的相关事实表明，根本不存在公司有关机关提起诉讼的可能性时，人民法院不应当以原告未履行前置程序为由驳回起诉。

此外，对于双重股东代表诉讼应履行的前置程序，《公司法》第 189 条第 4 款特别规定，有限责任公司的股东、股份有限公司连续 180 日以上单独或者合计持有公司 1% 以上股份的股东，可以按照一般股东代表诉讼的程序性规定，书面请求全资子公司的监事会、董事会向人民法院提起诉讼或者以自己的名义直接向人民法院提起诉讼。

（五）股东代表诉讼的法律后果

1. 一般原则。

首先，法院审理股东代表诉讼纠纷案件，公司其他股东可以凭借其与原告股东存在相同的事实和请求，申请参加诉讼。已经进行的诉讼程序，亦对其发生法律效力。

其次，在股东代表诉讼中，股东个人的利益并没有直接受到损害，只是由于公司的利益受到损害而间接受损。因此，尽管股东为了公司的利益而以个人的名义直接提起诉讼，但是胜诉后的利益原则上归于公司。也正因为代表诉讼是为了维护公司利益，在调解结案的场合下，应避免原告股东与被告通过调解损害公司利益。对此，《九民纪要》第 27 条规定：“应当审查调解协议是否为公司的意思。只有在调解协议经公司股东（大）会、董事会决议通过后，人民法院才能出具调解书予以确认。至于具体决议机关,取决于公司章程的规定。公司章程没有规定的,人民法院应当认定公司股东(大)会为决议机关。”

最后,人民法院对股东代表诉讼案件作出的判决生效后,公司可以申请再审。持股时间和比例符合公司法规定的公司股东,有权代表公司利益以自己的名义申请再审。

2. 具体后果。股东代表诉讼制度,需在保护小股东利益和防止滥诉二者之间寻找平衡点。在诉讼结束后,对于遭受损害的一方,法律有必要平衡原告与被告两者的利益,规定给予一定赔偿或补偿。各国立法对此态度不尽一致,我国《公司法》对此未予明确。对此,可以区分原告胜诉、败诉加以讨论。

(1) 原告胜诉。股东代表诉讼中原告胜诉则意味着公司确实遭到了损害,公司应是被告履行赔偿义务的直接对象,这在各国法律中大多不存在异议。不过,在诉讼中花费精力和金钱的仅仅是原告股东,因此,各国法律也多规定此时应对原告股东进行赔偿或补偿,只不过在补偿主体方面的规定有所不同。根据《公司法司法解释(四)》第 26 条的规定,原告诉讼请求部分或者全部得到人民法院支持的,公司应当承担股东因参加诉讼支付的合理费用。

(2) 原告败诉。股东代表诉讼中原告败诉的,作为被告的董事等主体自然有向原告请求损害赔偿的权利,各国法律的差别主要在于赔偿的前提条件不同。日本公司法规定,原告起诉事实显属虚构时,其应对董事负赔偿责任。在美国,如果股东代表诉讼中的原告败诉,被告在诉讼中所受到的损失,通常由原告从诉前提供的担保资金中予以支付。

在我国公司法实践中,人民法院审理股东代表诉讼案件,公司董事、监事或者高级管理人员在答辩期间内提供证据证明原告可能存在恶意诉讼情形,并请求原告提供诉讼费用担保的,人民法院应予准许。人民法院判决原告股东败诉的,应同时判决从原告提供的诉讼费用担保中向被告董事、监事或者高级管理人员支付赔偿金。

3. 关于原告的举证责任。在股东代表诉讼中,提起诉讼的股东与侵害人之间的法律地位是平等的,按照一般民事诉讼程序,股东需就其提起诉讼的侵权事实与损害后果向法庭负举证责任。但是,在我国的股东代表诉讼中,原告多为利益受损的中小股东,其在公司中处于相对弱势地位,而被告又通常是受控于公司控股股东的董事、高管甚至控股股东本人,被告往往掌握重要证据并可以轻易转移、修改甚至销毁相关证据。公司中小股东在整个诉讼中都处于被动状态,如果仍由他们负举证责任,显然难谓公平。因此,本书认为,宜适用举证责任倒置规则,由被告负举证责任证明自己没有实施侵害行为,或损害后果与自己没有因果关系。

【本节实务研究】

● 如何认定股东要求查阅公司会计账簿时的目的是否正当

我国《公司法》第 57 条第 2 款规定:“……股东要求查阅公司会计账簿、会计凭证的,应当向公司提出书面请求,说明目的。公司有合理根据认为股东查阅会计账簿、会计凭证有不正当目的,可能损害公司合法利益的,可以拒绝提供查阅……”毋庸置疑,法律承认股东享有查阅会计账簿的权利的主要目的在于保护股东利益,但股东与公司之间在利益上也可能存在冲突。因此,公司法将股东行使查阅公司会计账簿的权利限定为以“正当目的”为前提。于是,实务中就出现了如何认定股东要求查阅公司会计账簿时的目的是否正当这一问题。

一般认为,如果获取信息的目的与保护股东的利益具有直接的关系,该目的就是正当的,即使这种行为对管理层不太友好。比如,股东查阅公司会计账簿是为了取得对公司事务进行决策的依据,或者是为了对管理者的错误行为提起诉讼,或者是为了便于征集表决代理权等,所有这些目的都应被认为具有正当性。相反,如果股东查阅公司会计账簿是为了获取公司的商业秘密而意图与公司进行竞争或者提供给公司的竞争者,或者是为了满足好奇心而单纯希望公司管理者对其请求予以回应等,均应被认定为非正当目的。

那么,如果对是否有权查阅产生争议,谁对于正当与否负有证明义务呢?对此,我国现行立法没有明确态度,使得实务中法官在这个问题上有着相当大的自由裁量权。从各国公司立法看,规定不尽一致:有的法律规定由股东负责举证,有的法律规定由公司负责举证。事实上,无论规定由谁负责举证,都具有相当的难度。本书认为,可以对公司会计账簿进行分类:对于公司法要求公司披露的财务会计报告等文件,股东无须证明自己有正当目的,均有权查阅;对于需要股东会决议通过的涉及利益冲突交易的账簿文件,应由公司证明股东有非正当目的,否则应同意股东查阅;除此之外,应由股东证明自己有正当目的。

第三节 股 权

一、股权的分类

股权是股东享有的权利,股权法律关系实质上是股东基于其持股地位而与公司之间形成的法律关系。不同类型公司中股东的股权,或者同一公司中不同类型的股权,其权利内容及表现形式均有所区别。

(一)自益权和共益权

这是以行使股权的目的为标准进行的划分,是有关股权的最基本的分类。自益权,是指股东仅以其个人的利益为目的行使的股东权利,比如要求公司协助办理股权转让过户的请求权、股利分配请求权以及剩余财产分配请求权等。共益权,是指股东以自己的利益及公司的利益为目的行使的股东权利,比如出席股东会的权利,在股东会上对审议议案的表决权,针对股东会的提案权,任免董事等公司管理人员的请求权,要求法院宣告股东会、董事会决议无效、可撤销或者不成立的请求权,以及对公司董事、监事提起派生诉讼权等。

从权利性质上看,自益权主要是财产权,共益权主要是管理权。自益权与共益权间的界限并不是泾渭分明的。某些共益权如知情权,可作为自益权的手段,此类权利便兼具共益权和自益权的特征。

(二)固有权和非固有权

这是依其性质和内容是否可以被剥夺或者限制为标准进行的划分。固有权又称不可剥夺权,是公司法赋予股东当然享有的、不得以公司章程或股东会决议予以剥夺或者限制的权利。固有权多为共益权。非固有权又称可剥夺权,是指可以通过公司章程规定或股东会决议剥夺或限制的权利。非固有权多为自益权。

固有权与非固有权的划分意义,主要在于明确公司自治的边界,以及公司章程涉及限制股东权利条款的强制性与任意性的边界。公司通过公司章程或者股东会决议对股东固有权加以限制的,股东可以固有权利受到限制且违反公司法强制性规定为由,请求法院宣告其无效。

（三） 单独股东权和少数股东权

这是以股权行使所需的持股数量及占比为标准进行的划分。单独股东权是指不考虑持股时间且仅持有一股即可单独行使的权利,如股东在股东会上的表决权、宣告股东会决议无效的请求权等。普通股股东持有一股即可享有这种权利,且每一股东均可单独行使。少数股东权是指只有持有已发行股份一定比例以上或者持股时间达到一定期限以上的股东才能行使的权利,多存在于股份有限公司。例如,《公司法》第 113 条规定的单独或者合计持有公司 10%以上股份的股东提请召开临时股东会的请求权。再如,根据《公司法》第 110 条规定,股份有限公司股东行使查阅权,要求查阅公司会计账簿、会计凭证的,需要满足连续 180 日以上单独或者合计持有公司 3%以上股份的要求。

设少数股东权的目的主要是防止部分持股时间特别短或者持股特别少的股东滥用股东权利干扰公司正常经营甚至勒索公司的情况发生。

（四） 财产权、经营权、救济权

这也是以权利行使的目的为标准进行的划分。其中,财产权与前述自益权相当;经营权是指参与公司经营管理方面的权利,除股东会上行使表决权外,还包括提名任命或者罢免公司董事的请求权等;救济权是指保障前两种权利得以充分实现的权利,如直接诉讼和派生诉讼的权利等共益权。

（五） 普通股股东权与类别股股东权

这是以股东持有股份种类为标准进行的划分。普通股股东权是指公司的普通股东可行使的权利;而类别股股东权是指只有持有特定类型种类股的股东才可行使的权利。《公司法》第 144 条规定,公司可以发行的类别股包括优先或者劣后分配利润或者剩余财产的股份、每一股的表决权数多于或者少于普通股的股份、转让须经公司同意等转让受限的股份以及国务院规定的其他类别股。

需要说明的是,类别股股东权并不违反股东平等原则。这是因为:(1) 类别股股东的权利与义务是对等的,在某些方面的利益优先于其他股东,但在其他方面的利益劣后于其他股东,如无表决权的优先股股东。(2) 类别股的设定源于公司章程,这符合股东意思自治原则。(3) 属于同一类别的股东间仍适用股东平等原则。

二、 股权的法律性质

（一） 主要学说

各国公司法对股权内容的规定大同小异,但对于股权性质的认识却大相径庭,出现了股东

地位说和新债权说等种种不同的认识。大陆法系早期的公司法理论认为，股权既非物权，也非债权，而是基于股东的地位形成的多数权利义务的集合体。我国法学界对股权性质的认识主要包括以下观点：

1. 所有权说。该学说认为股权属于所有权，即股东对其投入公司的财产仍享有支配权。公司财产属于全体股东按份共有，各股东按照自己的份额对公司财产享有所有权。依据该观点，公司中同时存在两类所有权，即公司法人所有权和股东所有权。公司法人所有权不能否定股东所有权，只是股东所有权表现为收益权及处分权。因为公司是股东共同设立的，股东对其出资所形成的公司财产理应享有所有权，股东行使所有权的法定途径就是股东会。

持这一学说的学者认为，具有所有权性质的股权与民法中典型的所有权有一定差异：传统所有权的客体为有形物，股权的客体为公司。股权是变态所有权，区别于常态所有权。传统民法所有权人对物享有直接支配权，股东对公司财产享有间接支配权，即由股东授权董事会对公司财产行使权利，是所有权权能与所有权的分离。

2. 债权说。该学说认为公司法人是公司财产所有权的主体。股东认缴出资，获得股权是为了获取股利分配。所以，股权的实质是民法中的债权，是以请求股利分配为目的的债权。股东与公司的关系也就属于债权人与债务人之间的关系。自 20 世纪后期以来，随着现代公司的发展，大量股东持股占比越来越小，其对公司的权利和影响越来越小，股东只关心能否按期分配股利，无意参与决策及介入公司经营管理。与此同时，董事会和经理层的权利不断增强，股东与公司之间的关系已经演化为以股利分配为主的债权债务关系。

这一学说难以自洽之处在于，债权是纯粹的财产权，而股权是兼具财产权和管理权的权利，二者之间的本质区别非常明显。尽管在大公司中，中小股东权利弱化、董事会与经理层权利增强是事实，但这并不影响债权与股权各自的本质属性。

3. 社员权说。该说认为股权是股东基于其在社团法人中的社员身份而享有的权利，属于社员权的一种，包括财产权和管理权。股东因出资创办公司这一营利性社团法人，成为该法人成员，在法人内部享有股东权利。

1875 年，德国学者雷纳德（Renaud）首倡社员权说，该学说已成为德国、日本学界的通说，我国也有部分学者坚持这一主张。不过，持该主张的学者也认识到，股权作为一种社员权，与传统公益社团法人中的社员权有着很大区别：一是股权的主要目的在于获得分红，社员权的主要目的在于实现公益社团法人章程所确定的公共利益；二是股权具有较高的流通性，而社员权一般不具有可转让性。

4. 股东地位说。该说认为，股权是股东因出资而在公司取得的法律地位，以此法律地位为基础获得的权利和义务的集合体是股权的内容。因此，股权是股东具体权利和义务的抽象概括，并非一种单一的具体权利。

5. 独立民事权利说。该说认为股权是一种独立的权利类型。股权作为独立民事权利，兼有请求权和支配权的属性，具有目的权利和手段权利相结合以及团体权利和个人权利辩证统一的特征，具有资本性和流转性。

本书认为，前四种学说有一定的合理因素，但也都有不能自圆其说的理论缺陷。从股权内容来看，股权以财产权为主要内容，但又不同于债权和所有权，它还包含有管理权等非财产权内容。股权既体现股东与公司之间的法律关系，又体现股东作为公司成员相互之间的法律关系。

本书赞同股权是独立的民事权利的观点。研究股权的性质,不应对原有法律规定的传统权利存在路径依赖,而应以公司这种现代企业制度关于股东人格与公司人格彼此独立、股东财产与公司财产相互分离的实际情况为出发点探讨股权的性质。

(二) 股权与公司法人财产权

对于公司法人财产权的性质,理论上有所有权说、经营权说、结合权说、双重结构说四种观点。所有权说认为公司法人财产权是具有所有权性质的物权;经营权说认为公司法人财产权是法人经营权;结合权说认为公司法人财产权是经营权与法人制度的结合;双重结构说认为公司财产权是双重结构,即公司财产由公司享有,公司本身由股东共有。本书认为,公司法人财产权应包括公司对物享有的所有权和对其他形式的财产享有的财产权。《公司法》第 3 条第 1 款规定:“公司是企业法人,有独立的法人财产,享有法人财产权。公司以其全部财产对公司的债务承担责任。”

股权与公司法人财产权是公司成立后股东和公司各自享有的法定权利,它们因出资行为的完成和公司的正式成立而同时产生。没有股东出资及股权的存在,公司就没有财产,法人财产权也就无从谈起。股权的享有者是股东,公司法人财产权的享有者是公司,二者相互独立。股东不能因为拥有股权而直接干涉公司对法人财产权的行使,公司也不能因为拥有法人财产权而妨碍股东对股权的行使。

股东为了使公司听取自己的意见,以便获取更多的经济利益,可以行使股权,特别是对公司管理者的选择权和对公司重大事项的决策权,来实现对公司的影响甚至控制。公司独立于股东,拥有法人财产权,有权拒绝股东对公司经营管理活动的直接干涉和对公司的不正当要求。

三、 股权法律关系

股权产生于股东的直接投资行为。从产生方式上看,股权既可以产生于原始出资,也可以基于股权转让或者继承等原因而取得。

(一) 股权的主体

股权的主体是股东。股权的主体可以是单数,也可是复数,即所谓股权的共有。股权虽可共有,但依据“股权/股份不可分原则”,不存在“半股”之说。我国台湾地区“公司法”第 160 条即规定,股份为数人共有者,其共有人应推定一人行使股东之权利。股份共有人,对于公司负连带缴纳股款之义务。

(二) 股权的内容

股权的内容具有综合性,既有财产权的一面,如股利分配请求权和剩余财产分配请求权等;又有非财产权的一面,如表决权、派生诉讼权等。股权并非单一性的民事权利,各国公司法对股权的具体内容多有明确的规定。

（三）股权的客体

股权的客体是指股权的作用对象，公司本身就是股权的客体。虽然公司本身多以权利主体身份出现，但权利主体在有些情况下可以作为其他权利的客体，如自然人可以作为亲权的客体，同样，公司也可作为股权的客体。

四、股权的委托行使

一般而言，自然人股东的股权可由其本人亲自行使，本人因故不能亲自行使的，可委托他人代理行使。法人股东的股权除可由法人股东的法定代表人行使外，一般由法人指定代理人行使。尤其是在股份有限公司中，由于股东人数众多，加上各股东地处分散、持股较少，实际上很少有股东有足够的时间、精力和意愿参加股东会，也往往不愿意承担参加股东会的费用，这使得委托代理人行使股权已经成为股份有限公司股东参与公司决策程序的重要形式。

（一）代理人的资格

股权委托行使的代理人主要包括两类：一是英美公司立法多委托董事等经营者为代理人。此类委托会助长董事会专权，不利于保护股东权益。二是以德国公司法为代表，委托银行这种中间人行使股东权利。银行作为公司与股东的中间人，股东寄存股票时签订的寄存契约往往约定，除股东对股权的行使有特别约定外，银行可以为股东的最大利益代理行使股权，但在股东会开会前，必须将代理文件转交给董事会。

上述两种股权委托代理的共同缺陷是都强化了董事会的权利，弱化了股东监督作用。以银行为代理人的方式受到更多批判：一是认为银行无投资却拥有实际的股东权利，不够合理；二是银行利益有时与股东利益存在冲突，银行往往并非无利害关系的第三人，容易损害股东利益。

目前，我国公司法未对股东代理人的资格作限制性规定。《公司法》第 118 条规定，“股东委托代理人出席股东会会议的，应当明确代理人代理的事项、权限和期限；代理人应当向公司提交股东授权委托书，并在授权范围内行使表决权”。在确定代理人时，既不宜由董事作为代理人，也不宜选定一个中介机构作为代理人，而应以最大限度维护股东利益、尊重股东个人意愿和方便代理权行使为原则。本书认为，具有完全民事行为能力的人，不论是不是股东，均可接受股东的委托作为股东的代理人行使股权。

（二）代理权招揽制度

代理权招揽，是指股东等主体有偿或者无偿招揽其他股东，委托其行使股权的行为。部分国家或地区基于契约自由原则，允许招揽代理权；有的国家或地区禁止招揽代理权，因为招揽代理权可能导致持股很少的小股东获得远超出其表决权比例的投票权，进而决定公司的前途与命运，使风险与收益不匹配，存在较大道德风险。

我国有学者主张，股权委托行使应对一人代理他人行使股权的总额进行限制，以防公司决策权集中于持股极少甚至不持股的人手中，损害公司利益。对此，我国台湾“公司法”即规定，除信托事业外，一人同时受 2 人以上股东委托时，其代理的表决权不得超过已发行股份总数表决权的 3%，超过部分不予计算。此规定可资借鉴。

五、 股权的救济

（一） 救济的方式

股权的救济是指在股东权利无法实现或者其合法权益受到侵犯时，对股东的救济。法律所确认的权利与当事人现实享有的权利并不总是一致的。我国《公司法》以保护股东合法权益为其立法宗旨之一。股东权利可能面临来自控股股东、实际控制人、董事、监事、高级管理人员及公司外部人等各个方面的侵害。

公司法对股权的救济方式可以分为两大类：一是事前预防救济，即股东可以通过积极行使公司法赋予的各项股东权利使自己的股权得以实现；二是事后保护救济，即股东在行使上述权利后仍不能得到有效保护的，可以向法院寻求司法救济。

（二） 股东权利事先预防救济制度体系

各国公司立法规定的事先预防救济方式主要有：

1. 限制控股股东表决权制度。对控股股东表决权的限制，是指对持有公司股份一定比例以上、能有效地影响甚至单方可以控制公司决策的股东所持有股份的表决权进行限制的制度，比如规定不论公司股东持股比例高低，其行使的表决权不超过 49%。这一制度的作用主要在于防止控股股东操纵股东会损害公司和中小股东利益。

此种制度与公司的资本多数决原则相违背，较少国家采用。我国《公司法》亦未对控股股东的表决权作出具体限制。

2. 股东表决权排除制度。该制度又称股东回避表决制度，是指当某一股东与股东会决议事项有特别的利害关系时，该股东及其代理人不得行使表决权。这一制度在很多国家得到采用，我国《公司法》也采用这一制度，在第 15 条第 2、3 款规定了公司为股东提供担保时被担保股东的表决回避或表决权排除，即“公司为公司股东或者实际控制人提供担保的，应当经股东会决议。前款规定的股东或者受前款规定的实际控制人支配的股东，不得参加前款规定事项的表决。该项表决由出席会议的其他股东所持表决权的过半数通过”。

控股股东及实际控制人往往通过控制董事会控制公司，因此，我国《公司法》还规定了董事表决权排除制度。《公司法》第 139 条规定：“上市公司董事与董事会会议决议事项所涉及的企业或者个人有关联关系的，该董事应当及时向董事会书面报告。有关联关系的董事不得对该项决议行使表决权，也不得代理其他董事行使表决权。该董事会会议由过半数的无关联关系董事出席即可举行，董事会会议所作决议须经无关联关系董事过半数通过。出席董事会会议的无关联关系董事人数不足三人的，应当将该事项提交上市公司股东会审议。”《公司法》第 185 条规定：“董事会对本法第一百八十二条至第一百八十四条规定的事项决议时，关联董事不得参与表决，其表决权不计入表决权总数。出席董事会会议的无关联关系董事人数不足三人的，应当将该事项提交股东会审议。”

3. 股东的特别调查权。股东有权要求相关主体对公司事务进行特别调查,以判断公司权益是否受到侵害,如调查公司财务状况、公司资产情况、股票交易情况等。如《法国商事公司法》第226条规定,代表1/10以上公司资本的一名或若干名股东,可单独或以任何形式组成集体,请求法庭指定一名或若干名专家,负责对一项或若干项经营活动提出一个报告。我国《公司法》第57、110条也规定了有限责任公司股东和股份有限公司股东的知情权。

4. 董事解任请求权。为及时罢免不为公司和股东谋利益甚至侵害公司和股东利益的经营者,应当赋予股东董事解任请求权。而且,对于侵害股东利益的不称职监事、经理、清算人也在被请求解任之列。我国《公司法》修改也确立了董事无因解任制度,如第71条规定:"股东会可以决议解任董事,决议作出之日解任生效。无正当理由,在任期届满前解任董事的,该董事可以要求公司予以赔偿。"

(三) 股权的司法救济

当股东实体法上的权利受到侵犯时,若不能获得司法救济,实体权利就无法得到保障。所以,股权的救济不仅要注重对股东实体权利的建构,还须对股权的司法救济程序进行设计。各国公司立法均有对股权进行司法救济的规定。

我国对股东的代表诉讼和直接诉讼制度均作了明确规定。股东代表诉讼是较为特殊、复杂的诉讼类型,为使这一制度得到恰当、充分的适用,除公司法的原则性规定外,尚需司法机关通过大量司法判例形成通用性的司法裁判标准和规则。

【本节理论探讨】

- **股权的法律性质**

在我国法人理论的研讨以及对股份制企业性质的探索中,学者们对股权性质的认识出现了较大分歧。应当指出,与其他国家研讨股权性质的目的不同,我国学者研讨这一问题的目的主要在于用股权性质说明国家(股东)与企业(公司)的财产关系,理论争议上的价值取向对于明晰产权关系具有积极的意义。在我国法学界对股权性质研讨的过程中,形成了所有权说、债权说、社员权说、股东地位说、独立民事权利说等较有影响的观点。本书认为,股权是一种新型民事权利,其法律特征主要有三:

1. 股权是一种私权。股东享有股权,只是为了谋取自身的利益,参与公司事务只是实现这一目的的途径,它涉及的不是国家政治生活中的利益及关系。股权作为私权,还体现在它是以民法和公司法、证券法等私法规范为主要法律依据而产生的权利,要遵循意思自治的基本原则。明确股权的性质为私权,特别是明确国有股权是一种民事权利,而不是行政权或行政权与民事权利的混合物,在我国具有重要意义。

2. 股权是一种财产权,是一种具有经济利益的权利。作为股权主体的股东,也就是出资财产的原所有人,其根本目的是从公司分取股利,其投资、设立公司、参与公司事务等一系列活动都是围绕这一目的进行的。

3. 股权是一种资本权。股权是因投资行为而形成的权利,只有把财产变成资本才能产生股权。股权作为资本权主要体现在下列三个方面:

第一,股权具有风险性。因投资而形成的股权,在实现其利益价值的过程中,时刻存在着风险。股东受益多少,要根据公司的经营情况而定,而公司的经营状况又深受整个市场行情等多种因素的制约和影响。

第二,股权具有流动性。股东不能抽回和分割自己投入公司的财产,但享有转让其出资或股份、退出公司的权利和自由。

第三,股权的人格化。股权的主体是股东,它必须归属于具体的人。这对于以自然人为主体的股权来说不存在任何问题,但是对于国有股权和法人股权来说,就有一个谁是股东、谁来具体行使股权的问题。毫无疑问,国家和法人本身都不可能出席股东(大)会,行使选举权和被选举权;国家不能做董事长、法人也不能做董事。因此,对于国有股权和法人股权而言,股权的人格化极其必要,必须有具体的人(自然人)按照公司法的规定行使股权。

● **股权转让的合同行为与权利的实际移转**

因股权转让发生的争议通常是关于股权转让的效力之争,而股权转让最主要的方式是签订股权转让合同。股权转让合同与股权转让本身是不是同样的行为?股权转让合同的生效或无效是否就是股权转让本身的生效或无效?这些也是实践中经常面对并需要从理论上加以阐明的重要问题。

民法理论将转让标的物的民事行为划分为债权行为和物权行为。其中,订立合同设定给付义务的行为属于债权行为,履约交付的行为则为物权行为。债权行为是指以设定债权债务为目的的法律行为。物权行为,也就是权利的变动行为,是指直接取得、变更或丧失对标的物的权利的法律行为。

其实,股权转让行为也存在类似的法律关系,只不过是一种较为特殊的法律行为。在股权转让行为中,实质上存在两种行为:一是股份转让的债权行为,二是股份转让的权利变动行为。前者是当事人之间签订股权转让合同的行为,后者则是合同生效后当事人之间为履行合同而实际交付股份的行为。仅仅订立股份转让合同并不等于股份的实际交付或变动,一个完整的股份转让行为的完成应同时具备上述两个过程,这一点同商品房买卖比较类似。而股份的交付或移转实质上也包括两方面的内容:一是权能的移转,二是权属的变更。所谓权能的移转,是指转让人将股份的权能,也就是股东的具体权利,主要是指资产受益、重大决策和选择管理者等权利,以及相应的义务交由受让人享有或承担;权属的变更则是指转让人按照法定的程序将股份过渡到受让人名下。依据公司法的规定,这种变更以股东名册的变更(生效效力)和工商登记(对抗效力)的变更为准。

因此,对一个股权转让行为效力的认识和判断实质上包括对两种行为效力的认识和判断:一是对合同行为或债权行为的判断;二是对股份实际变动行为的判断。股权转让合同的有效并不当然表明股份的实际交付或移转,而股份实际移转行为的无效也不意味着转让合同本身的无效。因为法律对不同的行为可能规定有不同的生效要件和无效的原因。

分析这一法律关系对于解决许多股权转让争议具有根本性的意义,其中较为突出的就是股份有限公司发起人股份的转让。例如,根据《公司法》第 160 条的规定,公司董事、监事、高级管理人员所持本公司股份自公司股票上市交易之日起 1 年内不得转让。如果相关人员自公司股票上市交易之日起 1 年内签订了股份转让合同,但约定在 1 年之后实际办理股份的交付手续,这种转让合同行为不应当然被认定为无效,只是股权不能在 1 年内发生转移。法律所禁止的应是特定时间内实际上的股份变动,而不一定是为变动股份所签订的未来履行的合同。

【本节实务研究】

- **被冻结的股权是否享有股东会的召集权、投票权、新股认购权**

股东基于出资享有股权,股权是一个集合了多种权利的权利束,由自益权和共益权构成。当股东的股权因权属纠纷而被法院冻结时,股东是否丧失所有的股权权能呢?

本书认为,股权的冻结主要是限制股东从公司获取收益以及处分股权,防止股权收益的不当流失,以达到财产保全的目的。因此,股权冻结的效力主要及于收取股息或红利以及股权处分(转让或设定质押)权。股权冻结并没有否认股东资格,也没有必要限制股东对于共益权的行使。并且,只有股东对共益权积极有效地行使,才能更好地推动公司经营的良性发展。公司效益的提高有助于股东通过自益权获得更丰厚的回报,人民法院通过冻结股权保全的财产价值才更有保障。

因此,作为共益权的临时股东大会召集权、投票权、参加权、选举和被选举权、知情权、股东代表诉讼权等均不会因股权被冻结而不能行使。值得一提的是,自益权中的新股认购权也不属于冻结的范围。新股认购权属于公司经营过程中对增发、配售股份的优先购买权,是股东基于股东资格优先于非股东享有的一种权利,该权利并非为获取收益,而是一种优先于非股东向公司投资的权利。如前所述,股权冻结主要是对股权收益、转让的限制,其效力不应当包括自益权中的新股认购权。此外,对股权的冻结是对现存股权的冻结,股东通过认购新股取得的股权及其孳息不在原冻结的范围之内。

第四节　有限责任公司股东的股权

一、股权与出资的概念

我国公司法对“出资”的概念使用不统一,有时指有限责任公司股东认缴公司资本后所形成的相应出资份额,有时指股份有限公司股东认购或者实缴的股份,有时指有限责任公司及股份有限公司的股东对公司进行的直接投资。例如,《公司法》第 53 条、第 98 条、第 252 条所称的“出资”即分别指向这三种不同的含义。除非特别指出,本书所称“出资”均指第一种含义,与股份有限公司的“股份”概念相对应。

本书认为,“出资”作为与“股份”相对应的概念,容易引起歧义,建议以“股权”来代替。理由主要有:第一,用“股权”替代“出资”更符合汉语语法要求。出资既可作名词使用,也可作动词使用,而与股份有限公司的“股份”相对应的,应是名词,但这种表述经常与作为动词的“出资”混在一起,如出资义务。用“股权”代替,可以避免混淆。第二,法律实务上,有限责任公司股东转让股权时,一般也使用“股权”而非“出资”。第三,股份有限公司将公司资本划分为等额股份,有限责任公司一般不按等额划分,因此有必要区分“股份”与“股权”,并且“股份”“股票”与“股权”的流通性也不一样。第四,国外立法例对不同类型的公司股份大多也加以区别,使用不同的称谓。如《日本商法典》和《日本有限公司法》将股份和出资分别称为“株式”和“持份”。

二、出资证明书

（一）概述

出资证明书是一种权利证书,是股东出资的凭证,是有限责任公司成立后应当向股东签发的文件。

1. 法律特征。作为有限责任公司股东出资或持股的证明,出资证明书的法律特征主要有:(1) 出资证明书是证权证书而非设权证书。(2) 出资证明书证明出资主体、出资金额和出资比例。(3) 出资证明书是要式证书,须记载法定必要事项,由法定代表人签名,并由公司盖章。(4) 出资证明书区别于股票,不能用于交易和流通。(5) 出资证明书必须在公司成立以后才能向股东签发。

2. 出资证明书与股票的区别。主要包括:(1) 票面金额的表现不同。在一般情况下,出资证明书的票面金额不一定相等,视实际情况而定;而股票的票面金额是相同、统一的。股票有面额股和无面额股之分,无面额股不记载每股面额,而出资证明书均需记载出资额。(2) 出资证明书都是记名的;而股票分类中有记名股票和无记名股票之分。(3) 出资证明书在股东依法转让股权后,由公司向新股东出具;而股票作为有价证券是可以上市交易的。

3. 出资证明书与验资证明书的区别。出资证明书是确定并记载股东与公司之间发生投资与被投资关系的凭证,出资证明书必须在公司成立以后才能向股东签发。验资证明书是在股东全部缴纳出资后,由法定验资机构出具的出资到账证明。需要注意的是,虽然 2013 年《公司法》取消了强制验资程序,但公司发起人或者股东可以自行安排验资。

（二）记载事项

根据《公司法》第 55 条第 1 款的规定,出资证明书应当载明下列事项:(1) 公司名称;(2) 公司成立日期;(3) 公司注册资本;(4) 股东的姓名或者名称、认缴和实缴的出资额、出资方式和出资日期;(5) 出资证明书的编号和核发日期。

（三）效力

根据《公司法》第 55 条第 2 款的规定,出资证明书必须加盖公司的印章,并由法定代表人签字。在无相反证明的情形下,出资证明书的效力主要表现在:

1. 证明股东已履行出资义务。出资证明书是有限责任公司成立后向股东签发的证明其出资的证书,所以,出资证明书可以表明股东已履行了缴付所认缴出资的义务。这种证明作用类似于表面证据,当其与其他证据不一致时,应根据证据规则加以认定。比如,虽股东提供了出资 100 万元的出资证明,但公司提供银行流水证明该股东实际仅缴纳 10 万元出资,则 100 万元的出资证明效力将可能被推翻。

2. 证明股东权利范围的效力。出资证明载明实缴出资额情况，依照公司法的规定，有限责任公司分红权等以股东实际缴纳出资比例为准，依据出资证明书可以确定公司分红权大小。

三、 股东名册

股东名册，是指有限责任公司依据公司法的规定必须置备的，用以记载股东及其所持股份数量、种类等事宜的簿册。股东有权亲自查阅股东名册，也可以委托律师或其他人代为查阅。债权人可以通过合同约定，要求债务人公司许可其查阅股东名册。根据《公司法》第 56 条第 1 款的规定，有限责任公司应当置备股东名册。公司置备股东名册的作用包括确定股东身份和股权归属、便于查询股东信息、向股东发放股利、记录股权变动情况、与股东进行联络及接受有关部门的审查监督。

（一） 记载事项

有限责任公司股东名册的记载事项采取法定主义原则。根据《公司法》第 56 条第 1 款的规定，有限责任公司的股东名册应记载下列事项：(1) 股东的姓名或者名称及住所；(2) 股东认缴和实缴的出资额、出资方式和出资日期；(3) 出资证明书编号；(4) 取得和丧失股东资格的日期。

（二） 效力

1. 具有确定股东身份的效力。《公司法》第 86 条第 2 款规定："股权转让的，受让人自记载于股东名册时起可以向公司主张行使股东权利。"因此，只有记载于股东名册的股东才享有股东对公司的各项权利。因此，即使出资证明书发生变更，但未将受让人的姓名或名称及住所记载于股东名册的，也不得以此向公司主张股东权利。

2. 具有公司免责的效力。公司依法对股东名册上记载的股东履行了通知、公告、送达、支付股利、分配公司剩余财产等义务后，即可免除其相应的责任，因为公司股东名册记载了股东名称及住所等信息。

四、 股东与股权登记

根据《公司法》第 32 条、第 34 条的规定，公司应当将有限责任公司股东、股份有限公司发起人的姓名或者名称向公司登记机关登记；公司登记事项发生变更的，应当依法办理变更登记；公司登记事项未经登记或者未经变更登记，不得对抗善意相对人。需要注意的是，《公司法》仅对公司登记原则上具有公示效力作出规定，并未明确规定哪些事项的登记具有生效效力。关于有限责任公司股东的登记是否是股权取得或者变动的生效要件，理论和实践中存在争议。

【本节理论探讨】

• 股东对转让的股权可否部分行使优先购买权

优先权部分行使,是指有限责任公司股份向第三人转让时,其他股东可以就转让股份的一部分行使优先购买权,而不是必须购买全部股份。股东能否部分行使优先购买权在公司实践中的争议很大。

持肯定观点的人认为,从法律规定看,公司法规定了股东的优先购买权,但并未禁止股东部分行使优先购买权,法无禁止便为可行。从立法本意看,公司法之所以规定股东享有优先购买权,一方面在于保证有限责任公司老股东通过行使优先购买权增持股份,从而实现对公司的控制。另一方面在于保障公司人合性。为维持公司的人合性,立法应赋予老股东优先购买权,包括对部分股份的优先购买权,以便其选择是否接受新股东。因而老股东有权根据自己的实际情况和需要决定对部分还是全部股份行使优先购买权。

持否定观点的人则认为,股东的优先购买权是不能部分行使的。我国《公司法》虽然对此没作禁止性规定,但从法律对优先购买权行使的交易"同等条件"要求看,已经否定了部分行使优先购买权。第三人购买特定比例的股份,并基于该股份比例所能实现的控制权确定了交易价格。因此,交易"同等条件"是包括价格、标的在内的多个条件的集合,而非单单局限于价格条件。其他股东若欲以同等条件行使优先购买权,不能仅仅在价格上达到"同等条件",必须同时考虑形成该价格条件的标的。该标的在量上表现为特定比例的股权,这一特定比例的份额当然是属于交易的"同等条件"。交易标的的分割将对交易"同等条件"造成重大改变,老股东虽然以"同等价格"购买了股权,却购买了"不同标的",从而导致标的未被购买部分的股权价值贬损,这种情况下,第三人不会以原价格购买,出让人也无法再以原价格出售,出让人基于法律赋予"同等条件"应得到的利益就根本无法实现。

当然,优先购买权能否部分行使主要涉及价值判断问题,实践中,不同的司法裁判者可能会有不同的认识。为了避免纠纷的发生,提高交易效率并降低交易成本,当事人较为妥当的解决办法是在公司章程中对该问题予以约定,从而通过章程有效实现当事人自治,彻底解决股东向公司外部第三人转让股份时,其他股东能否部分行使优先购买权的问题。

【本节实务研究】

• 股东优先购买权中"同等条件"的确定标准

"同等条件"是有限责任公司股东行使股权优先购买权的实质性要求。实践中,对"同等条件"的确定标准存有争议。

关于"同等条件"的确定标准,实践中有人主张须以转让方与第三人(非股东)订立的转让协议中规定的条件为"同等条件"。这一主张似乎符合"优先于他人购买"的立法原意,但容易产生相当弊端。因为,优先购买权人依此标准行使优先购买权,将在转让方与第三人之间、转让方与行使优先购买权的股东之间分别成立两个内容完全相同的协议,转让方由此被迫陷入一个双重买卖的尴尬境地。为避免这种尴尬,转让方可以在与第三人订立的转让协议中约定该协议以股东不行使优先购买权为条件,或者约定在股东行使优先购买权的情况下,转让方保留对该协议的解除权。然而,如果股东行使优先购买权导致转让方和第三人之间的协议不能履行或者被解除,则双方为订立协议而支出的费用和所做的努力将成为徒劳,这不仅造成社会财富的浪费,也会挫伤第三人从事类似交易的积极性。

解决上述问题的关键在于,找到一个在转让方与第三人订立转让协议之前即可以确定股东是否愿意购买的方法,依此确立一个认定"同等条件"的标准。从实践来看,转让方转让条件的提出无非有两种情形:(1) 转让条件系由转让方提出。在这种情形下,转让方应将此条件事先通知其他股东。如其他股东不愿购买,嗣后在第三人以该条件或高于该条件与转让方订立转让协议时,即不得再主张优先购买权。当然,在转让方因无人应买而降低条件时,仍应通知其他股东,以确定其是否购买。(2) 转让条件系由第三人提出。在这种情形下,转让方在准备承诺之前,应将该条件及意欲承诺的意思通知其他股东,以确认其是否愿意购买。股东倘若决定购买,应立即通知转让方,嗣后转让方不得以他人有更优条件为由予以拒绝。

• 夫妻家庭财产分割及股权赠与时其他股东的优先购买权问题

在有限责任公司股权转让的司法实践中,有的股东因为离婚需与配偶分割所持股权,有的股东需将所持股权赠与子女等近亲属。而如果配偶或近亲属并非公司股东,就可能涉及如何保护其他股东优先购买权的问题。

公司法赋予其他股东优先购买权,是基于有限责任公司人合性的考虑。有限责任公司股东间具有相互信任与合作关系,而这一关系又是维护公司有效运作的基础。在股权转让中,比较公司股东这一具有特殊关系的群体和公司外部不特定的第三人,无论从利益相关者优先考虑的角度还是从维护公司和谐稳定发展的角度,公司法都应当赋予公司股东同等条件下的优先购买权。

然而,基于特定身份关系发生的夫妻共同财产的分割以及向近亲属的股权赠与,不同于一般的股权转让。正是基于该种股权变动的特殊性,公司法为一般股权转让设计的优先购买权制度并不能当然适用。

首先,夫妻共同财产的分割和向近亲属的股权赠与是基于亲属身份关系发生的向特定对象的股权转让,而非向不特定的第三人出让股权。法律不仅需要保障公司股东之间的人合性,更需要考虑基于特定亲缘关系发生的财富的分割和自由流动。当二者发生冲突时,对特定亲属关系的优先照顾是法律伦理性和人文主义的表现和必然选择。在这一点上,该种股权转让与继承具有完全相同的法理基础。根据《公司法》第 90 条的规定,除公司章程另有规定外,股东资格可以继承。可见,面对因继承而发生的股权变动,法律对股东优先购买权的保护是居次的。仅当公司章程对股东资格的继承作出特别限制时,才尊重股东的意思自治,优先保障公司的人合性。类推是填补开放型法律漏洞的基本方法,将股权继承原理类推,股东在夫妻家庭财产分割和向近亲属赠与股权时,公司其他股东也不应享有优先购买权,受让的近亲属可以当然取得股东资格。只有在公司章程事先作出特别规定时,公司其他股东才可依据章程限制受让近亲属取得股东资格。

第五节　股份有限公司股东的股份

一、股份的概念和特征

《公司法》第 142 条第 1 款规定："公司的资本划分为股份。公司的全部股份，根据公司章程的规定择一采用面额股或者无面额股。采用面额股的，每一股的金额相等。"股份是股份有限公司股东持有的公司资本的基本构成单位，也是划分股东权利义务的基本构成单位。其主要特征可以概括如下：

第一，股份是公司资本构成的最小单位，具有不可分性。任何股份有限公司的资本均被划分为股份，股份不可再分。股份的不可分性并不排除某一股份为数人所共有。当股份为数人所共有时，股权应由共有人推定一人行使，但共有人对股份利润的分享不是对股份本身的分割。

第二，股份是对公司资本的等额划分，具有数额的等额性。根据《公司法》第 142 条第 1 款，对于面额股，表现为每一股的金额相等；对于无面额股，则表现为每一股在资本总额中所占比例相等。这种划分的优点是便于计算股东权利义务。但也有的国家规定公司股份不必等额。股份是股权的基础，具有权利上的平等性。股份是股东法律地位的表现形式，同一类别股份所包含的权利义务一律平等，每一股份代表一份股权。股东权利义务的大小，取决于其拥有的股份种类及股份数额的多少。除法律另有特别规定外（如对特别股股东权利的特别赋予或者限制等），公司不得以任何理由剥夺股东的固有权利。

第三，股份表现为有价证券，具有可自由转让性。股份往往体现为股票形式，股票是股份有限公司成立后以公司名义发行的，代表股份的一种有价证券。由于股份表示股权，所以股票也是代表股权的有价证券。除法律另有规定外，股份可以自由转让和流通，合法取得股票者即合法取得股份，从而也取得股权。

二、股份的表现形式

股份的表现形式是股票。股份与股票形同表里，股票不能离开公司股份而存在。《公司法》第 147 条第 1 款规定："公司的股份采取股票的形式。股票是公司签发的证明股东所持股份的凭证。"股票的主要特征可以概括如下：

第一，股票是股份有限公司成立后以公司名义签发的。公司正式登记成立前，尚无法人资格，无权发行股票。但在公司设立过程中、正式登记成立前，却必须发行并认购股份，未认购股份或者认购股份不足一定金额的，该公司不得成立。

第二，股票是一种证权证券。证权证券和设权证券相对应。两者的区别主要在于：证权证券以证明权利的存在为目的；而设权证券以设定权利为目的。股票不是设权证券，只是一种证明股权已存在的证券，即股权并不因股票的签发而创设，而基于股份的认缴或者实缴而产生，股票只是股份的一种外在表现。

第三,股票是一种有价证券。股票的价值取决于股份的价值,取决于该股份所代表的资本金额及股权的大小,对于上市公司而言,股票还代表市场对公司价值的定价。股票与一般有价证券的不同之处主要在于它不是单纯的财产权证券,当然更不是单纯的人格权证券,它是多种权利的集合体。凡有价证券,其所代表的权利与对证券的占有一般是不可分离的,证券转移则权利也随之转移。股票也是如此,股票持有人有权取得该股票所表示的权利。

第四,股票是一种要式证券。《公司法》第 149 条规定,股票采用纸面形式或者国务院证券监督管理机构规定的其他形式。股票采用纸面形式的,应当载明下列主要事项:公司名称;公司成立日期或者股票发行的时间;股票种类、票面金额及代表的股份数,发行无面额股的,股票代表的股份数。股票采用纸面形式的,还应当载明股票的编号,由法定代表人签名,公司盖章。发起人股票采用纸面形式的,应当标明发起人股票字样。

第五,股票是一种流通证券。以上市公司为例,其股票是可以公开发行并自由转让的,可以在证券交易所内自由流通。

第六,股票是一种永久性证券。股票没有固定期限,除非公司终止,否则它将一直存在。股票的持有者可以依法转让股票,却不能要求到期还本付息,因为股票没有到期日。

三、股东名册

股份有限公司特别是上市公司,股东众多,为了掌握股东的基本情况,保障股东的权益,各国公司立法一般都规定股份有限公司应置备股东名册。

（一）股东名册的记载事项

《公司法》第 102 条规定:“股份有限公司应当制作股东名册并置备于公司。股东名册应当记载下列事项:(一)股东的姓名或者名称及住所;(二)各股东所认购的股份种类及股份数;(三)发行纸面形式的股票的,股票的编号;(四)各股东取得股份的日期。”

（二）股东名册的封闭

股东名册的封闭,是指公司为了确定行使股东权的股东而在一定时期停止股东名册的记载和变更。股东名册封闭的意义主要体现在下列方面:

第一,股东名册的封闭有时是因为公司在实施重大事项前需要确定具体股东名单,以便股东行使权利,避免股东一直处于变动状态而无法确定行权股东。例如,《公司法》第 159 条第 2 款就规定:“股东会会议召开前二十日内或者公司决定分配股利的基准日前五日内,不得变更股东名册。法律、行政法规或者国务院证券监督管理机构对上市公司股东名册变更另有规定的,从其规定。”

第二,封闭股东名册后,封闭当时股东名册上的股东就被确定为可以行使股东权的股东。股份有限公司的股份转让频繁,股权随时都有可能发生变动,即使在股东权利的行使过程中,股权仍有可能发生变动。因此,有必要在一定期间停止股东名册的记载,以便公司确定股东权利的行使者。

四、股份的分类

各国公司立法对于股份的分类比较灵活，并根据实际需要而有所变化和发展。具体的股份分类如下。

（一）普通股和特别股

这是以股东承担的风险和享有的权益的大小为标准进行的分类。

普通股是股份有限公司最基本、最重要的股票种类，也是发行量最大的股票种类。普通股的股东一般都享有表决权，即参与公司重大问题决策的权利。普通股的股东在分配股利时，不享有特别利益，均按持股参加分配，分配与否及分配金额大小依据当年公司盈利状况确定，存在不确定性，且只能在公司支付债息和优先股股东权益后才可参加分配。在公司进行清算时，持有普通股的股东有权分得公司剩余财产，但普通股股东必须在公司的债权人、优先股股东获得偿债之后才能分配剩余财产。

特别股是享有某种特别权利或者负担某种特别义务的股份。特别股可进一步作出下列分类：

1. 分配公司盈余的特别股。包括分红权优先于普通股股东的优先股和劣后于普通股股东的劣后股。公司有可分配的盈余时，应先分配给优先股；如有剩余，再分配给普通股；再有剩余，才分配给劣后股。分配公司盈余的优先股按其优先的内容可分为几种情况：

（1）累积性优先股与非累积性优先股。前者是指公司本年度可分配的盈余如不足以支付优先股利息时，则计入应付款由以后年度盈余补足，公司只有在历年积欠的优先股利息支付完毕以后，才能向普通股股东分红；后者是指公司本年度盈余不足以支付优先股利息时，其差额不得累积到下一年度，视为优先股股东免除相关差额利息支付。依我国现行做法，优先股为累积性优先股。

（2）参与优先股与非参与优先股。参与优先股是指优先股股东除了获得优先股利息之外，还能同普通股一道分配其余的利润；否则即为非参与优先股。

2. 分配公司剩余财产的特别股。此类别股指公司解散清算时，可以优先或者劣后于普通股分配公司剩余财产的股份。

3. 行使表决权的特别股。此类特别股是指投票权高于一股一票或者低于一股一票的股份。德国较早实行表决权股，将此种股份售给公司董事、监察人，使其每一股享有多数表决权。英国也有所谓管理股。此类特别股增加了董事特权，易导致董事控制公司，所以各国立法很少采用。美国于 20 世纪初采用过发行限制或取消表决权股份的做法，迎合了众多中小股东只追求优厚的股利而无意参与公司管理的心理，但造成大量中小股东不关心公司治理，而由少数大股东操纵公司的局面。目前，较常见的是公司上市前发行的赋予创始人股东超级多数表决权股份。

4. 可赎回的特别股。一般的股份在发行之后公司不得随意赎回，但公司可以发行可赎回的特别股，即公司在发行后一定期限内，可以予以赎回的股份。比如，英国公司法规定，发行可赎回的优先股，必须在公司章程中规定；赎回股份所需款项来源和其他条件与方式必须符合公司条例的规定;在赎回或准备赎回旧股时,公司可以发行不超过该旧股票票面金额的新股。我国当前并无发行可赎回股的做法。

（二）记名股和无记名股

这是以是否在股票票面上记载股东姓名为标准对股份进行的分类。

记名股是在股票票面和股东名册上记载股东姓名或者名称的一类股票,否则,即为无记名股。记名股有利于公司全面掌握股东信息和股票流通情况,可以有效地防止股票投机行为。而无记名股便于股份流通。各国公司立法一般均对记名股和无记名股的转让方式作出不同规定。

我国 2023 年修改《公司法》时废除了无记名股。现行《公司法》第 147 条第 2 款规定,公司发行的股票,应当为记名股票。一方面,废除无记名股与股票无纸化密切相关。区分记名和无记名股票是股份采用纸质股票的产物,股票无纸化使这一区分逐渐失去现实意义。1993 年开始,上海、深圳证券交易所全面实施股份电子化,此后建立的全国中小企业股份转让系统也采用电子记账形式,使得上市公司和非上市公众公司的股份都须集中登记、存管于证券登记结算机构。证券登记结算机构的实名制股东账户可以视为对投资者账户内股票的记名。另一方面,废除无记名股票是国家强化反洗钱、反恐怖主义、反腐败融资监管的结果。不法分子往往通过设置空壳公司、多层级复杂的所有权和控制权架构,发行无记名股票,使用名义股东、董事等方式隐匿法人的股权受益人,达到洗钱和为恐怖活动融资的目的。为了提升反洗钱、反恐怖主义、反腐败融资的监管力度,2023 年修改《公司法》时取消了无记名股票。

（三）面额股和无面额股

这是以股票是否载有票面金额为标准对股份进行的分类。

面额股是指股票票面记载票面金额的股份。许多国家公司法对公司股票的最低票面值作了规定。

无面额股是指股票票面不记载金额的股票。其主要法律特征是:(1) 股份数量与资本总额相分离。在公司发行无面额股情况下,公司资本总额无法沿用“资本总额=股份发行总数×股票面额”的计算公式,股份数量与资本总额不存在对应关系。(2) 无面额股发行价没有最低价限制。面额股股票的发行价格可以按票面金额,也可以超过票面金额,但不得低于票面金额。但是,在公司发行无面额股时,因股票没有票面金额,不适用禁止折价发行规则,为公司制定股票发行价格带来了灵活性。无面额股的核心制度价值是便利公司融资,提高公司融资效率。对于经营不善、股价低于股票面值的公司,可以不受禁止折价发行规则的限制,发行新股获得新的融资,帮助公司走出困境,也尊重公司自主决定发行价格的权利。

《公司法》第 142 条创设了股份有限公司面额股和无面额股择一模式,股份有限公司可以在设立时的章程中明确选择采用面额股或者无面额股,也可以在公司运行过程中根据公司章程的规定将已发行的面额股全部转换为无面额股,或者将无面额股全部转换为面额股。需要注意的是,公司可以自主选择采用面额股或者无面额股,但公司不能同时设置面额股和无面额股。

《公司法》对无面额股票与注册资本之间的联系作出明确的规定。根据《公司法》第 142

条第 3 款规定,采用无面额股的,应当将发行股份所得股款的 1/2 以上计入注册资本。《公司法》第 213 条规定:“公司以超过股票票面金额的发行价格发行股份所得的溢价款、发行无面额股所得股款未计入注册资本的金额以及国务院财政部门规定列入资本公积金的其他项目,应当列为公司资本公积金。”

(四) 其他特殊类型的股份

1. 国家股、法人股、社会公众股和外资股。这是以投资主体为标准对股份进行的分类。(1) 国家股是指国家以国有资产向股份有限公司投资所形成的股份。在我国股份制改造过程中,根据各地的不同做法,国家股曾经主要有这样几种代表模式:一是由政府国有资产管理部门来代表国家;二是由国家授权的其他政府部门来代表国家;三是由国家专门成立的国有资产经营公司来代表国家。(2) 法人股是指具备法人资格的社会组织向股份有限公司投资而形成的股份。(3) 社会公众股是指社会个人投资人向股份有限公司投资而形成的股份。在我国公司法实践中,以投资者是否属于股份有限公司员工为标准,可将社会公众股分为一般社会公众股和公司职工股。(4) 外资股。外资股有广义和狭义之分。狭义的外资股是指外国投资人所持有的我国股份有限公司的股份;广义的外资股还包括我国香港、澳门、台湾地区的投资人所持有的我国内地(大陆)股份有限公司的股份。值得注意的是,因为上述分类采取了混合标准,所以在国家股与法人股、法人股与外资股、社会公众股与外资股之间存在交叉关系。

2. 流通股与非流通股。按照上市公司股份能否在证券交易所交易,股份可以分为流通股和非流通股。流通股是指可以在证券交易所交易的股份。非流通股是指暂时不能上市流通的股份。2007 年股权分置改革后,基本实现了上市公司股份的全流通。非流通股在目前上市公司中已几乎不存在。

3. 有限售条件股和无限售条件股。有限售条件股份是指依法律、法规或者依持有股人的承诺,有转让限制的股份。例如,《公司法》第 160 条第 2 款规定,公司董事、监事、高级管理人员所持本公司股份自公司股票上市交易起 1 年内不得转让。《证券法》第 75 条规定,在上市公司收购中,收购人持有的被收购的上市公司的股票,在收购行为完成后的 18 个月内不得转让。无限售条件股是指在证券市场上流通转让不受限制的股份。一般情况下,中小投资者通过竞价交易买入的股票不存在限售限制。

4. 境内上市股和境外上市股。这是以上市交易地不同为标准对注册地在中国境内的上市公司所发行股票进行的分类。

在我国境内上市交易的股票分为 A 股和 B 股。A 股,又称人民币股票,是指在内地沪、深及北京证券交易所上市交易,以人民币标明股票面值,由我国内地(大陆)投资者以人民币认购和交易的股票。对于 A 股,我国港澳台地区及国外的投资者不能直接开户买卖。B 股,又称人民币特种股票,是指在沪、深及北京证券交易所上市交易,以人民币标明股票面值,由外国和我国港澳台地区投资者以外汇认购和买卖的股票。对于 B 股,我国内地(大陆)投资者不能购买。2001 年以后,B 股市场对内地(大陆)投资者开放,买卖 B 股需将现汇存款或外币现钞存款存入股票资金账户。

境外上市股依据上市地的不同分为 H 股、N 股、S 股等。H 股是指注册在中国内地的股份有限公司获得香港联合交易所批准上市的人民币特种股票,即以人民币标明股票面值,以港币认购和进行交易的股票。境内外投资者均可以购买 H 股。境内投资者多通过在 A 股账户中开通“港股通”的权限来交易 H 股。依此类推,N 股是指在纽约交易所注册上市的股票,S 股是指在新加坡交易所注册上市的股票,等等,这些均是以外币认购和进行交易的股票,境内外投资者均能参与交易。

五、 类别股制度

《公司法》第 143~146 条确立了类别股制度。类别股是股权的各项子权利可以分离并重新进行排列组合,从而得到股东权利差异化安排的不同类别的股份。例如,普通的财产性权利与加强的管理性权利结合形成超级表决权股,如一股享有十份表决权的股份;优先性的财产性权利和较弱的管理性权利相结合形成无表决权的优先股。

长期以来,我国公司法奉行同股同权的原则,公司中往往只有普通股,每一股份承载的股东权利也相同。但是,伴随着资本市场的发展,单一股份类别难以满足公司发展和治理的需求,引入类别股制度可以很好地平衡融资方和投资者各自利益诉求,实现共赢。对于融资方创始人而言,其既希望让企业获得巨额融资以实现跨越式发展,又希望继续掌控公司控制权。对于投资者而言,其希望投资有巨大升值潜力的公司以期望公司上市后获利退出,而对于是否拥有管理权并不在意。因此,原有普通股模式下,一股一权的强制性安排显然不能契合创始人与投资者的需求,也不利于资本市场的创新融资,类别股则能够较好平衡上述利益主体的需求。

我国《公司法》第 143~146 条规定了类别股的发行主体、类别股的法定种类、章程强制记载公示、分类表决机制等方面的内容。

(一) 类别股的发行主体

在我国,与类别股相关的条文主要被放置在《公司法》第六章即“股份有限公司的股份发行与转让”中。可见,当前类别股制度仅适用于股份有限公司,有限责任公司并无类别股制度的适用空间。换言之,只有股份有限公司才能够发行类别股,有限责任公司不能发行类别股。

(二) 类别股的法定种类

根据《公司法》第 144 条规定,股份有限公司有权发行的类别股种类有且仅有优先与劣后分配利润或者剩余财产的股份、特别表决权股份、限制转让的股份及国务院规定的其他类别股四种。公司无权自行创设新的类别股种类。由此可见,我国《公司法》采用了类别股种类法定的立法模式。该立法模式为以德国、日本、韩国为代表的大陆法系广泛采用,要求公司必须按照法律规定的种类发行类别股。以英美两国为代表的英美法系则更多采取章程自治的立法模式,授予公司章程创设并发行法律规定类型之外的类别股的权利。但是,采取类别股种类法定模式的大陆法系的法律大多提供了丰富的类别股种类供公司自由选择。例如,《日本公司法》明确股份有限公司可发行九种不同类型的类别股,亦可将法律规定的数种类别股内容重新组合后发行。此种规定在保证类别股在法律规定框架下平稳运行的同时,也体现了对公司意思自治的尊重。我国类别股制度平稳运行一段时间后,可以由国务院以行政法规的形式增加类别股的种类。公司法规定的四种法定种类具体如下:

1. 优先或劣后分配利润或者剩余财产的股份。与普通股相比，这类股份在利润和剩余财产的分配上具有优先性或劣后性。在公司清算时，按照法定清偿顺序清偿完毕后，若公司还有剩余财产可供分配，则按照公司章程的规定优先向优先股股东分配，再按普通股股东的出资比例或普通股股东之间的约定向普通股东分配。

2. 每一股的表决权数多于或者少于普通股的股份。早在 2019 年，《关于在上海市证券交易所设立科创板并试点注册制的实施意见》就允许科技创新企业发行具有特别表决权的类别股份。每一表决权股份拥有的表决权数量大于或少于每一普通股份拥有的表决权数量，形成了差异化表决权。差异化表决权结构是一种灵活化的公司控制权的安排，通过赋予每股特别表决权股份多数表决权的方式实现公司创始人在上市后对公司的持续控制，避免门口的野蛮人闯入。需要注意的是，《公司法》第 144 条第 3 款对特别表决权股份作出了一定限制，即特别表决权股份对于监事或者审计委员会成员的选举和更换，与普通股每一股的表决权数相同。

3. 转让须经公司同意等转让受限的股份。《公司法》第 157 条规定："……公司章程对股份转让有限制的，其转让按照公司章程的规定进行。"一般而言，股份有限公司股东转让其持有的股份的，不存在有限责任公司中的其他股东优先购买权等限制，但公司法允许公司章程对其作出例外规定，比如转让需经过公司同意，相较可自由转让的普通股份，转让受限的股份也属类别股。

4. 国务院规定的其他类别股。如 2015 年发布的《关于国有企业发展混合所有制经济的意见》允许国有股东对特定事项行使否决权。这一兜底性规定为日后扩展类别股类型预留了空间。此外，《公司法》第 144 条明确规定，公开发行股份的公司不得发行特别表决权和限制转让股，除非这两类股份在公司公开发行前已发行。

（三）章程强制记载公示

《公司法》第 145 条规定发行类别股的公司，必须将类别股的如下事项记载于公司章程：(1) 类别股分配利润或者剩余财产的顺序；(2) 类别股的表决权数；(3) 类别股的转让限制；(4) 保护中小股东权益的措施；(5) 股东会认为需要规定的其他事项。章程强制记载的意义在于公示，告知外界有关公司类别股份具体权利配置情况，可避免公司通过发行类别股的方式损害投资者或债权人的利益，保护交易安全。值得注意的是，《公司法》规定的公司应当按照规定通过国家企业信用信息公示系统公示的事项并不包括章程内容，只有上市或者新三板挂牌的股份有限公司，根据证券监管法规才需要披露公司章程内容。

（四）分类表决机制

类别股分类表决机制是保护类别股股东的重要制度。根据《公司法》第 146 条第 1 款的规定，发行类别股的公司需要对"修改公司章程""增加或者减少注册资本""公司合并、分立、解散""变更公司形式"等事项作出决定时，若"可能损害类别股股东权利"，除了需要经过出席普通股股东会的股东所持表决权的 2/3 以上表决通过，还应当经出席类别股股东会议的股东所持表决权的 2/3 以上通过。此外，《公司法》第 146 条第 2 款规定，公司章程可以对需经类别股股东会议决议的其他事项作出规定。

六、对赌协议

（一）对赌协议概述

1. 对赌协议的含义。对赌协议，又称“估值调整协议”（valuation adjustment mechanism），是指投资方与融资方在达成股权融资协议时，同时对目标公司未来经营业绩或公司上市等事项作出约定，目标未能实现的，由目标公司或其股东按约定比例或数额，对投资方进行现金补偿或按约定条件回购股权的合同。

在我国实践中，对赌协议主要用于风险投资领域，是在普通投资合同基础上特别约定和设置对赌条款的投资合同。对赌协议既降低了投资者的投资亏损风险，又便利了融资方的融资，很快发展为当下商事交易十分常见的投资安排。

2. 对赌协议的类型。

（1）依交易主体划分。以交易主体为划分依据，可将对赌协议分为投资方与目标公司对赌、投资方与目标公司股东或实际控制人对赌、投资方与目标公司和目标公司股东对赌这三种主要形式。

实践中争议最大的是投资方与目标公司对赌的情形。若满足对赌触发条件时目标公司履行回购或现金补偿等义务，则涉及公司的资本流出，需要受到资本维持原则的规制，公司回购限制、利润分配等强制性规范可能影响对赌协议的效力判断，在行政监管层次，投资方与目标公司进行对赌的条款通常需要在上市之前进行清理。

而若投资方单纯与公司股东进行对赌，则应视为投资方与股东之间的合意安排，并不损害目标公司与目标公司债权人的利益，司法实践中投资者与股东之间的对赌协议通常被认定为有效，行政监管层面往往也不要求清理投资方与公司股东之间的对赌协议。①

（2）依对赌内容划分。作为实践中广受欢迎的投资工具，对赌协议赋予了投资者更多的权益保障手段。对赌协议的核心条款是估值调整条款。以对赌内容为依据，常见的对赌协议有以下三种：

一是现金补偿型。现金补偿条款是实践中最为常用的一项对赌条款。在约定的对赌目标不能实现时，由目标公司及其原股东对投资主体进行现金补偿，补偿数额的具体计算公式由当事人在协议中事先约定。

如在“海富案”中，投资者与目标公司签订的《增资协议书》约定，对赌目标为目标公司2008年净利润不低于3000万元人民币。如果低于该数额，则投资方有权要求目标公司予以补偿，补偿金额=（1-2008年实际净利润/3000万元）×本次投资金额，如果目标公司未能履行补偿义务，投资方有权要求目标公司股东履行补偿义务。

---

① 2019年中国证监会公布的《首发业务若干问题解答》曾规定，投资机构在投资发行人时约定对赌协议等类似安排的，原则上要求发行人在申报前清理，但同时满足以下要求的可以不清理：一是发行人不作为对赌协议当事人；二是对赌协议不存在可能导致公司控制权变化的约定；三是对赌协议不与市值挂钩；四是对赌协议不存在严重影响发行人持续经营能力或者其他严重影响投资者权益的情形。2023年中国证监会发布的《监管规则适用指引——发行类第4号》亦作出类似规定。

二是股权回购型。股权回购条款是指当约定的对赌目标不能实现时,投资方有权要求目标公司或目标公司股东回购投资人所持有的目标公司股权。与现金补偿条款相比,股权回购条款为投资者提供了退出渠道。股权回购条款的核心为对触发条件、回购价格的约定。

如在"华工案"中,当事人的补充协议约定,若目标公司在 2014 年 12 月 31 日前未能在境内资本市场上市,或目标公司方的主营业务、实际控制人、董事会成员发生重大变化,投资方有权要求目标公司回购其所持有的全部股份,目标公司应以现金形式收购,收购价款按以下公式计算:回购股权价款=投资额+(投资额×8%×投资到公司实际月份数/12)-累计对投资者进行的分红。

三是股权补偿型。股权补偿条款是将目标公司的股权作为筹码,根据约定对赌目标业绩的实现程度,调整投资者所持股权比例的条款。相较于现金补偿条款与股权回购条款,股权补偿条款更像是一种双向激励机制,①若达成对赌目标,不光是投资者受益,目标公司管理层通常也能受让更多股份,获得更多实质管理权。

我国早期的著名对赌实例很多采用股权补偿条款作为对赌筹码。如在"永乐电器案"中,目标公司与投资者将净利润作为对赌目标,约定若两年后净利润高于 7.5 亿元,投资方将 4697.38 万股份转让给目标公司原股东,但若净利润等于或低于 6.75 亿元,目标公司管理层则需向投资方转让 4697.38 万股;净利润低于或等于 6 亿元时,需向投资方转让最多 9394.76 万股。

上述三种条款是最为常见的估值调整条款。此外,实践中的对赌协议通常还为强势的投资方配套其他的保护措施,如优先清算权、优先分红权、优先购买权、领售权、随售权、知情权、反稀释条款等。

(二) 对赌协议的性质认定

对赌协议最为核心的争议是其效力与可履行性问题。因对赌协议既涉及交易法层次的权利义务安排,也涉及组织法层次的资本维持等强制性规定,其性质界定将影响后续效力的判断,因此有必要先探讨对赌协议的性质认定问题。

1. 合同性质定性。第一种研究进路是合同思维下的对赌协议性质认定。这种思路遵循传统的民法合同性质认定原理,试图根据对赌协议的特性将其认定为特定类型的合同,并根据合同法的强制性规定判断合同效力。我国在对赌协议合同性质认定问题上主要存在射幸合同说、附生效条件合同说、期权合同说、担保合同说四种观点。

(1) 射幸合同说认为,对赌目标能否实现具有不确定性,对赌协议当事人之间的对价不具有对等性,这两种特征符合射幸合同的定义。

(2) 附生效条件合同说认为,当对赌目标实现时,投资方可能承担的股权给付义务生效;当对赌目标没能实现时,融资方的股权给付、股权回购、现金补偿义务生效。②

(3) 期权合同说认为,与期权合同中期权购买者在有利价格时执行期权可以获得更高的

---

① 参见刘燕:《对赌协议与公司法资本管制:美国实践及其启示》,《环球法律评论》2016 年第 3 期。

② 参见杨明宇:《私募股权投资中对赌协议性质与合法性探析——兼评海富投资案》,《证券市场导报》2014 年第 2 期。

收益,但仍需支付额外的期权费十分相似,对赌协议隐含着对企业未来价值的评估,具备权利义务不对等的期权合同特征。①

(4)担保合同说认为,对赌协议虽无担保之名,却有担保之实。对赌协议通过估值调整担保了私募股权投资中投资者的股权出资价值,应将对赌协议视为隐名担保合同的一种。②

2. 投资性质之争。与合同性质之争不同,关于对赌协议的投资性质之争更多聚焦于对赌协议中权利义务的特殊性,讨论投资者依照对赌协议所取得的身份更接近于股东还是债权人。

(1)股权投资说。该说认为,对赌协议本质上仍然是一种股权投资,投资者依照对赌协议取得了股权,进行了股东变更登记,履行了股东的出资义务,投资者应该被认定为股东。根据股权投资说,投资者一开始的投资、后续触发对赌条款的股权回购或现金补偿,均应受到资本制度的规制,资本形成阶段投资者向公司的投资属于出资义务,未能如期履行该义务的,需承担出资责任。资本分配阶段公司向投资者所支付的现金补偿、股权回购等均需满足资本维持原则的要求,不得违反禁止抽逃出资的强制性规范。

(2)债权投资说。相较于股权投资说,债权投资说主张对赌协议的投资者并非股东,无须实质性地承担公司经营的风险,其投入的本金由目标公司或目标公司股东进行兜底保障,特定条件下投资者有请求公司返还投资款的权利,该权利与股东分红权存在本质差别,与债权投资到期还本付息的特性更为相似。

(3)第三种投资说。③ 本书认为,应该将对赌协议的投资属性视为既不属于债权也不属于股权的第三种投资:首先,在投资利益上,对赌协议投资者按股权比例参与公司利润分配,但所获收益不低于约定比例,否则应给予相应的现金补偿或股权补偿。其次,在投资风险上,对赌协议投资者一方面不分担公司经营亏损;另一方面,可以根据公司经营情况选择继续投资或请求按约定价款回购其股权而退出,后种选择类似投资返还或债权的还本付息。因此,投资者只承担类似债权人的风险,即目标公司无力履行业绩补偿和股权回购承诺的风险。最后,在投资权利上,对赌协议投资者享有股东的共益权,有权参与目标公司决策与管理,但亦可放弃某些权利。

由此观之,对赌协议对投资利益、投资风险和投资权利等投资要素进行了重新配置,并形成了新的组合。从投资利益和投资权利看,对赌协议投资者参与公司利润分配"上不封顶",并可参与公司决策管理,具有股权投资的属性。从投资风险看,其收益保底,可以还本付息,又具有债权投资的属性。相对于股权投资利益和风险的最大化、债权投资利益和风险的最小化,它寻求的是投资的中位利益和中位风险,是一种既有股权收益利益又有债权限定风险的"两全"投资。

(三)对赌协议的法律效力与可履行性

对赌协议最具争议的问题,是对赌协议的法律效力。对于投资者与目标公司股东或实控

---

① 参见刘冰、杨明国:《基于期权理论的企业并购估值调整协议——对永乐案例的再思考》,《现代管理科学》2009年第11期。

② 参见李岩:《对赌协议法律属性之探讨》,《金融法苑》2009年第1期。

③ 参见赵旭东:《第三种投资:对赌协议的立法回应与制度创新》,《东方法学》2022年第4期。

人的对赌协议,实务界与理论界通常都承认其有效。但就投资者与目标公司之间的对赌协议,我国实践中的立场经历了从无效说到有效说的转变。2019 年《九民纪要》不再聚焦于对赌协议的效力判断,确立了对赌协议的可履行性判断规则。

1.《九民纪要》所确立的效力与可履行性分开判断说。2012 年,最高人民法院在被誉为“中国对赌第一案”的“海富案”中就对赌协议的效力问题作出了否定判断,[①]实务界由此形成了否定对赌协议效力的评价趋势。认为对赌协议无效的主要理由有三:首先,对赌协议形式上是股东出资,实质上属于资金借贷,投资者享有固定回报,是类似于“名为联营、实为借贷”的违法行为,属于法律禁止的“保底条款”。其次,对赌协议违反公司法的股东平等原则、风险共担原则,损害了其他股东的合法权益。最后,对赌协议违反了资本维持原则,违反了不得抽逃出资的强制性规范,现金补偿条款、股权回购条款可被认定为固定回报,违反“无盈不分”的利润分配规则。

“海富案”判决引发了社会各界的广泛讨论,很多学者对无效说进行了反思与重构。2019 年 4 月,对赌协议的效力判断问题迎来了司法转向。在“华工案”中,江苏省高级人民法院推翻了一审二审的判决,支持了对赌协议的有效性。[②] 有效说认为,对赌协议是当事人自愿协商、合意形成的合同,在意思表示真实的前提下该合同应被尊重。从公共利益的角度而言,对赌协议并不违反法律法规的强制性规定、不损害社会公共利益,也不违背公序良俗。

2019 年 11 月,最高人民法院印发了《九民纪要》,其中第 5 条就对赌协议的效力问题作出了专门规定。对于《九民纪要》就对赌协议作出的规定,应作如下理解:

第一,《九民纪要》强调了处理对赌协议纠纷的原则。不仅应当适用合同法的相关规定,还应当适用公司法的相关规定;既要坚持鼓励投资方对实体企业特别是科技创新企业投资原则,从而在一定程度上缓解企业融资难问题,又要贯彻资本维持原则和保护债权人合法权益原则,依法平衡投资方、公司债权人、公司之间的利益。

第二,第 5 条第 1 款确立了对赌有效、履行判断替代效力判断的原则。目标公司仅以存在股权回购或者金钱补偿约定为由,主张“对赌协议”无效的,人民法院不予支持;但投资方主张实际履行的,人民法院应当审查是否符合公司法关于“股东不得抽逃出资”及股份回购的强制性规定,判决是否支持其诉讼请求。

第三,第 2 款就回购条款作出了单独规定。投资方请求目标公司回购股权的,人民法院应当依据 2018 年《公司法》第 35 条(现行《公司法》第 53 条)关于“股东不得抽逃出资”或者第 142 条(现行《公司法》第 162 条)关于股份回购的强制性规定进行审查。经审查,目标公司未完成减资程序的,人民法院应当驳回其诉讼请求。据此,回购型对赌以减资程序的履行为前置要件。现行《公司法》第 162 条规定了股份有限公司回购的六种法定情形,对赌本质上并不属于这六种情形中的任何一种,《九民纪要》采用类推解释的方法将对赌回购等同于减资回购。减资程序既包含股东会的决议,也包含 2018 年《公司法》第 173 条(现行《公司法》第 220 条)

---

① 苏州工业园区海富投资有限公司与甘肃世恒有色资源再利用有限公司、香港迪亚有限公司、陆波增资纠纷案,最高人民法院(2012)民提字第 11 号再审判决书。

② 江苏华工创业投资有限公司与扬州锻压机床股份有限公司、潘云虎等请求公司收购股份纠纷案,江苏省高级人民法院民事判决书(2019)苏民再 62 号民事判决书。

规定的编制资产负债表及财产清单、通知债权人、提前清偿或担保，《九民纪要》所规定的对赌回购时的减资程序，依文义来讲应包含上述所有减资程序，审判实践也持相同观点。①

第四，第 3 款就金钱补偿条款作出单独规定。投资方请求目标公司承担金钱补偿义务的，人民法院应当依据 2018 年《公司法》第 35 条（现行《公司法》第 53 条）关于“股东不得抽逃出资”和第 166 条（现行《公司法》第 210 条）关于利润分配的强制性规定进行审查。经审查，目标公司没有利润或者虽有利润但不足以补偿投资方的，人民法院应当驳回或者部分支持其诉讼请求。今后目标公司有利润时，投资方还可以依据该事实另行提起诉讼。据此，现金补偿型对赌需满足利润分配规则的限制。依现行《公司法》第 210 条规定的利润分配规则，利润分配需遵循“弥补亏损—提取公积金—可分配利润”的顺序。对赌协议中的现金补偿实际上也并非真正的利润分配，《九民纪要》出于资本维持的考虑，适用利润分配的规则对现金补偿进行规制，旨在防止因履行现金补偿义务导致公司未能及时弥补亏损，损害公司外部债权人利益。

《九民纪要》区分判断对赌协议的效力与可履行性，将资本维持原则、债权人保护理念等法律障碍后置于履行层面考虑，不在效力层面否定合同效力，有效兼顾了商事实践中的意思自由与公司法的特定规范目的，一定程度上减少了实践中的机会主义行为。

2. 现行《公司法》的发展。现行《公司法》虽然没有直接就对赌协议问题作出规定，但也有一些关联制度可能为对赌协议提供制度供给，比如类别股制度，对赌在性质上存在着被认定为附回赎条件优先股的可能。本次修订也在资本领域作出了诸多革新，就法律规范的体系适用而言，亦可能对未来对赌协议的法律裁判产生新的影响。本书认为，现行《公司法》规定的非等比减资禁止制度、资本公积金制度需要引起关注。

现行《公司法》新增非等比减资禁止制度。非等比减资是指各股东不按原出资比例减资。2023 年修改《公司法》以前，非等比减资的效力与决议比例在实践中存在较大争议，有观点认为非等比减资并不为公司法所禁止，属于依照多数决即可决定的减资事项；相反的观点则认为非等比减资会导致各股东股权比例发生明显变化，大股东容易滥用多数决制度、通过非等比减资从公司取回自己的出资资本，损害中小股东利益，因此非等比减资应被禁止，或只有经过全体股东一致同意才能有效。现行《公司法》第 224 条第 3 款规定：“公司减少注册资本，应当按照股东出资或者持有股份的比例相应减少出资额或者股份，法律另有规定、有限责任公司全体股东另有约定或者股份有限公司章程另有规定的除外。”由此正式禁止了非等比减资。该规则的确定将给对赌协议的履行带来新的适用难度：依《九民纪要》规定，回购型对赌需与减资程序捆绑，而此类减资是仅面向对赌协议投资者的减资，对应的法律后果是仅投资者的股权比例变动或者投资者退出公司，显然属于非等比减资。虽然第 224 条第 3 款有但书条款，如异议回购的减资、股份有限公司的回购减资不受第 224 条第 3 款规制，但对赌的回购毕竟并不完全符合股份有限公司的法定回购情形，公司若要与投资者签订回购型对赌协议，需有限责任公司全体股东另有约定或者股份有限公司的章程另行规定，才能如约回购股权。

另一个值得关注的是资本公积金制度的修改。2018 年《公司法》明确规定，资本公积金并不允许被用来弥补亏损，但现行《公司法》第 214 条第 2 款规定，资本公积金可按照规定，在提

① 北京银海通投资中心、新疆西龙土工新材料股份有限公司股权转让纠纷案，（2020）最高法民申 2957 号再审审查与审判监督民事裁定书。

取任意公积金与法定公积金以后弥补亏损。与对赌协议相关的问题是,资本公积金既然可以被用来弥补亏损,那么是否有可能被用来履行对赌协议中的现金补偿义务或者支付股权回购价款。在现行《公司法》修改以前,实践中曾有法院确实支持过该做法,但该做法并未得到审判实践的普遍认可,①原因是资本公积金具有不同于其他公积金的资本性质。② 但现行《公司法》取消了资本公积金不得弥补亏损的限制,资本公积金是否有可能在满足资本维持或者清偿能力标准测试后作为履行现金补偿义务的资本?对此,有待后续相关配套制度的出台与进一步的实践探索。

【本节理论探讨】

- **股权证明文件相互冲突时的效力认定**

有限责任公司的股权权属是通过出资证明书、股东名册和公司注册登记文件三种形式表现的。上述文件对股东身份的记载应该是相同的,但实践中经常出现冲突。如股权转让后,股东名册中已作记载但尚未办理公司变更登记,或已变更公司登记但股东名册未作变动或出资证明书没有重新签发等。

此时,究竟以出资证明书、股东名册还是公司变更登记文件为认定股东身份的依据呢?依《公司法》第 56 条第 2 款的规定,记载于股东名册的股东,可以依股东名册行使股东权利。股东变更的,经办理公司变更登记得对抗第三人。上述条款明确了有限责任公司股东名册和公司登记在股权证明文件冲突时的效力。股东名册是公司内部对股权确认的依据,股东名册的变动意味着公司对股东资格变动的认可和接受,对公司和股东而言具有直接的效力。

将股东名册作为确认股权权属的依据,将名册变更作为股权变动的生效要件是合适的,也是与国际通行做法相一致的。但是,外部第三人对公司股东的识别和确认依据应当是有较强公示和公信效力的文件,这样才能保障他们交易时的合理信赖。因此,公司登记为股权变动的对抗要件。当上述证明文件冲突时,不涉及第三人的,以股东名册为准;涉及第三人的,以公司登记机关的登记为准。而出资证明书只是公司对缴纳出资的股东签发的证明文件,只是股东主张其享有股权和行使某些股东权利的法律依据之一。

与有限责任公司股权权属的表现形式不同,股份有限公司的股份并不都是通过股票、股东名册或有关机构登记表现的。我国上市公司的股票发行和交易都已实行无纸化,股票买卖的过程完全是通过计算机网络完成的,股票无纸化的发行和交易使得上市公司都采用记名的方式管理,也不存在股票或股东名册的记载,谈不上证明文件冲突的问题。可见,股份有限公司股票或股东名册记载股东的意义和作用是大大弱于有限责任公司的,而股票登记机构的登记在这种情况下就具有更大的统一性和公信力。因此,当股份有限公司股权证明文件相互冲突时,应当统一以登记机关的登记为准。实践中,不同类型的公司,不同类型的股票的登记机关

---

① 参见最高人民法院民事审判第二庭编著:《〈全国法院民商事审判工作会议纪要〉理解与适用》,人民法院出版社 2019 年版,第 119 页。

② 参见刘燕:《“对赌协议”的裁判路径及政策选择 ——基于 PE/VC 与公司对赌场景的分析》,《法学研究》2020 年第 2 期。

是不同的。上市公司流通股的登记机构为证券登记结算公司。上市公司非流通股按照中国证监会颁布的《关于加强对上市公司非流通股协议转让活动规范管理的通知》,也必须在证券交易所和证券登记结算公司的管理下进行,因此,上市公司非流通股的登记机构也为证券登记结算公司。未上市公司的非流通股分为托管股份和未托管股份。托管股份应由托管机构登记;对于未托管股份,可能会出现记名股票、股东名册、注册登记文件的冲突,此时基于对股份有限公司规范管理和登记更强公信力的考虑,仍然应当以登记机关的登记为准确认股权权属。

第六节　股权转让

一、股权转让的概念和特征

股权转让是指股权权利主体的变更。从股权转让的客体来看,狭义的股权转让仅指有限责任公司股权的转让,广义的股权转让还包括股份有限公司股份的转让。广义的股权转让中的股份有限公司既可以是普通的股份有限公司,也可以是新三板的挂牌股份有限公司,还可以是在上海证券交易所、深圳证券交易所、北京证券交易所上市的上市公司,不同类型的股份有限公司的股份转让遵循的规则并不完全一致。从股权转让的发生原因看,可以将股权转让区分为基于法律行为的股权转让和非基于法律行为的股权转让两类,其中基于法律行为的股权转让有股权转让合同,而非基于法律行为的股权转让没有股权转让合同。

股权转让的主要特征可概括如下:

第一,股权转让是一种股权买卖行为。对公司而言,股权是股东出资形成的对公司的一种权利,股权转让方转让的正是这种权利。

第二,股权转让不改变公司的法人资格。股权转让完成后,公司股东发生变化。在股权全部转让的情况下,出让方的原股东地位被受让方取代,受让方成为公司的股东。但就公司本身而言,除了因股东变更而发生若干登记事项的改变外,公司法人资格没有任何改变。

第三,股权转让是要式行为。这主要表现为股权转让除须符合实体条件外,还应完成法律规定的股权转让的法定程序。

二、股权转让的分类

(一)有限责任公司股权转让与股份有限公司股份转让

《公司法》第4条规定,有限责任公司的股东以其认缴的出资额为限对公司承担责任;股份有限公司的股东以其认购的股份为限对公司承担责任。易言之,对于有限责任公司而言,股东认缴出资额的对价,是公司向股东交付股权;对于股份有限公司而言,股东认购股份的对价,是公司向股东交付股份。对于股权转让和股份转让,我国《公司法》规定了不同的规则。

1. 有限责任公司股权转让。对于有限责任公司的股权转让,《公司法》第四章第84~90条作出了专门规定,涉及股东优先购买权、章程对股权转让的限制、股权司法强制执行、出资证明书的换发、瑕疵股权转让、异议股东回购请求权、股权继承等内容。

2. 股份有限公司股份转让。《公司法》第六章第二节规定了股份有限公司股份转让规则。根据《公司法》第157条的规定，股份有限公司的股东持有的股份可以向其他股东转让，也可以向股东以外的人转让；公司章程对股份转让有限制的，其转让按照公司章程的规定进行。根据《公司法》第158条的规定，股份有限公司股东转让股份遵循两类规则：一是在依法设立的证券交易所，如上海证券交易所、深圳证券交易所、北京证券交易所等进行交易；二是依照国务院规定的其他方式进行。

另外，根据股份交易市场的不同，可以将股份有限公司分为非公众股份有限公司、公众股份有限公司、上市股份有限公司三类。其中，非公众股份有限公司是指其股份并未在全国中小企业股份转让系统（"新三板"）挂牌交易，也未在证券交易所上市交易的股份有限公司。公众股份有限公司，主要是指股份在全国中小企业股份转让系统挂牌交易的股份有限公司。上市股份有限公司，是指股份在证券交易所上市交易的股份有限公司。

（二）基于法律行为的股权转让与非基于法律行为的股权转让

法律行为是指能够产生特定法律效果的私人意思表示。[①] 以是否以法律行为为原因发生股权转让，可以将股权转让行为区分为基于法律行为的股权转让与非基于法律行为的股权转让。

1. 基于法律行为的股权转让。基于法律行为的股权转让，是指根据当事人的意思表示发生的股权转让，可被细分为基于双方法律行为的股权转让和基于单方法律行为的股权转让。

（1）基于双方法律行为的股权转让。此类的典型为股权转让合同。在合同中，当事人的意思表示和所欲达成的法律效果是，一方将股权转让给另一方，另一方将股权转让款支付给一方。在法律构造上看，股权转让合同是双方转让股权和支付股权转让款的负担行为，而转让方将股权转让给受让方，受让方将股权转让款交付给转让方的行为是处分行为。在这个过程中，作为负担行为的股权转让合同本身并不能直接使股权和股权转让款发生变动，但它是当事人双方进一步履行权利变动义务的依据，为当事人双方设定了权利变动的义务。类比房屋所有权买卖可以清晰地揭示上述问题。在房屋所有权买卖中，买卖双方签订房屋买卖合同，再通过依法办理房屋所有权过户手续、交付房款价金的方式，实现房屋所有权和房款价金的变动，但房屋买卖合同本身并具备使房屋所有权和房款价金所有权变动的法律效力。[②]

（2）基于单方法律行为的股权转让。单方法律行为是指仅由一方当事人的意思表示所构成的法律行为，遗嘱是最为典型的单方法律行为。[③]《民法典》第125条规定，民事主体依法享有股权。股权是民事主体可以依法享有的财产。第1133条规定，自然人可以通过遗嘱处分个人财产，既可以立遗嘱将财产指定法定继承人中的一个或数人继承，即遗嘱继承；也可以立遗嘱将财产赠与国家、集团或者法定继承人以外的人，即遗赠；还可以依法设立遗嘱信托。因而，自然人可以通过立遗嘱这样一种单方法律行为，将股权转让给他人。

---

① 参见[德]维尔纳·弗卢梅：《法律行为论》，迟颖译，法律出版社2013年版，第26页。

② 参见尹田：《物权法》，北京大学出版社2017年版，第77页。

③ 参见王泽鉴：《民法总则》（2022年重排版），北京大学出版社2009年版，第255~256页。

2. 非基于法律行为的股权转让。非基于法律行为的股权转让，是指股权转让的发生不是基于法律行为，意即股权转让不是根据当事人的意思表示发生，也不是由当事人意思表示所设立的义务引发。比照非基于法律行为的物权变动，非基于法律行为的股权转让可以存在如下具体类型：

（1）基于生效法律文书或者征收决定发生的股权转让。对此，《公司法》及其他相关法律法规并没有直接规定。参照适用《民法典》第 229 条，股权可以基于人民法院、仲裁机构的生效法律文书或者人民政府的征收决定等，直接发生权利变动。

首先，基于生效法律文书发生的股权转让。《民法典》第 229 条规定，人民法院、仲裁机构的生效法律文书可以发生物权设立、变更、转让或者消灭的法律效力。需要注意的是，这里的人民法院、仲裁机构的生效法律文书，是指人民法院的判决书、调解书，以及仲裁机构的裁决书、调解书。[①]《最高人民法院关于适用〈中华人民共和国民法典〉物权编的解释（一）》第 7 条规定，拍卖成交裁定书、变卖成交裁定书、以物抵债裁定书能够产生使物权发生变动的效力，除此之外的裁定书均没有使物权发生变动的效力。特别需要指出的是，判决可以分为给付判决、确认判决和形成判决三类。给付判决是指判令被告履行义务的判决，确认判决是确认当事人之间某项法律关系存在或不存在的判决，形成判决是变动既有法律关系的判决。[②] 从这三类判决看，给付判决判决一方当事人履行义务，仅具有债法上的效力，因而能够使物权发生变动的判决是确认判决和形成判决。随之而来的问题是，人民法院、仲裁机构的生效法律文书是否具有使股权发生转让的效力？《公司法》第 85 条规定，人民法院强制执行股权时，需要通知其他股东行使优先购买权。由此可以推论，履行了优先购买权通知程序的执行裁定书，具有使股权发生变动的效力。

其次，基于征收决定发生的股权转让。《民法典》第 229 条规定了基于人民政府征收决定发生物权变动的规则。本书认为，人民政府征收决定也应具有使股权变动的效力。

（2）基于继承的股权转让。《公司法》第 90 条规定："自然人股东死亡后，其合法继承人可以继承股东资格；但是，公司章程另有规定的除外。"《民法典》第 1121 条规定，继承从被继承人死亡时开始。由于死亡是一个事件而不是行为，因而因继承而发生的股权转让属于非基于法律行为的股权转让。

三、股权变动模式

股权变动模式借鉴于物权变动模式，是指股权的发生、内容变更和消灭的规范模式。

（一）我国学界对股权变动模式的主张

我国公司法学界对股权变动模式提出了不同的主张，主要可归纳为以下五种：

1. 纯粹意思主义，认为当事人双方达成转让合意时，股权即发生变动。[③]

---

① 参见黄薇主编：《中华人民共和国民法典物权编释义》，法律出版社 2020 年版，第 43 页。

② 参见张卫平：《民事诉讼法》，法律出版社 2016 年版，第 414 页。

③ 参见李建伟：《公司法学》，中国人民大学出版社 2011 年版，第 241 页。

2. 修正意思主义,认为在转让人和受让人之间,股权在股权转让合同生效时即发生变动,经公司认可后方可对抗公司,经工商登记后方可对抗第三人。①

3. 记载形式主义,认为股权转让合同生效后,还需将受让人记载于股东名册方可发生股权变动,未经工商登记不得对抗第三人。②

4. 登记形式主义,认为仅有股权转让合意尚不足以发生股权变动的效力,在股权转让合同签订后、工商变更登记之前,受让人仅享有基于股权转让合同的债权性权利,待到工商变更登记后,方发生股权变动。③ 该主张将股权工商登记作为股权变动的生效要件。

5. 综合说,认为要综合考虑出资认股、出资证明书、公司章程、股权转让合同、股东名册、工商登记、股东行权、其他股东态度等事项后,对股权是否发生变动作出判断。④

(二) 域外股权变动模式

鉴于美国、英国、德国和日本四个国家在公司法立法、执法、司法和理论研究方面的重大影响和公司经济活动体量之巨,本书特选取上述四个国家的股权变动模式为考察对象。

1. 美国特拉华州。根据《特拉华州普通公司法》《特拉华州统一商法典》的相关规定,特拉华州封闭公司发行的登记式股票证券变动的要件为“合意+背书”,变动后还需转让双方申请公司变更股东名册(即变更注册所有权人);无票股票证券变动的要件为“合意+登记”,即由转让股东(即注册所有权人)向公司或其代理人发出“指示”,由后者对证券的权利人进行变更登记,在登记完成后,受让人成为股东(即注册所有权人)。股东名册仅股东、债券持有人等投资人可以查询。

2. 英国。根据 2006 年《英国公司法》、1963 年《英国股票转让法》以及公司法相关实施条例的规定,英国私人公司股份的变动区分两个阶段:第一个阶段,股份的衡平法所有权(equitable title)变动,即股份转让协议生效后,股份衡平法上的所有权即时转让给受让人;第二个阶段,股份的普通法所有权(legal title)变动,即当股份的衡平法所有权人同意成为股东,并且其姓名被登记在公司的成员登记册上后,其取得股份的普通法所有权。成员登记册向社会公众公开,并将刑事责任作为公开之保障。

3. 德国。根据《德国有限责任公司法》《德国商法典》的相关规定,德国有限责任公司股权变动的要件为“债权合意+物权合意+公证”。股权变动后,只有受让人被记载于公司的股东名册并且被不迟延地纳入商事登记簿,受让人才能成为公司认可的股东。记载于股东名册和商事登记不是股权变动的生效要件,只是对公司和第三人的对抗要件。纳入商事登记簿的股东名册可供社会公众查询。

4. 日本。根据《日本公司法》的相关规定,日本股份有限公司股份变动需区分两种情形:

---

① 参见李建伟:《有限责任公司股权变动模式研究——以公司受通知与认可的程序构建为中心》,《暨南学报(哲学社会科学版)》2012 年第 12 期。

② 参见《九民纪要》第 8 条“有限责任公司的股权变动”。

③ 参见刘凯湘:《股东资格认定规则的反思与重构》,《国家检察官学院学报》2019 年第 1 期;赵旭东、邹学庚:《股权变动模式的比较研究与中国方案》,《法律适用》2021 年第 7 期;邹学庚:《股权变动模式的理论反思与立法选择》,《安徽大学学报(哲学社会科学版)》2023 年第 6 期。

④ 如最高人民法院(2014)民提字第 54 号民事判决书、上海市高级人民法院(2019)沪民申 1899 号民事裁定书。

在不发行股票的股份有限公司中,其股份变动的要件为“合意”,既包括债权合意,也包括变动准物权性质的效果意思合意,后者一般和债权性效果意思结合为一体被同时表示;对于发行股票的股份有限公司,其股份变动的要件为“合意+交付”。股份变动后,转让双方还需要请求公司变更股东名册,股东名册变更不是股权转让的生效要件,而是对抗公司和第三人的要件。股东名册仅供股东和债权人查询。

(三) 我国《公司法》的规定

我国《公司法》并未对股权变动模式作出明确规定。值得关注的是,《公司法》第 86 条第 2 款规定:“股权转让的,受让人自记载于股东名册时起可以向公司主张行使股东权利。”该规定仅明确了受让人何时可向公司主张权利,并未如《民法典》第 209 条第 1 款明确不动产物权变动模式那样,明确股权变动模式。从法律适用逻辑上看,该规定仅将记载于股东名册作为股东行使股东权利的充分条件,而非必要条件。这意味着,立法并不排斥其他股权变动的形式要件。

四、 有限责任公司股权转让

(一) 股权转让的方式及限制

股权转让有两种方式:一是在公司内部发生的股权转让,即股东将股权转让给现有股东;二是向公司外部进行的股权转让,即股东将股权转让给现有股东以外的其他投资者。

1. 各国公司立法的一般限制。从各国公司立法的规定看,无论何种类型的公司,股东的股权均可转让,但因公司的性质不同,法律对股东股权转让的限制也有不同。一般而言,各国立法对无限公司的股东,无论全部或部分转让股权,都规定了严格的限制条件,即非经其他股东全体同意,股权不得转让。之所以作出如此严格的规定,是因为无限公司以人合为基础,股东转让股权难以找到其他股东所信任的受让人。同时,也是为了防止无限公司的股东在公司经营欠佳时,以转让股权的方式来逃避连带的无限责任。有限责任公司虽在性质上属于资合公司,但因股东人数不多,股东又重视相互间的联系,具有人合公司的因素,为了维持公司股东彼此信赖,股权的转让也受到较严格的限制。如《德国有限责任公司法》第 15 条就规定股东的股权转让要以合同协议或公证方式进行,同时要附加一定条件来限制股东转让股权,如须经公司同意、转让的股权应保持其独立性等。

一般而言,在公司内部发生的股权转让通常并不涉及第三人的利益,因此,对重视人合因素的有限责任公司来说,其存在基础即股东之间的相互信任也没有变化;而向公司外部进行的股权转让则会因吸收新股东加入公司而影响股东间的信任基础,所以,各国公司法对在公司内部发生的股权转让限制较松,对向公司外部进行的股权转让限制较严,一般要求股东向非股东转让股权须经股东会一定比例以上的股东同意。如此限制的目的主要在于防止新股东的加入影响股东之间的关系。

2. 我国《公司法》的限制。我国《公司法》第 84、85 条对有限责任公司股东之间股权转让的限制条件作了规定。依照该规定可以看出,我国立法将有限责任公司的股权转让区分为在公司内部进行转让、向公司外部进行转让和人民法院强制执行股权。具体而言:(1) 有限责任公司的股东之间可以互相转让全部或者部分股权,没有任何限制。(2) 若股东拟向第三人转让股权,其他股东在同等条件下有优先购买权。所谓"同等条件",根据《公司法司法解释(四)》第 18 条的规定,是指对股权转让合同的达成有实质影响的因素,如转让股权的数量、价格、支付方式及期限等因素。(3) 两个以上股东行使优先购买权的,协商确定各自的购买比例;协商不成的,按照转让时各自的出资比例行使优先购买权。(4) 公司章程另有规定的,从其规定。

宋某军诉西安市大华餐饮有限公司股东资格确认纠纷案

需要特别关注的是,现行《公司法》将 2018 年《公司法》规定的"其他股东同意权+优先购买权"的双层模式,修改为"其他股东的优先购买权"的单层模式。本次修法做此修改的理由在于,2018 年《公司法》第 71 条规定,不同意转让的股东,若不购买拟转让股权,就视为同意转让。由此,股东不同意转让就需要行使优先购买权,不同意转让实质上等同于放弃优先购买权,同意权存在的意义和价值甚微,徒增程序性负担,影响股权对外转让的效率。另外,根据《公司法司法解释(四)》第 20 条规定,当其他股东行使优先购买权时,转让股东享有反悔权,即可以拒绝转让股权,但因此给其他股东造成损失的,应当承担相应的赔偿责任。

此外,对于人民法院依照法律规定的强制执行程序转让股东的股权的情形,现行《公司法》第 85 条规定,应当通知公司及全体股东,其他股东在同等条件下有优先购买权。其他股东自人民法院通知之日起满 20 日不行使优先购买权的,视为放弃优先购买权。

另外,还需要讨论的是,损害优先购买权的股权转让合同的效力问题。股东优先购买权问题,牵涉股东处分股权的自由、有限责任公司人合性的维持以及受让人交易安全的保护,三方利益纵横交错,冲突激烈。对于损害优先购买权的股权转让合同的效力问题,理论与实务中存在效力待定说、附生效条件说、无效说、有效说等多种意见。① 效力待定说认为,损害优先购买权的股权转让合同为效力待定合同,待其他股东放弃优先购买权后,合同生效。附生效条件说认为,其他股东放弃优先购买权是股权转让合同的法定生效要件,待其他股东放弃优先购买权后,合同生效。无效说认为,公司法关于股东优先购买权的规定是效力性强制性规定,违反该条规定的合同无效。有效说认为,损害优先购买权的股权转让合同有效,但不产生履行的效力。在《公司法司法解释(四)》《九民纪要》《民法典》施行后,应当说,该问题无论在理论还是实务中,均有一个较为明确的结论,即采取有效说:区分股权转让合同与股权变动分别认定效力——损害优先购买权的股权转让合同,若无其他无效事由,当为有效。在法律适用上,根据《民法典》第 646 条规定,股权转让合同作为一种无名合同,参照适用买卖合同的有关规定。进一步,根据《民法典》第 597 条规定,损害优先购买权的股权转让合同,属于处分权瑕疵的合同,若无其他无效事由,原则上应为有效。

(二) 股权转让的程序

1. 公司内部股东名册变更。股权转让应由出让方和受让方签订股权转让合同。关于有限责任公司的股权转让,根据《公司法》第 86、87 条规定,股东转让股权的,应当书面通知公

---

① 参见赵旭东:《股东优先购买权的性质和效力》,《当代法学》2013 年第 5 期。

司，请求变更股东名册；公司应当及时变更股东名册，并注销原股东的出资证明书，向新股东签发出资证明书，并相应修改公司章程和股东名册中有关股东及其出资额的记载。对公司章程的该项修改不需再由股东会表决。这就是通常所称的公司内部股东变更登记。

《公司法》规定了公司不办理内部股东变更登记的股东救济措施。根据《公司法》第 86 条的规定，公司拒绝办理内部股东变更登记的，或者在合理期限内不予答复的，转让人、受让人可以依法向人民法院提起诉讼。在诉讼中，应区分以下情况分别对待：(1) 因股权转让不符合公司法及公司章程的规定，公司拒绝登记的，应认为股权转让无效，公司不承担任何法律责任，转让方与受让方之间的纠纷依股权转让合同处理；(2) 股权转让符合公司法及公司章程的规定，公司拒绝变更登记的，公司侵犯了股东依法转让股权的权利，应责令公司办理变更登记，并由公司承担相应的法律责任。

2. 公司登记机关的变更登记。有限责任公司股权转让后，公司须向公司登记机关申请变更股东姓名的登记。根据《公司法》第 86 条第 1 款，股东转让股权，需要办理变更登记的，有权请求公司向公司登记机关办理变更登记。第 34 条第 1 款规定，公司登记事项发生变更的，公司应当依法向公司登记机关办理变更登记。

《市场主体登记管理条例》第 24 条第 1 款规定，市场主体变更登记事项，应当自作出变更决议、决定或者法定变更事项发生之日起 30 日内申请办理变更登记。这就是通常所称的变更登记。一般而言，公司变更登记应由转让方(原股东)向董事会或公司章程规定的公司内部组织机构(简称公司内部登记机构)申请股东变更登记，再由公司内部登记机构依《公司法》及公司章程规定进行审核。若转让符合《公司法》及公司章程规定，公司内部登记机构应同意变更并记载于股东名册，然后到市场监督管理部门办理变更登记手续。

五、 股份有限公司股份转让

（一） 股份转让的意义

股份的转让，是指股份有限公司的股东依照一定的程序将自己的股份转让与受让人，由受让人取得股份成为公司的股东。一般而言，股份有限公司是典型的资合性公司。投资者向股份有限公司投资后，该投资即构成公司财产，股东不得自由支配，亦不得要求公司返还。股东自由转让持有的股份是股东保护自身利益最重要的手段之一。如果公司法不赋予股东自由处分其所持股份的权利，股东会因为利益无法保障而放弃购买股份这种投资方式，股份有限公司也将不复存在。因此，允许股份有限公司的股份自由转让已成为各国公司法的共识，这也是股份有限公司区别于有限责任公司的重要标识之一。股份有限公司股东无论是向其他股东转让，还是向股东以外的人转让，原则上皆可自由转让其持有股份，无须经过其他股东同意，其他股东也没有优先购买权，投资者可以通过自由转让其持有的股份转移投资风险。对此，《公司法》第 157 条明确规定：“股份有限公司的股东持有的股份可以向其他股东转让，也可以向股东以外的人转让；公司章程对股份转让有限制的，其转让按照公司章程的规定进行。”

股份自由转让是证券交易所建立的基础，证券交易所让股份成为股东的流动性资产。此外，股份自由转让也促成公司并购市场的建立，对公司管理层行为形成制约，由资本市场产生的压力会促使管理层不断提高经营管理水平。股份流转还会引致社会资金在全社会范围内，包括各公司、各行业部门、各地区之间不断地流动，为调节投资结构和经济结构创造条件。

（二）股份转让的限制

虽然股份自由转让是股份有限公司的重要特征之一，但实践中，部分股份有限公司具有封闭性，其与有限责任公司一样存在人合性需求。且股份转让亦会影响公司财产的稳定性，甚至产生股票投机行为。此外，为加强信息披露、规范关联人员行为，保护股东、投资者、公司及公司债权人合法权益等，在特定情形下，诸如证券法等法律也对股份转让作出必要限制，以期将前述问题尽可能控制在较小范围内。根据《公司法》第157~160条规定，股东持有的股份应当依法公开、公平转让，但要受到下列限制：

1. 公司章程对股份转让的限制。公司章程是公司的自治宪章，可以对股份转让作出限制。《公司法》第157条规定，公司章程对股份转让有限制的，其转让按照公司章程的规定进行。

2. 对股份转让场所的限制。《公司法》第158条规定，股东转让其股份，应当在依法设立的证券交易场所进行或者按照国务院规定的其他方式进行。这里所说的证券交易场所，包括证券交易所、全国中小企业股份转让系统、证券公司柜台市场、区域性股权市场等。我国的上海证券交易所、深圳证券交易所和北京证券交易所是最具代表性的全国性证券交易场所。

由于股份转让的具体情形复杂，为避免阻碍股份流动，维护股权自由转让原则，股份有限公司的股份转让除在依法设立的证券交易场所进行外，还可以其他适当的方式进行，具体方式由国务院作出规定。实践中，有的非上市公司股份即通过私下协议的方式进行转让。

3. 对公司董事、监事、高级管理人员持有本公司股份的转让限制。公司的董事、监事、高级管理人员是公司重要的经营管理人员。对其持有本公司股份作出转让限制，主要基于两个理由：一方面，为保持公司的董事、监事、高级管理人员与公司利益的一致性。公司公开发行股份融资，主要目的在于谋求公司更好的发展，而不是为公司董事、监事、高级管理人员减持套现提供便利。另一方面，公司的董事、监事、高级管理人员在公司中处于控制地位，相对于外部投资者具有信息优势，为保护公众投资者合法权益，防止董事、监事、高级管理人员利用控制权和信息优势牟取不正当利益，对其转让减持行为作出适当限制，也是必要的。《公司法》第160条第2款即规定了这种限制："公司董事、监事、高级管理人员应当向公司申报所持有的本公司的股份及其变动情况，在就任时确定的任职期间每年转让的股份不得超过其所持有本公司股份总数的百分之二十五；所持本公司股份自公司股票上市交易之日起一年内不得转让。上述人员离职后半年内，不得转让其所持有的本公司股份。公司章程可以对公司董事、监事、高级管理人员转让其所持有的本公司股份作出其他限制性规定。"

此外，《公司法》还确立了法律、行政法规或者国务院证券监督管理机构可对上市公司的股东、实际控制人限售本公司股份另行规定的规则。实践中，如上海证券交易所、深圳证券交易所股票上市规则中还规定了承诺锁定期制度，即发行人提出首次公开发行股票上市申请时，控股股东和实际控制人应当承诺，自发行人股票上市之日起36个月内，不转让其直接或者间接持有的发行人公开发行股票前已发行的股份。

4. 对公司收购自身股份的限制。综观各国公司立法，各国对公司持有自身股份问题的态度不尽相同。譬如，美国即允许公司自由回购自身股份；但也有国家采用"原则禁止，例外允许”的立法模式，如法国即原则上禁止公司持有自身股份，但在以下三种情形下允许公司持有自身股份：(1) 通过减少资本的方式取消股份；(2) 依照利润分配方案将股份分配给雇员；(3) 在证券交易所注册的公司，在遵守相关支付价格的某些限制条件下，可用自由储备金购买相当于其资本额 10%以下的自身股份。事实上，公司收购自身股份将减少公司资产，使其财产不足以偿付公司债务，进而危及公司债权人利益。公司收购自身股份的行为除损害资本维持原则外，还存在诸如损害股东平等原则、损害公司控制权的公正性、损害交易的公平性等弊端。但是，允许公司收购自身股份亦有合理性，如可减少资本冗余、保持股本结构、维持公司控制权等。因此，我国《公司法》第 162 条也采用了“原则禁止，例外允许”的立法模式。

5. 对接受本公司股份作为质权标的的限制。我国《公司法》第 162 条第 5 款规定：“公司不得接受本公司的股份作为质权的标的。”公司的股份具有的财产性权益属性，可以成为质权的标的，但是公司法禁止公司接受本公司的股份作为质权的标的。这是因为公司接受本公司股份设置质权的，形同以自身财产担保自己的债权，当债务人不能清偿债务，公司拍卖股份又无人应买时，公司即成为该部分股份的持有人，违反了上述公司法对公司收购自身股份的限制规则。

6. 股东在法定的“停止过户期”的时限内不得转让股份。我国《公司法》第 159 条第 2 款规定：“股东会会议召开前二十日内或者公司决定分配股利的基准日前五日内，不得变更股东名册。法律、行政法规或者国务院证券监督管理机构对上市公司股东名册变更另有规定的，从其规定。”只有在股东会或公司决定分配股利之前公司股东是确定的，才能保证相关事项能够顺利进行。因此，股份有限公司在股东会召开前 20 日内或公司决定分配股利的基准日前 5 日内，不得变更股东名册。在此期间，即使发生了股票转让，受让人也不得要求公司在股东名册上对有关事项进行变更，仍由原股东参加股东会，行使股东权利；或者由原股东接受股利分配，在股东会结束后或股利分配结束后，股票的受让人才可以主张变更股东名册，其也可以向原股东请求返还该部分股利。值得注意的是，这并不意味着在此期间不得进行股份转让。但是，如果受让人在此期间申请股东名册的变更登记，公司应当拒绝；如果公司接受其申请，并办理过户手续，应属无效。

（三）股份转让的方式

1. 记名股的转让。《公司法》第 159 条第 1 款规定：“股票的转让，由股东以背书方式或者法律、行政法规规定的其他方式进行；转让后由公司将受让人的姓名或者名称及住所记载于股东名册。”此前，我国公司实践中的股票可以分为实物券式股票和簿记式股票，前者转让时须经背书，并将受让人姓名及住所记载于股东名册才能生效。而簿记式股票转让则无法采取背书方式。现行《公司法》删除了无记名股，要求股份有限公司皆应发行记名股，因而也将不存在无记名股的转让问题。

2. 上市股份的转让。《公司法》第 165 条规定：“上市公司的股票，依照有关法律、行政法规及证券交易所交易规则上市交易。”对于上市公司而言，其股票采取的是簿记券式，无法采用背书方式转让，通常应由交易者在证券公司开户、委托证券公司买卖，由证券登记结算机构根据成交结果，按照清算交收规则，与证券公司进行证券和资金的清算交收，并为证券公司客户办理证券的登记过户手续。即对买入证券的投资者在其证券账户内增加证券数量，同时在卖出证券投资者的账户内减少相应证券数量。

3. 国有股权转让。国有股权因国家持股而具有特殊性。根据《企业国有资产监督管理暂行条例》第23条规定,国有资产监督管理机构决定其所出资企业的国有股权转让。其中,转让全部国有股权或者转让部分国有股权致使国家不再拥有控股地位的,报本级人民政府批准。在国有股权转让纠纷的案件中,转让国有股权未经履行批准手续或其他法定程序的,案涉股权转让合同不生效,但是在诉讼中办理了相关手续或者履行了其他法定程序的,股权转让合同发生法律效力。未对转让的国有股权价值进行评估的,法院应当委托中介机构进行评估;合同约定的转让价格显著低于评估价值的,以评估价值确定股权转让的价格。

（四） 记名股票被盗、遗失或者灭失的处理

根据《公司法》第164条的规定,股票被盗、遗失或者灭失,股东可以依照《民事诉讼法》规定的公示催告程序,请求人民法院宣告该股票失效。人民法院宣告该股票失效后,股东可以向公司申请补发股票。

1. 依公示催告程序宣告股票无效。结合《民事诉讼法》第十八章规定的公示催告程序,内容如下:

(1) 以背书转让的股票持有人,股票被盗、遗失或者灭失的,可以向票据支付地的基层人民法院申请公示催告。申请人应当向人民法院递交申请书,写明记名股票的主要内容和申请的理由、事实。

(2) 人民法院决定受理申请的,应当同时通知公司停止该记名股票所代表股东权利的行使;并在3日内发布公告,催促利害关系人申报权利。公示催告的期间,由人民法院根据情况决定,但不得少于60日。

(3) 公示催告期间转让该股票的行为无效。

(4) 利害关系人认为股东的公示催告请求与事实不符的,如申报该记名股票并不是被盗、遗失或者灭失,而是被合法转让给自己的,应当在公示催告期间向人民法院申报。在公示催告期间,没有利害关系人申报的,人民法院即根据申请人的申请,作出判决宣告该记名股票无效。判决应当公告,并通知公司。没有人申报的,人民法院应当根据申请人的申请作出判决。

(5) 利害关系人因正当理由不能在判决前向人民法院申报的,自知道或者应当知道判决公告之日起1年内,可以向作出判决的人民法院起诉。

2. 申请补发股票。依照公示催告程序,人民法院宣告该股票失效后,股东可以向公司申请补发股票。

（五） 禁止公司财务资助行为

公司财务资助行为,是指公司为他人取得本公司股份或者其母公司股份而提供财务资助的行为,包括通过赠与、借款、担保等使公司资产流向他人的行为。公司财务资助行为包括三项构成要件:一是他人购买或认购公司股份;二是公司为他人提供了财务资助;三是公司提供财务资助的目的是帮助他人取得本公司或其母公司的股份。

1. 制度功能。禁止财务资助行为制度主要有三大制度功能:

(1) 规制公司控股股东、实际控制人、管理层对公司资产的滥用行为。所谓滥用行为,是

指非为了公司利益,而为了自身利益或者他人利益不当使用公司资产,损害公司、债权人利益。具言之,控股股东、实际控制人、管理层控制公司向他人提供财务资助,被资助人再高价购买控股股东、实际控制人、管理层手中的股份,变相地掏空公司资产。维持公司资产是这一制度功能的底层逻辑。

(2) 防范公司虚假增资。公司向特定第三人发行新股,并向该第三人提供财务资助支付股款,股款最后又回到发行新股的公司,完成虚假增资,如循环往复多次,则称循环增资。虚假增资,相关资助的财产仍属于公司,未损害公司利益,但严重冲击公司的资本信用,损害了债权人利益。

(3) 防止公司不当影响股价。当公司股价下降时,公司为了稳定甚至提升股价,向他人提供财务资助,让其在二级市场购买该公司股票,以抬升该公司股价。禁止财务资助行为可以规制这类行为,维护证券市场化定价机制,让证券交易市场价格真实反映公司价值,禁止公司利用自身资产操纵股价。

2. 原则禁止。各国禁止财务资助行为一般采用了"原则禁止、例外允许"的模式。我国《公司法》第 163 条也采用了这种模式。

《公司法》第 163 条第 1 款是财务资助的原则禁止规则,具体内容如下:

(1) 适用主体。《公司法》第 163 条仅适用于股份有限公司,不适用于有限责任公司,具体是指为他人提供资助行为的股份有限公司。

(2) 财务资助行为形式的界定。判断财产资助行为形式的实质标准是公司行为是否导致公司资产减损,帮助他人取得本公司或控股公司的股份。主要表现形式包括积极资助行为和消极资助行为。积极资助行为包括赠与、借贷、发行债券、提供担保或补偿等,消极资助行为包括公司承担他人的债务、免除他人债务等。

(3) 财务资助目的。财务资助的目的是帮助他人购买本公司或其母公司的股份。如果资助对象购买了其他公司的股份,则因不符合资助目的,不构成财务资助行为。

(4) 资助对象的界定。《公司法》第 163 条规定的作为资助对象的"他人",主要是指公司潜在股东。为了防止本规定被轻易规避,"他人"也可以指公司股东。

3. 例外允许。需要注意的是,财务资助行为并非绝对不利于公司,相当一部分的财务资助行为对公司是有利的。例如,公司资助有商业才华的企业家收购公司,该企业家收购公司后,不仅改善了公司治理效率,而且研发了有价值的产品,让公司市值实现了大幅度增长,公司和债权人都能从中受益。又例如,公司将资金借贷给他人在二级市场购买本公司股份,公司通过借贷收回了本金并获得丰厚利息,该财务资助行为也使得公司和债权人都从中获利。因此,各国在禁止财产资助行为的同时也都规定了一般例外情形。如《澳大利亚公司法》第 260A 节规定了两类一般例外情形:(1) 没有实质损害到公司利益、其他股东的利益或者公司的偿付能力的财务资助行为;(2) 经股东会批准的财务资助行为。

此外,一些立法例还规定了禁止财产资助的具体例外情形。不同于一般例外,具体例外为财务资助行为规定了具体的事由。根据是否对具体事由设定额外条件,具体例外可分为两类:无条件的例外和附条件的例外。无条件的例外往往规定形式上具有财务资助特点但已经有针对性的立法或司法行为进行规制的交易行为,如股份分红、股份回购等。附条件的例外是指公司法允许公司在某些具体情形下提供财务资助,但必须满足基本的资产维持要求,如金融机构经营正常业务例外与员工持股计划例外。

我国《公司法》第 163 条第 2 款是禁止财务资助的一般例外规则,涉及如下内容:

(1) 一般例外的实质要件:为了公司利益。实质要件标准分为正面界定标准和反面界定标准。正面界定标准是指财务资助行为为了公司利益。反面界定标准是指财务资助行为未对公司、股东、债权人造成实质损害。我国《公司法》第 163 条第 2 款采用正面界定标准,使用了"为了公司利益"的表述。司法实践中,被告往往很难证明财务资助行为有利于公司。因此,被告可以通过证明财务资助行为不损害公司利益、股东利益或者公司偿债能力,来证明符合"为了公司利益"的实质要件。一般例外的实质要件主要起到事后司法监督作用,要配合董事、监事、高级管理人员的赔偿责任,才能起到事前司法威慑作用。

(2) 一般例外的程序要件。一般例外的程序要件是事前监督必备配套规定。《公司法》第 163 条第 2 款规定,财务资助行为只有经股东会决议,或者董事会按照公司章程或者股东会的授权作出决议,才能构成一般例外。其中,董事会决议应当经过全体董事的 2/3 以上通过。

(3) 一般例外的资本比例要件。《公司法》第 163 条第 2 款规定,财务资助的累计总额不得超过已发行股本总额的 10%。财务资助资本比例要件属于事前监督、程序要件监督和资本比例控制,体现了立法者极其谨慎限制财务资助行为的立场。

值得注意的是,《公司法》第 163 条第 1 款还规定了禁止财务资助的一种具体例外:公司实施员工持股计划。与国外立法例不同,本条款并没有附加资本维持的条件。

4. 法律责任。在"原则禁止、例外允许"的体系之下,《公司法》第 163 条第 3 款规定,公司违法为他人提供财务资助,给公司造成损害的,负有责任的董事、监事和高级管理人员应当承担赔偿责任。这一方面是为了对财务资助行为形成司法威慑;另一方面,也为因财务资助行为受损害的公司提供法律上的救济。

六、 股权继承

我国《公司法》第 90 条、第 167 条规定,自然人股东死亡后,其合法继承人可以继承股东资格;但是,公司章程另有规定的除外。由于死亡是一个事件而不是行为,因而因继承而发生的股权转让属于非基于法律行为的股权转让。需要讨论的是,当继承发生时,股权自动变动至继承人名下,还是继承人须办理相关股东变更手续后方取得股权?有观点认为,在自然人股东死亡后,只要公司章程没有相反的规定,其继承人就可以立即向公司申请办理股东变更手续,进而取得股权和股东资格。另有观点认为,在自然人股东死亡后,只要公司章程未禁止或限制股东资格继承,其继承人可以立即取得股权。本书赞成第一种观点。《民法典》第 1121 条规定,继承从被继承人死亡时开始。该条中的"继承"并非指向遗产的变动,而是指办理遗产继承相关事务的开始。因而,股权的继承人欲取得股权,还需履行股权变动的手续。但与一般的股权对外转让不同,根据《公司法司法解释(四)》第 16 条,在股权发生继承时,其他股东不享有《公司法》规定的优先购买权。

另外,2005 年修改《公司法》时,对股权继承问题规定了"但书"条款,即除公司法章程另有规定外,允许公司对股权继承作出自治性规定,为困扰司法实践多年的股权继承纠纷在立法上划上了句号。在立法进程中,关于股权继承的法律默示条款,应当是默示允许继承、公司章程有权禁止或限制（即默示允许、例外禁止），还是默示不允许继承、公司章程有权限制或允许（默示禁止、例外允许），存有不同意见。这两种意见在规范上并无优劣之分，各国须根据各自的国情确定。例如，《德国有限责任公司法》第 17 条规定了默示禁止、例外允许的规则，即股份继承原则上应取得其他股东的同意，但公司章程另有规定的除外。德国学者认为，阻止不受欢迎的继承人进入公司是许多公司的愿望。① 《法国商法典》第 L223-13 条则选择了相反的路径，规定股份原则上可以继承，但公司章程另有规定的除外。② 考虑到我国的文化传统和实践需求，立法者最终选择了"默示允许、例外禁止"的规范思路。另外，在被继承人为一人，而继承人为多人时，股权继承的发生将可能导致有限责任公司股东人数超过法定人数。继承后对股权进行分割将导致股东人数超过《公司法》规定的有限责任公司股东人数的，应当禁止分割。

【本章思考练习题】

一、名词解释

1. 股东
2. 股权
3. 出资
4. 股份
5. 自益权
6. 共益权
7. 股东名册
8. 派生诉讼
9. 出资证明书
10. 优先股
11. 累积投票制

二、简答题

1. 股东资格的取得方式有哪些？
2. 公司的股东与公司的发起人的关系如何？
3. 如何理解股东的法律地位？
4. 股东的主要权利义务有哪些？
5. 股权可以作哪些分类？各种分类的意义是什么？
6. 如何理解股权的法律性质？
7. 如何理解股东平等原则？

---

① 参见［德］托马斯·莱赛尔、吕迪格·法伊尔：《德国资合公司法》，高旭军等译，上海人民出版社 2019 年版，第 631~632 页。

② 参见《法国商法典》（上册），罗结珍译，北京大学出版社 2015 年版，第 217~218 页。

8. 有限责任公司的出资和股份有限公司的股份有何区别?

9. 有限责任公司的出资证明书和股份有限公司的股票有何区别?

10. 简述公司法关于有限责任公司股权转让的规定。

11. 公司的股份与公司的资本是否同一含义?

12. 对股份或股票可以作哪些分类? 各种分类的区别有哪些?

13. 简述公司法关于股份有限公司股份转让的规定。

14. 股份有限公司股份自由转让的意义是什么?

15. 简述公司法限制公司回购自身股份的原因。

16. 什么是对赌协议? 如何判断对赌协议的效力?

三、案例分析

1. 甲系丙与乙的婚生女,乙与丙离婚后与丁结婚,2003 年,乙、丁和戊分别出资 25 万元、25.5 万元、0.5 万元设立了有限责任公司,该公司章程未对股东去世后其出资如何处理作出约定。2005 年 5 月,乙因车祸不治而亡。甲得知其父死亡的消息后,向人民法院起诉要求继承其父在有限责任公司中的财产。因甲住在外地,不愿参与公司经营,甲遂请求人民法院判令将乙的股份转让给丁,转让所得现金归自己所有。审理中,丁同意甲与自己共同继承乙的股份,但拒绝购买乙的股份。请问:

(1) 甲可否继承其父乙的股份并当然取得股东身份? 为什么?

(2) 法院可否判令丁购买甲应继承的股份? 为什么?

(3) 若甲与丁就乙的股份处理达不成一致意见,法院能否将公司解散进行清算,再让甲、丁依继承法的规定予以继承? 为什么?

2. 旺达实业公司连同其余 5 家单位发起成立了亿达股份有限公司。一年半后,旺达实业公司因资金紧缺,与前进实业公司签订了股份转让协议,将其在亿达股份有限公司的股票 2 万股,以价值人民币 250 万元转让给前进实业公司,双方当即交接完毕。一年半后,前进实业公司反悔并诉至法院,称其与旺达实业公司的股份转让行为违法无效,要求旺达实业公司返还价金 250 万元并赔偿银行利息损失。请问:

(1) 旺达实业公司与前进实业公司的股份转让行为是否符合我国《公司法》的规定? 为什么?

(2) 假设旺达实业公司和前进实业公司在进行股份转让行为时约定于股份转让协议签订 2 年后办理股票过户登记手续,双方的股份转让行为是否符合我国《公司法》的规定? 为什么?

(3) 本案应如何处理?

3. 某有限责任公司有 A、B、C 三个股东。A 股东持有公司股本的 55%,为控股股东,B 股东持股 40%,C 股东持股 5%。A 股东欲将其持有的公司股本全部转让他人。B 股东要求在同等条件下,对其转让的部分股权即公司股本的 15%行使优先购买权,达到持有公司股本的 55%,取得公司控制权。A 股东则认为,优先购买权不能部分行使,其联系的股权受让方之所以同意受让股权,就是为取得公司的控制权,如 B 股东通过部分行使优先购买权控制了公司,剩余的40%股权,对方是不会接受转让的。所以,A股东要求B股东或者放弃行使优先购买权,或者对全部股权行使优先购买权。B股东不同意其主张,且也无力收购全部股权。双方由此发生争议。请问:

本案应当如何处理?为什么?

第九章　公司组织机构

■【导语】

公司组织机构是公司存在和运行的制度体现与保障，是公司成为法人组织的必要条件，也是公司实现有效治理的基础。公司组织机构通常由权力机构、决策与代表机构、执行机构、监督机构等构成，每一机构执掌公司不同的权力，从而在合作与制衡中实现公司的运行。

本章以我国公司立法为依据，介绍公司组织机构设置的基本原则和股东会、董事会、监事会及经理这四种公司基本组织机构的职权和职责，探讨董事的忠实义务和勤勉义务以及独立董事的地位和职权。现行《公司法》修改时对前述组织机构及其权责进行了实质调整，并引入了选择式单层制、审计委员会、董事对第三人责任、控股股东与实际控制人的义务与责任、董事责任保险等重大制度。本章同时介绍了外国公司法的一些规定，以使学生对各国公司的组织机构有一个概括的了解。

本章学习的重点在于公司组织机构设置的基本原则、股东会的职权与决议、董事会的职权与决议、监事会的职权、经理的职权以及董事、监事、经理的忠实义务、勤勉义务与民事责任。本章学习的难点在于具体运用公司组织机构设置的基本原则分析各国公司组织机构的种类、权责及运作，分析各种公司组织机构如何在激励与约束中达到权力制衡。

第一节　公司组织机构概述

一、公司治理

（一）公司治理问题的产生

公司治理（coporation governance）这一概念在 20 世纪 30 年代初由美国学者贝利（Berle）和米恩斯（Means）首次提出。现在，公司治理已成为国内外公司法学界研究的基本问题。但是，公司治理问题并非与公司的产生相伴而生。19 世纪末 20 世纪初，西方资本市场向全球扩张，现代企业制度不断创新，超大型的股份有限公司在管理结构上日益奉行董事会中心主义的体制，公司所有者与管理者之间、大股东与小股东之间在权力分配和制衡的博弈中冲突不断，诉讼频频。

从客观上来讲，进入 20 世纪以后，市场复杂性不断增加，股东进一步走向国际化和分散化,这不仅加剧了职业管理者对公司的控制,也导致股东对公司经营层监督的漠视,股东对公司经营的控制能力越来越小。公司在自然演变的进程中所产生的必然结果是董事会逐渐成为公司的权力中心。在这种情况下,如何使具有独立利益的经营者最大限度地维护所有者利益的问题便逐渐突出,关注这一社会问题的经济学家、法学家开始探讨突破旧的制度框架体系去设计一种适当的组织结构和制度安排以平衡公司各方利益并最终维护公司和股东的利益,公司治理的理念和制度创新由此产生。

公司治理的实质价值在于,通过合理分配公司的权力资源,不断完善公司管理运营与监督控制的权力配置,促进公司良性运转,以实现公司的经营目标并最终实现股东利益的最大化。当然,公司本身作为一种制度的构造物,其治理活动自然依托于法律认可和规定的公司组织机构,这是不言自明的。

(二)公司治理与公司组织机构

公司治理与公司组织机构密不可分。在现代企业制度中,判断一个公司治理是否良好的标准之一为该公司组织机构的设置是否完善及各组织机构之间的关系是否协调、是否有效率。因此可以说,公司治理以分权为前提,以公司组织机构为物质基础。公司治理无非是公司各组织机构在贯彻公司经营目标前提下的有效运行,公司的组织机构在行使各自职权时相互制衡,最终在兼顾各利益相关者利益的基础上实现公司和股东的利益。公司组织机构在公司治理中处于核心地位。

1. 公司组织机构的设置及其基本权限和职责的分配由公司法加以规定,这种规定带有明显的强制性,是公司得以存在和运行的前提。

2. 公司具有法人资格,组织机构的存在是法人成立的必要条件,法人内部事务的处理需要不同组织机构间的协调运作,外部事务的处理需要明确代表机关。

3. 公司治理可能贯彻不同的企业管理理论,彰显单个公司的个性素质,但它无论如何不可能恢复到没有不同的组织机构分权制衡的个体企业经营状态,公司治理从某种角度讲,是公司权力资源在决策机构和监督机构之间的分配。

4. 从实践层面看,公司治理直接表现为在法律许可的框架内对公司组织机构的改革创新。以强化公司监管为例,英美法系国家在董事会中设立独立董事并不断加大其职权和人数比例,大陆法系国家在赋予监事更多的监督职权的同时,借鉴英美法系国家的做法设立独立董事和独立监事,足以作为佐证。我国现行《公司法》引入了选择式的监督机构,公司可选择性设置审计委员会或监事会,是一项重大制度创新。

公司治理理论对静态的公司组织机构不能有效制止大股东滥权和董事违反忠诚义务、勤勉义务的现象提出了批评和挑战,其倡导的改革措施可使公司组织机构增进活力,发挥出投资者所期望的功能和作用,为公司的健康运行作出制度上的保障。

事实上,公司的组织机构会随着社会的发展而呈渐进式的演变,公司治理的理论和实践在特定的历史阶段不仅引导而且加速了这种调整演变。公司治理任何措施的实施,均起源于对公司组织机构的改造,也完成于具有创新内容的公司组织机构的确立。至于改善公司治理结构的说法,则是从强调公司治理的角度观察、评价、调整公司组织机构职责区分和互动的整体效果而言的,其主旨含义甚至语言环境仍在公司组织机构的逻辑范畴之内。

二、 公司组织机构的设置

公司组织机构设置不仅包括公司设立何种组织机构及各组织机构的职权职责划分,还包括各组织机构运行中的相互制衡关系。公司组织机构的设置必须解决公司治理的中心问题,公司治理的基本理论也为公司组织机构的制度设计提供了理论支持。下面先对现代公司治理的基础理论作一简要介绍,并在此基础上对公司组织机构设置的原则进行探讨。

(一) 现代公司治理基础理论

1. 委托代理理论。该理论并非法学理论,而是经济学中企业管理理论的一种。其基本思想为:

(1) 公司股东是公司的所有者,即代理理论体系中的委托人,董事、经理是公司的经营者,即代理人。股东授权董事、经理经营公司,股东的利益依赖董事、经理的行为,公司的经营风险由股东承担。

(2) 代理人是自利的经济人,具有不同于委托人的目标函数,具有机会主义的行为倾向,其行为有时并非为了委托人利益的最大化,而是为了自己利益的最大化。当二者不一致或者发生冲突时,代理人甚至会损害委托人的利益。

(3) 代理问题产生的原因主要是信息不对称。委托人所了解的有关代理人的信息(如代理人的才能、努力程度)是有限的,代理人则掌握着公司经营中的全部信息,而委托人无法直接观察代理人的行为。因此,经营者可以利用信息优势为自己谋取私利甚至损害股东利益。

(4) 公司治理的中心问题就是解决代理问题,即如何使代理人维护委托人利益,具体来说就是如何建立起有效的激励与约束机制,促使经营者为股东利益的最大化服务。

委托代理理论不仅适用于股东和董事、经理之间的关系,还可以扩展到股东与监事、董事与经理之间的关系。委托代理理论强调,有效的公司组织机构的设置必须以维护委托人的利益为宗旨,注重建立对代理人进行监督与约束的机制,并与激励机制相结合。此外,它还强调信息的公开以改善信息不对称的程度。

2. 利益相关者(stake- holders) 理论。最初的委托代理理论认为委托人主体资格仅限于股东(stock- holders),认为公司自始就归出资人所有。利益相关者理论对此进行了校正,认为公司是各种投入的组合,股东仅仅是资本的提供者,除此之外,公司职工、贷款者、供应商等对公司都有特殊的贡献,甚至可以说作了不同类型的专门化的投资,公司经营对他们的影响和对股东的影响一样,当公司处在经营绝境时,股东可以选择逃离,而职工群体将会遭受失业的打击,因此以职工为代表的利益相关者更加关注公司的荣辱成败,他们也应享有公司治理权。

近年来,各国公司法对公司组织机构的设置均不同程度地体现了对利益相关者的重视,如德国吸收职工代表参加公司决策,日本注重主办银行对公司行为的监督,美国一些州的公司法要求董事们在面对公司被并购的情形时要考虑未来公司经营方向的调整对职工的影响,经济合作与发展组织(OECD)具有指导价值的公司治理的文件要求董事会作出重要决策时要注意征求利益相关者的意见,我国公司法则直接规定了公司承担社会责任的义务等。

（二）公司组织机构设置的原则

公司组织机构设置的原则，是指在公司法和公司章程的框架下构造公司的组织机构，明确其各自的职权范围，协调相互运作关系，以期实现良好的公司治理所应贯彻的基本精神和规则性要求。它不仅包含传统商法在意思自治理念支配下形成的商法人组织机构产生和活动的某些规则，还应体现公司治理理论在现代企业制度构造实践中创设的一些重要规范。

事实上，在公司治理理论指导下派生出的公司组织机构设置的原则仍然根植于传统的商事法人制度的土壤，只是其中的意蕴已散发着全球化和公司法制现代化的浓郁气息。目前，世界各国公司立法的修改无不吸收公司治理的基本理念，以丰富和发展公司组织机构设置的原则，指导公司改善并建立更有效的治理结构。例如，1999 年，经济合作与发展组织（OECD）理事会通过了《OECD 公司治理结构原则》，作为各国政府制定有关公司治理结构法律规范和监管制度框架的参考。中国证监会于 2002 年发布了《上市公司治理准则》，作为判断上市公司是否具有良好公司治理结构的主要标准。在这些公司治理准则中，公司组织机构的设置占据了重要部分。2005 年《公司法》不但要求上市公司设立独立董事，还对董事会设置秘书作出了规定，从而进一步完善了我国的公司治理结构，体现了制衡与效率的原则。2023 年中国证监会制定的《上市公司独立董事管理办法》规定了独立董事的任职资格与任免、职责与履职方式、履职保障等事项。我国现行《公司法》第 137 条规定上市公司审计委员会的职权，进一步完善了审计委员会制度。

虽然不同的国家因为公司发展的历史不同形成了不尽相同的治理模式，但是，由于公司治理问题产生的基础相同，而且受公司法律制度在全球范围内被趋同化和不能输在制度设计上的比较竞争文化所导引，规范比对、相互借鉴的事例不胜枚举，网络资信的传输加快了这种进程，故而公司组织机构的设置也具有大体相同的原则。

1. 股东权力原则。该原则是指公司组织机构的设置应重视股东作为公司所有者的地位，确保股东能够充分行使权利。该原则具体可分解为：

（1）股东会为权力机构原则。各国公司法均规定股东会为公司组织机构中的权力机构，公司的重大事项，如公司章程的变更、董事的任免、公司的合并与解散、公司重大经营方针的批准等须由股东会作出决议。

（2）股东的平等对待原则。公司组织机构的设置应确保所有股东特别是中小股东享有平等的权利，并承担相应的义务。公司法中的同股同权原则、保护中小股东的累积投票制、大股东对关联交易的投票回避制等均体现了该原则。

（3）股东权利救济原则。为了切实保护股东的利益，各国公司法均规定股东权利受到侵害时应得到法律救济。虽然股东诉讼的具体制度各不相同，但各国公司法均确认，股东会、董事会的决议违反法律规定，或者董事、监事、经理执行职务时违反法律或公司章程，造成股东或公司损害的，股东有通过诉讼得到法律救济的权利。如《法国商事公司法》规定，公司章程或股东会决议限制股东维权诉讼的条款无效；而股东派生诉讼制度由英国创造后已经被许多国家采用。

2. 激励与约束并举的权力制衡原则。因为公司组织机构中的各方利益主体均为理性的“经济人”，其行为是成本收益衡量后追求自身利益最大化的结果。如果收益与付出不成正比，即使约束再强，也不能完全避免公司代理人为了自己利益而损害公司和股东的利益，更不能保证其有动力勤勉地追求公司和股东的利益。因此，良好的公司治理还应充分重视激励机制，使公司的董事、监事、经理有动力积极履行其职责。其中，由于经理是公司的直接经营者，故对其的激励设计在公司激励机制中居核心地位，如经理股票期权制度。

然而，因为公司股东之间、股东与董事、经理之间利益并非完全一致，为了避免公司的各种利益主体在追求自己利益最大化时损害他人的利益，就必须对其进行约束以达到权力的平衡。约束机制主要包括：

（1）对大股东的约束。在股权集中的公司，由于中小股东股份比例较小且比较分散，大股东（控股股东）便在公司中居于垄断控制地位。为了防止其滥用控股地位损害中小股东权益，公司法均规定了对大股东的限制措施。例如，美国许多州的公司法规定的累积投票制度保障了中小股东将其代言人选进董事会，从而提高了中小股东在公司决策中的影响力。我国《公司法》第 21 条规定了公司股东不得滥用股东权利损害公司或其他股东的利益，其主要规范对象即为大股东。《公司法》第 89 条规定，公司的控股股东滥用股东权利，严重损害公司或者其他股东利益的，其他股东有权请求公司按照合理的价格收购其股权。前述针对股东滥用权利的条款，为大股东划出行使权利的边界，也为小股东或债权人行使诉讼救济权利提供了依据。对于上市公司，我国《上市公司治理准则》还特别列出“控股股东及其关联方与上市公司”一章对控股股东及其关联方的行为进行约束。

（2）对董事、董事会的约束。对董事、董事会的约束主要体现在如下方面：一是股东、股东会对其的制衡，如股东会对董事的任免权、对董事会提议的审批权、股东对违法董事的诉权等。二是公司监督机构对其的制衡。虽然监督机构因国而异，如我国的审计委员会或监事会、美国的独立董事、德国的监事会①、日本的会计监察人或者监察等委员会，但各国法律一般均赋予监督机关较大的独立性，以实现对董事的有效监督。公司法普遍确认董事对公司负有忠诚义务和勤勉义务，并直接体现为有效力的约束。三是立法的明确规定。我国《公司法》第 125 条明确规定，董事应当对董事会的决议承担责任，董事会的决议违反法律、行政法规或者公司章程、股东会决议，致使公司遭受严重损失的，参与决议的董事对公司负赔偿责任。

（3）对经理的约束。由于两权分离，各国公司均出现了“经理人的公司”现象，即公司的实际控制权落入掌握专业管理技能的经理手中。因此，公司法把对经理的控制作为重点，公司的股东会、董事会、监督机构均有权对经理依法进行约束。依据公司法的一般规定，公司的经理对公司当然负有忠实义务和勤勉义务。

3. 信息披露与透明度原则。公司治理中出现问题的根源之一在于信息不对称，公司的股东无法获得充分信息，也就无法对董事、经理的行为进行及时、准确的监督。因此，为了提高公司组织机构的效率，必须加强信息披露，保持公司的透明度，使股东获得真实、准确、完整、及时的公司经营信息，这也是公司组织机构有效运行的基本前提。

4. 利益相关者参与公司治理原则。近年来，随着企业理论的发展，股东以外的利益相关者也逐渐被纳入公司治理主体，虽然各国对利益相关者参与公司治理的程度规定不一，但均开始关注利益相关者问题。例如，德国公司法规定在雇员超过一定人数的企业中，公司监事会成

---

① 有关美国独立董事、德国监事会的相关内容，请参阅本章第四节“监事会”。

员应有一半的比例为雇员监事。《OECD公司治理结构原则》还规定,公司治理结构的框架应当确认利益相关者的合法权利,并且鼓励公司和利益相关者为创造财富和工作机会以及保持企业财务健全方面积极进行合作。

此外,公司组织机构的设置还应当贯彻分权制衡原则、效率原则、经济民主原则等。

三、公司组织机构的基本构成

受政治、经济、法律和历史文化等因素的影响,各国公司治理模式差异较大。由于证券市场成熟、股权高度分散,以英美为代表的"外部监控模式"的公司治理更强调信息披露、公司接管等证券市场力量,当公司治理出现问题时,股东往往采取抛售股票的"用脚投票"方式来制衡公司组织机构;而德日则由于其股权结构较为集中,银行持股和法人交叉持股较为普遍,因而其公司治理更强调股东、董事通过公司内部权力机关对公司进行直接控制,故这种模式被称为"内部监控模式"。

虽然公司治理模式的差异决定了各国公司组织机构的类型和具体权力职责不尽相同,但是,各国公司治理的组织机构还是存在共性的。根据公司治理所需的四种职能,公司组织机构一般设立以下四类机关。①

1. 权力机关,一般为股东会。股东作为公司的出资者和所有者理应享有公司最高权力,而股东行使权力的机关即全体股东组成的股东会。除特殊情形外,各国均将股东会作为公司的必设机构,并注重保障其权力的有效行使。

2. 决策机关,一般为董事会。董事会是由股东会选举产生的,由董事组成的行使经营决策权和管理权的公司机构。我国现行《公司法》引入了董事会审计委员会制度,使得董事会开始兼具监督职能。

3. 监督机关,一般为监事会或审计委员会。监事会主要职责是监督董事、董事会和经理的经营行为,对其违法和不当的经营行为和其他可能侵犯公司利益、股东利益的行为进行约束。我国《公司法》中单层制公司的审计委员会行使监事会职权,承担监督职责。

4. 执行机关,即经理。经理是实际上对公司日常经营进行管理的公司机关。经理负责落实董事会的决策并向董事会报告工作。

以上四类机关的四种职能在各国的公司组织机构中均有体现,但具体表现有所差异。美、英等国不设监事会,而是在董事制度中规定独立董事,独立董事实际承担了监督职能。而德国则采用双层委员会制度,股东会选举监事(有一部分监事为雇员监事)成立监督委员会(supervisory board,简称监事会),其职权强大,主要行使监督职能。同时,其享有选任理事成立管理委员会(management board,简称理事会)的重要权力,理事会是执行监事会决议并负责公司日常运作的执行机构,与经理共同承担执行职能。

此外,因公司的规模和性质不同,公司基本组织机构的具体表现形式也存在差异。例如,我国《公司法》规定,在规模较小或者股东人数较少的有限责任公司和股份有限公司中,董事会和监事会就不是必设机构,而由董事和监事行使职权。在规模较小或者股东人数较少的有

① 我国公司相关立法对公司的基本组织机构进行了规定,本章以下内容以此为依据予以介绍。

限责任公司中,经全体股东一致同意,也可以不设监事,也无需设置审计委员会,这是最简单的公司治理结构。在国有独资公司中,则不设股东会,由国有资产监督管理机构、财政部门等履行出资人职责的机构行使股东会职权或由其授权公司董事会行使股东会的部分职权。

四、公司组织机构与公司代表机构

公司为法人企业,而法人为法律拟制的“人”,其意志和行为都需要有特定的机构来实现和履行。在公司治理结构中,股东会、董事会、监事会、经理均为公司基本组织机构,其职权规定在公司法和公司章程中。但是,这些公司内部运行机构并非均能对外代表公司。公司的对外代表机构只能由一个机构担任,并且这个机构应该是具有决策权的常设机构。各国公司法一般都规定公司的董事会为公司的对外代表机构。在法定代表人方面,我国 1993 年《公司法》规定了法定的唯一代表权制度,即股份有限公司和有限责任公司的董事长为公司的法定代表人,有限责任公司不设董事会的,执行董事为公司的法定代表人。但是事实上对于公司来讲,这种规定忽视了当事人的意志,对内不利于投资者根据自身利益及实际需要确定权限的划分,对外使法人缺乏适应能力和竞争能力,所以 2005 年《公司法》规定公司的法定代表人依照公司章程的规定,由董事长、执行董事或者经理担任,并依法登记。现行《公司法》废除了执行董事的前述用法,并将法定代表人的选任范围扩大至所有代表公司执行公司事务的董事或者经理担任。所谓“代表公司执行公司事务的董事”,即公司治理实践中的执行董事,是指除了在公司中担任董事职务之外,还兼任公司高级管理人员并代表公司执行业务的董事。

公司对外活动中某些重要的事项,其决定权属于股东会,如公司与其他公司合并,或者公司的章程中规定超过特定数额的投资项目和合作伙伴须得股东会审查通过,但公司对外商洽和签署合同的权力仍属董事会。公司的法定代表人对外代表公司的权限当然不是无限的,按照公司法和公司章程的精神理解,其代表权限的边界应为公司的常业。章程或股东会、董事会的特别决议可以对法定代表人的权限作出扩大或缩小的规定,但这种规定显然不具有对抗善意相对人的效力。

【本节理论探讨】

- **我国公司治理结构中存在的问题**

一、在内部治理结构层面

首先,部分有国资背景的公司存在股权结构失衡问题,国有股一股独大,居绝对控股地位。失衡的股权结构导致了控股股东变动频繁,股权结构不稳定,管理层受到拖累,内部关系错综复杂;政府干预较大;在股东会上国有股东出席率最高,中小股东参会意愿不强,流通股东“用脚投票”现象严重。

其次,董事会独立性较弱,其科学自主决策的功能受到很大限制。主要表现为内部董事比例过高,独立董事作用有限,董事会决策机制落后,董事会受制于控股股东特征十分明显。董事会的成员主要来自控股股东,新董事人选提名主要由控股股东决定,董事的选聘标准主要体现控股股东意见,董事的罢免动议主要由控股股东提出,董事长的产生主要由董事会决定而董事会一般又受制于控股股东,独立董事的人选主要由董事长决定。

第三,处于从属地位的监事会监督职能虚化,未能真正起到事前监督的作用。监事会没有得到应有重视,大多数公司没有将监事会作为常设机构,或者监事会规模偏小、结构不合理,监事会成员大多数不具备相应的专业知识,并且监事会受控股股东控制。

二、在公司外部治理层面

传统的公司治理大多基于分权制衡理论而停留在公司内部治理结构的层面上,更注重对公司股东会、董事会、监事会和高级管理人员之间形式上的权力分布设计,侧重于公司的内部治理结构方面。但从科学决策的角度来看,公司内部治理结构远不能解决公司治理的所有问题,建立在科学决策观念上的公司治理更需要若干具体的超越结构的外部治理机制,而我国公司外部治理环境与机制尚不健全,具体而言:

首先,经理市场尚不完善,经理等公司管理层的产生主要通过非市场化手段实现。我国兴盛熟人社会文化,加之资本市场现状与股权结构较大地限制了经理市场在约束公司经营者行为方面的作用,使得企业对经营者缺乏有效的发现及激励约束机制,企业家形成机制存在制度障碍和社会制约。

其次,公司控制权市场尚不完善。我国资本市场上企业并购活动制约规矩过多,过分注重实物形态的资产价值,扭曲的市场估价体系掩盖了控制权价值,阻碍了控制权市场的有效形成。而在较成熟的控制权市场中,收购兼并、代理权争夺等威胁的存在可以从外部有效地促进公司经营效率的提高,防止经理的能力低下和背离股东利益。

最后,利益相关者治理机制欠缺。在现代公司法理论中,基于债权人、雇员等与公司利益的相关性,法律与章程常常会赋予其参与公司治理的权利。我国现行《公司法》在单层制公司治理架构中引入的职工董事制度、为加强债权人保护引入的债券持有人会议制度,均体现了对利益相关者的保护。

第二节　股　东　会

一、股东会的概念和地位

股东会,是指依法由全体股东组成的公司权力机构。《公司法》修订之前,我国公司法将有限责任公司的权力机构称为股东会,将股份有限责任公司的权力机构称为股东大会,现行《公司法》将二者统称为股东会。这一定义具有三重含义。

(一)股东会是公司的权力机关

股东会作为公司的组织机构之一,是公司的权力机关,表明了股东会在公司组织机构中的地位。我国《公司法》第 58 条规定:“有限责任公司股东会由全体股东组成。股东会是公司的权力机构,依照本法行使职权。”第 111 条规定:“股份有限公司股东会由全体股东组成。股东会是公司的权力机构,依照本法行使职权。”法律一般赋予股东会较大的职权:有权选举和罢免董事、监事,有权修改公司章程,有权决定公司的经营方针和投资计划。但是,股东会也并非能够对公司所有重要决策大权独揽,各国公司法对股东会与董事会的职权进行了不同的分配,股东会亦需要在法定范围内行使职权。

(二) 股东会是公司依法必须设立的公司组织机构

组建为公司形态的企业,股东会的设立受法律强制性规定的约束。但是,针对特殊类型的公司,公司法有时也会灵活地作出特殊规定。例如,我国《公司法》第 172 条规定,国有独资公司不设股东会,由履行出资人职责的机构行使股东会职权。履行出资人职责的机构可以授权公司董事会行使股东会的部分职权,但公司章程的制定和修改,公司的合并、分立、解散、申请破产,增加或者减少注册资本,分配利润,应当由履行出资人职责的机构决定。

(三) 股东会须由全体股东组成

股东会不应排除任何一个股东,哪怕是仅仅持有一股的股东。这里需要区分作为公司机关的股东会与作为股东会议的股东会(会议),虽然习惯上将两者都称为股东会,但是两者内涵并不相同。前者由全体股东组成,是公司的权力机关;而后者则是股东行使权利并形成统一意志的方式,分为年会和临时会议,它并不要求全体股东必须出席。

二、 股东会会议的种类

由于股东会由人数众多的全体股东组成,但股东会作为组织机构又必须形成自己统一的意志,所以股东会只能采取会议的方式形成决议,这也是股东会的表现形式,正是通过这种形式,股东得以行使对公司的控制权。股东会的会议一般分为定期会议和临时会议两类。

(一) 定期会议

定期会议,也称普通会议、股东常会、股东年会,是指依据法律和公司章程的规定在一定时间内必须召开的股东会议。定期会议主要决定股东会职权范围内的例行重大事项。

对于股东会定期会议每两次会议之间的最长间隔期限,各国规定有所不同。我国《公司法》规定每年召开一次;英国公司法规定两次会议之间的间隔自上一年度大会举行之日起不得超过 15 个月;美国许多州公司法规定的间隔为不超过 13 个月。

定期会议召开时间由公司章程规定。在我国,一般有限责任公司股东会年会于每个会计年度结束之后即行召开;股份有限公司的股东会年会一般于会计年度终了后 6 个月内召开。

(二) 临时会议

股东会临时会议,也称特别会议,是指在定期会议以外,由于发生了法定事由或者根据法定人员、机构的提议召开的股东会议。各国公司法一般规定以下情况下可以召开临时会议:

1. 持有一定比例股份的股东申请时。我国《公司法》规定,有限责任公司代表 1/10 以上表决权的股东可以提议召开股东会临时会议;股份有限公司单独或者合计持有公司 10% 以上股份的股东请求时,应当在两个月内召开临时股东会。

2. 根据董事提议或在董事会认为必要时。我国《公司法》规定,有限责任公司 1/3 以上的董事可以提议召开股东会临时会议；股份有限公司董事会认为必要时，应当在两个月内召开临时股东会。

3. 根据监事提议或在监事会认为必要时。我国《公司法》规定，有限责任公司监事会或者不设监事会的公司的监事可以提议召开股东会临时会议；股份有限公司当监事会提议召开时，应当在两个月内召开临时股东会。

4. 发生法定事由时。对于法定事由，各国公司法规定内容不一。我国《公司法》第 113 条规定，股份有限公司当董事人数不足本法规定的人数或者公司章程所定人数的 2/3 时，或者当公司未弥补的亏损达股本总额 1/3 时，应当在两个月内召开临时股东会会议。我国公司法对有限责任公司则无此规定。

5. 其他。英国公司法规定，法院可以责令当事人以适当方式和在适当时间召集会议。我国《公司法》规定，股份有限公司章程可以规定其他召开临时股东会的情形。当公司法和公司章程规定公司转让、受让重大资产或者对外提供担保等事项必须经股东会作出决议时，董事会应当及时召集股东会会议。

三、 股东会的职权

股东会作为公司权力机构，其行使的职权一般针对公司的重大事项。股东会的职权包括法定职权和章程规定职权两类，公司可以章程的形式规定股东会拥有除法定职权以外的其他职权。

关于法定职权，各国公司法规定较为相似。我国《公司法》关于有限责任公司股东会的职权规定如下：(1) 选举和更换董事、监事，决定有关董事、监事的报酬事项；(2) 审议批准董事会的报告；(3) 审议批准监事会的报告；(4) 审议批准公司的利润分配方案和弥补亏损方案；(5) 对公司增加或者减少注册资本作出决议；(6) 对发行公司债券作出决议；(7) 对公司合并、分立、解散、清算或者变更公司形式作出决议；(8) 修改公司章程；(9) 公司章程规定的其他职权。其中，股东会可以授权董事会对发行公司债券作出决议。

我国《公司法》关于股份有限公司股东会职权的规定与有限责任公司的规定是相同的。《公司法》允许公司章程规定股东会拥有上述法定职权之外的其他职权，但这些职权的规定不得与《公司法》规定的法定职权相矛盾，不得违反相关法律、法规的规定，不得剥夺股东的权利，否则无效。

另外，对于变更公司形式，从理论上讲，股份有限公司也可以变更为有限责任公司，但这种情况在公司运行的实践中不为多见，公司法对其作出规定的价值甚微。在英国、美国、法国、德国，由股份有限公司（股票上市公司）变更为有限责任公司（封闭式公司），法律上是认可的，实践中也不乏相关案例的发生。

四、 股东会的召集

（一）召集人

各国公司法一般规定股东会议（定期会议、临时会议）由董事会召集。有些国家还规定其他主体在特殊情况下也可以召集股东会。我国《公司法》规定，有限责任公司首次股东会会议由出资最多的股东召集和主持，依照公司法规定行使职权；此外的定期会议和临时会议则由董事会或不设董事会的公司的董事召集。同时，董事长如果不能履行职务或者不履行职务，由副董事长主持；副董事长不能履行职务或者不履行职务的，由半数以上董事共同推举一名董事主持。

董事会或者不设董事会的公司的董事不能履行或者不履行召集股东会会议职责的，由监事会或者不设监事会的公司的监事召集和主持；监事会或者监事不召集和主持的，代表 1/10 以上表决权的股东可以自行召集和主持。

股份有限公司的发起人应当在股款缴足后 30 日内主持召开由发起人、认股人组成的公司成立大会；公司成立后股东会会议亦由董事会负责召集。《公司法》第 114 条对召集人和主持人作了具体的规定：股东会会议由董事会召集，董事长主持；董事长不能履行职务或者不履行职务的，由副董事长主持；副董事长不能履行职务或者不履行职务的，由过半数的董事共同推举一名董事主持。董事会不能履行或者不履行召集股东会会议职责的，监事会应当及时召集和主持；监事会不召集和主持的，连续 90 日以上单独或者合计持有公司 10%以上股份的股东可以自行召集和主持。单独或者合计持有公司 10%以上股份的股东请求召开临时股东会会议的，董事会、监事会应当在收到请求之日起 10 日内作出是否召开临时股东会会议的决定，并书面答复股东。

（二）召集时间

我国《公司法》规定有限责任公司股东会定期会议按章程规定时间召集；临时会议应法定人员提议而召集，但未规定具体时间。股份有限公司定期会议亦按章程规定时间召集，但临时会议需要在法律规定情形发生后 2 个月内召集。

（三）召集通知

由于股东会并非公司常设机构，股东也非公司工作人员，因此，股东们对公司需要审议的事项并不是很熟悉，为了提高股东会开会的效率和股东的出席率，让考虑参会的股东知悉公司本次会议的审议事项并作出有针对性的准备，也为了防止董事会或控股股东在股东会上利用突袭手段控制股东会决议，各国公司法均规定了股东会召集的通知程序。

我国《公司法》规定有限责任公司召开股东会会议，应当于会议召开 15 日以前通知全体股东，但是，公司章程另有规定或者全体股东另有约定的除外。股份有限公司召开股东会，应当将会议审议的事项于会议召开 20 日以前通知各股东，临时会议应当于会议召开 15 日前通知各股东。单独或者合计持有公司 1%以上股份的股东，可以在股东会会议召开 10 日前提出临时提案并书面提交董事会。临时提案应当有明确议题和具体决议事项。董事会应当在收到提案后 2 日内通知其他股东，并将该临时提案提交股东会审议；但临时提案违反法律、行政法规或者公司章程的规定，或者不属于股东会职权范围的除外。公司不得提高提出临时提案股东的持股比例。

五、股东会的决议

股东会会议的一系列程序包括通知、登记、提案的审议、投票、计票、表决结果的宣布、会议决议的形成、会议记录及其签署、公告等，而这其中最重要的便是表决程序。为了使股东会形成公平、有效率的决议，提高中小股东参与公司治理的积极性，防止大股东利用控股地位侵害中小股东的权利，各国公司法均很重视对表决程序的规范。一个有效的表决决议必须是在法定比例的股东出席前提下，通过法律规定的投票方式，达到符合法定比例要求的支持率的决议。

（一）关于股东法定出席比例

股东法定出席比例是指召开合法有效的股东会，出席会议的股东们代表的公司有表决权的股份数量应满足的法定标准。公司一般是由多数人合作投资组建的商业经营组织，股东会依法行使公司的若干重要权力，若参加股东会议的股东很少，则不利于公司集思广益地决策，还可能出现少数股东操纵股东会甚至损害其他股东利益的情形，公司成立的根基就会动摇。因此，相互合作和相互监督是公司企业健康运行的双轨，规定股东法定出席比例对维持这种平衡不无意义。各国一般规定参加股东会的股东必须达到法定人数，股东会才能合法召开，通过的决议也才能有效。例如，《美国标准公司法》规定，除公司章程另有规定外，有表决权的股份之多数拥有者亲自或由代理人出席会议，应构成股东会会议的法定人数；但在任何情况下，法定人数也不应少于在会议上有表决权股份的1/3。

我国《公司法》并未规定股东会的法定出席比例。这主要是因为担心中小股东普遍采取“弃会”和“搭便车”的行为反而影响股东会的效率，给公司平添不得不二次召集股东会的时间和金钱成本。我国的这种安排的确符合大型公司特别是股份有限公司的运行实际，虽不合乎传统公司法的做法，事实上并无不当。

（二）投票方式

1. 本人投票制与委托投票制。本人投票制是指股东亲自出席股东会并进行投票；委托投票制是指公司股东委托代理人出席股东会并进行投票。随着股权的分散化，广大中小股东愈发没有兴趣参与公司的经营控制，从而导致了股东会的“空壳化”。而委托投票制度有利于调动中小股东行使投票表决权的积极性，从而有效防止股东会的“空壳化”。股东可以将投票表决权委托给其他股东，也可以委托给董事会，还可以委托给股票监管人和中介机构，以行使其对公司的控制权。在公司控制权因收购、重组等活动发生移转时，委托投票制会发挥出相当的制约作用。

2. 现场投票制与电子通信方式投票制。随着科技的发展，电话、传真、互联网视频等现代便捷通信工具不断涌现，为了降低投票成本，提高中小股东积极性，许多国家立法承认了利用电子通信方式投票的有效性。电子通信方式，是指通过电子技术传输信息的方法进行信息交流的方式，可以用于会议、教学等多种场景。电子通信方式具有速度快、成本低、效率高的优势，能够补足传统实体会议的物理限制。但是，电子通信方式也改变了传统实体会议的信息交流方式，可能存在网络传输技术障碍、参会人员的网络知识限制、信息交流和沟通不畅等问题，进而导致会议和决议本身存在各种瑕疵。为解决这一问题，我国《公司法》第 24 条明确规定，公司股东会、董事会、监事会召开会议和表决可以采用电子通信方式，公司章程另有规定的除外。从本条规定来看，本条采取了“默示选入，明示选出”模式，即除非公司章程排除电子通信方式，公司召开股东会、董事会、监事会均可采电子通信方式，也可通过电子通信方式作出决议。之所以采取该模式，与我国当前的互联网发展水平有关。在上市公司中，《上市公司股东大会规则》第 20 条第 2 款规定，股东大会应当设置会场，以现场会议形式召开，并应当按照法律、行政法规、中国证监会或公司章程的规定，采用安全、经济、便捷的网络和其他方式为股东参加股东大会提供便利。股东通过上述方式参加股东大会的，视为出席。这表明，我国公司基本具备了采用电子通信方式召开会议和作出决议的技术能力。

3. 直接投票制与累积投票制。直接投票制代表了公司法在公司决策的过程和结果上奉行的传统的多数决原则，贯彻了权利义务对等的理念。凡公司的重要事务，在股东会讨论并就具体方案进行表决时，除非表决之事项涉及与大股东及其子公司的关联交易，要求大股东回避，或者因法律或公司章程已对大股东的投票权有所限制，股东会决议的结果往往与大股东的意见一致。但是，股东会并非常设机构，股东会闭会期间，公司完全由董事会控制。大股东选举董事的权力如果不受到限制，公司的全部董事就有可能为大股东一家独占。限制的方式可以是直接限制大股东的投票权，如 1989 年《美国宾夕法尼亚州公司法修正案》规定，任何股东不论其持股多少，最多只能享有 20%的表决权；也可采取累积投票制。我国《公司法》第 117 条第 2 款对累积投票制作了解释：“本法所称累积投票制，是指股东会选举董事或者监事时，每一股份拥有与应选董事或者监事人数相同的表决权，股东拥有的表决权可以集中使用。”累积投票制创设形成于 19 世纪的美国，20 世纪为其他发达国家的公司法普遍采用。该制度一般仅适用于董事的选举，有利于中小股东将其代言人选进董事会。

这两种投票制均以“同股同权”“一股一权”为基础。但是，在表决票数的计算和具体投向上存在根本差异。直接投票制是指在行使股东会表决权时，针对一项决议，股东只能将其表决票数一次性直接投在这项决议上。累积投票制允许股东将其在选举每位董事、监事上的表决票数累加，即股东在选举董事、监事时的总票数为其持有的表决票数乘以需选举的董事、监事的人数，股东可以选择将总票数集中投在一个董事、监事候选人名下，也可以选择分散投在数人名下。从而有利于提高中小股东投票的力度和影响力。

我国 1993 年《公司法》并未规定累积投票制。但是，中国证券监督管理委员会、国家经济贸易委员会 2002 年发布的《上市公司治理准则》则规定，股东大会在董事选举中应积极推行累积投票制度，控股股东控股比例在 30%以上的上市公司，应当采用累积投票制等。2018 年修订后的《上市公司治理准则》第 17 条规定：“董事、监事的选举，应当充分反映中小股东意见。股东大会在董事、监事选举中应当积极推行累积投票制。单一股东及其一致行动人拥有权益的股份比例在 30%以上的上市公司，应当采用累积投票制。采用累积投票制的上市公司应当在公司章程中规定实施细则。”2005 年《公司法》确立了累积投票制度，其第 105 条规定“股东大会选举董事、监事，可以根据公司章程的规定或者股东大会的决议，实行累积投票制”。后续《公司法》延续了这一规定。

（三）决议通过的法定比例

股东会的决议均采用多数决原则，即决议必须由出席股东会的代表表决权多数的股东通过方为有效。但是，对于不同的决议事项，各国公司法规定了不同的多数标准。

1. 普通决议。股东会普通决议生效的条件是股东会会议经合法召集，且经出席会议的代表过半数以上表决权的股东通过。除特别决议事项外，股东会决议均适用简单多数原则。但是，我国有限责任公司股东会普通决议的产生，原《公司法》规定由公司章程规定，如果章程无规定或者规定不明确，应按全体股东所持全部表决权的过半数标准执行。现行《公司法》第 66 条进一步明确规定，股东会作出决议，应当经代表过半数表决权的股东通过，此处的决议即普通决议。

2. 特别决议。股东会特别决议，须经出席会议的代表绝对多数表决权的股东通过方为有效。在我国该绝对多数为 2/3 以上。我国公司法规定有限责任公司的股东会通过特别决议的，应由全体股东所持全部表决权的 2/3 通过。适用特别决议的事项主要有：(1) 修改公司章程；(2) 增加或减少注册资本；(3) 公司的分立、合并或者变更公司形式；(4) 公司的解散。

（四）股东会决议的效力瑕疵

股东会决议是根据“资本多数决”原则作出的，是少数股东服从多数股东的制度，因此，决议内容和程序必须合法、公正。公司法既要维护“股东多数决”的原则，也要制止“股东多数暴政”。如果决议在内容或程序上有瑕疵，其效力就会受到影响。根据各国公司法的规定，如果决议存在瑕疵，应通过诉讼程序解决决议的效力问题。根据决议瑕疵的原因，提起的诉讼可分为决议无效之诉、决议撤销之诉，有些国家还规定了决议不存在之诉和变更不当决议之诉。我国《公司法》规定了决议的无效、撤销、不成立三种诉讼。

公司的经营运行和管理决策必须在法律、行政法规允许的范围内进行，决议内容违反法律、行政法规的，一方面这种违法性常常会对股东的权益产生较为不利的影响，另一方面由于其违法程度较为严重，一般也会对社会公益等其他利益产生消极影响，因而各国立法均将这种决议的效力规定为无效。我国《公司法》第 25 条规定，公司股东会决议内容违反法律、行政法规的无效。此处的违反法律、行政法规，是指违反法律、行政法规的强制性规定，违反法律、行政法规规定的股东会决议从决议作出之时即为无效。

1. 违反公司章程的决议的法律后果。需要讨论的是，股东会决议违反公司章程的，决议是否有效？以前的《日本商法典》《韩国商法典》等曾把决议违反章程作为决议无效的理由，现行法则将其修正为决议撤销的事由。我国《公司法》同样将决议内容违反公司章程规定作为可撤销的理由，这主要是从法律规定的决议撤销与无效的效力来考虑的。决议撤销之诉应是在法律规定的期间内提起，在该期间内没有提起决议撤销之诉的，便不得再提起，以维护决议所涉及的法律关系的稳定性。决议无效之诉则没有起诉时间的限制，使得决议所涉及的法律关系长期处于不稳定的状态，因此，只有严重的瑕疵才能成为决议无效的事由，决议内容违反章程的严重程度比决议内容违反法律自然要轻微得多，因此，将违反章程改为撤销事由是与瑕疵的严重程度相符的。如果决议内容违反章程的同时，又违反了法律、行政法规，当然成为无效的事由。

2. 提起无效之诉的条件。我国1993年《公司法》规定，提起无效之诉，除了决议内容违反法律、行政法规的规定外，还必须侵犯了股东的合法权益，否则不给予救济。应当说原《公司法》的规定在现实中很难真正地对股东进行救济，因为合法权益受到侵犯这一要件，要求股东必须向法院证明其合法权益受侵犯的事实，而对中小股东来说，证明这一事实的存在并不容易，而且不论这一诉讼的结果如何，其自身的成本付出可能是巨大的，但实际的受益者则是其他的诸多股东，因而股东都会存在"搭便车"的心理，最终导致救济落空。我国现行《公司法》则取消了决议必须侵害股东合法权益这一要求，不论股东会决议是否导致股东利益受到侵害，只要决议内容违反法律和行政法规的规定，股东就有权提起无效之诉。

3. 决议无效的内容具有可分性。股东会决议内容全部无效的，整个决议当然无效，但是，倘若股东会决议中的部分内容无效，能否导致整个股东会决议无效？本书认为，倘若决议各项内容不具有可分性，则部分决议事项无效将导致整个决议当然无效；倘若决议各项内容具有可分性，则部分决议事项无效并不必然导致决议中的其他事项无效，换言之，除去无效决议事项，股东会决议亦可成立的，则其他决议事项仍然有效。

【本节理论探讨】

• 股东会中心主义与董事会中心主义

在传统的公司法理论中，公司的成员就是股东，他们是公司的最终所有者，从而股东会也就是公司的最高权力机关，而董事会只不过是公司的集体代理人并受股东会的控制。到19世纪，发达国家确立了公司设立的准则，股东会作为公司最高权力机关也被确定下来。主要表现是：公司的董事由股东会选举产生，公司增资、减资和章程的修改须由股东会批准，公司经营的重大事项由股东会决定。在法律结构上，股东会与董事会之间是上下级关系。在这种理念支配下，董事会不能拥有独立于股东会的法定权力，董事会执行公司业务须完全遵从公司章程的授权和股东会的决议。这种股东会至高无上、董事会完全依附于股东会的公司权力分配格局被称为股东会中心主义。

随着公司股份日益分散，出现了少数大股东控制公司和小股东众多的情形。股东会本身也发生了变化。对大量存在的小股东来说，一方面，他们微弱的力量不可能对公司的经营产生影响；另一方面，这些小股东也缺乏应有的知识、时间、精力和财力对公司的董事实施有效的监督。顺应这种变化，世界上多数国家公司立法先后废除股东会中心主义而改采董事会中心主义。公司章程只要把特定权力授予了董事会，股东会就不得干预，甚至有的国家规定董事会拥有在任何情况下以公司名义进行活动的最广泛的权力。

对于常常出现的股东会可否否决董事会决议的疑问，在股东会中心主义之下，股东会作为公司的最高权力机关，当然可以否决它认为不正确的董事会决议。而在董事会中心主义之下，董事会作为业务执行和经营意思决定机关，享有独立的经营决策权，不受股东会的限制，股东会也就不能否决董事会依职权作出的决议。

【本节实务研究】

• 程序瑕疵对股东会、董事会决议效力的影响

根据我国《公司法》第 26 条的规定,股东会、董事会的会议召集程序、表决方式违反法律、行政法规或者公司章程规定的,股东可以请求人民法院撤销。也就是说,程序的瑕疵可以导致股东会或董事会决议被撤销,这样的决议在性质上是一种可撤销的法律行为。需要探讨的是,股东会或董事会的任何程序瑕疵是否都必然导致其决议被撤销。

从法理上来看,程序正义是法律的生命,有效的决议离不开会议对法定形式与程序的遵守,程序是否正当关系着股东权益与公司权益。实践中,在股东会与董事会会议程序方面,存在某些控股股东故意将会议内容模糊化,或者正式举行会议时突破原有通知的内容,以期达到自己目的的情况。对这些程序瑕疵,多数国家规定其可导致与此有关的决议无效或可被撤销。

然而,规定程序瑕疵一概产生决议无效或撤销的法律后果未必是最恰当的选择。因为,一方面,决议的无效与撤销会引起已有法律关系的不稳定,对股东、公司以及第三人可能会产生损害;另一方面,从法理上说,程序正义的意义在于正当程序能维护实体权利、保障实体正义的实现,但对于程序的违反不必然导致实体权利受损及实体正义的落空,因为有些程序与实体正义并无关系。因此,应当根据程序上的瑕疵是否对公司实体决议产生实质性影响来确定决议的效力,如果对实体决议并不产生实质性影响,则不宜宣告该决议无效或被撤销。因此,《公司法司法解释(四)》第 4 条规定:“股东请求撤销股东会或者股东大会、董事会决议,符合民法典第八十五条、公司法第二十二条第二款规定的,人民法院应当予以支持,但会议召集程序或者表决方式仅有轻微瑕疵,且对决议未产生实质影响的,人民法院不予支持。”例如,尽管应书面通知而只是口头通知、应提前 10 天通知而只提前了 3 天,但股东或董事均出席了会议并进行了表决,也未实质影响股东或董事进行判断或决策,便不宜否定会议和决议的效力。

近年来,我国有关规定和司法实践中的做法已经体现了对程序瑕疵效力的这种认识和掌握的尺度。瑕疵通知是股东会或董事会会议程序瑕疵的一种常见情形,具体而言有通知对象瑕疵、通知时间瑕疵、通知方式瑕疵以及通知内容瑕疵等,按照有关规定,这种通知瑕疵并不必然导致股东会决议的无效。如根据中国证监会《上市公司章程指引》第 170 条、《到境外上市公司章程必备条款》第 58 条的规定,上市公司因意外遗漏未向某有权得到通知的人送出会议通知或者该等人没有收到会议通知的,会议及会议作出的决议并不因此无效。

• 公司法上的表决权协议问题

表决权是股东参与公司管理的重要权利,获得了相应多数的表决权在某种程度上就掌控了公司的经营管理。因而,通过各种方式对表决权作出符合公司实际状况和投资者预期目的的安排就成了实践中惯常的做法。表决权协议就是这些众多安排中的形式之一。然而,对于表决权协议,我国公司立法并未作出明确规定,这就使实践中对于应否承认表决权协议的效力以及表决权协议应当具有怎样的效力存在着广泛的争议。

就表决权协议的效力而言,国外立法和司法实践经历了从禁止到许可的变化。当事人订立表决权协议的目的多种多样,既可能是取得和保持公司的控制权,也可能是保持公司经营政策的一贯性,还可能是实现打破公司僵局等特定目标,不一而足。这些目的和安排,通常并不

违反公司法的立法目的,甚至还是实现当事人意思自治和公司利益最大化的有效方式。对于小股东而言,它还可以成为一种联合抗衡大股东压迫行为的有力手段。我们也应当正视这类合理现象,赋予其应有的效力。

然而,如果对表决权协议不进行必要的法律规制,它也会被滥用。例如,股东可能借其规避法律,在应当进行表决回避时通过特殊安排借助他人行使表决权;可能利用表决权协议对其他股东实施压迫、排挤等不正当行为;还可能使表决权的行使背离公司的整体利益。

对于如何规制,学者一般认为,表决权协议首先是一种合同,应当受到合同法的规制。合同的成立、生效等一系列制度对其当然适用,公序良俗和诚信原则对其也适用,协议符合合同无效情形的应当被认定为无效。同时,表决权协议毕竟不同于一般的协议,它与公司的正常运营息息相关,深刻地影响到公司、其他股东以及债权人的利益,必须受到公司法的规制。对于二者的关系,一般认为,由合同法调整不会产生背离公司法原理的结果的,可由合同法进行调整,反之,则需要受到公司法的特殊规制。例如,违反表决权协议应当适用损害赔偿还是强制履行救济方式,就不能单从合同法角度作出判断,而必须从公司法的角度出发,作出合理的判断,进行恰当的处理。

就我国目前的状况而言,我国法律工作者需要从理论上进一步探索,把握表决权协议的特点和运行机理,在公司法立法上解决表决权协议的适用范围、效力范围、履行以及表决权争议、表决权协议的履行对公司决议效力的影响等具体问题。

第三节　董　事　会

一、董事会

(一) 董事会的概念与特征

董事会是指依法由股东会选举产生,代表公司并行使经营决策权的公司常设机关。董事会具有以下特征:

第一,董事会由股东会选举产生,执行股东会的决议。但如果董事会中设有职工代表,职工董事由公司职工通过职工代表大会、职工大会或者其他形式民主选举产生。

第二,董事会是公司法定的常设机关。董事会自公司成立之日起就一直存在。虽然它的成员可依法随时更换,但董事会本身作为一个组织始终存在,不能替代和撤销。

第三,董事会是公司对外代表机关。董事会的活动具有对外效力,董事长、执行公司事务的董事或者经理可担任公司的法定代表人。

第四,董事会是公司的经营决策机关。董事会执行股东会决议,负责公司的经营决策。它有自己独立的职权,在法律和章程规定的范围内对公司的经营管理行使决策权力,并通过任命经理来执行公司的日常经营事务,经理对董事会负责并报告工作。

第五,由于董事会决策公司事务须由全体董事按一人一票的表决权进行,因而公司的董事会组成人数通常是单数。我国《公司法》曾规定,有限责任公司的董事会由 3~13 人组成,股份有限公司的董事会由 5~19 人组成。现行《公司法》删除了两类公司董事会人数的上限,并将董事会人数的下限统一设定为 3 人。规模较小或者股东人数较少的有限责任公司和股份有限公司,可以不设董事会,设一名董事,行使董事会的职权。

（二）董事会的职权

董事会是公司治理的核心,其权力配置不仅对公司治理制度具有系统性影响,也关涉公司资本制度的设置与变革。各国立法关于董事会职权的规定方式有所不同,有的国家采取列举式,明确授予董事会各项职权;有的国家采取排除式,规定除公司章程明确规定必须由股东会行使的重要权力外,公司的一切权力由董事会行使或者在董事会指导下行使;还有的国家立法未对董事会职权作出具体规定,将其授予公司章程规定。通常,为了提高公司经营运作效率,各国公司法均赋予了董事会比较广泛的职权。

自 1993 年以来,我国《公司法》对董事会职权一直采封闭性的具体列举方式。为了放松管制,2005 年《公司法》在董事会职权列举中增加了“公司章程规定的其他职权”的兜底条款,通过章程自治的方式进一步厘定董事会与股东会的权力划分问题。从权力属性来看,董事会的职权属于法定职权,不能通过章程的方式分配给其他机构,也不能随意剥夺。除了 10 项法定权力之外,尚有兜底条款允许公司章程赋予董事会其他权力。2023 年《公司法》修改,以突出董事会在公司治理中的地位为一大主线,该主线不但贯穿公司治理制度,也与公司资本制度中的相关规则密切相关,如董事的催缴义务与责任。

我国《公司法》对董事会的职权采取了列举式的规定。根据《公司法》第 67 条和第 120 条规定,董事会行使下列职权:

1. 召集股东会会议,并向股东会报告工作。董事会是召集股东会会议的默认主体。我国《公司法》规定,股东会会议由董事会召集,董事长主持。董事会不能履行或者不履行召集股东会会议职责的,由监事会召集和主持;监事会不召集和主持的,代表 1/10 以上表决权的股东可以自行召集和主持。对于董事会的工作报告,由股东会审议批准。

2. 执行股东会的决议。从积极的角度而言,对于股东会作出的利润分配、弥补亏损、增资减资、发行公司债券、合并分立、解散清算、变更公司形式等决议,董事会负责执行。从消极的角度而言,董事会的决议违反法律、行政法规或者公司章程、股东会决议,给公司造成严重损失的,参与决议的董事对公司负赔偿责任。因此,董事会决议不得违反股东会决议。

3. 决定公司的经营方针和投资计划。2023 年《公司法》修订时删除了股东会“决定公司的经营方针和投资计划”的权力。由此解决了长期以来经营方针与经营计划、投资计划与投资方案的区分困难和实践争议。究其实质,无论是经营事项还是投资事项,除非触及结构性变更,均属于商事裁量事项,默认由董事会作出决议。

4. 制订公司的利润分配方案和弥补亏损方案。公司利润分配和亏损弥补,不仅与股东利益密切相关,更直接影响公司利益。如果过度分配公司利润,将导致公司资金的流动性下降。因此,我国《公司法》将利润分配的决策权配置给董事会和股东会共同行使,以避免对公司利益和股东利益造成损害。亏损弥补方案同样如此。

5. 制订公司增加或者减少注册资本以及发行公司债券的方案。公司之所以要进行增资、减资、发行债券,应当首先考量公司利益,由董事会制订方案,然后提交股东会批准。

6. 制订公司合并、分立、解散或者变更公司形式的方案。公司合并、分立、解散、变更公司形式，均系对公司利益有重大影响的事项，董事会应根据股东会的决议制订相应的方案。

7. 决定公司内部管理机构的设置。此为董事会的法定职权，公司的机构设置、部门设置、合规组织安排等，均由董事会自行决定。

8. 决定聘任或者解聘公司经理及其报酬事项，并根据经理的提名决定聘任或者解聘公司副经理、财务负责人及其报酬事项。

9. 制定公司的基本管理制度。公司经营管理涉及人事、财务、业务、法务、合规等多个方面，需要制定相应的内部管理制度。董事会负责制定公司的基本管理制度。对于较为具体的管理制度，可由各职能部门或业务部门制定。

除了前述法定职权之外，董事会的职权还包括公司章程规定或者股东会授予的其他职权。现行《公司法》在既有的“公司章程规定的其他职权”基础上，增加规定董事会行使“股东会授予的其他职权”，如《公司法》第59条第2款规定的“股东会可以授权董事会对发行公司债券作出决议”。

此外，公司章程对董事会权力的限制不得对抗善意相对人。在公司治理实践中，不乏公司通过章程对董事会权力作出限制的情况。由于公司章程不属于公示事项，相对人也难以通过企业信用信息公示系统获得相关信息，因此公司章程不具有公示效力，相对人对此也不负审查义务，公司章程对董事会权力所作限制不得对抗善意相对人。如果相对人非为善意的，则可以对抗之。

二、董事

（一）董事的种类

董事为董事会的成员，董事一般为自然人，但也有国家和地区的法律规定法人亦能成为董事，法人担任董事的应委派自然人为代理人，法国公司法和我国台湾地区《公司法》就有此类规定。董事是董事会职权的实际行使者。董事主要包括以下几类：

1. 内部董事，也称执行董事，是指可以同时担任公司其他职务的董事。内部董事由于可以在公司中担任经营管理方面的职务，故对公司信息掌握全面，有利于董事会作出及时、正确的决策并能较好地协调与经理的关系，从而有利于决策的执行。但是，由于内部董事与经理等管理人员存在直接利益关系（有的甚至就兼任公司经理），其行为也就不可避免地缺乏独立性和客观性。

2. 外部董事，也称非执行董事，是指在担任董事职务的公司不可以同时担任公司其他职务的董事。外部董事一般由其他公司的经理阶层、社会各界专家和机构投资者代表担任。在美、英等国家，许多大公司的外部董事比例已经远远超过内部董事。

但是，外部董事不一定就真正独立，不独立的外部董事称为“非独立的外部董事”，在英国则被称为“灰色董事”；具有独立性的外部董事则被称为“独立的外部董事”，也就是独立董事。所谓独立董事，是指不在公司担任除董事外的其他任何职务，并与其所受聘的公司及其主要股东不存在可能妨碍其进行客观判断的重要关系的董事。独立董事除享有法律赋予董事的一般职权外，通常还享有一些特别的职权，如对关联交易事项和信息公开事项的特别认可和独立发表意见的权利等。

（二）董事的任职资格

董事与股东不同，任何人只要拥有公司股份即为股东，便有权参加股东会，而董事是由股东会选举进入董事会，负责对公司的经营管理事务进行决策、集体或单独代表公司执行业务的人。因此，各国均对董事任职资格作出规定。

1. 各国公司法对董事任职资格的限制。各国公司法规定的限制条件各不相同，有积极条件，即只有满足某些条件才能成为公司董事；也有消极条件，即董事不得具备某些条件。这些条件一般包括：(1) 国籍限制，个别国家规定董事或多数董事必须具备本国国籍。(2) 年龄限制，未成年人一般不能担任董事，政府控股的公司中的董事有退休年龄的限制。(3) 持股限制，有的国家规定董事必须是公司股东。(4) 兼职限制，有的国家规定董事不得兼任其他公司的董事或实际管理人，或规定董事在公司外其他机构兼职的数量上限以及避免与任职公司经营业务的冲突。(5) 能力、品行限制，如破产企业的董事、未清偿债务的人、被追究刑事责任的人员不得担任公司董事。(6) 其他限制，如有的国家规定政府官员等不得兼任公司董事。

2. 我国公司法对董事任职资格的限制。我国《公司法》第 178 条规定，有下列情形之一的，不得担任公司的董事：(1)无民事行为能力或者限制民事行为能力；(2)因贪污、贿赂、侵占财产、挪用财产或者破坏社会主义市场经济秩序，被判处刑罚，或者因犯罪被剥夺政治权利，执行期满未逾 5 年，被宣告缓刑的，自缓刑考验期满之日起未逾 2 年；(3)担任破产清算的公司、企业的董事或者厂长、经理，对该公司、企业的破产负有个人责任的，自该公司、企业破产清算完结之日起未逾 3 年；(4)担任因违法被吊销营业执照、责令关闭的公司、企业的法定代表人，并负有个人责任的，自该公司、企业被吊销营业执照、责令关闭之日起未逾 3 年；(5)个人因所负数额较大债务到期未清偿被人民法院列为失信被执行人。违反上述规定选举、委派董事、监事或者聘任高级管理人员的，该选举、委派或者聘任无效。董事、监事、高级管理人员在任职期间出现上述情形的，公司应当解除其职务。

对于公务员能否担任公司的董事，我国 1993 年《公司法》第 58 条规定："国家公务员不得兼任公司的董事、监事、经理。"2005 年《公司法》将此规定取消。但根据我国《公务员法》的规定，公务员不得违反有关规定从事或者参与营利性活动，不得在企业或者其他营利性组织中兼任职务。因此，公务员原则上不能担任公司的董事职务。在国有独资公司和国有资本控股、参股的公司中，由于其董事会成员由国有资产监督管理机构委派或者由其他履行出资人职责的机构委派或推选，公务员事实上可以担任这类公司的董事，这是由现实的国情决定的。

（三）董事的任免

除职工董事外，其他董事一般由股东会任免。我国公司法规定，股东会选举和更换董事，通常在股东会召开前需要披露董事候选人的详细资料，以保证股东在投票时对候选人有足够的了解，然后在召开股东会时进行表决。股东对选举董事表决的程序一般由公司章程规定，但法律、法规、规章也规定了一些法定程序，例如，我国《上市公司治理准则》规定，控股股东控股比例在 30%以上的上市公司，应当采用累积投票制，而对其他上市公司则未作强制要求。

国有独资公司的董事会成员中，外部董事应当过半数，并应当有公司职工代表。董事会成员由履行出资人职责的机构委派；但是，董事会成员中的职工代表由公司职工代表大会选举产生。

通常，董事通过法定程序被股东会选举后，应与公司签订聘任合同，明确公司和董事之间的权利义务、董事的任期、董事违反法律法规和公司章程的责任以及公司因故提前解除合同的赔偿责任等内容。董事被选举聘任后，即开始行使职权，任期也开始计算。董事任期由公司章程规定，每届任期不得超过 3 年。董事任期届满，连选可以连任。需要提及的是，我国公司法明确规定，董事任期届满未及时改选，或者董事在任期内辞职导致董事会成员低于法定人数的，在改选出的董事就任前，原董事仍应当依照法律、行政法规和公司章程的规定，履行董事职务。

另外，1993 年《公司法》曾规定，股份有限公司的董事在任期届满前，股东大会不得无故解除其职务，2005 年《公司法》将此规定删除。现行《公司法》第 71 条规定，股东会可以决议解任董事，决议作出之日解任生效。这意味着股东会可以随时解除董事的职务，而不论其任期是否届满。当然，从法理上讲，董事如果被股东会无故解除职务的，可以依据合同关系寻求法律救济。

三、 董事长的地位和职权

董事会设董事长一人，并可以设副董事长协助董事长工作。董事长和副董事长由董事会以全体董事的过半数选举产生。

一般情况下，公司由董事长担任公司的法定代表人，对外代表公司。1993 年《公司法》曾规定董事长对内行使下列职权：(1) 主持股东大会和召集、主持董事会会议；(2) 检查董事会决议的实施情况；(3) 签署公司股票、公司债券。由于 1993 年《公司法》明确规定董事长是公司的法定代表人，因而赋予了董事长上述职权。2005 年《公司法》对法定代表人作了重要修改，公司的法定代表人不再限定于董事长。现行《公司法》规定，董事长负责召集和主持董事会会议，检查董事会决议的实施情况。

四、 董事会会议

(一) 董事会会议的种类

董事会作为一个机构，是通过召开会议并形成决议的方式行使职权的。董事会会议一般可以分为普通会议和临时会议两类。这两类董事会会议的议事方式和表决程序，除法律有规定以外，均应由公司章程规定。

1. 普通会议。普通会议是在公司章程规定的固定时间召开的例会。我国公司法未对有限责任公司董事会会议召开的次数予以规定，但规定股份有限公司每年度至少召开两次董事会会议。

2. 临时会议。当公司经营中遇到需要董事会及时决策的必要事项时，董事会可以召开临时会议。对于股份有限公司,我国《公司法》规定,代表1/10以上表决权的股东、1/3以上董事或者监事会,可以提议召开董事会临时会议。对于有限责任公司,我国《公司法》未规定如何提议召开董事会临时会议,其原因在于有限责任公司具有更强的自治性特点,可以根据需要随时召开董事会临时会议,不需要立法作出明确具体的规定。

(二) 董事会会议的召集和主持

董事会由董事长召集并主持。董事长因特殊原因不能履行职务的,由副董事长召集和主持;副董事长不能履行职务或者不履行职务的,由半数以上董事共同推举一名董事召集和主持。对于股份有限公司董事会临时会议,我国《公司法》规定,董事长应当自接到提议后10日内召集和主持。对于董事长选出前的第一次董事会会议,习惯上一般由得票数最多的董事召集。但也有立法有其他规定,譬如在我国香港地区,董事会会议可以由任何董事直接通知或由秘书通知召集。

在召集董事会会议时,需要履行一定的通知程序。我国《公司法》规定,股份有限公司董事会每次会议应当于会议召开10日以前通知全体董事和监事。如果董事会召开临时会议,则由公司规定召集董事会的通知方式和通知时限。

(三) 董事会的决议

达到法定比例的董事出席并经法定比例的董事表决通过而作出的决议方为有效的董事会决议。各国公司法一般都规定了董事会的法定最低出席比例、出席的方式(是本人出席还是委托代理人出席)、作出决议要求的通过比例等事项。

我国公司法将具体的董事会议事规则授权公司章程进行规定,只规定了某些必需的、基本的法定议事程序。譬如,对于股份有限公司,《公司法》规定:(1) 董事会会议应由过半数的董事出席方可举行;(2) 董事会会议,应由董事本人出席,董事因故不能出席的,可以书面委托其他董事代为出席董事会,委托书中应载明授权范围;(3) 董事会作出决议,必须经全体董事的过半数通过;(4) 董事会应当对会议所议事项的决定作成会议记录,出席会议的董事应当在会议记录上签名。

要求董事在会议记录上签名具有重要法律意义,因为:(1) 通过董事的签名,能够看到出席董事会会议的董事人数是否符合法律规定;(2) 股东有权查阅董事会会议记录,签名能够使股东了解董事履行职务的情况;(3) 董事要对董事会的决议承担责任,董事会的决议违反法律、行政法规或者公司章程、股东会决议,致使公司遭受严重损失的,参与决议的董事对公司负赔偿责任,但经证明在表决时曾表明异议并记载于会议记录的,该董事可以免除责任。通过签名,能够确认董事在表决时的意见,从而有利于确定其责任的范围。

对于有限责任公司董事会的议事方式和表决程序,我国《公司法》未作具体规定,而是留给公司章程根据具体情况去规定。这主要是考虑到有限责任公司规模通常小于股份有限公司,企业的情况差别很大,千篇一律的强制性规定如果不能有效地适应各个公司的具体情况,反而会对公司法的权威造成损害。因此,立法在其董事会的活动方式上留有必要的空间,让公司的投资者通过章程予以规定。这样安排,不仅符合公司运作的实际情况,还会收到培养投资者权利意识和规则意识的效用。

五、董事会审计委员会

（一）审计委员会的设立意义

我国《公司法》确立了审计委员会制度，这是此次公司法修订的重要创新。《公司法》第69条规定，有限责任公司可以按照公司章程的规定在董事会中设置由董事组成的审计委员会，行使本法规定的监事会的职权，不设监事会或者监事。公司董事会成员中的职工代表可以成为审计委员会成员。第121条规定，股份有限公司可以按照公司章程的规定在董事会中设置由董事组成的审计委员会，行使本法规定的监事会的职权，不设监事会或者监事。审计委员会成员为3名以上，过半数成员不得在公司担任除董事以外的其他职务，且不得与公司存在任何可能影响其独立客观判断的关系。公司董事会成员中的职工代表可以成为审计委员会成员。审计委员会作出决议，应当经审计委员会成员的过半数通过。审计委员会决议的表决，应当一人一票。审计委员会的议事方式和表决程序，除本法有规定的外，由公司章程规定。公司可以按照公司章程的规定在董事会中设置其他委员会。从以上规定可知，审计委员会为董事会之下设立的专门委员会，不仅行使财务审计的职权，也可行使监事会的职权。

我国《公司法》对有限责任公司与股份有限公司虽然都规定了审计委员会，但在具体组成方面有些许区别：对于股份有限公司，明确要求审计委员会成员数量为3名以上，且过半数成员不得在公司有其他兼职；而对有限责任公司并无此种特别要求。但由于审计委员会至少应当符合委员会的基本构成要件，故而有限责任公司的审计委员会也应当至少有3名成员，但在兼职方面并无特别限制。同时，对于两类公司均规定了董事中的职工代表可以成为审计委员会成员，这也可以理解为公司法对于审计委员会成员选任的特别建议和提示。

审计委员会是董事会监督职能体系的重要制度建构。在原《公司法》的制度框架下，监事会是公司的监督机构且为必设机构。但是，近年来，各种公司治理模式之间开始出现相互借鉴的趋势。在我国市场经济体制逐步建立、完善的过程中，公司（尤其是上市公司）治理频频出现混乱情况，监事会未能有效发挥监督作用正是其原因之一。相较而言，由董事会承担监督职能更具合理性。

首先，从信息不对称的角度来讲，根据我国《公司法》的规定，董事会是公司的业务执行机关，对公司的业务有充分的了解，并且业务范围并不限于公司的财务状况。而监事会并不负责公司的业务，对公司业务经营状况自然没有董事会了解得充分、深入。从范围上看，监事会的职权也主要限于公司的财务状况以及董事、高级管理人员的不当行为。

其次，从权力分配的角度来看，董事会负责聘任和解聘公司经理，在公司日常经营过程中，公司经理起着非常重要的作用。董事会的人事任命权实际上发挥着对公司经理的监督作用。

再次，从董事会运行方式的角度分析，董事会对公司的业务事项作出决定时，需要通过会议的形式，由董事、高级管理人员进行充分的商谈与讨论，这种会议机制，制约了个人的专断与独裁，从形式上看也是一种事中监督。

最后，从董事会功能结构的角度来看，我国在上市公司中推行的独立董事制度使得董事会的功能在实际上完全能够替代监事会制度，因为由独立董事组成的审计委员会主要负责对公司财务的监督,这与监事会的职能有所重叠,也可以称之为准监事会。所以,可以考虑在董事选任、董事的约束与激励制度方面进行变革,充分发挥董事会的监督职能,这也就意味着公司法不必再单独设置监事会制度来履行监督职能。

(二)审计委员会的职权

就域外公司法上的审计委员会而言,其职权范围不一。依据《德国股份法》第 107 条的规定,德国股份公司可以设监事会审计委员会,负责监督公司的财务会计程序、内部监督制度的有效性、内部风险管理制度和内部复核制度的有效性,尤其监督年终审计师的独立性和由该审计师额外完成的工作。2019 年修订后的《德国公司治理准则》规定,审计委员会的职责是审查由董事会负责的会计工作,监督会计流程并关注内部控制制度、风险管理体系和内部审计制度,以及决算审计与合规机制的有效性。由此可见,尽管公司治理准则与公司法存在部分差异,但《德国股份法》上的审计委员会负有比财务会计监督更为宽泛的监督职权。

在过去 20 多年里,《日本公司法》对公司机构设置进行了多次调整。2005 年,《日本公司法》废除了有限责任公司,实现了股份有限公司的一元化,并对股份有限公司作公开公司和非公开公司、大公司和一般公司的区分,在公司机构设置上引入了各种选择模式。就行使监督职权的机构,可以基于公司类型选择性设置监事会或监查等委员会等机构。监查等委员会的主要职权包括:(1)职务监督,即对董事职务执行情况进行监查并制作监查报告;随时要求董事及经理人及其使用人报告其有关职务履行的相关事项,或者调查公司的业务及财产状况。(2)财务监督,即决定会计监察人的选任和解任的议案内容。(3)人事监督,即在股东会上对非委员董事的选任、解任、辞任、报酬陈述监查意见;认为董事有不正当行为或有可能实施该类行为时,或者认为董事有违反法令或章程,或者存在明显不合理的事实时,须及时向董事会报告该情况。(4)诉讼代表权,即在公司和董事以及执行董事之间发生诉讼时代表公司的权利。与之相适应,《日本公司法》还赋予了监查等委员会调查权(包括调查公司的业务以及财产状况),特定情形下请求执行董事或董事停止正在实施的行为的权利(包括在公司目的范围以外、违反法律法规和公司章程、有可能存在上述行为以及该行为可能导致公司遭受显著损害的情形)。

追本溯源,董事会专门委员会系美国公司治理的产物。在美国,董事会内部设置专门委员会是为了提高董事会效率,保障董事会决策的客观性,但公司设置何种委员会完全是公司自律行为,依公司章程而定。依《美国标准公司法》第 8.25 节之规定,除非本法、公司章程或内部细则另有规定,董事会可以设立一个或多个委员会,并指定一名或多名董事会成员服务于任何委员会;在董事会或者公司章程或者内部细则规定的范围内,每个专门委员会都有权行使董事会权力。与此同时,监督义务被视为董事勤勉义务的重要组成部分,监督职权可在董事会内部自主分配。美国各州的法律并不要求设立审计委员会,但鉴于审计委员会在问责程序中具有重要作用,不乏在上市公司中强制设立审计委员会的主张。基于大型上市公司的财务丑闻,美国于 2002 年 7 月颁布了《萨班斯—奥克斯利法》(Sarbanes-Oxley Act),以强化公众公司的财务监督。《萨班斯—奥克斯利法》第 301 条规定了审计委员会的设立、独立性要求和主要职责。依照该法,审计委员会的职责主要集中于财务会计领域的监督,包括:负责聘请注册的会计师事务所,决定其报酬,监督其工作;受聘的会计师事务所直接向审计委员会报告;接受、保留和处理有关会计、内部会计控制、审计方面的投诉;聘请独立的法律顾问或其他咨询顾问。由于该法属于联邦证券法范畴,其无法直接在公司法层面适用于所有公司类型。在这一点上,我国公司法则直接在组织法层面设定审计委员会的职权,二者具有不同的语境。

由此可见,对于审计委员会的职权,域外公司法亦有不同设定,职权范围或大或小,并无统一模式。依我国《公司法》规定,审计委员会行使监事会的职权,从文义上看在职权方面应当是直接的平移和替换,但事实上,对于监事会享有的如处理股东代表诉讼前置程序的权力以及提议召开临时股东会会议的权力似乎不必由审计委员会一并行使,审计委员会职权主要应当聚焦于此前由监事会掌握的监督公司财务方面的权力。此次修订《公司法》时,《公司法修订草案(一审稿)》曾将审计委员会的监督职权聚焦于财务会计监督,此系当时起草者的主动选择而非规范漏洞,也是对审计委员会监督效用进行理性定位后的职权配置。但现行《公司法》最终并未贯彻此种规定,转而直接规定行使监事会职权,这便会涉及个别职权的相互衔接问题。值得注意的是,除了财务会计监督职权之外,包括人事监督、会议召集与提议等职权虽然处于次要地位,但在公司治理中并非毫不重要。公司法层面对这些职权的省略,将对其他关联制度产生影响,原本通过监督机制实现的公司利益冲突治理,将不得不转而寻求其他机制解决。

(三)审计委员会的监督深度与监督范围

除了监督内容的差异,监事会作为专门监督机构的监督和审计委员会作为董事会专门委员会的监督在监督深度和范围上是否存在差异,亦值得关注。各国公司法上监督制度的形塑,并非一朝一夕,而是公司治理实践和公司法立法多年互动的产物。譬如,日本公司法上的内部监督制度历经多次改革。其中,1973 年的监事制度修改将监事的职权从会计监督扩大到对董事一般职务的监督,后续多次修改则着力于监事的独立性、对董事会的报告义务、强化独立监事的要件等事项。在日本公司法上,监查委员会对职务执行行为的监督不仅要审查其合法性,也要审查其合理性,但监事会是否负担合理性监督则存在争议。有学者认为,监事的监督仅审查合法性,而不审查合理性,这是监查委员会与监事会的监督权之间的重大差异。也有学者认为,监事的监督不限于对合法性的监督,肯定会涉及合理性乃至正当性的内容。尽管存在前述争议,但相较于监事会监督权,董事会监督权可能会更加深入和全面。

依我国《公司法》,监事会的监督系合法性监督。在《公司法》第 78 条规定的监事会的诸项监督职权中,第 2 项所规定的对公司经营活动的监督,即对董事、高级管理人员执行职务时违反法律、行政法规、公司章程或者股东会决议的行为进行的监督,为合法性监督无疑;该条第 3 项规定的监事会纠正或者停止董事、高级管理人员侵害公司利益行为的权力,此时由于侵害公司利益行为系对保护公司法律之违反,亦未超出合法性监督的范畴。

如果公司舍监事会而设董事会审计委员会,审计委员会的监督范围除合法性外,还应当扩张至合理性。现行《公司法》虽然对此未予以明确,但可基于以下理由厘定:

第一,审计委员会是董事会的内设机构,其成员具有董事身份,其参与公司决策,涉及决策的商事裁量,必然涉及合理性判断。审计委员会中的独立董事,一方面基于董事会成员身份参与董事会决策和业务执行,另一方面又承担着对董事会进行监督的职责。这与监事会的监督不同,监事会并不参与公司的经营决策和业务执行,系专门负担监督职责的公司机构。由此,审计委员会的监督显然具有更加缜密和深入的可能性。

第二,事实上,监督本身与管理难以区分,董事会对高级管理人员的绩效监督也可以被描述为管理公司的行为,参与管理也使得董事更为知情,管理和监督不可避免地交织在一起。采取董事会和监事会的双层设置时,由于执行机构和监督机构分别设立,这种差别尚且明显。对于合并了监督职权之后的集权式董事会,监督与管理通常一体呈现,难以区分。比如,在进行关联交易的决策过程中,同时也承担着对关联交易公允性的监督。基于董事监督义务和风险管理体制的构筑义务等,无论代表董事抑或一般董事,均肩负着监督其他董事的行为是否遵守法律、公司章程并且合规的义务,使得参与管理和监督的边界更趋模糊。

第三,权力配置涉及责任承担问题。监事会不具有商事决策职能,不负担合理性监督之义务,亦无须承担由此而生之责任。审计委员会的董事则不然,其违反合理性监督义务,在故意或重大过失时存在承担责任之空间。譬如,《上市公司独立董事管理办法》中规定的独立董事的职权包括重大关联交易的认可权,对董事和高级管理人员薪酬、可能损害上市公司或者中小股东权益的事项发表独立意见的权利等。由于关联交易本身关涉合法性和公允性等,这些监督职权本身并不限于合法性层面,已经扩充至合理性层面。故而,审计委员会的监督扩张至合理性层面,亦是权责一致的要求。

由此,虽然现行《公司法》没有明确审计委员会的监督深度和范围,但从其职能定位、职权属性和责任承担等角度,合理性监督应是题中之义。

【本节理论探讨】

- **董事会秘书制度**

董事会秘书原是英美法国家创设的一种较完善的法律制度,在公司治理与经营管理中发挥着重要作用。董事会秘书具有公司高级管理人员的身份。在公司组织机构中,董事会秘书隶属于董事会,是协助董事会执行业务的机构。在早期,董事会秘书职责主要局限于管理公司内部性事务,如完成并签署公司周年报告、签署公司年度会计报告等。后来董事会秘书的权力呈现扩大的趋势,取得了一定条件下的公司对外代表权。在英国,董事会秘书作为公司代理人时具有与其他公司代理人相同的法律地位。其代表权主要体现在两方面:一是有权就日常经营管理方面的事务代表公司;二是作为公司代表与公司登记机关和监管机关进行沟通,行使对外行政事务代表权。我国《公司法》只规定了董事会秘书负责筹备公司股东会和董事会会议、保管文件、管理公司股东资料、办理信息披露事务等事宜,对于对外代表权未作任何规定。《上市公司章程指引》《上海证券交易所股票上市规则》对其对外代表权也未作规定。学术界对于董事会秘书的研究尚未充分展开,对其对外代表权的研究更少有关注。然而,是否赋予其对外代表权、其代表的法律效力如何、与公司其他代表人如何协调等问题不容忽视,有待进一步研究后在立法上予以明确。

董事会秘书的权力需要相应的约束机制对其进行规制。国外有学者主张,董事会秘书对公司负有与董事类似的忠实义务与勤勉义务。其中,忠实义务包含实施与公司利益冲突的交易时的忠实义务、竞业禁止义务、夺取公司机会禁止之义务等。从法理上讲,董事会秘书在公司经营中享有广泛的权力与重要职责,其作用并不亚于董事及其他高级管理人员,其职务履行对于公司治理与经营会产生重要影响，因而依据权责相适应的原则，有必要对其课以严格的义务与责任。依据我国《公司法》与证监会相关规定，董事会秘书属于公司高级管理人员范畴，因而适用《公司法》第八章关于“公司董事、监事、高级管理人员的资格和义务”的规定，董事会秘书也要依法承担忠实义务和勤勉义务。

【本节实务研究】

- **公司对外行为是否需要董事会决议**

在公司法理论中，法定代表人承担对外代表公司的职权。一般来讲，法定代表人对外代表公司的职权由于是法律直接赋予的，不受任何限制。但在公司法实务中，我们仍然可以看到，不少公司通过章程或者内部决议的形式，对法定代表人对外代表公司的行为加以限制。例如，有的公司章程中记载：“如果公司对外交易达到一定金额，法定代表人必须在经过董事会作出相关决议之后才有权对外代表公司，否则，法定代表人的代表行为将不被公司承认。”我们应当如何看待上述记载呢？

如前所述，对外代表公司是公司法赋予法定代表人的法定职权，这里探讨的问题实质上是公司能否以内部约定的方式改变公司法规定的法定代表人的对外代表权。现行《公司法》第11条规定，公司章程或者股东会对法定代表人职权的限制，不得对抗善意相对人。首先，公司法并不排除公司通过内部约定限制法定代表人对外行为的权限，这种限制对内是有效的，但对外不应具有对抗善意相对人的效力。如果相对人不知道也不应当知道公司对法定代表人的对外代表行为作出的限制，那么，虽然法定代表人越权，但其行为构成表见代表行为，公司应当承担法定代表人代表行为的结果。如果由于多次交易等，相对人知道或者应当知道公司对法定代表人对外行为所作的限制，那么法定代表人的越权行为则为无效，公司对此可以不予认可。

但是，对于法律、行政法规明确规定需要经董事会或股东会决议的事项，相对人负有审查义务。《民法典合同编通则司法解释》第20条第1款规定：“法律、行政法规为限制法人的法定代表人或者非法人组织的负责人的代表权，规定合同所涉事项应当由法人、非法人组织的权力机构或者决策机构决议，或者应当由法人、非法人组织的执行机构决定，法定代表人、负责人未取得授权而以法人、非法人组织的名义订立合同，未尽到合理审查义务的相对人主张该合同对法人、非法人组织发生效力并由其承担违约责任的，人民法院不予支持，但是法人、非法人组织有过错的，可以参照民法典第一百五十七条的规定判决其承担相应的赔偿责任。相对人已尽到合理审查义务，构成表见代表的，人民法院应当依据民法典第五百零四条的规定处理。”

第四节 监 事 会

一、 监事会的概念和特征

监事会是依法产生，对董事和经理的经营管理行为及公司财务进行监督的常设机构。它代表全体股东对公司经营管理进行监督，行使监督职能，是公司的监督机构。监事会有如下特征：

第一，监事会是由依法产生的监事组成的。监事一般由股东会选举产生。但有的国家公司法也规定了监事的其他法定产生途径，例如，我国《公司法》规定监事会由股东代表和适当比例的公司职工代表组成，监事会中的职工代表由公司职工民主选举产生。

第二，监事会是对公司事务进行监督的机构。监事会的监督职能一般包括两个方面：一是对董事、经理的经营行为进行监督；二是财务监督，也称为专业监督。各国公司法均将财务监督作为监督机构职权的重要组成部分，这是因为公司的财务状况是公司经营信息的直接反映，并且对于上市公司而言，财务状况是信息披露最重要的部分，是股东了解公司状况的直接途径。

第三，监事会独立行使职权。保持充分的独立性是进行有效监督的重要前提，为此，各国公司法均很重视对监事会行使职权的独立性的保障。

第四，监事个人与监事会并行行使监督职权。董事会是决策机构，需要形成统一的意志，因此它采取的是一种集体议事、少数服从多数的原则。与董事会不同，监事会的职责是尽量发现公司经营违法、违规或者违背股东利益的行为。为了充分掌握公司信息，法律规定了监事对公司业务和财务资料有平等的监督检查权，一般情况下并不需要通过形成集体决议行使职权。

二、 监事会的设置

虽然各国在公司治理中均设立了行使监督职能的公司机构，但是，与股东会、董事会、经理等公司组织机构相比，各国公司法关于监事会的规定差异最大，变化也较大。

（一）单一型：美国模式

美国采用单轨制，即只设董事会而不设监事会。但是，美国公司治理结构中并不缺少监督机构。美国的内部监督机制模式，概括起来主要体现在三个方面：(1) 建立独立董事制度。(2) 设立董事会委员会，特别是由独立董事构成的董事会委员会，包括审计委员会、提名委员会、薪金报酬委员会等。(3) 改进董事会及其委员会的领导机构，包括由独立董事担任董事会主席，将董事会主席与 CEO 分开，在 CEO 任董事会主席时，由独立董事共同指定一名独立董事为牵头董事等。

（二）垂直型：德国模式

德国股份公司的内部监督主要由监事会进行。根据《德国股份法》第 111 条的规定，监事会的职责是监督企业的经营和管理，德国的监督机关无论从其地位还是职能来看，都高于所监督的对象——经营管理机关。

德国的监事会（也译为监督董事会）由股东会和工会机构选举产生，再由监事会公开招聘管理委员会（也译为管理董事会，简称理事会）。监事会代表股东监督理事会，理事会负责企业日常经营管理活动。因此，德国的监事会并非本节所指意义上的监事会，虽无公司事务的决策权但具有较强的监督职权。另外，德国模式的另一特点是重视雇员在行使监督职能中的作用，德国监事会不仅有股东监事，还有雇员监事，在人数超过一定数目的公司，雇员监事须占到监事人数的一半。

（三）并列型：日本模式

日本在公司组织机构中设立了监察人作为监督机构。其公司组织机构由股东会、董事会、监察人三者构成，这种模式基本上为本章所论述的公司组织结构。但在2001年，日本首次以立法的形式引进美国式的独立董事制度，而且，立法尊重企业经营的自主性和灵活性，未采取"一刀切"的强制性统一规定，而同时设置两套方案供企业自主选择。一是沿用监事会制度，仍由3人以上监事组成监事会；二是增设所谓的设置委员会公司规则，允许公司以章程规定不设监事会，而在董事会之下分别设置由3人以上的董事组成的审计委员会、提名委员会及薪酬委员会。但是，由于实践中同时设置3个专门委员会对于公司来说负担较重，为了能够在不过度提高公司治理成本的前提下充实董事会的监查和监督职能，日本公司法在后续修改时，又提供了监查等委员会规则供公司选择。

除监事外，日本的监察制度中还有会计监察人。会计监察人也由股东会选任。会计监察人的职权，一般仅限于监察财务会计文件和附属明细表。在与监事的监察的关系上，一般认为会计监察人的监察范围限定为会计的合法性，而具体业务监察则由监事履行。

（四）选择型：法国模式

法国是实行混合型治理模式的欧洲国家的典型，是采用一元制还是二元制，公司具有选择权。一元制是指只设董事会不设监事会，多适用中小企业，董事会享有代表公司的最充分权力，董事长则代表了董事会几乎所有的权力，公司的内部监督也是由董事会进行的；二元制是指同时设立董事会和监事会，多适用于大型公司，公司内部监督主要由监事会负责。此外，法国股份有限公司中还设立了另一监督机关——审计员（或称会计监察人），由一名或数名审计员对公司的财务会计进行审计监督。法国法采取的由公司自由选择的机制，充分体现了灵活性和对公司自治的充分尊重。法国这种弹性的一元制与二元制并存的制度已为欧洲的一些国家所采用或准备采用。

我国长期以来一直将监事会作为公司的主要监督机构，监事会被视为公司不可或缺的监督职能部门，这与日本2001年修法前的治理模式相似。然而，近年来，各种公司治理模式相互借鉴的趋势逐渐兴起。我国公司监督制度也正在经历理论和实践层面的深刻反思。对于非上市公司而言，需要在原有制度的基础上进行完善；而对于上市公司，则可以通过借鉴其他国家的治理模式来改革现有的监督体制，引入独立董事。这样，由监事会和独立董事共同承担公司的监督职能，可能是改善监督机制的一种方式。

现行《公司法》在公司监督权的配置方面有了进一步的突破，即允许公司通过在董事会内部设立审计委员会的方式取代监事会，从而不再把监事会作为必设机构。这样的模式事实上推动了我国监督模式向选择型模式发展。

三、监事会的组成

我国《公司法》规定，监事会由股东代表和适当比例的公司职工代表组成，其中职工代表的比例不得低于 1/3,具体比例由公司章程规定。监事会中的职工代表由公司职工通过职工代表大会、职工大会或者其他形式民主选举产生。

在监事会成员数量方面,我国《公司法》针对不同类型的公司规定了不同的要求。对于经营规模较大的有限责任公司,监事会成员不得少于 3 人。而对于股东人数较少或规模较小的有限责任公司,可以选择设立 1 名监事,经全体股东一致同意也可以不设监事。对于股份有限公司,原《公司法》规定监事会成员不得少于 3 人,现行《公司法》将其修改为与有限责任公司保持一致,即规模较小的股份有限公司也可只设 1 名监事。

上海保翔冷藏有限公司诉上海长翔冷藏物流有限公司公司决议效力确认纠纷案

关于监事的任职资格,我国《公司法》对监事任职资格的规定与董事相同。此外,还规定了董事、高级管理人员及财务负责人不得兼任监事。这是因为监事的职责是监督公司董事会的决策以及董事、高级管理人员的经营活动和公司的财务状况,以保证监事的独立性,避免监督者与被监督人有利益关系。其他国家的公司法也类似地规定了这些要求,有些国家甚至将公司的特殊出资人或受益人排除在监事的任职资格之外,以确保监事拥有独立的监督职能,不受其他公司利益相关者的影响。

四、 监事会的职权

按照《公司法》第 78、79、131 条的规定,监事会或者监事行使下列职权:(1)检查公司财务;(2)对董事、高级管理人员执行公司职务的行为进行监督,对违反法律、行政法规、公司章程或者股东会决议的董事、高级管理人员提出解任的建议;(3)当董事和高级管理人员的行为损害公司的利益时,要求董事和高级管理人员予以纠正;(4)提议召开临时股东会会议,在董事会不履行《公司法》规定的召集和主持股东会会议职责时召集和主持股东会会议;(5)向股东会会议提出提案;(6)依照《公司法》第 189 条的规定,对董事、高级管理人员提起诉讼;(7)监事有权列席董事会会议,并对董事会决议事项提出质询或者建议;(8)监事会发现公司经营情况异常,可以进行调查;必要时,可以聘请会计师事务所等协助其工作,费用由公司承担;(9)公司章程规定的其他职权。

此外,上市公司的监事会还可要求公司董事、经理及其他高级管理人员、内部及外部审计人员出席监事会会议,回答所关注的问题。

自 1993 年《公司法》颁布以来,监事会在履行监督职能方面遭遇了诸多挑战,呈现出整体失效、名存实亡的局面。学界普遍认为这种状况主要由以下几个方面造成:首先,在我国"一股独大"的股权结构下,监事和监事会缺乏必要的独立性。大股东不仅主导股东会和董事会,还对监事会拥有控制权,导致监事会在组织上缺乏独立性,只能依赖大股东控制下的董事会或经理的安排。其次,监事会所具备的权力和职责存在缺陷,被赋予的权力缺乏实质内容,仅限于理论上的规定,而非实际有效的掌控权。再次,即便拥有的权力,也缺乏系统性保障。例如,监事会与经营管理层之间存在信息不对称,监事会获取的信息来源受限于经营管理层,并且常常是经过筛选后的信息,有时甚至根本无法获得相关经营信息,这导致监事无法有效履行监督职责。最后,监事没有被合理安排利用公司资源履行职责。基于以上情形,有观点认为,监事会无法发挥作用,因此主张废除监事会,由独立董事或审计委员会取而代之。

五、审计委员会与监事会之间的选择

面对公司监督制度的系统性困境，现行《公司法》对公司监督机制进行了重大改革，重新配置了公司内部的监督力量。制度创新主要体现在两大方面：一是基于单层制改革引入了董事会审计委员会，并区分有限责任公司和股份有限公司分别设定了监事会的选择性设置要求；二是对可能继续存在的监事会，进一步强化其法律地位与职权。这种改革路径，既赋予了公司更大的自治权，给公司预留了单层制的选择空间，又给仍然保留监事会制度的公司提供了优化的制度供给，契合了世界各国公司治理结构向单层董事会的融合趋势。

公司选择单层制公司治理模式的条件体现为董事会中设立履行监督职能的审计委员会作为专门内设机构，允许公司根据章程的规定自主选择是否设立监事会。具体的选择模式为“选出”制结构，即在公司章程无特殊规定的情况下，公司应设立监事会，在此基础上，允许公司在董事会设置审计委员会来替代监事会，从而将监事会“选出”。在选出监事会设置的条件上，《公司法》对有限责任公司和股份有限公司分别作了规定：在有限责任公司中，选出监事会的条件是设置董事会审计委员会；在股份有限公司中，选出监事会的条件除了设置董事会审计委员会之外，还需要满足审计委员会的成员人数为 3 名以上、过半数成员不得在公司担任董事以外的职务且不得与公司存在任何可能影响其独立客观判断的关系等多个条件（《公司法》第 121 条）。

第五节　独立董事制度

自 20 世纪六七十年代以来，英美法系在不改变“一元制”的模式下，通过设立独立董事制度达到改善公司治理、提高监控职能、降低代理成本的目的，实现了公司价值与股东利益的最大化。许多国家纷纷借鉴和仿效独立董事制度，引发了一场公司治理中的“独立董事革命”。

一、独立董事的概念和特征

（一）独立董事的概念

独立董事的概念，最早出现在 1992 年的“凯德伯瑞报告（Cadbury Report）”中，是指不在公司担任董事职务以外的任何职务，并与其所受聘的上市公司及其主要股东不存在可能妨碍其独立客观判断的一切关系的特定董事。

与独立董事概念相近的是外部董事和非执行董事，它们均是指那些本人目前不在公司任职的董事。外部董事是美国的称谓，非执行董事是英国的称谓。与外部董事或非执行董事相对应的是既是董事会成员又在公司内任职的董事，这类董事被称为内部董事或执行董事。外部董事或非执行董事并不都是独立的，只有满足独立董事条件的外部董事或非执行董事才属于独立董事。非独立的外部董事或非执行董事称为关联外部董事，这些董事虽不在公司任职，但与公司存在这样或那样的不符合独立性要求的关系，如属于本公司的大股东、供货商和经销

商的代表、退休不久的高级管理人员，或是董事长、总经理的亲属。

（二）独立董事的特征

独立董事在公司内部主要扮演监督者的角色，对公司的财务及内部董事和高层管理人员的职务行为进行监督。独立董事功能能否充分发挥取决于能否保障其独立性。独立性是独立董事最突出的特征，是保障其有效行使监督权的基石。

根据中国证监会《上市公司独立董事管理办法》的规定，上市公司独立董事的独立性体现为以下几个方面：

1. 法律地位独立。独立董事在上市公司只担任董事，不担任经理、副经理、财务负责人等其他职务。

2. 选任程序独立。独立董事仅由上市公司股东会选举决定，不包括其他途径。上市公司董事会、监事会、单独或者合计持有上市公司已发行股份1%以上的股东可以提出独立董事候选人，提名人应当充分了解被提名人职业、学历、有无重大失信等不良记录等情况，并对其符合独立性和担任独立董事的其他条件发表意见，被提名人应当就其符合独立性和担任独立董事的其他条件作出公开声明。上市公司在董事会中设置提名委员会的，提名委员会应当对被提名人任职资格进行审查，并形成明确的审查意见。上市公司股东会选举两名以上独立董事的，应当实行累积投票制。

3. 意思独立。独立董事应当独立履行职责，不受上市公司及其主要股东、实际控制人等单位或者个人的影响。具体体现为，独立董事与其所受聘的上市公司及其主要股东、实际控制人不存在直接或者间接利害关系，或者其他可能影响其独立客观判断的关系。

4. 职权独立。独立董事享有独立于董事会、监事会的职权，负责依法对上市公司与其控股股东、实际控制人、董事、高级管理人员之间的潜在重大利益冲突事项进行监督，促使董事会决策符合上市公司整体利益，保护中小股东合法权益。

独立董事应当每年对其独立性情况进行自查，并将自查情况提交董事会。董事会应当每年对在任独立董事独立性情况进行评估并出具专项意见，与年度报告同时披露。

二、 独立董事制度的形成和发展

独立董事制度适应了社会经济发展的客观需要，它既是公司内部矛盾激化的结果，也是公司效益原则屈服于社会公平原则的体现。20世纪六七十年代以后，西方国家尤其是美国各大公众公司的股权越来越分散，董事会逐渐被以CEO为首的经理人员操纵，以至于对以CEO为首的经理人员的监督已严重缺乏效率。人们开始从理论上普遍怀疑现有制度安排下的董事会运作的独立性、公正性、透明性和客观性，继而引发了对董事会职能、结构和效率的深入研究。有研究认为，在董事会中引进独立的非执行董事可以增加董事会的客观性与独立性，从而降低经理们非法操控公司满足其自身利益的可能性。在理论研究成果与现实需求的双重推动下，美国立法机构及中介组织自20世纪70年代以来加速推进独立董事制度的创建进程，独立董事的设立最终完成。

美国证券交易委员会要求上市公司有两名独立董事，纽约证券交易所的上市规则也明确要求上市公司必须有两名独立董事；全美公司董事联合会认为大多数上市公司的董事会都应以独立董事为多数组成。在英国，20 世纪 80 年代后期到 90 年代初，董事会制度改革被列入重要议事日程，英国先后出台的有关改善公司治理结构的几个委员会报告，亦与美国一样强调以建立独立董事制度为核心改进董事会结构的独立性。

独立董事制度在英美创设后，世界许多国家和地区纷纷采纳这一制度，并掀起了一场风靡全球的独立董事制度运动。在大陆法系国家和地区，意大利、法国、日本、比利时、韩国、我国台湾地区等推行和发展了这一制度。在英美法系国家和地区，如加拿大、澳大利亚、印度、南非、新加坡、我国香港地区也相继引进和吸收了独立董事制度，从而使独立董事成为 20 世纪 90 年代以来公司治理的“奇观”。

我国的独立董事制度于 2001 年由中国证监会发布的《关于在上市公司建立独立董事制度的指导意见》正式确立。我国引入独立董事制度是为了矫正上市公司素质不够、治理不彰、一股独大问题，希望能够通过独立董事制衡大股东侵犯公司及小股东利益的行为；也有迎合国际公司法潮流，吸引国外投资者的考量。目前，根据我国《公司法》的规定，独立董事是上市公司的必设机构，上市公司独立董事由国务院证券监督管理机构制定的《上市公司独立董事管理办法》予以规范。

三、 独立董事的职权

（一）独立董事的特殊职权

《上市公司独立董事管理办法》列举了独立董事享有的 6 项特殊职权，具体如下：(1)独立聘请中介机构，对上市公司具体事项进行审计、咨询或者核查；(2)向董事会提议召开临时股东大会；(3)提议召开董事会会议；(4)依法公开向股东征集股东权利；(5)对可能损害上市公司或者中小股东权益的事项发表独立意见；(6)法律、行政法规、证监会规定和公司章程规定的其他职权。独立董事行使上述第 1 项至第 3 项所列职权，应当经全体独立董事过半数同意。独立董事行使上述职权，上市公司应当及时披露。上述职权不能正常行使的，上市公司应当披露具体情况和理由。

（二）独立董事职权和监事会职权的关系

我国的公众股份有限公司包括上市公司和非上市公众公司。前者是指股票在证券交易所上市交易的股份有限公司；后者是指公开发行股票但不在证券交易所上市的股份有限公司，以及非公开募集（向特定对象发行股票）使股东人数超过 200 人的股份有限公司。我国《公司法》规定上市公司应设独立董事，而对其他股份有限公司未规定必设。由此，上市公司的法定治理机构包括股东会、董事会、监事会，其中，董事会内设有独立董事和专门委员会。由此可见，我国上市公司的治理机构既有单层制下的专门委员会，也有双层模式下的监事会，更有独立董事制度加持。

上市公司监事会与独立董事之间的职权划分问题长期以来存在争议，选择进行单层制改革的上市公司或将从机构设置层面对此问题予以彻底化解。对于维持监事会和独立董事同时存在的上市公司，以及其他同时设置独立董事和监事会的股份有限公司，该问题仍然有待解决。就独立董事和监事会的职权而言，虽然二者在监督功能上具有同质性，但二者的法定职权并不具有完全可替代性，尤其是，独立董事作为董事可以参加董事会会议，享有表决权，需要对其商业决策承担责任，这种监督系决策中的监督；监事仅能列席董事会会议，虽然可以质询和建议但并无表决权，系事后监督，二者参与决策的流程无法互相替代。

【本节理论探讨】

● 我国监事会监督职能虚化问题

任何制度的设计，都是为了实现特定的目的，达到它的“有用性”，在公司中设置监事会体现了公司监督制度化和规范化的意义和价值。然而，我国公司监事会普遍存在整体失效、职能虚化的状况。我国1993年《公司法》对于监事会的规定过于简略，缺乏可操作性，在制度上存在漏洞，有的立法规定没有得到真正有效的贯彻，不少公司的监事会并未进入角色，多数监事根本不会进行“监事”。尽管监事会与董事会的地位在法律上是平行的，但事实上，在许多公司尤其是上市公司中，监事会无法独立于董事会。有些公司监事会主席和监事根本不具备基本的财务知识，在审计财务报告时常常走过场。还有的上市公司根本不设监事会，理由是“设了也没用”。在我国公司现有的组织机构中，监事会无疑是一个最尴尬的机构，在很多的场合下，监事会只是一个摆设而已，甚至有人将监事会讽喻为“聋子的耳朵”。

造成监事会职能虚化的原因很多，主要有以下几个方面：(1)在我国“一股独大”的股权结构现状下，监事和监事会缺乏必要的独立性。(2)监事会的权力内容残缺不全，缺乏基本保障。监事会和经营管理层的信息不对称，监事也就无法有效监督。(3)对监事缺乏必要的激励机制和相应的约束机制。一方面，我国公司普遍缺乏一种对监事业绩的评估体系，更没有一种对监事监督权的激励措施，监事的奖酬大幅度地低于管理层，监事没有工作积极性。另一方面，公司法对监事怠于行使职责的法律责任缺乏基本规定，有的监事消极怠工，有的监事甚至与经理层同流合污、沆瀣一气，从事不正当交易以牟取私利，但很少受到法律责任的追究。

目前，我国公司的监督制度正在经历理论和实践两方面的深刻检讨，2005年《公司法》和现行《公司法》均对监事会进行了改革，赋予了监事会更多的职权，加大了监事的义务，加重了监事的责任。

● 独立董事制度的评价与完善

在对独立董事制度的价值功能评价上，学术界和实务界存在两种截然不同的观点。

第一，肯定说。该说认为，独立的董事是降低“代理人费用”和解决开支问题的主要手段，独立董事有助于提高企业股票价值，特别是在企业面临兼并与收购的情况下，独立董事往往能捍卫股东的利益。我国也有学者认为，引进独立董事制度，有利于促进董事会的改造，通过独立董事制度增强董事会的监督职能，并有效填补监事会监督的盲区。

第二，否定说。该说认为，大多数独立董事都未能发挥相应的功效。独立董事往往只得到有限的信息，很少能够有效地指导公司运作；独立董事在履行职责方面投入时间不够；独立董事充其量只是公司治理的装饰品。我国有学者认为，在“一股独大”的股权结构下，无法通过独立董事制约内部人的控制；在现有公司法框架内嫁接国外的独立董事制度，会导致制度混乱;公司法已将监督权职能赋予了监事会,如果独立董事再履行监督职能,则必然存在职能的重复和冲突,导致浪费资源或相互推诿。

尽管对独立董事制度存在各种不同意见,其实际效果也不尽如人意,但完全否定也根据不足。总体来说,基于独立董事的特殊任职要求和享有的特别权利,独立董事的确能够发挥一般董事和监事难以发挥的作用。但不能对独立董事制度期望过高,仅仅依靠独立董事制度来彻底解决上市公司所有权与经营权高度分离所产生的“代理问题”是不现实的,上市公司治理的改善不能仅依赖于监督机制的建立,激励机制与约束机制的完善也非常重要。

独立董事制度存在的一些不足表明它本身还不是一项十分成熟的制度,还有待从各方面予以完善。其中包括:(1) 提高独立董事独立性;(2) 强化独立董事的职权;(3) 明确独立董事的义务;(4) 保护独立董事的知情权;(5) 推进独立董事次级委员会制度建设;(6) 妥善处理独立董事与监事会的关系;(7) 完善独立董事的社会信用机制;(8) 引入独立董事的责任保险制度等。

第六节　经　　理

一、 经理的概念和地位

经理是由董事会聘任的,负责组织公司日常经营管理活动的业务执行机构。与股东会、董事会、监事会不同,经理机关不采用会议形式,其行为无须通过多数原则形成决策,而以经理的最终意愿为准。在某些公司,还设有副经理一职,通常由经理提名,是协助经理工作的辅助人员。

随着证券市场的发展,现代社会中的公司股权逐渐分散化,这导致股东对公司的管理日益缺乏关注。同时,随着经济分工的深化和竞争的加剧,管理已成为一门专业技能,股东们也无法全面管理公司经营,因此虽然各国公司法一般规定经理机关可以根据公司章程自行设立,但实际上,经理不仅成为公司中不可或缺的机构,而且其权力呈现不断扩大的趋势。

在现行《公司法》修订过程中,在有限责任公司经理设置的强制性方面,立法者存在态度的徘徊,在第二次与第三次审读稿中均写明“有限责任公司设经理”,相当于把有限责任公司的经理作为强制设置的机构,但在正式通过的稿件中又恢复了原《公司法》中的表述,增加了“可以”二字,把有限责任公司的经理作为可设可不设的机构。虽然立法最终作出了此种选择,但在理论上,本书仍然认为,有限责任公司的经理应当为必设机构,任何公司都不可能存在没有经理的情况,只是称谓可能有所不同,但每个公司都必然存在一个承担业务执行工作的主体或机构。

与修订前的《公司法》相比,现行《公司法》中经理的基本性质和地位并未发生根本变化,经理仍为公司的业务执行机构,公司经理由董事会聘任,对董事会负责,具体落实股东会和董事会的决议,主持公司的生产经营管理活动,维持公司运转。

二、 经理的设立

有别于公司董事和监事,公司经理并非通过选举产生,而是由董事会聘任产生。许多国家的公司法规定,聘任经理是董事会的职权,董事会通过投票决定公司经理的人选。在美国,一些公司的董事会设立了提名委员会,负责寻找并向董事会推荐适合公司重要职务的人,如经理。经过董事会的表决通过后,经理人选将与公司签订聘任合同,完成聘任过程,成为公司的经理。

由于经理由董事会聘任,其权力内容和范围虽然由公司法规定,但其职务的取得取决于董事会。董事会有权决定扩大或缩小经理的权力范围。因此,如果经理违法经营或其管理能力、素质不足以应对公司管理需求,董事会有权依法通过董事会会议决定解聘该经理。我国《公司法》规定,经理由董事会聘任或解聘。

三、 经理的任职资格

经理作为公司日常经营的实际管理者和高级管理人员,其任职资格是公司运营中的重要问题。经理的任职资格包含积极和消极两个方面。积极方面是指经理所应具备的各种能力和素质,主要涵盖品德素质、知识水平、管理能力、心理素质等。而消极方面则指不符合资格条件的情况,如有犯罪记录者不得担任公司经理等。

对于经理所需具备的积极条件,需要综合考察其学历、品行、业绩、声誉等多方面因素进行评估。对这些要素的评估,完全属于各公司的内部事务,应由董事会自主决定,而不应受法律的强制干预。因此,各国的公司法主要针对经理任职资格的消极方面进行规范,我国的法律亦如此。我国《公司法》第 178 条对经理的任职资格作了消极方面的规定,与董事、监事任职条件的限制相一致。当然,此类限制实际上也可扩展至公司所有的高级管理人员。

四、 经理的职权

尽管经理由董事会聘任并向其负责,但不同公司经理的实际权限存在差异。为了确保公司有效率地持续运营,在多家公司运营实践的基础上,概括出经理的一般职权范围,并在公司法中予以规定是十分必要的。这有助于公平配置公司的权力资源,建立制衡监督机制,明确各岗位职责,促进运营效率提升,并在公司与外部的交易关系中降低不确定性,降低与公司交易相关的代理权辨识成本和风险。在商业社会中,由经理在公司的业务范围内代表公司是一种普遍惯例,公司法对经理职权的规定应符合这种惯例。各国公司法对经理职权的规定主要集中于管理公司的日常经营活动,并在董事会授权范围内代表公司处理各类业务,如执行董事会经营计划、任命和解雇公司高级管理及专业人员、主持公司日常业务、签订外部合同等。

我国《公司法》曾对经理的职权进行过列举式的规定,主要有:(1)主持公司的生产经营管理工作,组织实施董事会决议;(2)组织实施公司年度经营计划和投资方案;(3)拟订公司内部管理机构设置方案;(4)拟订公司的基本管理制度;(5)制定公司的具体规章;(6)提请聘任或者解聘公司副经理、财务负责人;(7)决定聘任或者解聘除应由董事会聘任或者解聘以外的负责管理人员;(8)董事会授予的其他职权。现行《公司法》对于经理的职权更改为了概括性规定,即“经理对董事会负责,根据公司章程的规定或者董事会的授权行使职权。经理列席董事会会议”。

【本节理论探讨】

● 公司治理中的内部人控制问题

内部人控制问题是由美国学者针对苏联、东欧社会主义国家特有的情况提出来的,是指从前的国有企业的经理或者工人在企业公司化的过程中获得相当大的控制权的现象。一般而言,我们把企业经理人员在事实上或者依法掌握企业的控制权,并使他们的利益在公司的决策中得到比较充分的体现的现象称作内部人控制。内部人控制是现代公司制企业中普遍存在的现象。在转轨经济中,内部人控制问题尤其突出。实际上,从广义上来说内部人控制问题就是代理问题。内部人控制问题的产生,具体说来有以下原因:(1) 代理人是一个具有独立利益和行为目标的经济人,他的行为目标与委托人的利益目标不可能完全一致。(2) 代理人作为经济人,在代理过程中,其行为存在机会主义倾向,可能会偏离委托人的要求,尤其是政府对企业在产权上控制很弱,使得内部人控制问题更加容易产生。(3) 市场环境存在不确定性,难以准确判定代理人行为努力与否。(4) 委托人与代理人之间存在着严重的信息不对称,导致委托人难以准确判定代理人有无机会主义的行为。

● 公司经理的法律地位与经理权的法律性质

公司经理的法律地位是指经理在公司中享有民事权利和承担民事义务的资格。经理权是公司经理在法律、章程或契约规定的范围内辅助执行公司业务所需要的一切权力。经理的法律地位与经理权是紧密相连的问题。

传统公司法理论依据委托—代理理论解释经理的法律地位,认为董事会负责公司的经营管理,在公司经营中起核心作用,而经理通常被定位为董事会的辅助人,是受董事会委托对公司进行经营的,其本身不是公司机关,更不是独立的公司业务执行机关。所以,在传统公司治理中,经理是一种代理人。

依据委托—代理理论,经理以公司代理人的身份对外从事经营活动,其权力来自公司章程和董事会的授权。这一理论存在着委托方和经理间法律关系不明确、经理的雇员地位与其现实的强力职权状况不相符等弊端,不利于交易秩序稳定与交易安全,因而受到许多学者的质疑与挑战。其中,法定机关说认为,经理属于章定、任意、常设之业务执行机关或辅助业务机关。其理由是,经理在公司内部权利体系中占据着重要的位置,承认其作为公司机关的法律地位,而不仅是辅助业务执行机构,有利于经理作用的发挥,符合效率、效益最大化的原则,而且,由于机关行为结果直接归属于公司本身,对第三人交易安全保护也具有积极作用。另外,也有观点认为公司机关的出现是基于公司权力分化的需要,而公司内权力分化到今天,已远远不是传统的权力分化理论可以概括的,经理职权扩大是不争的事实,因此,从传统公司分权框架下分化出经理这一机关具有必然性。应当说,公司代理人说尚处于相对主流的观点,但法人机关说等理论也确有其合理性,因而反思传统的公司代理人说,并对经理法律地位理论作出探索与完善是当前我国公司法学研究的重要课题。

传统公司法依据雇员理论和代理理论,认为经理以公司名义实施经营行为时,系公司的代理人,所以从对外法律关系角度讲,经理权实质是商法上的代理权。这种代理权虽以民法上的代理权为基础,却有着自己的特殊性质。多数国家除将民法有关代理权的条款适用于经理权以外,多以商法、公司法等形式对经理权授予方式、权限范围、行使方式等问题作特别规定,使它带有浓厚的法定权力色彩。从公司内部法律关系角度讲,经理权又属于一种职责和义务,不能放弃与转让,公司经理与受其管理的人之间存在着上下级的管理与服从关系,又具有某些公权的特点和性质,因而在对内关系中具有"职权"的性质。

- **CEO 的法律性质与法律调整**

CEO 的概念完全来自境外,我国一般将其译为首席执行官。国际上的大公司已普遍设立 CEO,我国许多公司也仿效境外设置了 CEO。目前,CEO 并非一个法律上的概念,而是公司治理与管理实务上的概念。CEO 虽在公司实践中确已广泛存在,但各国公司法很少对 CEO 作出规定,我国法律也没有关于 CEO 的明文规定。因此,明确 CEO 的法律性质及其在公司治理结构中的法律地位,并对其予以相应的法律规范和调整是公司法理论和实践的现实任务。

一、CEO 与我国公司经理的比较

首先,二者在词源上存在差异。首席执行官 CEO,其全称为 Chief Executive Officer,而我国公司的经理,其对应的英文称谓是 manager。

其次,二者在产生上具有一致性。CEO 不是选举产生的,而是由董事会聘任的;经理也是由董事会聘任的。

最后,二者在职权上既有区别又有联系。CEO 通常是公司的主要协调人、政策制定者和推动者。CEO 的权力基本上类似于我国公司经理的权力,但原来董事会的一些决策权,如制定公司的年度经营计划与财务预算方案等已让渡到 CEO 手中。

二、CEO 与公司董事长的比较

CEO 职权的扩张,导致了董事会职权发生相应变动。董事长的主要职责是确保董事会的顺利召开和董事会有效地履行职责,而 CEO 由董事会任命,全面负责公司的日常决策和经营管理。

三、CEO 的法律地位

CEO 由公司董事会聘任或解聘,CEO 的职权由公司章程及董事会授权书具体确定。就公司内部关系而言,公司与董事会是委托人,CEO 是它们的职业"代理人",对外以公司与董事会的名义进行活动,其后果也由公司承担。总体来看,CEO 类似于我国公司的经理,但其还享有我国公司董事会与董事长的部分职权。

四、我国公司设置 CEO 的法律障碍

我国公司法规定了公司董事会、董事长的职权,这些规定都属于强行性规范。尽管公司法也规定了公司经理享有"公司章程和董事会授予的其他职权",但公司章程和董事会不可能突破公司法中的强行性规范,授予经理董事会的一些决策权和董事长的一些职权。由此可见,目前在我国设置 CEO 与公司法的规定尚有抵触,存在着法律上的障碍。

第七节　公司决议的效力体系

股东会的决议是根据“资本多数决”的原则作出的，是少数股份服从多数股份的制度，董事会则采取一人一票的表决方式，公司法既要维护股东会以及董事的基本表决原则，也要制止有表决权的股东或董事滥用表决权，因此，法律必须制定相应的制度来保证决议内容和程序的合法、公正。一般而言，在决议的程序和内容均无任何瑕疵的情况下，应当推定决议有效，但如果决议的程序或内容有瑕疵，其效力就会受到影响。我国现行《公司法》吸收了此前公司法司法解释中的规定，确立了决议无效、决议可撤销、决议不成立以及决议有效的决议效力体系。从比较法角度来看，各国公司法大多规定，如果决议存在瑕疵，应通过诉讼程序解决决议的效力问题。根据决议瑕疵产生的原因，可将有关决议效力的诉讼分为决议无效之诉、决议可撤销之诉、决议未成立之诉，另有一些国家规定了变更不当决议之诉。我国公司法目前仅规定了决议可撤销的诉讼程序，未规定决议无效以及决议不成立的诉讼程序，但依据相关公司法理以及法律行为的基础理论，决议无效与未成立问题也应当通过诉讼程序加以解决。

一、决议的无效

（一）决议无效的事由

民事法律行为因违法而无效的判断是理论和实务上的重大疑难问题。决议行为作为民事法律行为的一种，其困难亦然如此。虽然在《民法总则》制定之前，理论界和实务界就决议行为是不是民事法律行为存在争议，但该争议随着《民法总则》第 134 条的明确规定而逐渐消弭。《民法典》延续了《民法总则》的这一规定，根据其第 134 条规定，决议行为是法律行为之一。除了适用《公司法》上的决议效力规则之外，决议还存在适用民事法律行为的效力规则之可能，十分复杂。我国《公司法》第 25 条规定，公司股东会、董事会的决议内容违反法律、行政法规的无效。该条规定对决议无效事由概括得比较笼统。决议无效的事由具体可以划分为以下类型。

1. 违反法律和行政法规的决议无效。《民法典》第 153 条第 1 款规定，违反法律、行政法规的强制性规定的民事法律行为无效。但是，该强制性规定不导致该民事法律行为无效的除外。《公司法》第 25 条既未将违反的对象限于法律、行政法规的强制性规定，也未规定《民法典》第 153 条但书部分的具体内容。对此，应当结合《民法典》第 153 条的规定，补充该条内容。易言之，公司股东会、董事会的决议内容违反法律、行政法规的强制性规定，并不必然导致决议无效，对《公司法》第 25 条需要进行限缩解释。

对于违反法律、行政法规强制性规定行为的效力，2019 年《九民纪要》第 30 条指出，《合同法司法解释（二）》第 14 条将《合同法》第 52 条第 5 项规定的“强制性规定”明确限于“效力性强制性规定”。此后，《关于当前形势下审理民商事合同纠纷案件若干问题的指导意见》规定了“管理性强制性规定”的概念，指出违反管理性强制性规定的，人民法院应当根据具体情形认定合同效力。随着这一概念的提出，审判实践中又出现了另一种倾向，有的人民法院认为凡是具有行政管理性质的强制性规定都属于“管理性强制性规定”，违反这些规定的，不影响合同效力。这种望文生义的认定方法，应予纠正。

最高人民法院在《民法典合同编通则司法解释》中放弃了长期使用的“效力性强制性规定”“管理性强制性规定”的概念。最高人民法院在《最高人民法院民二庭、研究室负责人就民法典合同编通则司法解释答记者问》中指出：“在解释的起草过程中，考虑到效力性强制性规定的表述已被普遍接受，不少同志建议继续将效力性强制性规定作为判断合同是否因违反强制性规定而无效的标准。经过反复研究并征求各方面的意见，解释没有继续采用这一表述。一是因为，虽然有的强制性规定究竟是效力性强制性规定还是管理性强制性规定十分清楚，但是有的强制性规定的性质却很难区分。问题出在区分的标准不清晰，没有形成共识，特别是没有形成简便易行、务实管用的可操作标准，导致审判实践中有时裁判尺度不统一。……”在对“效力性强制性规定”和“管理性强制性规定”不予区分的基础上，该司法解释第 16 条进一步细化了“该强制性规定不导致该民事法律行为无效的除外”的情形。该条规定详见下文的关联规范部分，此处不赘。

2. 违反公序良俗的决议无效。如果公司决议并未违反法律、行政法规的强制性规定，但违反了其他层级的法规或规章，其效力如何？《九民纪要》第 31 条规定，违反规章一般情况下不影响合同效力，但该规章的内容涉及金融安全、市场秩序、国家宏观政策等公序良俗的，应当认定合同无效。由此可见，尽管规章的规范层级较低，但其有可能代表公序良俗，违反其规定同样有可能导致行为无效。此时，否定行为效力的基础在于《民法典》第 153 条第 2 款的规定，即违背公序良俗的民事法律行为无效。

《民法典合同编通则司法解释》第 17 条第 1 款规定：“合同虽然不违反法律、行政法规的强制性规定，但是有下列情形之一的，人民法院应当依据民法典第一百五十三条第二款的规定认定合同无效：(一) 合同影响政治安全、经济安全、军事安全等国家安全的；(二) 合同影响社会稳定、公平竞争秩序或者损害社会公共利益等违背社会公共秩序的；(三) 合同背离社会公德、家庭伦理或者有损人格尊严等违背善良风俗的。”如果公司决议存在前述情形，也将导致其无效。

相较于合同，公司决议所关涉的利益主体更多，所涉的利益更为复杂。在公司法司法实践中，公司决议无效的情形繁多，比如损害股东利益、损害公司利益、损害国家利益、损害他人利益、超越决策权限、违反公序良俗等，裁判尺度差异较大。

最高人民法院在《公司法司法解释(四)原则通过稿》中曾试图规定公司决议无效的类型：“股东会或者股东大会、董事会决议内容有下列情形之一的，应当确认无效：(一)违反公司法第 20 条规定，损害公司、股东或者公司债权人的利益；(二)违反公司法第 37 条、第 46 条、第 99 等规定，超越股东会或者股东大会、董事会职权；(三)违反公司法第 166 条规定向股东分配利润；(四)违反法律、行政法规的强制性规定的其他情形。”但因争议过大，本条最终未出现在正式发布的司法解释之中。现行《公司法》修订时，该问题亦因争议过大而被搁置。

对此，在司法实践中，应当结合公司决议违反的具体法律条款及其背后法益判断公司决议的效力，更为细致的类型化规则有待未来的立法或司法解释予以完善。

（二）决议无效之诉

按照法律行为无效的基础法理，决议无效的，任何人均有权提起决议无效之诉。《公司法司法解释（四）》第1条规定，公司股东、董事、监事等请求确认股东会或者股东大会、董事会决议无效或者不成立的，人民法院应当依法予以受理。根据本条规定，公司股东、董事、监事等均是适格的原告主体。此外，监事会是公司的监督机构，对于股东会和董事会决议的无效之诉，监事会应当作为主要的提起主体，这不仅与监事会的监督职责相适应，也是维护公司和股东利益的需要。当然，除了公司股东以及内部的监督机构外，与决议存在利害关系的第三人同样可以提起决议无效之诉。

二、决议的可撤销

决议成立后，如果存在可撤销事由，撤销权主体可根据法定程序请求人民法院予以撤销。如果决议不成立，则不存在撤销与否的问题。我国《公司法》第26条规定了股东会、董事会决议的撤销：公司股东会、董事会会议召集程序、表决方式违反法律、行政法规或者公司章程，或者决议内容违反公司章程的，股东可以自决议作出之日起60日内，请求人民法院撤销。但是，股东会、董事会的会议召集程序或者表决方式仅有轻微瑕疵，对决议未产生实质影响的除外。未被通知参加股东会会议的股东自知道或者应当知道股东会决议作出之日起60日内，可以请求人民法院撤销；自决议作出之日起1年内没有行使撤销权的，撤销权消灭。

（一）决议的可撤销事由

根据我国《公司法》第26条规定，决议的可撤销事由包括三种：

1. 会议的召集程序违反法律、行政法规、公司章程。股东会会议和董事会会议的召开需要遵守法律和公司章程规定的程序。常见的召集程序瑕疵有召集权瑕疵、通知程序瑕疵、通知内容瑕疵、通知未附带议案、通知方式瑕疵、通知对象遗漏、会议主持人主持权瑕疵或主持方式瑕疵等。

2. 表决方式违反法律、行政法规或公司章程。常见的表决方式瑕疵有无表决权人参与表决、表决事项瑕疵、表决权计算错误等。对于表决中存在以商业利益交换或者有其他不正当拉票行为的情形，因比较复杂，只能个案判断，不好做“一刀切”的要求。

3. 决议内容违反公司章程。如控制股东滥用表决权，通过的决议侵害了公司章程赋予公司和小股东的利益，该决议即可撤销的决议。另外，如果决议内容不具有可分性，部分决议事项被撤销当然导致整个决议被撤销；若决议内容具有可分性，则部分决议事项被撤销并不必然导致决议中的其他事项被撤销。换言之，股东提起股东会决议撤销之诉时，可以选择只申请撤销部分决议事项，而保留其他决议事项的效力。

（二）决议的撤销权主体

依《公司法》规定，我国有权提起决议撤销之诉的主体是股东。但如果股东会召集程序或表决方法有瑕疵，参加股东会的股东一致通过了股东会决议，参加股东会并在表决中投赞成票的股东是否仍享有股东会决议的撤销权?《公司法》对此并未作出明确规定。本书认为,应当允许其提起撤销之诉,这可以保护那些虽然在表决中同意议案但并不知道召集程序或表决方法有瑕疵的股东的利益,也能督促公司股东会在召集和表决中严格按照规定进行。

另外,就公司法理论而言,公司的监事会同样有权提起股东会决议的撤销之诉。那么,决议撤销之诉的被告是造成该决议通过的股东,还是公司?通说认为,被告应当是公司。这是由于资本多数决原则将股东的意思拟制为公司的意思,既然决议体现了公司的意思,自然应将公司列为决议撤销之诉的被告。

(三)决议的撤销程序

由于引起决议撤销之诉的事由并非很严重,所以在法律规定的期间内,没有提起决议撤销之诉的,不得再提起决议撤销之诉,以维护决议的稳定性。各国通常都对决议撤销之诉的期间加以规定,如日本规定为 3 个月。我国《公司法》规定为 60 日,并区分两类不同情况划定了不同的起算标准:对于参加会议的股东而言,提起撤销之诉的 60 日期间自决议作出之日起计算;对于未被通知参加股东会的股东,自知道或者应当知道股东会决议作出之日起算 60 日的期间。从公司法理论的角度看,这个 60 日应为除斥期间,不存在中止、中断和延长的情形,如果在此期间无人提起股东会决议撤销之诉,决议便具有了确定的法律效力。我国《公司法》第 26 条规定撤销权行使的最长期间为 1 年,相当于为撤销权规定了 1 年的最长除斥期间。

为防止股东滥用决议撤销之诉,图谋不当利益,《公司法》曾就决议撤销之诉规定了原告股东提供担保的义务,即如果公司提出请求,人民法院可以要求股东提供相应担保。这一规定,加大了滥用诉权的成本,若原告基于恶意或重大过失败诉,应对公司负损害赔偿的责任。现行《公司法》删除了这一条款,但是从撤销之诉的司法价值以及避免权利滥用的角度来看,确立撤销之诉的担保制度也具有一定的意义。

(四)可撤销决议的轻微瑕疵豁免

如果股东会、董事会的会议召集程序或者表决方式仅有轻微瑕疵,对决议未产生实质影响,由此产生的决议可以不予撤销,此即轻微瑕疵豁免规则,也称“裁量驳回”制度。轻微瑕疵豁免规则赋予法院自由裁量权,以避免将决议撤销问题机械化、绝对化。轻微瑕疵豁免需同时满足以下三项要件:(1) 瑕疵限于“股东会、董事会会议的召集程序、表决方式违反法律、行政法规或者公司章程”。内容违反公司章程虽属于可撤销事由,但不属于可豁免的轻微瑕疵范畴。(2) 须为轻微瑕疵。在司法实践中,关于瑕疵轻微与否的判断标准存在分歧,通常认为,应当以该瑕疵能否导致股东无法公平地参与会议和决议为标准。例如,章程规定召集通知应当为书面形式,但公司以电话或其他确保股东可以获得全部信息的方式予以通知的,因并未影响股东公平地参与会议,故应当认定为轻微瑕疵。(3) 该瑕疵对决议未产生实质影响。通常认为,未产生实质影响是指程序瑕疵不具有影响决议结果的可能,该瑕疵的存在与否不改变决议的结果。

三、决议的不成立

现行《公司法》修订前,《公司法》采用决议效力的“二分法”,仅规定了决议无效、可撤销两种情形。《公司法司法解释(四)》第 5 条增设决议不成立之诉,使得我国公司法上的公司决议效力分为不成立、无效、可撤销三种形式。《公司法》修订后,在第 27 条正式确立了决议不成立制度。决议不成立,可以类推适用法律行为不成立的理论,即公司股东会、董事会决议缺少必要形式要件的,应认定股东会、董事会未作出决议。这与决议的无效和可撤销存在本质区别,决议的无效和可撤销的前提均是已经作出决议,只不过因为决议内容或相关程序违反法律法规或存在瑕疵,但决议的不成立视为公司股东会或董事会自始并未作出过决议。

(一)决议不成立的事由

根据《公司法》第 27 条的规定,以下四类情形应当认定为公司股东会或董事会的决议不成立:

1. 未召开股东会、董事会会议而作出决议。我国公司治理实践中会议繁多,但缺乏严格的会议规则,也缺乏成熟的会议文化,未召开会议进行“传签”等情况经常发生。如果没有召开股东会、董事会,便不存在形成决议的会议基础,决议也就无法成立。但是,《公司法》第 59 条规定了例外情形:有限责任公司的股东对股东会的职权事项以书面形式一致表示同意的,可以不召开股东会会议,直接作出决定,并由全体股东在决定文件上签名或者盖章。除法律另有规定外,会议乃决议之当然基础,未召开股东会、董事会会议作出决议,决议不成立。

威海汤泊温泉度假有限公司、烟台虹口大酒店有限公司等公司决议效力确认纠纷再审案

2. 股东会、董事会会议未对决议事项进行表决。虽然召开了股东会、董事会,但并未对决议事项进行表决,也无法形成共同的意思表示的,决议不成立。比如,部分股东在股东会后伪造其他股东签名,并未形成真实的公司意思。

3. 出席会议的人数或者所持表决权数未达到《公司法》或者公司章程规定的人数或者所持表决权数。为确保公司决议具有足够广泛的代表性,各国公司法通常要求参加股东会的股东、参加董事会的董事须达到一定比例,会议方能合法召开。比如,《美国标准公司法》规定,参加股东会会议的法定人数不应少于在会议上有表决权股份的 1/3。在我国公司治理实践中,中小股东参加股东会的积极性不高,使得股份有限公司的“股东大会”经常变身“大股东会”。在现行《公司法》修订过程中,有人建议增加股东会会议的最低参会股权比例或“定足数”,但最终通过的《公司法》并未予以规定。主要原因在于担心影响股东会的效率,增加公司不得不二次召开股东会的成本,甚至引发为吸引中小股东参会的不当激励问题。但是,公司章程可以对此予以特别规定,公司法在该事项上也预留了公司自治空间。此时,如果出席股东会会议的股东所持表决权数未达到章程规定的表决权数下限,应视为股东会未召开,所形成的决议不成立。

对于董事会会议,《公司法》第 73 条规定,董事会会议应当有过半数的董事出席方可举行。董事会作出决议,应当经全体董事的过半数通过。对于该比例,公司章程还可以予以提高,以督促全体董事履职,充分交流意见,促进公司董事会决议更为合理。未达到最低出席人数的董事会会议,是严重的程序瑕疵,所形成的决议应认定为不成立。

4. 同意决议事项的人数或者所持表决权数未达到《公司法》或者公司章程规定的人数或者所持表决权数。在公司决议形成过程中,需要达到法定或章程规定的通过比例,否则决议不能成立。按照决议通过所需比例,可将决议分为一般决议和特别决议。前者需要一般多数,后者需要绝对多数。需要特别决议的事项包括修改公司章程,增加或者减少注册资本,公司合并、分立、解散,以及变更公司形式等。

需要指出的是,与《公司法司法解释(四)》第 5 条相比,《公司法》第 27 条删除了"导致决议不成立的其他情形"的兜底规定。但是,这并不意味着决议不成立仅限于第 27 条规定的四种情形。由于决议行为是民事法律行为之一种,即使《公司法》删去了司法解释中的兜底条款,仍然可以类推适用民事法律行为的不成立规则。

(二) 决议不成立之诉

目前我国《公司法》并未规定决议不成立之诉的具体程序,但参照民事法律行为不成立的认定程序,似乎应当由公司的股东、监督机构或与决议事项存在利害关系的主体提起该诉讼。在诉讼性质上,该诉讼应当属于确认之诉,即请求法院确认股东会或董事会决议在法律上未成立,从而无法对任何主体产生约束力。提起诉讼的时间也应当限定在决议作出后的合理时间内,以避免决议长期处于不确定的效力状态。《公司法司法解释(四)》第 1 条规定,公司股东、董事、监事等请求确认股东会或者股东大会、董事会决议无效或者不成立的,人民法院应当依法予以受理。

四、 决议无效、被撤销、不成立的效力

股东会、董事会决议被司法宣告无效、撤销或者确认不成立的,其法律效力可分为对内效力与对外效力。《公司法》第 28 条规定,公司股东会、董事会决议被人民法院宣告无效、撤销或者确认不成立的,公司应当向公司登记机关申请撤销根据该决议已办理的登记。股东会、董事会决议被人民法院宣告无效、撤销或者确认不成立的,公司根据该决议与善意相对人形成的民事法律关系不受影响。

对内而言,决议被人民法院宣告无效、撤销或者确认不成立的,对公司自始没有约束力。易言之,人民法院宣告无效、撤销或者确认不成立的判决在公司内部事项上具有溯及效力。依据决议进行的行为,应当恢复原状,比如,根据决议已经办理公司变更登记的,应当撤销公司变更登记;股东根据决议获得利润分配的,应当返还分配所得。

对外而言,决议被人民法院宣告无效、撤销或者确认不成立的,不得对抗善意相对人。决议与公司基于决议对外形成的法律关系,本质上属于两个法律关系,其效力不应直接混同。相应地,有关公司决议效力的诉讼、公司与相对人的民事法律关系诉讼是两个独立的诉讼。相对人不知道且不应当知道决议存在可撤销的瑕疵的,基于对相对人的信赖保护,公司根据决议与善意相对人形成的民事法律关系不受影响。

第八节 董事、监事、高级管理人员的信义义务

董事是由公司股东选举产生的,是公司的决策者和公司业务的主管者,可以根据公司的决定享有或不享有对外代表公司的权力。公司监事是行使监督管理职能的主体。公司高级管理人员是为了公司的利益管理公司日常事务并有权为公司签署法律文件的人。董事、监事、高级管理人员拥有公司的决策权、监督权和执行权,他们在很大程度上实际控制着公司的运营。但是与股东不同,他们仅仅是公司的"代理者",而非公司的所有者。他们与公司和股东的利益有很大程度的一致性,因此被赋予充分的职权;同时,他们又有自己独立的利益,甚至与股东和公司存在冲突。正是由于公司董事、监事和高级管理人员是公司经营权的主要承担者,其行为直接涉及公司和股东利益能否得到有效保障,故各国立法通常会规定公司董事、监事和高级管理人员的义务与责任,以体现激励与约束共存的原则。

一、一般规定

我国《公司法》第 180 条规定:"董事、监事、高级管理人员对公司负有忠实义务,应当采取措施避免自身利益与公司利益冲突,不得利用职权牟取不正当利益。董事、监事、高级管理人员对公司负有勤勉义务,执行职务应当为公司的最大利益尽到管理者通常应有的合理注意。公司的控股股东、实际控制人不担任公司董事但实际执行公司事务的,适用前两款规定。"与国外立法相同,我国《公司法》规定了公司董事、监事和高级管理人员负有忠实义务和勤勉义务。值得注意的是,本条特别强调了公司控股股东、实际控制人虽不担任公司董事但实际执行公司事务的,也应当受到上述义务的约束。

二、忠实义务

忠实义务,指董事、监事、高级管理人员管理经营公司业务,当自身利益与公司整体利益发生冲突时,应以公司利益为先。从实质上说,忠实义务是为公司经营权行使主体设置的一条"道德标准",这一义务产生于公司经营权行使主体与公司之间的受信关系和代理关系。

判断董事是否履行了忠实义务是一件困难的事,澳大利亚公司法专家克拉克(Clark)教授曾提出一种标准:"如果董事不考虑公司的利益,就背弃了其忠实义务,如果交易是为公司的利益进行的,就不可能有背弃义务的结果。"英国法院则把"诚实"和"努力"两个条件作为忠实义务的最低要求。《德国股份法》第 93 条规定:"董事会成员在领导业务时,应当具有一个正直的有责任心的业务领导人的细心。有关公司的机密数据和秘密,特别是那些他们在董事会工作中了解到的经营或商业秘密,他们必须做到守口如瓶。"

对于公司董事、监事、高级管理人员的忠实义务,我国《公司法》除第 180 条的一般规定外,第 181~185 条具体列举规定了忠实义务的具体情形。依据上述规定,公司董事、监事及高级管理人员应对公司负有下列忠实义务:

1. 禁止获得非法、不正当利益。公司经营权行使主体要对公司负善良管理人的义务,即

在处理公司事务时须负与处理本人事务同等程度的谨慎,并确信所采取的措施是在当时具体情况下对公司最有利的选择。上述人员是受公司股东的委托代表股东行使职权的,处理事务时应从公司和股东利益出发,自己不能从中获利。

《公司法》第 181 条列举规定了董事、监事、高级管理人员违反忠实义务的行为。其中,第 3 项规定董事、监事、高级管理人员不得利用职权贿赂或者收受其他非法收入;第 4 项规定董事、监事、高级管理人员不得接受他人与公司交易的佣金归为己有。公司经营权行使主体在执行职务过程中必须以公司利益为重,除有权依照与公司之间的协议和安排获得薪金和补贴等利益外,不得为个人牟取任何经济利益。根据我国刑法的规定,违反上述规定的公司经营权行使主体,可能构成受贿罪或侵占罪,要承担刑事责任。

2. 禁止侵占、挪用公司财产。作为公司经营权的具体行使者,公司董事、监事、高级管理人员必须合法使用公司财产,保证公司各项行为符合其业务范围。根据《公司法》第 181 条第 1 项、第 2 项的规定,公司董事、高级管理人员不得有侵占公司财产、挪用公司资金、将公司资金以其个人名义或者以其他个人名义开立账户存储的行为。如果公司经营权行使主体违反了此项义务,应责令其退还公司资金,由公司给予处分,将其所得收入归公司所有,构成犯罪的,应依法追究刑事责任。

3. 竞业禁止义务。竞业禁止义务理论上应从属于忠实义务,是指董事、监事、高级管理人员不得经营与其所任职公司具有竞争性质的业务。董事、监事、高级管理人员可能利用其拥有的公司权力和地位以权谋私,损害公司利益,况且他们还掌握公司经营中的重大信息,若其从事与公司相同或相似的业务,很容易泄露公司商业秘密或者掠夺公司的商业机会,导致与公司不公平的竞争。因此,各国公司法均禁止董事、高级管理人员从事与其所任职公司具有竞争性质的业务,如果违反竞业禁止义务,公司可依法行使归入权,即将董事、高级管理人员的违法收益收归公司所有。

在竞业禁止问题上,各国公司法同样有绝对禁止和相对禁止之分,我国则采取了相对禁止的态度。根据我国《公司法》第 184 条的规定,董事、监事、高级管理人员未向董事会或者股东会报告,并按照公司章程的规定经董事会或者股东会决议通过,不得自营或者为他人经营与其任职公司同类的业务。其中,"为他人经营"包括在与所任职公司存在竞争业务的公司、企业担任董事、高级管理人员、监事等职务。

4. 禁止篡夺公司机会。篡夺公司机会,是指公司董事、监事、高级管理人员把属于公司的商业机会转归自己而从中取利。董事作为公司对外商事交易的主要人员,可以经常接触公司交易机会,这些机会原本应由公司掌握,相应的利益也应当由公司获取,而一旦董事将该机会据为己有,便篡夺了本应属于公司的商业机会,间接损害了公司利益。《公司法》第 183 条规定,公司董事、监事、高级管理人员不得"利用职务便利为自己或者他人谋取属于公司的商业机会"。该条还规定了两类除外情形:(1) 向董事会或者股东会报告,并按照公司章程的规定经董事会或者股东会决议通过;(2) 根据法律、行政法规或者公司章程的规定,公司不能利用该商业机会。

5. 禁止披露公司秘密。《公司法》第 181 条第 5 项规定,董事、监事、高级管理人员不得擅自披露公司秘密。这里的"公司秘密",通常是指公司采取了适当手段加以保密的各项技术秘密、商业秘密、管理诀窍、财务秘密、各种内部文件、决定及意向等。

6. 关联交易的限制。公司法还对董事、监事、高级管理人员的关联交易事项进行了特别规定。关联交易是公司法中的重要概念,也是近年来公司治理方面规制的重点。关联交易是指交易双方之间存在公司法意义上的关联关系。《公司法》第 265 条对关联关系的解释是"公司控股股东、实际控制人、董事、监事、高级管理人员与其直接或者间接控制的企业之间的关系，以及可能导致公司利益转移的其他关系。但是，国家控股的企业之间不因为同受国家控股而具有关联关系”。我国《公司法》对于关联交易的态度从曾经的严格禁止逐渐过渡到有条件的允许，总体的价值导向是将交易的决定权转移给公司自身，从原本的在结果意义上限制关联交易转换为在交易前端的披露和事前同意。

重庆文融投资有限公司等与三亚海方房地产开发有限公司确认合同无效纠纷上诉案

根据《公司法》第182条的规定，董事、监事、高级管理人员，直接或者间接与本公司订立合同或者进行交易，应当就与订立合同或者进行交易有关的事项向董事会或者股东会报告，并按照公司章程的规定经董事会或者股东会决议通过。董事、监事、高级管理人员的近亲属，董事、监事、高级管理人员或者其近亲属直接或者间接控制的企业，以及与董事、监事、高级管理人员有其他关联关系的关联人，与公司订立合同或者进行交易，适用前款规定。可见，只要董事、监事、高级管理人员进行关联交易时事先就交易有关事项予以披露并取得了股东会或董事会的同意，就完全可以允许关联交易的存在。董事会、股东会应当从交易对价的合理性等方面对交易是否应当进行予以考量。

7. 违反忠实义务的法律后果。对于违反前述忠实义务的行为，《公司法》第186条规定了归入权制度，即公司将其董事、监事、高级管理人员违反忠实义务所获得的收益收归公司的权利。之所以作此规定，是因为董事、监事、高级管理人员对公司负有信义义务，其违反信义义务之所得，应归于作为委托人的公司。

公司归入权的构成要件包括：(1)董事、监事、高级管理人员存在违反忠实义务的行为；(2)董事、监事、高级管理人员因违反忠实义务而获得收益；(3)董事、监事、高级管理人员违反忠实义务的行为与其实际获益之间存在因果关系。至于公司是否存在实际损失，则在所不问。

三、勤勉义务

勤勉义务，又称注意义务、善管义务，即董事、监事、高级管理人员应诚信地履行对公司的职责，尽到普通人在类似情况和地位下如同处理自己的事务那样谨慎的合理的注意义务，为实现公司最大利益努力工作。勤勉义务在大陆法系被称为“善良管理人的注意义务”；在英美法系被称为“注意义务”“勤勉、注意和技能义务”。勤勉义务要求经营权主体在作出经营决策时，必须以公司利益为出发点，以适当的方式、尽合理的注意履行职责。勤勉义务是对董事称职的要求，因而属于经营能力的范畴，在罗马法中被称为“善良家父”的义务。

美国各州公司法对董事的注意义务采取了较为一致的标准。《美国标准公司法》第8.30条规定，董事履行其职责时应当：(1) 怀有善意；(2) 以一个普通智者在类似情况下应有的谨慎去履行职责；(3) 依照他能合理地认为符合公司最大利益的方式履行其职责。英国已有越来越多的学者主张对董事注意义务之衡量采取客观标准。

大陆法系有关董事对公司的勤勉义务的标准是不同的。在德国，《德国股份法》第93条规定，董事对其管理的公司事务，应尽“通常正直而又严谨的业务领导者的注意”。在我国台湾地区，有报酬的董事，应对公司尽善良管理人的注意义务；无报酬的董事，则仅与处理自己事务负同一注意义务即可。

就勤勉义务的适用标准,有主观标准与客观标准之说。所谓主观标准,是指勤勉义务应因人而异,拥有不同经验或能力的董事、监事和高级管理人员应适用不同的标准。而客观标准则以“标准人”或“理性人”为尺度,对所有的董事、监事和高级管理人员统一适用。本书认为,衡量勤勉义务不宜采取单一的主观标准,也不宜采取单一的客观标准,而应当采取客观为主的综合性标准。这是因为,作为公司的董事、监事和高级管理人员应具备一些基本的条件,如业务经营能力、任职经验等,此等条件应以客观标准加以衡量。但单纯采取客观标准也有放纵高水平董事、监事和高级管理人员之嫌,应兼采主观标准。同样,如仅采取主观标准,则意味着董事、监事和高级管理人员能力越低,对其适用的标准越低,出现所谓的“鞭打快牛”的现象,不利于激励人才,也不利于约束庸才。

顾某骏、刘某君等诉康美药业股份有限公司证券虚假陈述责任纠纷特别代表人诉讼案

对于董事违反勤勉义务所应承担的责任而言,基于董事与公司之间形成的关系实质是受信关系,故其责任形态一般为侵权责任,但它们均以公司遭受董事行为之损害和董事有过错为责任构成要件。董事是否有过错,应参考公司的商事性质、公司组织章程、管理的通常程序以及董事的人数、经历、知识和经验等因素决定,一旦判定董事有过错,董事即应就其过错行为对公司、股东或第三人承担赔偿责任,其赔偿范围限于上述主体因此所遭受的损害。

与董事的勤勉义务密切联系并作为勤勉义务重要补充的另一项规则是美国法院在长期司法实践中逐步发展起来的商业判断规则。这一规则的实质是不能仅基于错误的商业决定要求董事承担责任。这一规则确立了经营者的商业决定不受司法干涉的原则。当然,如果董事违反忠实义务,如存在欺诈、自我交易、重大过失等情形,则不能受到此规则的保护。

我国《公司法》原本没有关于勤勉义务的具体规定,现行《公司法》对勤勉义务的内涵进行了宏观的规定,即要求董事、监事、高级管理人员执行职务应当为公司的最大利益尽到管理者通常应有的合理注意。但遗憾的是,对于勤勉义务的具体表现形式,公司法仍然未作出规定,这可能会为司法实践中的责任追究带来困难。另值得注意的是,《公司法》第 51、52 条新增了有限责任公司关于股东催缴出资的制度,规定董事会应当对股东的出资情况进行核查,发现股东未按期足额缴纳公司章程规定的出资的,应当由公司向该股东发出书面催缴书,催缴出资。上述催缴出资的义务可以被解释为董事勤勉义务的具体要求。

【本节理论探讨】

• 公司经营行为中的商业判断规则

现代公司在经营管理上的最显著特征是公司所有权与经营控制权的分离,这一状况决定了股东只能通过选举董事会等方式间接地影响公司资产的运营;公司的经营权主要由董事会行使。现代公司治理一般都依据这一原则进行权力划分,我国公司法也对股东会与董事会的职权范围作了明确规定。董事基于公司的委托享有经营决策权,并对公司承担信义义务。基于董事信义义务的要求,董事作出经营决策要符合理性管理人的标准,追求公司利益的最大化。但是,理性管理人的标准应用于法官的事后审查,会因为法官自身的智识局限和事后偏见对董事的经营决策进行二次猜测,容易苛责董事,抑制董事的商业冒险精神,不利商业社会的发展。在此背景下,美国特拉华州法院创设了商业判断规则。

商业判断规则是指如果董事为公司最大利益作出了经营决策,即使事后看来这一决策是有失误的或给公司带来了损害,法院也不再对决策本身的合理性进行审查的裁判规则。美国法律学会起草的《公司治理计划》规定了商业判断规则的具体适用条件,即如果作出商业判断的董事或职员在善意的基础上符合以下三个条件,他就被认为诚实地履行了本项下对公司的义务:(1) 他与该决策对象无利害关系;(2) 对决策对象的知悉达到了当时情形下他有理由相信为适当的程度;(3) 合理地认为该项决策符合公司的最大利益。这三个要素基本上涵盖了商业判断规则的内容。

目前,商业判断规则在美国得到了广泛的适用,从公司重组、股利的分配、选任董事等情形,扩展到公司收购、股东派生诉讼等领域。而这一规则所蕴含的促进公司治理结构的完善、保护经营者经营自主权、鼓励企业家精神、保护公司经营效率等积极价值也日益得到重视。有观点认为,《公司法》第 180 条第 2 款系我国公司法上的商业判断规则,其实不然。该规定并未明确引入商业判断规则,而仅对勤勉义务进行了具体化,即在董事、监事、高级管理人员未违反其勤勉义务的情况下,不承担法律责任。在司法实践中,法院通常倾向于对介入公司商业决策保持谦抑,此时可借助商业判断规则对勤勉义务的违反与否进行认定。因而,如何吸收与借鉴这一规则,以完善我国立法和指导司法实践,已成为重要的课题,也期待着更多学者的探索与研究。

【本节实务研究】

- **董事、监事、高级管理人员竞业禁止行为的认定与法律后果**

学者们通常认为,公司董事、监事、高级管理人员有下列行为之一的,应认定为违反竞业禁止义务:(1) 以自己的名义从事与公司业务相同的经营活动;(2) 为其他自然人、法人或社会组织从事与公司业务相同的经营活动,但在担任公司董事、监事、高级管理人员前已经是同类行业股东的董事、监事、高级管理人员的除外;(3) 担任与公司有竞争关系的企业的合伙人;(4) 侵占他人提供给公司的商业机会;(5) 利用公司的商标权、专利权、著作权、专有技术、商业秘密为自己或者自己兼任董事、监事、高级管理人员的企业牟取利益;(6) 利用公司为自己创造商业机会;(7) 配偶及家庭成员从事与公司业务相同的经营活动;(8) 离任后违反与公司之间关于竞业禁止的约定。

对公司董事、监事、高级管理人员从事竞业禁止行为所获得的收益,公司可以行使归入权。"所获得的收益"是指董事、监事、高级管理人员本人所获收益。相对人拒绝将上述收益交归公司的,公司有权提起诉讼;公司怠于行使的,股东有权代表公司提起派生诉讼。

第九节　董事、监事、高级管理人员的责任

一、 董事、监事、高级管理人员的责任形式

(一) 董事、监事、高级管理人员对公司的责任

作为公司高层人员,董事、监事、高级管理人员天然容易滥用权力,为增加其违法行为的成

本，防止不当行为的发生，各国公司法都规定董事、监事、高级管理人员违反法律、行政法规或公司章程等的，应对公司或股东承担民事责任。根据我国《公司法》的规定，董事、监事、高级管理人员对公司承担责任的形式主要有以下几种。

1. 确认行为无效。董事、监事、高级管理人员违反法律、行政法规或公司章程等作出决议或者进行的行为，侵害了公司或股东的权利的，公司或股东有权请求法院确认该行为无效。在公司法中，确认行为无效是为了防止董事、监事和高级管理人员的违法行为对公司和股东权益产生不利影响。如果他们的行为侵犯了公司章程或法律、行政法规等的规定，公司或股东有权要求法院确认该行为无效。这种措施确保了公司内部规则的合法性。

2. 停止侵害。董事、监事、高级管理人员进行或拟进行违法行为的，法院根据权利人的申请有权责令其停止行为。法院责令停止董事、监事和高级管理人员的违法行为是公司法中的一项紧急措施。如果上述人员的行为正在或将会对公司或股东权益造成损害，法院有权根据权利人的申请要求他们立即停止这种行为，以遏制违法行为，防止其进一步损害公司或股东的合法权益。

3. 赔偿损失。董事、监事、高级管理人员的违法或不当行为给公司或股东造成损害的，其应该对公司或股东进行赔偿。对此，我国《公司法》第 188 条规定，董事、监事、高级管理人员执行职务违反法律、行政法规或者公司章程的规定，给公司造成损失的，应当承担赔偿责任。这种责任的目的是弥补受害方的损失，确保公司和股东得到合理的赔偿。

4. 返还财产。如果公司财产被董事、监事、高级管理人员挪作本人或第三人使用，上述人员便负有返还公司财产的责任。这种措施有助于维护公司财产的完整性，确保公司的资源不被滥用或侵占。

5. 利益归入。公司董事、监事、高级管理人员因违反信义义务，为自身谋取了不正当利益的，该部分利益应当归公司所有，作为对于公司潜在利益损失的填补。对此，我国《公司法》第 186 条规定，董事、监事、高级管理人员违反本法第 181 条至第 184 条规定所得的收入应当归公司所有。这种措施有助于防止董事、监事和高级管理人员以不正当手段获得个人利益，进而保障公司的长期利益和股东权益。

当然，要求董事、监事、高级管理人员承担责任并不能任意而为，为了避免上述主体在执行职务时蹑手蹑脚、人人自危，公司法必须确立严格的责任追究要件，具体包括以下四个方面。

1. 主体要件。责任主体是指违法决议涉及的董事、监事、高级管理人员。如果涉及的董事或监事在违法决议的表决中提出了反对意见或保留意见，并将其记录在会议记录中，他们便不需要对董事会或监事会的决定承担责任。对此，我国《公司法》规定，对公司承担赔偿责任时，可以排除在表决时已提出异议并记录于会议记录中的董事。

2. 客观方面要件。客观方面涉及董事、监事、高级管理人员已经实施或即将实施违反法律或公司章程规定职责的行为。公司或股东有权提起诉讼，不仅针对已发生的行为，还包括尚未实施但有证据证明即将实施并将对公司或股东利益造成重大损害的行为。

3. 主观方面要件。主观方面指的是董事、监事、高级管理人员实施行为时必须存在重大过失。随着经济复杂性和竞争的加剧，公司经营中的不确定因素增加，没有人能够确保在经营决策中不犯错。为避免过度苛责董事、监事和高级管理人员以致扼杀其积极性和创造力，各国公司法多规定董事、监事和高级管理人员只有在存在重大过失时才承担责任。

4. 免责事由。免责事由包括:(1)商业判断规则。董事在作出决策时基于合理资料采取合理行为,属于正当的商业判断,即使该决策对公司造成损失,董事也不承担责任。(2)股东会的追认。部分美英公司法规定董事的部分不当行为经股东会决议追认可免除责任,但对恶意行为不适用。(3)董事会豁免权。这是美国法中免除董事责任的重要方式,即董事会可通过特定程序追认某些董事行为,以免除其责任。

(二)董事、高级管理人员对第三人的责任

传统公司法理论依据信托关系说、代理关系说和委任关系理论解释董事、高级管理人员与公司之间的法律关系,董事、高级管理人员被认为是公司的受托人、代理人和受任人,董事、高级管理人员与公司之外的第三人并不存在直接的法律关系。《民法典》在侵权责任编规定的"雇主责任"也强调,用人单位工作人员因执行工作任务造成他人损害的,由用人单位承担侵权责任,实施侵权行为的工作人员无须向第三人承担直接的责任。然而随着公司治理理论与实践的发展,公司权力结构在很大程度上发生了转变,导致股东会权力的削弱和董事、高级管理人员权力的强化,随之产生了董事、高级管理人员滥用权力,损害股东、债权人等利害关系人利益的现象。

为了防止董事、高级管理人员滥用职权,各国通过判例或立法确立了董事、高级管理人员对第三人的责任制度。一般认为,董事、高级管理人员对第三人的责任是指,董事、高级管理人员履行职务有重大过错致第三人受损害时,对他人负有的损害赔偿责任。对于董事、高级管理人员对第三人责任的法律性质,英美法系主要以过失侵权追究董事、高级管理人员对第三人的责任。而在大陆法系,法律并没有明确规定董事和高级管理人员对第三人的责任的性质,学界有人认为是一种特别法定责任。根据该观点,董事、高级管理人员对第三人的责任与民法上的侵权行为不同,是由特别法即公司法规定的责任。

总体来讲,确立董事、高级管理人员对第三人的责任制度具有以下三方面意义:

1. 有效遏制公司侵权。公司侵权的行为屡见不鲜,从"三聚氰胺事件"到"地沟油事件""瘦肉精事件",以危害食品安全为代表的各类公司侵权事件不断地挑动人们的敏感神经,这类案件对外表现为公司整体侵权,但落实到具体层面,公司侵权的底层逻辑实质上是公司管理层所进行的具有投机性质的决策行为。在以董事、高级管理人员为主体的公司管理层的主导下,公司为了谋取巨额利益而不断下沉底线,管理层作为危害行为的实际决策者却因为公司法上天然的责任屏障而免于直接担责,反而更加促进其无所顾忌地作出不当决策行为。确立董事、高级管理人员对第三人的责任可以从源头上遏制决策者的不当投机行为,以责任风险反向制约董事和高级管理人员决策的合理性,从而遏制公司侵权行为的产生。

2. 有利于保护受害者。面对公司侵权,受害者在寻求赔偿的救济程序中一直处于弱势地位,尤其是在有限责任的框架之下,在受害者众多的情况下,很难保证公司资产可以充分地填补每一位受害者的损失。而从近年的公司实践来看,公司的经营状况总体堪忧,大量公司实际掌握的资产甚至不如自然人财产丰厚,确立董事、高级管理人员对第三人的责任相当于扩大了赔偿的责任财产范围,促使身居弱势地位的受害者有更大机会得到补偿,保护受害者的利益。

3. 消解资本制度的变化对公司侵权的影响。自 2005 年起,我国《公司法》在资本制度方面不断地放宽各类限制,包括取消最低注册资本额、确立全面认缴制等,公司成立的门槛不断

降低,公司掌握的资产数额较少,公司与雄厚的资产实力之间已无必然的联系。确立董事、高级管理人员对第三人的责任制度,扩大了损害赔偿的主体和财产范围,也相当于消解了资本制度变化对公司侵权救济的不利影响。

我国《公司法》第 191 条正式确立了董事和高级管理人员对第三人的责任:董事、高级管理人员执行职务,给他人造成损害的,公司应当承担赔偿责任;董事、高级管理人员存在故意或者重大过失的,也应当承担赔偿责任。该条分两个层面对董事、高级管理人员对第三人的责任进行了规定:前半段是对《民法典》中的雇主责任在公司法层面加以明确,规定当董事、高级管理人员执行职务给他人造成损害时,原则上应当由公司承担赔偿责任;后半段又以“但书”的形式规定了例外情况,即如果董事、高级管理人员主观上存在故意或者重大过失,也应当承担赔偿责任。该条后半段所确立的赔偿责任便是打破公司的人格界限,由董事和高级管理人员向第三人直接承担的责任。

本书认为,本条所规定的董事、高级管理人员对第三人的赔偿责任应解释为补充责任。从文义上而言,本条规定的责任顺序为,公司系第一责任主体,董事、高级管理人员的个人责任顺位在公司责任之后,应为补充责任。将其界定为补充责任,一方面不会减损公司应承担的责任,另一方面也能够有效避免董事、高级管理人员承担过重责任而损害其履职的积极性。从另一角度讲,该责任之所以不是连带责任,是因为:连带责任需以法律明确规定或当事人明确约定为前提。2021 年 12 月的《公司法(修订草案一审稿)》曾有连带责任的规定,但最终被通过的《公司法》舍弃。

此外,由于董事通常通过董事会集体履职,还存在董事之间如何分配责任的问题。在责任范围上,补充责任指董事仅对公司债务不能清偿的部分承担补充责任,第三人仍然享有直接起诉董事的权利,但受到董事基于“公司应先清偿债务”的先诉抗辩权限制。董事的责任份额应在个案中根据董事的类型、过错程度及其行为与损害后果之间的原因力程度具体确定。不同类型董事的职责要求、参与决策的程度存在差异,通常情况下执行董事责任应重于非执行董事,董事长责任应重于普通董事,具有专业知识背景的董事责任应重于不具备特定知识背景的董事;董事参与决策的程度不同,其对于损害后果的作用力亦不相同,相应地,应承担的责任也不同。同时,在司法实践中还应考虑董事具体薪酬与市场平均薪酬情况,综合认定董事的责任份额。

二、 董事、监事、高级管理人员的责任追究方式

董事、监事、高级管理人员的法律责任,不仅包括行政责任和刑事责任,还包括民事责任。就民事责任而言,《公司法》第 188 条规定,董事、监事、高级管理人员执行职务违反法律、行政法规或者公司章程的规定,给公司造成损失的,应当承担赔偿责任。

(一) 直接诉讼

直接诉讼是指公司或者股东在自身权利受到董事、监事、高级管理人员违反法律或者公司章程的行为的侵害时,以自己的名义对侵害者提起的诉讼。

公司董事、监事、高级管理人员执行公司职务违反法律、行政法规或者公司章程的规定,给

公司造成损失的，公司董事会应代表公司向责任人追究其赔偿责任。但是，公司董事会受到侵害人的控制或影响，不能或不愿提起此诉讼的，根据《公司法》第 189 条的规定，有限责任公司的股东、股份有限公司连续 180 日以上单独或者合计持有公司 1%以上股份的股东，可以书面请求监事会向人民法院提起诉讼；监事有前条规定的情形的，前述股东可以书面请求董事会向人民法院提起诉讼。此时，董事会或监事会对侵害人提起的诉讼，是以公司名义为公司利益所进行的诉讼，仍属于直接诉讼的范畴。

我国《公司法》第 190 条规定："董事、高级管理人员违反法律、行政法规或者公司章程的规定，损害股东利益的，股东可以向人民法院提起诉讼。"因此，董事、高级管理人员的行为违反法律、行政法规或者公司章程的规定，给股东本人利益造成损害的，股东可以自己名义进行直接的诉讼。

（二）代表诉讼

股东代表诉讼，又称股东代位诉讼或股东派生诉讼，指当公司利益受到侵害而公司不能或怠于起诉时，公司股东为了公司利益以自己的名义代表公司提起的诉讼。当董事、监事、高级管理人员损害公司利益时，因公司在董事、监事、高级管理人员的管理之下，可能会拒绝或怠于提起诉讼。为此，公司法设置了股东代表诉讼制度解决上述问题。我国现行《公司法》新增了股东双重代表诉讼制度，以解决实践中公司通过设立子公司的方式规避股东代表诉讼的问题。

三、 董事责任保险

董事责任保险可以为公司董事提供重要的法律保障，消减法律确立的董事责任给其决策带来的后顾之忧。我国《公司法》第 193 条明确规定："公司可以在董事任职期间为董事因执行公司职务承担的赔偿责任投保责任保险。公司为董事投保责任保险或者续保后，董事会应当向股东会报告责任保险的投保金额、承保范围及保险费率等内容。"这一规定旨在鼓励公司董事大胆决策，使他们免受潜在法律风险的影响，也有助于维护公司的长期利益。

（一）董事责任保险的概念与价值

董事责任保险，又称 D&O 保险（Directors and Officers Insurance），是规避董事因各类意外事件或行为而需承担巨额责任风险的一种保险类别，旨在为公司董事和公司自身提供法律保护。它覆盖了董事因执行公司职务而面临的潜在法律责任，包括股东诉讼、内部纠纷、违反法规等情况。董事责任保险的主要目的是降低董事在履行职责时所面临的个人法律风险，以鼓励有能力的人承担董事职务。

董事责任保险的价值可归纳为以下几点：

1. 保护董事利益。董事责任保险为董事提供了法律保护，降低了董事执掌公司的风险。这有助于吸引和保留有资质的人才，使他们更有信心地履行职责，不必担心因错误决策或行为而面临个人财物的损失。

2. 保护公司利益。董事责任保险也保护了公司自身的利益。当董事面临法律诉讼时，公司通常需要支持其诉讼费用和赔偿金。董事责任保险可以帮助公司承担这些费用，避免因为法律争议而耗费大量资源,从而维护了公司的财务稳定和声誉。

3. 促进公司合规管理。董事责任保险鼓励董事更加关注公司管理的合规性,因为保险公司通常要求公司符合一定的合规标准、具有风险管理措施。这有助于降低公司的潜在法律风险,改善公司治理成效。

(二) 董事责任保险的适用条件

根据《公司法》相关规定,公司在董事任职期间为董事因执行公司职务承担的赔偿责任投保责任保险需要遵守以下关键条件。

1. 董事在执行公司职务中承担赔偿责任。董事责任保险的适用范围主要涉及董事在履行其公司职务时可能面临的法律责任,包括疏忽、违规行为、错误决策等方面的责任。在这些情况下,责任保险将为董事提供法律保护,协助他们应对可能出现的法律诉讼或索赔。然而,应明确的是,故意犯罪行为或恶意行为通常不在责任保险的覆盖范围内,因为保险通常不会为明知故犯的行为提供保障。因此,董事因故意实施侵权行为而对公司或第三人承担赔偿责任的情况,通常被排除在董事责任保险的理赔范围之外。

2. 公司投保责任保险。公司必须主动采取行动,投保董事责任保险,或者对已有的保单进行续保。这意味着公司需要积极选择适当的保险政策,确保董事在执行其职责时具备必要的法律保障。在没有董事责任保险的情况下,董事个人需承担法律责任。董事责任保险的目的是在合规性和透明性的基础上,提供对董事的支持和保护,鼓励有能力的人担任董事职务,同时确保公司的法律风险受到管理和控制。因此,公司必须依据公司法规定,正确投保董事责任保险,实现其预期的风险管理和法律保护目标。

(三) 董事责任保险的管理与报告要求

根据《公司法》规定,公司为董事投保或续保责任保险后,董事会应承担如下一系列管理和报告责任,这些责任在维护公司治理的透明性和合规性方面发挥着关键作用:首先,确定合适的保险金额是关键,需考虑公司的规模、业务性质和财务状况。其次,明确定义保险承保的范围,确保董事了解其责任保障范围。最后,由董事会负责考虑和报告保险费率,以合理确定保险成本,并向相关方透明地报告关键信息,包括投保金额、承保范围和费率等。这种透明度确保了公司管理决策的合规性,为利益相关方评估公司的风险管理措施提供了清晰的信息。

公司法规定的上述管理和报告责任有助于确保公司在选择、管理和披露董事责任保险方面遵守法律法规,为公司董事提供了适当的法律保障,维护了公司治理的合规性和透明度,有助于公司吸引和保留有能力的董事,确保公司在法律风险管理方面取得成功。

【本节理论探讨】

- **董事对第三人责任的性质**

董事对第三人责任的性质,直接影响对责任构成要件、责任范围等诸方面因素的理解,意义较为重要。目前,关于董事对第三人责任的性质,学理上存在较大分歧,主要有如下三种学说。

1. 法定责任说。法定责任说下还包括“特别法定责任说”和“修改法定责任说”。前者更具有代表性，该说认为，股份有限公司的运营依赖于董事、高级管理人员，而股份有限公司具有更强的公众性，因此在强化董事的地位以及权限的同时应强化董事对第三人的责任。董事对第三人责任区别于债务不履行责任以及侵权行为责任，为特别的法定责任，此时的损害不仅应包括直接损害，还应包括间接损害。受到损害的第三人只要举证证明损害与董事的职务懈怠行为之间具有因果关系以及董事具有恶意或重大过失即可，对于董事是否存在对第三人加害的故意或过失则无须举证。该种特别的法定责任可以与一般侵权行为之间发生竞合。

2. 特殊侵权行为责任说。特殊侵权行为责任说将董事对第三人的责任认定为对董事责任的强化规定，区别于民法的一般侵权行为。该学说又分为三种：第一种观点认为损害既包括直接损害又包括间接损害，而董事具有恶意或重大过失应作为职务懈怠的构成要件。该说认可与民法的一般侵权行为之间的竞合，除了性质认定不同之外，其基本适用了法定责任说的要件。第二种观点基本与第一种观点的内容相同，不同之处在于其主张股东遭受的损失应通过股东代表诉讼予以补偿，并否定短期时效的适用。第三种观点原则上只认可间接损害，在这一点上与法定责任说不同。上述三种观点之中，第一种观点更具影响力。

3. 侵权行为特则说。侵权行为特则说认为，董事日常需要处理繁杂的事务，需要应对纷繁复杂的经济社会的情势变更，因此应免除董事的轻过失责任，将董事对第三人的责任排除在民法的一般侵权行为责任的范围之外，适用特殊规则。董事责任的损害范围应限定为直接损害，并应当把具有恶意或重大过失作为加害要件来理解。

以上学说主要反映了学界对于董事的主观过错要件之于董事责任的认定意义、董事对第三人责任的责任范围及其与民法上侵权行为责任的竞合关系的不同认识。对董事对第三人责任性质的认定将影响这一责任的轻重程度。具体采用何种学说应取决于一个社会对董事义务强弱的判断以及董事客观履职尽责的情况。在关注利益相关者保护和强化通过董事履职尽责维持社会秩序、增加整体福利的社会，更宜采取法定责任说来理解这一制度。

第十节　控股股东、实际控制人的义务与责任

一、控股股东、实际控制人的义务与责任概述

依《公司法》第265条的规定，控股股东，是指出资额占有限责任公司资本总额超过50%或者其持有的股份占股份有限公司股本总额超过50%的股东，以及出资额或者持有股份的比例虽然低于50%，但依其出资额或者持有的股份所享有的表决权已足以对股东会的决议产生重大影响的股东。实际控制人，是指通过投资关系、协议或者其他安排，能够实际支配公司行为的人。控股股东是通过股权关系控制公司的人，实际控制人是非通过股权关系控制公司的人，二者都拥有对公司的控制权。因此，公司法中有关控股股东的规定，通常也适用于实际控制人。下文以控股股东为主要对象展开论述。

对公司的控制本身并不具有可苛责性，具有可苛责性的是对公司的过度控制和对控制权的滥用。在理性人和自利的人性预设下，控股股东在行使控制权时，存在只注重自身利益、忽

视公司和少数股东利益的天然倾向,因而控股股东滥用控制权,损害公司及中小股东合法权益的现象时常发生,尤其是关联交易、资产重组、违规担保、抽逃资金、阻止少数股东召集股东会临时会议等事件最具有代表性。因此,各国公司法逐渐形成了控股股东应承担特殊义务的理论和实践,即控股股东应对公司和其他股东承担信义义务。不可否认的是,公司控股股东应否对公司和其他股东负信义义务,理论界存在一定争议,但我国多数意见认为控股股东应负信义义务。

控股股东信义义务的理论基础,存在信托说、合伙说、代理说、封闭市场说等学说。其中,信托说认为,任何一个人在对他人的财产进行管理或者行使控制权时都负有相应的信义义务。由此,控股股东拥有对公司的控制权,而公司不仅是控股股东的财产,也是少数股东的财产,故控股股东在行使对公司的控制权时相当于在对他人(少数股东)的财产进行管理,是后者的受托人,因而需要对后者承担信义义务。合伙说认为,封闭公司中股东之间的关系可被类比为一种合伙关系,因而可将合伙人之间的严格义务(rigorous duty)扩张适用于股东之间。代理说认为,董事无法独立于选任他的控股股东,因此二者之间构成实质代理关系,其中,控股股东是委托人,董事是代理人。在代理关系中,委托人需要承担替代责任,董事行为的法律效果归属于控股股东,因此可以将董事信义义务扩大适用于控股股东。封闭市场说认为,封闭公司的股份缺乏有效率的二级市场,将导致公司股份缺乏定价机制、激化股东在分配政策方面的矛盾、限制股票市场作为监督机制功能的发挥、剥夺信息匮乏的股东获取价格信息的途径等不利后果,使中小股东难以顺畅地通过“用脚投票”退出公司,放任了控股股东肆无忌惮地实施各类机会主义行为,剥削中小股东的利益,因而有必要对其施以信义义务。总体而言,之所以使控股股东负担信义义务,是因为其享有对公司的控制权。

二、 我国公司治理的主要矛盾:控股股东与中小股东之间的矛盾

公司治理的命题和任务源于公司内外关系中固有的利益冲突和矛盾。公司既是谋求投资收益的营利性经营实体,也是承载相关各方期待和利益的组织载体,内部的投资者、经营管理者、劳动者,外部的交易对方、债权人与债务人,以及公司本身等各方主体的利益在此汇聚交织。人对利益获取的本性渴望与资源有限性之间的矛盾以及人们趋利的追求和严密的防护必然导致彼此的利益冲突和权力碰撞,由此形成公司法律关系中的三大固有矛盾:(1)投资者与管理者之间的矛盾,即所有者或股东与经营者之间的矛盾;(2)所有者或股东相互之间的矛盾;(3)代表股东、经营者和劳动者利益的公司本身与其债权人、债务人等外部当事人之间的矛盾。

公司治理的主要任务和目标就是协调和平衡这些固有矛盾,维护公司正常稳定经营和社会交易安全与秩序,最大限度地保障和实现各方的合法权益。在此意义上,公司治理规范就是防范与协调、化解公司矛盾的规范,公司治理的评价标准就是衡量公司矛盾得以防范和化解的质量和效果。

在股权集中模式占主导地位的情况下,控股股东与中小股东之间的矛盾,是我国公司治理面临的主要问题。我国的上市公司因股权高度集中,所有权与经营权无法彻底分离,上市公司的经营者实际上仍受命于或受制于公司的控股股东,并不存在西方国家 20 世纪 30 年代在公

众公司中出现的所有权结构过于分散，以致不能有效制约经营者意义上的所有权与经营权相分离现象。相反，控股股东掌握公司人事业务上的大权，随时有权撤换董事等人员，也有权对公司的重大事项作出决定。公司法应重点关注和倾力研究的是股东之间，特别是大股东与中小股东、控股股东与其他股东之间的矛盾，应该为规制控股股东权力行使、防范和遏制其权力滥用（尤其是表决权的滥用）以及切实保障中小股东合法权益，探索切实可行的法律途径和操作方案。没有控股股东的公司治理是虚幻和不真实的，任何忽视控股股东的公司治理制度设计都可能误入歧途并劳而无功，至少在近前和未来的相当长的时期内，公司治理中的控股股东及其法律规制应是公司治理最具理论意义和现实价值的研究课题。

三、 我国公司法对控股股东、实际控制人的规制

鉴于控股股东、实际控制人在公司治理中的特殊地位，我国《公司法》从以下七个方面强化了对控股股东、实际控制人的法律规制，形成了较为严密的规制体系。

（一）控股股东、实际控制人行使董事职权时，须承担董事的忠实义务和勤勉义务

根据权责相统一原则，享有一定的职权，就须承担相应的义务。由此，《公司法》第 180 条第 3 款规定，公司的控股股东、实际控制人不担任公司董事但实际执行公司事务的，适用董事忠实义务、勤勉义务的规定。该条也被称为事实董事规则，是现行《公司法》新增的条款，意即控股股东、实际控制人虽不担任公司董事，但实际执行公司事务时，是事实董事，应当承担董事的忠实义务、勤勉义务。

理解该款规定的核心，在于理解何谓“实际执行公司事务”。控股股东、实际控制人只有在履行或实施了公司董事的职责或者行为后，才能被认定为实际执行公司事务。需要注意的是，《公司法》规定了董事会的职权，但未规定董事的职权。《公司法》第 67 条第 2 款规定，董事会行使下列职权：(1) 召集股东会会议，并向股东会报告工作；(2) 执行股东会的决议；(3) 决定公司的经营计划和投资方案；(4) 制订公司的利润分配方案和弥补亏损方案；(5) 制订公司增加或者减少注册资本以及发行公司债券的方案；(6) 制订公司合并、分立、解散或者变更公司形式的方案；(7) 决定公司内部管理机构的设置；(8) 决定聘任或者解聘公司经理及其报酬事项，并根据经理的提名决定聘任或者解聘公司副经理、财务负责人及其报酬事项；(9) 制定公司的基本管理制度；(10) 公司章程规定或者股东会授予的其他职权。因此，实际参与或行使了上述董事会法定职权的控股股东与实际控制人，应作为事实董事一并纳入忠实义务与勤勉义务适用的主体范畴。控股股东或实际控制人构成事实董事的情形，通常包括存在董事选任瑕疵、以董事身份参与董事会会议与决议、以董事身份签字、作为执行董事行使董事会职权等。

单某庆等与叶某芳等侵权责任纠纷上诉案

（二）控股股东、实际控制人控制董事、高级管理人员损害公司或者其他股东利益的，与后者承担连带责任

控制人与被控制人之间构成一个整体，对被侵权人构成共同侵权，依《民法典》第 1168 条

"二人以上共同实施侵权行为,造成他人损害的,应当承担连带责任"的规定,控制人要对被控制人的行为所导致的损害承担连带赔偿责任。由此,《公司法》第 192 条规定,公司的控股股东、实际控制人指示董事、高级管理人员从事损害公司或者股东利益的行为的,与该董事、高级管理人员承担连带责任。该条也被称为影子董事规则,是本次公司法修改新增条款。理解本条规定的关键,在于理解"指示"的含义。对"指示"一词的解读可参照民法中有关"意思表示"的解释,大体分为明示和暗示两种类别。对于明示的指示,如有书面的决议或批示,自然可以被涵盖进该条款的规制范围;虽没有正式的批示,但有直接的聊天记录或其他非正式的指示性内容的,也应解释为作出了指示。

(三)控股股东、实际控制人不得利用关联关系损害公司利益

控股股东、实际控制人享有对公司的控制权,因而可以控制公司与自身或者关联方进行交易,使公司高价购买商品、服务或者低价卖出商品、服务,进而使控股股东、实际控制人自身或其关联方获取远超正常交易的利益。这是一种直接损害公司利益,进而间接损害其他股东、公司债权人合法权益的机会主义行为,不应为法所允许。由此,《公司法》第 22 条规定,公司的控股股东、实际控制人、董事、监事、高级管理人员不得利用关联关系损害公司利益。违反上述规定,给公司造成损失的,应当承担赔偿责任。

需要注意的是,关联交易并非一个负面概念,而是一个中性概念。公平的关联交易可以为公司带来稳定、长期的交易关系,节约交易成本,对公司的经营和发展有益;不公平的关联交易,将损害公司利益,进而间接损害股东、公司债权人和其他利益相关者的利益,对公司的经营和发展不利。由此,在关联交易制度的构建上,公司法的目标是,支持和鼓励那些公平、合理的关联交易,遏制和惩戒那些不公平、不合理的关联交易,而非不加区分地一概禁止所有关联交易。

(四)控股股东压迫其他股东的,该股东有权请求公司以合理的价格收购其股权

股东压迫是一种复合性的、综合式的股东利益侵害行为。当控股股东利用控制权压迫其他股东,达到了足以摧毁二者之间信任基础的程度时,应允许受压迫的股东以合理的价格退出公司。这也是美国、英国等国家公司法典型的衡平救济措施。由此,《公司法》第 89 条第 3 款规定,公司的控股股东滥用股东权利,严重损害公司或者其他股东利益的,其他股东有权请求公司按照合理的价格收购其股权。该款系现行《公司法》新增条款。其中,"严重损害公司或者其他股东利益",强调有限责任公司控股股东滥用权利的后果,使得中小股东与控股股东之间的合作基础丧失,压迫行为本身的复杂性、隐蔽性,以及诉讼本身带来的不确定性,使得单纯的损害赔偿不足以震慑压迫者和救济受压迫者,只有通过请求公司回购其股权退出公司,才能防止损害进一步扩大。另外,此处的"合理的价格",既可以是股权交易市场的合理价格,也可以是双方协商确定的价格。在当事人无法协商确定回购价格时,我国法院主要基于评估报告和审计报告确定合理价格。其中,评估报告系针对股权经济价值的评估,审计报告则是对公司财务报告的审计,体现公司的账面价值、会计价值。

(五)控股股东不得滥用股东权利损害公司或者其他股东利益

《公司法》第 21 条规定,公司股东应当遵守法律、行政法规和公司章程,依法行使股东权

利,不得滥用股东权利损害公司或者其他股东的利益。公司股东滥用股东权利给公司或者其他股东造成损失的,应当承担赔偿责任。法律、行政法规的规定,构成社会的底线规则。股东行使股东权利,必须要遵守法律、行政法规,否则将会损害社会公共利益和公共秩序。公司章程是公司自治的宪章,是调整股东与公司,股东与其他股东,股东与董事、高级管理人员之间权利义务关系的具体法律文件,对公司、股东、董事、高级管理人员等均具有法律约束力,因此,股东行使股东权利必须遵守公司章程。

实践中,股东滥用股东权利损害公司或者其他股东利益的典型情形有:(1)股东滥用表决权,这是股东滥用权利的主要情形。例如,股东特别是控股股东利用其多数表决权,控制股东会通过了以不公平价格定向增资的决议,损害其他股东的合法权益。又如,控股股东通过股东会无故解除由中小股东长期担任的董事或者高级管理人员的职务,违反了股权协议或者使其失去了从公司获取工资薪金的权利或者合理期待。(2)股东滥用股东查阅权。《公司法》要求,股东查阅会计账簿、会计凭证应具备正当目的。股东若以刺探公司商业秘密为目的行使查阅权,将构成权利滥用。(3)股东滥用提案权,如股东恶意提案,扰乱公司治理。

(六) 控股股东不得滥用股东权利损害公司债权人利益

公司人格独立和股东有限责任是公司法的基本原则。《公司法》第 23 条规定,公司股东滥用公司法人独立地位和股东有限责任,逃避债务,严重损害公司债权人利益的,应当对公司债务承担连带责任。股东利用其控制的两个以上公司实施前款规定行为的,各公司应当对任一公司的债务承担连带责任。只有一个股东的公司,股东不能证明公司财产独立于股东自己的财产的,应当对公司债务承担连带责任。该条规定了法人人格否认制度,即当公司法人独立地位和股东有限责任被滥用时,否定公司的法人人格,使股东或公司对相关债务承担连带责任的制度。该制度旨在矫正有限责任制度在特定法律事实发生时对债权人保护的失衡现象。法人人格否认可以分为纵向法人人格否认、横向法人人格否认和逆向法人人格否认三类。

(七) 控股股东转让股份的特别限制

我国相关法律法规对控股股东转让其持有的股份存在特别的限制性规定。例如,《公司法》第 160 条第 1 款规定:“公司公开发行股份前已发行的股份,自公司股票在证券交易所上市交易之日起一年内不得转让。法律、行政法规或者国务院证券监督管理机构对上市公司的股东、实际控制人转让其所持有的本公司股份另有规定的,从其规定。”同时,中国证监会颁布的《首次公开发行股票注册管理办法》第 45 条第 2 款规定:“发行人控股股东和实际控制人及其亲属应当披露所持股份自发行人股票上市之日起三十六个月不得转让的锁定安排。”由此,公司公开发行股份的,控股股东所持有的股份在股票上市之日起 36 个月内不得转让。

【本章思考练习题】

一、名词解释

1. 股东会
2. 累积投票制

3. 董事会
4. 独立董事
5. 监事会
6. 审计委员会
7. 商业判断规则
8. 董事责任保险

二、简答题

1. 简述股东会会议的种类。
2. 简述股东会的职权。
3. 简述股东会决议的程序要件。
4. 简述董事会的职权。
5. 简述监事会的职权。
6. 简述董事、监事、高级管理人员的任职资格。
7. 简述董事、监事、高级管理人员的忠实义务。
8. 简述董事、监事、高级管理人员的勤勉义务。
9. 简述董事对第三人责任。

三、案例分析

2004年8月，祝某成为安盛公司员工，在审核岗位从事审核会计工作；2006年1月1日，祝某向安盛公司出资2万元，占注册资本的1.11%；2008年7月23日，被告祝某向原告安盛公司提交书面辞职报告，同月25日，安盛公司作出关于与祝某解除劳动合同的决定书，决定自2008年7月25日起与祝某解除劳动合同。2008年12月31日，原告安盛公司的董事会以群发短信形式通知公司股东（含被告祝某），决定于2009年1月5日下午17:00在公司会议室召开临时股东会。

2009年1月5日，安盛公司如期召开股东会，并形成关于对祝某股份处置和违反公司公章处理决定的股东会决议。决议载明：经调查发现，祝某在职期间以个人名义为曾与公司存有业务关系的南京瑞派尔机电工程有限公司（简称瑞派尔公司）、南京帝涛科技实业有限公司（简称帝涛公司）、南京茂研科技有限公司（简称茂研公司）提供私下服务，利用职务之便为与公司没有任何服务协议的南京乐安保险代理有限公司（简称乐安公司）等企业提供过相同类型的服务业务，根据公司章程第14条，第16条，第36条第1、2、6项及第2款之规定，决定：由公司强行回购祝某在公司的全部股份；对祝某处以人民币50 000元的罚款；公司应付回购股份的金额（股本和红利）24 107元抵减罚款，不足部分25 893元由祝某于2009年2月28日前将款项送达本公司财务……嗣后，安盛公司将上述股东会决议以特快专递方式邮寄给了祝某。请问：

本案中公司对祝某的罚款决议效力如何？

第十章　国家出资公司组织机构的特别规定

■【导语】

国家出资公司对我国市场经济有重大影响，在我国公司型企业中占有重要地位。《公司法》设专章规定了国家出资公司组织机构的特别规则，提升了国家出资公司在公司法中的地位，更加关注国家出资公司组织机构的特殊性，强化了对国家出资公司的管理，为其公司治理提供了更充分完善的制度安排，更好地回应了经济发展的现实需求。本章内容涵盖了国家出资公司的概念、出资人、党组织、合规治理等规则，以及国有独资公司的章程制定、股东会职权、董事会职权、高级管理人员的兼职限制、审计委员会职权等事项。

特别需要注意的是《公司法》第七章的章节标题变化，从原"国有独资公司的特别规定"一节，到"国家出资公司组织机构的特别规定"单独成章，特别增加了"组织机构"一词，强调国家出资公司在公司法上的特殊之处在于其组织机构层面，而非其在公司法上的地位差异。这种特殊性植根于其出资人主体的特殊性，而非其法律地位的特殊性。

本章学习的重点在于国家出资公司的概念、类型、组织机构的特别规则。本章学习的难点在于国家出资公司组织机构在设置和职权上与一般公司的差异。

第一节　国家出资公司概述

一、国家出资公司的概念

在现行《公司法》修订之前，国家出资公司仅系理论概念。经过此次《公司法》修订，国家出资公司正式成为法律规定的概念。国家出资公司的概念源于《企业国有资产法》。依照《企业国有资产法》第5条的规定，国家出资企业，是指国家出资的国有独资企业、国有独资公司，以及国有资本控股公司、国有资本参股公司。在《企业国有资产法》上，权利主体有四级逻辑：一是企业国有资产归国家所有，国家为所有权主体；二是国务院代表国家行使国有资产所有权，是所有权代表主体；三是国务院和地方人民政府代表国家对国家出资企业履行出资人职责，享有出资人权益，为出资人主体；四是国务院国有资产监督管理机构和地方人民政府按照国务院的规定设立的国有资产监督管理机构（统称履行出资人职责的机构），根据本级人民政府的授权，代表本级人民政府对国家出资企业履行出资人职责，为出资人代表。

与《企业国有资产法》规定的"国家出资企业"相比，国家出资公司概念的外延适当缩小，排除了非公司制企业和国有资本参股公司。根据《公司法》第 168 条的规定,国家出资公司,是指国家出资的国有独资公司、国有资本控股公司,包括国家出资的有限责任公司、股份有限公司。《公司法》第 169 条第 1 款规定:“国家出资公司,由国务院或者地方人民政府分别代表国家依法履行出资人职责,享有出资人权益。国务院或者地方人民政府可以授权国有资产监督管理机构或者其他部门、机构代表本级人民政府对国家出资公司履行出资人职责。”据此可知,《公司法》中的“国家出资公司”仅包括一级公司,不包括国家出资公司单独或与履行出资人职责的机构共同出资设立的各级子公司。

综上所述,可以将国家出资公司定义为国家出资的、由国务院或者地方人民政府,或者国务院或地方人民政府授权的国有资产监督管理机构或者其他部门、机构履行出资人职责的国有独资公司和国有资本控股公司。

二、国家出资公司的类型

《公司法》以“国家出资公司”这一概念替换了原“国有独资公司”,将国有资本控股公司纳入其中,由强调国家所有权与法人财产权的分离,转变为强调出资人所有权与控制权的分离,意义重大。

(一) 国有独资公司

国有独资公司,指的是国家单独投资、由国务院或者地方人民政府授权本级人民政府国有资产监督管理机关、其他部门或机构履行出资人职责的一人公司,包括一人有限责任公司和一人股份有限公司两类。其设立方式包括国有资产监督管理机构或者其他部门、机构单独出资设立国有独资公司,以及投资主体单一的国有企业遵循公司法规定改建设立国有独资公司两种。国有独资公司形式在关系国家安全、国民经济和社会利益的特殊领域有重要意义,有助于实现保障民生、服务社会、提供公共产品和服务的目标。

作为一种特殊的公司形态,国有独资公司既是特殊的一人公司,也是特殊的有限责任公司或股份有限公司。首先,国有独资公司满足一人公司对股东数量的要求,其股东只有国家,政府授权的国有资产监督管理机构或者其他部门、机构只可以代为履行出资人职责,并非股东。其次,国有独资公司与其股东相互独立,国有独资公司以其所有财产对公司债务承担责任,股东仅在其出资范围内承担有限责任,但国有独资公司特殊的资本性质产生了特别的治理需求,因此,国有独资公司的组织机构优先适用《公司法》的特别规定,在没有特别规定时,才适用关于有限责任公司和股份有限公司组织机构的一般规则。

(二) 国有资本控股公司

国有资本控股公司,顾名思义,应当是国有资本处于控股地位的有限责任公司或股份有限公司。对此处“控股”的理解,参考《公司法》对控股股东的规定可推知,在国有资本控股公司中,国有资本出资额或持有股份占比应达 50%以上,或者虽不足 50%,但其表决权足以对股东会决议产生重大影响。与国有控股公司相比,“控股”在国有资本控股公司中反映的是公司内部的资本构成和控制权归属,而在国有控股公司中反映的是母公司对子公司的控制关系。

在《公司法》引入表决权优先股与劣后股制度后，可能会出现国有资本出资额或持有股份占比大于50%但其股份为表决权劣后股的情形。对此，认定国有资本控股公司中的国有资本控制权，不能仅简单依赖所有权标准，表决权因素更为重要。

第二节　国家出资公司组织机构的一般规则

一、出资人职责的履行

党的十八届三中全会通过的《中共中央关于全面深化改革若干重大问题的决定》指出，"改革国有资本授权经营体制，组建若干国有资本运营公司，支持有条件的国有企业改组为国有资本投资公司"，尝试从"国资委+国有企业"双层运营模式转向"国资委+国有资本投资公司+国有企业"的三层运营模式。《公司法》顺应了这一改革趋势，规定国务院或地方人民政府是出资人主体，享有出资人权益；被授权履行出资人职责的国有资产监督管理机构或者其他部门、机构是出资人代表，可以代表出资人行使出资人权益，体现了当前双层运营模式和三层运营模式并存的国有资产管理体制，并与《企业国有资产法》第11条的规定相协调。

二、党的领导与国家出资公司的治理

国家出资公司的股东身份特别，承担着更多的社会责任，其公司治理也具有较强的政治色彩。坚持党的领导，是国家出资公司的本质特征和独特优势，也是国家出资公司必须一以贯之的重大政治原则和必须坚守的政治方向。

党组织参与公司治理是我国国家出资公司治理中的一大特色。1993年《公司法》第17条规定："公司中中国共产党基层组织的活动，依照中国共产党章程办理。"2005年《公司法》第19条规定："在公司中，根据中国共产党章程的规定，设立中国共产党的组织，开展党的活动。公司应当为党组织的活动提供必要条件。"在此基础上，现行《公司法》第170条规定："国家出资公司中中国共产党的组织，按照中国共产党章程的规定发挥领导作用，研究讨论公司重大经营管理事项，支持公司的组织机构依法行使职权。"《中国共产党章程》第33条第2款规定："国有企业党委（党组）发挥领导作用，把方向、管大局、保落实，依照规定讨论和决定企业重大事项……保证监督党和国家的方针、政策在本企业的贯彻执行；支持股东会、董事会、监事会和经理（厂长）依法行使职权；全心全意依靠职工群众，支持职工代表大会开展工作；参与企业重大问题的决策……"

加强党对国有企业的领导一直都是深化国有企业改革的重点，更全面详细的内容已在若干国企改革的相关文件中予以规范。具体包括：充分发挥国有企业党组织政治核心作用；党组织切实落实好、承担好从严管党治党责任；加强国有企业领导班子建设和人才队伍建设；深入开展党风廉政建设，完善反腐倡廉制度体系等。《中国共产党国有企业基层组织工作条例（试行）》则从组织设置、主要职责、党的领导和公司治理、党员队伍建设、党的政治建设、党内民主和监督等多方面对国有企业党组织工作作出规范，为加强国有企业党的建设提供了基本遵循。

依照该条例，把加强党的领导和完善公司治理统一起来，应当将党建工作要求写入公司章程，写明党组织的职责权限、机构设置、运行机制、基础保障等重要事项。坚持和完善“双向进入、交叉任职”领导体制。就需要党组织前置研究讨论的企业重大经营管理事项而言，主要有：贯彻党中央决策部署和落实国家发展战略的重大举措；企业发展战略、中长期发展规划，重要改革方案；企业资产重组、产权转让、资本运作和大额投资中的原则性、方向性问题；企业组织架构设置和调整，重要规章制度的制定和修改；涉及企业安全生产、维护稳定、职工权益、社会责任等方面的重大事项等。党组织应当结合国有企业实际制定研究讨论的事项清单，厘清党组织和其他治理主体的权责。党组织应当选配并管理、监督国有企业领导人员，实施人才强企战略。保证职工有序、有效参与公司治理，维护职工合法权益。

坚持党的领导，将党组织内嵌于国家出资公司治理结构，具有重要意义：既有助于通过政治激励和仕途约束配合薪酬激励和职业声誉约束对具有官员和职业经理人双重身份的国家出资公司管理层实施更有力的监督；又可以为董事会的经营决策提供政策考量，降低国有资产流失风险；还能督促国家出资公司更好地承担社会责任。

三、 国家出资公司的合规治理

国家出资公司的合规治理，依照《公司法》第 177 条的规定，包括内部监督机制、内部控制体系、全面风险管理三方面内容。

对于内部监督机制，传统的监督模式是股东会、董事会、监事会三权制衡，《公司法》提供了采用单层制设置审计委员会的方案，并完善了职工监督。

内部控制体系则是企业为实现经营管理目标，确保企业财产安全、完整，保证企业财务会计信息的安全可靠，在分工负责的前提下组织企业内部经营活动，进而建立的各职能部门之间对经营活动进行组织、制约、考核和协调的方法、程序和措施，用以明确各职能部门的职责权限的，严密的相互协调、相互制约的控制系统。加强国家出资公司内部控制体系的建设与监督，主要涉及五大方面：建立健全内部控制体系，进一步提升管控效能；强化内部控制体系执行，提高重大风险防控能力；加强信息化管控，强化内部控制体系刚性约束；加大企业监督评价力度，促进内部控制体系持续优化；加强出资人监督，全面提升内部控制体系有效性。

全面风险管理，指企业围绕总体经营目标，通过在企业管理的各个环节和经营过程中执行风险管理的基本流程，培育良好的风险管理文化，建立健全全面风险管理体系，包括风险管理策略、风险理财措施、风险管理的组织职能体系、风险管理信息系统和内部控制系统，为实现风险管理的总体目标提供合理保证。风险管理的基本流程为收集风险管理初始信息、进行风险评估、制定风险管理策略、提出和实施风险管理解决方案以及风险管理的监督与改进。风险管理有三道组织防线：一是各有关职能部门和业务单位，二是风险管理职能部门和董事会下设的风险管理委员会，三是内部审计部门和董事会下设的审计委员会。

2018 年 11 月发布的《中央企业合规管理指引（试行）》引入了合规管理体系，开启了中央企业对合规制度的尝试。2022 年 8 月，《中央企业合规管理办法》出台，涵盖了合规管理的组织建设、制度建设、运行机制、合规文化、信息化建设、监督问责等方面内容。合规管理，是指企业以有效防控合规风险为目的，以提升依法合规经营管理水平为导向，以企业经营管理行为和员工履职行为为对象，开展的包括建立合规制度、完善运行机制、培育合规文化、强化监督问责等有组织、有计划的管理活动。合规管理涉及主体众多，其基本架构是：党委党组发挥把方向、管大局、促落实的领导作用，董事会起到定战略、作决策、防风险的作用，经理层的作用则在于谋经营、抓落实、强管理，业务及职能部门承担合规管理主体责任；由合规管理部门牵头负责企业合规管理工作，主要负责人积极推进合规管理各项工作，首席合规官对主要负责人负责，领导合规管理部门组织开展相关工作，指导加强合规管理，合规委员会主要负责统筹协调工作；纪检监察等部门对合规情况进行监督。

第三节　国有独资公司的组织机构

将现代公司治理结构引入国家出资公司，需要兼顾一般公司的治理结构与治理逻辑和国家出资公司治理的特殊需求。一般公司中股东会、董事会、监事会制衡的公司治理机制在国有独资公司中难以构建。因此，基于国有独资公司的特性，《公司法》建立起分解股东会职权、强化董事会职权、审计委员会替代监事会等特殊治理机制和法律规则，由履行出资人职责的机构行使国有独资公司的重大事项决策权，董事会行使经营管理权并通过其内设的审计委员会承接监事会的监督权，经理辅助董事会行使业务执行权。

一、履行出资人职责的机构

国有独资公司中履行出资人职责的机构是国务院或者地方人民政府授权的代表本级人民政府履行出资人职责的国有资产监督管理机构或者其他部门、机构。国有独资公司只有唯一股东，故不设股东会，由履行出资人职责的机构发挥一般公司中股东会的作用。除了制定和修改公司章程，公司的合并、分立、解散、申请破产，增加或者减少注册资本，以及分配利润等事项的决定权予以保留外，国有独资公司中履行出资人职责的机构可以授权公司董事会行使股东会的部分职权。《公司法》还删除了有关重要的国有独资公司合并、分立、解散、申请破产应当由国有资产监督管理机构审核后报本级人民政府批准的行政审批程序的规定，并将该行政程序事项留给《企业国有资产法》予以规定。

二、董事会

国有独资公司董事会的职权不仅包括普通有限责任公司或股份有限公司董事会的所有职权，还包括履行出资人职责的机构授予的股东会的部分职权。其成员既包括由履行出资人职责的机构委派的董事，也包括由职工代表大会选举产生的职工代表董事。董事会成员中应当过半数为外部董事。董事会设董事长一人，可以根据需要设副董事长，二者皆由履行出资人职责的机构从董事会成员中指定。

国有独资公司的董事、高级管理人员，未经履行出资人职责的机构同意，不得在其他有限责任公司、股份有限公司或者其他经济组织兼职，该专任规定比竞业禁止规定更为严格，以实现专人专职、固定岗位、明确职责、忠于职守，防止这些经营管理人员因兼职过多而对国有独资公司疏于管理,避免国有资产遭受损害。

三、董事会审计委员会

现行《公司法》删除了关于国有独资公司中监事会的特别规定,并发挥"管道"作用,为国有独资公司提供监督制度选择权,引入了可替代监事会的审计委员会,与国企改革实践相一致。2017 年 4 月国务院办公厅发布的《关于进一步完善国有企业法人治理结构的指导意见》就指出,国有独资公司要全面建立外部董事占多数的董事会,国有控股企业实行外部董事派出制度,完成外派监事会改革;董事会应当设立由外部董事组成的审计委员会。2018 年 3 月中共中央印发的《深化党和国家机构改革方案》提出,不再设立国有重点大型企业监事会,以实现整合审计监督力量,减少职责交叉分散,避免重复检查和监督盲区,增强监督效能等目的。2018 年 7 月国务院发布的《关于推进国有资本投资、运营公司改革试点的实施意见》规定,国有资本投资、运营公司设董事会,不设监事会,董事会成员原则上不少于 9 人,外部董事应占多数;董事会下设审计委员会等。随着国企改革的不断深入,国有独资公司中的监事会制度式微,逐渐转向引入外部董事并成立审计委员会发挥监督职能。《公司法》对此在法律层面予以规范。

审计委员会由董事构成,其成员的选任遵循《公司法》第 173 条的规定,可以包括履行出资人职责的机构委派的董事、外部董事、职工董事。审计委员会全面承接监事会的职权,包括检查公司财务,对董事、高级管理人员执行职务的行为进行监督,对违反法律、行政法规、公司章程或者股东会决议的董事、高级管理人员提出解任的建议等,以完成公司由双层制治理结构向单层制治理结构的转变。

四、经理

《公司法》第 174 条是关于国有独资公司经理设置的规定,其经理的任免由董事会决定,经履行出资人职责的机构同意,董事会成员可以兼任经理。国有独资公司经理职权的行使可参照一般有限责任公司或股份有限公司的相关规定。《企业国有资产法》第 25 条规定,未经履行出资人职责的机构同意,国有独资公司的董事长不得兼任经理。之所以作此限制,是为了确保公司董事会和经理层各司其职,避免因兼任职务导致董事会监督效能降低。以外部董事为主体的国有独资公司董事会,系典型的监督型董事会。经理作为负责日常业务执行的主体,系主要的监督对象。二者存在监督与被监督的关系,因此本条规定了通常情形的兼任禁止。但是,经履行出资人职责的机构同意,董事会成员可以兼任经理。

【本章思考练习题】

一、名词解释

1. 国家出资公司

2. 国有资本控股公司

二、简答题

1. 简述国家出资公司组织机构的特殊性。

2. 简述国家出资公司的类型与内涵。

第十一章　公司债

■【导语】

公司债是一种重要的有价证券，具有有价证券所有固有的特征，表明了债券持有人与发行公司之间的债权债务法律关系。公司债是公司债权融资的主要手段之一，也是一种重要的公众投资的工具。围绕公司债券，可能会引发债券持有人、股东和发行公司之间的利益冲突。均衡这些利益主体之间的利益冲突，是公司债法律制度的重要内容和目标。

本章主要讲述了公司债的概念和特征、公司债的主要种类、公司债的发行、公司债转让和偿还以及转换制度、公司债持有人保护制度等。本章的学习重点是公司债的概念和特征、公司债的发行条件、公司债的偿还等内容。本章的学习难点是与可转换公司债相关的法律制度以及债券持有人的保护制度。

第一节　公司债概述

一、公司债的概念和特征

我国《公司法》第 194 条第 1 款规定："本法所称公司债券，是指公司发行的约定按期还本付息的有价证券。"

公司债和企业债是依据债券发行主管部门不同所作的划分，企业债原由国家发改委主管，2000 年以后，企业债募集资金用途不限于基础设施建设或技术改造项目，企业债与公司债在功能上逐渐趋于一致，两者从发行人到募集资金用途均相同，却由两个政府部门主管，适用两套发行程序。2023 年 3 月，国务院开始进行国家机构改革，证监会调整为国务院直属机构，企业债发行审核职能从国家发改委划转到证监会。2023 年 4 月，证监会与国家发改委联合发布的《关于企业债券发行审核职责划转过渡期工作安排的公告》指出，企业债券由证监会负责发行注册。这意味着，企业债即将并入公司债。2023 年 10 月，为贯彻落实党中央、国务院关于机构改革的决策部署，稳妥有序做好企业债券职责划转相关工作，证监会对《公司债券发行与交易管理办法》进行修订，其中"将企业债券纳入本办法规制范围，促进企业债券和公司债券的协同发展"是修订主要内容之一。

基于公司债的发行，在债券持有人和债券的发行公司之间形成了以还本付息为内容的债权债务法律关系。概括地讲，公司债的特征主要表现为以下几个方面：

第一，公司债是以有价证券形式表明的债权债务法律关系。公司债券具有有价证券的流动性和收益性等固有特征。公司债的投资者可以是不特定的社会公众，因此，公司债可以是公司向社会不特定公众负担的债务。发行公司是债务人，债券持有人是债权人。公司债券与同属有价证券的股票在性质上明显不同。

第二，公司债是公司以发行公司债券这一有价证券的形式向公众或特定投资者募集的债务。公司债务的证券化是公司债的标志性特征之一。公司债券是公司债的载体，公司债除了有发行市场即一级市场之外，还有相应的转让市场即二级市场。

第三，公司债是公司所负担的集团债务。同一次发行的公司债券持有人所享有的权利是相同的，即公司债券持有人的地位是平等的，区别只是所持有的债券的数量不同。

第四，公司债的标的以金钱为限，是一种金钱之债。

第五，公司债的期限一般较长。公司债是公司为筹集长期资金而负担的债务，可以用于长期的投资，并使公司的长、短期债务结构合理。

二、 公司债与普通公司债务的比较

公司债和普通公司债务的共同之处就是两者都是债权债务法律关系。两者的不同主要表现在以下几方面：

第一，债权债务产生的原因不同。公司债的产生是基于公司债券的发行，这是产生公司债的唯一原因，是合同之债的一种特殊情形；而普通公司债务的产生则源于多种原因，可能是合同之债，也可能是侵权之债、不当得利之债、无因管理之债。

第二，债权债务表现的形式不同。公司债以公司债券为表现形式，是一种证券化的公司债务，有相应的发行市场和转让市场，转让便利，易于流通。普通公司债务不以有价证券来表彰，是非证券化的债务，因此不易转让，难以流通，也不会有相应的发行市场和转让市场。

第三，债权人之间的关系和地位不同。公司债是公司所负担的集团债务，同一次发行的公司债债券持有人所享有的权利是相同的，即公司债债券持有人的地位是平等的；而普通公司债务形成的原因是多元的，即使普通公司债务的债权人人数众多，也可能因债权的数量不同或受偿的优先次序不同等，而不能构成一个集团。

第四，适用的法律规范不尽相同。公司通过发行公司债券来向不特定的社会公众或特定投资者举债，需要经过复杂的债券发行程序，法律上的管制更为严格，双方的关系主要受公司法、证券法的调整，当然也要受合同法调整。普通公司债务主要由合同法来调整。

三、 公司债券与股票的比较

公司债券和股票都是有价证券，往往都是公司向社会公众募集资金的重要方式，都要受到公司法和证券法等法律规范的调整。两者的不同主要表现为以下几方面：

第一，两者所表彰的法律关系的性质不同。从经济学的角度来分析，两者的目的是一致的，最大的区别在于筹资的成本和动机不同。从法律的角度来分析，发行新股和对外举债是两种不同性质的法律行为，所形成的法律关系也是不同的。简言之，基于公司债券产生的是债权法律关系。发行债券是一种债权融资行为,融入资金属于公司的负债,不是资本金。在购买了公司债券之后,投资者成了发行公司的债权人。股票是公司签发的证明股东所持股份的凭证。基于股票发行产生的是股权法律关系,发行新股是一种股权融资行为,通过发行新股所筹集的资金将成为公司资本金的一部分,投资者在认缴了新股之后,就取得了公司股东的身份,享有公司其他同类股东所享有的权利。

第二,投资者所承担的风险不同。到期还本付息是基于公司债券所产生的债权债务法律关系的特点之一。"还本"就是返还投资的本金;"息"即债券利息,是投资公司债券的利益回报。债券利息一般按照事先约定的债券利率计算,是固定的,不受公司经营业绩的影响。对股票投资而言,其特点之一则是不得抽回投资,即不能要求公司返还股票投资本金,股票投资是没有期限的,而且投资回报一般都不能事先约定,无盈不分是基本原则。债券投资的风险当然比股票投资要小,相应地,其投资回报一般也低于股票。

第三,投资者所享有的权利不同。公司债券投资者是公司的债权人,在公司债券到期之后,对发行公司享有请求还本付息的权利,但在一般情况下,没有参与公司经营管理的权利。股票投资者是公司的股东,享有基于股东身份所产生的各种股东权利,如按投入公司的出资额享有所有者的资产收益、重大决策和选择管理者等直接或者间接参与公司经营管理的权利。

第四,发行主体不同。在我国,公司债券的发行主体不限于股份有限公司,有限责任公司也可发行公司债券。股票的发行公司只限于股份有限公司。

此外,公司法分别规定了发行股票和发行公司债券的不同条件,例如,面额股发行价格可以按票面金额,也可以超过票面金额,但不得低于票面金额。公司债券的发行价格可以按票面金额,可以超过票面金额,也可以低于票面金额。通过负债的方式融资,不仅能够使企业放大销售增长所带来的企业盈利,还是企业合理避税的途径之一,这一点是股权融资方式所不能实现的。

【本节理论探讨】

● 债券融资对公司治理的影响

现代公司治理理论认为,公司本质上是多边契约关系的总和,是一张由股东、债权人、经营者、生产者、消费者及其他有关利益主体共同组成的"契约网",各利益主体之间应是平等和独立的关系。公司决策要反映其他利益相关者的愿望,实施共同治理。从这个角度说,债权融资以及对债权人利益的保护应属于公司治理的范畴。

公司的债权融资方式分为银行贷款和债券融资,虽然目前我国经济生活中银行贷款占了公司债权融资绝大部分比重,但是债券融资的作用也不容忽视。由于公司债券的期限较长、风险较小、收益稳定,越来越受到投资者的青睐。随着公司债券市场不断完善,债券融资的比重和作用将会逐步提高。

债券不应仅仅被视为一种融资工具,更应将其视为可供选择的治理方式,有着自己的治理效应。

第一,债券融资能激励和约束投资者,缓解股东和经营者之间的利益冲突。债券本息要用事先约定的固定方式支付,这将减少经营者随意支配现金的行为,进而限制经营者追求扩张公司的过度投资行为;同时,可以将债券视为一种担保机制,这种机制可促使经营者节制个人消费,努力提高经营效率,从而大大降低所有权与经营权分离所产生的代理成本,使经营者与股东的利益趋于一致。

第二,债券持有人的相机控制机制,是对经营者的一种驱动力,可以很好地解决代理问题。现代企业理论揭示,企业所有权是一种"状态依存所有权",即企业控制权和剩余索取权的分配随着企业财务和经营状况的变化而变化。股东不过是"正常状态下的公司所有者",当公司无法偿还公司债券的本息时,公司的控制权和剩余索取权便会由股东转移给债券持有人。这种相机控制机制,不仅促使经营者努力工作,提高公司的经营绩效;而且可以解决信息不对称和交易费用带来的不完备契约问题。从一定意义上讲,债券融资是相机控制机制得以有效运转的动力之一,是公司治理结构合理安排的基础。

第二节　公司债的主要种类

依据不同的标准,可以将公司债划分为不同的种类。

一、无担保公司债和有担保公司债

以公司对其所发行的公司债是否提供担保为标准,可将公司债分为无担保公司债和有担保公司债。

无担保公司债是指公司仅以其信用为担保,并无其他财产或财产权利作为担保所发行的公司债。无担保公司债的持有人也是公司的债权人,但他们与公司的普通债权人(非因持有公司债的原因而成为公司的债权人)处于同一地位,发行公司对他们并没有其他特别的义务,他们也不得要求将公司的特定财产作为他们债权的担保。为了保护无担保公司债持有人的利益,在一些英美法系国家确立了"消极担保"(negative pledge)制度,对发行公司的一些行为予以限制。一些大陆法系国家也有类似的规定,如限制发行公司对红利的分派及对资产的处置。

有担保公司债的含义有广义和狭义之分。所谓广义的有担保公司债,是指发行公司以其全部或部分资产,或者由发行公司之外的第三人对偿还公司债本息提供担保而发行的公司债。所谓狭义的有担保公司债,是指附有物上担保的公司债,即发行公司以其资产的全部或部分对偿还公司债的本息提供担保而发行的公司债。换言之,广义的有担保公司债是狭义的有担保公司债即附有物上担保的公司债和保证公司债的总称。

在有些国家,公司法允许公司发行有担保的公司债或无担保的公司债,但关于两者的适用条件的规定有较大差异,发行无担保公司债的条件要严于有担保公司债。

二、记名公司债和无记名公司债

以是否记名为标准,可将公司债划分为记名公司债和无记名公司债。

所谓记名公司债,是指债券票面载有持有人姓名或者名称的公司债券。无记名公司债则是指债券票面不载明持有人姓名或者名称的公司债券。这种分类的法律意义在于债券持有人行使权利的方式及意外灭失时的保护措施有所不同。这也是多数国家对公司债进行分类的方法之一。在一般情况下,各国立法同时允许公司债券持有人随时将其记名债券转换为无记名债券,或者将其无记名债券转换为记名债券。

发行无记名公司债券的,应当在公司债券存根簿上载明债券总额、利率、偿还期限和方式、发行日期及债券的编号。

我国《公司法》第 197 条规定,公司债券应当为记名债券,废除了无记名公司债券,以维护债券市场的交易安全。同时该法第 198 条规定:“公司发行公司债券应当置备公司债券持有人名册。发行公司债券的,应当在公司债券持有人名册上载明下列事项:(一)债券持有人的姓名或者名称及住所;(二)债券持有人取得债券的日期及债券的编号;(三)债券总额,债券的票面金额、利率、还本付息的期限和方式;(四)债券的发行日期。”记名债券由债券持有人以背书方式或者法律、行政法规规定的其他方式转让;转让后由公司将受让人的姓名或者名称及住所记载于公司债券存根簿。无记名公司债券由债券持有人将该债券交付给受让人后即发生转让的效力。

三、 可上市的公司债和非上市的公司债

以能否在证券市场公开交易为标准,可将公司债分为可上市的公司债和非上市的公司债两种。

所谓可上市的公司债,是指发行之后可以在依法设立的证券交易所挂牌交易的公司债券。非上市的公司债则是指发行之后不在证券交易所挂牌交易的公司债券,持有人虽然也可以转让该债券,但不能在证券交易所进行买卖。由于交易的场所不同,这两种债券的交易规则当然也不一样。

四、 可转换公司债和不可转换公司债

以是否可以转换为发行公司的股票为标准,可将公司债划分为可转换公司债和不可转换公司债。

可转换公司债是公司债的一种,有狭义和广义之分。狭义的可转换公司债是指债券持有人有权依照约定的条件将所持有的公司债券转换为发行公司股份的公司债。广义的可转换公司债是指赋予了债券持有人转换为他种证券权利的公司债,转换对象不限于发行公司的股份。可转换为长期公司债的短期公司债、可转换为发行公司他种公司债的公司债、可转换为发行公司的母公司或子公司股份的公司债、可转换为发行公司享有转换权的公司债的其他公司债,都属于广义的可转换公司债。不可转换公司债是相对于可转换公司债而言的。

《公司法》第 202 条对可转换公司债的发行主体和要件作出明确规定。可转换公司债的发行主体是股份有限公司。可转换公司债的发行要件包括:(1)股份有限公司经股东会决议,或者经公司章程、股东会授权由董事会决议;(2)要规定具体的转换办法;(3)发行可转换为股票的公司债券,应当在债券上标明“可转换公司债券”字样;(4)在公司债券持有人名册上载明可转换公司债券的数额;(5)上市公司发行可转换为股票的公司债券,应当在国务院证券监督

管理机构注册。

此外,公司债还有不动产抵押公司债、证券抵押信托公司债、设备信托公司债、参与公司债、分期公司债、收益公司债、附新股认股权公司债、可兑换公司债、国内公司债、境外公司债等不同种类。

【本节理论探讨】

- **可转换公司债的法律问题**

可转换公司债具有普通公司债的绝大多数特点。同时,由于可转换公司债券持有人享有将其所持有的债券转换为发行公司股票的选择权,即股票的买入期权,所以可转换公司债兼具债券、股票和期权的特征,是一种混合证券(hybrid securities) 。此外,可转换公司债券的发行合同往往还会约定有关可转换公司债券的赎回、回售等内容,这些具有期权性质,并涉及债券持有人、发行公司及其股东等不同利益主体的利益协调和均衡,所以,可转换公司债券是一种利益关系十分复杂的复合型证券。

普通公司债券是一种债务证券,表明在发行公司与债券持有人之间存在着一种债务债权法律关系;可转换公司债券赋予了持有人将债券转换为发行公司股份的权利,所以被认为是一种与股权相联系的债券,是权益证券。这是因为公司发行可转换公司债券的最终目的在于实现股权融资,以增加股权资本的形式降低公司的负债比率,从而健全公司的财务结构、增强公司的财务能力。从投资者的角度分析,因为可转换公司债券的票面利率较普通公司债券低,可转换公司债券价值的主要部分是其转换价值,因此,投资者主要通过直接或间接的方式来分享公司的经营成果。一旦可转换公司债券持有人行使了转换权,债券持有人与发行公司之间既有的法律关系的性质就随之发生变化,可转换公司债券持有人成为发行公司的股东。可见,可转换公司债券不是普通的债务证券。如果说普通公司债券是债权证券化的表现和结果的话,那么,可转换公司债券就是债权的潜在股份化,是更进一步的证券化。因此,可转换公司债券既有普通公司债券的特征,还具有股票的某些特征。发行可转换公司债券,就意味着发行公司必须有可供债券持有人请求转换的股份。因此,根据大多数国家的有关规定,可转换公司债券的发行主体主要限于股份有限公司。

可转换公司债券在普通公司债券上附加了转换权,所以,可转换公司债券的发行价格较高但票面利率较低。可转换公司债券所附的转换权,使得其持有人在发行公司有良好的经营业绩或者股票市场价格上涨时,可以通过将债券转换为发行公司股份的方式,或者直接出售可转换公司债券的方式获利。但是,在公司经营不善并且股票的市场价格低落时,可转换公司债券持有人获得的投资收益可能还不及普通公司债。因此,与其他未附转换权的普通公司债券相比,可转换公司债是一种投机性较强、风险较大的证券。

第三节　公司债券的发行制度

根据《公司法》第 194 条第 2 款,公司债券的发行可以分为公司债券的公开发行和公司债券的非公开发行。公司债券的公开发行是指适格的公司为募集资金,依法定程序以一定条件向不特定对象出售公司债券的行为。以面向投资者的范围为标准，公司债券的公开发行可以分为“大公募”和“小公募”。“大公募”是指面向所有投资者的公司债券的公开发行；“小公募”是指仅面向专业投资者的公司债的公开发行。

2019年《证券法》正式确立了公司债券发行的注册制。《证券法》第9条第1款：“公开发行证券，必须符合法律、行政法规规定的条件，并依法报经国务院证券监督管理机构或者国务院授权的部门注册。未经依法注册，任何单位和个人不得公开发行证券。证券发行注册制的具体范围、实施步骤，由国务院规定。”本节介绍公司债券的公开发行。

一、发行主体

关于公司发行公司债券的能力，各国的规定不尽一致。概括地讲，允许股份有限公司发行公司债是各国的通例。但是，对于有限责任公司能否发行公司债券，各国的法律规定并不一致，从总体上讲，可以把各国的立法体例归结为禁止型和限制型两大类。在我国，所有依法设立的有限责任公司和股份有限公司都有发行公司债券的权利能力。不过，有限责任公司的封闭性与公司债券作为公众投资工具应有的开放性之间的矛盾，应当引起注意。

二、发行条件

我国《证券法》第15条第1款规定，公开发行公司债券，应当符合下列条件：(1)具备健全且运行良好的组织机构；(2)最近3年平均可分配利润足以支付公司债券一年的利息；(3)国务院规定的其他条件。证监会出台的《公司债券发行与交易管理办法》第14条增加了一项条件：具有合理的资产负债结构和正常的现金流量。但是，这一规定只是“小公募”的一般条件，只能面向专业投资者。

《公司债券发行与交易管理办法》第16条明确规定了“大公募”的发行条件，即资信状况符合以下标准的公开发行公司债券，专业投资者和普通投资者可以参与认购：(1)发行人最近3年无债务违约或者延迟支付本息的事实；(2)发行人最近3年平均可分配利润不少于债券一年利息的1.5倍；(3)发行人最近一期末净资产规模不少于250亿元；(4)发行人最近36个月内累计公开发行债券不少于3期，发行规模不少于100亿元；(5)中国证监会根据投资者保护的需要规定的其他条件。未达到前述规定标准的公开发行公司债券，仅限于专业投资者参与认购。

值得注意的是，有的国家，如丹麦、日本等，将公司债券的发行限额主要与公司的实收资本数额相联系；有的国家，如意大利，在确定公司债券的发行限额的时候，兼顾公司的实收资本数额和净资产数额。此外，有的国家或者地区对于公司债的发行限额依公司债有无担保而有所不同，例如，我国台湾地区要求，公司发行有担保公司债的，其发行总额不得超过公司现有全部资产减去全部负债及无形资产后的余额；发行无担保公司债时，其总额不得超过上述余额的1/2。

三、 发行决定权

关于公司债券发行决定权的归属,世界各国的规定并不完全一致,有的赋予了公司的股东会,有的规定可以由股东会授权公司董事会行使。根据我国《公司法》第 59 条第 1 款第 6 项规定,公司发行公司债券应由作为公司权力机构的股东会作出决议。从世界范围来考察,受“股东会中心主义”向“董事会中心主义”变迁思潮的影响,公司债券的发行决定权限在许多国家经历了由归属于公司的股东会向归属于董事会的变革。例如,我国《公司法》第 59 条第 2 款规定,股东会可以授权董事会对发行公司债券作出决议。

四、 发行程序

公司债券是我国证券法明确规定由其调整的一种有价证券。因此,公司债券的发行应当遵循证券法的基本原则,包括:(1)公开、公平、公正原则;(2)自愿、有偿、诚实信用原则;(3)遵守法律、行政法规原则;(4)禁止实施欺诈、内幕交易和操纵证券交易市场的行为原则。

2019 年《证券法》把公司债券的发行审核模式由原来的核准制改为注册制。在这一体制下,结合《公司法》的有关规定,可以将公司债券的发行程序概括为:

1. 在股东会未授权董事会对公司债券的发行作出决议的情况下,由董事会制订公司发行公司债券的方案。

2. 由股东会或经由授权董事会作出发行公司债券的决议。根据《公司法》第 59 条、第 112 条第 1 款规定,股份有限公司、有限责任公司发行公司债券,由股东会或经由授权董事会作出决议。

3. 依照公司法和证券法的规定,报经证券交易所履行公司债券公开发行的注册程序。根据《公司债券发行与交易管理办法》《上海证券交易所公司债券发行上市审核规则》《上海证券交易所公司债券发行上市审核规则适用指引第 4 号——审核程序》等规定,公开发行公司债券,应当经过发行人提交申请、证券交易所受理、证券交易所审核、证券交易所审核会议审议、审核会议出具审核意见、证券交易所向证监会报送审核意见、证监会注册等程序。

第一,发行人提交申请。发行人申请公开发行公司债,应当委托主承销商通过债券项目申报系统向证券交易所申报。申报文件包括但不限于:(1)本次公司债的募集说明书;(2)发行人关于本次公司债券发行并上市的申请报告;(3)关于本次公开发行公司债券的发行事项的公司决议;(4)主承销商核查意见;(5)发行人律师出具的法律意见书;(6)发行人最近 3 年的财务报告和审计报告及最近一期财务报告或财务报表;(7)《债券受托管理协议》和《债券持有人会议规则》;(8)证券交易所要求的其他文件。

第二,证券交易所受理。证券交易所收到注册申请文件后,对申请文件是否齐备和是否符合规定形式要求进行核对,在 5 个工作日内作出是否受理的决定。申请文件齐备且符合要求的,证券交易所予以受理。申请文件不齐备或者不符合要求的,证券交易所一次性告知需补正的事项。发行人、主承销商应当及时予以补正,补正时间最长不得超过 30 个工作日。

第三,证券交易所审核。证券交易所受理后,公司债券发行上市审核机构安排 2 名审核人员同时进行审核。受理申请文件后10个工作日内,审核人员根据审核情况,或要求发行人、主承销商出具审核问询反馈意见的,应当提出需要问询的全部问题及其答复要求,或认为不需要提出审核问询反馈意见的,审核人员出具审核报告并提交审核会议审议。

发行人、主承销商收到审核问询反馈意见的,应在收到意见之日起15个工作日内提交回复,延期回复时间最长不超过15个工作日,审核人员认为需继续问询的,应在收到回复后10个工作日内提出;认为不需要提出审核问询反馈意见的,应在收到回复后5个工作日内出具审核报告并提交审核会议审议。

第四,证券交易所审核会议审议。审核会议应当在收到审议申请后5个工作日内召开。每次审核会议由不少于5名审核专家组成。审核会议对审核报告和发行申请文件进行审议。审核会议通过合议形式形成通过或不通过的审议意见。证券交易所在审核会议形成审议意见后1个工作日内通知发行人和主承销商审核会议的审议意见。

第五,证券交易所出具审核意见。证券交易所结合审核会议审议意见,出具发行人符合发行上市条件和信息披露要求的审核意见或者终止发行上市审核并告知理由。证券交易所自受理申请文件之日起2个月内出具审核意见。

第六,证券交易所向证监会报送审核意见。证券交易所审核通过,向证监会报送审核意见、相关审核材料和发行人的发行申请文件。自专家形成审议意见且意见上的相关要求(如有)完成之日起10个工作日内,证券交易所要向证监会报送审核意见等材料。

第七,证监会注册。证监会自交易所受理申请文件之日起3个月内作出同意或不予注册的决定。如证监会作出同意注册的决定,证券交易所自取得证监会注册文件起1个工作日内向发行人发送证监会的注册文件。

4.《公司法》规定发行公司债券应当置备债券持有人名册。《公司法》第198条规定,公司发行公司债券应当置备公司债券持有人名册。发行公司债券的,应当在公司债券持有人名册上载明下列事项:(1)债券持有人的姓名或者名称及住所;(2)债券持有人取得债券的日期及债券的编号;(3)债券总额,债券的票面金额、利率、还本付息的期限和方式;(4)债券的发行日期。

5. 完成公司债券发行的注册程序后,应当公告公司债券募集办法。在商事实践中,公司债券募集办法也称公司债券募集说明书。《公司法》第195条规定,公开发行公司债券的申请经国务院证券监督管理机构注册后,应当公告公司债券募集办法。公司债券募集办法应当载明下列主要事项:(1)公司名称;(2)债券募集资金的用途;(3)债券总额和债券的票面金额;(4)债券利率的确定方式;(5)还本付息的期限和方式;(6)债券担保情况;(7)债券的发行价格、发行的起止日期;(8)公司净资产额;(9)已发行的尚未到期的公司债券总额;(10)公司债券的承销机构。

【本节理论探讨】

• 有限责任公司发行公司债券的法律问题

与无限公司、两合公司及股份两合公司相比较,有限责任公司能否发行公司债券是一个争议更多且更有探讨价值的问题。关于有限责任公司能否发行公司债券,各国的法律规定并不一致。从总体上讲,可以把各国的立法体例归结为禁止型和限制型两大类。

第一,禁止型立法体例。传统观点认为,由于有限责任公司具有闭锁性的特点,如果允许其发行公司债券,将与其本质相悖。采用典型的禁止型立法体例的有意大利、法国、比利时、日本等国家。例如,意大利民法典中有明确禁止有限责任公司发行公司债券的规定。《法国商事公司法》规定,有限责任公司不得发行有价证券,否则发行无效。

第二,限制型立法体例。限制型立法体例以德国、瑞士、丹麦以及荷兰等国家的规定为典型。这些国家允许有限责任公司发行公司债券,但不得邀请公众认购其债券。

关于是否允许有限责任公司发行公司债券,英国在 1948 年对公司法修改之前曾明确禁止有限责任公司发行公司债券,但是在后来对此作了修改。现在,英国的法律已经允许有限责任公司发行公司债券。

在美国,关于私人有限责任公司能否发行公司债券,各州的规定并不一致。例如,美国的特拉华等州都允许私人有限责任公司以向公众发行债券的方式进行融资。然而,这种向社会公众公开融资的方式对于私人有限责任公司毕竟是一种例外,而不是通常的惯例,这是因为绝大多数的私人有限责任公司的规模较小,并不需要外部的投资。而且,由于缺乏足够的交易市场进行这种债券的买卖,很难对私人有限责任公司发行的债券的价值进行评估,因此外部投资者一般也不愿意投资到私人有限责任公司。

第四节 公司债券转让、偿还与转换制度

一、 公司债券的转让

(一) 公司债券转让的必要性及种类

公司债券的转让是指公司债券持有人将公司债券的权利与义务全部转让第三人的法律行为。作为一种有价证券,流动性或称可转让性是公司债券的固有特性之一。对于现存的公司债券持有人,转让制度是一种退出机制;对于潜在的投资者,转让制度是一种进入机制。由于公司法并没有禁止公司购买本公司发行的公司债券,发行公司可以通过在公开市场买回债券的方式实现提前偿还债券的目的。此外,发行公司参与公司债券的流通市场,可以通过维持公司债券市场价格间接地达到维持股票市场价格的目的。因此,对于发行公司,转让制度是其参与债券市场的一种机制。公司债券的转让,意味着可供投资者选择的投资机会增多,尤其是在公开的证券市场上转让,可以丰富证券市场的交易品种。

公司债券的转让可以从不同的角度作不同的分类。以是否取得对价为标准,公司债券的转让分为有偿转让和无偿转让,前者即公司债券的买卖或者交易,后者因赠与、继承等原因而发生;以转让价格形成机制为标准,分为协议转让和竞价转让;以转让的交易场所为标准,分为场内交易和场外交易,前者是指在依法设立的证券交易所进行的转让,后者是指在证券交易所之外的其他依法设立的证券交易场所进行的转让。一般情况下,场外交易多是协议转让,价格形成机制多是非竞争性的;场内交易的价格形成机制是竞争性的。伴随着公司债券的转让,公

司债券所表彰的财产权利也随之转让。

（二）公司债券转让的形式

《公司法》第 200 条规定："公司债券可以转让，转让价格由转让人与受让人约定。公司债券的转让应当符合法律、行政法规的规定。"《公司法》删除了无记名债券，公司债券均为记名债券，因此，我国公司债券的转让方式是指记名债券的转让方式。《公司法》第 201 条规定了记名债券的转让方式，即记名债券的转让由债券持有人以背书方式或者法律、行政法规规定的其他方式转让；转让后由公司将受让人的姓名或者名称及住所记载于公司债券持有人名册。

（三）公司债券的上市交易

公司债券的上市交易是指根据公司法和证券法的有关规定，公司债券在证券交易所挂牌交易。公司债券在交易所的交易采用公开的集中竞价交易方式，实行价格优先、时间优先的原则。

1. 上市交易的条件。公司债券与股票的区别之一是公司债券有期限，而股票没有期限。公司债券到期后，债券的风险和利益都已经确定，不再具有继续在公开市场上市交易的意义。同时，在证券交易所上市交易的证券，是典型的公众性投资工具，为了保护公司债券投资者的利益，《证券法》第 15 条第 1、2 款规定，公开发行公司债券，应当符合下列条件：(1)具备健全且运行良好的组织机构；(2)最近三年平均可分配利润足以支付公司债券一年的利息；(3)国务院规定的其他条件。公开发行公司债券筹集的资金，必须按照公司债券募集办法所列资金用途使用；改变资金用途，必须经债券持有人会议作出决议。公开发行公司债券筹集的资金，不得用于弥补亏损和非生产性支出。

我国《证券法》第 16 条规定，申请公开发行公司债券，应当向国务院授权的部门或者国务院证券监督管理机构报送下列文件：(1)公司营业执照；(2)公司章程；(3)公司债券募集办法；(4)国务院授权的部门或者国务院证券监督管理机构规定的其他文件。依照本法规定聘请保荐人的，还应当报送保荐人出具的发行保荐书。

2. 上市交易过程中的持续信息公开。公开原则是证券法的核心原则，体现公开原则的信息披露制度在证券法中居于非常重要的地位。因此，公司债券的上市交易应当严格按照公开原则的要求，遵循信息披露制度，以最大限度保护投资者的合法权益，维护证券市场的功能。

《证券法》第 23 条规定："证券发行申请经注册后，发行人应当依照法律、行政法规的规定，在证券公开发行前公告公开发行募集文件，并将该文件置备于指定场所供公众查阅。发行证券的信息依法公开前，任何知情人不得公开或者泄露该信息。发行人不得在公告公开发行募集文件前发行证券。"《公司债券发行与交易管理办法》第 52 条规定："公司债券募集资金的用途应当在债券募集说明书中披露。发行人应当在定期报告中披露公开发行公司债券募集资金的使用情况、募投项目进展情况(如涉及)……"《公司债券发行与交易管理办法》第 53 条第 1~3 款规定："发行人的董事、高级管理人员应当对公司债券发行文件和定期报告签署书面确认意见。发行人的监事会应当对董事会编制的公司债券发行文件和定期报告进行审核并提出书面审核意见。监事应当签署书面确认意见。发行人的董事、监事和高级管理人员应当保证发行人及时、公平地披露信息，所披露的信息真实、准确、完整。董事、监事和高级管理人员无法保证公司债券发行文件和定期报告内容的真实性、准确性、完整性或者有异议的，应当在书面确认意见中发表意见并陈述理由，发行人应当披露。发行人不予披露的，董事、监事和高级管理人员可以直接申请披露。”

二、公司债券的偿还

（一）公司债券偿还的概念

公司债券的偿还，是指发行公司按照事先约定的时间和利率等，将公司债券的本息交付给公司债券持有人的行为。从经济意义上讲，发行公司偿还由其发行的公司债券，是公司债券持有人实现其投资收益的一种形式。从法律意义上讲，发行公司偿还由其发行的公司债券，意味着由公司债券发行所引起的法律关系消灭。到期偿还公司债券本息是公司债消灭的最基本形式。除此之外，由公司债券表彰的债权债务法律关系，与其他公司债务一样，也会基于提存、抵消、免除及混同等原因而消灭。

（二）公司债券偿还的方式

在正常情况下，公司债券应当到期偿还。但是在特殊情况下，也应当允许有条件的提前偿还。发行公司提前偿还公司债券，须在发行合同中予以特别约定。

提前偿还在理论上有两种情形：一种是提前偿还同一次发行的全部公司债券；另一种是提前偿还同一次发行的部分公司债券，这种情形事实上已经和分期偿还紧密相连。一般来讲，提前偿还公司债券的具体方式，主要有以下三种：

1. 从公开市场买回注销。该种方式是指发行公司在公司债券市场价格对发行公司较为有利时，作为债券的买方，将公司债券以买回注销的方式偿还该部分债券的本息。有必要指出，发行公司买回债券，不仅可以达到注销债券、偿还债券的目的，还可以达到通过抬高债券市场价格，间接地支撑公司股票市场价格、维护公司形象的目的。

2. 行使赎回权。赎回权是指债券到期前发行公司购回所有或部分债券的权利。在到期前赎回债券，等于由发行公司行使一种期权，以便按更为有利的条件对债务进行重新安排。发行公司如果有提前赎回债券的愿望，应该事先在发行合同中作出约定。

3. 举借新债偿还旧债。这种提前清偿方式的具体实现形式有：（1）直接交换，即直接将新债交付债权人以换回旧债。（2）发行新债并从公开市场买回旧债，即先发行新的债券，用所募集到的资金在公开市场买回先前发行的公司债券。（3）发行新债并行使赎回权，即发行新的债券，用所募集到的资金赎回先前发行的公司债券。发行公司通过上述方式提前偿还公司债券的同时，发行公司与债券持有人之间的债权债务关系即归于消灭。

三、公司债券的转换

（一）公司债券转换的概念和转换的法律后果

公司债券的转换是针对可转换公司债券而言的。转换由可转换公司债券持有人，在发行时已经确定的转换请求期间内，通过行使转换请求权得以实现。可转换公司债券的转换是一种法律行为，导致可转换公司债券的发行公司与持有人之间的债权债务关系消灭。随着可转换公司债券持有人行使转换权，持有人自身的身份也发生了转换，由原来的发行公司债权人转换为发行公司的股东。持有人身份的变化带来了权利和义务内容的变化。由债券持有人转换而来的股东，与其他股东处于同一法律地位，享有其他股东所享有的权利、承担其他股东所应承担的义务。

对于可转换公司债券的发行公司而言，在可转换公司债券转换为发行公司的股票之前，发行公司是可转换公司债券持有人的债务人；在可转换公司债券转换为公司的股份之后，债券持有人与发行公司之间原来的债权债务法律关系归于消灭，发行公司原来承担的还本付息的义务得以免除，发行公司的负债减少，已发行的股份数目及实收资本相应增加。

（二）转换权的行使及保护

发行公司在可转换公司债券发行条件中有关债券持有人享有的转换权的约定是一种单务法律行为。因此，在可转换公司债券持有人请求行使转换权时，发行公司负有将可转换公司债券换发为发行公司新股的义务。《公司法》第 203 条规定：“发行可转换为股票的公司债券的，公司应当按照其转换办法向债券持有人换发股票，但债券持有人对转换股票或者不转换股票有选择权。法律、行政法规另有规定的除外。”

转换权是一种形成权。将可转换公司债券持有人的转换权规定为形成权，有利于对债券持有人权益的保护。转换的请求在送达约定的交付场所时即生效力：请求转换的公司债消灭；债券持有人一旦接受发行公司换发的股份，即失去其原有的公司债权人的地位而成为发行公司的股东。原则上，发行公司必须及时向行使转换权的债券持有人换发股票，拒绝债券持有人的转换请求的，构成违约，债权人可以根据民法中有关债务不履行的规定向发行公司请求赔偿。

第五节 公司债券持有人保护制度

一、一般制度和方法

在公司债券偿还之前，债券持有人与发行公司之间一直维持着债权债务法律关系。这种债权债务法律关系的约束力集中地体现在公司债券到期时，公司债券持有人有权要求发行公司还本付息，发行公司也有义务向公司债券持有人支付债券的本息。如果发行公司到期拒不支付或不能支付债券的本息，则属于债的不履行，是一种违约行为，应当依照有关法律的规定和发行合同的约定承担违约责任。

二、特定情形下的公司债券持有人的保护

此处的“特定情形”，主要是指发行公司注册资本的减少或者增加、发行公司发生合并或

者分立、发行公司变更组织形式等。上述情形的发生，不得影响债券持有人的合法权益。解散发行公司，同样不得影响债券持有人的合法权益，在清算过程中，清算组织负有维护债券持有人合法权益的义务，债券持有人有权参加剩余财产的分配，且在次序上优先于公司股东。发行公司出现重整或者破产情形的，应依照相关规定办理并保护债券持有人的合法权益。

三、公司债券持有人整体利益保护制度

对公司债券持有人整体利益的保护，主要有三种立法例：公司债券持有人会议模式；公司债券受托管理人模式；公司债券持有人代表模式。

（一）公司债券持有人会议模式

多数大陆法系国家采用公司债券持有人会议模式保护债券持有人的整体利益。公司债券持有人会议是为了公司债券持有人的共同利益而设立，通过会议的形式行使公司债券持有人权利的一种法律机制。公司债券持有人会议，是由同类同期的公司债券持有人组成，就有关公司债券持有人的共同利害关系事项作出决议的临时性合议团体组织，存在于公司组织机构之外，其决议的效力及于全体同类同期的公司债券持有人会议的成员。

（二）公司债券受托管理人模式

在一些英美法系国家，没有采用债券持有人会议模式，而是利用信托的原理，指定一个受托人代表债券持有人行使所涉及的债权和担保物权。依照信托制度的一般原理，债券受托人是由发行公司为了债券持有人的利益，在债券发行合同中指定的。受托人是普通法上的所有权人，对发行公司享有各项请求权。而债券持有人是此项权益的受益人，亦即这些请求权在衡平法上的所有权人。这就意味着后者的权益具有所有权的性质，而不仅仅是债权人与债务人之间基于合同关系的请求权。

（三）公司债券持有人代表模式

大陆法系的一些国家是不采用信托制度的，这些国家采用指定债券持有人代表的方式保护债券持有人的利益。指定债券持有人代表的方式在欧洲和大多数拉丁美洲国家得到了普遍采用。债券持有人代表行使成文法赋予的权利，有些权利比英美法系国家的债券受托人的权利还要广泛。例如，债券持有人代表有权出席发行公司的股东会会议甚至发行公司的董事会会议，债券持有人代表所承担的职责通常也要多于普通代理人。

四、我国公司债券持有人整体利益保护制度

凯迪生态环境科技股份有限公司与方正证券承销保荐有限责任公司公司债券交易纠纷上诉案

我国公司债券持有人会议制度兼采债券持有人会议模式与债券受托管理人模式，在理论上又被称为“混合模式”，这种模式对两类模式的特点均有所吸收，但不是两种模式的简单相加。在混合模式之下，公司债券持有人会议系在发行人外部设立的法定合议团体组织。作为法定合议团体

组织，凡发行公司债券者，必须设置公司债券持有人会议，就持有人共同利害关系事项作出决议。但是，公司债券持有人会议不是公司组织机构，亦不具备独立的民事法律主体资格。

混合模式的意义在于实现全过程的债券持有人利益之保护。通常而言，公司债券持有人会议能够对事关债券持有人利益保护之重大事宜作出决策。但是，由于其仅是临时性合议团体组织，往往在债务人发生违约情形后才以决议的方式对涉及债权人利益的重大事项作出合意决定，无法监督债券发行人日常经营。然而，公司债券从发行到偿付或者违约是一个完整的过程，当公司债券发行人违约时，公司债券持有人多半业已回天乏术。日常的经营监督恰恰是及时发现公司债券发行人可能发生违约无法偿付公司债券的重要措施，可避免债券持有人陷入困境。因此，在公司债券持有人会议模式基础上，引入债券受托管理人模式可弥补前者的不足。

（一）公司债券持有人会议决议约束力的法律基础

公司债券持有人会议模式的一个重要特征是其作出的决议对于没有参加会议或者持异议的债券持有人也产生约束力。公司债券持有人会议决议约束力的法律基础既来自全体债券持有人之间的约定，又来自《公司法》第 204 条的法律规定。一方面，决议对债券持有人的约束来自债券持有人合意的权利让渡，具体表现为公司债券募集办法（债券募集说明书）和公司债券持有人会议议事规则约定的会议决议事项条款。债券持有人合意赋予债券持有人会议对于决议事项的决议权，决议一经作出和生效对同类同期全体债券持有人均产生约束力。另一方面，《公司法》第 204 条对于债券持有人会议决议效力赋予法定约束力，但约定效力优先于法定效力。第 204 条明确规定，除公司债券募集办法另有约定外，债券持有人会议决议对同期全体债券持有人发生效力。这意味着，公司债券募集办法可以对债券持有人会议决议效力另作约定。

（二）公司债券持有人会议的决议事项范围

公司债券持有人会议决议事项范围包括法定决议事项和约定决议事项。《公司法》对债券持有人会议的法定决议事项作出了明确规定，即“与债券持有人有利害关系的事项”，可理解为所有债券持有人的共同利害关系事项。《公司法》第 204 条第 1 款规定，债券持有人会议可以对与债券持有人有利害关系的事项作出决议。结合证监会颁布的《公司债券发行与交易管理办法》第 63 条第 1 款规定，与债券持有人有利害关系的事项主要包括：(1)拟变更债券募集说明书的约定；(2)拟修改债券持有人会议规则；(3)拟变更债券受托管理人或受托管理协议的主要内容；(4)发行人不能按期支付本息；(5)发行人减资、合并等可能导致偿债能力发生重大不利变化，需要决定或者授权采取相应措施；(6)发行人分立、被托管、解散、申请破产或者依法进入破产程序；(7)保证人、担保物或者其他偿债保障措施发生重大变化；(8)发行人、单独或合计持有本期债券总额 10%以上的债券持有人书面提议召开；(9)发行人管理层不能正常履行职责，导致发行人债务清偿能力面临严重不确定性；(10)发行人提出债务重组方案的；(11)发生其他对债券持有人权益有重大影响的事项。

公司债券持有人会议约定决议事项是指债券持有人在债券募集办法和债券持有人会议议事规则中约定的决议事项。但是，债券持有人会议的法定决议事项具有强制性，债券持有人无法通过约定排除公司债券持有人会议对法定决议事项的决议权。这意味着,债券募集办法和债券持有人会议议事规则不能排除法定决议事项,但可以约定法定决议事项之外的决议事项,扩大债券持有人会议的决议事项范围。

五、 公司债券受托管理人

公开发行公司债券的发行人必须聘请债券受托管理人,而非公开发行公司债券的发行人可以不聘请债券受托管理人,但发行人必须在公司债券募集说明书中约定债券受托管理事项。对此,《公司法》第 205 条规定,公开发行公司债券的,发行人应当为债券持有人聘请债券受托管理人。根据《公司债券发行与交易管理办法》第 57 条规定,非公开发行公司债券的,发行人应当在募集说明书中约定债券受托管理事项。

(一) 公司债券受托管理人与债券持有人的法律关系

关于债券受托管理人与债券持有人之间是何种法律关系,存在两种学说,即"委托代理说"和"信托说"。委托代理说认为,公司债券受托管理人与债券持有人之间系委托关系,受托管理人系因受债券持有人的委托而进行管理。信托说认为,债券持有人与受托管理人之间形成了信托关系,该信托是为了保护债券持有人之利益而存在。债券持有人在公司债券信托构造中有着委托人和受益人的双重地位。债券持有人通过信托将其享有的财产权利转移给受托管理人,而发行人虽然也是债券受托管理协议中的主体,但其身份应为债券持有人的代理人,在债券真正权利人确定之前代其签订信托合同。一旦投资者认购该债券,即表明其无条件认可发行人签订信托契约的代理行为,将信托契约的意思表示归属于己身。就此,债券持有人成为此项权益的受益人,享有衡平法上的所有权。

(二) 公司债券受托管理人的职权

公司债券受托管理人为了债券持有人的利益管理债券投资事务,必然享有一定职权。根据《公司法》第 205 条,公司债券受托管理人的职权包括为债券持有人办理受领清偿、申请债权保全、参加与债券相关的诉讼以及参与债务人破产程序等。《公司债券发行与交易管理办法》第 59 条列举了公开发行公司债券的受托管理人的职权范围:(1)持续关注发行人和保证人的资信状况、担保物状况、增信措施及偿债保障措施的实施情况,出现可能影响债券持有人重大权益的事项时,召集债券持有人会议;(2)在债券存续期内监督发行人募集资金的使用情况;(3)对发行人的偿债能力和增信措施的有效性进行全面调查和持续关注,并至少每年向市场公告一次受托管理事务报告;(4)在债券存续期内持续督导发行人履行信息披露义务;(5)预计发行人不能偿还债务时,要求发行人追加担保,并可以依法申请法定机关采取财产保全措施;(6)在债券存续期内勤勉处理债券持有人与发行人之间的谈判或者诉讼事务;(7)发行人为债券设定担保的,债券受托管理人应在债券发行前或债券募集说明书约定的时间内取得担保的权利证明或其他有关文件,并在增信措施有效期内妥善保管;(8)发行人不能按期兑付债券本息或出现募集说明书约定的其他违约事件的,可以接受全部或部分债券持有人的委托,以自己名义代表债券持有人提起、参加民事诉讼或者破产等法律程序,或者代表债券持有人申请处置抵质押物。

（三）公司债券受托管理人的义务与责任

信义义务可以防止公司债券受托管理人滥用职权。无论是基于委托还是信托的法律关系，公司债券受托管理人都对债券持有人负有信义义务，包括勤勉义务和忠实义务。根据《公司法》第 206 条第 1 款，公司债券受托管理人的勤勉义务是指债券受托管理人应当勤勉尽责，公正履行受托管理职责，不得损害债券持有人利益。根据《公司法》第 206 条第 2 款，公司债券受托管理人的忠实义务是指公司债券受托管理人不得与债券持有人存在可能损害债券持有人利益的利益冲突。

公司债券受托管理人违反信义义务需要承担相应的责任。《公司法》第 206 条第 2 款规定，受托管理人与债券持有人存在利益冲突可能损害债券持有人利益的，债券持有人会议可以决议变更债券受托管理人。第 206 条第 3 款规定，债券受托管理人违反法律、行政法规或者债券持有人会议决议，损害债券持有人利益的，应当承担赔偿责任。

【本节理论探讨】

- **公司债券持有人的特殊地位与保护**

关于股东和债券持有人在公司中的地位以及两者之间的关系，与传统公司理论相比，现代公司理论有许多不同的观点。例如，有学者认为，一般的股东认为自己并不是公司所有者的一部分，而仅仅是一个无须承担忠诚义务并且可以自由进出公司的投资者，是与债券持有人不同的投资合同的持有人。还有学者认为，作为一个经济学的问题，购买公司股票的投资者与购买公司债券的投资者从事的是同一种活动，且为同一种基本目标所驱动，两者都期望他们的投资能够有所回报。在现代资本市场，债务证券与权益证券基于同样的目的交易，被赋予了同样多的可以随意投机的机会。债券持有人和股票持有人已不再是有着明显区别的投资者，投资者可以在债券与股票之间不断地转换。如果利率上涨而股票价格下跌，投资者就将出售股票而购买债券；如果利率下跌而股票价格上涨，投资者则出售债券而购买股票。今天的股票持有人可能就是明天的债券持有人，反之亦然。上述观点的结论是，在现代资本市场，债务证券与权益证券之间的区别已经变得日益模糊。

然而，对公司立法仍然有很大影响的传统公司法理论认为，股东是公司的所有者，作为公司法定机构的董事会对股东负有信赖义务，股东的利益可以得到公司法的保护。但债券持有人的权利在很大程度上是一个合同问题，债券持有人与公司之间是债权债务关系，属于公司的外部关系。同时，由于公司的经营风险要由股东来承担，因而股东对公司最关切，最有责任感。因此，公司的债权人不享有公司经营管理的参与权、决策权和监督权，这些权利应由股东独占。所以，董事无须对公司债券持有人承担信赖义务，公司内部治理结构中没有保护债券持有人的机制。依照上述法理，除债券发行合同外，对债券持有人并没有其他保护措施，而仅凭债券发行合同并不能保护公司债券持有人的利益。

从法理角度分析，债务证券的持有人以及权益证券的持有人与发行公司之间的法律关系的性质是不同的。投资者买进股票这种权益证券之后就成了公司的股东，除了担负解散及破产的风险外，其股息红利的分派，均需视公司的盈亏而定。对于债务证券投资者而言，尽管从理论上讲，公司的盈亏并不提高或降低公司债应付利息的利率，然而，公司一经解散或破产，就必然会减弱甚至丧失支付公司债本息的能力。更重要的是，股东有权参加股东会，参与决定公司的重大事项，而多数国家的法律尚没有赋予公司债券持有人这一权利。所以，应当充分考虑如何调剂并平衡公司、股东及公司债权人的利益。更何况，基于法律的直接规定以及股东与公司之间的紧密关系，股东得到的保护要多于债券持有人，他们得到的利益也要多于债券持有人。例如，公司在债券发行之后，常常会以种种理由，其中有的是善意的，有的则是恶意的，要求修改债券发行合同，迫使债券持有人放弃一些既定的权利，发行公司便无须履行其原来对债券持有人所承诺的部分义务，而公司的股东却仍然享有对公司的权益。

可转换公司债券的情况更为值得关注。因为从对投资收益的关切度考虑，可转换公司债券的票面利率很低，投资于可转换公司债券的收益主要是债券的转换价值，而不仅仅是债券的本息，而转换价值与发行公司的经营情况密切相关。所以，面对公司的经营情况，可转换公司债券持有人根本不可能像普通公司债券持有人那样从容、超脱和潇洒。可转换公司债券在转换之前，其持有人只是公司的债权人，不是公司的成员，无权像股东那样以法定的方式参与或者干预公司的经营。然而，发行公司的经营状况与可转换公司债券持有人利益的相关度并不次于股东，这是一种让人感到心急但又无奈的情形。

可见，在转换之前，尽管可转换公司债券持有人仍然是公司的债权人，但是对债权人的保护方法并不足以保护其正当的利益。同时，在转换之前，可转换公司债券持有人尚不是发行公司的股东，不能享有只有股东才能享有的权利。可转换公司债券持有人在公司的利益结构中的地位十分特殊，更需要法律制度对其正当利益予以保护。

【本章思考练习题】

一、名词解释

1. 公司债
2. 可转换公司债
3. 转换权

二、简答题

1. 简述公司债券与股票、公司债券持有人与股东之间的区别。
2. 简述公司法有关公司债发行条件与股票发行条件的区别。
3. 简述可转换公司债券与普通公司债券的区别。
4. 简述可转换公司债券的发行主体和发行条件的特殊性。
5. 简述公司债券转让制度的价值。
6. 简述公司债券持有人整体利益保护制度。

第十二章　公司财务会计制度

■【导语】

公司的财务会计完整、全面地揭示了公司资金活动的基本情况等经济信息。这些信息被提供给公司内部管理者，尤其是公司外部股东、债权人、潜在投资者、潜在交易对象、政府财税部门等利益主体使用，帮助人们进行各种各样的决策。公司各方利益主体之间存在着潜在的利益冲突，公司财务会计制度具有平衡各主体之间利益冲突的功能。

本章主要讲述了公司财务会计的概念、立法意义和立法概况，财务会计报告的主要内容，财务会计报告的编制、验证和公示，公司税后利润的分配。本章的学习重点是公司财务会计制度的概念和立法意义；公司税后利润的分配原则和分配方式，包括公积金制度、公益金制度以及股利分配制度。本章的学习难点是在股利分配方面对中小股东的保护问题。

第一节　公司财务会计制度概述

公司的财务会计制度是对存在于法律、行业通行规则和公司章程之中的公司财务处理规则的总称，是公司利用价值形式组织生产和进行分配和交换的必要手段。公司财务会计主要以定期编报会计报表的形式，为公司外部有关方面提供会计信息，也为公司内部管理服务；它所提供的会计信息主要反映企业过去和现在的经济活动情况及其结果。为保护公司股东、债权人和社会的利益，保障公司有效运营，维护正常经济秩序，许多国家的公司法都规定，公司特别是股份有限公司，必须建立财务会计制度，使公司的财务会计制度成为公司法律制度的重要组成部分。

一、公司财务会计制度的概念

公司的财务会计制度是公司财务、会计行为规范的总称，包括财务制度和会计制度。财务制度，是指有关公司资金管理、成本费用的计算、营业收入的分配、货币的管理、公司的财务报告、公司的清算及公司纳税等方面的规范。会计制度，是指关于公司会计记账、会计核算等方面的规范，系公司生产经营过程中各种财务制度的具体反映。公司财务会计是指在会计法规、会计原则或者会计制度的指导下，以货币为主要计量形式，对公司的整个财务活动和经营状况进行记账、算账、报账，为公司管理者和其他利害关系人定期提供公司财务信息的活动。对于公司财务会计制度的概念，可以从以下几个方面理解：

第一,财务会计活动的基本内容是编制和提供公司财务经营信息。财务会计人员通过对公司生产经营活动中大量的、日常的业务数据进行记录、分类和汇总,定期编制和披露反映公司一定期间的经营成果和财务状况的报表,如资产负债表、损益表、现金流量表等,为有关利益主体提供公司财务经营信息。

第二,公司财务会计制度的基本要求是通过会计凭证、账簿、报表等原始会计资料,真实、完整地反映公司资金变化的情况。公司的财务、会计报告应当系统、全面地反映公司经营状况,这是保障股东知情权、进一步维护中小股东利益的基本前提,也是公司其他利益主体了解公司基本经营情况的重要来源。此举对公司债权人、潜在交易对象、监管机关等外部主体知晓公司情况具有重要作用。

第三,与管理会计以公司内部管理层为服务对象不同,财务会计的服务对象主要是与公司有利害关系的外部人,包括外部股东、债权人、潜在投资者、潜在的交易对象、政府财税机关等。公司各利益主体通过分析公司财务会计报表,了解公司的基本经营状况,作出投资、交易、监管活动的重要决策,因此财务会计又被称为"对外报告会计"。

第四,公司财务会计制度应当依法建立。公司财务会计报表虽然为公司管理者以外的利益主体编制,但财务会计报表本身是在公司内部管理者领导下,由会计人员具体编制的。由于公司管理者与公司外部利益主体之间存在潜在的利益冲突,会计人员的会计行为很可能顺应公司管理者的意愿,而损害公司外部主体的利益。因此,既然财务会计的目的是服务于外部利害关系人,会计行为就不能单纯被公司管理者所左右,而必须按照法律的规定或者一般公认的会计准则的要求进行。这样的财务会计报表才能取信于公司外部人员。因此,公司的财务会计行为应当严格遵循法律规定、一般会计准则及公司章程的要求,公司应当依法建立起完善的财务会计制度,以确保公司财务会计资料与报告具有独立性。许多国家的公司法都规定了公司财务会计行为与方法的基本原则。

《公司法》第 207 条规定:"公司应当依照法律、行政法规和国务院财政部门的规定建立本公司的财务、会计制度。"依此规定,公司均应当按照《公司法》《会计法》及国务院财政部门颁布的相关规定建立本公司的财务会计制度。

二、 公司财务会计制度的法律意义

一方面,公司财务会计是公司内部管理的一种手段和方式,因此完善的财务会计制度有助于公司了解企业经营状况,提高经营效率;另一方面,公司本身的资合性质决定了资产运营不完全是公司自己的私事,它关系到公司债权人、潜在投资者、潜在交易对象、公司职工及其他利益关系主体的利益,而这些主体之间的利益分配直接受到财务会计所提供的财务信息的影响,因此,生成财务会计信息就不仅仅是一个技术问题。公司法设专章规定公司财务会计制度,有其特定的立法背景和立法理由。

第一,保护公司股东利益。股东向公司投资是为了获取利润,即取得股息,公司经营的好坏直接关系股东的收益和亏损。对于股东来讲,作为现代企业制度最典型的组织形式——有限责任公司和股份有限公司,特别是股份有限公司,最显著的特点是实现了财产所有权和经营管理权的分离。股东一旦将自己的财产以换取股份的形式投入公司,除享有收取股息红利、选择管理者和索回公司剩余财产等权利外,已丧失了对其出资财产的直接控制权,股东能否获取最大经济收益,已不直接由其行为决定。在这种情况下,建立规范化的财务会计制度,保证财务会计信息的真实、准确、完整,就成为股东了解公司财产运营状况,监督公司董事、经理行使职权,保护自身利益的重要途径。

第二,保护公司债权人利益。对债权人来讲,公司是一个独立的法律实体,承担有限责任的股东对公司债权人不直接负任何责任,公司财产数额、变动情况都关系到债权人债权能否实现。为降低交易风险,保证交易安全,作为公司交易对象的一方必须对公司的资产状况、偿债能力等有所了解,有必要通过规范的会计手段将公司财产状况清楚地予以公示,以取信于债权人。公司财务报表提供的与公司财务状况有关的信息有助于债权人更好地评估公司的信用,并采取适当的预防措施避免损失。

第三,保护公司职工利益。健全的财务会计制度能够确保公司资金的有效管理和合理使用,防止资金被挪用或滥用,从而保障职工薪酬、奖金、福利等按时足额发放;许多公司设有职工权益保障基金,财务会计制度能够确保这些基金的安全运营和合规管理,保障职工在未来能够享受到应有的福利待遇;严格的财务会计制度能够减少财务舞弊和腐败行为的发生,为职工提供一个更加安全、可靠的工作环境。

第四,保护公众投资者利益。对于社会公众来讲,其作出投资于公司的决定依赖于公司财务信息的披露,因此,公司法要求向社会募集股份的公司必须公告其财务会计报告。

第五,保护公司高效运营。公司作为现代企业的重要组成形式,以提高经济效益、劳动生产率和实现资产保值增值为目的。公司的董事、高级管理人员作为公司的经营管理者,应恪尽职守,实现公司的良好运行。由于公司财务会计信息可以说明公司的经营者怎样管理和使用资源,并从某一特定的方面反映经营者的业绩,股东可以据此考评经营者的经营绩效,督促其提高公司运行效率。此外,公司的经营者要作出正确的生产和经营决策,进行有效的组织管理,必须以真实可靠、全面完整的经济信息为基础。经营者可以从财务会计信息中了解企业资金管理的现状,从而正确地筹措资金,合理有效地使用资金,最大限度地提高资金收益率。

第六,保护社会公共利益。公司特别是股份有限公司的组织形式,多为大型企业所采用,其经营状况的好坏会对社会生活的稳定和国民经济的发展产生较大的影响。完善公司的财务会计制度,特别是健全提取公积金的强制性规定,可以促进公司提高经济效益,进而维护社会公共利益。完善的公司财务制度、真实及时的会计信息也为国家制定宏观经济调控政策、调整社会经济结构、合理配置经济资源提供了直接依据。对国家而言,规范化的财务会计制度使得国家财税部门得以切实监督和检查公司的财产运营状况,掌握公司盈亏情况,确保国家税收及时足额征收,防止偷税、漏税、避税等现象的发生。

鉴于上述原因,法律要求公司内部建立规范的财务会计制度,这也体现了经济活动社会化所带来的不同主体的利益在公司中的交汇和碰撞。

第二节　公司财务会计报告

公司财务会计报告是指公司对外提供的反映公司某一特定日期的财务状况和某一会计期间的经营成果、现金流量等会计信息的文件。它以账簿记录为依据,利用统一的货币计量单位，按照统一规定的格式、内容和编制方法，定期编制。

一、财务会计报告的内容

公司财务会计报告可分为年度、半年度、季度和月度财务会计报告。而年度、半年度财务会计报告应当包括会计报表、会计报表附注和财务情况说明书。

（一）会计报表

会计报表，是以货币形式综合反映公司在一定时期内（即会计期间）生产经营活动和财务状况的一种书面报告文件。它根据公司会计账簿的记录，按照规定的格式、内容和方法编制而成，是会计信息的载体，是会计信息系统向外界输出财务信息的主要形式，目的在于系统地、有重点地、简明扼要地反映公司的财务状况和经营成果，向公司经营者、股东、债权人、潜在投资者、潜在交易方、政府有关部门等会计报表使用人提供必要的财务资料和会计信息。

会计报表至少应当包括资产负债表、利润表、现金流量表等报表。

1. 资产负债表。资产负债表是反映公司在某一特定日期财务状况的报表。资产负债表应当按照资产、负债和所有者权益分类分项列示。

资产，是指通过过去的交易、事项形成并由企业拥有或者控制的资源，该资源预期会给企业带来经济利益。在资产负债表上，资产应当按照其流动性分类分项列示，包括流动资产、长期投资、固定资产、无形资产及其他资产。银行、保险公司和非银行金融机构的各项资产有特殊性的，按照其性质分类分项列示。

负债，是指通过过去的交易、事项形成的现时债务，履行该债务将导致经济利益流出企业。在资产负债表上，负债应当按照其流动性分类分项列示，包括流动负债、长期负债等。其中，流动负债是指将在一年或超过一年的一个营业周期内偿还的债务。流动负债应按短期借款、应付票据、应付账款、预收货款、应付工资、应交税金、应付利润、其他应付款、预提费用等在资产负债表中分项列示。而长期负债则是指偿还期在一年或超过一年的一个营业周期以上的债务。长期负债应当按长期借款、应付债券、长期应付款在资产负债表中分项列示。

所有者权益，是指所有者在公司资产中享有的经济利益，其金额为资产减去负债后的余额。在资产负债表上，所有者权益应当按照实收资本（或者股本）、资本公积、盈余公积、未分配利润等项目分项列示。

2. 利润表。利润是指公司在一定期间的经营成果。利润表是反映公司在一定会计期间经营成果的报表，是损益表的附属明细表。利润表应当按照各项收入、费用以及构成利润的各个项目分类分项列示。其中，收入是指公司在销售商品、提供劳务及让渡资产使用权等日常活动中所形成的经济利益的总流入，不包括为第三方或者客户代收的款项。在利润表上，收入应当按照其重要性分项列示。费用是指公司在销售商品、提供劳务等日常活动中发生的经济利益的流出。在利润表上，费用应当按照其性质分项列示。在利润表上，利润应当按照营业利润、利润总额和净利润等利润的构成分类分项列示。

3. 现金流量表。现金流量表是反映公司在一定会计期间现金和现金等价物流入和流出的报表。现金流量表应当按照经营活动、投资活动和筹资活动的现金流量分类分项列示。

经营活动,是指公司投资活动和筹资活动以外的所有交易和事项。在现金流量表上,经营活动的现金流量应当按照其经营活动的现金流入和流出的性质分项列示;银行、保险公司和非银行金融机构的经营活动按照其经营活动特点分项列示。

投资活动,是指公司长期资产的购建和不包括在现金等价物范围内的投资及其处置活动。在现金流量表上,投资活动的现金流量应当按照其投资活动的现金流入和流出的性质分项列示。

筹资活动,是指导致公司资本及债务规模和构成发生变化的活动。在现金流量表上,筹资活动的现金流量应当按照其筹资活动的现金流入和流出的性质分项列示。

4. 相关附表。相关附表是反映公司财务状况、经营成果和现金流量的补充报表,主要包括利润分配表以及国家统一的会计制度规定的其他附表。利润分配表是反映公司一定会计期间对实现净利润以及以前年度未分配利润的分配或者亏损弥补的报表。利润分配表应当按照利润分配各个项目分类分项列示。

(二) 会计报表附注

会计报表附注是为便于会计报表使用者理解会计报表的内容而对会计报表的编制基础、编制依据、编制原则和方法及主要项目等所作的解释。会计报表附注至少应当包括下列内容:(1)符合基本会计假设的说明;(2)重要会计政策和会计估计及其变更情况、变更原因及其对财务状况和经营成果的影响;(3)或有事项和资产负债表日后事项的说明;(4)关联方关系及其交易的说明;(5)重要资产转让及其出售情况;(6)企业合并、分立;(7)重大投资、融资活动;(8)会计报表中重要项目的明细资料;(9)有助于理解和分析会计报表需要说明的其他事项。

(三) 财务情况说明书

财务情况说明书是对财务会计报表所反映的公司财务状况,作进一步说明和补充的文书。财务情况说明书应力求全面详细、有情况、有分析、有建议,至少应当对下列情况作出说明:(1)企业生产经营的基本情况;(2)利润实现和分配情况;(3)资金增减和周转情况;(4)对企业财务状况、经营成果和现金流量有重大影响的其他事项。

二、 财务会计报告的编制

(一) 编制要求

公司编制财务会计报告,应当根据真实的交易、事项以及完整、准确的账簿记录等资料,做到内容完整、数字真实、计算准确,不得漏报或者任意取舍。具体而言,编制财务会计报告既要满足形式上的要求,又要满足内容和时间上的要求。

形式上的要求是指对财务会计报告的外观形式、表格设计、数据填列、项目分类等方面的要求。如财务会计报告格式要符合财务会计制度的规定,资产负债表、利润表和现金流量表要遵循统一的格式。内容上的要求主要体现为报表的编制要符合相应的财务会计制度和准则,如应保持报表的客观性、一致性和充分性等。时间上的要求即公司应及时编制、报送财务会计报告。我国《公司法》第 208 条规定，公司应当在每一会计年度终了时编制财务会计报告，并依法经会计师事务所审计。根据其他财务会计制度的规定，公司的半年度、季度和月度财务会计报告也应按时编制。

（二）编制前的准备工作

1. 清查核实。公司在编制年度财务会计报告前，应当按照下列规定，全面清查资产、核实债务：(1)结算款项，包括应收款项、应付款项、应交税金等是否存在，与债务、债权单位的相应债务、债权金额是否一致；(2)原材料、在产品、自制半成品、库存商品等各项存货的实存数量与账面数量是否一致，是否有报废损失和积压物资等；(3)各项投资是否存在，投资收益是否按照国家统一的会计制度规定进行确认和计量；(4)房屋建筑物、机器设备、运输工具等各项固定资产的实存数量与账面数量是否一致；(5)在建工程的实际发生额与账面记录是否一致；(6)需要清查、核实的其他内容。

公司通过清查、核实，查明财产物资的实存数量与账面数量是否一致、各项结算款项的拖欠情况及其原因、材料物资的实际储备情况、各项投资是否达到预期目的、固定资产的使用情况及其完好程度等。公司清查、核实后，应当将清查、核实的结果及其处理办法向企业的董事会或者相应机构报告，并根据国家统一的会计制度的规定进行相应的会计处理。公司应当在年度中间根据具体情况，对各项财产物资和结算款项进行重点抽查、轮流清查或者定期清查。

2. 其他工作。公司在编制财务会计报告前，除应当全面清查资产、核实债务外，还应当完成下列工作：(1)核对各会计账簿记录与会计凭证的内容、金额等是否一致，记账方向是否相符；(2)依照规定的结账日进行结账，结出有关会计账簿的余额和发生额，并核对各会计账簿之间的余额；(3)检查相关的会计核算是否按照国家统一的会计制度的规定进行；(4)对于国家统一的会计制度没有规定统一核算方法的交易、事项，检查其是否按照会计核算的一般原则进行确认和计量以及相关账务处理是否合理；(5)检查是否存在因会计差错、会计政策变更等原因需要调整前期或者本期相关项目。

在前述工作中发现问题的，应当按照国家统一的会计制度的规定进行处理。公司编制年度和半年度财务会计报告时，对经查实后的资产、负债有变动的，应当按照资产、负债的确认和计量标准进行确认和计量，并按照国家统一的会计制度的规定进行相应的会计处理。

三、财务会计报告的审计与公示

财务会计报告依法审查验证。监事会或审计委员会依照公司法赋予的“检查公司财务”的职权，审核董事会提交股东会之前的会计表册。审核的内容包括：会计表册记载事项是否有重大遗漏，记载事项是否违反法律及公司章程，制作过程及方法是否得当，等等。监事会或审计委员会认为必要时，可聘请公司之外的注册会计师对会计表册进行审阅，所需费用由公司负担。监事会或审计委员会审核后，以书面形式交于董事会。不论董事会对监事会或审计委员会的审核意见是否持有异议，都应将会计表册连同监事会或审计委员会审核报告一并交股东会。在股东会对会计表册表决前，董事会应将其置备于公司，以便股东查阅。会计表册一经股东会表决承认,其真实性、准确性、完整性应由公司负责,除董事、监事因主观过错(如隐瞒重大事实、误导、虚假陈述等)致使股东会作出错误判断外,免除董事、监事的个人责任。

对于公开发行证券的公司,其财务报告还应当依照规定进行审计。近年来,我国公司财务会计报告造假情形时有发生,存在公司美化财务信息,欺骗公司股东、社会公众和管理部门的情形。为保障公司编制的财务会计报告真实可靠,根据《公司法》第 208 条的要求,公司的财务会计报告应依法经会计师事务所审计。会计师事务所可针对被审计公司的具体情况,出具不同类型意见的审计报告,根据审计人员对被审计公司财务报告发表的不同审计意见,审计报告可以分成无保留意见审计报告、保留意见审计报告、反对意见审计报告、拒绝表示意见审计报告四种类型,以彰显公司财务会计报告的可信赖程度,确保财务会计报告的真实性和准确性。

会计师事务所是负责公司财务会计报告审计工作的机构。会计师事务所应当依法独立、公正地对公司财务会计报告的真实性作出评断,并根据审计结果对公司财务报告出具相关结论。根据《公司法》第 215 条第 1 款规定,公司聘用、解聘承办公司审计业务的会计师事务所,按照公司章程的规定,由股东会、董事会或者监事会决定。该规定在原《公司法》的基础上,将监事会增加为由章程规定可以聘用、解聘承办公司审计业务的会计师事务所的主体之一。需注意的是:

第一,会计师事务所的聘用主体为股东会、董事会、监事会。会计师事务所的聘用规则,实质上涉及审计委托权问题,而审计委托权不仅是对权力归属的法律确认,还直接体现着为谁的利益独立审计,并可能影响审计的独立性。公司聘用或解聘承办公司审计业务的会计师事务所,应当依照公司章程的规定,由股东会、董事会或监事会决定,公司经理或其他高级管理人员不得自行决定聘用或者解聘承办公司审计业务的会计师事务所;为明确此项决定权由哪个机构行使,公司应当在章程中对此作出规定。资本所有权和经营管理权的分离是注册会计师审计产生的直接原因,这一原因使得注册会计师的本质任务是降低代理成本,减少股东和管理层之间的信息不对称,维护股东尤其是中小股东利益。因此,会计师事务所应以股东利益最大化为已任。但我国"一股独大"的公司治理现状,可能导致由股东会或处于控股股东或实际控制人控制下的董事会选聘的会计师事务所无法实现独立审计,以保护所有股东利益的目标。所以,《公司法》新增监事会作为聘用、解聘承办公司审计业务的会计师事务所的主体之一,以发挥监事会作为公司专门监督机关的作用,维护审计的独立性。

第二,《公司法》第 215 条的规定只适用于承办公司审计业务,并不适用于为公司提供会计咨询业务。

第三,针对上市公司和国有企业聘用会计师事务所的问题,《国有企业、上市公司选聘会计师事务所管理办法》专门作出了规定。国有企业选聘会计师事务所,应当由董事会审计委员会(或者类似机构)提出建议后,由股东会或者董事会决定;对于未设股东会或者董事会的国有企业,由履行出资人职责的机构决定或者授权国有企业决定相关事项。上市公司聘用或解聘会计师事务所,应当由审计委员会审议同意后,提交董事会审议,并由股东会决定。基于上市公司的信息披露要求,上市公司应对其会计师事务所的详细信息及情况进行披露。上市公司每年应当按要求披露对会计师事务所履职情况的评估报告和审计委员会对会计师事务所履行监督职责情况的报告,涉及变更会计师事务所的,还应当披露前任会计师事务所情况及上年度审计意见、变更会计师事务所的原因、与前后任会计师事务所的沟通情况等。

《公司法》第216条要求公司向聘用的会计师事务所提供真实、完整的会计凭证、会计账簿、财务会计报告及其他会计资料，不得拒绝、隐匿、谎报。根据本条规定，公司向会计师事务所提供会计资料时必须履行如下义务：(1)保证会计资料的真实、完整。这是公司应主动履行的法定义务。按照《会计法》的规定，公司必须依法设置会计账簿，保证其真实、完整。公司的法定代表人要对本单位的会计工作和会计资料真实性、完整性负责。公司的会计机构、会计人员要依法进行会计核算，实行会计监督。任何单位或者个人不得以任何方式授意、指使、强令会计机构、会计人员伪造、变造会计凭证、会计账簿和其他会计资料，提供虚假财务会计报告。会计凭证、会计账簿、财务会计报告和其他会计资料，必须符合国家统一会计制度的规定。任何单位和个人不得伪造、变造会计凭证、会计账簿及其他会计资料，不得提供虚假的财务会计报告。(2)不得拒绝、隐匿、谎报。公司必须按照会计师事务所的要求提供相关的会计资料，不得故意拒绝、隐匿、谎报，否则应依法承担相应的法律责任。根据《公司法》第254条规定，公司提供存在虚假记载或者隐瞒重要事实的财务会计报告的，县级以上人民政府财政部门应按照《会计法》等法律、行政法规的规定进行行政处罚。

公司财务报告必须依法公示。有限责任公司应按章程规定的期限将财务会计报告送交各股东；股份有限公司的财务会计报告应当在召开股东会年会的20日前置备于本公司，供股东查阅；公开发行股票的股份有限公司必须公告其财务会计报告。

第三节　公司税后利润的分配

依照《企业会计准则》的规定，公司利润是公司在一定会计期间的经营成果，包括收入减去费用后的净额、直接计入当期利润的利得和损失等。公司税后利润则是指公司当年利润减去应纳所得税的余额。

公司作为营利法人，一方面，以获取利润为目的进行生产经营活动，通过降低生产成本和交易成本，扩大再生产，提高资源利用效率，实现企业最大化盈利的目标；另一方面，公司的经营成果应向其投资者进行分配，满足投资者的投资收益。税后利润的分配是公司财务会计管理的重要内容，关系税收、公司进一步发展以及债权人利益实现等诸多问题，涉及公司、股东、债权人、公司职工和国家等各不同利益主体的切身利益，这些不同利益主体之间的利益并不是一致的，甚至是冲突的，税后利润的分配制度应当能够均衡这些利益冲突，并保障各方的利益。因此，公司利润分配不是任意进行的。《公司法》对公司税后利润分配问题作出了规定。

一、 公司税后利润的分配原则及分配顺序

（一）公司税后利润的分配原则

股东投资公司，是为了获取比银行存款利息更高的经济回报，但这并不意味着公司全部税后利润都用于对股东的分配。因为公司作为社会最基本的经济单元，涉及多方面的利益关系。对社会来说，公司须尽法定的社会义务；对自身来说，公司需生存和发展；对债权人来说，公司

须及时适当地履行债务。因此,公司税后利润的分配必须从全局出发,照顾各方利益。

有限责任公司和股份有限公司作为资本化的企业,股东的利益取决于其向公司投入的资本金的多少。股东对公司的投资表现为对公司的出资比例或股份,因此,股东对公司的出资额或所持股份是公司向股东支付利润的一般标准。同时,考虑到每个公司的不同具体情况,公司章程可以对税后利润分配比例作出除外规定。

(二) 公司税后利润的分配顺序

基于上述原则,根据《公司法》第 210 条、《企业财务通则》第 50 条的规定,公司税后利润的分配顺序为:

第一,弥补公司以前年度亏损。所谓公司亏损,是指公司的盈利在会计年度内低于公司的全部成本、费用及其损失的总和。公司出现亏损,可能会造成公司资产质量下降,导致公司资本虚化,从而危及公司的进一步发展,也会危及债权人的利益和社会公益。因此,为保障债权人利益和社会公益,维持公司进一步发展的物质基础,公司的法定公积金不足以弥补以前年度亏损的,在依照规定提取法定公积金之前,应当先用当年利润弥补亏损。并且,现行《公司法》删除了"资本公积金不得用于弥补公司的亏损"的规定。

第二,提取法定公积金。法定公积金又称法定盈余公积金,是指依照公司法的规定强制提取的公积金。《公司法》第 210 条第 1 款规定,公司分配当年税后利润时,应当提取利润的 10%列入公司法定公积金。公司法定公积金累计额为公司注册资本的 50%以上的,可以不再提取。

第三,经股东会决议提取任意公积金。任意公积金是指不由法律强制规定,而由公司视情况自由决定提取的公积金。《公司法》第 210 条第 3 款规定,公司从当年的税后利润中提取法定公积金后,经股东会决议,还可以从税后利润中提取任意公积金。

第四,向股东分配利润。由于公司形式不同,其分配也不完全相同。《公司法》第 210 条第 4 款规定,公司弥补亏损和提取公积金后所余税后利润,有限责任公司按照股东实缴的出资比例分配利润,但全体股东约定不按照出资比例分配利润的除外;股份有限公司按照股东所持有的股份比例分配利润,但公司章程另有规定的除外。《公司法》规定的按出资比例或持股比例分配的规则并非强制性规定,有限责任公司全体股东或股份有限公司的章程可以变更。但是,根据《公司法》第 211 条的规定,股东会或董事会确定分配原则时,不能违反公司法的强制性规定,违反规定进行分配的,股东应将分配的利润退还给公司。

二、 公积金制度

公积金又称储备金,是指公司为了增强自身财力,扩大业务范围和预防意外亏损,依照法律和公司章程的规定以及股东会决议从公司税后利润中提取的累积资金。

(一) 公积金的意义

公积金作为储备基金,对公司的生存和发展意义重大。一方面,市场充满各种风险,公司盈亏难以预测。将丰年的盈余留作储备,用以弥补亏损年份的空缺,未雨绸缪,这是维持公司运转所必需的财产、抵御市场风险的基本手段,是公司健康、持续、稳定发展的保障和后盾。另一方面,市场商业机会难以预测,必要的公积金储备不但代表着公司的竞争能力,而且有利于公司捕捉商机。当公司根据市场变化决定扩大业务范围和经营规模,需要追加投资时,如果借贷,则成本较高;如果以发行新股或公司债集资,则不仅受证券市场行情左右,操作起来也烦琐复杂,既费时间,成本也不菲。用公积金追加投资或转增资本则不失为一种便捷且低成本的方案。所以,各国公司法几乎无一例外地将公司从税后利润中提取法定公积金作为一项强制性义务规定下来,并规定了提取比例,以实现上述目的。我国《公司法》明确了公司从税后利润中提取法定公积金的强制性义务,并规定了提取比例,以实现充实公司资本、维护公司稳定经营的目的。

(二)公积金的种类及用途

根据公积金的提取是否基于法律的强制性规定,可将公积金分为法定公积金和任意公积金。

1. 法定公积金。法定公积金又称强制公积金,是公司法规定必须从税后利润中提取的公积金。对于法定公积金,公司既不得以其章程或股东会决议予以取消,也不得削减其法定比例。

根据法定公积金的来源不同,法定公积金又可进一步分为法定盈余公积金和资本公积金。[①] 法定盈余公积金是按法定比例从公司税后利润中提取的公积金。依照我国《公司法》第210条第1款规定,公司分配当年税后利润时,应当提取利润的10%列入公司法定公积金;公司法定公积金累计额为公司注册资本的50%以上的,可以不再提取。

资本公积金是公司非营业活动产生的收益。资本公积金的来源主要有:一是公司以超过股票票面金额的发行价格发行股份所得的溢价款额;二是发行无面额股所得股款未计入注册资本的金额;三是处置公司资产所得的收入;四是资产重估价值与账面净值的差额;五是接受捐赠;六是国务院财政部门规定列入资本公积金的其他项目,如可转换公司债券持有人行使转换权利将债权转化的资本、股份有限公司发行新股时冻结申购资金期间的利息、投资准备等应计入资本公积的项目。

因为公积金系基于特定目的而提留,应当遵循专款专用原则,否则将有违设立公积金的初衷,还可能不利于公司资本维持,进而损害债权人利益。同时,公积金作为股东权益的一部分,其使用应符合全体股东的利益。实践中,公司章程也通常对公积金的使用范围有所限制。根据《公司法》第214条规定,包括盈余公积金(法定盈余公积金和任意盈余公积金)和资本公积金在内的公积金有以下用途:

第一,弥补亏损。根据《公司法》第214条规定,使用公积金弥补公司亏损,应当先使用任意公积金和法定(盈余)公积金;仍不能弥补的,可以按照规定使用资本公积金。

盈余公积金最重要的功能即弥补亏损。不管是法定盈余公积金还是任意盈余公积金,均为从公司税后利润中提取的留存收益,都是为了抗御公司经营风险,维护公司信誉。《公司法》改变了资本公积金不得用于弥补亏损的限制,其第214条规定,任意公积金和法定公积金

---

① 学理上,广义的法定公积金包括法定盈余公积金和资本公积金;盈余公积金可分为法定盈余公积金和约定盈余公积金。狭义的法定公积金仅指法定盈余公积金。现行《公司法》中的法定公积金仅指狭义法定公积金。

不能弥补公司亏损的,可以按照规定使用资本公积金。这种规则转变回应了公司经营的现实需求,一方面有助于短暂陷入财政困境的公司扭亏为盈;另一方面也丰富了资本用途,有助于公司根据具体情况调整资本结构,提高公司资金利用效率。需注意的是,《公司法》第 214 条对公积金弥补亏损的使用顺序作出了限制,即资本公积金不得首先用于弥补亏损,仅在任意公积金和法定(盈余)公积金不能弥补的情况下,才能按照规定使用资本公积金弥补亏损。

第二,扩大公司生产经营。公司要发展,离不开扩大经营范围和规模,在不增加公司资本的前提下,用公司的公积金追加投资是一条重要的途径。

第三,增加公司注册资本。增加注册资本就是增加股东的投资,用法定公积金增加注册资本,无须股东个人再投资,只需公司将法定(盈余)公积金分派到每个股东名下,以增加其投资额即可。在有限责任公司中,按每个股东实缴的出资比例增加其出资额。在股份有限公司中,则按股东所持股份比例增加其出资额,具体办法有两种:一是增加公司的股份数,即按股东原股份比例派送新股;二是不增加公司的股份数,在股东原有股份比例的基础上增加每股面值。但以法定公积金转增资本时,所留存的该项公积金不得少于转增前公司注册资本的 25%。

2. 任意公积金。任意公积金是公司在法定公积金之外,依照公司章程或股东会决议从税后利润中提取的公积金。与法定(盈余)公积金一样,任意公积金也来源于公司税后利润,但这项提取不具有法律强制性。

《公司法》对于任意公积金提取的比例、最低提取额及其用途均无规定,应当由公司章程或股东会决议作出明确规定。任意公积金的提取比例及最低提取额一经确定,除非修改公司章程或由股东会变更其决议,不得随意改变。

三、 股利分配

所谓股利,是指公司依照法律或章程的规定,按期以一定的数额和方式分配给股东的利润。在弥补亏损和提取公积金之后,公司可以向股东分配利润。有的将股利区分为股息和红利,并将股息定义为股东定期从公司取得的固定比率的利润,红利为股息分配后仍有盈余而另按一定比例分配的利润。我国公司法及会计制度未对股息和红利加以区分,都通称股利。

(一) 股利分配原则

从各国公司法来看,在股利分配的规定上,一般贯彻“无盈不分”原则,即公司当年无盈利时,原则上不得分配股利。我国《公司法》为贯彻资本维持原则,避免公司“无盈利而分配”导致公司资本实质不当流出,损害公司利益、股东的长远利益及债权人的利益,明确规定公司只有在弥补亏损、提取法定公积金之后有剩余利润时,才可向股东分配利润,否则不得分配利润。而且,各国公司法对股利的分配也作了不同程度的限制,即使公司存有盈利,也不必然分配股利。公司以前年度未分配的利润,可以并入本年度向股东分配。

(二) 股利分配标准

股东享有按照其所持出资额或股份的比例请求分取利润的权利。通常情形下,股东均期望自己的投资得到回报。在公司盈利并存有盈余的情况下,股东可通过公司盈余分配获得股利。公司作为营利法人，系以取得利润并分配给股东等出资人为目的而成立，向投资者分配利润，也贴合其营利法人的特性。

依《公司法》第 210 条第 4 款规定，公司分配股利时，有限责任公司按照股东实缴的出资比例分配利润，全体股东约定不按照出资比例分配利润的除外；股份有限公司按照股东所持有的股份比例分配利润，公司章程另有规定的除外。

四川国栋建设集团有限公司、王某鸣与公司有关的纠纷案

（三）股利分配形式

实践中，公司的税后利润分配形式主要有现金分红、股票股利、财产分配和负债分配等。

1. 现金分红。现金分红，是指公司以分派现金的形式向股东分配税后利润。现金分红可使股东迅速获得直接收益，且分配方式简便，系最为常见的利润分配形式。但现金分红形式往往涉及公司与股东之间、控股股东与中小股东之间的利益冲突，过多的现金分红自然有利于公司股东特别是中小股东的利益，但会导致公司用于持续经营、扩大再生产的资金减少，可能不利于公司的长远发展。而过少的现金分红无益于激励股东，难以吸引投资者，影响公司股价。公司长期不分红亦是股东压制的一种典型行为，可能存在损害中小股东利益的情况。因此，为了缓和上述利益冲突，公司特别是上市公司，应在章程中明确现金分红在利润分配方式中的优先顺序，并载明以现金分红形式分配利润的决策程序和机制、公司的利润分配政策尤其是现金分红政策、利润分配的形式、利润分配尤其是现金分红的具体条件，并充分听取中小股东意见。

2. 股票股利。股票股利，又称“送股”“派股”，是指公司以本公司股票代替现金作为股利向股东分配利润的形式，包括派送股票与分割股份两种具体方式。派送股票，是指公司以发行新股的方式分配税后利润。其实质是将税后盈余转增资本或将盈余公积金转增资本，即无偿增资发行股票并向股东分配。分割股份，是指按照一定比例降低股票面值以增加股票数量，向股东分发，通常用于公司经营状况良好，具有较好的股价回升预期的情形。股票股利的分配方式本质上是将公司账户上的部分留存收益转化为股本，并不减少公司资产。因此，这种分配方式的优势在于：一方面，将现金留存在公司，可缓解公司现金分配的困难；另一方面，可增加公司注册资本的规模，为公司扩大生产经营保存了资金。

3. 财产分配。财产分配，是指公司以持有的现金外的其他财产向股东分配利润的形式。实务中，较为常见的是公司以所持有的有价证券（如其他公司的股票、债券）作为股利分配；公司也可以实物进行分配，如以本公司生产的产品等作为股利向股东分配，既扩大了产品销量又保留了公司的现金。

4. 负债分配。负债分配，是指公司以发行公司债券或应付票据代替现金向股东分配利润的形式。这种分配形式下，股东依据取得的对公司的债权收取利息，也能一定程度上实现股东的投资目的。

目前，我国上市公司主要采取现金分红和股票股利两种分红方式。上市公司应当依据《上市公司章程指引》在公司章程中建立完善的利润分配政策，也鼓励上市公司在符合利润分配的条件下增加现金分红频次，稳定投资者分红预期。

四、 违法分配利润的法律责任

《公司法》第 211 条规定了公司违法分配利润的法律责任,即公司违反本法规定向股东分配利润的,股东应当将违反规定分配的利润退还公司;给公司造成损失的,股东及负有责任的董事、监事、高级管理人员应当承担赔偿责任。

第一,公司税后利润的分配关系到公司今后的经营与发展问题,也是股东投资利益之所在,所以公司利润分配一般由公司的权力机关作出决定,即董事会依据公司有关规定,结合本公司当年盈利和上年度有无亏损情况,制订出当年公司税后利润分配方案,提交股东会审议批准公司的利润分配方案和弥补亏损方案。需要说明的是,决定是否分配利润属于股东会的职权,一般情况下司法不会干预。《公司法司法解释(四)》第 14 条规定:“股东提交载明具体分配方案的股东会或者股东大会的有效决议,请求公司分配利润,公司拒绝分配利润且其关于无法执行决议的抗辩理由不成立的,人民法院应当判决公司按照决议载明的具体分配方案向股东分配利润。”

第二,我国的利润分配规则仍坚持资本维持模式,贯彻“无盈不分”原则,即公司当年无盈利时,原则上不得分配利润。该规定旨在避免公司资本因利润分配而实质减少,损害公司利益、股东长远利益以及债权人利益。公司只有在依法纳税、弥补亏损和提取公积金之后仍有剩余利润时,才可向股东分配利润。这是《公司法》对利润分配作出的强制性规定,违反该规定的利润分配决议无效。

第三,违法分配利润的,股东、董事、监事等可请求法院确认该分配决议无效,按照无效分配决议作出的分配行为也应恢复原状,股东应将该部分违法分配的利润退还公司。《公司法》还规定了股东及负有责任的董事、监事、高级管理人员的赔偿责任。请求损害赔偿的主体应为公司的董事会或监事会,因为维护资本充实是管理层的应然义务范围。若董事、监事因利益关联不能代表公司提起诉讼,其他利益相关股东可根据《公司法》的相关规定提起股东代表诉讼,主张上述人员对公司承担损害赔偿责任。需注意的是,虽然公司违法分配也可能损及公司债权人的利益,但债权人并无请求损害赔偿的权利。

【本节实务研究】

• 股利分配中的利益冲突与中小股东利益保护

一般来讲,股东投资公司的主要目的是获取丰厚的回报。公司董事的主要经营目标就是使公司利润最大化,为股东创造更多的财富。在股东权益中,除了剩余财产请求权之外,股利分配请求权是股东获取投资回报的主要手段。由于股利分配方案需要股东会通过,在资本多数决的情况下,公司的大股东有可能利用股利政策损害中小股东的利益。这种情况在有限责任公司或封闭公司较为突出,因为这类公司的股东没有流动市场或者没有未受到歪曲因素沾染的市场可以求靠。

让我们来看一个典型的美国判例——道奇诉福特汽车公司案。福特汽车公司是一家封闭持股公司。亨利 · 福特拥有 58.5%的股票,是支配人物;道奇兄弟拥有 10%的股票。公司运营极为成功,每年支付固定股息 120 万美元和大约 1000 万美元的特别股息(红利) 。但福特突然让公司停止支付特别股息,道奇兄弟感到不满,遂提起诉讼。福特对停止股息的解释是:公司需要资金扩展业务建造一家工厂,但不想从将来的销售收入中获得扩展业务所需要的资金,因为福特想降低汽车的价格而服务于社会和有利于他人。

密歇根最高法院不赞同福特的这种"社会福利"观点:慷慨大方在道德上是好的,但是请用你自己的钱慷慨大方,而不要用他人的钱慷慨大方。福特假定的股东对普通公众负有的义务与法律上他和他的董事对中小股东负的义务之间不应当发生混淆。商业公司的组建和存续主要是为了实现股东的利益。董事权力的行使应当围绕这个目的进行。董事支配权的行使应当在能够达到这个目的的方法中进行选择,而不能扩展到改变这种目的本身,为了服务于其他目的而导致股东的利润减少或者不分配利润。

在本案中,法院阐明了对于股息判决的"恶意"准则:股利的分配基本上是商业判断的事情,只有董事支付或不支付股利的行为是滥用自由裁量权,构成欺诈,或者违反他们对股东所负的善意义务时,法院才会进行干预。福特决定暂停特别股息以实现对其有利的非利润最大化目标,构成恶意。因此,法院命令福特向道奇兄弟支付实质性股息。

股东投资公司,虽然主要是为了获取丰厚的回报,但在获取回报的方式上却有可能存在差异。有的股东希望将更多的利润留在公司,将公司做大,从而获得长期的更大的利益;而有的股东希望即时分配利润,而不愿将更多的利润留在公司,冒公司经营失败的风险;还有的股东希望通过公司实现其他非经济目的。特别是公司控制股东在公司中有控制利益,从而有可能通过左右公司股息政策达到损害中小股东利益的目的。当公司股东间的利益存在冲突时,法院以正当商业目的以及董事对股东、大股东对中小股东所负的诚信义务为标准来调和冲突,无疑是符合法律的公平、正义原则的。

【本章思考练习题】

一、名词解释

1. 公司财务会计制度
2. 资本公积金
3. 盈余公积金
4. 股利

二、简答题

1. 公司法规定公司财务会计制度的法律意义何在?
2. 公司财务会计报告包括哪些主要内容?
3. 如何对公司财务会计报告进行编制、审查验证与公示?
4. 公司的税后利润如何进行分配?
5. 简述我国公积金的分类。
6. 公积金有何用途?
7. 股利的分配方式有哪些?
8. 在股利分配政策中如何保护中小股东的利益?

第十三章　公司的合并、分立与组织变更

■【导语】

公司的资本运营和公司并购是现代经济社会中的重要现象，而公司的合并、分立和组织变更则是公司资本运营的重要法律形式。

本章力图从概念上厘清公司合并、分立和组织变更，并将公司合并、分立与相关概念作比较，使学生从公司的人格结构的背景中理解公司合并、分立和组织变更制度内在机理和本质。本章的重点和难点是公司合并、分立的基本概念，吸收合并（兼并）的方式，异议股东股份回购请求权，以及公司分立后的债务承担等问题。

第一节　公司的合并

一、公司合并概述

（一）公司合并的概念

公司合并是指两个或两个以上的公司订立合并协议，依照公司法的规定，不经过清算程序，直接合并为一个公司的法律行为。根据《公司法》第218条规定，公司合并可分为吸收合并和新设合并两种类型①。

吸收合并（merger），也称兼并，是指一个公司吸收其他公司，被吸收的公司解散。② 例如，1996年美国的世界第一大航空公司波音公司对世界第三大航空公司麦道公司的合并，导致具有76年历史的麦道公司在合并之后不再存在。

新设合并（consolidation），是指两个以上公司合并设立一个新的公司，合并各方解散。③ 例如，1998年我国国泰证券公司与君安证券公司合并后，原国泰证券公司和原君安证券公司

---

① 《公司法》第218条规定："公司合并可以采取吸收合并或者新设合并。一个公司吸收其他公司为吸收合并，被吸收的公司解散。两个以上公司合并设立一个新的公司为新设合并，合并各方解散。"

② 《欧共体理事会公司法指令（第三号）》第3条对吸收合并作了界定，认为吸收合并是指一家或者一家以上的被合并公司未经清算而解散，并将其全部资产和负债转让给另一家存续公司的法律行为。

③ 《欧共体理事会公司法指令（第三号）》第4条规定，新设合并是指数家公司未经清算而解散，并将其全部资产和负债转让给一家新设公司的法律行为。

不再存在，而成立一个新的公司——国泰君安证券股份有限公司。

（二）公司合并与公司并购

公司并购（merger & acquisition），是指一切涉及公司控制权转移与合并的行为。公司并购包括资产收购（营业转让）、股权收购和公司合并等方式，其中的“并”（merger），即公司合并，主要指吸收合并；“购”（acquisition），即购买股权或资产。英文中还有 takeover 的概念，根据《布莱克法律词典》的解释，takeover 也是指公司所有权和控制权的转移和合并，包括资产购买、股权购买和公司合并。所以，takeover 与并购（merger & acquisition）在概念的内涵上并无太大的区别①。

（三）公司合并与其他公司并购形式的差异

1. 公司合并与资产收购的差异。公司合并不同于公司的资产收购，资产收购是一个公司购买另一个公司的部分或全部资产，收购公司与被收购公司在资产收购行为完成之后仍然存续。公司合并与资产收购的差异在于：

（1）资产转移不同。在公司合并中，资产转移是概括转移，所转移的是解散公司的全部财产，而非部分资产；而在资产收购中，所转让的既可以是全部财产，也可以是部分财产。

（2）债务承担不同。在公司合并中，被合并的公司的全部债务转移至存续公司或新设公司；而在资产收购中，除合同中明确约定收购方承受被收购方的债务外，收购方不承担被收购方的债务。

（3）股东地位不同。在公司合并中，存续公司为承继解散公司的资产而支付的对价如现金或存续公司的股份，直接分配给解散公司的股东，解散公司的股东因此获得现金或成为存续公司的股东；而在资产收购中，收购方为转让资产而支付的对价属于出售公司，与出售公司的股东无直接关系。

（4）法律后果不同。公司合并必然导致合并一方或双方公司的解散，被解散公司的全部权利和义务由存续公司或新设公司承受；而资产收购则不必然导致一方公司或双方公司的解散。

（5）法律性质不同。公司合并是公司人格的合并；而资产收购是资产买卖行为，不影响公司的人格。

2. 公司合并与股权收购的差异。公司合并也不同于公司的股权收购，公司的股权收购是指一个公司收买另一个公司的股权，以取得控股权，收购公司和被收购公司在股权收购行为完成之后仍然存续。公司合并与股权收购的差异在于：

（1）主体不同。公司合并的主体是公司；而在股权收购中，一方主体是收购公司，另一方主体则是目标公司的股东。

（2）内容不同。在公司合并中，存续公司或新设公司承受解散公司的全部权利和义务；而在股权收购中，目标公司的股东将其对目标公司的股份转让给收购方。

---

① Takeover: The acquisition of ownership or control of a corporation. A takeover is typically accomplished by a purchase of share or assets, a tender offer, or a merger. See Black's Law Dictionary, West Group, Seventh Edition, 2000, p. 1180.

(3) 法律后果不同。公司合并必然导致合并一方或双方公司的解散,被解散公司的全部权利和义务由存续公司或新设公司承受;而股权收购不必然导致一方公司或双方公司的解散。

(4) 法律性质不同。公司合并是公司人格的合并;而股权收购是股权的买卖行为,不影响公司的人格。

(四) 合并的意义

在公司合并中,既有积极合并者,也有消极合并者。

对于积极合并者,公司合并的意义主要在于:通过公司合并扩张公司规模,减少竞争对手,如美国波音公司和麦道公司合并的直接目的就是增强美国飞机制造业与欧洲空中客车公司的抗衡。并且,通过合并还可以发展协作和多样化经营。

对于消极合并者,公司合并的意义在于:通过与大企业合并,可以减少风险;在公司无力经营时,可以通过合并避免破产,避免付出高昂的解散和清算的费用,公司财产关系、股东关系概括地转移于存续或新设的公司,原有营业还可以继续进行下去,不至于突然停顿。

(五) 三角合并与反三角合并

在实践中,还存在三角合并与反三角合并的类型。三角合并(triangular merger)是指并购公司首先设立一个全资子公司,然后以此吸收合并目标公司,以规避目标公司的债务风险。反三角合并(reverse triangular merger)是指并购公司首先设立一个全资子公司,然后,该子公司被目标公司合并,以保留目标公司主体资格,进而保留附着在其上的特殊权利,如行政特许权、上市资格等。

二、 合并的方式

吸收合并是最常见的合并类型,这里着重介绍吸收合并的内在机理和操作方法。

在吸收合并中,被兼并的公司将消灭。公司的要素主要有公司的资产、公司的股权和公司的人格三个方面。公司的消灭最终表现为公司人格的消灭,而在人格消灭之前,可以先将被吸收公司的资产转移给吸收公司,或将被吸收公司的股权转移给吸收公司。资产转移或股权转移中,吸收公司支付的对价一般是现金或者公司的股份,这样,在逻辑上,就可以划分出两类四种吸收合并的方式。

(一) 资产先转移

1. 以现金购买资产的方式,即吸收公司以现金购买被吸收公司的全部资产,包括全部权利和义务(债权和债务)。被吸收公司失去原有的全部资产,而仅拥有吸收公司支付的现金。被吸收公司解散,因债权和债务已全部转移,无须清算。被吸收公司股东依据其股权分配现金,被吸收公司消灭。

2. 以股份购买资产的方式,即吸收公司以自身的股份购买被吸收公司的全部资产,包括全部权利和义务(债权和债务)。被吸收公司失去原有的全部资产,而仅拥有吸收公司支付的自身的股份。被吸收公司解散，因债权和债务已全部转移，无须清算。被吸收公司的股东分配公司所持有的吸收公司的股份，并因此成为吸收公司的股东，被吸收公司消灭。

（二）股权先转移

1. 以现金购买股份的方式，即吸收公司以现金购买被吸收公司股东的股份，而成为被吸收公司的唯一股东，然后解散被吸收公司，被吸收公司的全部权利和义务（债权和债务）由吸收公司承受，而无须清算，被吸收公司消灭。

2. 以股份购买股份的方式，即吸收公司以自身的股份换取被吸收公司股东所持有的被吸收公司的股份，使被吸收公司的股东成为吸收公司的股东，吸收公司成为被吸收公司的唯一的股东，然后解散被吸收公司，被吸收公司的全部权利和义务（债权和债务）由吸收公司承受，而无须清算，被吸收公司消灭。

三、合并的程序

（一）订立合并协议

首先，参与合并的公司各方应签订合并协议。我国公司法对合并协议的内容没有具体规定，但是《外商投资企业合并与分立规定》第 20 条规定，公司合并协议应包括下列主要内容：(1) 合并协议各方的名称、住所、法定代表人；(2) 合并后公司的名称、住所、法定代表人；(3) 合并后公司的投资总额和注册资本；(4) 合并形式；(5) 合并协议各方债权、债务的承继方案；(6) 职工安置办法；(7) 违约责任；(8) 解决争议的方式；(9) 签约日期、地点；(10) 合并协议各方认为需要规定的其他事项。

（二）通过合并协议

1. 一般程序。公司合并是导致公司资产重新配置的重大法律行为，直接关系股东的权益，是公司的重大事项，所以公司合并的决定权不在董事会，而在股东会，参与合并的各公司必须经各自的股东会以特别决议所需要的多数赞成票同意合并协议。

我国《公司法》第 59、66、112、116 条规定，公司合并需由股东会特别决议通过。其中，有限责任公司股东会对公司合并作出决议，必须经代表 2/3 以上表决权的股东通过。股份有限公司股东会对公司合并作出决议，必须经出席会议的股东所持表决权的 2/3 以上通过。

关于国有独资公司的合并，《公司法》第 172 条规定："国有独资公司不设股东会，由履行出资人职责的机构行使股东会职权。履行出资人职责的机构可以授权公司董事会行使股东会的部分职权，但公司章程的制定和修改，公司的合并、分立、解散、申请破产，增加或者减少注册资本，分配利润，应当由履行出资人职责的机构决定。"

其他国家公司法也有类似的规定，《德国股份法》规定股份有限公司的合并，须征得 3/4 以上股东的同意。《法国商事公司法》也要求有关公司应按修改章程所需条件，对公司合并作出决定，该法第 153 条指出，对章程的修改需经特别股东大会以出席或由他人代理的股东拥有的票数的 2/3 以上多数票作出决定。

2. 简易合并程序。在特殊情况下，若股东会决议通过合并方案没有任何悬念，或者对公司股东利益而言，合并事项本身不会产生实质性重大影响甚至没有影响，召开股东会的必要性就会大大降低。此时就可适用简易合并程序。简易合并程序对合并程序进行了简化，合并不再需要经过股东会表决，而只需要董事会决议即可，以降低合并的交易成本，提高合并效率。

公司的简易合并存在两种形式，即吸收合并和新设合并，但实践中，简易合并更常见的就是对子公司、小规模公司的吸收合并。《公司法》第 219 条第 1 款涉及母子公司之间的简易合并，第 2 款涉及小规模合并。①

（1）母子公司之间的简易合并。由于常见的合并交易样态就是合并公司是母公司，而被合并的公司是子公司，因此《公司法》第 219 条以“被合并的公司”指代简易合并中的子公司。如果出现了母公司并入子公司的情况，即反向合并，则不应适用简易合并程序。

母子公司之间的简易合并，指的是当母公司对其子公司持有的股份达到 90%以上绝对多数比例时，不需要经过子公司的股东会表决就能够进行合并的制度。对于子公司而言，如果其股东之中存在持股比例达 90%以上的绝对控股股东，少数股东便不能通过行使表决权这一方式对合并议案进行否决，召开股东会进行表决这一方式将流于形式，因此子公司只需由董事会对合并事项作出决议即可，而不用再召开股东会，以节省成本。

在母公司对子公司构成绝对控制的情况下，母公司单方就可以对实施合并这一行为作出决定，变成控股股东的自我交易，可能会导致子公司的少数股东不能获得公平的交易对价；而在简易合并中，由于省略了子公司的股东会决议程序，子公司少数股东便无法行使表决权，即使能够行使表决权也无法阻止公司被合并结果的发生。对此，《公司法》规定，子公司的少数股东享有知情权，且有权请求公司按照合理的价格收购其股权或者股份。

（2）小规模合并。小规模合并，是指当合并双方规模有很大差异时，由规模较大的公司对规模较小的公司进行吸收合并的情况。其中，合并公司指的是规模较大的收购公司，被合并公司指的是规模较小的被收购公司。对合并公司及其股东而言，小规模合并对其影响不大，因此没有必要经过股东会决议，但被合并公司有经股东会决议通过的必要。从对公司收购造成影响的程度来看，小规模合并适用于公司合并所支付的价款不超过收购公司净资产的 10%的情形。

公司章程可以对小规模合并作出特别规定，如排除小规模合并适用简易合并程序，或者在认定小规模合并这一行为时设置其他条件。

3. 异议股东股份回购请求权。在公司合并程序中，许多国家法律规定了异议股东的股份回购请求权（appraisal rights），也称评估补偿权，是指公司合并中，对合并持有异议的股东有权请求公司以公正价格购回自己所持有的股份。

《美国标准公司法》第十三章“异议者的权利”对股份回购请求权的适用范围、主体资格、

① 《公司法》第 219 条规定：“公司与其持股百分之九十以上的公司合并，被合并的公司不需经股东会决议，但应当通知其他股东，其他股东有权请求公司按照合理的价格收购其股权或者股份。公司合并支付的价款不超过本公司净资产百分之十的，可以不经股东会决议；但是，公司章程另有规定的除外。公司依照前两款规定合并不经股东会决议的，应当经董事会决议。”

权利内容、行使程序、司法评估等作出了详细规定。《日本商法典》第 408 条第 3 款规定，在股东合并承认大会之前，以书面形式通知公司反对合并之意见，且在大会上反对承认合并契约书的股东，可以向公司提出由于未承认决议，需按公正的价格买回其股份的请求。

我国《公司法》第 89 条、第 161 条对异议股东股份回购请求权也作了规定。

（三）编制资产负债表和财产清单

公司合并，应编制资产负债表和财产清单。

（四）通知债权人和公告

《公司法》第 220 条规定，公司合并，应当由合并各方签订合并协议，并编制资产负债表及财产清单。公司应当自作出合并决议之日起 10 日内通知债权人，并于 30 日内在报纸上或者国家企业信用信息公示系统公告。债权人自接到通知之日起 30 日内，未接到通知的自公告之日起 45 日内，可以要求公司清偿债务或者提供相应的担保。

公司合并是公司资产的重新配置，直接关系到公司债权人利益的实现，所以，各国公司法都有不同程度的维护债权人利益的规定。《日本商法典》第 100 条规定了“债权人异议”制度。《法国商事公司法》也规定公司债权人“可以在法令规定的期限内就合并草案提出异议”。《德国股份法》不仅有保护债权人的条款，还为“特权所有人”设立了专条：“接收公司应向持有转让公司发行的可兑换债券、盈利债券和受益权证书持有人提供等同于在转让公司中的权利的各项权利。”

为保护债权人，我国《外商投资企业合并与分立规定》第 26 条第 1 款规定：“拟合并或分立的公司应当自审批机关就同意公司合并或分立作出初步批复之日起十日内，向债权人发出通知书，并于三十日内在全国发行的省级以上报纸上至少公告三次。”第 27 条第 1 款规定：“公司债权人自接到本规定第二十六条所述通知书之日起三十日内、未接到通知书的债权人自第一次公告之日起九十日内，有权要求公司对其债务承继方案进行修改，或者要求公司清偿债务或提供相应的担保。”

（五）办理公司变更或设立登记

公司合并，登记事项发生变更的，应当依法向公司登记机关办理变更登记；设立新公司的，应当依法办理公司设立登记。

四、合并的法律效果

（一）公司的消灭

公司合并后，必有一方公司或双方公司消灭，消灭的公司应当办理注销登记。由于消灭的公司的全部权利和义务已由存续公司或新设公司概括承受，所以，它的解散与一般公司的解散不同，无须经过清算程序，公司法人人格直接消灭。

（二）公司的变更或设立

在吸收合并中，存续公司因承受消灭公司的权利和义务，在注册资本、章程、（有限责任公司）股东等方面发生变更，应办理变更登记。在新设合并中，参与合并的公司全部消灭，产生新的公司，新设公司应办理设立登记。

（三）权利和义务的概括承受

根据《公司法》第 221 条规定，公司合并后，合并各方的债权、债务，应当由合并后存续的公司或新设的公司承继。

合并完成后，无论是否办理被吸收公司的注销登记，存续公司都应承担被吸收公司的债权、债务，登记与否不影响债权、债务的承担。《关于审理与企业改制相关的民事纠纷案件若干问题的规定》第 33 条对此作出了明确的规定：企业吸收合并或新设合并后，被兼并企业应当办理而未办理工商注销登记，债权人起诉被兼并企业的，人民法院应当根据企业兼并后的具体情况，告知债权人追加责任主体，并判令责任主体承担民事责任。

【本节理论探讨】

- **公司合并中的债权人保护**

公司合并中，合并双方财产的混合、公司现金的支付等都可能引起合并公司财产的直接或间接减少，从而危及公司债权人的利益，因而公司合并中的债权人利益保护成为公司合并中必须考虑的重要问题。综观世界各国的相关立法，一般通过以下规定对公司合并中的债权人利益予以保护。

一、公司合并的债权人告知程序

即在公司合并中，赋予债权人法定知情权。各国一般都规定公司必须告知债权人公司合并的事实，债权人享有合并异议申诉权。告知的效力在于，当债权人收到告知后，如果未能在规定的期限内对公司合并提出异议，则丧失异议权。

二、赋予债权人以合并异议权

合并异议权是公司合并中债权人保护的核心内容。各国在对债权人享有异议权的态度上存在分歧：有的立法规定异议权的成立无需设定条件，也就是说只要债权人按相应的程序对合并公司提出异议，公司就必须对其清偿或提供担保；有的立法规定异议权的行使必须以公司合并对债权人产生危害为前提；有的立法规定由法院对合并是否会对债权人利益产生危害作出判断。考虑到公司合并中存在的效率与公平等诸多价值取向，法律对利害关系人提供救济并非无限度，在对法律的公平价值无损害的前提下，兼顾公司合并所追求的效率与经济价值，对异议权设定条件是有其合理性的。债权人合并异议权的法律效力为，一旦债权人提出异议，公司应当对债权人债权为清偿或提供担保。

三、未适当履行债权人保护程序合并的法律后果

在实践中，常常出现公司未对合并予以公告或未适当公告，或者在债权人提出异议后未实施清偿或提供担保，就进行公司合并的情形。对这种合并的法律效力，国外立法多基于合并的

效率价值考虑,倾向于不因此而否认合并的效力。然而对于未适当履行债权人保护程序的公司合并行为,如果法律默认其合法,则可能导致实践中没人愿意再履行债权人保护程序。日本在处理这一问题上的做法是赋予异议债权人在公司合并开始后的6个月内提起合并无效之诉的权利,如果在诉讼进行中至口头辩论结束之前,合并公司对异议债权人进行了清偿或提供了担保,则诉讼可以被驳回。可见,这种做法给予了合并公司事后补救的机会和自主选择权,减少了公司合并无效情形的发生,这种处理顾及了合并中的多方利益,较为合理。

【本节实务研究】

• 公司合并无效之诉

公司法制比较成熟的国家大都规定了公司合并无效制度,但我国公司法没有规定这一制度。那么,在我国,公司合并的利害关系人可否提起公司合并无效之诉呢?

本书认为,虽然我国公司法没有直接规定公司合并无效制度,但是,由于公司合并是参与合并的公司基于合并协议进行的法律行为,如果合并协议存在违反法律和行政法规的强制性规范的事由,利害关系人可以提起请求确认合并协议无效之诉,其法律效果相当于其他国家公司法所规定的公司合并无效之诉制度。当然,在此类诉讼中,还应注意以下问题:

一、合并无效的原因

只要公司合并违反了法律和行政法规的强制性规范,合并行为便可被认定为无效。其中,违反《公司法》第59、112条规定,未经股东会决议是导致合并无效的常见原因。

二、无效原因的补正

虽然公司合并存在无效原因,但为保护交易安全,稳定社会关系,在法院判决合并无效之前,应给予当事人补正的机会。若当事人在法院判决前补正了有关无效原因,合并应被确认有效。最高人民法院颁布的《关于审理与企业改制相关的民事纠纷案件若干问题的规定》第30条对此作出了明确的规定:"企业兼并协议自当事人签字盖章之日起生效。需经政府主管部门批准的,兼并协议自批准之日起生效;未经批准的,企业兼并协议不生效。但当事人在一审法庭辩论终结前补办报批手续的,人民法院应当确认该兼并协议有效。"

三、合并无效的法律后果

(一)恢复到合并前的法律状态

在吸收合并中,被消灭的公司应从存续公司中分离,存续公司进行变更;在新设合并中,新设公司解散,恢复被消灭的公司。

(二)无效判决溯及力的限制

合并无效的判决只对将来有效,不影响此前存续公司或新设公司以合并有效为前提产生的法律关系,如与第三人签订的买卖合同等。如果合并无效判决溯及既往,自合并始无效,则会影响交易安全,导致法律关系混乱,损害第三人利益。

第二节　公司的分立

一、公司分立概述

（一）公司分立的概念

公司分立是指一个公司通过签订协议，不经过清算程序，分为两个或两个以上公司的法律行为。《外商投资企业合并与分立规定》第 4 条对公司分立作了界定："本规定所称分立，是指一个公司依照公司法有关规定，通过公司最高权力机构决议分成两个以上的公司。"1966 年《法国商事公司法》首次创立公司分立制度，其后为许多国家公司法所接受。1982 年欧洲共同体发布公司法第 6 号指令，要求各成员国建立公司分立制度。

（二）公司分立与相近概念的区别

1. 公司分立与营业转让（资产转让或资产剥离）的区别。

（1）内容不同。虽然两者存在共同点，即原公司都要将一部分资产分离出去。在公司分立中，原公司分离一部分资产后，不会获得对价，资产总额减少，所有者权益（包括股本）也因此减少。而在资产转让中，虽然转让方要将一部分资产转让分离出去，但也将因此获得对价，所以，转让方的资产总额不变，公司资产负债表中的所有者权益（包括股本）也不因此而变动，只是资产内部的科目发生变动。

（2）对股东地位的影响不同。在派生分立中，原公司的股东对原公司的股权将减少，但是，相应地获得分立出来的公司的股权；在新设分立中，原公司的股东对原公司的股权因原公司的消灭而消灭，但是，相应地获得分立出来的公司的股权。资产转让不会影响股东地位，影响的只是买卖双方公司的资产形态，而公司分立直接影响股东的地位。

（3）法律性质不同。公司分立的本质是公司人格的变化；而资产转让的本质是买卖合同。

2. 公司派生分立与转投资的区别。为清晰地说明问题，我们假设：A 公司以 100 万元现金转投资设立 B 公司。A 公司派生分立出 B 公司，B 公司股本 100 万元。两者的差别在于：

（1）对资产负债表的影响不同。在公司派生分立中，A 不仅资产总额减少，并且所有者权益（包括股本）也相应减少。而在转投资中，A 公司的资产总额不变，变化的只是资产的形态，即资产科目内的现金科目减少，而长期投资增加。

（2）对股东地位的影响不同。在公司派生分立中，原公司的股东对原公司的股权将减少，但相应地获得分立出来的公司的股权。而转投资对于 A 公司的股东没有任何影响，A 公司则成为 B 公司的股东。

二、公司分立的形式

公司分立主要有派生分立和新设分立两种形式。

派生分立,也称存续分立,是指一个公司分离成两个以上公司,本公司继续存在并设立一个或一个以上的新公司。

新设分立,也称解散分立,是指一个公司分解为两个以上公司,本公司解散并设立两个或两个以上的新公司。

有些国家和地区的公司法还规定了一种较为复杂的分立形式——合并分立,是指一个公司以其资产的一部分或分成若干份的全部资产,同另一个或几个公司的部分资产共同成立一个或几个公司。①

三、公司分立的程序

(一)作出决定和决议

公司分立需通过股东会特别决议通过,有限责任公司股东会对公司分立作出决议,必须经代表 2/3 以上表决权的股东通过;股份有限公司股东会对公司分立作出决议,必须经出席会议的股东所持表决权的 2/3 以上通过;国有独资公司的分立由履行出资人职责的机构决定。

(二)订立分立协议

《公司法》没有规定分立协议的内容,但是《外商投资企业合并与分立规定》第 23 条规定,公司分立协议应包括下列主要内容:(1) 分立协议各方拟定的名称、住所、法定代表人;(2) 分立后公司的投资总额和注册资本;(3) 分立形式;(4) 分立协议各方对拟分立公司财产的分割方案;(5) 分立协议各方对拟分立公司债权、债务的承继方案;(6) 职工安置办法;(7) 违约责任;(8) 解决争议的方式;(9) 签约日期、地点;(10) 分立协议各方认为需要规定的其他事项。

(三)编制资产负债表和财产清单

公司分立,应编制资产负债表和财产清单。

(四)通知债权人

《公司法》第 222 条规定,公司分立,其财产作相应的分割。公司分立,应当编制资产负债表及财产清单。公司应当自作出分立决议之日起 10 日内通知债权人,并于 30 日内在报纸上或者国家企业信用信息公示系统公告。

(五)办理登记手续

在派生分立中,原公司的登记事项如注册资本等发生变化,应办理变更登记,分立出来的公司应办理设立登记;在新设分立中,原公司解散,应办理注销登记,分立出来的公司应办理设立登记。

---

① 如我国澳门地区《商法典》第 293 条规定,公司得拨出部分财产,或在解散时将财产分为两份或多份,以便与已存立之公司合并,或与为同一目的、依同一程序从其他公司分离之部分财产合并。

四、公司分立的法律效果

（一）公司的变更、设立和解散

在派生分立中，原公司的登记事项如注册资本等发生变化，并产生新的公司人格——分立出来的公司；在新设分立中，原公司解散，人格消灭，但产生两个或两个以上新的公司（分立出来的公司）。

（二）股东和股权的变动

公司的分立不仅导致公司资产的分立，而且导致股东和股权的变动。在派生分立中，原公司的股东可以从原公司中分立出来，成为新公司的股东，也可以减少对原公司的股权，相应地获得对新公司的股权；在新设分立中，股东对原公司的股权因原公司消灭而消灭，但相应地获得对新公司的股权。

（三）债权、债务的承受

《公司法》第223条规定，公司分立前的债务由分立后的公司承担连带责任。但是，公司在分立前与债权人就债务清偿达成的书面协议另有约定的除外。

【本节实务研究】

- **企业改制的法律形式及债务承担**

企业改制在实践中广泛存在，改制过程中引发的纠纷也层出不穷。企业改制是根据有关法律、行政法规及相关政策，对企业产权制度进行的改造，主要是指企业形态和企业股权结构的改变，具体包括对企业的出资结构（股权结构）、内部治理结构、企业收益分配结构、劳动用工制度、职工福利和社会保障制度等企业制度进行的调整与改革。

实务中，企业改制的形式多种多样，具体做法更是五花八门。从有效地规范当事方权、责、利的角度考察目前的实践经验和各种相应的法律法规，最高人民法院颁布的《关于审理与企业改制相关的民事纠纷案件若干问题的规定》（简称《若干规定》）相对比较全面地反映出企业改制的各种法律形式。从《若干规定》的内容来看，目前企业改制的具体法律形式大致包括企业公司制改造、企业股份合作制改造、企业分立、企业债权转股权、企业出售、企业兼并等，其中企业公司制改造的方法主要有国有企业整体改造为国有独资有限责任公司、企业通过增资扩股或者转让部分产权整体改造为多元主体的有限责任公司或者股份有限公司、企业以其部分财产和相应债务与他人组建新公司等。

企业改制不仅形式多样、方法各异，其中涉及的法律关系也较为复杂，主要包括政府和企业之间的法律关系、企业和债权人之间的债权债务关系、企业和职工之间的劳动法律关系、企业改制过程中的代理和服务合同法律关系等。而实务中最容易引发冲突的是企业和债权人之间的关系，经常发生借企业改制逃废债务的现象，企业改制的债务承担问题成为实务和理论研究的重点。

关于企业改制的债务承担,有关债权债务转让、公司合并分立等制度已经作了程序和实体上的一般性规定,《若干规定》针对现实中发生的一些特殊情况作了具体的规定。从责任承担的角度大致可分为四种情形:(1) 由改制后的企业承担债务,除约定外,主要包括企业整体公司化改造和正常状况下的企业股份合作制改造、企业出售、企业兼并等;(2) 由原企业包括原企业资产管理人(出资人)承担债务,除有约定外,主要包括"企业以其部分财产和相应债务与他人组建新公司,对所转移的债务未通知债权人或者虽通知债权人,而债权人不予认可的""企业股份合作制改造后,债权人就原企业资产管理人(出资人)隐瞒或者遗漏的债务起诉股份合作制企业的"等情形;(3) 由改制后的企业和原企业承担连带责任,主要是指"企业分立时对原企业债务承担没有约定或者约定不明,或者虽然有约定但债权人不予认可的"情形;(4) 由改制后的企业在所接收的财产范围内与原企业承担连带民事责任,主要包括"企业以其优质财产与他人组建新公司,而将债务留在原企业,债权人以新设公司和原企业作为共同被告提起诉讼主张债权的"和"企业以其部分财产和相应债务与他人组建新公司……对所转移的债务未通知债权人或者虽通知债权人,而债权人不予认可……原企业无力偿还债务,债权人就此向新设公司主张债权的"等情形。

上述企业改制的法律形式和债务承担方式主要是在实践中总结出来的,但也并非完美。如《若干规定》中债务承担所遵循的"企业法人财产"原则,即"债务随企业财产转移"原则,在理论上遭到了一些学者的质疑。另外,现实中经常发生的"企业把自己的一部分财产,随同企业的负债、职工和社会保险等要素一起剥离给另一家既存的公司"的所谓"合并分立"的情形也找不到相应的法律支撑,尽管审判实践中依据法理按照第 4 种债务承担方式来处理,但是现实中还是有疑问的。公司改制的法律形式和债务承担在理论和实务方面都有进一步研究的空间。

第三节　公司的组织变更

一、 公司组织变更的概念

公司的变更是指公司设立登记的事项包括名称、住所、法定代表人、注册资本、企业类型(组织形式)、经营范围、营业期限、有限责任公司股东或者股份有限公司发起人的姓名或者名称的变化。公司的组织变更是公司变更的一种重要形式,是指在保持公司法人人格持续性的前提下,将公司从一种形态转变为另一种形态的行为。

各国公司法都规定了多种公司的形态,例如,在大陆法系,公司的种类有无限公司、有限责任公司、两合公司、股份有限公司、股份两合公司;在英美法系,公司的种类有开放式公司和封闭式公司。公司在发展过程中,基于各种原因,公司需要从现有的形态转变为其他形态,而公司的组织变更制度满足了这一要求。通过公司组织变更制度,公司无须经过解散程序,仅通过变更登记,即可变更为其他形态的公司,公司的经营也不因此而中断。

二、 公司组织变更的类型

根据大陆法系国家和地区公司法的规定,公司的组织变更一般包括以下类型。

(一) 无限公司变更为两合公司

无限公司经全体股东同意可以变更为两合公司,变更方法有两种:一是将一部分股东变更为有限责任股东,二是另加入有限责任股东。此外,当无限公司股东经变动只剩下一人时,可加入新的有限责任股东,变更为两合公司。①

(二) 两合公司变更为无限公司

两合公司变更为无限公司的情形有两种:一是经两合公司全体股东的同意,将有限责任股东变更为无限责任股东;二是两合公司的有限责任股东全部退股时,经全体无限责任股东同意,两合公司变更为无限公司。②

(三) 有限责任公司变更为股份有限公司

根据我国《公司法》第 108 条规定,有限责任公司可变更为股份有限公司。

(四) 股份有限公司变更为有限责任公司

有些国家和地区的公司法规定,禁止股份有限公司变更为有限责任公司,如我国台湾地区的"公司法";有些国家公司法允许股份有限公司变更为有限责任公司,如韩国公司法规定,股份有限公司经全体股东同意,可以变更为有限责任公司。

三、 公司组织变更的条件

我国《公司法》第 108 条规定:"有限责任公司变更为股份有限公司时,折合的实收股本总额不得高于公司净资产额。有限责任公司变更为股份有限公司,为增加注册资本公开发行股份时,应当依法办理。"据此,有限责任公司变更为股份有限公司应当符合以下条件:(1) 符合《公司法》规定的股份有限公司的条件。(2) 折合的股份总额不得高于公司的净资产额。公司的股份总额是指公司所有股东持有的股份总额。净资产额是指公司资产总额减去负债总额的余额。净资产额代表了股东在公司中财产的价值,即公司实际拥有的资产数额。有限责任公司变更为股份有限公司后,原有限责任公司净资产额没有任何的增加。所以,有限责任公司变更为股份有限公司的,原有限责任公司的资产所折合的股份总额应当与公司的净资产额相等,以确保公司资本的真实,防止损害其他股东以及第三人的利益。(3) 为增加资本,向社会公开募集股份,应当依照《公司法》《证券法》有关向社会公开募集股份的规定办理。

---

① 参见《韩国商法典》第 229 条、第 242 条;我国台湾地区"公司法"第 71 条、第 76 条。

② 参见《韩国商法典》第 286 条;我国台湾地区"公司法"第 126 条。

四、公司组织变更的程序

根据我国公司法的规定,有限责任公司变更为股份有限公司,应遵循下列程序:(1) 董事会制订公司变更的方案。我国《公司法》第67条规定,董事会有权制订变更公司形式的方案。(2) 股东会决议。变更公司形式将直接影响到股东的权益和责任,所以,变更公司形式的最终决定权在股东会,而不是董事会。《公司法》第59条明确规定,股东会行使对变更公司形式事项作出决议的职权。第66条规定,变更公司形式的决议,必须经2/3以上表决权的股东通过。(3) 办理变更登记。有限责任公司变更为股份有限公司,除公司组织形式变更外,公司的诸多事项如资本、章程等也相应变更,公司应当依法向原登记机关办理变更登记。

五、公司组织变更的效力

公司的组织变更只是公司的组织形式的变化,而非新设公司,其公司法人人格继续存在,变更前公司的权利和义务当然由变更后的公司继续享有和承担。

【本节实务研究】

- **有限责任公司变更为股份有限公司后,适用有关规定时,是否可以连续计算营业记录**

因为公司的变更不是新设公司,所以,从学理上看,其营业记录应当连续计算。这一点在适用某些国家政策,如首次公开发行股票并在创业板上市的法定条件时,十分重要。

在创业板市场上市的公司首次公开发行新股,必须符合下列条件:(1) 已改制设立或依法变更为股份有限公司;(2) 在同一管理层下,持续经营两年以上。原企业整体改制设立或有限责任公司依法变更的,经营时间可连续计算;(3) 在最近两年内无重大违法违规行为,财务会计文件无虚假记载;(4) 中国证券监督管理委员会规定的其他条件。可见,有限责任公司变更为股份有限公司首次公开发行股票,其营业记录应当连续计算。

应当注意的是,原企业或有限责任公司在设立股份有限公司前,进行过包括合并、分立、资产置换、资产剥离(非经营性资产除外)、股份回购、缩股、减少注册资本,大规模出售或收购资产以及其他类似使公司在资产规模、经营业绩、经营业务方面发生巨大改变的行为的,不得连续计算营业记录。但原企业或有限责任公司在近两年内以现金方式增资扩股,资金投资于主业且使用效果良好的,可以连续计算原企业的营业记录。

【本章思考练习题】

一、名词解释

1. 公司并购
2. 吸收合并
3. 新设合并

4. 派生分立

5. 新设分立

6. 异议股东的股份回购请求权

二、简答题

1. 简述公司合并与资产收购的区别。

2. 简述公司合并与股权收购的区别。

3. 简述公司吸收合并的四种方式。

4. 简述公司合并无效的法律后果。

5. 简述公司派生分立与公司转投资的区别。

6. 公司在分立前所产生的债务在公司分立后应如何承担?

7. 简述有限责任公司变更为股份有限公司的条件与程序。

三、案例分析

1. 某二审法院在民事裁定书中指出,某产业公司、某投资公司签订《合作协议》后,委托审计机构对包括某排水公司在内的四家公司的资产、负债、所有者权益进行了专项审计。根据专项审计报告,某产业公司与某水务公司签订了《移交清册》《移交目录》《应付款移交表》,将包括某排水公司在内的四家公司的资产、负债、所有者权益、应付账款(基准日均为2020年2月29日)等全部移交给了某水务公司。某水务公司不仅接受了某排水公司的全部资产,并且承继了某排水公司的全部债务,该特征符合公司合并的情形,且某排水公司被合并后,虽然未办理注销登记,但实际无任何资产。依据《公司法》第174条“公司合并时,合并各方的债权、债务,应当由合并后存续的公司或者新设的公司承继”的规定,原审法院判决某排水公司欠付某安装公司的工程款,由合并后存续的公司即某水务公司承担,某排水公司不再承担付款责任,并无不当。请问:

被吸收合并的公司未办理注销登记,是否影响吸收合并中的债权债务的承继? 为什么?

2. 恩施中级人民法院在执行桐盛公司与伦友公司建设工程施工合同纠纷一案中,桐盛公司申请追加玺龙公司、龙玺公司为本案的被执行人,并请求对二公司采取执行措施,强制其与被执行人伦友公司连带履行给付义务。桐盛公司申请称,恩施中级人民法院(2020)鄂28民初84号民事判决书生效后进入执行前,听说伦友公司为了逃避本案债务在转移财产。申请执行后,经进一步了解并在市场监督管理局调取伦友公司、玺龙公司、龙玺公司的登记档案资料后,发现伦友公司于2022年1月28日采取存续分立方式将6000万元注册资本金分立为三个公司:玺龙公司,注册资本金为2940万元;龙玺公司,注册资本金3000万元;伦友公司存续,保留注册资本金为60万元。伦友公司将公司资产分立为三个公司,目的就是逃避本案债务,本案债务在公司分立前就已存在,玺龙公司、龙玺公司依法应当对伦友公司所欠桐盛公司的债务承担连带责任。请问:

如果桐盛公司事实陈述属实,其申请是否成立? 为什么? 法律依据是什么?

3. 美国电话电报公司(AT&T)1995年9月2日推出“战略性重组计划”,使公司自我分解成三家相互独立的全球性公司,公司的业务也作出相应的调整:现有的美国电话电报公司主营美国长途电话、移动电话服务业务及信用卡业务(年营业额约490亿美元);电信设备公司主要生产电信网络交换机、光纤电缆和公用电话系统等通信设备（年营业额约200亿美元）；环球资讯公司（GTS）的业务调整方向是停产个人电脑，改为专门负责电脑运算业务，重点是开发金融、零售和通信行业的科技产品。

据美国"证券资料"调查公司的资料，在美国电话电报公司宣布"一分为三"的消息传出后，其股票价格迅即上涨11%，反映出市场对该举动的普遍认同。公司董事长艾伦曾对公司的"庞大问题"发表过一段感触颇深的话：庞大的规模和产品多样化的确能创造公司优势，但处理庞大企业内部各部门、各分公司之间的协作以及协调相互冲突的商业策略，需要耗费大量的时间、精力和金钱。这应该是该公司在大收购、大兼并之后转而作出"一分为三"的化小举动的一个重要原因。此外，作为美国第五大公司的美国电话电报公司还有一个与各部门、各子公司的协调问题。分解前的美国电话电报公司，其长途电话业务同电话设备销售发生抵触：设备部门的顾客正是电话业务部门的竞争对手，将先进的电话技术设备供给对手，无疑是壮大对手的实力；而其他一些电话公司进行投资扩张时，又不愿从美国电话电报公司的下属部门来购设备，以防其投资大计泄露给美国电话电报这个强劲的竞争对手。另一方面，在全球电讯联合作战的大潮中，因美国电话电报公司过于庞大，其他公司无法接近并与之联合。事实上，美国电话电报公司在大力购并后的适时分解确也收到三重效果：一是达到了公司"消肿"的目的；二是实现了资产重组；三是适应了全球电话业联合作战的趋势。

结合美国电话电报公司分立案阐述公司分立的意义。

第十四章　公司的终止、重整与清算

■【导语】

在一个完善的市场经济法律体系中，市场主体退出法律制度是不可或缺的。公司终止制度即关于公司退出市场并消灭主体资格的法律制度，公司重整制度是公司的挽救制度，公司清算制度则是公司终止的前置程序。

为方便论述，本章先对公司终止及破产、解散的概念进行明确的界定，然后分别介绍导致公司终止的两类原因——破产和解散及其法定程序，系统介绍公司重整法律制度，最后对《公司法》新增的司法解散制度进行详细介绍。此外，考虑到重整制度与清算程序的重要性，本章分别单设一节对这两部分内容进行介绍。本章学习的重点为公司终止、破产、解散、重整、清算、注销的概念及具体程序。还需要对公司重整的法律程序、公司解散的原因以及司法解散予以特别的关注。因为我国法律规定不统一，对这几个概念的界定也是本章的难点。通过本章的学习，学生不仅应对公司终止制度有一宏观了解，也应掌握破产、重整和解散制度的具体内容。

第一节　公司的终止

一、公司终止的概念和特征

公司终止是指公司根据法定程序彻底结束经营活动并使公司的法人资格归于消灭的事实状态和法律程序。它既可以指消灭法人资格的一种最终结果，也可以指消灭法人资格的一系列法律过程。

公司终止制度是公司法律制度的重要部分。在市场经济中，必须遵从的一项基本原则便是竞争原则，竞争导致优胜劣汰。此外，公司也可能因为投资者的其他想法和安排而归于消灭，体现了私权处分自由的原则。因此，企业的进入和退出机制是一个体现充分竞争和尊重当事人选择权的基础制度之一。在一个完善的市场经济法律体系中，市场主体退出法律制度是不可或缺的。公司终止即关于公司退出市场并消灭主体资格的法律制度。其特征如下：

第一，公司终止的法律意义是使公司的法人资格和市场经营主体资格消灭。

第二，公司终止必须依据法定程序进行。公司作为多种社会经济关系的复杂综合体，它的消灭影响到债权人、公司员工、股东等各方面的利益，因此它的终止不可以随意进行，必须按照法律规定的程序进行。只有在法律没有强制性规定的情况下,才可由公司章程或股东决定。

第三,公司终止必须经过清算程序,只有以公司财产对债务进行清偿并对剩余财产分配完毕之后,公司方可消灭。

公司是法人企业,而法人为法律拟制的人,不可能具有自然人出生、死亡的自然生理过程,其主体能力由法律赋予,因此,其产生和消灭也需要存在法律规定的事由并依法律规定程序进行。公司法人的权利能力和行为能力从公司登记成立时产生,至公司终止注销时消灭。因此,公司终止将导致公司的法人资格和市场经营主体资格消灭,原先形成的内外权利义务关系结束。

二、 公司终止的原因

各国关于公司终止原因的规定差别不是很大,概括起来有自愿解散、司法解散、倒闭或破产、行政机关命令解散等四种情况。其中,自愿解散是指公司的权力机关基于各种事由决议终止公司的存在,包括公司因合并、分立而发生的终止。司法解散是指公司得以继续存在的某种条件已经丧失,虽经努力而不得恢复,由利害关系人向法院申请解散的情况。公司倒闭一般是指公司经营出现严重困难,不得不结束营业的状况。公司破产是因公司不能清偿到期债务而经法院宣告破产进而终止公司的情况。行政机关命令解散在大多数国家均有规定,是政府为维护社会秩序和公共利益,对严重违反法律的公司实施的一种仅次于刑事处理的最严厉的处罚手段。

根据我国《公司法》的规定,公司终止的原因主要包括破产和解散。

(一) 破产

公司不能清偿到期债务的,将被依法宣告破产并进行强制清算,最后终止。根据申请破产的主体不同,破产包括由债权人申请破产和由公司自己申请破产两种。

(二) 解散

解散即公司因发生法律或章程规定的解散事由而停止业务活动,并进行清算,最后终止。根据我国《公司法》第 229 条的规定,解散事由主要包括以下五种情形:(1) 公司章程规定的营业期限届满或者公司章程规定的其他解散事由出现;(2) 股东会决议解散;(3) 因公司合并或者分立需要解散;(4) 依法被吊销营业执照、责令关闭或者被撤销;(5) 人民法院依照《公司法》第 231 条的规定予以解散,即根据股东请求而司法解散。

三、 公司的破产

破产是指债务人无力偿还到期债务及债务人资产总量小于债务总量的一种事实状态。破产法律制度是指在债务人不能清偿到期债务时,依据其自身或债权人的申请,由法院按法定程序对其进行强制清算的法律制度。

破产是商品经济发展到一定时期必然出现的法律现象。随着社会分工的发展,经济交往程度加深,公司的债权债务关系日益复杂;同时,随着市场风险和管理难度的增大,公司更容易因市场变化或经营不善而资不抵债。当债务清偿期限届满而债务人无力清偿时,如果债权人仅为一人,债务纠纷可按照普通诉讼程序予以解决;但是,如果有两个以上的债权人,债权人之间为了各自债权的实现会争先要求债务人予以优先清偿,这时便可能出现迟到的债权人一无所获或者个别债权人与债务人串通妨碍对其他债权人清偿的混乱局面。为了防止这种不合理现象发生,公平地保护各债权人的利益,社会就需要这样一种制度——当债务人经营活动失败时,对债务人的财产由法院强制管理和变价,使所有债权人得到公平清偿,未能清偿的部分也由全体债权人公平地承担损失,从而合理处理债权人之间的关系以及债权人与债务人的关系,结束债权债务关系,使债务归于消灭。

各国破产法内容不尽相同。多数国家或地区的破产法采用"一般破产主义",不仅适用于法人,还适用于自然人,如德国、日本、智利、英国以及我国香港地区等;有的采用"商人破产主义",即破产法仅适用于商人,无论是商法人还是商自然人均可适用,如法国、意大利、巴西等;美国破产法则除了低工资者和农民外,适用于一切商人、非商人、消费者。我国破产法并不适用于自然人,主要适用于有法人资格的企业。我国《合伙企业法》和《企业破产法》规定破产制度适用于合伙企业,这主要是考虑合伙人虽对合伙企业的债务承担无限连带责任,但债权人仍希望依据破产程序从合伙企业财产中获得部分偿还,不足部分再向合伙人追偿的实际情形。《合伙企业法》第 92 条规定:"合伙企业不能清偿到期债务的,债权人可以依法向人民法院提出破产清算申请,也可以要求普通合伙人清偿。合伙企业依法被宣告破产的,普通合伙人对合伙企业债务仍应承担无限连带责任。"

以下主要依据我国《企业破产法》讨论公司破产问题。由于《企业破产法》的适用范围超出公司,因此以下内容中出现的"企业法人"概念当然涵盖公司。

(一) 破产界限

关于破产界限,即破产原因,我国法律采用概括主义方式,但内容极其复杂。如前所述,我国《企业破产法》第 2 条第 1 款规定:"企业法人不能清偿到期债务,并且资产不足以清偿全部债务或者明显缺乏清偿能力的,依照本法规定清理债务。"对本条规定,目前学者们的理解有较大差异,主要的争论点在于三个条件句的关系是怎样排列的。第一种理解是"不能清偿到期债务"是总括句,而"资产不足以清偿全部债务"和"明显缺乏清偿能力"是二选一的递进条件句,如此就会形成两个标准:(1) 企业法人不能清偿到期债务,并且资产不足以清偿全部债务的;(2) 企业法人不能清偿到期债务,并且明显缺乏清偿能力的。第二种理解是以"或者"为界限,划分为前后两个并列的独立的条件:(1) 企业法人不能清偿到期债务,并且资产不足以清偿全部债务的;(2) 企业法人明显缺乏清偿能力的。《破产法司法解释(一)》采用了上述第一种理解。结合法律制定者对我国国情的深层考虑,本书认为上述理解中的第一种是符合立法精神的。

从实际操作角度看,债务人企业一旦发生不能清偿到期债务的事实,债权人与债务人没有达成延期还款协议的,债权人当然可以提出破产申请,这是毋庸置疑的,而且我国《企业破产法》第 7 条第 2 款规定,债权人提出对债务人进行破产清算申请的唯一条件就是不能清偿到期债务。但是,法院在受理以后最终决定是否宣告破产,还必须结合债务人企业是否存在债务超过资产或是否存在明显缺乏清偿能力作出判断。法院在处理破产案件中,应当全面分析债务人企业的综合情况,而不得仅仅依据不能清偿的事实,甚至将职工就业问题纳入法官的必要考量范围。

(二)破产案件的管辖

我国《企业破产法》第 3 条规定破产案件由债务人住所地人民法院管辖。之所以如此规定,是因为要一揽子处理债务人企业的债权债务关系,决定企业生存与否的命运问题,查清债务人企业的财产状况和债权债务,非债务人住所地法院是无法承担的。至于由哪一级法院管辖哪类企业的破产申请,依据最高人民法院的相关司法解释,基层人民法院一般管辖县、县级市或区的市场监督管理机关核准登记企业的破产案件;中级人民法院一般管辖地区、地级市以上市场监督管理机关核准登记企业的破产案件;个别案件的级别管辖,可以依照《民事诉讼法》的相关规定办理,即可以实行指定管辖和提审管辖。

(三)破产案件的申请与受理

债务人不能清偿到期债务的,债权人可以申请对债务人进行重整或者宣告债务人破产。债务人无力偿还到期债务,并且其资产不足以清偿全部债务或者明显缺乏清偿能力的,也可自行申请重整、和解或者宣告破产。已经解散的企业法人,清算期间发现资不抵债的,清算机构负责提出破产清算申请。依据我国《企业破产法》的规定,提出破产申请,应当向人民法院提交破产申请书和有关证据。

人民法院收到债权人提出的破产申请后,首先应当进行形式审查和实质审查。形式审查主要确认申请人有无申请权、被申请企业有无破产资格、申请提交的材料是否齐备等;实质审查主要确认被申请破产的企业是否符合《企业破产法》第 2 条规定的破产条件。对不符合条件的申请,可裁定驳回申请。人民法院裁定受理破产申请的,应同时指定管理人。自裁定受理破产申请之日起 25 日内通知已知的债权人,并发布公告。

自人民法院裁定受理破产申请后到破产程序终结前,债务人的法定代表人及由法院决定的其他高管人员承担下列义务:(1) 妥善保管其占有和管理的财产、印章、账簿、文书等;(2) 根据人民法院、管理人的要求进行工作,并如实回答询问;(3) 列席债权人会议并如实回答债权人的询问;(4) 未经人民法院许可,不得离开住所地;(5) 不得新任其他企业的董事、监事、高级管理人员。

人民法院受理破产申请的裁定对债务人的一些其他行为也发生效力:(1) 债务人不得对个别债权人进行债务清偿,否则清偿行为无效;(2) 债务人的债务人或者财产持有人应当向管理人清偿债务或者交付财产,故意违反此规定对债务人的债权人造成损失的,应负赔偿责任;(3) 管理人决定解除或者继续履行债务人与他人早先订立的合同;(4) 有关债务人财产的保全措施解除,执行程序中止;(5) 涉及债务人的未审结民事诉讼和仲裁案件由管理人接管;(6) 新的有关债务人的民事诉讼只能向受理破产申请的人民法院提出。

(四)管理人

管理人是由法院任命的专门负责管理被申请破产清算的债务人企业事务的人。管理人既可以是一个临时机构,也可以是个人。债权人会议对特定的管理人有异议的,可以申请法院更换。管理人依法履行职责,向人民法院报告工作,并接受债权人会议和债权人委员会的监督,列席债权人会议报告工作及回答询问。考虑到国有企业、商业银行、证券公司、保险公司破产的,政府有关部门和机构势必组织清算组介入破产企业的事务处理,我国《企业破产法》第24条规定清算组可以担任管理人,律师事务所、会计师事务所、破产清算事务所或者这些中介机构中的专业人员也可以担任管理人。法律规定管理人的职责包括:接管债务人的财产、账簿等资料;调查债务人财产状况,制作财产状况报告;决定债务人的内部管理事务;管理和处分债务人的财产;提议召开债权人会议;等等。

(五)债务人财产

债务人财产是指破产申请受理时债务人拥有的全部财产以及破产程序终结前债务人取得的其他财产。债务人财产的多寡直接决定债权人分配的比例,因此债权人势必格外关注。为了防止债务人在破产前的特定时期不正当处理其财产,从而减少其财产数额,损害债权人利益,法律规定对于债务人企业在破产申请案受理前1年内的下列行为,管理人有权请求人民法院予以撤销:(1)无偿转让财产;(2)以明显不合理的价格进行交易,即压价出售债务人财产或高价买进他人财产;(3)对没有财产担保的债务提供财产担保;(4)对未到期的债务提前清偿;(5)放弃债权。法院受理破产申请前6个月内,债务人已经出现破产原因而仍对个别债务进行清偿的,除非清偿行为使债务人财产受益,管理人有权请求人民法院予以撤销。受理破产申请后,债务人的出资人未完全履行出资义务的,管理人有权请求其缴纳所认缴的出资,而不受出资期限的限制。对于他人占有的债务人的财产,管理人应负责追回;债务人占有的不属于债务人的他人财产,该他人可通过管理人取回。债权人和债务人互负债务的,依据法律规定可以向管理人主张抵销。

(六)债权申报

债权申报的期限自法院公告受理破产申请之日起算,最少为30日,最多为3个月。未到期的债权视为到期,附利息的债权停止计息,附条件、附期限的债权和诉讼、仲裁未决的债权,可以申报。债务人所欠职工工资、医疗伤残补助、养老保险金、补偿金等,不必申报,由管理人调查后列出清单公示。债权人应当在法院确定的申报期限内向管理人申报债权。未申报债权的债权人,不得依照法律规定的程序行使权利。管理人对债权申报应当登记造册,对申报的债权负审查之责,并编制债权表。债权表和债权申报材料由管理人保存,供利害关系人查阅。

(七)债权人会议与债权人委员会

债权人会议是债权人集体为处理有关破产问题组成的临时议事机构。依法申报债权的债权人为债权人会议的组成成员,有权参加债权人会议,享有表决权。债权尚未确定的债权人,除人民法院为其行使表决权而临时确定债权额的外,不得行使表决权。对债务人的特定财产享有担保权的债权人,在其放弃优先受偿权前,对和解协议和破产财产的分配方案不行使表决权。

债权人会议行使的职权包括:(1)核查债权;(2)申请人民法院更换管理人,审查管理人的费用和报酬;(3) 监督管理人;(4) 选任和更换债权人委员会成员;(5) 决定继续或停止债务人的营业;(6) 通过重整计划;(7) 通过和解协议;(8) 通过债务人财产的管理方案;(9) 通过破产财产的变价方案;(10) 通过破产财产的分配方案;(11) 人民法院认为应当由其行使的其他职权。债权人会议应当对所议事项的决议作成会议记录。

债权人会议的决议,由出席会议的有表决权的债权人过半数通过,并且其所代表的债权额占无财产担保债权总额的1/2以上。债权人认为债权人会议的决议违反法律规定,损害其利益的,可以自决议作出之日起15日内,请求人民法院裁定撤销该决议,责令债权人会议依法重新作出决议。债权人会议的决议对全体债权人均有约束力。

债权人会议可以根据需要设立债权人委员会。债权人委员会应当经人民法院书面决定认可。债权人委员会的职权是:(1) 监督债务人财产的管理和处分;(2) 监督破产财产分配;(3) 提议召开债权人会议;(4) 债权人会议委托的其他职权。

(八) 和解

和解是由债务人发起,在债务人出现破产原因时与债权人集体达成的旨在挽救债务人、避免其破产清算的一种制度安排。和解的基础在于债务人和全体债权人之间达成谅解协议,债权人接受一定程度的债权损失,重新确立对债权实现的期望,并给债务人提供翻身发展的机会。和解的成本较公司的重整成本低,司法干预的力度较弱,尊重当事人之间的意思自治。

依据我国《企业破产法》的规定,债务人可以向有管辖权的法院直接申请和解,也可以在法院受理破产申请后提出和解申请。提出和解申请的,应当同时提出和解协议草案。人民法院裁定准许和解的,予以公告并召集债权人会议讨论和解协议草案。和解不影响对债务人的特定财产享有担保权的权利人行使其权利,但担保权人未放弃优先受偿权的,对和解协议不得行使表决权。债权人会议通过和解协议的决议,由出席会议的有表决权的债权人过半数同意,并且所代表的债权额须占无财产担保债权总额的2/3以上。

债权人会议通过和解协议的,由人民法院裁定认可,终止和解程序,并予以公告。此时,管理人应当向债务人移交财产管理和营业事务。和解协议未获通过,或者法院对通过的和解协议未认可的,法院应当裁定终止和解程序,宣告债务人破产。经法院认可的和解协议,对全体和解债权人有约束力,未申报债权的和解债权人在和解协议执行期间不得行使权利,在和解协议执行完毕后可以按照和解协议规定的清偿条件行使权利。

债务人须严格执行和解协议。债务人对订立和解协议有欺诈行为,无力执行或者不执行和解协议的,债权人可随时请求人民法院裁定和解协议无效或终止和解协议的执行,宣告债务人破产。债权人此前因执行和解协议所受的清偿不予退还,对债权的让步承诺失效。执行和解协议期间,为债务人企业复兴而设定的担保继续有效。在人民法院受理破产申请后,债务人与全体债权人自行达成债权债务处理协议的,可以请求人民法院裁定准许,终结破产程序。

(九) 破产清算

人民法院宣告债务人破产,应当作出裁定。自裁定作出之日起5日内送达债务人和管理人,10日内通知已知债权人并公告。在破产宣告前,第三人为债务人提供足额担保或者为债务人清偿全部到期债务的,或者债务人已经清偿全部到期债务的,人民法院得裁定终结破产程序,恢复债务人的一切营业条件,并予以公告。其中,“足额担保”是指令到期债权的债权人满意的担保;“到期债务”不包括破产申请受理时视为到期的债务。行使优先受偿权的债权人不能完全受偿的部分,作为普通债权;放弃优先受偿权的,其全部债权作为普通债权。

债务人的非货币财产的变价,应当由管理人及时拟订变价方案,提交债权人会议讨论通过,尔后实施变价处理。出售破产财产应当通过拍卖进行,以使变价活动满足公示条件,使债权人利益最大化。但是,债权人会议另有决议的,按决议办理。破产企业可以整体变价出售,其中无形资产还可以单独变价出售。国家规定不能拍卖或者限制转让的资产,依国家规定的方式处理。

破产财产首先应当扣除破产费用和共益债务。破产费用包括破产案件的诉讼费用,管理、变价和分配债务人财产的费用,管理人执行职务的费用、报酬,以及聘用工作人员的费用。共益债务是指人民法院受理破产申请后发生的合理费用,包括继续履行合同发生的债务,债务人财产受无因管理所产生的债务,因债务人不当得利所产生的债务,为债务人继续营业需支付的劳动报酬、社会保险费用和其他债务,管理人和相关人员执行职务致人损害所产生的债务,以及债务人致人损害所产生的债务等。破产费用和共益债务由债务人财产随时清偿。债务人财产不足以清偿破产费用的,终止破产程序并公告。

债务人财产优先清偿破产费用和共益债务后的余额,按下列顺序清偿:(1) 破产人所欠职工的工资和医疗、伤残补助、抚恤费用,所欠的应当划入职工个人账户的基本养老保险、基本医疗保险费用,以及法律、行政法规规定应当支付给职工的补偿金;(2) 破产人欠缴的除前项规定以外的社会保险费用(主要是指工伤保险、失业保险和住房公积金等)和破产人所欠税款;(3) 普通破产债权。破产财产不足以清偿同一顺序的清偿要求的,按照比例分配。破产企业的董事、监事和高级管理人员的工资按照该企业职工的平均工资计算。

破产人无财产可供分配或者分配完成后,管理人应当向人民法院提交分配报告,提请法院终结破产程序。法院在收到管理人请求后 15 日内作出是否终结破产程序的裁定,裁定终结的,予以公告。管理人在破产程序终结之日起 10 日内持人民法院终结破产程序的裁定,办理企业注销登记。

四、 公司的解散

(一) 公司解散的概念

公司解散(dissolution),是指公司作为一个组织实体因某种原因而归于消灭的一种事实状态、法律行为与法律程序。

“解散”这一概念在我国的使用比较混乱,在立法和学理上均未形成统一认识。在立法上,各种法律、行政法规、部委规章、司法解释在涉及行政处罚方式时,通常混用解散、撤销、吊销、关闭、责令停产等词语。有的将解散作为上位概念,即解散包括撤销、吊销等行政处罚,如《公司法》第 229 条规定公司的解散事由包括公司“依法被吊销营业执照、责令关闭或者被撤销”;有的将解散与撤销、吊销、关闭等行政处罚方式并列,列为同位阶概念,而在具体使用上又有多种排列组合方式,此时,解散一般仅指任意解散。在学理上,一般认为解散不仅包括任意解散，也包括行政机关强制解散，即包括撤销、吊销、关闭、责令停产停业等行政处罚方式。但对于是否将破产列为解散原因认识差异较大：有人认为解散为上位概念，基本等同于公司终止，破产只是解散的一种方式；有人则认为解散与破产为并列概念，都是公司终止方式之一。根据我国《公司法》的结构，本书采用后一种方式，将解散定义为公司因发生章程或法律规定的除破产以外的解散事由而停止业务活动，并进行清算的状态和过程。

（二）解散的特征

1. 公司解散的目的和结果是公司将永久性停止存在并消灭法人资格和市场经营主体资格。

2. 债权人或有关机关在作出公司解散决定后，公司并未立即终止，其法人资格仍然存在，一直到公司清算完毕并注销后才消灭其主体资格。

3. 公司解散必须经过法定清算程序。为了维护债权人和所有股东的利益，法律规定公司解散时须组成清算组织进行清算，以公平地清偿债务和分配公司财产。但是，在公司因合并或分立而解散时，则不必进行清算。这是因为公司合并和分立必须要对债权人清偿债务或者提供相应的担保，否则公司不得合并、分立。此外，公司合并或分立后仍有债权债务承继者，债权债务关系也不会消灭。

（三）解散的分类与原因

依解散原因的不同，解散可以分为任意解散和强制解散两类。

1. 任意解散。任意解散，也称自愿解散，是指依公司章程或股东决议而解散。这种解散与外在意志无关，取决于公司股东的意志，股东可以选择解散或者不解散公司。但是，任意解散不等于解散的程序也为任意，其解散仍必须依法定程序进行。

任意解散的具体原因包括：

（1）公司章程规定的营业期限届满，公司未形成延长营业期限的决议。我国公司法既未规定公司的最高营业期限，又未强制要求公司章程规定营业期限，因此，营业期限是我国公司章程任意规定的事项。如果公司章程中规定了营业期限，在此期限届满前，股东会可以形成延长营业期限的决议，如果没有形成此决议，公司即进入解散程序。原《公司法》对公司延长营业期限没有明确规定，现行《公司法》第 230 条规定，公司有《公司法》第 229 条第 1 款第 1 项和第 2 项情形，且尚未向股东分配财产的，可以通过修改公司章程或者经股东会决议而存续。依照前述规定修改公司章程或者经股东会决议，有限责任公司须经持有 2/3 以上表决权的股东通过，股份有限公司须经出席股东会会议的股东所持表决权的 2/3 以上通过。

（2）公司章程规定的其他解散事由出现。解散事由一般是公司章程相对必要记载的事项，股东在制定公司章程时，可以预先约定公司的各种解散事由。如果在公司经营中出现规定的解散事由，股东会可以决议公司解散。与公司营业期限届满股东会可以决议延长相同，《公司法》第 230 条规定，股东会可以 2/3 多数通过决议修改公司章程，使公司得以延续。

（3）股东会形成公司解散的决议。有限责任公司经代表 2/3 以上表决权的股东通过，股东会可以作出解散公司的决议；股份有限公司经出席股东会的股东所持表决权的 2/3 通过，股东会可以作出解散公司的决议；国有独资公司因不设股东会，其解散的决定应由国家授权投资的机构或部门作出。《公司法》第 230 条规定，股东会决议解散但尚未向股东分配财产的，可以通过修改公司章程或者经股东会决议而存续。

（4）公司合并或分立。当公司吸收合并时，吸收方存续，被吸收方解散；当公司新设合并时，合并各方均解散。当公司分立时，如果原公司存续，则不存在解散问题；如果原公司分立后不再存在，则原公司应解散。公司的合并、分立决议均应由股东会作出。

2. 强制解散。强制解散是指基于政府有关机关的决定或法院判决而发生的解散。具体分为：

（1）行政解散。依据《公司法》第 229 条第 4 项规定，公司因依法被吊销营业执照、责令关闭或者被撤销而解散。公司一旦受到吊销营业执照、责令关闭或者被撤销等行政处罚，必然引起公司解散，是公司解散的法定事由。这种解散属于强制解散。在程序上，公司应当停止经营活动，依法进行清算，并于清算结束后办理注销登记。依法被责令关闭是公司解散的原因之一，为了维护社会秩序，在公司经营违反相关法律法规和规章时，有关主管机关可以作出决定终止其主体资格，使其永远不能进入市场进行经营。

在法律法规、规章中，解散、撤销、吊销、责令停产停业、关闭一般均属于行政解散。例如，《产品质量法》规定在产品中掺杂、掺假，以假充真，以次充好，或者以不合格产品冒充合格产品，情节严重的，吊销营业执照。

（2）司法解散。司法解散包括命令解散和判决解散。命令解散是法院应公司利害关系人或检察官之请求，或依职权以危害公共利益为由命令解散公司。该制度是为了纠正公司设立准则主义引起的滥设公司之弊端而创设的公司解散制度。如《日本公司法》明确规定了公司的命令解散制度。我国没有公司的命令解散制度。判决解散是指公司经营管理发生严重困难，继续存续会使股东利益受到重大损失，通过其他途径不能解决时，法院根据股东的请求强制解散公司。我国 1993 年《公司法》没有规定公司的判决解散，2005 年《公司法》第 183 条增加了公司判决解散的规定，即公司经营管理发生严重困难，继续存续会使股东利益受到重大损失，通过其他途径不能解决的，持有公司全部股东表决权 10% 以上的股东，可以请求人民法院解散公司。现行《公司法》第 231 条延续了前述规定。由此，我国公司法上的司法解散就是判决解散，其适用的法律要件包括：

第一，公司经营管理发生严重困难，继续存续会使股东利益受到重大损失。这里的经营管理的严重困难包括两种情况：一是公司权力运行发生严重困难，即所谓的“公司僵局”。公司僵局是指公司的运行机制完全失灵，股东会、董事会、监事会等机构无法对公司的任何事项作出任何决议，公司的一切事务处于瘫痪状态。公司僵局无论对公司还是对股东的利益都会构成严重的损害：因经营决策无法作出，公司的业务活动不能正常进行；管理的瘫痪和混乱，使公司的财产持续地耗损和流失；相互之间的争斗，使股东和董事大量的时间和精力被无谓地耗费，各方之间已经丧失了最起码的信任，相互合作的基础已完全破裂。二是公司的业务经营发生严重困难。与权力运行发生的困难来源于公司内部不同，公司的业务经营发生的困难更多地来源于公司外部，通常表现为公司在对外交易过程中与交易对象的交易活动陷入不能回转的情况，公司继续经营将严重损害股东的利益。因此，赋予股东请求人民法院解散公司的权利，就成为公司法保护股东利益的一项重要制度。

对于公司经营管理发生严重困难的具体表现，《公司法司法解释（二）》作了如下规定：

(1) 公司持续两年以上无法召开股东会或者股东大会,公司经营管理发生严重困难的;(2) 股东表决时无法达到法定或者公司章程规定的比例,持续两年以上不能作出有效的股东会或者股东大会决议,公司经营管理发生严重困难的;(3) 公司董事长期冲突,且无法通过股东会或者股东大会解决,公司经营管理发生严重困难的;(4) 经营管理发生其他严重困难,公司继续存续会使股东利益受到重大损失的情形。

如果股东以知情权、利润分配请求权等权益受到损害,或者公司亏损、财产不足以偿还全部债务,以及公司被吊销企业法人营业执照未进行清算等为由,提起解散公司诉讼的,人民法院不予受理。

第二,公司经营管理的严重困难通过其他途径无法解决。在公司经营管理发生严重困难情况下,司法解散应是最终的救济方式。如果公司可以通过其他途径克服此种困难,则不应采取司法解散的方式。解决这一问题有哪些其他途径,则需要根据具体情况判定。对此,《公司法司法解释(二)》第 5 条第 1 款明确要求:"人民法院审理解散公司诉讼案件,应当注重调解。当事人协商同意由公司或者股东收购股份,或者以减资等方式使公司存续,且不违反法律、行政法规强制性规定的,人民法院应予支持。当事人不能协商一致使公司存续的,人民法院应当及时判决。"法院可选择的其他途径还包括分立、利益补偿等。

第三,需持有公司全部股东表决权 10%以上的股东提出请求。司法解散是决定公司终止的重大事项,涉及全体股东的根本利益,并非任何股东都享有请求权,只有与公司的利益关系达到一定程度的股东才享有此种权利,我国公司法将这种利益关系限定在持有全部股东表决权的 10%以上。

第四,司法解散只能由人民法院依判决作出。股东提起解散公司诉讼的,以公司为被告,以其他股东为第三人,其他股东也可以申请作为共同原告。

【本节理论探讨】

- **公司解散的撤销制度**

公司解散的撤销制度,是指基于一定原因将已经解散的公司恢复到解散前的状态,维持与解散前公司的同一性,使其继续存在。公司可以继续存在的解散事由主要有因公司章程规定的存立期限届满、股东会决议解散、破产程序中作出强制和解或破产废止决定等。这一制度的意义在于:在某些解散事由出现后,如果不存在必然阻止公司存立的事由,只要公司成员愿意公司继续存在,则尊重成员的意志,允许公司继续存在。这符合公司维持理念,相较强制公司进行清算后再由公司成员设立新的公司,更为经济、效率。公司解散的撤销应当在剩余财产分配之前进行,因为如果公司财产已对股东进行剩余分配,公司将由于缺乏必要的资本而很难能继续存在,强制其存续已无实际意义,且公司解散撤销制度所蕴含的效率价值也不能得到体现。公司解散撤销的法律后果是,公司恢复解散之前的状态,但它并不溯及地排除公司解散的效果,也不影响解散后清算人所为的清算事务的效力。

德国公司法规定,股份公司解散后,如果公司系因期满或股东会决议解散,或因破产程序而解散,但破产程序已经公司申请取消,或强制和解协议生效后予以取消,或因章程缺陷而被解散,但股东会已作出了消除缺陷的修改章程的决议,且公司剩余财产尚未被分配给股东,股东会可以作出使被解散的公司继续存在的特别决议。

美国法律规定,公司自愿解散后,在解散生效后120天内可以撤销解散。撤销解散要向州务长官送交一份撤销解散文件及原解散文件,撤销解散的文件归档时,撤销便生效。公司依行政命令解散后,解散生效之后2年内,如果公司解散的根据已消除,公司可以向州务长官申请恢复。

我国现行公司法只针对公司章程规定的营业期限届满或章程规定的其他解散事由出现导致的解散情形,规定可以通过修改公司章程使公司存续,并无公司解散的撤销规定。而在国外,基于这一制度所彰显的效率价值,许多国家公司法都对它作了明确规定。吸收与借鉴国外相关立法实践,对完善我国公司法规范具有重要意义。

第二节　公司的重整

一、公司重整制度的概念和特征

(一) 公司重整制度的概念

公司重整(reorganization)制度,也称公司整理(rearrangement)或公司更生(regeneration)制度,是指具有一定规模的公司出现破产原因或有破产原因出现之虞时,为预防破产,经公司利害关系人申请,在法院干预下对该公司的债权债务关系重新作出安排并对公司实施强制治理,使其复兴的法律制度。由于公司重整制度的宗旨是防止公司的破产,因此也被称为破产保护制度或破产预防制度。公司重整制度与破产法上的和解制度有共同的作用,即调整债务人面临破产时的特定的债权债务关系,谋求减缓债务人面临的支付压力,以使债务人公司获得再生发展的机会。但公司重整制度较和解制度产生晚,它适应了后工业时代政府、社会对大企业经营状况的关注和支持的要求,规定采取比和解制度更强劲的手段挽救处在破产边缘的公司,以稳定社会经济关系,促进经济发展。

我国《企业破产法》第八章规定了企业法人的重整制度,与和解制度、破产清算制度一起作为我国破产制度的三个组成部分。

(二) 公司重整制度的特征

相较于破产清算与和解制度,公司重整制度主要有以下几个方面的特征:

1. 从制度目标和价值来看,公司重整制度旨在积极挽救有重建希望的困境企业,通过使其扭亏为盈和持续经营保护社会整体利益。破产清算制度的目标和价值是将债务人财产公平清偿给各债权人,和解制度虽然也有避免债务人受破产宣告的目标和价值,但是从实质上来说,其与破产清算制度一样重在清偿,债权人并不关心债务人在清偿债务后是否继续经营,在债务人财产不变情况下,由于和解费用小于破产清算费用,债权人可以获得更多清偿,因而实践中债权人愿意采纳和解方案。

2. 从适用主体来看,各国或地区立法规定不一,美国的适用范围较为宽泛,日本、英国以及我国台湾地区的重整制度只适用于股份有限公司，我国台湾地区更是将主体范围限制为公开发行股票或公司债的股份有限公司。重整程序侧重于对社会大众利益的维护，中小型企业对社会公众利益影响较小，债权规模以及债权人人数不多，有重建希望的中小企业完全可以通过与债权人一一协商或者通过和解程序对债务关系重新作出安排。

3. 从程序启动的条件来看，公司重整程序的启动条件较破产清算程序、和解程序更为宽松。破产清算程序与和解程序的启动均要求债务人具备破产原因，且破产案已经被正式申请到法院。按照我国《企业破产法》第 2 条的规定，破产原因主要包括两种：一是债务人不能清偿到期债务且资产不足以清偿全部债务；二是债务人不能清偿到期债务且明显缺乏清偿能力。而债务人在有明显丧失清偿能力可能的情形即有破产原因出现之虞时，即可直接申请启动重整程序。

4. 从重整手段来看，公司重整手段较为丰富，不仅包括和解制度中债权人对债务人诸如债务减免、延期履行等妥协与让步，还包括剥离、股权出售、合并与分立、股份置换等一切有利于改善公司绩效、带来积极的净现金流量的措施。另外，债务关系重新安排以外的手段对于公司重建来说更为重要，由于这些手段的采取对于财务管理技能和经营管理技能的要求较高，所以公司重整中通常都需要企业管理专家作为重整人主持或者参与。

5. 从重整的参与主体来看，公司的股东与债权人作为利害关系人共同参与公司的重整，而在和解、破产清算程序中，股东往往无所作为。当公司出现或者可能出现破产原因时，双方利益都会受损，因而双方能在重整中相互协作、共担损失并参与重整事务，共谋公司更生。

二、 公司重整程序的开始与进行

（一）重整申请

根据我国《企业破产法》第 2 条、第 7 条和第 70 条的规定，以下三类主体可以依照规定，向人民法院申请对债务人进行重整：

1. 债务人。具体来说又分两种情形：一是债务人不能清偿到期债务，并且资产不足以清偿全部债务或者明显缺乏清偿能力的，或者有明显丧失清偿能力可能的，可以直接向人民法院申请重整；二是债权人申请对债务人进行破产清算的，在人民法院受理破产申请后宣告债务人破产前，债务人可以向人民法院申请重整。债务人最了解自身经营状况和财务状况，外部债权人得知其不能清偿到期债务的信息时往往具有滞后性，允许债务人提出重整申请，有利于展现其重整诚意，尽早、及时地开始重整程序，实现挽救企业的目标。

2. 债权人。债务人不能清偿到期债务的，债权人可以直接向人民法院提出对债务人进行重整的申请。依据我国《企业破产法》规定，凡出现破产原因或有破产原因出现之虞的企业法人均可适用重整制度以期挽救，不能受偿的到期债权的债权人无论持有多少债权额，均可提出申请。

3. 出资额占债务人注册资本 1/10 以上的出资人。债权人申请对债务人进行破产清算的，在人民法院受理破产申请后宣告债务人破产前，出资额占债务人注册资本 1/10 以上的出资人可以向人民法院申请重整。出资人有权提出重整申请，是重整程序与和解、破产清算程序的重大差别。和解和破产清算程序往往只解决债务关系的调整问题或者对债务人财产的分配问题,出资人对此基本处于完全消极被动地位;而在重整程序中,虽然出资人受有限责任保护,但公司陷入困境,其股权价值一落千丈,出资人有足够的激励通过追加投资等方式在重整程序中保存公司、挽回损失,这充分体现出重整制度调动各方积极参与的特点。

(二)重整受理与裁定

法院接到重整申请后,应当依法进行形式审查。形式审查包括如下几个方面的内容:(1)申请人和被申请人资格;(2)管辖;(3)重整申请的形式是否符合法律规定。

经审查,认为符合法律规定条件的,法院应当进行实质审查。实质审查包括如下几个方面的内容:(1)重整原因。重整原因前已述及,即债务人出现破产原因,或者有破产原因出现之虞,对此申请人应当负举证责任。(2)债务人有无挽救之必要与可能。债务人具备重整原因不一定意味着即可开始重整程序,重整是一个对多方权利限制较多、程序复杂、成本较大的制度,破产法立法对此采取了较为宽泛的规定,但是法院在实际适用时应当从严掌握,认真履行审查义务,除非确信债务人有重建之必要与可能,不宜轻易开始重整程序,否则会对债权人等利害关系人造成损害,不当拖延债务人履行义务。

在法院作出受理裁定以前,公司尚未丧失其经营业务及管理处分财产的权利,个别人员已知悉公司财务状况恶化欲施以重整的信息,唯恐自己之权利将受重整之不利影响,极有可能在法院裁定作出前为自己的利益而采取不利于公司重整之行为。对此,《企业破产法》第31~33条规定了管理人对于自人民法院受理破产申请之日前1年内债务人不当行为和前6个月内债务人个别清偿行为的撤销权,并规定债务人隐匿、转移财产以及虚构债务的行为自始无效。

法院经审查认为重整申请不符合法律规定条件的,应当裁定不予受理;认为重整申请符合法律规定条件的,应当裁定予以受理。法院作出重整裁定的,应当指定管理人,一并予以公告。

(三)重整机关

公司进入重整程序,公司原来的机关——股东会、董事会、监事会、经理等均停止行使职权,而由法院选任或依法组织其他机构在法院监督下管理公司并负责重整事务。

1. 债权人会议。在正常经营状态下,股东承担着剩余风险,享有剩余收益,公司最终控制权归股东享有;在破产状态下,股东在公司中已无资产或者资产只占总资产中很小的一部分,原本享有固定合同收益的债权人已经无法通过固定合同保护自身利益,并实际承受着剩余风险,公司最终控制权应当转移给债权人,债权人有权决定如何利用债务人资产并进行合理分配。因此,债权人会议应当成为重整公司的最高权力机关,对重整期间公司的重大事务享有最终决定权,集中体现为通过或者拒绝通过重整计划草案。

债权人会议在重整程序中行使如下职权:(1)核查债权;(2)申请人民法院更换管理人,审查管理人的费用和报酬;(3)监督管理人;(4)选任和更换债权人委员会成员;(5)通过重整计划;(6)人民法院认为应当由债权人会议行使的其他职权。

2. 管理人。关于重整事务管理人的确定,各国立法主要有三种模式:第一种是由债务人继续管理公司;第二种是由法院直接指定管理人,如英国的管理令程序;第三种是折中模式,由债务人在法院指定的管理人的监督下管理公司。

我国采取的是管理人自动接管重整公司、债务人经人民法院批准可以在管理人监督下自行管理公司事务的债务人公司控制模式。人民法院裁定公司重整的，应当同时指定管理人接管债务人财产与营业事务。管理人负责管理财产和营业事务的，可以聘任债务人的经营管理人员负责营业事务；在重整期间，经债务人申请，人民法院批准，债务人可以在管理人的监督下自行管理财产和营业事务，已接管债务人财产和营业事务的管理人应当向债务人移交财产和营业事务。

我国《企业破产法》第 24 条规定，管理人可以由有关部门、机构的人员组成的清算组或者依法设立的律师事务所、会计师事务所、破产清算事务所等社会中介机构担任。人民法院根据债务人的实际情况，可以在征询有关社会中介机构的意见后，指定该机构具备相关专业知识并取得执业资格的人员担任管理人。

（四）重整计划

1. 重整计划的概念与草案制定。重整计划的制作完成是重整程序的核心。重整计划旨在通过对债权债务关系以及出资人权益等作出重新安排，制定出具有可操作性的经营措施，进而实现被重整公司的重建与更生。重整计划经草案制作和批准两个程序后生效，生效的重整计划对各利害关系人产生约束力。

根据我国《企业破产法》第 80 条规定，债务人自行管理财产和营业事务的，由债务人制作重整计划草案；管理人负责管理财产和营业事务的，由管理人制作重整计划草案。

2. 重整计划草案的通过与批准。重整程序对债务人及其利害关系人利益影响甚巨，处于不同序位清偿地位的债权人会有不同的利益诉求，对待重整的态度也不一：有担保的债权人通常要求对担保财产进行变现以获得债权的立即实现，重整不会给他们带来什么好处，而如果担保权拖延实现，担保物还有贬值的风险；债务人的职工可能比较欢迎重整，因为至少短期内不会失业；处于清偿顺序末位的普通债权人通常倾向于企业重整，因为按照破产清算程序他们得到的份额会很少，企业继续经营并不会使他们损失更多。为了缓和多数决原则可能带来的过分注重效率而损失公平的压力，保证重整计划充分考虑各类利害关系人利益，各国立法对重整计划草案的通过一般采取了分类分组表决机制。

我国《企业破产法》采取了折中的规定：法律明确规定了分组的标准，在必要时人民法院得增设个别表决组。根据该法第 82 条，债权人会议依照下列债权分类分组对重整计划草案进行表决：(1) 对债务人的特定财产享有担保权的债权；(2) 债务人所欠职工的工资和医疗、伤残补助、抚恤费用，所欠的应当划入职工个人账户的基本养老保险、基本医疗保险费用，以及法律、行政法规规定应当支付给职工的补偿金；(3) 债务人所欠税款；(4) 普通债权。人民法院在必要时可以决定在普通债权组中设小额债权组对重整计划草案进行表决。对于上述第二项规定以外的社会保险费用，该法明确重整计划不得规定减免欠缴的该项费用，该项债权人的利益不受重整程序的影响，故无需参加重整计划草案的表决。

关于表决规则，我国《企业破产法》第 84 条和第 86 条规定，出席会议的同一表决组的债权人过半数同意重整计划草案，并且其所代表的债权额占该组债权总额的 2/3 以上的，即为该组通过重整计划草案。各表决组均通过重组计划草案时，重整计划即为通过。

重整计划草案经债权人会议通过后，只有经过法院裁定批准后，才对债务人和全体债权人有约束力,具备强制执行力。

三、公司重整程序对相关主体权利义务的影响

法院作出受理重整申请的裁定,对债务人企业、债权人和出资人具有约束力。

(一)对公司权利义务的影响

对公司权利义务的影响表现在如下几个方面:

1. 公司财产和营业事务的移交。法院裁定受理重整申请的,公司应当向管理人移交财产和营业事务。至破产程序终结之日,公司的法定代表人或者法院指定的公司财务管理人员和其他经营管理人员需承担相应的法律义务。

2. 公司财产处分行为和受领行为受到限制。自法院裁定受理重整申请后,公司对个别债权人的债务清偿无效;法院受理重整申请前1年内,公司有无偿转让财产、以明显不合理的价格进行交易、对没有财产担保的债务提供财产担保、对未到期的债务提前清偿以及放弃债权的行为的,管理人有权请求法院予以撤销。

3. 与公司有关的司法程序中止。针对公司财产的保全措施应当解除,执行程序应当中止,因为保全公司财产是公司重建的物质基础;已经开始而尚未终结的有关债务人的民事诉讼或者仲裁应当中止,在管理人接管债务人的财产后,该诉讼或者仲裁继续进行,由管理人代表公司参加诉讼、仲裁或者其他法律程序。

(二)对债权人权利义务的影响

法院作出受理重整申请的裁定以后,债权人应当在法院确定的债权申报期限内向管理人申报债权,职工债权人不必申报,由管理人调查后列出清单并予以公示。未到期的债权,在重整申请受理时视为到期,附条件、附期限的债权和诉讼、仲裁未决的债权,以及受理重整申请后管理人或者债务人依法解除债务人和对方当事人均未履行完毕的合同、对方当事人因此而产生的损害赔偿请求权,债权人均可以申报。债权人在重整期间及在重整计划执行期间不得行使权利。

债权人的权利义务受到的影响具体表现在:(1)有担保的债权人,在重整期间,对债务人的特定财产享有的担保权暂停行使。(2)普通债权人,与和解及破产清算程序一样,进入集体清偿程序。

(三)对公司出资人权利义务的影响

对公司出资人权利义务的影响,表现在如下几个方面:

1. 履行出资义务。法院受理破产申请后,重整公司的出资人尚未完全履行出资义务的,管理人应当要求该出资人缴纳所认缴的出资,而不受出资期限的限制。

2. 资产收益权中止行使。在重整期间,出资人不得请求投资收益分配。

3. 特定身份出资人股权转让受到限制。在重整期间,除经法院同意外,公司的董事、监事、高级管理人员不得向第三人转让其持有的公司的股权。

四、 公司重整程序的终止与重整计划的执行

（一）重整程序的终止

自法院裁定债务人重整之日起至重整程序终止为重整期间。按法律后果的差异，重整程序的终止分为如下两类情形：

1. 法院裁定终止重整程序，并宣告债务人破产，债务人进入破产清算程序。根据我国《企业破产法》第78条的规定，在重整期间，有下列情形之一的，经管理人或者利害关系人请求，人民法院应当裁定终止重整程序，并宣告债务人破产：一是债务人的经营状况和财产状况继续恶化，缺乏挽救的可能性；二是债务人有欺诈、恶意减少债务人财产或者其他显著不利于债权人的行为；三是债务人的行为致使管理人无法执行职务。

2. 法院裁定批准重整计划，重整程序终止，进入重整计划的执行阶段。

（二）重整计划的执行

重整计划由债务人负责执行，自法院裁定批准重整计划后，已接管财产和营业事务的管理人应当向债务人移交财产和营业事务。自法院裁定批准重整计划之日起，在重整计划规定的监督期内，由管理人监督重整计划的执行，债务人应当向管理人报告重整计划执行情况和债务人财务状况。监督期届满时，管理人应当向人民法院提交监督报告。

债务人不能执行或者不执行重整计划的，法院经管理人或者利害关系人请求，应当裁定终止重整计划的执行，并宣告债务人破产，进入破产清算程序。

第三节　公司的清算

一、 清算的概念与法律意义

（一）清算的概念

清算是指公司解散或被宣告破产后，依照一定程序了结公司事务，收回债权、清偿债务并分配财产，最终使公司终止消灭的程序。清算是公司终止的必要步骤。因为：

1. 公司往往并非由一人控制，其股东众多。并且，随着所有权与经营权分离，董事、经理开始掌握公司控制权，为了防止实际控制公司的董事、经理或控股股东在公司终止之前私自处分公司财产或不公平地分配公司财产，从而损害公司债权人和股东的利益，需要依法定程序对公司财产进行公平的清算，以保护债权人和股东的利益。此外，由于公司股东人数较多，如果每个公司终止前都需要股东对财产分配方式和程序形成决议，不仅难以达成一致意见，而且容易引发争议，所以从降低成本和提高效率的角度出发，也需要法律相对统一地规定一套普遍适用的清算制度。

2. 公司的股东对公司承担的是有限责任,以其投资额为限,股东不再对公司承担任何责任。公司的债务由公司的财产进行清偿,因而公司财产是公司债权人利益的保障。如果公司未经清算而终止,因主体资格已消灭,债权人的债权将无法实现。因此,必须在公司终止前依法定的清算程序以公司的财产对债权人进行清偿,从而保障债权人的利益和经济秩序的稳定。

3. 公司的终止不仅影响股东和债权人的利益,还会影响许多利益相关人的利益,其中最重要的便是公司的职工。为了保障职工的利益,也必须通过法定程序分配公司剩余的财产。

(二) 清算的法律意义

在进入清算程序后,公司便进入终止前的特殊阶段,其权利能力和行为能力均出现重大变化。

1. 清算期间,公司仍具有法人资格。公司解散或被宣告破产后,公司法人资格和主体资格并未立即消灭。在清算期间,公司仍然存续,只是业务活动范围有所限制,即不得开展与清算无关的经营活动。

2. 清算期间,公司的代表机构为清算组织。公司的董事会不再依其职权代表公司,公司的财产、印章、财务文件等均由清算组织接管。清算组织负责处理公司未了结的事务,并代表公司对外进行诉讼。

3. 清算期间,公司的权利能力、行为能力有所限制。虽然公司仍具有法人资格,但清算前和清算期间公司的主体能力有很大差异,有些国家将处于清算阶段的公司称为"清算法人"或"清算公司"。在清算期间,公司不得再进行新的经营活动,公司的全部活动应局限于清理公司已经发生但尚未了结的事务,包括清偿债务、实现债权以及处理公司内部事务。我国《公司法》第 236 条第 3 款明确规定,清算期间,公司存续,但不得开展与清算无关的经营活动。

4. 清算期间,公司财产在按法定程序清偿前,不得分配给股东。公司财产必须先支付清算费用、职工工资和劳动保险费用,缴纳所欠税款,清偿公司债务,这之后如果还有剩余财产,才能对股东进行分配。

5. 公司清算的最终结果是导致公司法人资格消灭,公司终止。清算结束后,公司所有事务均已了结,债务清偿完毕,公司财产已全部被分配,这时,清算组织即可向公司登记机关申请公司注销,最终消灭公司全部权利义务关系,公司终止。

二、 清算的分类

清算因清算对象、清算原因及清算的复杂程度不同而在立法上有不同的分类。

(一) 任意清算与法定清算

任意清算是指不需依法律规定的方式、程序,而仅依全体股东的意见或章程规定进行的清算。它只适用于无限公司、两合公司这类结构简单且股东对公司债务负无限责任的公司。有限责任公司和股份有限公司,由于其社会影响面相对广泛,相关利害关系人较多,并且其股东仅对公司债务承担有限责任,为了保护债权人和相关利害关系人的利益,公平分配公司财产,也为了提高公司清算的效率,各国均规定了法定清算制度,即有限责任公司和股份有限公司必须按法律规定的程序进行清算。[①]

（二）破产清算与非破产清算

破产清算，是指公司被宣告破产，依破产程序进行的清算。我国《公司法》第 242 条规定，公司被依法宣告破产的，依照有关企业破产的法律实施破产清算。非破产清算，是指非因破产原因在破产程序之外进行的清算。破产清算，是指债务人的财产不足以偿还全部债务时，由法院介入对破产财产强制分配的一种特殊程序。破产清算制度有其特别的目的，非由法院介入不可启动。我国《公司法》第 237 条规定："清算组在清理公司财产、编制资产负债表和财产清单后，发现公司财产不足清偿债务的，应当依法向人民法院申请破产清算。人民法院受理破产申请后，清算组应当将清算事务移交给人民法院指定的破产管理人。"

（三）普通清算和特别清算

普通清算是指公司在解散后自行组织清算机构进行清算。特别清算是指公司基于某些特殊事由解散后，或者被宣告破产后，或者在普通清算发生显著障碍无法继续时，由政府有关部门或者法院介入进行的清算。它们都属于法定清算。

我国《公司法》第 233 条第 1 款规定，公司依法应当清算，逾期不成立清算组进行清算或者成立清算组后不清算的，利害关系人可以申请人民法院指定有关人员组成清算组进行清算。人民法院应当受理该申请，并及时组织清算组进行清算。第 242 条规定，公司被依法宣告破产的，依照有关企业破产的法律实施破产清算。此外，我国政府机构一般不介入公司清算的事务，即使政府决定撤销公司或者吊销公司法人营业执照，清算的事务也由公司自行组织。按照《公司法》第 232 条的规定，董事为公司清算义务人，应当在解散事由出现之日起 15 日内组成清算组进行清算。逾期不成立清算组进行清算的，利害关系人可以申请人民法院指定有关人员组成清算组进行清算。这种由利害关系人请求法院组织的清算就是典型的特别清算，也称为强制清算，但并不是破产清算。

三、清算义务人

（一）清算义务人的担任主体

我国《公司法》区分了清算义务人和清算组成员。清算义务人，是指在公司解散时负责启动清算程序、成立清算组的人。清算义务人未履行清算义务的需要承担法律责任。各国公司法大多将董事作为公司的清算义务人。清算组，是指由清算义务人组建、负责公司清算事务的组织，在清算过程中代表公司。清算组成员，也称法算人，则是在清算组中实际进行清算工作的人。清算组成员通常由董事担任，股东会也可以决议另选他人。

在现行《公司法》修订之前，理论和实务界对清算义务人存在较多争议。《公司法司法解释（二）》第 18 条规定："有限责任公司的股东、股份有限公司的董事和控股股东未在法定期限

---

① 本章中的公司清算均指法定清算。

内成立清算组开始清算，导致公司财产贬值、流失、毁损或者灭失，债权人主张其在造成损失范围内对公司债务承担赔偿责任的，人民法院应依法予以支持……上述情形系实际控制人原因造成，债权人主张实际控制人对公司债务承担相应民事责任的，人民法院应依法予以支持。”根据该规定，有限责任公司的股东为清算义务人，股份有限公司的董事和控股股东为清算义务人。

在司法实践中，不少法院根据《公司法司法解释（二）》第 18 条将有限责任公司的所有股东认定为清算义务人，导致不参与公司经营的小股东也承担责任。最高人民法院在《九民纪要》中指出，《公司法司法解释（二）》第 18 条第 2 款规定的“怠于履行义务”，是指有限责任公司的股东在法定清算事由出现后，在能够履行清算义务的情况下，故意拖延、拒绝履行清算义务，或者因过失导致无法进行清算的消极行为。股东举证证明其已经为履行清算义务采取了积极措施，或者小股东举证证明其既不是公司董事会或者监事会成员，也没有选派人员担任该机关成员，且从未参与公司经营管理，以不构成“怠于履行义务”为由，主张其不应当对公司债务承担连带清偿责任的，人民法院依法予以支持。

深圳市国烨置业有限公司、开封东京经贸有限公司借款合同纠纷再审案

我国《民法典》第 70 条进一步明确了法人的清算义务人：“法人解散的，除合并或者分立的情形外，清算义务人应当及时组成清算组进行清算。法人的董事、理事等执行机构或者决策机构的成员为清算义务人。法律、行政法规另有规定的，依照其规定。清算义务人未及时履行清算义务，造成损害的，应当承担民事责任；主管机关或者利害关系人可以申请人民法院指定有关人员组成清算组进行清算。”根据该规定，法人的董事、理事等执行机构或者决策机构的成员为清算义务人。与《民法典》的规定一致，我国《公司法》明确规定董事为公司的清算义务人，解决了长期以来的争议。

之所以将董事而非股东作为清算义务人，理由有三：(1) 股东并不直接向公司负担信义义务，对公司的日常经营缺乏控制力。特别是，随着股东会中心主义向董事会中心主义转型，股东与公司的经营管理事务日趋遥远。(2) 客观上股东缺乏启动清算的条件，财务会计账册在公司管理者掌控之下，而非在股东掌控之下。(3) 股东缺乏启动清算的主观能动性，其与债权人、职工等公司利益相关者经常处于利益冲突状态，可能导致其怠于履行清算义务。

（二）清算义务人的义务

根据《公司法》第 232 条的规定，清算义务人应当在解散事由出现之日起 15 日内组成清算组进行清算，清算义务人的义务是及时组成清算组启动清算。清算程序启动后，清算义务人的职责完成。

在法律适用过程中，需要将此规定与清算组的义务进行区分。在原法律规定中，一般认为，《公司法司法解释（二）》第 18~20 条是关于清算义务人和清算组的规定，但该司法解释并未明确区分清算义务人与清算组所负的法律责任，这一问题在实践和理论研究中也存在一定的混淆。《公司法》则进一步明确，清算义务人仅在不启动清算时承担责任；清算组在瑕疵清算、恶意清算时承担相应的法律责任。

（三）清算义务人的责任

清算义务人未及时履行清算义务，给公司或者债权人造成损失的，应当承担赔偿责任，其本质上是侵权责任。

1. 归责原则。清算义务人的赔偿责任,应当属于过错责任,应适用过错推定原则。根据《公司法司法解释(二)》第 21 条,依照该解释第 18 条承担民事责任后,清算义务人可以主张按照过错大小在内部分担责任,由此,清算义务人赔偿责任的承担,应当考量其有无过错以及过错大小。而《公司法》第 232 条的相关规定与《公司法司法解释(二)》第 18 条第 1 款有关清算义务人责任的规定在结构上很相似。《公司法》规定,清算义务人因未及时履行清算义务致使公司或债权人利益受损而应承担的赔偿责任,也应适用过错原则,以清算义务人有故意或重大过失的主观过错为构成要件。

比起无过错责任,过错责任更有利于实现清算义务人的内部平等和董事自身权利和责任的平衡。首先,各位董事对公司经营管理的参与程度有所不同,不宜一刀切地要求董事承担清算义务人的赔偿责任。其次,在《公司法》强化董事义务的背景下,再要求董事承担无过错责任,过于严苛。

在举证上,作为公司外部人,债权人处于信息弱势地位,很难证明清算义务人具有主观过错。此时,采过错推定原则,根据举证能力的强弱将举证责任倒置,由债权人初步证明清算义务人未及时组织清算,进而推定清算义务人有过错,由清算义务人通过证明自己没有过错或者受其他因素干预来免责,更符合公平与诚信原则。

2. 构成要件。

(1) 清算义务人实施了侵权行为。清算义务人的侵权行为是不作为侵权,表现为未在法定期限内成立清算组开启清算程序。

(2) 产生了损害结果。损害结果是给公司或者债权人造成损失:清算义务人给公司造成的损失主要是使公司的财产毁损灭失;给债权人造成的损失可能是基于公司财产损失而使债权人债权难以得到清偿,或是增加债权人实现债权的时间、金钱成本等。

(3) 清算义务人未履行清算义务与公司或债权人损失之间具有较强的因果关系。

(4) 清算义务人对自身未能履行清算义务需存在故意或重大过失。

四、清算组

清算组,也称清算机构,是清算事务的执行人。公司解散、被宣告破产后,在清算终结前,公司的法人资格仍然存在,其股东会和监事会作为公司机构仍然存在,只是作为公司决策机构和对外代表的董事会以及作为公司执行机构的经理不再履行其职责,而由清算组替代,负责公司清算期间事务的处理。各国或地区公司法对清算组织的称谓有所不同,《美国标准公司法》称为财产管理人及保管人;《德国公司法》称为清算人,并且规定法人可以是清算人;我国香港地区称为清盘官。我国《公司法》称为清算组,而《企业破产法》称为管理人。

(一) 清算组的成立和组成

清算组是依法成立的,用以接管解散公司,负责解散公司财产的保管、清理、估价、处理、分配等事务的专门机构。自公司被宣告破产、决定或被决定解散之日起,公司即进入清算阶段。首先需要及时选任公司的清算组,行使清算职权。清算组一般由公司股东、董事等公司原组织机构人员及会计、法律等方面的专业人员组成。关于具体人员的选任,各国规定并不相同。有的规定由公司执行业务的股东或者执行业务的董事担任,有的规定由股东会选任等。如果为特殊清算,还会有法院或有关政府机关的人员参加,具体由法院或有关机关指定。

我国《公司法》第 232 条、第 233 条规定,对于应当清算的公司,董事为公司清算义务人,应当在解散事由出现之日起 15 日内组成清算组进行清算。清算组由董事组成,但是公司章程另有规定或者股东会决议另选他人的除外。公司依法应当清算而逾期不成立清算组进行清算或者成立清算组后不清算的,法院依照利害关系人的申请指定有关人员组成清算组进行清算;公司因依法被吊销营业执照、责令关闭或者被撤销而解散的,法院依照作出吊销营业执照、责令关闭或者撤销决定的部门或公司登记机关的申请指定有关人员组成清算组进行清算。

(二)清算组的职权

进入清算程序后,清算组对内执行清算事务,对外代表公司处理债权债务。清算组的具体职权主要包括:

1. 清理公司财产,分别编制资产负债表和财产清单。清算组一经成立,立即接管公司及其财产,并进行全面的清理和核查,在查实公司全部资产及负债的基础上分别编制资产负债表和财产清单。

2. 通知和公告债权人。由于清算工作涉及多方利益,尤其是债权人的利益,对其要进行有效保护。清算组接管公司财产后,应该尽快通知债权人进行债权登记,为下一步的清算工作奠定基础。法律统一规定了通知、公告的形式和期间,清算组应该严格按照有关规定进行通知和公告。

3. 处理与清算有关的公司未了结的事务。该类事务主要是指公司解散前已经订立,清算时尚在履行中的公司合同事项等。清算组在处理上述公司未了结事务时,有权根据需要,对公司尚在履行的合同决定继续履行或者终止履行,但不得开展与清算无关的新的经营活动。

4. 清缴公司所欠税款以及清算过程中产生的税款。税款是国家强制征收的资金,是国家经济建设的主要来源,公司有依法纳税的义务。清算组应当对公司的纳税事宜进行清查,发现欠缴国家税款或者清算过程中产生税款的,应当及时核对缴纳。

5. 清理债权、债务。这项职权包括收取债权和清偿债务两个方面的内容。收取债权可以增加公司的清算财产,便于处理公司的对外债务;清偿债务有利于保护债权人等其他主体利益,实现清算价值。

6. 分配公司清偿债务后的剩余财产。剩余财产是公司的财产在支付清算费用、职工工资、社会保险费用和法定补偿金,缴纳所欠税款,清偿公司债务后的财产,属于股东权益,应按照股东出资比例或持股比例分配给股东。

7. 代表公司参与民事诉讼活动。清算组有权代表公司就涉及公司民事权利义务的问题向人民法院起诉或应诉,清算组在其职权范围内代表公司参与民事诉讼活动受法律保护。

(三)清算组的义务和责任

在公司法上,董事负有忠实勤勉义务。一般情况下,清算组由董事组成,清算组成员的义务应当与董事的忠实勤勉义务相承接。为了约束清算组成员的行为,《公司法》第 238 条第 1

款为清算组成员设定了忠实义务和勤勉义务。

忠实义务要求清算组成员诚信对待清算工作，认真负责，恪守公正。清算组成员应毫无保留地为公司、债权人等的利益努力工作，不得利用职权谋取不正当利益；清算组成员应避免自身利益与公司、债权人等的利益相冲突，当自身利益与清算整体利益发生冲突时，以公司、债权人等利益为先。清算组成员不得利用职权收受贿赂或者其他非法收入，不得侵占公司财产等。

勤勉义务要求清算组成员应像处理本人事务那样谨慎、勤勉地处理清算事务，公平、合理、合法地进行清算工作。其内容包括《公司法司法解释（二）》第 11 条规定的通知和公告义务、第 15 条规定的不得执行未经确认的清算方案义务等。

清算组成员承担的法律责任属于侵权责任。《公司法》第 238 条第 2 款详细区分了清算组成员的两类赔偿责任：(1) 清算组成员怠于履行清算职责，给公司造成损失的，应当承担赔偿责任；(2) 清算组成员因故意或者重大过失给债权人造成损失的，应当承担赔偿责任。

五、 清算程序

清算组正式成立后，公司即开始进入实质性清算程序。具体包括：

（一）清理公司财产、编制资产负债表和财产清单

清算组要全面清理公司的全部财产，不仅包括固定资产，还包括流动资产；不仅包括有形资产，还包括知识产权等无形资产；不仅包括债权，还包括债务。在清理后，清算组需要编制资产负债表和财产清单，以及债权清单和债务清单，为下一步工作打好基础。

此外，《公司法》第 237 条规定，清算组在清理公司财产、编制资产负债表和财产清单后，发现公司财产不足以清偿债务的，应当依法向人民法院申请破产清算。人民法院受理破产申请后，清算组应当将清算事务移交给人民法院指定的破产管理人。

《公司法司法解释（二）》第 17 条的规定更为具体："人民法院指定的清算组在清理公司财产、编制资产负债表和财产清单时，发现公司财产不足清偿债务的，可以与债权人协商制作有关债务清偿方案。债务清偿方案经全体债权人确认且不损害其他利害关系人利益的，人民法院可依清算组的申请裁定予以认可。清算组依据该清偿方案清偿债务后，应当向人民法院申请裁定终结清算程序。债权人对债务清偿方案不予确认或者人民法院不予认可的，清算组应当依法向人民法院申请宣告破产。"

（二）通知、公告债权人并进行债权登记

清算组成立后，应立即在法定期限内直接通知已知的债权人并公告通知未知的债权人，以便债权人在法定期限内向清算组申报债权。清算组应当自成立之日起 10 日内通知债权人，并于 60 日内在报纸上或者国家企业信用信息公示系统上公告，告知债权人公司清算的情况，以便债权人尽快参与公司财产的清算、分配。

债权人申报并提供相应证明后，清算组应进行登记，作为财产分配的依据。债权人应当自接到通知书之日起 30 日内，未接到通知书的自公告之日起 45 日内，向清算组申报其债权；债权人申报其债权，应当说明债权的有关事项，并提供证明材料，清算组应当对债权进行登记。

在申报债权期间,清算组不得对债权人进行清偿。

(三) 提出财产估价和清算方案

清算组要提出合理的财产估价方案,计算出公司可分配财产的数额,并提出分配方案,供股东、债权人、有关机关审查和质疑。在解散程序中须将清算方案报股东会或者人民法院确认,在破产程序中则须经债权人会议决议通过并报人民法院审查裁定。

(四) 分配财产

清算的核心是分配财产。财产法定分配顺序依次为:(1) 支付清算费用;(2) 支付职工工资、社会保险费用和法定补偿金;(3) 清缴所欠税款;(4) 清偿公司企业债务;(5) 清偿完毕前述 4 项款项后的公司剩余财产,有限责任公司按照股东的出资比例分配,股份有限公司按照股东持有的股份比例分配。

(五) 清算终结

公司清算结束后,清算组应当制作清算报告,报股东会或者人民法院确认,并报送公司登记机关,申请注销公司登记,公告公司终止。

六、 强制清算

清算一般是公司的自治事项,由清算义务人启动清算程序、组成清算组,并由清算组进行清算。当公司不能自行清算时,为防止公司财产流失、利害关系人合法权益受损,需要由公权力介入公司事务,启动司法清算程序,这就是强制清算。强制清算应被严格限制。

(一) 强制清算的启动条件

根据最高人民法院颁布的《关于审理公司强制清算案件工作座谈会纪要》(简称《强制清算纪要》)第 13 条,申请强制清算的前置条件是公司发生解散事由。公司解散后应当清算,逾期不成立清算组进行清算或者成立清算组后不清算、故意拖延清算的,根据《公司法》第 233 条以及《公司法司法解释(二)》第 7 条的规定,利害关系人可以申请人民法院指定有关人员组成清算组进行清算。

公司解散逾期不成立清算组进行清算,指的是公司出现解散事由后 15 日内,清算义务人未成立清算组进行清算。清算组成立后不实际开展清算工作或有长期怠于履行通知、公告等法定义务的故意拖延清算行为的,也属于可以申请强制清算的情形。当然,客观原因导致的公司解散后无法清算或清算受阻,不属于这里说的清算组不清算或故意拖延清算。影响清算的客观原因消除后,清算组应当在合理期限内开展清算工作,积极履行清算职责。现行《公司法》没有将《公司法司法解释(二)》第 7 条规定的"违法清算可能严重损害债权人或股东利益"作为启动强制清算程序的情形,究其原因,一是该情形的具体认定在司法实践中尚未统一;二是此时清算程序已经启动,违法清算严重损害债权人或股东利益的,可以通过追究清算组成员的责任来保护利害关系人利益,无需再启动强制清算程序。

强制清算的申请人是利害关系人。结合《公司法司法解释（二）》第 7 条的规定，利害关系人包括股东、董事以及其他利害关系人。

1. 股东。对于申请强制清算的股东，当前法律法规并没有表决权比例和履行出资义务方面的要求，其也并不必须为公司登记的股东。但是，根据《强制清算纪要》第 7 条和第 13 条的规定，强制清算申请人应提交其对被申请人享有股权的证据，申请人没有进行公司登记的，需要另行通过诉讼或仲裁确认其股东身份。

2. 董事。有限责任公司和股份有限公司的董事均为公司清算义务人，可以对公司申请强制清算。

3. 其他利害关系人。其他利害关系人包括债权人、实际控制人、公司职工等。公司是复杂利益关系的综合体，公司清算既涉及股东、实际控制人等享有投资利益的主体，也涉及劳动债权人、侵权债权人等享有债权利益的主体。《公司法》将强制清算申请人的范围由债权人扩大到利害关系人，加大了对债权人以外的其他利害关系人的保护力度。这些利害关系人若没有利益主体的形式外观，需要在提出强制清算申请之前明确其利害关系人身份，以贯彻《强制清算纪要》确立的申请资格另案确认原则。

公司因依法被吊销营业执照、责令关闭或者被撤销而解散的，作出吊销营业执照、责令关闭或者撤销决定的部门或者公司登记机关，也可以成为强制清算申请人，申请人民法院指定有关人员组成清算组进行清算。

（二）强制清算的意义

强制清算制度配合公司的自行清算，在尊重公司自治的基础上，完善公司清算制度，有利于提高经济效率和实现社会资源最优配置。强制清算不仅有助于利害关系人合法权益的实现，还能畅通公司市场退出机制，清理市场环境，维护市场交易安全，重塑社会信用，促进经济良好发展。

（三）强制清算的程序

《强制清算纪要》详细规定了强制清算的程序，主要包括确定管辖、确定审判组织、提交申请材料、听证、受理、清算程序的进行与终结等。

在审判组织方面，公司强制清算案件在性质上类似于企业破产案件，因此应当由负责审理企业破产案件的审判庭审理。有条件的法院，可由专门的审判庭或者指定专门的合议庭审理。公司强制清算案件应当组成合议庭进行审理。

审判庭审查决定是否受理强制清算申请时，一般应当召开听证会。被申请人的股东、法定代表人、财务人员及员工代表等可以参加听证。在听证会上，法院应当组织有关利害关系人对申请人是否具备申请资格、被申请人是否已经发生解散事由、强制清算申请是否符合法律规定等内容进行听证。对事实清楚、法律关系明确、证据确实充分的案件，经书面通知被申请人，其对书面审查方式无异议的，也可决定不召开听证会而采用书面方式审查。书面审查需要及时通知申请人和被申请人并向被申请人送达有关申请材料，告知被申请人其提出异议的时间和方式。

强制清算程序的终结，有如下几种情况：

第一,清算完成的,公司注销。公司依法清算结束,清算组制作清算报告报法院确认,法院裁定终结强制清算程序,登记机关依清算组的申请注销公司登记。

第二,公司主要财产、账册、重要文件等灭失,或者人员下落不明的,法院视具体情况以无法清算或无法全面清算为由裁定终结强制清算程序。申请人可以请求清算义务人或公司的实际控制人承担相关责任。

第三,强制清算过程中,清算组在清理公司财产、编制资产负债表和财产清单后,发现公司财产不足以清偿债务的,除依《公司法司法解释(二)》第 17 条的规定,通过与债权人协商制作有关债务清偿方案并清偿债务的外,应当向法院申请破产清算。有关权利人提起破产申请,法院经审查裁定受理破产申请后,应当裁定终结强制清算程序,公司进入破产清算程序。

第四,申请人撤回申请,公司继续存续。但公司因公司章程规定的营业期限届满或者公司章程规定的其他解散事由出现,或者股东会决议自愿解散的,在法院受理强制清算申请后清算组对股东进行剩余财产分配前,公司修改章程或者股东会决议公司继续存续,申请人在被申请人清偿全部债务后未撤回申请的,法院可以根据被申请人的请求裁定终结强制清算程序,强制清算程序终结后,公司可以继续存续。

第四节　公司的注销

公司注销是公司终止的最后一步,只有办理了公司注销登记,公司法人资格才得以消灭。完整的公司注销包括普通注销、简易注销和强制注销。

一、 普通注销

普通注销程序较为复杂,需要提交的材料较多。《市场主体登记管理条例实施细则》第 46 条规定:“申请办理注销登记,应当提交下列材料:(一)申请书;(二)依法作出解散、注销的决议或者决定,或者被行政机关吊销营业执照、责令关闭、撤销的文件;(三)清算报告、负责清理债权债务的文件或者清理债务完结的证明;(四)税务部门出具的清税证明。除前款规定外,人民法院指定清算人、破产管理人进行清算的,应当提交人民法院指定证明;合伙企业分支机构申请注销登记,还应当提交全体合伙人签署的注销分支机构决定书。个体工商户申请注销登记的,无需提交第二项、第三项材料;因合并、分立而申请市场主体注销登记的,无需提交第三项材料。”该程序是为了通过严格的注销程序预防市场主体恶意通过注销逃废债务、扰乱市场秩序。但是,严格的注销程序也提高了公司的注销成本,导致不少公司选择成为“僵尸公司”而不履行注销程序。

二、 简易注销

自 2014 年以来,伴随着商事制度改革,我国公司登记管理实践中逐渐发展出了简易注销制度。2014 年 6 月,《国务院关于促进市场公平竞争维护市场正常秩序的若干意见》提出完善企业注销流程,试行对个体工商户、未开业企业以及无债权债务企业实行简易注销程序。自

2015 年起，市场监管部门（工商管理部门）开始组织开展未开业企业、无债权债务企业简易注销试点。截至 2018 年 2 月，全国共有 46.6 万户企业进行简易注销公告，其中 27.6 万户企业通过简易注销登记程序退出市场，占同期注销企业总数（131.91 万户）的 20.92%。2022 年《市场主体登记管理条例》第 33 条规定了简易注销制度，使该制度第一次在行政法规层面获得认可。

我国《公司法》第 240 条规定的简易注销制度，适用于公司在存续期间未产生债务或者已清偿全部债务，并经全体股东承诺的情形。《市场主体登记管理条例》第 33 条对此作出更详细的规定：申请简易注销登记的公司，未发生债权债务或者已将债权债务清偿完结，未发生或者已结清清偿费用、职工工资、社会保险费用、法定补偿金、应缴纳税款（滞纳金、罚款），并由全体投资人书面承诺对上述情况的真实性承担法律责任的，可以按照简易程序办理注销登记。存在异常状态的公司不能适用简易注销制度，如被列入经营异常名录或市场监督管理严重违法失信名单的公司，存在股权（财产份额）被冻结、出质或动产抵押情形的公司，正在被立案调查或采取行政强制措施，正在诉讼或者仲裁程序中的公司，被吊销营业执照、责令关闭、撤销的公司，受到罚款等行政处罚尚未执行完毕的公司等。另外，具有非法人分支机构未办理注销登记、对其他市场主体存在投资、曾被终止简易注销程序等情形的公司也不适用简易注销制度。注销依法须经批准的公司，不适用简易注销程序，如国家规定实施准入特别管理措施的外商投资公司。

当公司财产和债权债务关系已经得到妥善处理，无利害关系人合法权益受损，确无清算必要时，可以适用简易注销制度，简化公司应提交的注销材料，由公司直接申请注销登记，以促进公司快速退出市场。简易注销的特征是清算环节被省略，注销环节便利化，以“便捷高效、公开透明、控制风险”为原则，有效降低了公司退出成本，提高了市场监管效率，符合市场经济发展的要求。

简易注销是依公司意愿启动的程序。申请办理简易注销登记，应当提交申请书和全体股东承诺书。公司登记机关仅对申请文件作形式审查，后通过国家企业信用信息公示系统对该注销登记申请和承诺书予以公告，公告期限不少于 20 日。公告期限届满后，相关部门、债权人及其他利害关系人没有提出异议的，公司可以在 20 日内向公司登记机关申请注销公司登记；相关部门、债权人及其他利害关系人提出异议的，公司登记机关应在规定期限内作出是否予以简易注销登记的决定。

简易注销以全体股东的承诺取代清算报告、清税证明等一系列文件，登记机关对市场主体的态度从“背信推定”变为“诚信推定”，可能使简易注销成为逃避债务、损害利害关系人合法权益的工具。在简易注销程序中，公司登记机关拥有实质审查职权但不具有实质审查义务，若发现公司存在隐瞒真实情况、弄虚作假的情形，登记机关可以撤销注销登记，在恢复公司主体资格的同时将该公司列入严重违法失信企业名单，并通过国家企业信用信息公示系统公示。股东承诺不实的，应当对注销登记前的债务承担连带责任。

三、强制注销

强制注销，也称依职权注销、依职能注销等，是指满足法定条件的市场主体在未主动组织清算、申请注销的情况下，公司登记机关依职权经特定程序注销市场主体、强制终止市场主体资格的行为。当公司应注销但缺乏主动申请注销动力，长期滞留市场，挤占有限的市场和监管资源时，为降低市场风险、维护交易秩序，公司登记机关应依职权注销公司。强制注销制度的显著特征是，公司注销的决定权不在于公司本身，而由公司登记机关依其职权主动注销公司。公权力不能肆意干预市场主体的自治，故强制注销只能作为公司注销的补充和兜底手段。

现行《公司法》第241条首次规定强制注销制度，填补了上位法对该制度的空缺，有助于统一执法尺度，规范执法行为，防止权力滥用。公司强制注销制度的内容主要包括以下方面：

1. 强制注销的适用情形。强制注销的适用包括两个条件：(1)强制注销的公司限于被吊销营业执照、责令关闭或者被撤销的公司。之所以限于前述三种情形，是因为公司一旦被吊销营业执照、责令关闭或被撤销，便失去了进行经营的资格和可能，有待完成清算后彻底退出市场。(2)前述情形的公司需满3年未清算完毕，方可适用强制注销制度。吊销营业执照、责令关闭或者被撤销后，公司应当及时进行清算、注销程序。但是，如果满3年仍未清算完毕，则表明公司怠于履行清算、注销义务，此时公司已然处于僵尸企业状态，有待借助公权力予以清理。

2. 强制注销的负责机关。公司登记机关作为公司设立、变更、注销的登记管理部门，具有实施强制注销的权力。公司登记机关也是进行强制注销的唯一主体，其他任何行政管理部门不得越权注销公司登记。

3. 强制注销的法定程序。当公司存在强制注销规定的情形时，登记机关不可直接办理注销登记，而需要履行法定程序。强制注销公司前，公司登记机关需要通过国家企业信用信息公示系统予以公告，公告期不少于60日。在公告期间内，公司及其他利害关系人有权提出异议，请求中止注销程序。在公告期限届满后，没有提出异议的，公司登记机关方可实施强制注销。

4. 强制注销后的债务处理和责任承担。按照公司法规定的债务清理程序，公司需要按法定程序清理债权债务，处分剩余财产。如果资产不足以清偿全部债务，需要通过破产程序清算债务。但是，强制注销是大幅简化退出程序的公司出清制度，未经法定清算程序，被强制注销公司的债权债务关系未得到清理，故原公司股东、清算义务人的责任不受影响。易言之，在公司被强制注销登记之后，原公司股东、清算义务人负有的尚未履行的义务和责任，并不因公司被强制注销而消灭。这不仅可以持续保障公司债权人的权利，也可以督促僵尸公司积极主动按照法定程序退出市场。从清算与注销的先后顺位上，强制注销制度也可以产生从“先清算，再注销”转换为“先注销，再清算”的结果。

【本节理论探讨】

• 公司注销与清算制度的价值

在近些年的司法实践中，经常出现这样一种奇特的现象，即一方当事人提起诉讼或仲裁，人民法院或仲裁机构因找不到对方当事人而无法送达诉讼文书；有的案件当事人虽已应诉，审理工作也已在进行，却发现当事人不能出示合法有效的企业法人营业执照，在登记部门查询的结果则是该当事人的营业执照早被吊销，或该企业法人早被注销登记，原因是公司企业未通过年检或根本未办理年检手续。更为荒唐的是，公司在法律上虽不存在，但该公司的财产依然存在，甚至该公司的经营活动还在进行。然而，由于该当事人的主体资格已经丧失，公司债权人无法对其提起诉讼,已经提起的诉讼也不得不裁定终止。问题的症结就在公司清算上。公司清算是依法定程序清理公司债权债务、处理公司剩余财产,最终终止公司法律人格的法律制度。法定清算程序应该说是相当完美的制度设计,其直接目的就是终止公司的法律人格。在公司法上,清算是终止公司人格必经的法律程序,任何公司未经清算、未对其债务作出清偿并对其现存的法律关系和法律事务作出合法了结,是不可能终止的。就此而言,公司的终止是比公司成立要复杂得多、严格得多的法律程序,甚至有的公司因各种原因要历经几年的时间才能完成公司的清算,实现公司的终止。当然,终止公司的法律人格作为清算的目的,只能是形式上的,在实质意义上,清算的目的应是对公司债权人利益、公司股东利益和社会经济秩序予以保护。如果仅仅为了终止公司的法律人格,大可不必通过复杂的清算程序。终止公司法律人格之后,债权人的债权能否得到清偿,公司股东对公司享有的股东权益能否得到实现,社会经济秩序能否得到维护,正是法律最应关注的问题,公司清算制度的根本目的和价值也正在于此。

只要经过法定的清算程序,债权人肯定会得到债务人注销的通知,并对主张或放弃自己的权利作出表示。经过这样的程序,公司的财产在清偿其债务之前就不会随意被分配或流失,也更不可能出现公司不存而财产犹在的奇特现象。然而,现实存在的问题是,有时市场监管部门吊销营业执照和注销公司的行政处罚措施成为使公司终止最简单的方式,成为免予清算程序并逃避债务清偿的便利手段。本要给违反管理规定的公司予以行政处罚和制裁,结果却适得其反,一些深谙此道的商人甚至有意借此摆脱经营不善的公司的负担、逃避债务的追索。

- **公司解散时利害关系人的清算请求权**

依据我国原《公司法》的规定,当公司出现法定解散事项时,公司应当在该解散事由出现之日起 15 日内成立清算组清算。逾期不成立清算组进行清算的,债权人可以申请人民法院指定有关人员组成清算组进行清算。但问题是,当公司出现法定解散事由时,如果股东不履行清算义务,逾期不成立清算组,而债权人也不向人民法院申请清算,则与公司有利害关系的其他主体可否向人民法院申请清算? 对此问题,原《公司法》第 183 条只规定由债权人申请法院组织清算组进行清算,而排除了其他利害关系人的清算请求权。

其实,公司怠于履行清算责任的行为损害的主体并不限于公司债权人,公司职工、股东甚至代表国家的税务机关,均是与公司清算有关的利害关系人,尤其是股东,公司若长期不进行清算,其剩余分配权将得不到实现,其利益将遭受损害。因此,公司法的上述规定,一方面不利于公司股东、债权人及其他利益相关者的利益保护;另一方面,在出现上述清算僵局时,单纯依靠债权人的申请,使得救济手段过于单一。因此,应当对这种有违法律公平正义的做法进行检讨与反思,赋予满足一定条件的股东及其他利害关系人在出现法定解散事由时的清算请求权。

对这一问题,我国某些地方的司法机关已经进行了有益的探索。例如,北京市高级人民法院颁布的《关于审理公司纠纷案件若干问题的指导意见(试行)》、上海市高级人民法院颁布的《关于审理涉及公司诉讼案件若干问题的处理意见》系列和江苏省高级人民法院颁布的《关于审理公司法案件若干问题的意见(试行)》等均规定,公司由于被吊销营业执照进入清算程序的,股东在其他股东不履行清算义务时可以作为原告提起要求对公司进行清算的诉讼。

在吸收前述经验的基础上,现行《公司法》第 233 条将"债权人"扩大至"利害关系人",有针对性地回应了前述问题。利害关系人包括公司股东、董事、职工等利益相关者。对于符合前述条件的申请，人民法院应当受理，并及时组织清算组进行清算。除了前述利害关系人之外，相关政府部门也可以成为强制清算的申请人。公司因依法被吊销营业执照、责令关闭或者被撤销而解散的，由于作出相关决定的部门或者公司登记机关对公司具有监管职责，若公司逾期不成立清算组进行清算或者成立清算组后不清算，相关部门或者公司登记机关可以行使职权，申请法院强制清算。对此，人民法院应当受理，并及时组织清算组进行清算。

【本节实务研究】

- **吊销公司营业执照的法律后果**

公司的营业执照是市场监管部门签发的公司注册登记的法定证书，公司自成立时起取得法人资格，而公司的成立则以取得营业执照为标志。因此，公司营业执照是公司合法存在的身份证明，是诉讼活动中证明其主体资格和当事人身份的主要证据。判断公司是否具有法人资格的直接依据就是其是否拥有合法的营业执照。

吊销营业执照是公司登记管理中十分重要的行政处罚措施，对于情节十分严重的违法行为，通常都规定了此种处罚责任。例如，根据我国《未成年人保护法》第 50、51、121 条规定，经营者禁止制作、复制、出版、发布、传播含有宣扬淫秽、色情、暴力、邪教、迷信、赌博、引诱自杀、恐怖主义、分裂主义、极端主义等危害未成年人身心健康内容的图书、报刊、电影、广播电视节目、舞台艺术作品、音像制品、电子出版物和网络信息等，由新闻出版、广播电视、电影、网信等部门按照职责分工责令限期改正，给予警告，没收违法所得，可以并处 10 万元以下罚款；拒不改正或者情节严重的，责令暂停相关业务、停产停业或者吊销营业执照、吊销相关许可证。

吊销公司营业执照的法律后果如何？其取消的究竟是企业的营业资格，还是连同其法人资格一并取消？就立法、执法和司法的本意而言，吊销营业执照的目的在于停止企业的营业，不允许其继续新的经营活动，而不是禁止企业进行清算活动。要进行清算，企业的法人资格是必要的主体条件。因此，吊销营业执照的后果应是取消企业的营业资格，而不应同时将其法人资格一并取消，法人资格的取消必以公司清算完结并办理注销登记为条件。

然而，由于公司营业执照将其营业资格与法人资格集于一体，在吊销营业执照的同时，也就将这两种资格一并取消了。同时，在执法和司法环节，甚至在相关的公司登记规定中，也存在对这一问题的明显误解。

目前，解决这一问题较为现实且可行的应对方案是对吊销营业执照作变通的执法和司法解释，即吊销营业执照只是取消企业的营业资格，其法人资格依然存在，只有在企业注销之后，其法人资格才丧失。司法机关不应因公司被吊销营业执照而否定其诉讼主体的资格，被吊销营业执照的公司完全可以作为合格的原告和被告。

同时，亦应说明，这种被吊销营业执照的公司属于清算中的法人，类似于设立中的公司法人，具有特定范围内的权利能力和行为能力，在清算期间，可以进行与清算事务相关的、必要的民事行为。而清算组则是清算中的公司法定代表机关，具有对内执行清算事务、对外代表公司的权利和职责，其地位类似于正常经营中的法定代表人。因此，在清算活动中，清算组可以也应当是以公司的名义从事民事活动和诉讼活动的主体。目前实践中，清算组不以公司名义而以自己的名义进行民事活动和诉讼活动的做法，与清算中的公司与其清算组之间的法律关系并不吻合。

- **已清算注销公司遗漏财产和债务的处理**

通常而言,按照法律设定的清算程序,公司在注销之前,所有债务都已了结,所有的法律关系和法律事务也都已处理完毕,有剩余财产的也已经分配完毕。公司注销之后,人格归于消灭,与公司相关的一切法律关系都不复存在。然而,由于各种原因,实践中总是存在着公司已经清算注销,但是还有遗漏的财产和债务未经处理的现象。对于这些财产和债务应当如何处理,实践中认识不一。

有观点认为,公司注销后人格已经消灭,该财产和债务丧失了依附的主体,成为无主的财产或债务,无需作出特殊处理。这一观点明显违背了社会大众的公平正义情感,不太可取。也有观点认为,即使公司已经注销,对于这些财产和债务也应当按照一定的方式进行适当的分配。然而,对于应如何进行分配,讨论者不多。

我国公司法虽然对于公司清算注销后遗漏财产和债务的处理没有作出明确的规定,但我国企业破产法对于公司清算注销后遗漏财产和债务的处理作出了一些基本的规定。根据企业破产法规定,公司注销后,如果存在遗漏的财产未经分配,自破产程序终结之日起 2 年内,债权人可以请求人民法院按照破产财产分配方案进行追加分配。财产不足以支付分配费用的,由人民法院将其上缴国库。对于对这些财产应由哪一或者哪些主体向财产占有人或债务人主张权利,破产法未予明确。实践中有观点认为,破产清算组尚未被撤销的,可由清算组对外主张;清算组已经被撤销的,债权人及原公司股东可以请求法院恢复设立或者重新组成清算组进行清算。也有观点认为,对外主张财产权利和对内进行分配是不同的法律关系,股东和债权人均可以对外主张权利,只是财产或权益被追回后,其他股东或者债权人要求对其进行分配的,应当进行分配。

破产清算与普通清算虽有不同,但是在清算注销后遗漏财产和债务的处理问题上,它们并无本质的区别。因此,对于已清算注销公司遗漏财产和债务的处理,原则上可以采用与破产情形同样的处理思路。

- **未经清算而被注销公司的债务处理**

对此问题,目前一些地方人民法院简单地将案件终止了结并不妥当,当事人并非只能放弃债务追索。法理上,公司终止并不意味着公司清算义务和责任的完全解除。《公司法》第 232 条第 1 款规定:“……董事为公司清算义务人,应当在解散事由出现之日起十五日内组成清算组进行清算。”根据该款规定,债权人可以也应当以公司董事为被告提起诉讼,而提起诉讼的根据在于董事所应承担的清算义务。由此可见,公司的清算义务是由董事承担的,除破产清算由人民法院组织以外,其他情况下,董事必须启动清算程序。

清算义务人未及时履行清算义务,给公司或者债权人造成损失的,应当承担赔偿责任。清算过程涉及一系列事项,包括启动清算程序成立清算组、进行清算、完成清算、发现公司财产不足清偿债务时应向法院申请宣告破产等。清算义务人的义务不是完成前述全部过程。根据上述规定,清算义务人的义务是在解散事由出现之日起 15 日内组成清算组进行清算。在解散原因出现后 15 日内不成立清算组的,即可认为“清算义务人未及时履行清算义务”,进而产生损害赔偿责任。

清算义务人承担的赔偿责任范围,限于其未及时履行清算义务而给公司或者债权人造成的损失。如果行为和损害之间不存在因果关系,清算义务人不应承担法律责任。

【本章思考练习题】

一、名词解释

1. 公司终止
2. 公司解散
3. 司法解散
4. 公司清算
5. 公司破产
6. 清算义务人
7. 简易注销
8. 强制注销

二、简答题

1. 简述公司终止的特征。
2. 简述破产案件受理的法律意义。
3. 简述破产案件对债权人清偿的顺序。
4. 简述公司解散的原因。
5. 简述公司僵局与司法解散。
6. 简述清算的法律意义。
7. 简述清算组织的职权。
8. 简述公司重整的法律特征。
9. 简述清算义务人与清算组的区别。

三、案例分析

凯莱公司成立于2016年1月,林某清与戴某明系该公司股东,各占50%的股份,戴某明任公司法定代表人及执行董事,林某清任公司总经理兼公司监事。凯莱公司章程明确规定:股东会的决议须经代表1/2以上表决权的股东通过,但对公司增加或减少注册资本、合并、解散、变更公司形式、修改公司章程作出决议时,必须经代表2/3以上表决权的股东通过。股东会会议由股东按照出资比例行使表决权。2020年起,林某清与戴某明两人之间的矛盾逐渐显现。同年5月9日,林某清提议并通知召开股东会,由于戴某明认为林某清没有召集会议的权利,会议未能召开。同年6月6日、8月8日、9月16日、10月10日、10月17日,林某清委托律师向凯莱公司和戴某明发函称,因股东权益受到严重侵害,林某清作为享有公司股东会1/2表决权的股东,已按公司章程规定的程序表决并通过了解散凯莱公司的决议,要求戴某明提供凯莱公司的财务账册等资料,并对凯莱公司进行清算。同年6月17日、9月7日、10月13日,戴某明回函称,林某清作出的股东会决议没有合法依据,戴某明不同意解散公司,并要求林某清交出公司财务资料。同年11月15日、25日,林某清再次向凯莱公司和戴某明发函,要求凯莱公司和戴某明提供公司财务账册等供其查阅、分配公司收入、解散公司。

江苏常熟服装城管理委员会(简称服装城管委会)证明凯莱公司目前经营尚正常,且愿意组织林某清和戴某明进行调解。

另查明,凯莱公司章程载明监事行使下列权利:(1) 检查公司财务;(2) 对执行董事、经理执行公司职务时违反法律、法规或者公司章程的行为进行监督;(3) 当董事和经理的行为损害公司的利益时,要求董事和经理予以纠正;(4) 提议召开临时股东会。从2020年6月1日至今,凯莱公司未召开过股东会。服装城管委会调解委员会于2023年12月15日、16日两次组织双方进行调解,但均未成功。

你认为本案中法院是否应该判决解散公司?为什么?

第十五章 外国公司的分支机构

■【导语】

在公司法上，涉及外国公司的问题主要有二：一是东道国是否赋予外国公司一定的法律地位，承认其具有与东道国公司相应的主体资格；二是是否允许外国公司在东道国开展营业，外国公司在东道国开展营业需要办理何种程序，以及对其营业采取何种监督管理措施。我国《公司法》以专章对"外国公司的分支机构"的有关法律问题作了规定，作为外国公司在我国进行营业性活动的基本规则。

本章从外国公司的法律概念入手，阐释了外国公司国籍的确定、外国公司分支机构的性质及法律地位、外国公司分支机构的设立和撤销、外国公司分支机构的权利和义务等，以使学生对外国公司分支机构的理论和实践有全面的了解。本章的学习重点在于掌握外国公司国籍的确定和外国公司分支机构的法律地位。本章的学习难点在于理解外国公司分支机构的法律性质。

第一节 外国公司分支机构概述

一、外国公司概述

（一）外国公司国籍的确定

外国公司是相对于本国公司而言的，两者的区别主要在于公司的国籍不同。本国公司具有本国国籍，外国公司具有外国国籍。国籍是公司在一个国家境内从事有效法律行为，独立享有权利和承担义务的基础，同时也是该公司从事域外活动的根据。因此，确定一个国家境内的公司是本国公司还是外国公司，不仅涉及该公司在东道国的待遇，而且涉及该公司的经营活动受何种法律管辖。从这个意义上看，公司的国籍是公司从事跨国交易不可逾越的法律基础。对于公司国籍的确定，各国公司立法的做法不尽相同，理论上也有不同的学说，主要可概括如下：

1. 设立行为地主义，也称登记地主义，是指依公司的注册登记地所在的国家来确定公司的国籍。该学说认为，公司只有经过登记地国家的批准，予以核准登记，才能取得法律地位，因此，公司就应具有登记地国家的国籍。这种主张主要为英美法系的一些国家采用。

一般认为,设立行为地主义的优点主要有二:一是登记地所在国可以确切了解公司的真正情况;二是依公司的登记地确定法人的国籍,其国籍比较固定,未经法人登记国同意,法人不能变更自己的国籍。不过,登记地主义也有明显的弊端。比如,公司依登记地确定国籍,很难看出该公司实际由什么人控制;当事人为达到规避法律的目的,可到设立限制较少的国家去登记,以避免他国对其不利的规定。

2. 设立准据法主义,即公司是依据何国法律成立的,就认定其属于哪国的公司,对于该公司事实上的经营场所或主要办事机构是否设在该国则在所不问。该学说认为,公司都是依特定国家法律并基于该国家的明示或默示同意成立的,所以公司的国籍应依设立时所依据的法律确定。日本关于外国公司国籍的确定即采用这一主义。由于公司设立的准据法通常也就是公司的注册登记地法,所以,设立准据法主义与设立行为地主义的结果通常一致。

3. 股东国籍主义,也称资本控制主义,即依能够控制该公司的股东的国籍确定公司的国籍,凡能够控制该公司的股东具有外国国籍的,该公司即外国公司,反之则为本国公司。这一学说认为,公司是由股东建立起来的组织,因而公司不能离开其股东而独立存在,只能与其股东具有同一国籍。

一般认为,采用此学说确定公司国籍的弊端有四:一是会使公司的国籍不固定,尤其是股份有限公司,其股东具有很大的流动性,股东国籍构成处于不断变动之中,弄清公司的资本真正为何国人控制并非易事,也就难以借此确定公司的国籍;二是公司东道国的主权可能受损,如果一个公司在东道国登记成立并从事经营活动,但由于其主要股东或多数股东是外国人,该公司就会处于所在国的法律管辖之外;三是不利于公司开展经营活动,如在东道国注册经营的外国公司,因能够控制该公司的股东不具有东道国国籍,该公司的生产经营活动及合法权益就不能受到东道国法律的充分保护;四是在股东国籍相异时,究竟应依人数还是依出资额多少来确定公司国籍也难以确定。

由于上述弊端的存在,该学说除了在战时或一国与外国关系发生急剧变化的情形下可能被适用外,多数国家不以该学说为确定公司国籍的原则。

4. 住所地主义。住所地主义即依公司住所所在的国家确定公司的国籍,凡法定住所设在国外的公司就是外国公司,反之则为本国公司。该学说认为,公司的住所是公司的经营管理或经营活动中心,因而公司的国籍应依其住所所在地确定。欧洲大陆国家多采用该学说确定公司的国籍,如法国、意大利等国。

值得注意的是,由于各国的法律对公司住所的确定标准有不同的规定,如营业中心地、总公司所在地、事实上的公司所在地、公司主要办事机构所在地等,依此确定公司国籍难免会出现争议。而且,采用住所地主义确定公司国籍,实践中会导致公司通过变更住所进而变更国籍的做法,轻易规避某国法律的管辖。

上述四种主张中,以设立准据法主义为通说,这也是目前各国通行做法。当然,不少国家在确定公司国籍时,并不单纯采用一项标准,而会采用复合标准。如沙特阿拉伯 1965 年《公司法》和 1979 年《外国投资法》均规定,凡具有该国国籍的公司,其主要办事机构、登记成立地均应位于沙特阿拉伯,且全部股东都应是沙特阿拉伯人。此外,复合标准也被国际公约所接受。如根据 1956 年《海牙承认外国公司、社团和财团法律人格公约》规定:“凡公司、社团和财团按照缔约国法律在其国内履行登记或公告手续并设有法定所在地而取得法律人格的,其他缔约国当然应予承认，只要其法律人格不仅包含进行诉讼的能力，而且至少还包含拥有财产、订立合同以及进行其他法律行为的能力。”

我国《公司法》第243条规定：“本法所称外国公司，是指依照外国法律在中华人民共和国境外设立的公司。”依该规定，凡是依照外国法律在中国境外设立的公司，不论其股东具有何国国籍、资金来源如何，都是外国公司；反之，均为中国公司。由此可以认为，我国《公司法》对外国公司国籍的确定采用设立准据法主义兼设立行为地主义的双重标准，即依公司设立时所依据的法律和设立地确定公司的国籍。

（二）外国公司的法律特征

我国公司法规范的外国公司分支机构中的“外国公司”，具有下列特征：

1. 依照外国法律在中国境外设立。外国公司是指依照外国公司法规定的条件、程序、责任形式、经营范围和经营方式等，在中国境外组建设立的公司。至于依照哪一国家的法律、在哪一国家注册、股东的国籍及各股东的出资额在注册资本中所占比例的大小，在所不问。需要说明的是，对于我国在香港、澳门、台湾地区设立的公司，在管理上参照外国公司的有关规定。

2. 具有外国国籍。只要该公司依据外国法律在中国境外设立，即具有外国国籍。

3. 经申请获准在中国取得直接的经营资格。我国《公司法》所规范的外国公司必须符合两个条件：一是该外国公司须在中国设立代表该外国公司的分支经营机构；二是该分支经营机构不具有法人资格。

二、 外国公司分支机构的概念和特征

（一）概念

外国公司分支机构，是指外国公司依东道国法律在东道国境内设立的从事生产经营活动的场所或者办事机构，实际上是该外国公司在其本国之外的国家设立的分公司，这类机构通常被称为“甲国某公司在乙国的分公司”。外国公司在东道国直接设立分支机构，是外国公司进入东道国进行营业活动的主要方式，也是外国公司本身业务活动的一种延伸。外国公司进入我国营业，一般可以采取在我国设立分支机构、独资子公司、中外合资经营或合作经营等形式。

主权国家的立法及其效力范围原则上仅及于本国领域。各国公司法关于外国公司的法律规定，并非对所有外国公司及其各种行为予以规制，仅对到本国投资、设立分支机构从事经营活动的外国公司进行必要规制。如果外国公司不到本国境内进行生产经营活动，而仅与本国发生诸如贸易、通信等契约关系，除另有约定外，本国法律对该外国公司原则上不具有约束力。因此，作为依外国法律在东道国境外登记成立的外国公司，其成立的有效性、能力和法律地位、公司的组织机构以及财务会计制度等，均应适用其所在国法。但如果一个外国公司要在东道国境内从事生产经营活动，就必须确定其国籍及适用何国的法律，并决定是否对其权利义务主体资格予以承认，否则该外国公司即不得在东道国境内营业。这在公司法上称为外国公司的承认，又称外国公司的确认、许可或者认许。

各国公司法一般均规定外国公司进入东道国营业，必须履行一定的法律手续。公司法上

关于外国公司分支机构的规定，主要涉及外国公司分支机构在本国的地位以及本国对外国公司分支机构的许可与监督问题。和世界多数国家公司法一样，我国公司法有关外国公司分支机构的规定，是为了规范外国公司在我国的活动，而并不是规范外国公司本身。

（二）特征

1. 外国公司的分支机构以外国公司的存在为前提。即设立分支机构的外国公司已经依外国法律在外国设立。值得指出的是，各国对于在本国设立分支机构的外国公司的法律性质要求不尽一致。对于在我国设立分支机构的外国公司的法律性质，我国公司法虽然经过了从要求“外国公司本身必须是外国法人”到取消这样的要求的变化，但仍然注重外国公司的责任形式。例如，《公司法》第 246 条就要求外国公司的分支机构应当在其名称中标明该外国公司的国籍及责任形式。

实际上，在涉及外国公司的场合，通常均与该外国公司在东道国进行的营业行为有关，并且通常涉及该外国公司分支机构在东道国的法律地位问题。所以，就一国的公司法而言，有关外国公司的规定，通常也是有关外国公司分支机构的规定，于是，外国公司与外国公司分支机构也就具有了同一的法律意义。也正是基于这一点，有的国家不区分外国公司和外国公司分支机构，将二者等同看待。如《日本公司法》就没有专门规定“外国公司的分支机构”，仅规定外国公司在日本进行继续性交易时，须确定代表人，并于其住所或者其他场所设置营业所，该外国公司必须就其营业所的设立进行登记。需要注意的是，我国《公司法》对外国公司与外国公司分支机构仍然有着明确的区分。

2. 外国公司的分支机构必须经东道国政府批准设立。外国公司是依外国法律设立的，而外国公司的分支机构却必须依东道国法律，经东道国政府批准，在东道国境内设立，并受东道国法律的保护和管辖。这里的批准是指东道国政府准许该外国公司依法定程序在东道国设立分支机构。一般而言，经东道国政府批准的外国公司分支机构，在法定期限内，其权利义务与东道国同种类公司基本相同。

外国公司在我国境内设立分支机构的，应当向我国主管机关提出申请，并提交其公司章程、所属国的公司登记证书等有关文件，经批准后，向公司登记机关依法办理登记，领取营业执照。

外国公司分支机构在我国境内从事生产经营活动，必须接受我国法律的管辖和我国有关主管部门的监督管理。当然，外国公司的分支机构虽然经东道国政府批准设立，但该分支机构与其在本国的公司具有相同国籍。

3. 外国公司分支机构在东道国境内的业务活动必须以营利为目的，并在东道国境内营业。外国公司分支机构必须运用自己的资金、设备、人力等，以营利为目的进行生产经营活动。如果外国公司无意在东道国开展经营活动，即其所从事的只是一种非营利性活动，则不属于公司法所规范的外国公司的分支机构。

三、外国公司分支机构的法律地位

外国公司一般具有独立的法人资格，而外国公司分支机构不具有独立的法律地位。各国公司法一般均规定,外国公司的分支机构从属于外国公司,是外国公司的组成部分,外国公司需为其分支机构的债务承担责任。在我国,外国公司的分支机构既不同于外国公司在我国的常驻代表机构,也不同于外国公司在我国单独投资设立的外商独资企业。总体而言,外国公司与其在我国境内设立的分支机构的关系,相当于总公司与分公司的关系。对此,我国《公司法》第 247 条明确规定:"外国公司在中华人民共和国境内设立的分支机构不具有中国法人资格。外国公司对其分支机构在中华人民共和国境内进行经营活动承担民事责任。"具体而言,外国公司分支机构的法律地位表现在以下四方面:

第一,外国公司分支机构是其所属的外国公司的一个组成部分,是在我国设立的派出机构,它不属于也不同于外国公司依我国法律在我国境内单独登记注册的子公司法人。

第二,外国公司分支机构不具有独立的公司法人的内部组织机构,一般不设股东会、董事会及监事会等整套管理机构,而由该外国公司指定代表人或代理人负责该分支机构。

第三,外国公司分支机构没有自己独立的公司名称和公司章程,只能以其所属的外国公司的名义进行业务活动,不能使用与其所属公司名称不同的其他名称。对此,我国《公司法》第 246 条明确规定:"外国公司的分支机构应当在其名称中标明该外国公司的国籍及责任形式。外国公司的分支机构应当在本机构中置备该外国公司章程。"

第四,外国公司分支机构对其经营活动不独立承担民事责任,其业务活动结果由所属外国公司承受,即分支机构的所属公司以自己的全部财产对其分支机构的活动所产生的债务承担责任。正因如此,各国公司法一般要求外国公司的分支机构在其名称中标明其所属外国公司的责任形式。

【本节实务研究】

- **是否须限制外国公司分支机构中外国公司的组织形式**

根据我国《公司法》第 243 条的规定,外国公司是指依外国法律在我国境外设立的公司。但是,各国法律允许设立的公司类型不尽相同。我国《公司法》只确认了有限责任公司和股份有限公司两种类型。如果依外国法律在我国境外所设立的公司属于无限公司、两合公司等我国公司法未确认的公司类型时,如何对待这些外国公司在我国设立分支机构的问题?此外,我国《公司法》第 246 条第 1 款还规定,外国公司分支机构应当在其名称中标明该外国公司的责任形式。这一规定的目的,和公司法要求我国公司必须在其名称中标明"有限责任公司"或"股份有限公司"字样是相同的。但能否由此断言,这里所说的标明责任形式也仅限于我国公司法所确认的有限责任公司和股份有限公司?

对此,本书认为,无论该外国公司是否与我国公司法规定的公司形式一致,只要其具有外国公司资格,就可允许其在我国设立分支机构。而且,法律规定的外国公司分支机构必须在其名称中标明的外国公司责任形式,也应由该公司设立地所在国公司法律规定。主要原因在于:

第一,从外国公司的法律特征来看,外国公司的类型、设立的条件和程序、组织机构等均由外国法律确定,这就使得某一外国公司的类型并不限于有限责任公司和股份有限公司,还可能是该外国法律允许的无限公司、两合公司等其他组织形式。

第二,我国公司立法并未禁止与我国法律规定的公司形式不一致的外国公司在我国境内设立分支机构。

值得注意的是，我国公司法对这类外国公司的分支机构如何适用法律的问题未作规定。对此，各国公司法多规定，这类外国公司在东道国的经营活动可以比照东道国内同类企业形式适用相关法律。比如，无限公司与合伙企业相类似，就可比照适用有关合伙企业的规定。本书认为，我国公司法也可以对此作出进一步规范。

第二节　外国公司分支机构的设立

一、外国公司分支机构设立的含义

外国公司分支机构设立，是外国公司依东道国法律规定的条件和程序，在东道国境内为其分支机构取得生产经营资格的法律行为。

从各国公司立法情况看，大多数国家对外国公司分支机构设立给予了一定的限制。如美国《标准公司法》第 106 条规定，外国（州）公司从州务卿那里获取授权证书之前，无权在该州从事业务活动。《奥地利股份有限公司法》也规定，外国的股份有限公司如要在奥地利从事业务活动，应取得奥地利政府的批准。日本、韩国则规定，外国公司欲在该国经营，必须确定外国公司在该国的代理人，并且必须进行注册登记。我国公司立法及相关法律对外国公司分支机构设立也作了明确的规定。

二、外国公司分支机构设立的条件

各国法律一般要求提出申请设立分支机构的外国公司须具备一定的条件。根据我国《公司法》第 245 条及相关法律的规定，外国公司在我国设立分支机构必须符合以下条件。

1. 必须在我国境内指定负责该分支机构的代表人或代理人。这里的代表人是指分支机构的代表人，属于公司及其分支机构的内部人员，而代理人则是指受外国公司的委托，以该公司名义进行活动的人。代表人或代理人作为分支机构的负责人，代表外国公司在我国境内从事各项生产经营活动，其活动产生的法律后果由该外国公司承担。关于外国公司分支机构的代表人或代理人的资格，有的国家法律规定必须在本国有住所，如瑞士法律明确规定，外国公司在瑞士的分支机构，只能授权在瑞士有住所的人作为该分支机构的代表。我国公司立法对外国公司分支机构的代表人或代理人的资格未作详细的规定。我国有关法律只对变更代表人或代理人时的登记事宜作了规定，即要求该代表人或代理人在更换或离境前，外国公司应另行选定代表人或代理人，并将其姓名、国籍、住所或居所申请主管机关登记。申请登记时，应附上授权证书或委托证书。

2. 必须向该分支机构拨付与其所从事的经营活动相适应的资金。法律之所以作此要求，一方面是为了保证该外国公司分支机构的生产经营活动得以正常进行；另一方面是为了防止外国公司在我国境内无本经营或从事诈骗活动，保护与其进行营业行为或其他法律行为的债权人或者其他社会公众的利益。值得注意的是，《公司法》第 245 条规定的“相适应的资金”和

“最低限额”并非该外国公司分支机构承担民事责任的限度。当外国公司分支机构需要依法承担民事责任时,不以该外国公司分支机构的经营资金数额及该外国公司分支机构所支配的财产为限,而应由设立该分支机构的外国公司全部承担。

3. 外国公司的分支机构应当在其名称中标明该外国公司的国籍及责任形式,并应当在本机构中置备该外国公司章程。这一要求,一方面便于有关主管机关对其进行监督管理;另一方面便于相对人和公众了解其情况,增进交易安全。

三、 外国公司分支机构设立的程序

各国多基于本国对外经济政策的基本立场,在维护国家主权和经济利益的前提下,从利用外国投资、发展本国经济这一目标出发,制定本国有关外国投资或外国跨国经营的政策及相应的外国投资法,对外国投资进行保护、监管和引导。这些政策及法律,既包含有关外国投资或外国跨国经营的实体法规范,也包括对外国投资或外国跨国经营进行审查许可的程序性规范。

根据我国《公司法》第 244 条及相关法律规定,外国公司在我国设立分支机构的具体程序可以概括如下。

(一) 进行设立准备

外国公司到我国开办分支机构,首先要进行可行性论证。要了解中国的经营环境、法律政策环境,进行技术、财务、人事等方面的分析,选择经营项目和经营场所,做好必要的进入准备工作。

(二) 提出设立申请

依据我国公司法的规定,外国公司在我国境内设立分支机构,必须向我国的主管机关提出申请。外国公司在东道国设立分支机构的申请一般由该外国公司董事或执行业务股东提出,或由分支机构所在国的代表人或经理人代为申请。申请人提出申请时,应提交由该外国公司法定代表人签署的申请书,写明外国公司的概况、拟在我国设立的分支机构的基本情况,并附送其国籍的证明文件、外国公司的授权书或委托书以及其他相关文件。

(三) 设立审批

外国公司提出的设立分支机构的申请,必须得到东道国政府的许可或者批准,而不同国家对外国公司设立分支机构的许可态度不尽相同。有的国家或地区对外国公司到本国设立分支机构实行准则主义,即依照东道国法律直接办理登记便可开展业务活动,无须经过政府主管机关的特别许可。如《比利时统一商事公司法》第 196 条规定,在国外办理了注册的外国公司可以在比利时从事经营活动,无须经过许可;美国《特拉华州普通公司法》第 317 条第 2 款规定,一个外国(州)公司只需向特拉华州的州务卿递交 50 美元的申请费并在州务卿办公室备案,就可在该州从事商业性经营活动。

有的国家对外国公司分支机构的设立实行核准主义或许可主义,要求外国公司首先向东道国政府主管机关申请办理审批或许可手续,经批准后方可办理设立分支机构的登记注册手续，大多数发展中国家采取这种做法。为了对在我国境内设立分支机构的外国公司进行必要的监督和管理，我国对外国公司分支机构的设立采取的是比较严格的核准主义，即外国公司在我国境内设立分支机构，必须经我国有关主管机关审核，依法获得批准后才能履行注册登记手续。外国公司分支机构的具体审批办法由国务院规定。

（四）办理设立登记并公示

外国公司在我国境内设立分支机构的申请被我国主管机关批准后，应当在一定期限内带审批机关的批准文件向我国公司登记机关依法办理登记手续。外国公司分支机构的登记程序，原则上与我国公司设立分支机构的登记程序相同，即登记机关在规定期限内对有关文件进行审查后，认为外国公司分支机构符合法律、法规规定条件的，予以注册登记，发给营业执照；否则，作出驳回申请的决定。营业执照签发之日，为外国公司分支机构成立之日。外国公司分支机构成立后，应当进行公示。外国公司分支机构自此取得在我国境内从事生产经营活动的资格，可在我国有关金融机构开户、刻制公章，在核准的经营范围内从事经营活动。

外国公司分支机构登记的效力主要表现在两个方面：一是规范性效力。外国公司分支机构必须经过登记，才能在核准的范围内在我国境内从事相应的生产经营活动，否则，将承担相应的法律责任。二是公示性效力。外国公司分支机构经登记后，才能就其登记的事项对抗第三人，请求对方承担相应的民事责任。

第三节　外国公司分支机构的权利和义务

外国公司分支机构作为外国公司在东道国的一个派出机构，在东道国登记成立后，既享有在东道国境内从事生产经营活动的权利，又要承担东道国法律规定的相应义务。各国公司法一般都对外国公司分支机构的权利义务予以专门规定。我国《公司法》第 248 条对外国公司分支机构的权利义务作了概括规定："经批准设立的外国公司分支机构，在中国境内从事业务活动，必须遵守中国的法律，不得损害中国的社会公共利益，其合法权益受中国法律保护。"

一、 外国公司分支机构的权利

外国公司在我国境内设立的分支机构受我国法律管辖，其合法权益受我国法律保护。除法律特别规定予以限制的以外，外国公司分支机构的权利与我国同类分公司所享有的权利基本相同。根据我国法律的相关规定，外国公司分支机构的权利可概括为以下两方面。

（一）依法从事生产经营活动

外国公司分支机构取得我国市场监督管理机关颁发的营业执照，即获得在我国境内从事生产经营活动的法定资格。各国法律一般允许外国公司在本国境内开展业务活动，并使其享有与本国公司基本相同的权利，如依法取得财产的所有权、订立合同、享受东道国有关鼓励外商投资的优惠政策等。当然，各国法律对外国公司分支机构从事业务活动的范围也会有所限制，主要体现在禁止或者限制外国公司分支机构从事军工、航空、通信、能源等与国计民生关系重大的特殊行业。如法国禁止外国公司进行军火、酒精或医药方面的贸易(欧共体国家的公司除外);意大利禁止外国公司从事银行业、保险业、海运业等方面的交易活动,所有外国投资活动均要受到意大利《外汇管理条例》的限制。

考虑到国家的经济安全,同时防止外资的盲目流入对国家产业结构组成及地区分布带来不利影响,我国的国防工业及其他一些重要行业,禁止外国公司进入。

(二) 合法权益受我国法律保护

外国公司分支机构遵守我国法律,在我国境内依法进行生产经营活动,其合法权益当然受我国法律保护。我国有关管理机关依法履行自己的职责,切实保障外国公司分支机构的合法权益。任何侵犯外国公司分支机构合法权益的行为都将受到法律的追究。外国公司在其分支机构的合法经营活动受到不法侵害时,有权在我国提起诉讼,寻求司法保护,以维护其合法权益。

二、 外国公司分支机构的义务

外国公司在我国境内设立的分支机构在依法享有权利的同时,也应承担相应的义务。除我国法律予以特别规定外,外国公司分支机构的义务与我国同类公司所负有的义务基本相同。依我国公司法及其他相关法律的规定,外国公司分支机构在我国从事营业活动应承担的主要义务可概括为以下两方面。

(一) 遵守我国法律,不损害我国的社会公共利益

外国公司在我国境内设立分支机构开展业务活动,本质上是外国投资者对我国的投资。依属地管辖原则,外国公司分支机构在我国境内的营业活动,应受我国法律管辖,这是我国主权原则的体现。外国公司分支机构在我国境内营业,不得损害我国的社会公共利益。外国公司分支机构所从事的营业项目,必须符合我国的产业政策,在国家允许的范围内进行,不得进入我国禁止外资进入的特定行业。外国公司分支机构不得在我国境内非法开展业务,也不得拒绝履行其应当履行的义务,不得扰乱我国正常的经济秩序,否则将受到我国法律的制裁。外国公司分支机构同样要接受市场监督、税务以及外汇、海关等部门的管理和监督。

(二) 标明国籍及责任形式并置备章程

外国公司分支机构只是外国公司的一个组成部分,其本身并不具有独立的法律地位,它只能以所属外国公司的名义对外进行活动,其在我国境内的经营活动所产生的法律后果也由其所属外国公司承担。我国公司法明确要求外国公司的分支机构应当在其名称中标明该外国公司的国籍及责任形式,并在本机构中置备该外国公司的章程,以方便与其发生法律关系的当事人了解其具体情况,降低交易风险,保护债权人的利益,维护社会经济秩序。

第四节　外国公司分支机构的撤销和清算

一、外国公司分支机构的撤销

外国公司分支机构的撤销，是指依法使已经设立的外国公司分支机构归于消灭，结束其在东道国境内的生产经营活动。外国公司分支机构撤销的原因可以概括为两种：一是由于被强制吊销营业执照而被迫撤销；二是主动撤销。东道国政府强令外国公司分支机构撤销，一般都是由于该外国公司分支机构严重违反东道国的法律。如《日本公司法》第 484 条就规定，法院在发生了法律规定的情形时，根据法务大臣、股东、债权人及其他利害关系人的请求，可以命令关闭外国公司的营业场所。外国公司分支机构主动要求撤销一般是因为外国公司已经完成了在东道国从事营业活动的预定目标，需要转移营业地。各国一般都规定外国公司分支机构撤销时需要履行一定的法律手续。比如，在美国，若外国公司要撤离某一州，必须首先向州务卿递交申请书，州务卿经过审核，认为申请书的内容属实的，就可以直接向该公司颁发撤销营业执照的通知。在州务卿正式颁发上述通知后，该公司就立即撤离该州。不少国家公司法也都有类似的法律规定。

我国公司法未明确规定外国公司分支机构的撤销原因，但依其他有关法律的规定，一般应包括下列几种情形：

第一，因外国公司被依法撤销或解散而被迫撤销。外国公司分支机构是外国公司的组成部分，外国公司分支机构的存在以外国公司的存在为前提，当外国公司因被依法撤销、宣告破产、股东会决议解散等原因而终止时，该外国公司所属分支机构当然需要撤销。

第二，外国公司分支机构因违法经营而被迫撤销。外国公司分支机构从事生产经营活动严重违反东道国法律的，将被依法责令撤销。我国《公司法》第 261 条规定："外国公司违反本法规定，擅自在中国境内设立分支机构的，由公司登记机关责令改正或者关闭，可以并处五万元以上二十万元以下的罚款。"此外，外国公司分支机构违反我国的市场监管、海关、财税、金融、外汇、环境保护等法律，情节严重的，有关主管部门也有权责令其停业，并吊销其营业执照。

第三，外国公司分支机构因无故歇业而被迫撤销。外国公司分支机构取得登记后，应依法从事生产经营活动，如果其无故歇业达到一定期限，有关主管机关可强制该外国公司分支机构解散。如《日本公司法》就规定，外国公司的营业所无正当理由，在进行法定登记 1 年后未开始营业或停业 1 年以上者，法院根据法务大臣、股东、债权人及其他利害关系人的请求，可以命令予以关闭。我国有关法律也规定，外国公司分支机构成立后无正当理由超过 6 个月未开业，或者开业后无正当理由连续停业 6 个月以上的，由公司登记机关依法吊销其营业执照。

第四，因外国公司分支机构的经营期限届满而撤销。各国公司法多对外国公司分支机构的经营期限有规定。分支机构因经营期限届满而撤销是很正常的。当然，分支机构在经营期限届满前的一定时间内，经原审批机关批准，可申请办理延期登记。逾期不申请延期的，视同注销。

第五,外国公司自行决定撤销。外国公司基于某种原因或需要,如已完成了在东道国从事投资和经营的预定目标或无意再在东道国继续投资经营,在经营期限届满前,可以向主管机关申请撤销其设立的分支机构。这也是外国公司分支机构撤销的一种常见情形。

第六,其他导致分支机构撤销的原因。如基于不可抗力等无法继续经营时,也可能导致分支机构撤销。

二、 外国公司分支机构的清算

外国公司分支机构的清算,是指分支机构被撤销后,为了终结其现存的各种法律关系,了结分支机构的债权债务,而对分支机构所发生的债权债务等进行清理的行为。由于外国公司分支机构一旦被撤销便丧失了其在东道国境内进行经营的能力,故各国公司立法多规定该分支机构应依法进入清算程序。我国《公司法》第 249 条规定:"外国公司撤销其在中华人民共和国境内的分支机构时,应当依法清偿债务,依照本法有关公司清算程序的规定进行清算。未清偿债务之前,不得将其分支机构的财产转移至中华人民共和国境外。"

(一) 清算程序

外国公司分支机构的清算程序依公司法有关公司清算的规定执行。依我国公司法的相关规定,外国公司分支机构的清算程序可以概括为:

1. 成立清算组。外国公司分支机构主动撤销的,外国公司应当在法律规定的期限内成立清算组,逾期不成立清算组的,债权人可以申请人民法院指定有关人员组成清算组进行清算;外国公司分支机构由于违反法律规定被依法责令关闭的,由有关主管机关组织外国公司、有关机关及有关专业人员成立清算组进行清算。

2. 通知和公告债权人。清算组应当自成立之日起在法定期限内通知债权人,并于法定期限内在报纸上进行公告;债权人应当在自接到通知书之日起的法定期限内,未接到通知书的在自第一次公告之日起的法定期限内,向清算组申报债权。

3. 制定清算方案,清理债权债务。清算组在清理外国公司分支机构财产、编制资产负债表和财产清单后,应当制定清算方案,报我国有关主管机关确认。外国公司分支机构在清算期间,不得基于非清算目的处分其财产。分支机构财产能够清偿其债务的,分别按顺序支付清算费用、职工工资和劳动保险费用,缴纳所欠税款,清偿公司债务。

4. 注销登记。清算结束后,清算人应当制作清算报告,报有关主管机关确认,并报送原公司登记机关,在法定期限内申请注销登记,由登记机关发布公告、缴销营业执照。

(二) 清算过程中的法律地位

外国公司分支机构在撤销以后至清算结束这段时间,在清算范围内仍视为未撤销,其民事主体资格视为存续,但其权利能力受到限制,不得从事与清算无关的经营活动。

为保护债权人的利益,我国《公司法》第 249 条规定:"外国公司……未清偿债务之前,不得将其分支机构的财产转移至中华人民共和国境外。"也就是说,外国公司分支机构的所有未清算的债务,仍由其所属外国公司予以清偿。这是由外国公司分支机构的法律地位决定的。

【本节实务研究】

- **外国公司分支机构被撤销后的责任承担**

外国公司分支机构被撤销后,应依法进入清算程序,清理债权债务。在公司法实践中,对外国公司分支机构被撤销后的责任承担问题,有不同的看法:有观点认为,应一律直接由设立该分支机构的外国公司承担;另有观点认为,应先以该分支机构的财产清偿,分支机构没有偿付能力的,再由该外国公司承担。我国《公司法》第 247 条第 2 款虽然规定了“外国公司对其分支机构在中华人民共和国境内进行经营活动承担民事责任”,但对承担责任的方式或程序没有具体规定。本书赞成上述第二种观点。理由如下:

第一,我国《公司法》第 249 条规定:“外国公司撤销其在中华人民共和国境内的分支机构时,应当依法清偿债务……未清偿债务之前,不得将其分支机构的财产转移至中华人民共和国境外。”依该规定,不仅不能得出必须由该外国公司直接承担分支机构责任的结论,相反,“不得将其分支机构的财产转移至中华人民共和国境外”的规定恰恰为先以该分支机构的财产承担责任提供了可能。

第二,先以分支机构的财产承担责任,正是外国公司分支机构的法律地位及其存在的法律意义的具体表现。

【本章思考练习题】

一、名词解释

1. 外国公司

2. 外国公司分支机构

3. 外国公司分支机构的解散

二、简答题

1. 什么是外国公司分支机构?其法律特征主要有哪些?外国公司的分支机构与一般的分公司(指由本国公司设立的分公司)有何异同?

2. 简述外国公司分支机构的权利和义务。

3. 简述外国公司在我国设立分支机构的条件和程序。

4. 外国公司分支机构的解散与清算过程中,如何保护其利害关系人的合法权益?

三、案例分析

某国 A 电器公司依法在我国某省设立了一个商务办事处,指定我国公民杨某为该办事处负责人。办事处在经营过程中,由杨某经手,A 电器公司与我国 C 贸易公司签订一份购销合同。合同签订后,A 电器公司支付了部分预付款;C 贸易公司交货后,A 电器公司又支付了部分货款,但尚欠部分货款未清偿。后因 A 电器公司在其本土实施违法行为,被其本国政府强制关闭,在我国设立的办事处也不得不撤销。C 贸易公司得知 A 电器公司着手变卖办事处财产的情况后,立即向法院起诉,要求以办事处的财产偿还欠C贸易公司的货款,若办事处的财产不足以清偿债务,就由杨某承担连带责任。请问:

(1) 本案中,C贸易公司的主张能否得到法院的支持?

(2) 外国公司、外国公司的分支机构及其负责人之间的关系如何?